CATALOGUE GÉNÉRAL

DES

OEUVRES DRAMATIQUES

ET LYRIQUES

FAISANT PARTIE DU RÉPERTOIRE

DE LA SOCIÉTÉ DES

AUTEURS ET COMPOSITEURS DRAMATIQUES

CE CATALOGUE RÉCAPITULATIF

Contient tous les Ouvrages représentés jusqu'au 31 Décembre 1859, il est commun aux deux Agences, et reproduit toutes les Indications précédemment portées sur les divers Mémoriaux

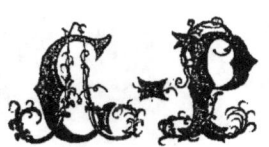

PARIS

AGENTS GÉNÉRAUX:

M. AMÉDÉE GUYOT | M. LÉONCE PERAGALLO
30, rue Saint-Marc | 30, rue Saint-Marc

—

1863

CATALOGUE GÉNÉRAL

DES

ŒUVRES DRAMATIQUES ET LYRIQUES

TYPOGRAPHIE MORRIS ET COMPAGNIE
RUE AMELOT, 64

A

Titres des Pièces.	Genres.	Actes.	M. GUYOT.	M. PERAGALLO.
A bas la famille.........	V.	1		Lefranc, Labiche.
A bas les diables et les bêtes.	V.	1		Chazet 1/2, Dutremblay (D. E.).
A bas les étrennes......	V.	1	Champeaux.	
A bas les hommes.......	V.	1	Cogniard frères, Deslandes, E. Jaime.	
A bas les hommes......	V.	1		Jouhaud.
A bas les hommes.......	V.	1	1/2 Labie.	1/2 J. Augier.
A bas Molière..........	V.	1		Chazet, Merle, Des Essarts.
Abbaye au Bois.........	M.	5	1/2 Pixérécourt.	1/2 Henri Martin.
Abbaye de Castro.......	D.	5	1/2 Dinaux.	1/2 G. Lemoine.
Abbaye de Grasville.....	M.	5		Boirie, Clément.
Abbaye de Pennemarc'h.	M.	4		Tournemine.
Abbé chansonnier.......	V.	1	Deschamps.	
Abbé coquet...........	C.	1		Touchard.
Abbé de l'épée.........	D.	5		Bouilly.
Abbé galant............	V.	2	1/2 Clairville.	1/2 Laurencin.
Abbé Pellegrin.........	V.	1	Tournay.	
Abbesse des Ursulines...	D.	4	1/2 Mallian.	1/2 Desnoyers.
Abdala................	M.	5		Germé 1/2, Quaisain (D. E.).
Abdélasis et Alahor.....	D.	1		Roussel.
Abdélasis et Zuléma.....	T.	5	Murville.	
Abd-el-Kader à Paris....	V.	1	1/2 Dumersan.	1/2 Fontaine.
Abdication d'une femme..	V.	1	1/4 Quoy.	3/4 Saint-Hilaire, Duport, Monnais.
A beau mentir qui vient de loin................	C.	3	Charlemagne.	
A beau mentir qui vient de loin............P.	V.	1	Rostan.	
Abeilles..............	F.	3	1/2 Lockroy.	1/2 Anicet.
Abeilles et les violettes..	V.	1	2/3 Clairville.	1/3 Vaulabelle.
Abel.................	O.	3	Hoffman (D. E.).	Kreutzer (D. E.).
Abelino..............	M.	5	Pixérécourt.	
Abélino..............	D.	4		Chazet.
Abel-Wilmore.........	D.	5	1/2 Barba, *édit*.	1/2 Hipp. Deschamps.
Abencerages..........	M.	5	Valcour.	
Abencerages..........	O.	3		De Jouy, Cherubini.
Aben-Hamet..........	M.	4	5/6 Mélesville.	1/6 Renat, Quaisain (D. E.)
Aben-Humeya.........	M.	3	Martinez de la Rosa.	
Abou-Hassan.........O.	C.	1		Beaume, Nuitter (*Weber*).
Absence.............	V.	1	Barba, *édit.*, 1/3 Picard (D.E.)	Mazères 1/3.
Absences de monsieur...	V.	1		Fournier, Laurencin, Masse *édit*.

1

Titres des Pièces.	Genres.	Actes.	M. GUYOT.	M. PERAGALLO.
Absent et présent......	V.	2	D'Artois, Fulgence, Derancé.	
Absent et présent......	V.	1		D'Avrecour, Alix *édit*.
Absents n'ont pas toujours tort...............	V.	1	Barrière aîné 1/2, (Desaugiers, D. E.).	
Absents ont raison......	C.	2	1/2 Mme Anaïs Ségalas.	1/2 Alix, *édit*.
Absents ont tort........	O.	2		Sewrin, Jadin.
Absinthe	V.	1	Henrion.	
Abus de l'esprit........	V.	1		Gassicourt (D. E.).
Abus de l'esprit........	V.	1	Dupaty.	
Abutkazem	C.	3		Guillemain.
Abuzard...............	V.	1	Barré (D. E.), Radet (D. E.), Desfontaines (D. E.).	
Académie de Pontoise....	V.	2	Varin, Varner.	
Académie des dames.....	V.	1	1/2 Clairville.	1/2 Salvat.
Acajou................	O.	3	Favart (D. E.).	
Accident en voyage.....	C.	3	Georges Duval.	
Accidents..............	C.	1		B. Antier, Deflers, Varez.
Accord difficile.........	C.	2		Des Essarts.
Accordée de village.....	V.	1	Brazier, Carmouche, *Jouslin* pour Joseph B.	
Accord parfait.........	O.	1	Galoppe d'Onquaire, Paul Bernard.	
A cent ans.............	V.	2		Alfred Vernet, Ménissier.
Achille à Scyros........	B.	3		Gardel, Chérubini.
Achille à Scyros........	O.	1		Alby 1/4, Delmare 1/4, Rillé (de) 1/2.
Achille de Normandie....	V.	1		Ader, Delaunay.
Achmet................	M.	4	5/12 Bilderbeck.	7/12 Hubert, A. Piccini.
Acides................	V.	1	Rougemont 1/2, (Pain, D. E.)	
Acis et Galathée........	B. P.	2		Castillon, Lynck.
Acis et Galathée........	B.	1		Louis Duport.
Acker (M.).............	V.	1		Durantin.
A Clichy	O.	1	1/2 A. Adam.	1/2 D'Ennery, Grangé.
A corsaire, corsaire et demi	V.	1	1/2 Jautard.	1/2 Hipp. Lucas.
A coups de bâton.......	V.	1		Paul Boisselot 2/3, Mifliez, *édit*., 1/3.
Acte de justice.........	V.	1	Roland (Hipp.).	
Acte de naissance.......	C.	1	Picard (D. E.).	
Acte mortuaire.........	V.	3		Vorbel.
Actéon................	O.	1	1/2 Scribe.	1/2 Auber.
Actéon changé en cerf...	P.	2	1/2 Hapdé (D. E.)	1/2 Darondeau.
Actéon et le centaure Chiron.............	V.	1	2/3 Théaulon, de Leuven.	1/3 Duvert.
Acteur dans sa loge.....	V.	1	Mayeur, Barba, *édit*.	
Acteur dans son ménage.	V.	1		Touchard.
Acteur du boulevard.....	V.	5	1/2 Clairville.	1/2 A. Béraud.
Acteur embarrassé......	C.	2		Aude.
Acteur en voyage.......	V.	1	Gabriel 1/2, Rozet 1/4, Quoy 1/4.	
Acteur et Directeur......	V.	1		Baret, Guerville.
Acteurs à l'auberge.....	V.	1	*Jouslin* pour Joseph B.	
Acteurs à l'épreuve.....	V.	1		Sewrin, Chazet.
Acteurs à l'essai.......	V.	1		Ch. Dupeuty, de Villeneuve.
Acteur sans le savoir....	V.	1	Lafortelle 1/2, Pain (D. E.).	
Acteurs en retard.......	V.	1	Désaugiers (D. E.).	
Acteurs en société......	V.	2	Dupaty.	
Acteurs par hasard.....	C.	1	3/4 Duvernois, Thouret.	1/4 Décour.

Titres des Pièces.	Genres, Actes.	M. GUYOT.	M. PERAGALLO.
Actions d'éclat	V. 1	Honoré 2/3, Mifliez, *édit.* 1/3.	
Actionnaire	C. 1	Dumersan, Dupin.	
Actionnaires	V. 1	Scribe, Bayard.	
Actrice	C. 1	1/3 Barba, *édit.*	2/3 J. Ader, Fontan.
Actrice	V. 1		Ch. Dupeuty, de Villeneuve.
Actrice chez elle	O. 1		Marsollier (D. E.), Dalayrac (D. E.).
Actrice chez elle	V. 1	Lamerlière.	
Actrice de salon	V. 1	A. D'Artois.	
Actrice en voyage	V. 1	8/9. Amédée 2/9, Barba, *édit.* 3/9, Puech, *prop.* 3/9.	1/9 Leblanc de Ferrières.
Actrice sans le savoir	V. 1	1/3 Barba, *édit.*	2/3 Philibert, Marty, Simonnin.
Actualités	V. 1	Dumersan, Brazier, A. d'Artois.	
Adam Montauciel	P. V. 1	Rougemont 1/3, Désaugiers (D. E.) Gersin (D. E.),	
Adélaïde de Bavière	M. 4		Loaisel-Tréogate.
Adélaïde de Lussan	C. 3		Arnould, Audinot.
Adélaïde de Mirval	O. 3	Patrat (D. E.).	
Adélaïde le Poltron	V. 1	7/9. Bayard 3/9, Potron 2/9, Gautier 2/9.	2/9 Léon Laya.
Adélaïs et Juleima	T. 4	Murville.	
Adèle	D. 3		Th. Nézel, H. Auger.
Adèle	V. 1	Ségur aîné (D.E.).	
Adèle	V. 1	Bellement.	
Adèle de Sacy	P. 3		Leblanc.
Adèle de Senange	V. 1	Bayard.	
Adèle et Didier	V. 1	Boutillier.	
Adèle et Dorsan	O. 1		Marsollier (D. E.), Dalayrac (D. E.).
Adèle et Fulbert	O. 1		Darondeau.
Adelson et Salvini	M. 3		Delamarre, Blasins.
Adélie	V. 1	A. d'Artois, Francis D.	
A deux de jeu	V. 1	Dumersan.	
A deux de jeu	V. 1	Rougemont.	
A deux de jeu	V. 1	1/2 Banès.	1/2 Décour.
A deux de jeu	V. 1		Ourry.
A deux de jeu	V. 1	Guiche.	
A deux de jeu	V. 1		Durantin 1/3, Alf. Tranchant 2/3.
A deux de jeu	C. 1	1/2 Arm. d'Artois.	1/2 Réné de Rovigo.
A deux pas du bonheur	V. 1	Mme Roger de Beauvoir.	
Adieu à la Chaussée-d'Antin	V. 1	2/3 Magnien, Duvernois.	1/3 Varez.
Adieu à l'an de grâce 1833.	V. 1	Honoré.	
Adieu aux fillettes	V. 3	Dumanoir, Mallian, A. d'Artois.	
Adieu pour toujours	V. 1	1/2 Gabriel.	1/2 De Villeneuve.
Adieux au comptoir	V. 1	Scribe, Mélesville.	
Adieux au pouvoir	V. 1		Dorvigny, Drouot.
Adieux au public	C. 1		Camille Doucet.
Adieux de la Samaritaine aux Parisiens	V. 1	Dumersan, A. d'Artois.	
Adieux des comédiens	V. 1	Chabrillat.	
Adieux sur la frontière	V. 1	2/3 Brazier, Carmouche.	1/3 F. De Courcy.
Adine	V. 1		Saint-Hilaire, Duport, Porcher, *prop.*
A dix-sept ans	D. 5		Tournemine.
Adjoint au maire	V. 1		Salvador.

Titres des Pièces.	Genres.	Actes.	M. GUYOT.	M. PERAGALLO.
Adjoint dans l'embarras..	C.	3	G. Duval 2/3 ; Barba *édit.*, 1/3.	
Adjoint et l'avoué.......	C.	2	Romieu, Alf. Wailly.	
Adjoint somnambule.....	V.	1		Salvador.
Adjudication définitive...	V.	1	Dumersan.	
Adolphe de Halden......	M.	5		Cuvelier.
Adolphe et Clara.......	O.	1		Marsollier (D. E.), Dalayrac (D. E.).
Adolphe et Sophie......	M.	1	Ducange (D. E.).	Renat 1/6, Quainsain (D. E.).
Adonis..............	M.	5		Béraud, Rosny.
Adonis de Château-Vilain.	V.	1	Coster 1/2, Moreau (D. E.).	
Adoption............	V.	1		Dubois, Chazet.
Adoption villageoise.....	V.	1	Charlemagne.	
Adresse et argent.......	C.	2		Mme de Bawr.
Adrianne Ritter.........	D.	5	1/2 Chabot.	1/2 Boulé.
Adrien..............	O.	3	Hoffmann, (D. E.).	Méhul (D. E).
Adrien..............	V.	1		Laurencin.
Adrien..............	C.	5	Baron.	
Adrienne............	V.	1	1/3 Desvergers.	2/3 Laurencin.
Adrienne............	V.	1	1/2 Dumanoir.	1/2 Brisebarre.
Adrienne............	V.	1		Meyer, Alix, *édit*.
Adrienne............	V.	1		J. Augier.
Adrienne de Carotteville.	V.	1		Brisebarre, Nyon, Ch. Potier.
Adrienne de Courtenay...	M.	1	5/6 Pompigny.	Quaisain (D. E.).
Adrienne la couvreuse...	P.	1	Marc Leprévost.	
Adrienne Lecouvreur....	D.	5	Scribe, Legouvé.	
Adrienne Lecouvreur....	C.	3		Béraud, Mourier.
Adrienne Lecouvreur....	C.	1	Charlemagne.	
Adrien Vander-Velde....	V.	1	Henrion.	
Adroite ingénue........	C.	3	Dumaniant (D. E.), Désaugiers (D. E.).	
Adroite princesse.......F.-V.		3		Mme Ancelot, Alhoy, Michel Delaporte, Alix, *édit*.
Adroit valet...........	V.	1	Brazier.	
Adultère.............	M.	5	Eug. Nus, Follet.	
A femme adroite, homme rusé...............	C.	2	Pompigny.	
Affaire Chauffour........	V.	1	Badoche.	
Affaire Chaumontel......	V.	1	2/3 Durand de Beauregard.	1/3 L. Couailhac.
Affaire de la rue de Lourcine................	V.	1	1/3 Ed. Martin.	2/3 Labiche, A. Monnier.
Affaire d'honneur.......	V.	1	Mélesville, Vandières.	
Affiche de Nanterre.....	V.	1		Dubourg-Neuville.
Afficheur somnambule...	V.	1	1/2 Labie.	1/2 J. Augier.
Affreux bandit.........	V.	1		Porcher, *prop*.
Affreux chenapan.......	V.	1	Delbès, Marquet.	
Africo et Menzola.......	M.	3		Coffin-Rosny (D. E.).
Agamemnon...........	T.	3	Lemercier.	
Agamemnon	P.	1		Heuvé.
Agar dans le désert.....	O.	3		De Jouy 1/2, Méhul (D. E.).
Agar et Ismaël.........	C.	1	Lemercier.	
Agathe...............	V.	2	A. d'Artois 1/2, Ducange (D.E.)	
Agathe et Lismore......	O.	1	Solie.	
Age d'or.............	M.	1		Meunier.
Agenda..............	V.	1	G. Robert.	
Agenda..............	V.	1		Ancelot.
Agenda et le Souvenir...	V.	1	Rougemont.	
Agénor le Dangereux....	V.	1		Labiche, Decourcelle.
Agent de change........	M.	3		Merle, Daubigny.
Agent dramatique.......F.-V.		1	Honoré.	

Titres des Pièces.	Genres.	Actes.	M. GUYOT.	M. PERAGALLO.
Agent matrimonial	V.	1		Jouhaud.
Agent matrimonial	V.	1		Perrot de Renneville, Salvat, Mifliez, *édit.*
Agent secret	V.	1	Alp. Keller.	
Agiotage	C.	5	Empis 1/2, Picard (D. E..)	
Agioteur	C.	1	Charlemagne.	
Aglaé	B.	1		Taglioni.
Agneau de Cloé	O.-C.	1	1/2 Clairville.	1/2 Montaubry.
Agnès Bernau	D.	5	1/2 Paul Foucher.	1/2 Alboize.
Agnès Bernau	D.	4		Milcent (D. E.).
Agnès de Belleville	V.	3	P. de Kock 1/2, Cogniard frères 1/2.	
Agnès de Châtillon	O.	3		Planterre.
Agnès de Méranie	T.	5		Ponsard.
Agnès et Félix	O.	3		Devienne.
Agnès et Fritz Henri	B.	3		Henri.
Agnès Sorel	V.	3	1/2 Dupaty.	1/2 Bouilly.
Agonie de Schœnbrunn	D.	3	Merville, Francis Cornu, Barba, *édit.*	
Agrafe	M.	3		Antier père, Antier fils, Deflers, Alix, *édit.*
Agricole Viala	O.	1		Porta, Jadin.
Agrippine	T.	5	Mme E. Niboyet.	
Ah ! enfin	V.	3	1/2 Clairville.	1/2 Vaulabelle, Dumoustier.
Ah ! il a des bottes Bastien.	V.	1		Blondelet, Bordet.
Ah ! la bonne tête !	V.	1	Th. Anne, Ach. d'Artois.	
Ah ! là ! là	V.	1		Gosse (D. E.).
Ah ! que j'étais bête	V.	1	1/2 Tournay.	1/2 Chazet.
Ah ! que l'amour est agréable	V.	5		Léonce, Demolière, Michel Delaporte.
Ah ! que les plaisirs sont doux !	V.	1		Judicis, Alix, *édit.*
Ah ! quel plaisir d'aller aux eaux !	V.	3	1/2 A. Guénée.	1/2 Ch. Potier.
Ah ! quel plaisir d'être papa !	V.	1	Clairville 2/3, Beauplan 1/3.	
Ahuri de Chaillot M.	V.	1	Honoré.	
Ah ! vous dirai-je, maman.	V.	1	1/3 Duprat, Marc Leprévost.	2/3 Boyer, Masse, *édit.*
Aides de camp	V.	2		Ancelot, P. Duport.
Aides de camp	V.	1	Théaulon, Ferd. Langlé.	
Aides de camp	V.	1	Bayard, Dumanoir.	
Aides de camp du général.	V.	1	1/2 Cormon.	1/2 Grangé.
Aide-toi, le ciel t'aidera	V.	1	Honoré 2/3 ; Mifliez, *édit.*, 1/3.	
Aïeule	O.	1	1/2 Saint-Georges.	1/2 Adrien Boïeldieu
Aigle de Sébastopol	T.	1		Dallière.
Aigle des Pyrénées	M.	3	Pixérécourt, Mélesville.	
Aiguillette bleue	V.	3	E. Jaime, Michel Masson, d'Artois.	
Ailes de l'amour	O.	1		Beffroy-Reigny.
Aimable vieillard	C.	3		De Favières.
Aimable vieillard	V.	2	Jacquelin, Rigaud.	
Aimable vieillard	V.	2		Chaussier.
Aimable vieillard	C.	1		Prévost.
Aimé pour lui-même O.	B.	1		De La Chesneraye, L. de Rillé.
Aimer, croire, espérer	D.	5		Rosier.
Aimer et mourir	M.	3		Benj. Antier, Al. Decomberousse, Deflers.

Titres des Pièces.	Genres.	Actes.	M. GUYOT.	M. PERAGALLO.
Aimer et mourir........	V.	1	Dinaux, Michel Masson.	
Aimer ou mourir........	V.	2	Lafontaine, Hip. Leroux.	
Aimer et plaire.........	V.	2	Ségur aîné (D. E.).	
Aimons notre prochain...	C.	1	Méry.	
Aînée et Cadette (l')....	V.	2		E. Souvestre, Davesne.
Aînée et la cadette......	V.	1		F. de Gourcy.
Air du tra.............	V.	1	1/2 Ad. Choler.	1/2 Dallard.
Akanzas les)..........	P.	3		Cuvelier.
A la Bastille...........	V.	1		Saintine, Duvert, de Lauzanne.
A la belle étoile........	V.	1	1/2 A. Guénée.	1/2 Montjoie.
A la belle étoile........	V.	1		Ch. Potier, Brisebarre.
A la brune............	O.	1	1/2 Bovery.	1/2 Neuville.
A la campagne........	V.	1		Crisafulli, Belot, Massé, *édit*.
Aladin................	O.	5	Etienne 1/2, Nicolo (D. E.), Benicori (D. E.).	
A la frontière..........	V.	1	Avocat.	
Alain Blanchard.......	T.	5	Dupias.	
Alain et Blaisot........	V.	1		Mme Hadot (D. E.).
Alain et Rosette.......	V.	1		Léger (D. E.).
A la nuit close........	V.	2	2/3 Delbès, Marquet.	1/3 Jullien.
A la papa.............	V.	1	Brazier.	
A la plus laide.........	V.	1	Clairville, Faulquemont.	
A la recherche d'un million.	V.	1	Colliot, Lapointe, Mareuge.	
Alarme au village......	V.	1	Léonce.	
Alarmiste.............	V.	1	Desprez (D. E.).	
A la vie, à la mort......	V.	1	Angel.	
Albert................	M.	3		Antier, Boisset.
Alberta première.......	V.	2		Fournier.
Albert de Gênes.......	M.	3		Aude.
Albert de Weimar......	M.	5		Chaussier.
Albert de Whobourg....	M.	5		Lefebvre 1/2, Milcent (D. E.).
Albert et Emilie........	T.	3	Dubuisson.	
Albert Hermann.......	D.	5		Led'hui (Carl.).
Albinos vivants........	V.	1	Brazier.	
Album................	V.	1	Picard (D. E.).	Mazères 1/2.
Alcade de la Véga......	O.	3		Bujac, Onslow.
Alcade de Molorido.....	C.	5	Picard (D. E.).	
Alcade de Salveira.....	V.	1	1/2 Milon.	1/2 Guerville.
Alcade de Zalaméa.....	D.	3	Samson, J. de Wailly.	
Alceste...............	T.	5	1/3 Elwart.	2/3 Hipp. Lucas.
Alceste...............	P.	3		Arnould.
Alceste à la campagne...	C.	2	Demoustier.	
Alchimiste............	D.	5		Al. Dumas, Gérard de Nerval.
Alchimiste............	V.	3	2/3 Clairville.	1/3 Vaulabelle.
Alchimiste............	O.C.	1		Dubreuil, Paliard.
Alchimiste............	V.	1	Henrion, Dumersan.	
Alchimistes...........	O.	3		Moline.
Alcibiade.............	T.	5	Châtenay.	
Alcibiade.............	V.	1	Raboteau.	
Alcibiade solitaire......	O.	2		Cuvelier 1/4, Barouillet 1/4, A. Piccini 1/2.
Alcine................	O.	3	Sedaine-Sarcy (D. E.).	Sedaine (D. E.).
Alcôve...............	V.	1	3/4 De Leuven, Roche, Barba, *édit*.	1/4 De Forges.
Alcôve d'un garçon.....	V.	1	3/8 Brisson.	5/8 Philastre.
Alda.................	O.	1	1/4 Bayard.	3/4. P. Duport 1/4, Thys 1/2.
Alessandro Stradella....	O.	3	3/4. Deschamps 1/8, Piccini 1/8, Niedermeyer 1/4, Flottow, 1/4.	1/4 P. Duport, de Forges.
Alexandre aux Indes....	O.	3	Désaugiers (D. E.).	Morel de Chedeville (D. E.).

Titres des Pièces.	Genres.	Actes.	M. GUYOT.	M. PERAGALLO.
Alexandre chez Apelles.	A.	2	Catel (D. E.).	1/2 Gardel.
Alexandre chez Apelles..	C.	2		Delaville.
Alexandre chez Apelles..	V.	1	Bayard, Dupin.	
Alexis	O.	1	Marsollier (D. E.), Dalayrac (D. E.).	
Alexis et Charlotte	O.	1		Berteau.
Alexis et Justine	O.	2		Monvel.
Alexis et Rosette	M.	1		Guillemain.
Alfred	V.	1	Th. Anne, Ach. d'Artois.	
Alfred	P.	1		Chaussier.
Alfred le Grand	V.	1	Ledoux, Barba, *édit.*	
Algérienne	V.	1	Provost.	
Ali Baba	D.	5		E. Dubreuil.
Ali-Baba	O.	4	1/2 Scribe, Mélesville.	1/2 Chérubini.
Ali-Baba	M.	3	De Pixérécourt.	
Ali-Baba	F.	3	2/3 Cogniard frères.	1/3 Nézel.
Alibi	C.	3	De Longpré.	
Alibi	V.	1		Auger.
Alice	M.	3		Desnoyers, Edan, d'Avrecour.
Alice	V.	1	1/3 Brunet.	2/3 Ch. Dupeuty, de Villeneuve, Saint-Hilaire.
Alice	V.	1	Déaddé 1/2, Colliot 1/4, *Bourdois pour* Porcher 1/4.	
Alidor et Zirphé	C.	5	A. Gouffé, Rouhier Deschamps	
Aline Patin	V.	3		E. Pierron.
Aline, reine de Golconde.	O.	3	Defays.	
Aline, reine de Golconde.	O.	3		Vial, de Favières, Berton.
Aline, reine de Golconde.	B.	3	Monsigny (D. E.)	Sedaine (D. E.).
Aline, reine de Golconde.	B.	3		Aumer.
Ali-Pacha	M.	3		H. de Comberousse 1/2, Pichat (D. E.).
Alisbelle	O.	4	Desforges (D. E.).	1/2 Jadin.
Alison et Sylvain	O.	3	Montenclos.	
Alix	D.	5	2/3, A p Brot, Barba *édit.*	1/3 Desnoyers.
Alix	O. C.	1	Follet 1/4, E. Nus 1/4, Doche 1/2.	
Alix de Beaucaire	O.	3	Boutillier, Rigel père.	
Alix et Blanche	M.	5	5/12 Duperche.	7/12 Dubois.
Allants et venants	V.	1	A. D'Artois, Théaulon.	
Allée des Veuves	M.	5	De Pixérécourt.	
Allez voir Dominique	V.	1	Pain (D. E.).	
Allez vous asseoir	R.	3		De Jallais, Jules Renard.
Allez vous coucher	V.	1	Vanderbuch 1/4, Gabriel 1/4, Barba, *édit.* 1/2.	
Allez-vous-en, gens de la noce	V.	1		De Jallais, Gabet.
Allo et homœopathes	V.	1	Maurice Bouquet.	
Allons à la Chaumière	V.	1		Prieur, Lajariette.
Allons battre ma femme..	V.	1		Lefranc, de Marville, Masse.
Allons chez Passoir	V.	1	Masquillier.	
Allons en Russie	V.	1	Henrion.	
Allons voir le diable	V.	1	Moreau, Lafortelle.	
Allons-y, Balançard	V.	1		Nantouillet, Daubin.
Allons-y gaiement	R.	3	1/2 A. Guénée.	1/2 Ch. Potier.
Allons-y tout d'même	R.	3		J. Renard.
Allumette entre deux feux	V.	1	Honoré.	
Allumettes chimiques	V.	2		St-Amand.
Allumeur	D.	5	1/2 Hostein.	1/2 Béraud.
Allumeur de chalands	V.	1	Varner.	
Alma	V.	1	1/2 A. Guénée.	1/2 De Jallais.

Titres des Pièces.	Genres.	Actes.	M. GUYOT.	M. PERAGALLO.
Almanach............	V.	1		Guillemain.
Almanach des vingt-cinq mille adresses........	V.	3	1/2 Lafargue.	1/2 De Villeneuve.
Almanach liégeois......	V.	1	2/3 Léon Halévy, Ad. Choler.	1/3 H. Lucas.
Almanza.............	M.	5	11/12. Lanusse 2/12, Montperlier 9/12.	Quaisain 1/12 (D. E.).
Almanzor et Nadine.....	C.	1	Fonpré-Fracansalle.	
Almaviva et Rosine......	B.	3	Laurençon.	
Alméria..............	M.	5		Mme Hadot (D. E.).
Aloïse...............	M.	5	A. Croisette.	
Aloïse...............	M.	5		Hubert, Dubois.
Alphonse.............	P. D.	4	Camaille Saint-Aubin.	
Alphonse.............	D.	2		Léger (D. E.).
Alphonse et Adèle.....	V.	1		Mme Hadot (D. E.).
Alphonse et Léonor.....	O.	1		Prévost d'Iray, Gresnick.
Alphonse, roi d'Aragon..	O.	5		Sourignère-St-Marc, Boscha.
Alphonse, roi de Castille.	M.	5		Milcent (D. E.).
Alphonse, roi de Castille.	M.	3		Dherbouville, Morange.
Alphonsine...........	M.	5	Dumersan, Servière, Lanusse	
Alsaciennes...........	V.	1	Brazier, Gabriel.	
Althée...............	O.	5	Pierre Royer.	
Amadis des Gaules.....	B.	3		Alexis Blache.
Amaglia..............	D.	5	Vanderburch, J. Séveste.	
Amanda	M.	5		Hineaux 1/4, Darondeau 1/4, Quaisain (D. E.), Coffin Rosny (D. E.).
Amandine............	V.	2	Rougemont, Monnier.	
Amant à l'épreuve.....	O.	2		Moline (D. E.), Fillette-Loraux (D. E.), Berton (D. E.).
Amant à l'épreuve.....	C.	1	Coupart.	
Amant arbitre.........	C.	1	Ségur jeune.	
Amant aux bouquets....	V.	1	3/8 Lurine.	5/8. R. Deslandes 3/8, Bour-dilliat, édit., 2/8.
Amant bossu..........	V.	1	Scribe, Mélesville, Vandière.	
Amant bourru.........	C.	3		Monvel.
Amant comédien	V.	1	Coupart 1/2, Servière (D.-E.).	
Amant de cœur.......	V.	1	1/2 Siraudin.	1/2 Jules de Prémaray.
Amant déguisé........	O.	1	Philidor (D. E.).	
Amant de retour	C.	1		Guillemain.
Amant en gage........	V.	1		Laurencin, Tastet.
Amant ermite.........	V.	2	Gassier.	
Amant et le mari.......	O.	2	1/4 Roger.	3/4. De Jouy 1/4, Fétis 1/2.
Amant femme de chambre.	C.	1	Dumaniant (D. E.).	
Amant instituteur.......	V.	1		Defrénoy.
Amant intrigué.........	C.	1	1/3 Mlle Huet.	2/3 Léon Rabbe.
Amant jaloux, nouvelle partition............	O.	3	1/2 D'Helle, Grétry.	1/2 Batton.
Amant jaloux..........	O.	3	D'Helle (D. E.), Grétry (D. E.).	
Amant malheureux.....	V.	2	1/2 Jules de Wailly.	1/2 Arnould.
Amant muet..........	V.	1	Pillon, Lambert.	
Amant mystérieux.....	V.	1	1/2 Scribe.	1/2 Al. Decomberousse.
Amant mystérieux......	V.	1		V. Moulin.
Amant par vanité......	C.	2	Dupaty.	
Amant prêté..........	V.	1	Scribe, Mélesville.	
Amant qui ne veut pas être heureux............	V.	1		Al. de Comberousse, Lubize.
Amant rival...........	V.	1		Pelletier Volmeranges (D. E.), F. du Petitmère (D. E.).
Amant rival de sa maîtresse	O.	1	1/2 Henrion.	1/2 A. Piccini.
Amant romantique......	V.	1		Jouhaud.

Titres des Pièces.	Genres.	Actes.	M. GUYOT.	M. PERAGALLO.
Amants absents........	O.	1		Quaisain (D. E.).
Amants de Lyon........	D.	3	Hapdé (D. E.).	
Amants de Murcie......	D.	5		F. Soulié.
Amants de Philadelphie..	D.	2		Aude.
Amants de Plailly.......	C.	2	Valcourt.	
Amants du bon vieux temps	V.	1		Camel.
Amants du Pont-aux-Biches	V.	1		Camel.
Amants en poste.......	C.	3	5/6 Caigniez.	Quaisain (D. E.).
Amants généreux.......	C.	5	Rochon.	
Amant singulier........	V.	1	Scribe.	
Amant somnambule.....	V.	1	Philippe, Martin, Barba *édit*.	
Amant soupçonneux.....	C.	1	1/2 Lafortelle.	1/2 Chazet.
Amants Protées........	C.	1	Patrât (D. E.).	
Amants réunis.........	C.	2	Mittié fils.	
Amants sans amour.....	C.	1	Monnet.	
Amants sans amour.....	V.	1	Radet (D. E.).	
Amants Siciliens........	C.	3		Loaisel-Tréogate.
Amant statue..........	O.	1	Desfontaines (D. E.).	Dalayrac (D. E.).
Amants trompés.......	V.	1	Anseaume (D. E.).	
Amants valets.........	V.	1	Rougemont.	
Amants villageois......	B.-P.	1		J.-B. Gilbert.
Amant timide..........	C.	2		Châteauneuf.
Amant victime du devoir	M.	3	Henry.	
Amateur.............	C.	1	Barthe.	
Amateur à la porte.....	V.	1	(*Delestre-Poirson*).	Mazères 1/2.
Amateur tout seul (l')...	V.	1	1/2 Rougemont.	1/2 Ragueneau.
Amazampo...........	D.	4		Lemoine-Montigny, Meyer.
Amazone (l')..........	O.	2	Scribe 1/6, Mélesville 1/6, (*Delestre - Poirson* 1/6), Amédée de Beauplan 3/6.	
Amazone.............	O.	1	2/3 Sauvage, Lurieu, Théaulon,	1/3 Thys.
Amazone de Grenade...	M.	5		Mme Hadot (D.E.). Taix (D. E.).
Amazones............	O.	3		Jouy 1/2, Méhul (D. E.).
Amazones modernes....	M.	3		Alexandre.
Amazones prises d'assaut	C.	1		Declaye.
Ambassade à Alger.....	M.	5	5/12 Monperlier.	7/12 Dubois.
Ambassade à Naples....	V.	2	Hostein, Pourcelt.	
Ambassade à Smyrne..	B.-P.	3		F. Blache, Amédée.
Ambassade persane....	V.	1	Belfort-Devaux.	
Ambassadeur.........	V.	1	Scribe, Mélesville.	
Ambassadrice	O.-C.	3	1/2 Scribe, Saint-Georges.	1/2 Auber.
Ambigu-Comique en habit neuf...............	V.	1		F. Dugué.
Ambitieux............	C.	5	Scribe.	
Ambition au village....	V.	1	Brazier, Dumersan, Mélesville.	
Ambition maternelle....	M.	5	1/3 Bilderberck.	2/3 Hubert, A. Piccini.
Ambition maternelle....	M.	5	Rougemont.	
Ambition subalterne....	C.	2	De Planard.	
Ambroise	O.	1		Monvel (D. E.), Dalayrac (D. E.).
Ambroisine...........	C.	1		De la Peyrouse.
Amédée et Amédée.....	V.	1		Lardy, Albert Monnier.
Amédée XXIII.........	V.	2		Biéville.
Ame en peine.........	O.	2	Saint-Georges, Flotow.	
Amélasis.............	D.	5		Hubert 1/2, Quaisain (D. E.),
Amélia	M.	3		Delrieu.
Amélie	D.	5		Porcher.
Amélie et Mourose......	D.	5		Faur.

Titres des Pièces.	Genres.	Actes.	M. GUYOT.	M. PERAGALLO.
Amélie	D.	3		Mme Hadot (D. E.), Taix (D. E.).
Amélie	M.	3		Comte de Moynier.
Amélie	D.	2	Merville.	
Amélie	V.	2		Sewrin.
Amélie	V.	2	1/3 Barba *édit*.	2/3 Laurencin, P. Duport.
Amélie	C.	1	Henriquez.	
Amélie	C.	1		Pujoulx (D. E.).
Amélie	V.	1	Lecerf.	
Amélie de Mansfield	D.	5		Bellin.
Amélie de Montfort	O.	3	1/2 Cottereau.	1/2 Jadin.
Amélie Mansfield	M.	5		Hubert.
Américains en 1781	D.	2		D'Epagny.
Amérique en 1780	D.	5	1/2 Paul Foucher.	1/2 Alboize.
Amérique en 1781	D.	1	Déaddé, Delalain.	
Amérique n'est pas loin	V.	5	A. Gouffé, Bahan.	
Ames en peine	V.	3	Mélesville, Carmouche.	
Ame transmise	V.	3		Chardon, Alix *édit*.
Ami acharné	V.	1		Labiche, A. Jolly.
Ami Boudeau	V.	2		Constant Laurent, Ménissier
Ami Bontemps	V.	1	Théaulon, Mélesville, Barba *édit*.	
Ami Clermont	C.	3		Marsollier (D. E.).
Ami Clermont	D.	2	Mme d'Hautpoult.	
Ami de Collège	V.	1	Gentil 1/2, (Désaugiers D. E.).	
Ami de la garnison	V.	2	De Longpré, Em. Arago.	
Ami de la maison	O.	3	Grétry (D. E.), Marmontel (D. E.).	
Ami de la maison	V.	3		E. Dubreuil.
Ami de la maison	V.	1	Müller.	
Ami de la maison	C.	1		Vaulabelle.
Ami de la maison	V.	1	Emile Lefebvre, Colliot.	
Ami des enfants	V.	1	Pain (D. E.).	1/2 Bouilly.
Ami des lois	C.	5		Laya père.
Ami de tout le monde	C.	1	Picard (D. E.).	
Ami de tout le monde	C.	1		Mme de Bawr.
Ami du mari	C.	2	Denys, Alphonse.	
Ami du mari	C.	1		Marsollier (D. E.).
Ami du peuple	C.	3	Camaille Saint-Aubin.	
Ami du roi de Prusse	V.	2	1/3 Varin.	2/3 Arsène de Cey, Giraud Dagneau *édit*.
Amie (une)	D.	3	Déaddé, Letellier, Barba *édit*.	
Amie comme il y en a peu	D.	2	Boutillier.	
Amie intime	C.	1	Le Parmentier.	
Ami et amant	V.	1		Ch. Potier, Rimbaut.
Ami François	V.	1	Colliot 1/3, (*Bourdois pour* Porcher 1/3, Lévy *édit*. 1/3	
Ami Grandet	V.	3		Ancelot, Al. Decomberousse.
Ami intime	D.	3	De Rostan.	
Ami intime	V.	1	2/3 A. D'Artois, Théaulon.	1/3 Ferdinand Laloue.
Amilcar	M.	5	5/6 Réné Périn.	1/6 Taix (D. E.).
Ami malheureux	V.	2	1/2 Alp. Royer.	1/2 G. Vaëz.
Amina	V.	1		N. Fournier.
A minuit	D.	3	1/3 Maréchalle.	2/3 Poujol, Bezou *édit*.
Ami Pierre	V.	1	2/3 A. D'Artois, Leuven.	1/3 De Forges.
Ami qu'on n'aime pas	V.	1		Lubize.
Ami qu'on ne connait pas	V.	1		Auger, Lubize.
Amiral de l'escadre bleue	D.	5	P. Foucher.	
Amis à l'épreuve	C.	2	Pieyres D. E.).	
Amis de collége	C.	1	Picard (D. E.).	

Titres des Pièces.	Genres.	Actes.	M. GUYOT.	M. PERAGALLO.
Amis de collége	V.	1	2/3 Rochefort, Barba, *édit*	1/3 G. Lemoine.
Amis de collége	V.	1	Lange.	
Amis de la joie	V.	1		Jouhaud.
Amis du jour	C.	1	Beaunoir.	
Amis du Mogol	M.	4		Cuvelier, Hubert.
Amis ne sont pas des Turcs.	V.	1	Rochefort, Lepage.	
Amitié à l'épreuve	O.	3	Grétry (D. E.).	
Amitié cédée à l'amour	B.-P.	1		Dauberval.
Amitié des deux âges	C.	3		Monier de la Sizeranne.
Amitié des femmes	C.	3	Lévy 1/3.	Mazères 2/3.
Amitié des femmes	C.	2	Lafitte, Riga, *édit*.	
Amitié d'une jeune fille	M.	3		Mourier.
Ammonites	O.	3	1/2 Blangini.	Aignan (D. E.).
A moitié chemin	V.	1		Lefranc, Labiche, Marc-Michel.
Amour	D.	7	Paulin Niboyet.	
Amour	V.	1		Rosier.
Amour	B.-P.	1		Blache.
Amour à Cythère	B.	2		Henri 1/2, Gaveaux (D. E.).
Amour (l') à la maréchale	V.	2	Mme Roger de Beauvoir 2/3, Tresse, *édit*. 1/3.	
Amour à l'anglaise	V.	1	Jacquelin, Rougemont.	
Amour à la pipée	V.	1	Ad. et Saint-Agnan Choler.	
Amour à l'aveuglette	V.	1	1/2 Mélesville.	1/2 Saintine.
Amour à l'aveuglette	V.	1	1/2 De Léris.	1/2 Brisebarre.
Amour à l'épée	O.	1	1/2 Galoppe d'Onquaire.	1/2 Wekerlin.
Amour arrange tout	C.	2		Loaisel-Tréogate.
Amour astrologue	C.	1	Ribié.	
Amour astronome	O.	1	Brousse-Desfaucherets.	
Amour au daguerréotype	V.	1	Varin, Bureau, Déaddé.	
Amour au régime	C.	1		Dubois, Chazet.
Amour au village	B.	2		Blache.
Amour au village	B.-P.	1	Laurençon.	
Amour au village	V.	1		Dutertre.
Amour au village	V.	1	*Jaime fils pour* Porcher.	
Amour aux petites maisons	M.	5		Bignon.
Amour conjugal	O.	2		Bouilly 1/2, Gaveaux (D. E.).
Amour dans les cheveux	V.	1	Galoppe-d'Onquaire.	
Amour dans l'île des amazones	M.	1	5/6 Ribié.	Taix (D. E.).
Amour dans tous les quartiers	V.	3	Clairville.	
Amour dans un ophicléide	V.	1		L. Boyer, Nuitter.
Amour de Fronsac	D.	3		Arrivetz, Huard.
Amour de Molière	V.	1		Alix *édit*.
Amour d'ophicléide	O.	1		Dutertre 1/4, E. Duprez 1/4, A. Charpentier 1/2.
Amour d'une reine (l')	D.	3	Déaddé, Raymond P.	
Amour d'un ouvrier	V.	2		Lévesque, Michel Delaporte.
Amour d'un roi	V.	3		Durand de Valley.
Amour en commandite	V.	1	2/3 de Leuven, Lhérie B.	1/3 D'Ennery.
Amour en défaut	O.	1		Piquet 1/2, Taix (D. E.).
Amour en loterie	V.	1		Audeval, Alf. Delacour.
Amour en peinture	V.	1		Ch. Potier.
Amour en ville	V.	1	Boverat, Chaigneau.	
Amour ermite	O.	1		Desriaux, Blasius.
Amour espagnol	V.	1		Edmond, Henry.
Amour et ambition	C.	3		Riboutté (D. E.).
Amour et ambition	M.	3		Hubert 1/2, Quaisain (D. E.).
Amour et amourette	V.	3		D'Ennery, Grangé, Alix *édit*.

Titres des Pièces.	Genres.	Actes.	M. GUYOT.	M. PERAGALLO.
Amour et amour-propre.	V.	1		P.Boisselot 2/3, Mifliez, édit. 1/3
Amour et Bacchus.......	C.	1		Guillemain.
Amour et bergerie......	C.	1		J. Barbier.
Amour et biberon.......	V.	1	2/3 Varin, Dumersan.	1/3 Saintine.
Amour et caprice.......	V.	1	2/3 Belle, Lafontaine.	1/3 Simonnin.
Amour et caprice.......	C.	1		Blanquet, Judicis.
Amour et colère.......	O.	1	De Longchamps, Lubbert.	
Amour et comédie......	V.	1		Huard.
Amour et coquetterie....	O.	1	1/2 Bianchi.	Coffin-Rosny (D. E.).
Amour et coulisses......	V.	3	De Tully, de Léris.	
Amour et délicatesse....	C.	1		Bonel.
Amour et délire........	C.	1	Mayeur.	
Amour et devoir........	C.	3	Patrat (D. E.).	
Amour et devoir........	M.	3	1/12 Lanusse.	11/12 Leblanc, Quaisain (D.E.)
Amour et fortune.......	O.	1	Blanchard, Dreuilh.	
Amour et galanterie.....	V.	1	Théodore.	
Amour et génie.........	D.	3	Badoche.	
Amour et gloire........	O.	2	1/2 D'Artois, Théaulon, de Rancé.	Boïeldieu 1/4, Hérold (D. E.).
Amour et hasard.......	V.	1	1/3 Duvernois.	2/3 Simonnin.
Amour et intrigue......	D.	5	Gustave de Wailly.	
Amour et la danse (l')...	O.	5	Scribe 1/3, Dupin 1/3, Clapisson 1/3.	
Amour et la faim.......	V.	1	Dieulafoy (D.E.), Gersin (D.E.).	
Amour et la folie.......	B.	2		Blache.
Amour et la folie.......	V.	2	Desfontaines (D. E.).	
Amour et la garde......	V.	1	Maréchalle.	
Amour et la gloire......	V.	2	Varner.	
Amour et la guerre.....	V.	1	E. Arago, Varin, Quoy.	
Amour et la paix........	V.	2	Bizet.	
Amour et la paix........	V.	1		Chaussier.
Amour et la peur.......	V.	1	Désaugiers (D. E.).	1/2 Lafillé.
Amour et la peur.......	V.	1	Rousseau.	
Amour et l'appétit......	V.	1	1/2 de Saint-Georges.	1/2 F. de Courcy.
Amour et la raison......	V.	1	Pigault-Lebrun.	
Amour et la raison......	C.	1	Carmouche.	
Amour et l'argent......	V.	1	Lafortelle 1/3, Désaugiers (D. E.).	1/3 Chazet.
Amour et l'arithmétique.	V.	1		Lajariette, Clavet.
Amour et la sagesse.....	C.	1	Lagardel.	
Amour et le hasard.....	V.	1	Armand d'Artois, Théaulon.	
Amour et le hasard.....	V.	1	*Delestre Poirson*.	
Amour et le procès.....	C.	1	Nanteuil.	
Amour et les farces.....	V.	1	H. Cogniard, Paul de Kock.	
Amour et les poules.....	C.	1	2/3 Saint-Amand, *Jouslin* pour Joseph B.	1/3 Villemot.
Amour et les vers......	C.	3	Colin d'Harleville (D. E.).	1/2 H. de Comberousse.
Amour et le temps......	B.	1		Blache.
Amour et le temps......	V.	1	Lapointe 1/2, Mareuge 1/4, Colliot 1/4.	
Amour et l'homœopathie.	V.	2		A. Jadin.
Amour et l'hymen....	B.-P.	2		Coralli.
Amour et l'intrigue.....	D.	5	G. de Wailly.	
Amour et mauvaise tête..	O.	3	Alexis 1/2, L. Piccini (D. E.).	
Amour et mensonge.....	C.	1	Grétry neveu (D. E.).	
Amour et menuiserie....	V.	4	1/3 Jaime.	2/3 Duvert, de Lauzanne.
Amour et mystère......	V.	1	Joseph Pain (D. E.).	
Amour et mystère......	V.	1	(*Delestre Poirson*).	
Amour et nature........	D.	5	Camaille Saint-Aubin.	
Amour et orgueil.......	P.	4	Hapdé (D. E.).	

Titres des Pièces.	Genres.	Actes.	M. GUYOT.	M. PERAGALLO.
Amour et prévention....	C.	4	Martin d'Ingrande.	
Amour et probité.......	C.	1	Pompigny.	
Amour et prudence.....	O.	1	Henri de Saint-Yves.	
Amour et pruneaux.....	V.	1	Vanderburch, Varin, Lévy*édit.*	
Amour et Psyché.......	V.	1		Moline (D. E.).
Amour et Psyché.......	V.	1	Clairville 1/3, Pilati 1/3, Mirecourt 1/6, Verteuil 1/6.	
Amour et son train.....	C.	1	.	Octave Lacroix.
Amoureuse de Titus....	V.	1	1/2 Carmouche. .	1/2 D'Avrecour.
Amoureux de Claudine..	V.	1	,	Montagne.
Amoureux de Fifine.....	V.	1		Th. Vinet.
Amoureux de Jeannette..	B.	1		A. Renoux, Ch. Tourey.
Amoureux de la bourgeoise	V.	1	Siraudin, A. Choler, Legrand.	..
Amoureux de la lune....	V.	1	.	De Jallais.
Amoureux de la reine....	V.	3	2/3 Scribe, de Rougemont.	1/3 Al. Decomberousse.
Amoureux de ma femme..	V.	1		N. Fournier 7/30, Laurencin 7/30, Duport 6/30, Masse, *édit.* 10/30. -
Amoureux d'en face.....	V.	1	Thirion, Bedeau, Miffliez*édit.*	
Amoureux de quinze ans.	O.	3	1/2 Martini.	1/2 Laujon.
Amoureux de sa tante...	V.	2	Eugène L., Isidore.	
Amoureux par surprise..	O.	1	Alexis 1/2, L. Piccini. (D. E.).	
Amoureux sans le savoir.	C.	1		Michel Carré, Jules Barbier.
Amoureux transi........	V.	5	Paul de Kock 2/3, Charlieu, *édit.* 1/3.	
Amour filial...........	O.	1	1/2 Demoustier. -	Gaveaux (D. E.).
Amour, folie et beaux-arts	V.	1	Ernest, Barba *édit.*	
Amour français.........	C.	1	Rochon.	
Amour fugitif..........	O.	2		Mendouze, Chérubini.
Amour gaulois..........	O.	3	Bieysse 1/2, Grétry neveu (D. E.).	
Amour, honneur et devoir.	D.	3	5/12 Barba *édit.*	7/12 Charrin, Renat, Quainsain (D. E.).
Amour maternel........	O.	3	Grétry neveu 1/4 (D. E.). Grétry 1/2 (D. E.).	1/4 de Favières.
Amour maternel........	C.	1		Béraud.
Amour maternel.......	O.	1		Marsollier (D. E.), Dalayrac (D. E.).
Amour mendiant.......	B.	1		Cuvelier.
Amour mouillé.........	V.	1	1/3 A. de Beauplan.	2/3 Michel Carré, J. Barbier.
Amour peintre	C.	1		Levasseur.
Amour platonique	V.	1	Scribe, Mélesville.	
Amour postillon........	P.	1	1/2 Hapdé (D. E.).	1/2 Roll.
Amour pris aux cheveux.	V.	1	Galoppe-d'Onquaire.	
Amour prisonnier	O.	1		Moline (D. E.).
Amour quand tu nous tiens	V.	1		Henri de Kock.
Amour quêteur.........	C.	1	Beaunoir.	
Amour qu'est qu'c'est qu'ça.	V.	1	1/3 Clairville.	2/3 Alf. Delacour, Thiboust.
Amour raisonnable......	C.	1		De Chavange.
Amour remouleur.......	V.	1		Sewrin.
Amour rend aveugle....	V.	1	Jautard, Dardoize.	
Amour romanesque.....	V.	2	*Charlemagne pour* Barba.	....
Amour romanesque.....	O.	1	*Charlemagne, Wœlfe pour* Barba.	
Amour sans espoir (un)..	D.	2		Poujol père et fils, Ménissier.
Amours d'Antoine et de Cléopâtre............	B.	3		Aumer (D. E.), Kreutzer (D. E.).
Amours de Bayard......	C.	4	Champein 1/4 (D. E.).	Monvel 3/4 (D. E.).··
Amours de Brailard....	V.	1	.	Ourry, Merle. ..
Amours de Faublas...	B.-P.	3	2/3 Lockroy, Léon.	1/3 Piccini. ·

Titres des Pièces.	Genres.	Actes.	M. GUYOT.	M. PERAGALLO.
Amours de Henri IV....	O.	3		Saint-Just (D. E.), Méhul (D. E.).
Amours de la halte......	V.	1	Moreau, Henrion.	
Amours de la rue Quincampoix............	V.	1	Sauteray, Bizet.	
Amours de M. Griffet....	V.	1	Solomé.	
Amours de M. Jacquinet.	V.	1	*Lagrenée pour* Barba.	
Amours de Montmartre..	C.	1	Fonpré-Fracansalle.	
Amours de Paris........	V.	3	1/2 A. Guénée.	1/2 L. Couailhac.
Amours de Paris........	V.	2	Dumersan, Ach. D'Artois.	
Amours de Pierrot......	V.	1		*Rollin pour* Czinski.
Amours de Psyché....	F.-V.	4		Dupeuty, Michel Delaporte.
Amours d'été........	B. P.	2	Coindé.	
Amours d'été..........	V.	1	Piis (D. E.), Barré (D. E.).	
Amours de Vénus et de Mars...............	V.	1		Moline (D. E.).
Amours de village......	V.	1	Francis D, A. et A. d'Artois.	
Amours du diable....	O.-C.	4	De Saint-Georges, Grisar.	
Amours du Gros-Caillou.	O.	3		Guillemain.
Amours d'une reine.....	D.	5	Déaddé 1/2, Provost 1/4, Bréant 1/4.	
Amours d'une rose......	V.	3	5/8. Cormon 3/8, Marc Leprévost 2/8.	3/8 Grangé.
Amours d'un rat........	V.	1		Durantin, J. de Rieux.
Amours d'un serpent...	V.	2		Feuquerolles. Touchard-Lustières, Masse *édit*.
Amours du port au blé..	V.	1	1/2 Dumersan.	1/2 Sewrin.
Amours du soir.........	V.	3	1/2 Desvergers, Varin, Held prop.	1/2 Martin, Marchand.
Amours forcés.........	V.	3		Decourcelle.
Amours maudits........	D.	5		Ferdinand Dugué.
Amours Prothées.......			Patrat (D. E.).	
Amours supposés.......	C.	1	Martelly.	
Amour sur les toits.....	V.	2	Cranney, Brussant.	
Amour, un fort volume, prix 3 fr. 50.........	V.	1	1/2 E. Martin.	1/2 Labiche.
Amour vengé..........	B.	1		Baudry.
Amour véritable........	V.	5	Deslandes, Didier.	
Amour vient après.....	V.	2	2/3 Dupin.	1/3 Alix *édit*.
Amphigouri...........	V.	1	Brazier, Dumersan, A. d'Artois, Barba *édit*.	
Amphigouri	V.	1	Dupin..	
Amphyon, élève des Muses	B.-P.	1		Dauberval.
Amphitryon...........	O.	3	Sedaine (D. E.).	Grétry (D. E.).
Amphitryon à la diète...	V.	1	1/4 Gentil, Désaugiers (D. E.), Gersin (D. E.).	1/4 Chazet.
Amynthe et Myrtil......	B.	3		Blache.
Amy Robsart...........	D.	5	Paul Foucher.	
An (un)...............	D.	3		Mme Ancelot.
Anacharsis	V.	1	2/3 Théaulon, Brazier.	1/3 F. de Courcy.
Anachorète du val des Laves..............	P.	3		Cuvelier.
Anacréon	O.	2		Mendouze, Chérubini.
Anacréon à Suresnes....	V.	1		Chaussier.
Anacréon chez Polycrate.	O.	3	Grétry (D. E.).	1/2 Guy.
Anaïs dans l'île des sauvages de la Montagne-Noire.............	D.	3	Rougemont.	
Anatole................	D.	2	Sauvage.	
Anaximandre...........	C.	1	Andrieux (D. E.).	

Titres des Pièces.	Genres.	Actes.	M. GUYOT.	M. PERACALLO.
Ancien caveau	V.	1	Ségur jeune, Philippon.	
Anciens amis	C.	2	Picard (D. E.).	
Andalouse	V.	1	Siraudin, Théaulon.	
Andalouse	B. P.	1	Laurençon.	
Andalouse	B. P.	1	Mme Julian, Pilati.	
Andalouse à Paris	V.	1		E. Pagès, Michel Delaporte.
An deux (l')	V.	2	Aug. Supersac, Privat Danglemont.	
An dix-huit cent quarante	V.	1	Mélesville.	
An dix-huit cent trente-cinq	D.	3	Ducange (D. E.).	
An dix-huit cent trente-cinq	V.	1	Désaugiers (D. E.).	
André	V.	2	1/2 Bayard.	1/2 G. Lemoine.
André	O.	1	1/4 Saint-Georges.	3/4. Rifaut 1/4, Alix 1/2.
André	M.	1	Caigniez, Quoy.	
André	V.	4	Jaime, Léon Halévy.	
Andréa l'esclave	D.	5	2/3 Maillan, Legoyt.	1/3 Alix, édit.
Andrea del Sarto	D.	3	Alf. de Musset.	
André Bernard	D.	3		Fillion.
André Chénier	D.	3		Daillière-Julien.
André Chénier	D.	3		J. Barbier.
André Chénier	M.	1	1/2 Alfred Goy.	1/2 Alix, édit.
André Gérard	D.	5		Victor Séjour.
André le centenaire	V.	1	1/2 Labie.	1/2 J. Augier.
André le chansonnier	D.	2		Desnoyers, Fontan.
André le menuisier	V.	3	1/2 Michel Masson.	1/2 Mourier.
André le mineur	D.	5		Bonnefonds, Dugué.
André le sculpteur	V.	5		Dubreuil.
Androclès	M.	5	5/6 Caigniez.	1/6 Leblanc.
Andromaque	O.	3	Patrat (D. E.), Grétry (D. E.).	
Androphile	V.	2	Grétry neveu (D. E.).	
Andros et Almona	O.	3		Duval, G. Lemière.
Ane à Baptiste	V.	4	2/3 Siraudin, Clairville.	1/3 Maurice Alhoy,
Anecdote corse	M.	3		Maillot, Declaye.
Ane mort	D.	5	1/2 Jaime fils.	1/2 Th. Barrière.
Ane mort et la femme guillotinée	M.	3	1/3 Quoy.	2/3 Simonnin, Th. Nezel.
Anesse coupable	C.	3	Boyer de Nîmes.	
Ange au rez-de chaussée.	V.	1	1/3 *Bourdois pour* Porcher.	2/3 L. Couailhac, M. Alhoy.
Ange au sixième étage	V.	1	Stéphen, Théaulon.	
Ange dans le monde	C.	3		F. de Courcy, Ch. Dupeuty.
Ange de charité	C.	3		E. Serret.
Ange de ma tante	V.	1		Lajariette, Alf. Delacour.
Ange du foyer	C.	1		De la Peyrouse.
Ange et démon	D.	2		Frantz-Leroy, Fréd. Auger.
Ange et démon	V.	2	Bayard, Arth. de Beauplan.	
Ange et démon	V.	1	Labourieu, Jacques Arago.	
Ange et démon	V.	1		Dutertre.
Ange gardien	D.	5		Ménissier.
Ange gardien	V.	5	1/2 Deslandes.	1/2 Ch. Dupeuty.
Ange gardien	V.	3		Laya.
Ange gardien	V.	2	Ach. d'Artois, Dupin, Riga, *édit.*	
Ange gardien	V.	1		Tournemine, Jouhaud.
Angéla	O.	1	Demontcloux, d'Épinay.	
Angéla	O.	1		Boïeldieu, Mme Gail.
Angèle	D.	5		Al. Dumas, Anicet.
Angèle et Amélie	D.	5		Baroncelli.
Angélina	D.	3	1/2 Barba, *édit.*	1/2 Rimbault.

Titres des Pièces.	Genres.	Actes.	M. GUYOT.	M. PERAGALLO.
Angélina............	V.	1	A. d'Artois, 1/3; Théaulon 1/6; Puech, *prop.*, 1/6; Barba *édit.*, 1[3.	
Angélique............	V.	1	(*Delestre Poirson*).	
Angélique de Rhodoan...	M.	5	Pompigny.	
Angélique et Jeanneton..	V.	2		Ch. Dupeuty, Saintine, de Villeneuve.
Angélique et Médor.....	O.	1	Sauvage 1/4, de Lurjeu 1/4, A. Thomas 1/2.	
Angélique et Melcour....	V.	1		Léger (D. E.).
Angelo, tyran de Padoue.	D.	4	Victor Hugo.	
Angelus...............	D.	5	1/2 Lafitte.	1/2 D'Ennery.
Angélus...............	O.	1	1/2 Gide.	1/2 Ader, Rey-Dusseuil.
Anges de la famille......	D.	5	3/4. Paul Féval 1/4, Lévy, *édit.* 1/2.	1/4 Guerville.
Anges de Paris.........	V.	1		Laurencin.
Anges du foyer.........	V.	1	Guiche.	
Ange tutélaire..........	D.	3	Pixérécourt.	
Ange tutélaire..........	V.	1	2/3, Lockroy, E. Jaime.	1/3 Marc Michel.
Angiolina..............	D.	5	Brisset, Théaulon, Bérard.	
Anglais................	C.	1	Patrat (D. E.).	
Anglais à Bagdad.......	V.	1	2/3 Moreau, Théaulon.	1/3 Ourry.
Anglais à Berlin........	V.	1	Petit.	
Anglais à Ceylan.......	M.	3	Toby.	
Anglais à Paris.........	C.	1	Berlin-d'Antilly.	
Anglaise...............	V.	1	2/3 E. Jaime, A. d'Artois.	1/3 Benj. Antier.
Anglaise à Pantin.......	V.	1	Gouffé, Villiers.	
Anglais en voyage......	V.	1	1/2 Arvers.	1/2 D'Avrecour.
Anglaises pour rire.....	V.	1	1/2 Dumersan.	1/2 Sewrin.
Anglais et Français.....	D.	5		Bardolet.
Anglais et Français.....	C.	1	Bayard, Gustave de Wailly, Barba, *édit.*	
Anglais supposés.......	C.	1	*Delestre Poirson*, Barba *édit.*	
Angleterre en 1710.....C.	V.	2		P. Duport, Alix, *prop.*
Ango de Dieppe........	D.	5	1/2 Félix Pyat.	1/2 Luchet.
Anguille de Melun......	V.	1	Georges Duval.	
Anguille sous roche.....	V.	1		J. Lambert 2/3, Masse, *édit.*, 1/3.
Animaux de Grandville..	V.	5	2/5 A. Guénée, Lemer.	3/5 Flan, Alb. Monnier, Jallais.
Anita.................B.	P.	1		Renoux, Fessy.
Anita la bohémienne....	D.	5	1/2 Carmouche.	1/2 F. Laloue.
An mil................	O.	1	Mélesville 1/3, Paul Foucher 1/6, Ch. Lafont 1/6, Grisar 1/3.	
Anna.................	O.	1		Sewrin, Solié.
Anna.................	V.	1		Ancelot.
Anna.................	V.	1		Demonval St-Hilaire.
Annah l'hébétée........	D.	5	1/2 Michel Masson.	1/2 Alboize.
Anna Moreno..........	D.	5	Cuendias.	
Anneau...............	V.	1		Laurencin, Monnais, Alix, *édit.*
Anneau d'argent........	O.	1		Jules Barbier 1/6, Michel Carré 1/6. Léon Battu 1/6, Deffés 3/6.
Anneau d'argent........	V	1	*Jouslin pour* Joseph B.	
Anneau de fer.........	C.	4		E. Serret.
Anneau de Gygès......	V.	1	Et. Arago, Desvergers.	
Anneau de la fiancée....	O.	3	Brisset, Blangini.	
Anneau de la marquise...	V.	1	1/3 Cormon.	2/3 Laurencin.
Anneau de la reine Berthe	O.	3	Dreuilh, Monperlier.	

Titres des Pièces.	Genres.	Actes.	M. GUYOT.	M. PERAGALLO.
Anneau de la reine Berthe	V.	2	Monperlier.	
Anneau de la vendetta...	D.	5	2/3 Cogniard frères,	1/3 Alboize.
Anneau de mariage......	V.	1	Lafortelle.	
Anneau de Marie.......	O.	1	J. B. Emery.	
Anneau de Mariette.....	O.	1	1/4 Cormon.	3/4. Laurencin 1/4, Gautier 1/2
Anneau de Salomon.....	V.	1	Henri Berthoud.	
Anneau des fiançailles...	V.	2	1/2 Lecomte.	1/2 Laurent.
Anneau du roi.........	M.	3		Ferray, Stadler.
Anneau mystérieux......	V.	1	Oscar 2/3, Mifliez, édit, 1/3.	
Anneau perdu..........	V.	1	1/3 Carmouche.	2/3 F. Laloue, Saintine.
Anne de Boulen........	M.	3	2/3 Rougemont, Quoy.	1/3 Frédéric, du Petit-Méré.
Anne de Boulen........	O.	3		Castil-Blaze.
Année à Paris.........	C.	3		Mme Ancelot.
Année bissextile........	V.	3	1/3 Clairville.	2/3 Poujol, Porcher, *prop*.
Année dix-huit cent trente-six sur la sellette.....	V.	1	2/3 Bayard, Théaulon.	1/3 F. de Courcy.
Année en action........	V.	1	1/3 De Tully.	2/3 Salvat, J. Augier.
Année prochaine........	V.	1	1/2 Bayard.	1/2 Biéville.
Année qui descend la garde.	R.	3		Flan.
Années 1842 et 1843...	V.	1		Jouhaud.
Annette Bras-d'or......	V.	1	Mallian, Chabot.	
Annette et Bazile.......	M.	1		Guillemain.
Annette et Lubin........	V.	1	Lourdet-Santerre, Martini.	
Annette et Lubin.......B.	P.	1		Dauberval.
Annibal...............	T.	5	Firmin Didot.	
Annibal...............	T.	5	Billot-Desminiers.	
Annibal Carrache......	V.	1	Emile Ader.	
Annibal chez Prusias....	T.	2	Prost.	
Anniversaire..........	C.	1	Derancé.	
Anonyme..............	V.	2	1/3 *Jouslin* pour Joseph B.	2/3 C. Dupeuty, de Villeneuve.
Anseaume à Bagnolet....	V.	2	Berrier, Lebas, Overnay.	
Antécédent	V.	3	Et. Arago.	
Antécédent	C.	1	2/3 Em. Arago, Barba, *édit*.	1/3 Marie Aycar.
Anticélibataire.........	C.	3		Pujoulx (D. E.).
Antichambre d'un médecin.	V.	1	1/2 Martin, Quoy.	1/2 Ménissier, Renault.
Antichambre en amour...	V.	1		Avenel.
Antigone	T.	5	Vacquerie, Paul Meurice.	
Antigone	O.	3	Zingarelli 1/2, Marmontel (D.E)	
Antinoüs	T.	1	Rigam.	
Antipathie............	C.	1		Ch. Delacour, Marc-Michel.
Antipodes	V.	1		Jules Barbier, M. Carré.
Antiquaire............	C.	3	Ant. Thouret.	
Antiquaire............	P.	1	Hapdè (D. E.).	1/2 Foignet.
Antiques d'Italie.......	C.	1	Dorvigny.	
Antiquomanie..........	V.	1	Jacquelin.	
Antiquomanie..........	P.	1	Hapdé (D. E.).	1/2 Foignet.
Antoine...............	V.	3	Mélesville, Brazier.	
Antoine...............B.	V.	1	2/3 De Leuven, Barba, *édit*.	1/3 De Forges.
Antoine et son compagnon.	V.	3	2/3 Carmouche, Ach. d'Artois.	1/3 Saintine.
Antonia...............	M.	3	1/3 Quoy.	2/3 Antier, Naigeon.
Antonin	V.	3		Davenay, Abel Lahure.
Antonine..............	M.	5		Boirie, d'Aubigny, Poujol.
Antonine la créole......	V.	1	(*Delestre Poirson*.)	
Antonia et Glandureau...	V.	2		Martin, Rimbault, Demolière.
Antony	D.	5		Al. Dumas.
An trop tard (un).......	V.	3		Ancelot.
Anvers...............	M.	5		Lepoitevin St-Alme.
Anvers...............	V.	2		Cès Caupenne, Alix, *prop*.

2

Titres des Pièces.	Genres.	Actes.	M. GUYOT.	M. PERAGALLO.
Aouias del Thomas de Founsosgribos	V.	1	Mengaud.	
Aoûteur	M.	5	Banès.	
Août quinze cent soixante-douze	D.	4	Lesguillon, Barba, *edit*.	
Apelles et Campaspe	B.	2		Blache.
Apelles et Campaspe	O.	1	1/2 Demoustier.	1/2 Eler.
Apollon du Belvéder	V.	1	Etienne, Nanteuil, Moras.	
Apollon du réverbère	V.	1	2/3 Scribe, Mélesville.	1/3 Saintine.
Apollon et Clytie	B. P.	2		Aniel.
Apollon second	V.	1	Romieu, Ferd. Langlé.	
Apothéose de don Quichotte	B.	3		Cuvelier.
Apothéose de Ducis	V.	1		Dubois.
Apothéose de Polichinelle	V.	1	Rochefort, Dupin, F. Langlé.	
Apothéose des Grâces	B.	1		Blache.
Apothicaire	O.	1		Foignet.
Apothicaire	V.	1	3/4 Desvergers, Varin, Puech, prop.	1/4 Duvert.
Apothicaire amoureux	V.	1		Guillemain.
Apparences	C.	4	Patrat (D. E.)	
Appartement	C.	4	Merville.	
Appartement à 2 maîtres	V.	1	Désaugiers (D. E.).	
Appartement à 2 maîtres	V.	1	*Delestre Poirson*.	
Appartement à louer	V.	1	Et. Arago, Desvergers, Overnay. (J. Pain D. E.)	
Appartement d'emprunt	V.	1	2/3 Salin, Carpier.	1/3 Lévesque.
Appartement garni	V.	1	Carmouche, Mélesville. (Gersin (D. E.)	
Appartement meublé	V.	1		Commerson, Marville.
Appartements à louer	V.	1	Roche, Barba, *édit*.	
Apprenti	V.	1	7/9. Cogniard frères 4/9, A. d'Artois, 3/9.	2/9 D'Ennery.
Après deux ans	C.	1	Méry.	
Après la bataille	V.	1	Alph. Keller.	
Après la guerre	V.	1		Rimbault.
Après la noce	P.	1	Paul Legrand, Bernardin.	
Après la pluie	V.	1	1/2. Faucheur 1/6, Dechaume 2/6.	1/2 Henri de Kock.
Après l'été	P.	1	Méry.	
Après l'orgie	M.	3	1/2 Salin.	1/2 Chardon.
Après l'orage	O. B.	1		Boisseaux, Galibert.
Après l'orage vient le beau temps	V.	1	Mme F. de Lysle.	
Après un an de mariage	V.	1		Victor Lefèvre.
A propos de bottes	V.	1	1/2 Maréchal.	1/2 Gombault.
A propos de bottes	V.	1	1/2 Joltrois.	1/2 Albéric Second.
A-propos patriotique	V.	1	1/2 Michel Masson.	1/2 De Villeneuve.
Aqueducs de Cosenza	M.	5		Camel 1/4, Leblanc 1/4, Fuysaie (D.E.), Quaisain (D.E.).
A quelque chose malheur est bon	V.	1	1/2 Martial.	1/2 Abel Labure.
A quelque chose malheur est bon	V.	1	Duriez, Mérimée.	
A qui la faute	V.	1	Scribe, Mélesville.	
A qui la mèche	V.	1		Furpille, Ch. de Courcy.
A qui l'aura	V.	1	E. Moreau.	
A qui le bébé	P.	3	Siraudin 1/2, Lapointe 1/4, Bourdois pour Duhard 1/4.	
A qui le mouchoir	V.	1	2/3 Grandin.	1/3 Schœffer-Stel.

Titres des Pièces.	Genres.	Actes.	M. GUYOT.	M. PERAGALLO.
A qui le moutard.......	V.	1	Mélesville.	
A qui l'enfant..........	V.	1	Carmouche, Vanderburch.	
A qui l'enfant..........	V.	1	Salin, de Tully.	
A qui mal veut.........	V.	1	Dumanoir, Clairville.	
A qui mal veut, mal arrive.	V.	1	Roche, Chéréault.	
A quoi cela tient.......	C.	1		Boursault.
A quoi cela tient........	V.	1	1/3 Barba, *édit*.	2/3 Antier père et fils, Sandrin.
Arabe hospitalier.......	M.	3		Ferdinand Laloue, Saintine.
Arabelle et Vascos......	O.	3		Lebrun-Tossa.
Arabes en Espagne.....	D.	3		Roussel.
Arbitre...............	V.	2	2/3 Théaulon, Barba, *édit*.	1/3 Paul Duport.
Arbitre...............	V.	1	1/2 Longchamps.	1/2 De Jouy.
Arbitres..............	C.	1	Dumersan, Barba, *édit*.	
Arbogaste........·.....	T.	5		Viennet.
Arbre à sonnettes	V.	1	Théaulon.	
Arbre de Belzébuth.... B. P.		2	Léon.	
Arbre de Cracovie......	C.	1		Arnoult.
Arbre de Diane.........	O.	3	Dubuisson, Triperet.	
Arbre de la liberté.....	O.	1	1/2 Desriaux.	1/2 Porta.
Arbre de Robinson.... O.-B.		1	3/4. Bourdois 1/4, Erlanger 1/2	1/4 Michel Carré.
Arbre de Vincennes.....	V.	4	Théaulon, Arm. D'Artois.	
Arbre enchanté.........	O.	1		Moline (D. E.).
Arc de triomphe.......	V.	1	Lafontaine, Puech, *prop*. Barba, *édit*.	
Archambaud..........	M.	3	1/12 Lanusse.	11/12 Leblanc, Quaisain (D.E.)
Archambault..........	C.	1	1/2 Rougemont.	1/2 Léonce.
Arche de Noé.........	M.	3	Hapdé (D. E.).	
Archer écossais........	V.	2	1/2 De Livry.	1/2 Dupeuty.
Archevêché et la cure...	D.	5	1/3 Barba, *édit*.	2/3 Antier, Al. Decomberousse.
Ardres sauvée.........	D.	3	1/2 Villiers.	1/2 Cuvelier.
Argent...............	C.	5	Casimir Bonjour.	
Argent...............	C.	5	1/2 Lévy *édit*.	1/2 Guerville, Porcher, *prop*.
Argent à la question....	P.	3	Adolphe et Saint-Agnan Choler	
Argent du bal.........	V.	1		Ch. Potier, Rimbault.
Argent du diable.......	V.	3	1/2 Jaime fils.	1/2 Victor Séjour.
Argent du voyage......	C.	1		Mme de Bawr.
Argent et adresse......	C.	1		Mme de Bawr.
Argentine............	V.	2	1/3 Gabriel.	2/3 Ch. Dupeuty, Michel Delaporte.
Argent, la gloire et les femmes (l').........	V.	5	2/3 Cogniard frères.	1/3 Michel Delaporte.
Argent par les fenêtres..	V.	3	1/3 Edouard Martin.	2/3 A. Monnier, Milliez, *édit*.
Argent that is the question	P.	1	Weimar.	
Ariane abandonnée dans l'île de Naxos........	O.	1		Moline (D. E.).
Ariel.................	V.	1		Demonval-Saint-Hilaire.
Ariodant.............	O.	3	Hoffman (D. E.).	Méhul (D. E.).
Arioste	C.	1	Ch. Lafont.	
Aristippe.............	O.	2		Giraud 1/2. Kreutzer (D. E.).
Aristocrate...........	V.	1		Auger.
Aristocraties..........	C.	5	Etienne Arago.	
Aristote amoureux......	V.	1	Piis (D. E.), Barré (D. E.).	
Aristote gouverneur....	O.	1	Roger, Brousse Desfaucherest.	
Arlequin à Alger.......	V.	1	1/2 Rougemont.	1/2 Justin.
Arlequin afficheur......	V.	1	Barré (D. E.), Radet (D. E.), Desfontaines (D. E.).	
Arlequin au café des jeux forains...............	V.	1	Henri Simon.	

Titres des Pièces.	Genres.	Actes.	M. GUYOT.	M. PERAGALLO.
Arlequin au café du Bosquet	V.	1	1/2 Brazier.	1/2 Simonnin.
Arlequin auteur........	V.	1		Châteauvieux.
Arlequin au village.....	O.	1	1/2 Piccini.	1/2 Leroy.
Arlequin aux Petites-Maisons	V.	1	Francis.	
Arlequin barbier........	P.	1	-	Offenbach.
Arlequin bon ami.......	O.	1	1/2 Piccini.	1/2 Leroy.
Arlequin bon ami, bon voisin	C.	1	Gabiot.	
Arlequin calife à Bagdad.	C.	1	Vallier.	
Arlequin changé en nourrice...............	V.	1	Dorvigny.	
Arlequin charlatan......	V.	1		Chazet, Ourry.
Arlequin clerc de procureur	V.	1		Charrin.
Arlequin confiseur......	V.	1	Moreau, Lafortelle.	
Arlequin cruello........	V.	1	Barré (D. E.), Radet (D. E.), Desfontainees (D. E.).	
Arlequin dans un œuf...	M.	3	Hapdé (D. E.).	1/2 Foignet fils.
Arlequin décorateur....	V.	1	Ferrières 1/3, Gersin (D. E.).	1/3 Année.
Arlequin double........	V.	1	Désaugiers (D. E.), Servière (D. E.).	
Arlequin de retour dans son ménage.........	V.	1	Barré (D. E.), Radet (D. E.), Desfontaines (D. E,).	
Arlequin en gage.......	V.	1	Martainville (D. E.).	
Arlequin en perce......	V.	1	Barré (D. E.), Radet (D. E.), Desfontaines (D. E.).	
Arlequin esclave à Bagdad.	V.	1	Vallier.	
Arlequin et le Pape......	V.	1	.	Th. Nézel, Simonnin, Francisque.
Arlequin et Pierrot.....	B.	1		A. Renoux.
Arlequin et Pygmalion..	C.	2	Ducray-Duminil (D. E.).	
Arlequin friand.........	V.	1	Picard (D. E.).	
Arlequin garçon traiteur.	V.	1		Prévost d'Hay.
Arlequin gastronome..	V. P.	1	Barré (D. E.), Radet (D. E.), Desfontaines (D. E.).	
Arlequin Hudibras......	P.	1	Clairville.	
Arlequin imprimeur....	C.	1	Toubon.	
Arlequin incombustible..	V	1	Bourgueil 1/2, Dieulafoy (D.E)	
Arlequin irrésolu.......	V.	1	Ramond.	
Arlequin journaliste.....	V.	1		Chazet.
Arlequin libraire.......	V.	1		Touchard.
Arlequin Mahomet......	M.	3	Cailhava.	
Arlequin marchand de poupées	M.	1		Guillemain.
Arlequin muet..........	C.	1	Pompigny.	
Arlequin musard.......	V.	1	FrancisD.1/2,Désaugiers(D.E)	
Arlequin musulman.....	C.	2	Fonpré-Fracansalle.	
Arlequin musulman.....	C.	1		Declaye.
Arlequin Narcisse.......	V.	1	1/3 Scribe.	2/3 F. de Courcy, Saintine.
Arlequin·Amasis.......	V.	1		Touchard.
Arlequin par occasion...	V.	1		Sewrin.
Arlequin peintre........	V.	1	Rougemont.	
Arlequin portier........	V.	1		Philibert, Marty.
Arlequin protégé par la Fortune............P.	D.	5	Armand Croisette.	
Arlequin protégé par l'Amour	M.	5	Duperche.	
Arlequin protégé par les Génies infernaux.....	M.	3	1/2 Duperche.	1/2 Bazile.

Titres des Pièces.	Genres.	Actes.	M. GUYOT.	M. PERAGALLO.
Arlequin qui rit et Gilles qui pleure	V.	1	Maurice Séguier.	
Arlequin riche	C.	2	Charlemagne.	
Arlequin roi dans la lune.	V.	2	Bodard.	
Arlequin sculpteur	V.	1	Gouffé.	
Arlequin seigneur de village	V.	1	Rougemont, Sauvage.	
Arlequin sentinelle	V.	1	Dupaty.	
Arlequin taquin	V.	1	Barré (D. E.), Radet (D. E.), Desfontaines (D. E.).	
Arlequin tigre et bienfaisant	P.	3		Cuvelier.
Arlequin tout seul	V.	1	Dupaty.	
Arlequin tyran domestique	V.	1	Francis D., Tournay; Désaugiers (D. E.).	
Armand et Mathilde	M.	5	Grétry Neveu (D. E.).	
Armateur	V.	1	1/3 *Jouslin pour* Joseph B.	2/3 H. Decomberousse, Chavanges.
Armée de Sambre-et-Meuse	D.	4	1/2 Labrousse.	1/2 N. Fournier.
Armide	C.	1		Laujon.
Arminius	T.	1	Beauvin.	
Armoire	C.	1		Guillemain.
Armure	M.	3		Cuvelier, Léopold.
Aroill	O.	1		Marsollier (D. E.), Dalayrac (D. E.).
Arracheur de dents	V.	1		Ch. Dupeuty, de Villeneuve.
Arrangements	V.	1	Gabriel 1/3, Gersin (D. E.).	Mazères 1/3.
Arrestation	C.	1	Toubon.	
Arrêt du destin	V.	1		Paul Boisselot 2/3, Mifliez, *édit.*, 1/3.
Arrêts bourgeois	V.	1	Letournel, Ramond, Barba, *édit.*	
Arrêts forcés	V.	1	Adam.	
Arrêts militaires	V.	1	De Saint-Marcellin.	
Arrivée du maître	C.	4	Dumaniant (D. E.).	
Arrivée du nouveau seigneur	B. P.	3	1/3 Scribe.	Aumer 1/3 (Hérold, D. E.).
Arriver à propos	V.	1	1/3 Et. Arago.	2/3 Lubize, Alix, *édit.*
Arsène et Camille	V.	1	1/3 H. Thiéry.	2/3 Ad. Dupeuty, Barbré, *édit.*
Arsinoüs	T.	3		Delrieu.
Artaxerce	T.	5	Lemière.	
Artaxerce	T.	3		Delrieu.
Art d'aimer au village	O.	1		Lebrun (D. E.).
Art de conspirer	C.	3	Scribe.	
Art de déplaire	V.	1	1/2 Mélesville.	1/2 F. de Courcy.
Art de faire une maîtresse	V.	1	2/3. Cogniard frères 4/7, d'Artois 2/9.	1/3 D'Ennery.
Art de ne pas donner d'étrennes	V.	1		Mme Regnault de Prébois, Lefranc, Labiche.
Art de ne pas monter sa garde	V.	1	Barthélemy, Lhérie jeune.	
Art de ne pas payer son terme	V.	1	2/3 Deslandes, Didier.	1/3 Alix, *édit.*
Art de payer ses dettes	V.	1	Mélesville, Varner.	
Art de quitter sa maîtresse.	V.	1		Simonnin, Nézel.

— 22 —

Titres des Pièces.	Genres.	Actes.	M. GUYOT.	M. PERAGALLO.
Art de rentrer dans son bien..............	V.	1	1/2 Labie.	1/2 C. Laurent.
Art de se faire aimer de son mari...............	V.	1		Ch. Dupeuty, Saintine, de Villeneuve, Bezou, *prop*.
Art de tirer des carottes..	V.	1	1/3 Jaime père.	2/3 Marc-Michel, Alix, *édit*.
Art d'obtenir des places..	V.	1	Scribe. Varner, Ymbert.	
Arténor et Théodora....	M.	5	Villiers.	
Art et le Métier........	C.	1	Veyrat, Masselin.	
Arthur...............D.	V.	2		Fontan, Ch. Dupeuty, Davrigny, Alix, *édit*.
Arthur de Bretagne.....	T.	5	1/2 Chauvet.	Aignan (D. E.).
Article cent soixante-dix.	C.	1	De Beauregard.	
Article deux cent treize..	V.	1		D'Ennery, G. Lemoine.
Article du journal.......	C.	1		Chéron.
Article en suspens......	V.	1	D'Artois, Théaulon, Ramond, F. Langlé.	
Article et le sentiment...	V.	1	Rigam.	
Article neuf cent soixante.	V.	1		Marc-Michel, Ancelot, Lefranc, Labiche.
Article six.............	V.	1	Labottière.	
Artisan.............·....	O.	1	1/2 De Saint-Georges.	1/2 Halévy.
Artisan philosophe......	C.	1	Pompigny.	
Artisan philosophe......	C.	1	.	Arnould, Audinot.
Artisans..............	V.	1	Leroux, Lebas.	
Artiste...·..........	V.	1	Scribe, Perlet.	
Artiste ambitieux.......	C.	5	Théaulon.	
Artiste en voyage......	V.	1	2/3 Jouslin, Alexandre.	1/3 Crosnier.
Artiste et Artisan....·..	V.	1	Delaboullaye, E. Jourdan.	
Artiste et le Courtisan...	M.	5	Lamartelière (D. E.).	
Artiste et le Débutant....	V.	1	Ricard.	
Artiste et le Soldat......	V.	2	V. Ducange (D. E.).	
Artiste et l'Ouvrier......	V.	1	Simart.	
Artiste et l'Ouvrier......	V.	1	Quoy.	
Artiste et Renégat.......	C.	5	Abel Jannet.	
Artiste par amour.......	C.	1	Maurin, Mme Charlemagne.	
Artistes...............	C.	5	Collin d'Harleville (D. E.).	
Artistes...............	D.	4		Bouilly, Béraud.
Artistes.............B.	P.	1		Coralli.
Artistes par occasion....	O.	1	Catel (D. E.).	1/2 Al. Duval.
Artistes rivales....·....	M.	1	.	Chaussier.
Arts et la Folie.........	C.	2	Lamartelière (D. E.).	
Arts et l'Amitié........	O.	1	1/2 Bouchard.	1/2 Jadin.
Arts et l'Amitié	C.	1	Bouchard.	
Arts et la Reconnaissance.	V.	3	Barré (D. E.), Radet (D. E.), Desfontaines (D. E.).	
Arvire et Évelina.......	O.	3	Guillard 1/2, Sacchini 1/4, Rey 1/4.	
Arwed..............	V.	2	1/2 Et. Arago, Desvergers, Varin.	1/2 Bezou, *édit*.
Asaël et Lucifer.........	V.	3		Jouhaud.
Ascension de l'Olympe...	V.	1	Francis, Servière (D. E.).	
Ascension de l'Olympe...	V.	1	Etienne.	
As de cœur............	V.	2	Labie, Devaux, Bisson.	
As de trèfle (l').........	V.	3	1/3 Vanderburch.	2/3 Anicet, de Villeneuve.
Asile des vieillards......	V.	1	Théaulon, Lebas, Overnay.	
Asinard..............	V.	1	1/3 Coster.	2/3 Chazet, Ourry.
Asinus asinum fricat.....	V.	1	Scribe, Moreau.	
Aspasie..............	O.	3	Grétry (D. E.).	Morel Chedeville (D. E.).
Aspasie et Périclès......	O.	1		Viennet, Dansoigne.

Titres des Pièces.	Genres.	Actes.	M. GUYOT.	M. PERAGALLO.
Aspirant au salon	V.	1	Moreau, Lafortelle.	
Aspirant de marine	O.	2	1/4 Rochefort.	3/4. Al. Decomberousse 1/4, Labarre 1/2.
Assassin	D.	5	Sallerin.	
Assassin	V.	1	3/4. E. Jaime père, Ach. d'Artois. Riga. édit.	1/4 De Lauzanne.
Assassin de Boyvin	V.	1	(Delestre Poirson), Lécosse.	
Assassin par humanité	V.	1	Honoré.	
Assassins	M.	3	Hip. Roland.	
Assaut de fourberie	C.	2	Dumaniant (D. E.).	
Assaut d'espiéglerie	V.	2	Ernest.	
Assaut de talents	V.	1	Corsange.	
Assaut de travestissements.	V.	1	D'Artois Barba, édit., (Lamerlière D. E.).	
Assaut de valets	C.	1		Dubois.
Assemblée de créanciers.	V.	1	1/3 Théaulon.	2/3 Lubize, Cotheraux.
Assemblée de créanciers.	V.	1	Barthélemy.	
Assemblée de famille	C.	5		Riboutté (D. E.).
Assemblées primaires	V.	1	Martainville (D. E.).	
Assises	V.	1	Scribe, Varner.	
Assises dramatiques	V.	1		B. Antier, Francisque, Nézel.
Associés	V.	1	3/4. A. Choler 1/2, de La Rounat 1/4.	1/4 Montjoie.
Assurance	V.	2	Scribe.	
Assurances conjugales	V.	1		Rosier.
Assureurs dramatiques	C.	4	Varner.	
Asthénie	V.	1		Lachabaussière (D. E.).
Astianax	O.	3		Dejaure jeune 1/2, Kreutzer (D. E.).
Astolphe et Alba			Tarchi.	
Astolphe et Joconde	B. P.	3		Aumier (D.E.). Hérold (D. E.)
Astrologue	V.	1	Brazier.	
Astrologue amoureux	O.	1	Boutillier.	
Astrologue et la reine Jeanne (l')	D.	5		De Baroncelli.
Astronome	O.	1		Lebrun (D. E.).
Astronome	V.	1	Clairville, Delatour.	
As-tu tué le mandarin?	V.	1	2/3 Ed. Martin, Lévy, édit.	1/3 Alb. Monnier.
As-tu vu la comète, mon gas?	R.	3	Th. Cogniard, Clairville.	
Atala	T.	3	Samson.	
Atala	S. L.	2		Dumas fils, Varney.
Atala et Chactas	P.	3	Hapdé (D. E.).	
Atalante vaincue	B.	2		Baudry.
Atar-Gull	D.	3	1/2 Michel Masson.	1/2 Anicet.
Atelier à la mode	V.	1	Gabriel, Saint-Laurent, Duvernois.	
Atelier de Charlet	V.	1	Ader.	
Atelier de demoiselles	D. V.	3	Paul de Kock.	
Atelier de Jean Cousin	O.	1		Boïeldieu, Mme Gail.
Atelier de peinture	V.	1		Sewrin, Tousez.
Athènes à Paris	V.	1	Rougemont, Gabriel, Sauvage.	
A-t-il deux femmes?	M.	3		Cuvelier, Barouillet.
A-t-il perdu?	C.	1	Longchamps (D. E.).	
Atomes crochus	V.	1	1/2 Mélesville.	1/2 Saintine.
A tout péché miséricorde.	V.	2		Léonce, Demolière.
A tout péché miséricorde.	V.	1	1/2 Demautort.	1/2 Chazet.
A tout péché miséricorde.	V.	1	1/2 Cormon, A. d'Artois.	1/2 Boulé, prop.; Alix, édit.
A trente ans	V.	3		Rosier.
Atrides	T.	5		Ponroy.

Titres des Pièces.	Genres.	Actes.	M. GUYOT.	M. PERAGALLO.
A Trompeur, trompeur et demi..............	V.	1	1/2 Th. Pain.	1/2 De Jouy.
A Trompeur, trompeur et demi..............	C.	1		Hadot.
A Trompeur, trompeur et demi..............	V.	1	Mengaud.	
Attaque de la diligence..	M.	3	1/4 Quoy.	3/4 F. Laloue, Ménissier, Renault.
Attaque du convoi.......	D.	3		Cuvelier.
Attendre et courir.......	O.	2	3/4 Fulgence, de Tully, de Ruolz.	1/4 Halévy.
Attendre et courir.......	V.	1	Raboteau.	
Attendre et courir.......	V.	1		Lachabeaussière (D. E.).
Attendre et courir.......	V.	1	1/3 Vanderburch.	2/3 Léonce Petit.
Attente...............	D.	3	Marie Sénan.	
Attente...............	D.	1	J. de Wailly.	
Attila................	O.	4	1/3 Joos Danglas.	2/3 Escudier.
Attila................	T.	4		Hip. Bis.
Attila et le troubadour...	V.	1	Bilderbeck.	
Atys.................	O.	3	Piccini (D. E.), Marmontel (D. E.).	
Auberge allemande......	C.	5		Chazet.
Auberge allemande......	V.	1	Villiers, Brazier.	
Auberge dans les nues...	V.	1	Henry Simon 1/3, Dieulafoy (D. E.), Gersin (D. E.).	
Auberge d'Auray.......	O.	1	1/2 Moreau, Carafa.	D'Epagny 1/4, Hérold (D. E.).
Auberge de Bagnères....	O.	3	Elleviou 1/4, Jalabert 1/4, Catel (D. E.).	
Auberge de Berlin.......	C.	1		Bonel.
Auberge de Calais.......	C.	1	Georges Duval, Mlle Huet, Dorvigny.	
Auberge de Chantilly....	V.	1	1/2 Paul de Kock.	1/2 E. Lemoine.
Auberge de Grenoble....	V.	1		Saintine, Duvert, de Lauzanne.
Auberge de la Callade...	M.	5	1/3 A. Martin.	2/3 Antier, Deflers.
Auberge de la Côte-d'Or.	V.	1		Paul Roche.
Auberge de la Grosse Tête.	V.	1	2/3 Rousseau, Ferd, Langlé.	1/3 F. de Courcy.
Auberge de la Madone...	D.	5	2/3 Alph. Brot, Hostein.	1/3 Bellevue.
Auberge de la Poste.....	C.	1	Dumaniant (D. E.)	
Auberge de Montauban...	V.	1	*Bourdois pour* Porcher.	
Auberge de Munich......	C.	1	Picard (D. E.).	
Auberge des Adrets.....	M.	3	2/3 Saint-Amand, Polyanthe.	1/3 Benj. Antier.
Auberge des Cévennes...	M.	3	1/4 Quoy.	3/4 F. Laloue, Ménissier, Arnault.
Auberge des Pyrénées....	V.	1	Scribe 1/4, Germ. Delavigne 1/4, Barba, *édit.* 1/2.	
Auberge des Ruines.....	M.	5	11/12 Bilderbeck, Lanusse.	Quaisain (D. E.).
Auberge d'Essonne......	V.	1	Emile, Beuzeville, Dreuilh.	
Auberge de Steinbach...	M.	4		D'Aubigny.
Auberge de Strasbourg...	C.	1	G. Duval, Dorvigny.	
Auberge des Trois Oliviers..............	P.	1	1/3 Barba, *édit.*	2/3 Lemoine-Montigny.
Auberge de Tours.......	C.	2	Rougemont.	
Auberge dramatique.....	C.	1	Berrier, Overnay.	
Auberge du crime.......	V.	1		Durantin.
Auberge du diable.......	C.	2	Pixérécourt.	
Auberge du Grand Frédéric	V.	1	Lafontaine 1/6, Théaulon 1/6, Mlle Huet 1/3, *prop.*, Puech 1/3, *prop.*	

Titres des Pièces.	Genres.	Actes.	M. GUYOT.	M. PERAGALLO.
Auberge du Lapin blanc..	V.	1	Bourdois pour Porcher, Desmarquais.	
Auberge du Pertuiset...	D.	3	Hipp. Roland.	
Auberge du Perroquet...	V.	1	2/3 Rochefort, Barba, édit.	1/3 Maillart.
Auberge du Petit Caporal.	V.	1	1/2 A. Guénée.	1/2 Brésil.
Auberge en auberge (d').	O.	4	Dupaty, Tarchi.	
Auberge ensorcelée......	V.	1		Merle.
Auberge et la Pension ...	V.	1	Hubert, Maréchalle, Quoy.	
Auberge isolée.........	V.	1		Guillemain.
Auberge pleine.........	C.	2	Desforges (D. E.).	
Auberge pleine.........	C.	1	Desgroseilliez, Lamerlière, (Delestre Poirson.)	
Auberge qui n'en est pas une...............	V.	1	Radet (D. E.)	
Auberge rouge.........	M.	3		Maillart, Lerosay.
Auberge savoyarde......	V.	1	Rougemont.	
Auberge supposée......	O.	5	Planard, Carafa.	
Auberge supposée.......	V.	1	1/2 Francis D.	1/2 Chazet.
Aubergiste et le Bourgmestre.............	V.	1	2/3 Brazier, Carmouche.	1/3 Merle.
Aubergiste malgré lui....	V.	1	2/3 Brazier, Coupart.	1/3 Th. Nézel.
Aubergistes de qualité...	O.	3	Catel (D. E.).	1/2 Jouy.
Au Bois.............	O.	1	1/2 Bernardin.	1/2 Albert Monnier.
Au Bord de l'abîme......	V.	1		N. Fournier, Biéville.
Au Bout du monde......	V.	1	1/2 Théaulon.	1/2 Carion-Nisas.
Aubray le Médecin......	M.	3	1/2 B. Lopez.	1/2 Desnoyers.
Aubry le Boucher.......	D.	4	1/3 Faulquemont.	2/3 H. Marcaille, Alix, édit.
Aucassin et Nicolette...	O.	3	Grétry (D. E.).	Sedaine (D. E.).
Au Clair de la lune......	V.	3	1/2 Varin, Desvergers, Held, prop.	1/2 Martin, Alix, édit.
Au Clair de la lune......O.	B.	1	Léris, Renaud de Vilbac.	
Au Coin du feu.........	V.	1	Mme Roger de Beauvoir.	
Au Croissant d'argent....	V.	2		De Villeneuve.
Au Diable	V.	1	Lecerf.	
Au Diable les pilules ...	V.	1		Jouhaud.
Audience du juge de paix.	V.	1	Rochefort, Mallian, Livry, Quoy.	
Audience du prince.....	V.	1	1/3 Livry (de).	2/3 Anicet, de Villeneuve.
Audience du roi........	V.	1	Barthélemy.	
Audiences de la sagesse..	C.	1		Declaye.
Audience secrète........	D.	5	1/2 Paul Foucher.	1/2 Al. Delavergne.
Au Feu..............	V.	1	Dieulafoy (D. E.), Gersin (D. E.).	
Au Fidèle berger	V.	1	Maréchalle.	
Augusta.............	D.	2		Simonnin.
Auguste.............	D.	2		Gosse (D. E.)
Auguste et Marianne.....	O.	1	Bertin d'Antilly, Labarre.	
Auguste et Théodore.....	C.	2	Demanteufeld.	
Augustine	C.	2	Bilderbeck 1/2, Joseph Pain (D. E.).	
Augustine et Benjamin...	O.	1		Valville, Eug. Hus, Bruni.
Aujourd'hui et dans Cent ans	R.V.	2	2/3 Cogniard frères.	1/3 Th. Muret.
Aumônier du régiment (l').	V.	1	2/3 De Leuven, St-Georges.	1/3 Alix, prop.
Au Petit Bonheur	C.	1		P. Poitevin.
Au plus Brave, la plus Belle.	O.	1	Plantade.	
Au Printemps..........	C.	1	Laluyé.	
Aurélie..............	D.	3	Dumersan.	
Aurélien ....P.	V.	2	Brazier, Lassagne, Versigny.	

Titres des Pièces.	Genres.	Actes.	M. GUYOT.	M. PERAGALLO.
Aureg-Zeb	D.	3		Frédéric, A. Piccini.
Au Rideau	R.	1	Cogniard frères.	
Au Rideau	P.	1		Muriel.
Aurons-nous un prologue?	V.	1	Brazier.	
Aurore	M.	3		Boursault 1/2, Arquier (D. E.).
Aurore	B.	1		Perrot, Pugni.
Aurore de Gusman	O.	1	Montcloux, Despinay, Tarchi.	
Aussi Fou l'un que l'autre.	O.	2		Gresnick 1/2, E. Hus (D. E.).
Austerlitz	M.	3	1/3 Francis Cornu.	2/3 Anicet, Lepoitevin.
Auteur anonyme	C.	1		Piquet.
Auteur dans son ménage.	O.	1		Gosse (D. E.), Bruni (D. E.).
Auteur de Montargis	V.	1		Bonel.
Auteur de Waverley	V.	1		Saintine.
Auteur du moment	V.	1		Léger (D. E.).
Auteur et le Critique	C.	1	Planard.	
Auteur et l'Acteur	V.	1	1/2 Jacquelin.	1/2 Ourry, Chazet.
Auteur et l'Avocat	C.	2	1/2 Brunet.	1/2 P. Duport.
Auteur et sa Servante	V.	1	Désaugiers (D. E.).	
Auteur malgré lui	C.	2	Mimaut.	
Auteur malgré lui	V.	1	Lafontaine, Puech, Saint-Rémy.	
Auteur mécontent	C.	1		J. Piccini.
Auteur mort et vivant	O.	1	1/2 Planard.	Hérold (D. E.).
Auteur sans le savoir	V.	1	Lafortelle 1/2, Joseph Pain (D. E.).	
Auteur seul	V.	1	Bernard.	
Auteur soi-disant	C.	1	Georges Duval.	
Autographe	C.	1	Henri Meilhac.	
Automate de Vaucanson	O.	1	3/4. Leuven (de) 1/4, Bordèse 1/2.	1/4 D'Avrecour.
Automne d'un farceur	V.	1	2/3 Eug. Nus, Bèck, édit.	1/3 Brisebarre.
Autorité dans l'embarras	V.	2	1/2 E. Jaime.	1/2 Al. Decomberousse.
Autorité paternelle	V.	1	1/3 Barba, édit.	2/3 Auger, Laurencin.
Autre (l')	V.	1	Déaddé, Léris.	
Autre Henri	C.	3	Théaulon.	
Autre Part du diable	V.	1	Varner.	
Autre Tartufe	D.	5	Beaumarchais (D. E.).	
Au Veau qui tette	V.	2	2/3 A. Guénée, Bourdois pour Porcher.	1/3. L. Couailhac.
Auvergnat	V.	1	Marechalle, Pollet.	
Auvergnate	V.	1	Brazier, Dumersan, Gabriel.	
Auvergnats	V.	1	Gentil 1/2, Désaugiers (D. E.).	
Auvergnats	B.	3		J. B. Gilbert.
Aux Innocents les mains pleines	V.	1		Thiboust.
Avait pris femme le sire de Franc-Boisy	R.	3		Al. Delacour, Thiboust.
Avantages de l'inconduite.	P.	1	Siraudin, Art. de Beauplan.	
Avantageux puni	C.	1	Ribié.	
Avant la Noce	V.	1	2/3 Carmouche, Morain.	1/3 F. de Courcy.
Avant le Mariage	D.	1		Vaulabelle.
Avant, pendant et après.	D. V.	3	Scribe, Rougemont.	
Avant-postes	C.	1	1/2 Tournay.	1/2 Vial.
Avant-postes du maréchal de Saxe	V.	1	1/2 Moreau.	1/2 Dumolard.
Avare	C.	3		Feu Mailhol.
Avare en gants jaunes	V.	3		Anicet, Labiche.
Avare en goguette	V.	1	Scribe, G. Delavigne.	
Avare et son Ami	V.	1	Raboteau 1/2, Radet (D. E.).	

Titres des Pièces.	Genres.	Actes.	M. GUYOT.	M. PERAGALLO.
Avare et son Compère!...	V.	1	Boutillier.	
Avare fastueux.........	C.	3		Saint-Just (D. E.).
Avenir dans le passé....	V.	1	2/3 Clairville.	1/3 Vaulabelle.
Avenir d'un fils........	V.	2	Scribe, Varner.	
A Venise...............	P.	1	1/3 Paul Legrand.	2/3 Bridault, Lindheim.
Aventure de Charles V...	V.	1	Laffitte.	
Aventure de Faublas.....	O.	1	Sauvage, Garcia.	
Aventure de Faublas.....	V.	1	Sauvage, Lecouturier.	
Aventure de Gil Blas....	V.	1	Marc-Leprévost, Duprat.	
Aventure de Plombières..	V.	1	1/2 Grétry jeune.	1/2 Touchard.
Aventure de St.-Foy....	O.	1	1/2 Tarchi.	1/2 Duval, Saint-Chamand.
Aventure de Sainte-Foix.	C.	1	Dupin.	
Aventure du chevalier de Grammont..........	V.	1	Gay.	
Aventure d'un paletot...	V.	1	1/2 Varin.	1/2 Lehmann.
Aventure embarrassante.	C.	1	Dumaniant (D. E.)...	
Aventure nocturne......	V.	1		Turmeau.
Aventures de Mandrin...	D.	5		Judicis, 3/8, Arnault 3/8, Masse, édit. 2/8.
Aventures de Panurge...	C.	1	Fillieu.	
Aventures de Suzanne...	D.	5	1/2 E. Guinot.	1/2 Ch. Dupeuty.
Aventures de Télémaque.	V.	5	Dumersan, de Leuven, Lhérie B.	
Aventures d'un chapeau rose...............	V.	3		Simonnin.
Aventures d'un merlan..	V.	1	Jaime fils.	
Aventures du petit Jonas................	V.	3	Scribe.	
Aventures galantes......	V.	1	1/2 Ad. Choler.	1/2 Dallard.
Aventures guerrières d'un homme pacifique.....	V.	4	Dupin.	
Aventure sous Charles IX.	C.	3	1/2 Badon.	1/2 *Frédéric Soulié pour Alix.*
Aventure sous Louis XV..	V.	1		Ch. Cabot, 1/4, Commerson 1/4, Barbré, *édit.* 1/2.
Aventures sur aventures.	M.	3	René Perrin.	
Aventure suédoise......	D.	1		Hipp. Lucas, Alix, *édit.*
Aventurier.............	O.	5	Leber, Catrufo, Barba, *édit.*	
Aventurière............	C.	5	Em. Augier	
Aventurier espagnol.....	M.	3	Mélesville 2/3, Mlle Huet, prop. 1/3.	
Aventuriers...........	M.	5		Béraud, Léopold.
Averse................	V.	1	Boyer Partout, Paul de Kock.	
Aveu..................	V.	1	Cormon, Lagrange.	
Aveu délicat...........	C.	1	Gabiot.	
Aveugle...............	D.	5		D'Ennery, Anicet.
Aveugle...............	D.	2	Lesguillon.	
Aveugle de Bagnolet....	V.	3	Guénée, Ch. Deslys, Barbré, *édit.*	
Aveugle de Bagnolet....	V.	1		Alex. et Balt. Havard.
Aveugle de Clarence....	V.	1	1/3 Dumersan.	2/3 Sewrin, Merle.
Aveugle de Montmorency.	V.	1	Brazier, 1/3, Gabriel, 1/3, Gersin (D. E.).	
Aveugle de Palmyre.....	O.	2	Rodolphe 1/2, Desfontaines (D. E.).	
Aveugle du Tyrol.......	D.	3	1/3 Lanusse.	2/3 Frédéric.
Aveugle et le Voyant....	V.	1		Salvat.
Aveugle et son Bâton....	V.	1	1/3 Varin.	2/3 Laurencin, Alix, *édit.*
Aveugle pour rire.......	V.	1	Aug. Dubois, Philippe.	
Aveugles de Franconville.	O.	1	Barba, *prop.*	

Titres des Pièces.	Genres.	Actes.	M. GUYOT.	M. PERAGALLO.
Aveugles mendiants.....	V.	1		Léger (D. E.).
Aveux difficiles.........	C.	1	Vigée.	
Aveux indiscrets........	O.	1	Monsigny (D. E.).	
Avez-vous besoin d'argent?	V.	1	Siraudin 1/2, Lapointe 1/4, Bourdois pour Porcher 1/4.	
Avide héritier..........	C.	2		De Jouy.
A Vingt et un ans.......	D.	1	Merville, Francis C. Barba, édit.	
A Vingt-six ans.........	C.	2	Ach. et Th. d'Artois 2/3, Barba, édit. 1/3.	
Avis à Jocrisse.........	C.	1	Dorvigny.	
Avis au Public..........	O.	2	Désaugiers (D. E.).	3/4. Sourignères 1/4, Piccini. 1/2.
Avis aux Coquettes......	V.	1	1/2 Scribe.	1/2 Al. Decomberousse.
Avis aux Femmes.......	O.	1	1/2 De Pixérécourt.	Gaveaux (D. E.).
Avis aux Femmes.......	V.	1	Hipp. Roland.	
Avis aux Goutteux......	V.	1	1/2 Scribe, Gabriel.	1/2 Vial, Favières père.
Avis aux Jaloux.........	O.	1		Ourry, Chazet, Berton.
Avis aux Maris.........	C.	2		Sewrin, Chazet.
Avis aux Mères.........	C.	1	Dupaty.	
Avis aux Pères	V.	1		Defrenoy.
Avocat................	D.	3	Et. Arago, Desvergers, Quoy.	
Avocat................	C.	2	Roger.	
Avocat chansonnier......	C.	1	Dorvigny.	
Avocat de sa cause......	C.	1		Camille Doucet.
Avocat des pauvres.....	D.	5	Paul Meurice.	
Avocat du diable........	C.	1	1/2 Ad. Choler.	1/2 Marc Michel.
Avocat d'un grec.......	V.	1		Labiche, Lefranc.
Avocat et le Médecin....	V.	1	2/3 Jouslin pour Joseph B.	1/3 De Chavanges.
Avocat Loubet..........	M.	3		Marc-Michel, Labiche, Lefranc, Michaud.
Avocat Pathelin.........	C.	1	Palaprat (D. E.).	
Avocat Pathelin.........	V.	1		D'Ennery.
Avocat pédicure........	V.	1		Albite 1/2, Lefranc 1/4, Labiche 1/4.
Avocats...............	V.	3	Dumanoir, Clairville.	
Avocats sans causes.....	V.	1	Lan.	
Avocats de leur cause...	C.	1		Emile Marck.
Avoué et le Normand....	V.	1	Vanderbuch 2/3, Barba, édit. 1/3.	
Avoué par amour.......	C.	1		Ed. Cottinet.
Avoués en vacances.....	V.	2	Bayard, Dumanoir.	
Azéline...............	O.	3	Hoffmann (D. E.).	1/2 Solié.
Azémia	O.	3		Lachabeaussière (D. E.). Dalayrac (D. E.).
Azémire...............	M.	5		Leblanc, Declaye.
Azémire...............	D.	3	Chénier.	
Azendaï...............	D.	3	Caigniez.	
Azili	D.	5	Provost.	
Azolin................	M.	5	1/2 Duperche.	Taix (D. E.).
Azor..................	V.	1	Messant, Chol de Clercy,	

B

Titres des Pièces.	Genres.	Actes.	M. GUYOT.	M. PERAGALLO.
Ba, be, bi, bo, bu	V.	3	1/2 Déaddé.	1/2 Demonval Saint-Hilaire.
Babet	V.	1	Varner.	
Babet	V.	1		Desnoyers, Fontan.
Babillard	C.	1	Boissy,	
Babillarde	V.	1	Léotard.	
Babiole et Joblot	V.	2	1/2 Scribe.	1/2 Saintine.
Babolard	V.	1		Harvy Leack.
Baboon	D.	2	Duchâtelard.	
Baboukin	V.	1	2/3 Moreau, Lafortelle.	1/3 Merle.
Bacarat Pic Pouf	C.	1		Declaye.
Bacchante	O.-C.	2	1/2 De Leuven, A. de Beauplan	1/2 E. Gauthier.
Bacchante	B.	1	Lerouge.	
Bachelier de Catalogne	O.	2	Beaunoir, Jaume.	
Bachelier de Salamanque	V.	1	Scribe, Dupin, Delavigne (G).	
Bachelier de Ségovie	C.	5	Casimir Bonjour.	
Bachelier et le Théologien	D.	5	3/4. Scribe 1/4, Barba, *édit.* 1/2.	1/4 Dépagny.
Badauds de Londres	C.	1		Boursault.
Badigeon Ier	V.	2		St-Hilaire, Duport, Alix, *édit.*
Badigouflet et Mistanfolette	C.	1	Dorvigny.	
Badouillards	V.	1	Siraudin.	
Bagarre	V.	1	Magne Saint-Aubin (D. E.)	
Bagatelle	V.	1	Dubois.	
Bagnolet	C.	1	Deville.	
Bague de fer	M.	5	Victor Ducange (D. E.)	
Bah ! c'est singulier	V.	1		Hector Chaussier.
Bahut	V.	2		E. Pagès.
Baigneuses	V.	1	3/4 De Leuven, Vanderburch, Barba, *édit.*	1/4 de Forges.
Baigneuses d'Asnières	V.	1	1/2 A. Guénée.	1/2 Grangé.
Baignoires du Gymnase	V.	1	De Leuven, Siraudin, Arthur de Beauplan.	
Bail à vie	C.	1		Hennequin.
Bailli d'Asnières	C.	1	Charles Maurice.	
Bains à domicile	V.	1	Paul de Kock 2/3, Tresse, *édit.* 1/3.	
Bains à 4 sous	V.	3		D'Ennery, Brisebarre.
Baiser	O.	1	Florian (D. E.), Champein (D. E.)	
Baiser au porteur	V.	1	1/3 Scribe.	2/3 F. de Courcy, Justin Gensoul.
Baiser de l'étrier	V.	1		Brisebarre, Nyon, Ancelot.
Baiser donné et rendu	O.	1	1/2 Gresnich.	1/2 Guy.
Baiser et la Quittance	O.	3	5/8 Picard (D. E.), Dieulafoy (D.E.), Nicolo (D.E.), Longchamps (D. E.)	3/8 Boïeldieu, Méhul (D. E.), Kreutzer (D. E.).
Baiser n'est jamais perdu	V.	1	Valette.	
Baiser par la fenêtre	V.	1	(*Delestre Poirson*).	
Baisers	C.	1		H. Lucas.
Baisers de Judas	V.	2	Clairville.	

Titres des Pièces.	Genres.	Actes.	M. GUYOT.	M. PERAGALLO.
Bajazet et Tamerlan	M.	3	Levasseur.	
Baladines	V.	1		Ourry, Merle.
Balai d'or	V.	5	Jaime, Léon Halévy.	
Bal à émotions	V.	1		Paul Boisselot, 2/3, Mifliez, édit. 1/3.
Bal à la mode	C.	1	De Saint-Marcellin.	
Balançoire	C.	1	Dumanoir, Lafargue.	
Balançoires de l'année	R.	3	1/4 Cormon.	3/4. Grangé, Laurencin, Mifliez, édit.
Bal aux Variétés	V.	1		Charles Pérey.
Bal aux Vendanges de Bourgogne	V.	2		B. Antier, Louis Couailhac.
Bal aveugle	V.	1	(Croisette), pour Barba, édit.	
Bal bourgeois	V.	1	(Delestre Poirson); Mélesville, Rougemont.	
Bal bourgeois	V.	1	Henri Simon 1/4, Rozet 1/4, Barba, édit. 1/2.	
Bal champêtre	V.	1	Scribe, Dupin.	
Bal champêtre au cinquième étage	V.	1	1/3 Théaulon.	2/3 Achille Grégoire.
Bal chez la Guimard	V.	1		Dallard (Fontcarel).
Bal d'Auvergnats	V.	1	1/3 Siraudin.	2/3 Al. Delacour, Thiboust.
Bal d'avoués	C.	3	Carmouche, Mélesville.	
Bal de bouts de chandelles	V.	1		Lubize, Blondy, prop.
Bal de domestiques	V.	1	1/2 de Livry.	1/2 De Villeneuve.
Bal de grisettes	V.	1	Paul de Kock 2/3, Barba, édit. 1/3.	
Bal de la halle	V.	2	Clairville 2/3, A. Choler 1/3.	
Bal de l'Ambigu	V.	1	1/2 Déaddé.	1/2 Demonval.
Bal de l'avoué	V.	2	1/3 Théaulon, 1/3 Duflot (Roche) pour Barba 1/3.	
Bal de l'Opéra	V.	1	2/3 A. Croisette, Barba, édit.	1/3 Châteauvieux.
Bal d'enfants	V.	1	1/2 Dumanoir.	1/2 D'Ennery.
Bal de saltimbanques	V.	1		Fontaine.
Bal des bossus	V.	3	Déaddé, Delalain.	
Bal des Variétés	V.	2	De Leuven, de Saint-Georges, A. d'Artois.	
Bal d'ouvriers	V.	1	Varin, Desvergers.	
Bal d'ouvriers	V.	1	1/8 E. Arago.	7/8 Bezou, prop.
Bal du grand monde	V.	1	3/4 Desvergers, Varin, Held, prop.	1/4 Alix, édit.
Bal du grand théâtre	V.	1	2/3 A. Croissette, Barba, édit.	1/3 Châteauvieux.
Bal du prisonnier	V.	1	1/3 Léon Guillard.	2/3 Decourcelle, J. Barbier pour Masse, prop.
Bal du sauvage	V.	3	Cogniard frères 2/3, Bourdois pour Porcher 1/3.	
Bal du sous-préfet	O.	1		P. Duport, St-Hilaire, Boilly.
Bal en robe de chambre	V.	1		Marc-Michel, Labiche.
Bal et Bastringue	V.	3		Brisebarre, C. Potier.
Bal et Comédie	V.	1	J. Arago.	
Bal et la Faction	V.	1	1/3 E. Arago.	2/3 Saintine, Duvert.
Bal et la Mort	M.	3		Alboize, Desnoyers, Alix, édit.
Bal et le Contrat	V.	1		Tournemine.
Bal et le Souper	C.	3		Mercier.
Bal et l'Incendie	M.	3		F. Laloue, Ch. Dupeuty, de Villeneuve.
Bal favorable	C.	2	Fonpré-Fracansalle.	
Bal favorable	C.	1		Declaye.
Bal Mabille	V.	1	1/3 Siraudin.	2/3 Danvin, Alix, édit.

— 31 —

Titres des Pièces.	Genres.	Actes.	M. GUYOT.	M. PERAGALLO.
Bal masqué............	O.	5	1/2 Scribe.	1/2 Auber.
Bambocheur...........	V.	1	1/3 Carmouche.	2/3 F. Laloue, Bezou, *édit*.
Bal masqué...........	M.	5	H. Roland.	
Bal masqué............	V.	2	1/2 Henri Duffaud.	1/3 A. Poujol.
Bal masqué............	C.	1	Rouhier Deschamps.	
Bal masqué aux avant-postes..............	V.	1	F. Langlé, de Leuven, de Livry.	
Balochard.............	V.	3	1/2 Vanderburch.	1/2 Ch. Dupeuty.
Bal sous la Régence.....	C.	1	De Rostan.	
Balthasar	V.	3	3/4 Desvergers, Varin, Derville.	1/4 Alix, *édit*.
Bamboche.............	V.	1		Deflers.
Bamboche.............	V.	1		Al. Delacour.
Bamboches de l'année...	R.	1	2/3 Cogniard frères.	1/3 Th. Muret.
Banc de sable..........	M.	5		Boirie, Frédéric, Merle.
Banc d'huîtres........R.	V.	3	Dumanoir, Clairville.	
Bandeau (le)..........	V.	1	1/2 Vanderburch.	1/2 Bouilly.
Bandeau de l'amour.....	O.	1		H. Lucas, Bazzoni.
Bande joyeuse.........	V.	1	Dupin, A. d'Artois.	
Bandit................	V.	2	Théaulon, T. Anne, Saint-Laurent, Riga, *édit*.	
Bandolero.............	O.	1		Debillemont.
Banqueroute du savetier..	V.	1	Martinville (D. E.)	
Banqueroutier	M.	3	Victor Ducange (D. E.), Overnay, Barrier.	
Banquet Badoufleau.....	V.	1		J. Petit, Raimond Deslandes.
Banquet de camarades...	V.	1	1/2 Arvers.	1/2 D'Avrecour.
Banquet des barbettes ...	V.	2	2/3 Clairville.	1/3 Vaulabelle.
Banquier..............	C.	1	Lombard.	
Banquier comme il y en a peu.............	V.	1	2/3 *Duflot*, pour Porcher, Lévy, *édit*.	1/3 Nérée Desarbres.
Banquier empaillé	V.	1		L. Montigny, Lefort.
Bantam sauvé..........	M.	3		Fournier, Laix (D. E.).
Baptême..............	V.	1	1/2 Coupart.	1/2 Varez.
Baptême de village	V.	1	Gentil, Ramond, Fulgence, Ledoux.	
Baptême du petit Gibou..	V.	2	Dumersan, Jaime, A. d'Artois, Barba, *édit*.	
Barbapoil représentant...	V.	1	1/2 Desvergers.	1/2 Henri de Kock.
Barbaro le chauffeur	V.	1	Clairville.	
Barbeau fils aîné	V.	1	Faulquemont, Vitu.	
Barbe bleue	O.	3	1/2 Grétry (D. E.).	1/2 Sedaine (D. E.).
Barbe bleue	M.	3	1/2 Brazier.	1/2 Frédéric.
Barbe bleue	P.	3	1/3 Hapdé (D. E.).	2/3 Mme Alexandre, A. Piccini.
Barbe bleue	V.	1	Brazier, Dumersan, Francis	
Barbe de Jupiter.......	V.	1	1/2 Morain.	1/2 Lubize, Rauzet.
Barbe de Neptune......	V.	1	Dupin, Sauvage.	
Barbe du frère Jean	V.	1	Desfontaines (D. E.).	
Barbe et la coiffure	V.	1	1/2 *Delestre Poirson*..	1/2 Duchâtelard.
Barbe impossible	V.	1	Bouché.	
Barbe postiche.........	V.	1	Montigny, Barba, *édit*.	
Barberousse	M.	3	A. Guesdon.	
Barbier châtelain.......	V.	3	Théaulon, T. Anne, Barba, *édit*.	
Barbier de la Cité......	M.	3		Daubigny, A. Piccini.
Barbier de Paris........	M.	3	Vanderburch, Brunet.	
Barbier de Séville	C.	4	Beaumarchais (D. E.).	
Barbier de Séville......B.	P.	4		Duport.............

Titres des Pièces.	Genres.	Actes.	M. GUYOT.	M. PERAGALLO.
Barbier de Séville	O.	3	Beaumarchais (D. E.), Framery (D. E.).	
Barbier de Séville	O.	3		Castil Blaze.
Barbier de Séville	O.	3		Moline.
Barbier de Valladolid	P.	3		Lindheim.
Barbier de village	O.	1	Grétry neveu (D. E.), Grétry (D. E.).	
Barbier du tzar	M.	3	2/3 H. Leroux, Desvergers.	1/3 Blondy, *prop.*
Barbier du mont Saint-Hilaire	D.	3		Jouhaud.
Barbier du roi d'Aragon	V.	3		Fontan, Ch. Dupeuty, Ader.
Barbouilleur d'enseignes.	V.	1	Martainville (D. E.).	
Barcarolle	O.	3	1/2 Scribe.	1/2 Auber.
Bardes (les)	O.	3	Deschamps 1/4, Dercy 1/4, Lesueur 1/2.	
Baril d'olives	V.	1	Brazier, de Pixérécourt, Mélesville.	
Barmécides	T.	3	Laharpe (D. E.).	
Barnevelt	T.	3	Laharpe (D. E.).	
Barnevelt français	D.	3		Mercier.
Barogo	C.	1	Pompigny.	
Baromètre	V.	2		Marc Michel, Lefranc, Labiche.
Baromètre des amours	V.	3	2/3 Clairville.	1/3 Vaulabelle.
Baron allemand	V.	1	A. d'Artois, Gabriel.	
Baron Castelsarrazin	V.	1	Clairville, Déaddé, de Léris.	
Baron comédien	V.	1		Alix, *prop.*
Baron d'Albikrac	C.	2	Abel Hugot, Ader.	
Baron de Felsheim	M.	3	11/12 Bernos, Lanusse.	1/12 Quaisain (D. E.).
Baron de Fourchevif	V.	1		Labiche, A. Jolly.
Baron de Montrevel	D.	5	1/2 *feu* V. Ducange.	1/2 Harel.
Baron de Trenck	V.	2	Scribe, G. Delavigne.	
Baron de Trenck	C.	1	Gabiot.	
Baron de Trenck	C.	1		Arnould, Audinot.
Baron d'Hildburghausen	V.	2	Brazier, Mélesville, Vanderburch.	
Baron Lafleur	C.	2		Camille Doucet.
Baronne Bergamotte	V.	2	T. Cogniard, Déaddé, Xavier Eyma.	
Baronne de Blignac	V.	1	1/2 Dumanoir.	1/2 Nyon.
Baronne de Chantal	D.	1	Cubières.	
Baronne de Lavraldi	D.	5	De la Hodde.	
Baronne de Pinchina	V.	2		Brisebarre, Lubize.
Baronne et Bouquetière	V.	2	1/2 de Rougemont.	1/2 A. Monnier.
Barons allemands	V.	1	Georges Duval.	
Barons de Felsheim	D.	3	1/2 Bernos, Lanusse.	
Barricade	V.	1		Benj. Antier, Anicet.
Barricades	O.	2	1/2 Déaddé, Pilati.	1/2 Brisebarre, Gautier.
Barrière Clichy	D.	5		Chaulieu, Mouttet.
Barrière de Clichy	D.	5	1/3 Paul Meurice.	2/3 A. Dumas, A. Maquet.
Barrière des Martyrs	V.	5	2/3 Rochefort, Barba, *édit.*	1/3 Maillart.
Barrière des Martyrs	V.	1	2/3 Barthélemy, Fleury.	1/3 Fillot.
Barrière du Combat	V.	1	De Leuven, de Livry, Mallian, Riga, *édit.*	
Barrière Montparnasse	P. V.	1	Scribe, Dupin (*Delestre Poirson*).	
Barrières de Paris	D.	5	Carmouche, Gabriel.	
Barrières de Paris	V.	3		De Jallais.
Bas bleu	V.	1	1/2 F. Langé.	1/2 De Villeneuve.
Bascule	V.	1	1/2 Georges Duval.	1/2 A. de Cey.

Titres des Pièces.	Genres. Actes.	M. GUYOT.	M. PERAGALLO.
Bascule................	V. 1	Fulgence, Picard (D. E.), Wafflard (D. E.), Barba, *édit.*	
Bas de soie............	V. 3		Ader.
Basquaise.............	V. 1		Edmond, Henry.
Bastien et Bastienne....	V. 1	Harny.	
Bastille...............	M. 5	2/3 Labrousse.	1/3 Alix, *édit.*
Bastille et le Saint-Bernard..............	D. 1		Nézel, F. Laloue, H. Villemot.
Bastringue le Novice....	D. 3		Dutertre, Touchard-Lustière.
Bastringuères..........	V. 1	Théaulon, Henri Simon, Désaugiers (D. E.).	
Ba-ta-clan.............	O. 1	1/2 Ludovic Halévy.	1/2 Offenbach.
Bataille d'Aboukir.......	P. 1	1/2 Hapdé (D. E.).	1/2 Cuvelier (D. E.).
Bataille d'Antioche......	C. 1	Declaye.	
Bataille d'Antioche......	C. 1	Fonpré-Fracansalle.	
Bataille d'Austerlitz.....	M. 2		Touchard.
Bataille de Bouvines.....	M. 3	1/2 René Périn.	1/2 F. Laloue.
Bataille de dames.......	C. 3	Scribe, Legouvé.	
Bataille de Denain......	O. 5	A. d'Artois, Théaulon, Fulgence, Catrufo.	
Bataille de Denain......	M. 3	1/2 Duperche.	1/2 Frédéric.
Bataille de Fontenay....	M. 5	1/2 Caigniez.	1/2 Bernhard, Quaisain(D.E.).
Bataille de l'Alma.......	D. 4	Cogniard frères 2/3, *Bourdois* pour Porcher 1/3.	
Bataille de Montmirail...	D. 3		Durand de Valley.
Bataille de Nemrod.....	M. 3		Mme Leriche, Leblanc.
Bataille de Rocroy......	P. 3		Cuvelier (D. E.).
Bataille des Dunes......	M. 3		A. Leroy, de Morange.
Bataille des Pyramides..	M. 3	Grobert.	
Bataille de Straffarde....	M. 3		Boirie.
Bataille des Trois empereurs................	M. 2		Touchard.
Bataille de Toulouse.....	D. 5	Méry.	
Bataille de Veillane......	M. 3	5/6 Paul de Kock.	1/6 Quaisain (D. E.).
Bataille d'Ivry.........	O. 3	Roger, Martini.	
Bataille du Pruth.......	M. 3		Boirie, Dubois.
Bâtard de Montfort.....	V. 2	De Reiffemberg.	
Bâtardin...............	V. 1	Pessey.	
Bâtardy	P.-V. 2	Dupin, A. d'Artois, Barba, *édit.*	
Bateau à vapeur........	V. 1	Henri Simon, Émile, Rozet, Carmouche.	
Bateau de blanchisseuses.............	V. 1	1/2 Michel Masson, de Livry.	1/2 Villeneuve, Marchant.
Batelier du Don.........	O. 1		Claparède, Berton.
Batelière d'Argail.......	V. 1	2/3 Dumersan, Rousseau.	1/3 F. de Courcy.
Batelière de Brientz.....	V. 1	Scribe, Mélesville.	
Batelière du Loiret......	V. 1		Ourry, Chazet.
Bateliers..............	O. 1	Résicourt, Lemoyne.	
Bateliers du Niemen.....	V. 1	Gentil, Désaugiers (D. E.).	
Batelier suédois........	O. 1	1/2 Gasse.	1/2 N. Lefèvre.
Bathilde	D. 5		A. Dumas, A. Maquet.
Batignollaises..........	V. 1	1/2 Gabriel.	1/2 F. de Villeneuve.
Batignolles au pied du mur.................	V. 1	Gourdon de Genouillac, Paul Michel.	
Bâtons dans les roues...	V. 1		T. Barrière.
Bâtons flottants........	C. 5		Liadières.
Battu et content........	V. 1	E. Martin, Chéreault.	

Titres des Pièces.	Genres.	Actes.	M. GUYOT.	M. PERAGALLO.
Battus ne payent pas toujours l'amende	C.	1	Beaunoir (D. E.).	
Battus ne payent pas toujours l'amende	V.	1		Sewrin.
Battus payent l'amende	C.	1	Dorvigny (D. E.).	
Baudoin, comte de Provence	M.	3		Mardelle, Morange, Quaisain (D. E.)
Baudoin de Jérusalem	M.	3		Boirie, Dubois, Léopold.
Bavette la sorcière	V.	2	Dardoize, Lemaire,	
Bayadères	O.	1	1/2 Catel (D. E.);	1/2 de Jouy.
Bayadères	V.	1	Carmouche, Dumanoir.	
Bayadères de Pithiviers	V.	3	1/2 Paul de Kock.	1/2 Mourier.
Bayard à la Ferté	O.	2	Plantade 1/2, Gentil 1/4, Désaugiers 1/4 (D. E.)	
Bayard à Lyon	M.	3	Théaulon, Dreuilh.	
Bayard au Pont-Neuf	V.	1	Dieulafoy (D. E.), Gersin (D. E.).	
Bayard et l'entêté	C.	1	1/2 Duchemin.	1/2 Barjaud.
Bayard et son écuyer	V.	1	Ernest.	
Bayard, page	V.	2	A. d'Artois, Théaulon.	
Bazar d'Ispahan	B.-P.	1		Roger.
Bazar européen	V.	1	Lapointe.	
Bazile et Quiterie	P.	1		Leblanc.
Béarnais	C.	3		F. Dugué.
Béarnais	O.	1		Boieldieu, Sewrin, Kreutzer (D. E.).
Béarnais	C.	1	Ramond, Fulgence.	
Béatrix	D.	4	Déaddé, Lefèvre.	
Béatrix Cenci	T.	5	De Custine.	
Beau blond	V.	1	Henri Simon.	
Beaucoup de peine pour rien	C.	1		Bellin.
Beaudoin	T.	5	Lemercier.	
Beau douanier	V.	2	A. d'Artois, Théaulon, Barba, édit.	
Beau-frère	V.	1		A. Duport, P. Duport, Saint-Hilaire.
Beaugaillard	V.	1		Saintine, Duvert, Lauzanne.
Beaux hommes de Paris	V.	1		Jouhaud.
Beau Jocrisse	V.	1	1/2 Faulquemont.	1/2 Dunan-Mousseu.
Beau jour	V.	1	D'Artois.	
Beau Léandre	V.	1	De Banville, Siraudin.	
Beaumarchais à Madrid	D.	3	Léon Halévy.	
Beaumarchais en Espagne	D.	1	René Périn.	
Beau mariage	C.	5	1/2 Emile Augier.	1/2 E. Foussier.
Beau Martial	V.	1	Arvers, de Saint-Germain.	
Beauminet	V.	1	1/2 Mélesville.	1/2 Saintine.
Beau Narcisse	V.	1	1/2 Jautard.	1/2 Albéric Second.
Beau Narcisse	V.	1	1/3 Scribe.	2/3 F. de Courcy, Saintine.
Beaunois à Paris	V.	1		Chazet.
Beau-père	V.	3	Rochefort, A. d'Artois.	
Beau-père	V.	1	Cormon, Chabot, Barba, édit.	
Beau-père	C.	1		Laurencin, Meyer, Massé, édit.
Beau-père dans l'étude	V.	1	1/2 Lefils.	1/2 Lubize.
Beau-père en état de siége	D.	3		Lubize, Rauzet-Dorinière.
Beauté et bonté	V.	2	Salin, Lesguillon.	

Titres des Pièces.	Genres.	Actes.	M. GUYOT.	M. PERAGALLO.
Beauté mène à tout	C.	3	De Rougemont.	
Beautés de la cour	V.	2	1/2 Bernard Lopèz.	1/2 Alboize.
Beaux-arts au Gros-Caillou	P.	1	Henrion.	
Bébé et jargon	P.	1	Villiers.	
Bébés	V.	3		De Jallais, Jules Renard.
Becri-Mustapha	V.	1	2/3 Jacques Arago, Boucher.	1/3 L. Buquet.
Bédéno	M.	3		Aude, Godmann, Quaisain (D. E.).
Bedlam	V.	1	Gouffé, Villiers, Barba, édit.	
Bédouines à Paris	V.	1	De Leuven, Dumersan.	
Bédouins	P.	3		Frédéric, A. Piccini.
Bédouins à la barrière	V.	1		Ronteix, Alix, édit.
Bédouins en voyage	V.	1		Desnoyers.
Bégueule	V.	2	2/3 Carmouche, Brazier.	1/3 Merle.
Bégueule	V.	1	1/2 *Feu* Bayard.	1/2 Biéville.
Beignets à la cour	V.	2		Antier.
Bel Antinoüs	V.	1		Montagne, Dubocage, Mifliez, édit.
Bel-Boul	O.-B.	1		De Lachesneraye, Laurent de Rillé.
Belgique au XVIe siècle	D.	5	Riquier.	
Belgique, sous Philippe III	M.	3	Cormon, Lagrange, Barba, édit.	
Bélisaire	M.	4		Boullault, Saint-Amand.
Bélisaire	O.	3	Bertin d'Antilly.	
Bélisaire	O.	3		H. Lucas, Donizetti.
Bélisaire	T.	3		Jouy.
Bélisaire	M.	3		Hubert, Cuvelier (D. E.).
Belisario	V.	2	1/3 Carmouche.	2/3 F. Laloue, Bezou, édit.
Belle allemande	V.	1	Dupin, A. d'Artois, Barba, édit.	
Belle Amélie (la)	V.	1		Fournier.
Belle Arsène	O.	3	1/2 Monsigny (D. E.).	1/2 Favart (D. E.)
Belle Arsène	B.-P.	3		Taglioni.
Belle au Bois-Dormant	V.	5		Georges Munier.
Belle au Bois-Dormant	B.	4	1/3 Scribe.	2/3 Aumer (D. E.), Hérold (D. E.).
Belle au Bois-Dormant	O.	3	De Planard, Carafa.	
Belle au Bois-Dormant	M.	3	5/6 *Caigniez* pour Barba.	1/6 Leblanc.
Belle au Bois-Dormant	V.	2	1/2 Dumersan.	1/2 Bouilly.
Belle au Bois-Dormant	V.	1	Gentil, Désaugiers (D. E.).	
Belle aux Cheveux d'or	F.	4	Cogniard frères.	
Belle aux Cheveux d'or	M.-V.	5	Brazier, Barba, édit.	
Belle aux Cheveux rouges	V.	1	Guénée, Marc Leprévost.	
Belle aux Écus	V.	1	1/3 Labie.	2/3 Desnoyers, Blondy, prop.
Belle bouchère	V.	1		Anicet, Brisebarre.
Belle Bourbonnaise	D.-V.	3	Carmouche, Dumersan.	
Belle Bourbonnaise	V.	2	2/3 Rougemont, F. Langlé.	1/3 Ch. Dupeuty.
Belle Cauchoise	V.	1	Gabriel, E. Guinot.	
Belle Champenoise	V.	1	A. d'Artois 1/6, Théaulon 1/6, Barba, édit. 1/3, Puech, prop. 1/6.	
Belle cordelière	V.	1	Armand Croisette.	
Belle cordière	V.	2	2/3 Dupaty, J. Pain (D. E.).	1/3 Bouilly.
Belle créature	O.	1		Bridault, Hervé.
Belle créole	P.	3		Leblanc.
Belle de nuit	V.	2	1/2 A. Choler.	1/2 C. Gabet.
Belle écaillère	V.	3	Gabriel, Théaulon.	

Titres des Pièces.	Genres.	Actes.	M. GUYOT.	M. PERAGALLO.
Belle Égyptienne.......	V.	1		Moline.
Belle esclave	O.	2	Dumaniant (D. E.).	
Belle Espagnole........	P.	3		Cuvelier (D. E.).
Belle Espagnole........	O.-B.	1		Hervé.
Belle et bonne	V.	1		Léger (D. E.).
Belle et bossue.........	V.	1	Théaulon.	
Belle et la Bête.........	V.	2	Bayard, Varner.	
Belle fermière	C.	2	Julie Candeille (D.E.).	
Belle-fille	V.	1	1/2 Francis C.	1/2 Anicet.
Belle-fille	V.	1	1/2 Courtier.	1/2 Léon Buquet.
Belle Françoise	V.	1	Lefèvre, Siraudin.	
Belle Gabrielle.........	D.	5		Auguste Maquet.
Belle Génoise..........	M.	3		Alexandre.
Belle Géorgienne	P.	3		Cuvelier (D. E).
Belle Hélène...........	M.	3		Antony Béraud.
Belle hôtesse...........	V.	1	1/2 Vallée.	1/2 Léger (D. E.).
Belle juive............	M.	3		Chevalier.
Belle limonadière.......	V.	3		Maurice Alhoy, Mourier.
Belle Marie............	V.	1	Pain, Dumersan.	
Belle-mère............	C.	5	Vigée.	
Belle-mère............	M.	3	5/12 Caigniez.	7/12 Fontenay, A. Piccini, Quaisain (D. E.).
Belle-mère............	V.	2	Corsange.	
Belle-mère............	O.	1	1/2 Fay.	1/2 Vial.
Belle-mère............	V.	1	Scribe, Bayard.	
Belle-mère et le gendre..	C.	3	Samson.	
Belle Milanaise........	M.	5	4/5 Servières.	1/5 Leblanc.
Belle nièce............	M.	5	A. Croissette.	
Belle Persane.....	B.	1		A. Renoux.
Belle Régaillette.......	V.	1	1/3 Labie.	2/3 Saint-Amand, Augier.
Bellerose.............	V.	1	Thurbet.	
Belles de nuit.........	D.	5	3/4. Paul Féval 1/4, Lévy, édit. 1/2.	1/4 Guerville.
Belles femmes de la rue Mouffetard	V.	1		Jouhaud.
Belles femmes de Paris..	V.	2	2/3 Desvergers, Varin.	1/3 Maurice Alhoy.
Belles femmes de Paris...	V.	2	1/3 Dumersan.	2/3 Duvert, Lauzanne.
Belles femmes de Paris...	V.	1	1/2 Angel.	1/2 Vanel.
Belle-sœur............	D.	5	Berrier.	
Belle-sœur	V.	2	1/3 Barba, édit.	2/3 Duport, Laurencin.
Belles têtes...........	V.	1	1/2 *Delestre Poirson*.	1/2 Duchâtelard.
Belle tourneuse	V.	3	Rochefort, Bayard.	
Bel œil	V.	1	1/2 Tresse, édit.	1/2 Biéville.
Belphégor............	V.	1	Dumanoir, Déaddé, A. Choler.	
Belphégor............	V.	1	A. d'Artois, de St-Georges, Vernet.	
Belvéder.............	M.	3	Pixérécourt.	
Belzébuth.............	O.	3		Castil-Blaze.
Belz et Buth...........	V.	2		Simonnin, Hilpert.
Belzors..............	C.	2		Loaisel de Tréogate.
Benascar Elzamir.......	V.	3	11/12 Bernos, Lanusse, Monferrier.	1/12 Quaisain (D. E.).
Bénéficiaire	V.	5	Théaulon 1/4, Steph 1/4, Barba, édit. 1/2.	
Béniowski.............	O.	3		A. Duval, Boïeldieu.
Benjamin Cœur-de-Lièvre	V.	3		Desnoyers, C. Potier.
Benjamin Constant aux Champs-Élysées......	V.	1		Antier, Lottin, Damarin.
Benoît...............	D.	3		H. Auger.
Benoît...	V.	3	Pain, Dumersan.	

Titres des Pièces.	Genres.	Actes.	M. GUYOT.	M. PERAGALLO.
Ben Salem	D.	5		Arnault, Mme de Prébois.
Benvenuto Cellini	D.	5	1/2 Paul Meurice.	1/2 Porcher, prop.
Benvenuto Cellini	O.	2	3/4. Léon de Wailly 1/4, Berlioz 1/2.	1/4 Auguste Barbier.
Berceau	C.	1		Michel Carré, Jules Barbier.
Berceau	V.	1		Cuvelier (D. E.), Franconi.
Berceau	V.	1	Barré (D. E.), Radet (D.E.), Desfontaines (D. E.).	
Berceau	V.	1	Pixérécourt.	
Berceau d'Achille	O.	1	Dupaty.	
Berceau de Henri IV	O.	2		Leblanc.
Berceau de Henri IV	V.	1	Théaulon, Rochefort, Carmouche.	
Berceau du prince	V.	1	3/5. Gentil, Brazier, Désaugiers (D. E.).	2/5 Chazet, Dubois.
Berceau du vaudeville	V.	1	2/3 A. Gouffé, G. Duval.	1/3 Chazet.
Bérenger	V.	1	Lafortelle.	
Bergami	M.	5	1/3 Barba, édit.	2/3 Dupeuty, Fontan, Maurice-Alhoy.
Berger de la Sierra Morena.	B.P.	3		Petipa.
Berger de Souvigny	V.	2	1/2 Bayard.	1/2 Biéville.
Bergère châtelaine	O.	3	1/2 de Planard.	1/2 Auber.
Bergère des Alpes	D.	3		D'Ennery, Desnoyers.
Bergère des Alpes	V.	1	Honoré.	
Bergère des Alpes	V.	1	A. Guesdon.	
Bergère de Saluces	M.	3		Noël, Leblanc.
Bergère d'Ivry	M.	3	1/2 Gabriel,	1/2 Michel Delaporte.
Berger philosophe	V.	1	Martainville (D. E.).	...
Bergers de Masanne	P.	3		Dubois, Hullin, Darondeau.
Bergers trumeau	O.	1	1/2 Clapisson.	1/2 F. de Courcy, C. Dupeuty.
Berghem et van Ostade	V.	1	Brazier, d'Olivet.	
Berline	V.	2	Mathon.	
Berline de l'émigré	D.	5	1/2 Mélesville.	1/2 Daubigny, Estienne.
Berline jaune	V.	1		Stell.
Berlingots du diable	P.	3	1/2 Marquet.	1/2 Guyon.
Berlin, Potsdam, Paris, Waterloo et Sainte-Hélène	D.	3	Clairville.	
Bernique	C.	1	Dorvigny.	
Bernique	V.	1	C. Deslys.	
Berquin	V.	1	1/2 Pain.	1/2 Bouilly.
Berthe d'Almanzé	D.	3		Fillion.
Berthe la Flamande	D.	5	Dinaux, Molé-Gentilhomme, Constant Guéroult.	...
Berthilie	M.	3	11/12 Bilderbeck, Lanusse.	1/12 Quaisain (D. E.).
Bertholde	O.	1		Favart (D. E.).
Bétinet	P.	1	Melcour.	...
Bertin et Colardeau	V.	1	Rougemont.	
Bertram le matelot	D.	5	Bouchardy.	
Bertram le pirate	M.	5		Taylor.
Bertram le pirate	D.	3	Raymond P.	
Bertrand	M.	2		Levesque.
Bertrand c'est Raton	V.	1	Paulin Deslandes.	
Bertrand Duguesclin et sa sœur	V.	2	Barré (D. E.), Radet (D. E.), Desfontaines (D. E.).	
Bertrand et Raton	C.	5	Picard (D. E.).	
Bertrand et Raton	C.	5	Scribe.	
Bertrand et Suzette	V.	2	Scribe, Varner.	
Bertrand l'horloger	V.	2	1/2 *Delestre Poirson.*	1/2 J. de Prémaray.

Titres des Pièces.	Genres.	Actes.	M. GUYOT.	M. PERAGALLO.
Bête du bon Dieu	D.	5		Decourcelle, Marc Fournier.
Bête du Gévaudan	M.	3	5/6 Pompigny.	1/6 Quaisain (D. E.).
Bêtes féroces	V.	1	De Leuven, F. Langlé.	
Bêtes savantes	V.	1	Théaulon, A. d'Artois, Dumersan.	
Bêtises de l'année	V.	1	3/4 Carmouche, Brazier, Barba, édit.	1/4 F. De Courcy.
Bétowski	V.	1	1/2 Pixérécourt.	1/2 L'ger (D. E.).
Bettine	V.	1	Alfred de Musset.	
Betty	O.	2	1/2 A. Adam.	1/2 H. Lucas.
Betly	B.-P.	2	1/3 A. Thomas.	2/3 Mazillier, Duval.
Béverley	T.	5	Saurin (D. E.).	
Béverley d'Angoulême	C.	1		Aude.
Bianca Contarini	D.	5	Paul Foucher.	
Bianco	M.	3	1/2 Valcour.	1/2 Leblanc.
Bibelots du diable	F.	3	T. Cogniard, Clairville.	
Bible à ma tante	C.	1	A. Tétard.	
Bibliothèque de Patru	V.	1	Pain.	
Bibliothèque magique	O.	1		Moline, Tomeoni.
Biche au bois	F.	4	Cogniard frères.	
Biche au bois	M.	3		Frédéric.
Biche au bois	F.-V.	1	2/3 Carmouche, Brazier.	1/3 Dubois.
Biches aux abois	V.	3	1/3 de Tully.	2/3 Augier, Salvat.
Bien d'autrui	V.	1		Brisebarre, C. Potier.
Bienfait anonyme	C.	2	Pilhes.	
Bienfait de la loi	C.	1	Forgeot.	
Bienfait du seigneur inconnu	C.	1	Ribié (D. E.).	
Bienfait et la reconnaissance	V.	2	Corsange.	
Bientôt la paix	V.	1	Camaille Saint-Aubin.	
Bienvenue	V.	1	Berrier, Overnay, Gautherot.	
Bien vient en dormant	V.	2	Dumersan.	
Bigame	M.	3	Sauvage, Ozaneaux.	
Bigame	V.	1	Jautard.	
Bigame supposé	M.	3		Moussard, Quaisain (D. E.).
Bijou	V.	5	2/3 Pixérécourt, Brazier.	1/3 Duvert.
Bijou perdu	O.-C.	3	7/8. De Leuven 2/8, de Saint-Georges 1/8, A. Adam 4/8.	1/8 de Forges.
Bijoutier de Nuremberg	M.	3	1/2 Guénée.	1/2 C. Potier.
Bijoux	V.	1	A. Guesdon.	
Bijoux de noce	V.	1	Dupin.	
Bijoux indiscrets	V.	2	Mélesville, Bayard.	
Bilboquet à la Courtille	V.	2		De Jallais.
Billet à ordre	V.	1		Ancelot.
Billet au porteur	C.	1	Corsange.	
Billet blanc	C.	1		Baudoin Dewiers.
Billet de faire part	V.	2	Bayard.	
Billet de faveur	V.	1	1/2 Cormon, Lévy, édit.	1/2 Laurencin, Michel De la porte.
Billet de logement	V.	1		Léger (D. E.).
Billet de loterie	V.	1		Chazet, Léger (D. E.).
Billet de Marguerite	O.-C.	3	1/2 de Leuven, B. Lhérie.	1/2 Gewaert.
Billet de mariage	O.	3		Fridzeri.
Billet doux	M.	3		Boirie, Dubois, Merle.
Billets de loterie	O.	1	Creuzé 1/4, Roger 1/4, Nicolo (D. E.) 1/2.	
Billets doux	O.	1		A Piccini.
Binettes contemporaines	R.	3	2/3 Clairville.	1/3 Commerson.
Biographes	C.	2	F. Langlé, Cavé, Dittmer.	

Titres des Pièces.	Genres.	Actes.	M. GUYOT.	M. PERAGALLO.
Bion	O.	1	1/2 Hoffmann (D. E.).	1/2 Méhul (D. E.).
Biribi	P.	1	1/2 Pol Mercier.	1/2 Hervé.
Biribi le mazurkiste	V.	1	3/4 Dumersan, de Leuven, Tresse, *édit*.	1/4 de Forges.
Biscuit de Savoie	V.	1	Dupin.	
Bisontin et bisontine	V.	1	Jules Joly.	
Bisson	M.	3		H. Villemot, Benj. Antier.
Bisson	V.	2	1/4 Saint-Amand.	3/4 Dulong, Mourier, Bézou, *édit*.
Bivouac	V.	1	1/3 H. Simon.	2/3 F. Laloue, Merle.
Bizarreries de la fortune	C.	3		Loaisel de Tréogate.
Bizarre	P.	1	Villiers.	
Blagueurs et blagués	R.	3	Paul de Kock, Guénée.	
Blaise et Babet	O.	2		Monvel (D. E.).
Blaise le hargneux	C.	1	Dorvigny (D. E.).	
Blaise le hargneux	V.	1	Rochefort, Gersin (D. E.).	
Blaise le savetier	O.	3		Sedaine (D. E.).
Blaise Pascal	D.	5	Costa.	
Blaisot	V.	1		Desessart, Pélissier-Laqueyrie
Blaisot et Pasquin	O.	1	Bianchi, Martinelli.	
Blanche	V.	1	2/3 Marquet, Delbès.	1/3 Perrot de Renneville.
Blanche d'Aquitaine	T.	5		Hippolyte Bis.
Blanche de Provence	O.	1	1/2 Théaulon, Derancé.	1/2 Cherubini, Berton, Boïeldieu, Paër (D. E.), Kreutzer (D. E.).
Blanche et blanchette	V.	5		Alix, *édit*., 1/3, Saint-Hilaire pour Porcher, *prop*., 2/3.
Blanche et Guiscar	T.	5	Saurin.	
Blanche et Isolier	V.	1	T. Anne 2/3, Quoy 1/3.	
Blanche et Montcassin	T.	3	Arnault père (D. E.).	
Blanche et Vermeill	O.	2	Rigel père.	
Blanche haquenée	O.	1		Porta, Sedaine (D. E.).
Blanche Lorzi	D.	5		Davesnes, Souvestre.
Blanchette et Marcassin	V.	1	Pixérécourt.	
Blanchisseuse de fin	V.	1	G. Duval, Rochefort.	
Blancs becs	V.	2		Anicet, Brisebarre.
Blaveau	V.	1	G. de Wailly, J. de Wailly, Lévy, *édit*.	
Blocu	V.	1	Mélesville.	
Blocus de la salle à manger (le)	V.	1	A. d'Artois, Gabriel.	
Blonde et la brune	V.	1	Hector d'Aunay.	
Blonde et la brune	C.	1		Sewrin.
Blondette	V.	3	1/2 Marc Leprévost.	1/2 d'Osmoy.
Bloomeristes	V.	1	Clairville, H. Leroux.	
Bloqué	M.	1		Saint-Amand, Lefèvre.
Bloqué	V.	1		Chivot, Duru, Bourdillat, *édit*.
Blouse et paletot	V.	3	1/2 de Léris.	1/2 Bellevue.
Blouses	V.	1	Dumersan.	
Blouses	V.	1	Théaulon, Gabriel, A. d'Artois	
Bluets et coquelicots	V.	1		Jouhaud.
Boa	V.	1	A. d'Artois, Francis D., St-Laurent (D.E.), Barba, *édit*.	
Boarding School	O.-B.	1		De Jallais, Flan.
Bob	V.	2		P. Duport, de Forges.
Bobêche d'autrefois (un)	V.	1	E. Burat, Déaddé.	
Bobêche et Galimafré	V.	1		Simonnin.
Bobêche et Galimafré	V.	1	Cogniard frères 2/3, Barba *édit*. 1/3.	
Bocal de cornichons	V.	3	1/4 Honoré.	3/4 Jouhaud, Alb. Monnier.

Titres des Pièces.	Genres.	Actes.	M. GUYOT.	M PERAGALLO.
Boccace	V.	5	Bayard 3/9, A. de Beauplan 2/9, de Leuven 2/9, Lhérie (B.) 2/9.	
Bocquet père et fils	V.	2		Laurencin, Labiche, Marc-Michel.
Bœuf gras	V.	1	Paul de Kock 2/3, Tresse *édit.* 1/3.	
Boghey renversé	V.	1	A. d'Artois, Théaulon.	
Bohême (La)	V.	5	1/2 Henry Murger.	1/2 T. Barrière.
Bohémien	O.	1		Chancourtois.
Bohémienne	D.	5	Scribe, Mélesville.	
Bohémienne	O.	3	1/2 Sauvage.	1/2 Crémont.
Bohémienne	M.	3		Cuvelier.
Bohémienne de Paris	D.	5	1/2 Paul de Kock.	1/2 G. Lemoine.
Bohémienne de Triana	D.	1	De Rostan.	
Bohémiennes	V.	1		Pujoulx (D. E.).
Bohémiens	V.	1		Bréard.
Bohémiens	B.	1	Flexmore.	
Bohémiens de 1843	V.	1		Dutertre, Raimbaut.
Bohémiens de Paris	D.	5		D'Ennery, Grangé.
Boïeldieu aux Champs-Élysées	V.	1		Sewrin.
Boileau à Auteuil	V.	1	Francis D., Moreau.	
Boira-t-il encore?	C.	1	Grétry *neveu* (D. E.).	
Bois de Boulogne	V.	2		Montheau 1/6, P. Duport 1/6, M. Delaporte 1/6, Alix, *édit.* 1/2.
Bois de Daphné	C.	2	Eugène de Stadler.	
Boisrosé	C.	1		Mercier.
Boissy chez lui	V.	1	Scribe, Mélesville, *Delestre Poirson*.	
Boîte aux fiches	V.	1	René Périn.	
Boîte d'argent	C.	1	1/2 Lurine.	1/2 Raimond Deslandes.
Boîte de fer	M.	3		Bauchery.
Boiteuse	O.	1		Foignet.
Boleslas	M.	3	5/6 Mélesville.	1/6 Quaisain (D. E.)
Bolivard et Latuille	V.	1	Dubacq.	
Bolivars et Morillos	V.	1	A. d'Artois, Gabriel.	
Bombardement d'Alger	M.	3		Frédéric.
Bombardes	V.	1		Léger, Ragueneau.
Bombés	V.	1	Bayard, Vanderburch.	
Bon ange	V.	1	Guenée.	
Bon ange	V.	1	1/3 Cormon.	2/3 Boulé, Laurencin.
Bonaparte	D.	7	1/2 Albert, Labrousse.	1/2 Porcher, *prop*.
Bonaparte en Égypte	D.	5	7/9 Labrousse.	2/9 N. Fournier.
Bonaparte, lieutenant d'artillerie	V.	2	1/3 Saint-Laurent.	2/3 Duvert, Saintine.
Bonardin à la répétition	M.	1	Rougemont 10/24, Carmouche 8/24, Francis D. 3/24, *Jouslin* pour Joseph B. 3/24	
Bonardin dans la lune	V.	1	Honoré, Puech, *prop.*, Barba, *édit.*	
Bonardin, directeur de spectacle	V.	1	Rougemont, Saint-Laurent (D. E.).	
Bonardin en voyage	V.	1	Thurbet.	
Bonaventure	V.	3	1/3 Théaulon.	2/3 F. de Courcy, Ch. Dupenty.
Bonbonnière	V.	1		Duport 2/12, Duvert 5/12, Lauzanne 5/12.

Titres des Pièces.	Genres.	Actes.	M. GUYOT.	M. PERAGALLO.
Bon enfant............	O.	3		Marsollier (D. E.), Dalayrac (D. E.).
Bon enfant...........	V.	3	Paul de Kock, Cogniard frères, Barba, *édit*.	
Bon et bourru..........	C.	1	Gabiot.	
Bon et le mauvais chemin	V.	1		Martin, Ronteix.
Bon fermier...........	C.	1	Ségur jeune.	
Bon fermier...........	V.	1	Grétry neveu (D. E.).	
Bon fils...............	C.	2	Dumaniant (D. E.).	
Bon fils...............	O.	1		Hennequin, Lebrun (D. E.).
Bon garçon............	C.	3	1/2 Picard (D. E.).	1/2 Mazères.
Bon garçon............	O.	1	1/6 Lockroy.	5/6. Anicet 1/6, Rousseau 1/6, Prévost 3/6.
Bon gré, mal gré.......	C.	1	1/2 Lévy, *édit*.	1/2 Jules Barbier.
Bonheur au jeu.........	D.-V.	2	1/3 Vanderburch.	2/3 Anicet, F. de Villeneuve.
Bonheur chez soi.......	C.	1		Comte du Hamel.
Bonheur dans la famille..	V.	1	Jautard, Grasset-Vernier.	
Bonheur dans la retraite..	V.	1	Bayard jeune.	
Bonheur d'être fou......	V.	2	1/2 *Delestre Poirson*.	1/2 N. Fournier.
Bonheur de vivre aux champs.............	V.	1	Henri Monnier, Boyer Partout	
Bonheur en bouteille....	V.	1		Marc Michel, Alix, *édit*.
Bonheur est d'aimer....	B.-P.	1		Dauberval.
Bonheur, fruit du travail.	V.	1	Guillemain.	
Bonheur ignoré........	V.	1	1/3 Barba, *édit*.	2/3 Léonce, Petit.
Bonheur sans nuage.....	V.	1		Hennaut, Lubize.
Bonheur sous la main ...	V.	3		P. Duport.
Bonheur sous la main...	V.	1	2/3 E. Nus, Lévy, *édit*.	1/3 Léonce.
Bonheur sous les toits...	V.	3	Didier, E. Burat.	
Bonhomme............	C.	3	Lamartelière (D. E.).	
Bon homme...........	V.	1	2/3 Carmouche, Pain (D. E.).	1/3 Simonnin.
Bonhomme dimanche ...	R.-V.	4		Audeval, de Jallais, C. Potier, J. Renard.
Bonhomme Jacques.....	D.	5	Paul Féval, Lévy, *édit*.	
Bonhomme Jadis.......	C.	1	2/3 Henry Murger.	1/3 Michel Carré.
Bonhomme Job........	V.	3		E. Souvestre.
Bonhomme la Fontaine..	V.	1	1/2 Léon Halévy.	1/2 Pitre Chevallier.
Bonhomme Lundi......	D.-V.	5	Lermite, Netter.	
Bonhomme Richard.....	V.	3	Mélesville, Carmouche.	
Bonhomme Richard.....	V.	1	2/3 Francis D., Quoy.	1/3 F. de Courcy.
Boniface Pointu et sa famille.............	C.	1	Guillemain (D. E.).	
Bon jeune homme......	V.	1	Nicole.	
Bon ménage...........	V.	1		Alboise.
Bon monsieur Blandin...	V.	1		Laurencin, Duport, Alix, *édit*.
Bon moyen............	V.	1	De Leuven, Lhérie B.	
Bon naturel et vanité....	C.	1		Dumolard.
Bonne année..........	V.	1	1/2 Bayard.	1/2 Biéville.
Bonne aubaine........	V.	1	Radet (D. E.).	
Bonne aventure........	D.	5	3/4 Paul Foucher, Dinaux, E. Sue.	1/4 d'Ennery.
Bonne aventure........	C.	1		D'Ennery, Desnoyers.
Bonne d'enfants.......	O.-B.	1		Bercioux 1/4, Offenbach 1/2, Masse, *édit*. 1/4.
Bonne fée.............	V.	1	Lambert.	
Bonne femme.........	V.	1	Piis (D. E.), Desprez (D. E.).	
Bonne femme.........	V.	1	1/2 Brazier.	1/2 Dubois.
Bonne femme.........	V.	1		Dubois, Chazet.
Bonne femme.........	V.	1	1/3 A. d'Artois.	2/3 Paul Duport, Saintine.

Titres des Pièces.	Genres.	Actes.	M. DUYOT.	M. PERAGALLO.
Bonne fille	O.	3	11/12 Cailhava (D. E.).	1/12 Piccini.
Bonne fille	V.	3	1/2 Bayard.	1/2 Decomberousse.
Bonne fille	V.	1		Commerson, Salvador.
Bonne fortune	O.	1	Mennechet 1/4, Féréol 1/4, A. Adam 1/2.	
Bonne fortune	V.	1	1/2 Paul de Kock.	1/2 Lepoitevin Saint-Alme.
Bonne fortune	V.	1	1/2 Bayard.	1/2 Decomberousse.
Bon nègre	V.	3		Duport, Duvert, Saintine.
Bon nègre	M.	3		Antony Béraud, Rosny.
Bon nègre	O.-B.	1	Réné Lordereau, Musard fils.	
Bonne fortune conjugale.	V.	2	Chalmeton.	
Bonne maîtresse	C.	1		Montanclos.
Bonne mère	O.	3	Mélesville, Douay.	
Bonne mère	C.	1	Ribié (D. E.).	
Bonne nouvelle	V.	1	Gentil.	
Bonne nuit, monsieur le vicomte	V.	1		Léon Gozlan.
Bonne pâte d'homme	V.	1	1/2 A. Choler.	1/2 Dallard.
Bonne qu'on renvoie	V.	1	6/9. Henri Berthoud 4/9, de La Rounat 2/9.	3/9 Giraud Dagneau, édit.
Bonne réputation	C.	1	1/3 E. Guinot.	2/3 Arnould, Alix, édit.
Bonnes à bon marché	V.	1	1/2 Hippolyte Leroux.	1/2 Lubize.
Bonne sanglante	V.	2	Varin, Dupin.	
Bonnes d'enfants	B.-P.	3		Léopold, Blache, Mazilier, Boirie.
Bonnes d'enfants	V.	1	Brazier, Dumersan.	
Bonne servante	V.	1	Desfontaines (D. E.).	
Bonnes gens	C.	1	Guillemain (D. E.).	
Bonne sœur	O.	1	1/2 Petit, Philipon.	1/2 Bruhl (D. E.).
Bonne sœur	C.	1	Pompigny.	
Bonnet de police	V.	1	Théaulon, Choquart.	
Bonnet du diable	V.	1	A. d'Artois, de St-Georges, Vernet.	
Bonnetier	V.	1		Jouhaud.
Bonnet magique	V.	1	Piis (D. E.), Radet (D. E.).	
Bonne vieille	V.	1		Lubize.
Bon ouvrier	V.	1	1/2 A. d'Artois, de Bessel-lièvre.	1/2 Rosier, Giraud-Dagnea, édit.
Bon papa	V.	1	Scribe, Mélesville.	
Bon père	V.	1	7/9. Armand et Achille d'Artois 4/9, Barba, édit. 3/9.	2/9 Ferdinand Laloué.
Bon petit diable	V.	1		Mme Rouy.
Bons amis	C.	2	Toubon.	
Bon seigneur	C.	1	Ribié (D. E.).	
Bons effets du vin (les)	V.	1	1/2 Desprez St-Clair (D. E.).	1/2 Leblanc (D. E.).
Bons enfants	V.	1	Dumersan, Brazier, Francis C.	
Bons enfants	V.	1		Jouhaud.
Bons gobets	V.	1	Francis C., Brazier.	
Bons maris font les bonnes femmes	M.	5		Lepoitevin, Davesnes, Mourier.
Bonsoir, monsieur Pantalon	O.-C.	1	Lockroy 1/4, de Morvan 1/4, Grisar 1/2.	
Bonsoir voisin	O.-C.	1	Lhérie B. 1/4, A. de Beauplan 1/4, Poise 1/2.	
Bons serviteurs	V.	1	2/3 Brazier, Carmouche.	1/3 Ferdinand Laloue.
Bon valet	C.	1	Pompigny (D. E.).	
Boquillon à la recherche d'un père	V.	2	Bayard, Dumanoir.	

Titres des Pièces.	Genres.	Actes.	M. GUYOT.	M. PERAGALLO.
Bordeaux en 1847	V.	3		Richard.
Borne du cabaret	V.	1		Bourget, Donvé.
Bosse du crime	V.	3	Varner, Hipp. Leroux.	
Bosse du vol	D.	2		Simonnin.
Bossu de la garde nationale	V.	2	Barba, *édit.*	
Bossue	V.	1	Fontan, Ader pour Barba, prop.	
Bossue	V.	1	Bayard, Dumanoir.	
Bothwel	D.	5	Empis.	
Botte	C.	2	Servières, *Ernest* pour Barba	
Botte de sept lieues	P.	2		Hullin, Taix (D. E.).
Botte secrète	V.	1	1/2 Molé Gentilhomme.	1/2 Dordan.
Botte secrète	V.	1		Moinaux 2/3, Massé, *édit.* 1/3.
Boucle de cheveux	O.	1	1/2 Hoffmann (D. E.).	1/2 Dalayrac (D. E.).
Boucles d'oreilles	V.	1	Rochefort 2/3, Barba, *édit.* 1/3.	
Boudeurs	C.	3		Petit, Léonce, Lubize.
Boudeurs	V.	3	De Longpré.	
Bouquetière de Florence.	M.	5		Leblanc 2/3, Varez 1/3.
Boudjali	V.	1	1/3 Duhomme.	2/3 Elie Sauvage, Alix, *édit.*
Boudoir	C.	1	Lurine, Solar.	
Bouffe du roi	V.	3	1/2 de Leuven, de St-Georges	1/2 De Forges, Alix, *édit.*
Bouffe et le tailleur	O.	1	1/2 Gouffé, Villiers.	1/2 Gaveaux (D. E.).
Bouffon d'Aigues-Mortes.	V.	3	1/2 Rochefort.	1/2 Alix, *édit.*
Bouffon dans l'embarras.	V.	1		Crosnier, Leblanc.
Bouffon du prince	O.	3	De Saint-Yves.	
Bouffon du prince	V.	2	1/2 Mélesville.	1/2 Saintine.
Bougeoir	C.	1	1/2 Clément Caraguel.	1/2 Giraud-Dagneau, *édit.*
Bouillon d'onze heures	V.	1	2/3 Siraudin, Philippe.	1/3 Moreau.
Bouillons à domicile	V.	1	2/3 Gabriel, de Livry.	1/3 Villeneuve.
Boulanger a des écus	V.	3	1/3 Henri Thierry.	2/3 De Jallais, Vulpian.
Boulangère a des écus	D.	5		Jules de Prémaray.
Boulangère a des écus	V.	2	3/4 Gabriel, Théaulon, Barba, *édit.*	1/4 Desnoyers.
Boules graves	V.	2	Barthélemy, Fillot.	
Boulevard . Bonne-Nouvelle	V.	1	Scribe, Mélesville, Moreau.	
Boulevard de Gand	V.	1	A. d'Artois.	
Boulevard du Crime	V.	2	Veyrat, Sauzay.	
Boulevard du Temple	V.	1	Brazier.	
Boulevard du Temple	V.	1		Cuvelier.
Boulevard Saint-Martin	V.	1	Désaugiers (D. E.).	
Boulevards de Paris	V.	2	T. Cogniard, Méry.	
Boulot en goguette	B.-P.	1		Hullin.
Bouquet	V.	1		Henri.
Bouquet à Molière	C.	1		Commerson.
Bouquet de bal	C.	1		Desnoyers, Alix, *édit.*
Bouquet de famille	V.	1	Guillemain (D. E.).	
Bouquet de Henri IV	V.	1	Revel, Mlle Huet.	
Bouquet de Jeannette	C.	1	Dorvigny (D. E.).	
Bouquet de l'Infante	O.	3	2/3 de Planard, de Leuven.	1/3 Ad. Boïeldieu fils.
Bouquet des poissardes	V.	1	1/2 Brazier.	1/2 Dubois.
Bouquet de violettes	V.	1	1/2 Dumanoir.	1/2 d'Ennery.
Bouquet du roi	O.	1	Dupin, Barba, *édit.*	
Bouquet du roi	V.	1	Désaugiers (D. E.), Gentil, Barba, *édit.*	
Bouquet et banquet	V.	1		Jouhaud.
Bouquet filial	V.	1		Aude neveu, Moline (D. E.)
Bouquetière	O.	1	1/2 A. Adam.	1/2 Hippolyte Lucas.

Titres des Pièces.	Genres.	Actes.	M. GUYOT.	M. PERAGALLO.
Bouquetière	V.	1	Decoisy (D. E.).	
Bouquetière anglaise	V.	1	2/3 Brazier, Moreau.	1/3 Dubois.
Bouquetière des Champs-Élysées	V.	3	1/2 Paul de Kock.	1/2 Mourier.
Bouquetière du Luxembourg	V.	1		Anicet, Ferd. Laloue.
Bouquetière du marché des Innocents	V.	3		Lubize, Dallard.
Bouquetières	D.	3		Bellot.
Bouquet impromptu	V.	1	Dumersan.	
Bouquets de verdurette	V.	2		Rimbaut, Raim. Deslandes.
Bourbonnaise	V.	3	Dumersan, Carmouche.	
Bourgeois aristocrate	V.	1	Jules Bédarez.	
Bourgeois campagnards	V.	1		Sewrin, Chazet.
Bourgeois de Gand	D.	5		Hippolyte Romand.
Bourgeois de la rue Saint-Jacques	V.	1	Scribe, Mélesville.	
Bourgeois de Paris	V.	3	Dupin, A. d'Artois, Varner, Barba, édit.	
Bourgeois de Paris	V.	3	2/3 Dumanoir, Clairville.	1/3 Vaulabelle.
Bourgeois de Reims	O.	1	1/4 de Saint-Georges.	3/4. Ménissier 1/4, Fétis 1/2.
Bourgeois de Rome	C.	1	Octave Feuillet.	
Bourgeois des métiers	D.	5		Gustave Vaëz.
Bourgeois d'Essonne	V.	3	Lassagne, Rousseau, Rochefort, Brisset.	
Bourgeois du Marais	V.	1	Désaugiers (D. E.).	
Bourgeoise	D.	5	Paul Féval.	
Bourgeois et grands seigneurs	V.	2		Laurencin, Monnais, Alix, - édit.
Bourgeois gentilshommes	C.	3	1/2 Dumanoir.	1/2 T. Barrière.
Bourgeois grand seigneur	C.	3	1/2 Alphonse Royer.	1/2 Vaëz.
Bourgmestre dans l'embarras	V.	1		Benj. Antier.
Bourgmestre de Blackschartz	C.-V.	5	Victor Ducange (D. E.).	
Bourgmestre de Saardam	M.	3	1/3 Mélesville.	2/3 Boirie, Merle.
Bourgmestre de Saardam	V.	2	1/3 Mélesville.	2/3 Boirie, Merle.
Bourreau	M.	3		Béraud, Anicet.
Bourreau d'Amsterdam	D.	3	De Pixérécourt, Victor Ducange (D. E.).	
Bourreau des crânes	V.	3	Siraudin, Lafargue.	
Bourreau des crânes	V.	2		Boulé, Touchard-Lustières.
Bourreau sans le savoir	V.	1	Delaboullaye.	
Boursault	V.	1	Desfontaines (D. E.).	
Bourse	C.	5		Ponsard.
Bourse au village	V.	1	4/9 Clairville, Siraudin.	5/9. Raimond Deslandes 2/9, Bourdillat, édit. 3/9:
Bourse de Paris	V.	3	Théaulon, E. Arago.	
Bourse de Pézénas	V.	1	1/4 Théaulon.	3/4 Martin, Léonce, Alix, édit.
Bourse ou la vie	O.-C.	1	Galoppe d'Onquaire, Charles Manry.	
Bourse ou l'avis	V.	1		Flan.
Bout de l'an	V.	1	Scribe, Varner.	
Bout du monde	D.	3	Camaille St-Aubin, Ribié (D.E.)	
Bouteille à l'encre	F.	3		C. Gabet.
Bouteille à l'encre	V.	1	2/3 Marquet, Delbès.	1/3 Perrot de Renneville.
Bouteille d'orgeat	V.	1	2/3 Desperrières, Llaunet.	1/3 Léon Paillet.
Boutique du perruquier	C.	1		Laurencin.
Boutique et le théâtre	V.	3		Dutertre, Touchard-Lustières

Titres des Pièces.	Genres.	Actes.	M. GUYOT.	M. PERAGALLO
Boutiquiers............	V.	2.	Dumersan, A. d'Artois, Barba, édit.	
Boutons de rose.......	M.	3	Pixérécourt.	
Bouton de rose........	V.	1		Duvert, Lauzanne.
Bouviers..............	M.	3	1/2 Hubert.	1/2 Chavanges.
Bouviers..............	V.	1	A. d'Artois, Francis C.	
Boxeur français.......	V.	1	Moreau, Lafortelle, Dumersan	
Boxeurs...............	V.	1	3/4 Francis D., Désaugiers (D. E.), Barba, édit.	1/4 Simonnin.
Boyard et le serf......	M.	3	Sauvage.	
Braconnier...........	B.-P.	2		Blache.
Braconnier...........	O.	1	1/2 de Leuven, Vanderburch.	1/2 Gustave Hecquet.
Braconnier des Cévennes.	V.	1	Rougemont, Dumersan.	
Bramine..............	O.	1	1/2 (Delestre Poirson).	1/2 A. Piccini.
Brancas..............	M.	3		Rimbaut, Demolière, Léonce.
Brancas le rêveur.....	V.	1	1/4 Déaddé.	3/4 De Forges, Delavergne, Alix, édit.
Branche de chêne.....	D.	5	1/2 Charles Lafont.	1/2 Desnoyer.
Bras d'Ernest.........	V.	1	1/2 Hippolyte Leroux.	1/2 Labiche.
Brasero..............	D.	3	Paul Foucher.	
Bras noir.............	P.	1	Ferd. Desnoyers, Bernardin.	
Brasserie de Munich....	V.	3	Bedeau, Thirion.	
Brasseur de l'île des Cygnes.............	V.	1	Tissot, Martainville (D. E.), Barba, édit.	
Brasseur de Preston.....	O.-C	3	De Leuven 1/4, Lhérie B. 1/4, A. Adam 1/2.	
Brasseur Robinson......	V.	1	Cogniard frères.	
Brasseurs du faubourg...	V.	1	Angel.	
Bréda street..........	V.	1	5/9. Clairville 3/9, Siraudin 2/9.	4/9 Delacour, Moreau.
Bredouille............	O.	1	Galoppe d'Onquaire, Paul Bernard.	
Bredouilleur..........	V.	1	Siraudin, Colliot, Lapointe.	
Bredouillon..........	V.	1	De Léris 1/2, Lantoine 1/4, Pluchonneau 1/4.	
Brelan d'amoureux.....	V.	1	1/3 Saint-Laurent (D. E.).	2/3 Saintine, d'Epagny.
Brelan de bossus......	V.	1	Dupin, Martin.	
Brelan de dames......	O.	1	Morin, N. Louis.	
Brelan de Gascons.....	C.	1	Vanderburch, Barba, édit.	
Brelan de maris.......	V.	1		Laurencin 2/9, Duport 2/9, de Montheau 2/9, Masse, édit. 3/9.
Brelan de philanthropes.	V.	1	Rochefort.	
Brelan de pierrots.....	V.	1	1/2 Guénée.	1/2 Couailhac.
Brelan de troupiers....	V.	1	Dumanoir, E. Arago.	
Brelan de turcos.......	V.	1	2/3 Henri Thierry.	1/3 Barbré, édit.
Brelan de valets.......	V.	1	(Delestre Poirson.)	
Breteuil..............	V.	1		Paul Duport, Laurencin.
Bretteurs.............	V.	1	Dumersan.	
Brézilia..............	B.-P.	1	1/3 de Gallemberg.	2/3 Taglioni.
Bride sur le cou......	V.	1		Lubize, Blondy, prop., Alix, édit.
Brigadier Feuerstein....	C.	3		E. Cottinet.
Brigand..............	O.	3	Hoffmann (D. E.).	Kreutzer (D. E.).
Brigand et le philosophe.	D.	5	2/3 Félix Pyat, Duvernois.	1/3 Luchet.
Brigand mystérieux....	M.	5	Adam.	
Brigand napolitain.....	V.	2	2/3 A. d'Artois, de Leuven.	1/3 De Forges.
Brigand par amour....	M.	3		Pelletier-Volmerange (D. E.).
Brigands.............	O.	5	Dupin, Sauvage.	

Titres des Pièces.	Genres.	Actes.	M. GUYOT.	M. PERAGALLO.
Brigands............	O.	5	1/3 Joos Danglas.	2/3 Escudier.
Brigands............	C.	1	Camaille St-Aubin, Ribié(D.E.)	
Brigands pour rire.....	P.	1	Ballue, Bernardin.	
Brigands sans le savoir...	V.	1	Scribe 1/4, G. Delavigne 1/4, Barba, édit. 1/2.	
Brigands de la Loire....	D.	5	2/3 Mallian, A. Brot.	1/3 Dutertre.
Brigands des Alpes.....	V.	1	1/3 Barba, édit.	2/3 Ancelot, Saintine.
Brigands d'Osterbourg...	D.	5	1/2 Gambey.	1/2 Jouhaud.
Brigands du Holstein.....	M.	3		Lepoitevin St-Alme, Mourier.
Brigand Sicilien........	V.	3	Ricard.	
Brigitte.............	D.	3	1/3 Tresse, édit.	2/3 Ancelot, Eléazar-Blaze.
Briguedondé..........	O.-B.	1	Bovery.	
Brin d'amour..........	O.-B.	1		A. Lafont-Eyrault, Hervé.
Brioche d'honneur.......	V.	1		Garnier-Delancy.
Brioche d'or..........	V.	1	Faucheur, Guénée.	
Brioches à la mode.....	V.	1	Dumersan, A. d'Artois, Brazier.	
Briséis..............	T.	5	Poinsinet-Sivry.	
Briseurs d'images.......	D.	3		Delussigny.
Brisquet.............	V.	2		Labénardière, F. Laloue.
Brisquet et Joli-Cœur....	C.	1	Servières (D.E.), Dumaniant (D. E.).	
Brocanteur...........	V.	1	2/3 E. Nus, Follet.	1/3 Alix, édit.
Brodequins de Lise....	V.	1	1/4 Desvergers.	3/4 Laurencin, Vaëz, Bezou, édit.
Brodeuses de la reine...	V.	1	1/2 Gabriel.	1/2 Dupeuty.
Broskovano...........	O.-C.	2	1/4 Scribe.	3/4 Boisseaux 1/4, Deffès 1/2.
Brouette à vendre......	V.	1	Dieulafoy (D.E.), Gersin(D.E.)	
Brouette du vinaigrier...	D.	3		Mercier (D. E.).
Brouette du vinaigrier...	V.	1	Brazier, Barba, édit.	
Brouette du vinaigrier...	D.	1	(Delestre Poirson), Desgroseillez.	
Brouille et le raccommodement........	V.	1	2/3 Henri Simon, Barba, édit.	1/3 Frédéric.
Brouilleries...........	O.	3		Davrigny, Berton.
Bruis et Palaprat.......	C.	1	Etienne.	
Bruits de paix.........	V.	1	Aude pour Toubon.	
Brûlot..............	M.	3	1/4 Carmouche.	3/4 Boirie, Daubigny, Poujol.
Brune et blonde........	V.	1	1/2 Bayard.	1/2 Biéville.
Brunehaut...........	T.	5		Aignan.
Brune piquante (une)....	V.	1	Théaulon.	
Brun et blond.........	V.	1	1/2 Saint-Amand.	1/2 Dulong.
Brunet et Caroline......	O.	1	Ségur jeune, Mengozzi.	
Bruno le fileur........	V.	2	Cogniard frères.	
Bruschino (de Rossini)..	O.-B.	1		De Forges 1/2, Offenbach 1/4, Escudier 1/4.
Brusque et bonne.......	C.	2	Dumersan.	
Brutal..............	V.	1	Pain (D. E.), Vieillard.	
Brutal...............	V.	1	A. d'Artois, Michel Masson, Barthélemy.	
Brutal et bon.........	V.	1	Devaux, Brisson.	
Brutus.............	V.	1	1/2 Varin.	1/2 Couailhac.
Brutus, lâche César....	C.	1		Rosier.
Bruyère.............	D.	5	Dinaux, Paul Foucher.	
Bruyeron............	D.	5		Humbert.
Bûcher de Noël........	V.	1	1/2 Ed. Martin.	1/2 Alb. Monnier.
Bûcher de Sardanapale..	V.	1	1/2 Ed. Martin.	1/2 Alb. Monnier.
Bûcheron............	O.	1	Guichard.	
Bûcheron de Salerne...	V.	1	Gentil, Désaugiers (D. E.), Barba, édit.	

Titres des Pièces.	Genres.	Actes.	M. GUYOT.	M. PERAGALLO.
Bûcheron écossais	M.	3	Mélesville.	
Bûcherons	B.-P.	1		Blache.
Bûcherons de Norwinks	M.	5	Dumaniant (D. E.).	
Budget d'un jeune ménage	V.	1	Scribe, Bayard.	
Buffet	V.	1	Hapdé (D. E.).	
Buffon à Montbar	V.	1	Armand Séville.	
Bugg	M.	3	1/2 Decoisy, Quoy.	1/2 Benj. Antier, Deflers.
Bulletin de la grande armée	V.	2		D'Ennery, Tilleul.
Buona Figlinola	O.	3	Cailhava, Piccini.	
Bureau de conciliation	V.	1	Rochefort, Mallian, de Livry, Quoy.	
Bureau de location	V.	1	1/2 Barba, *édit.*	1/2 Dubois.
Bureau de loterie	V.	1	2/3 Romieu, Barba, *édit.*	1/3 Mazères.
Bureau de placement	V.	2	1/2 Royer de Bruges.	
Bureau de placement	V.	1	G. de Vigneux.	1/2 Jouhaud.
Bureau de renseignements	V.	1		Brunet.
Bureau des cannes	V.	1	A. d'Artois, Francis D., Gabriel.	
Bureau des mariages	V.	1	Ségur aîné (D. E.), Ségur jne.	
Bureau des naissances	V.	1	Paul de Kock, Cogniard frères	
Bureau des nourrices	V.	1	G. Duval, Rochefort.	
Bureau des nourrices	V.	1	1/2 Lebelle.	1/2 Frédéric.
Bureau des nourrices	V.	1		F. de Courcy.
Bureau des objets perdus	V.	1	2/3 Clairville.	1/3 Dumoustier.
Bureau d'omnibus	V.	1	Bouché.	
Burgraves	D.	5	Victor Hugo.	
Burnous à quatre	V.	3		Lubize, Poujol.
Buses graves	V.	3	1/2 Ferdinand Langlé.	1/2 Ch. Dupeuty.
Bustes	V.	1	Gouffé.	
Butte des moulins	O.-C.	3	1/3 Gabriel.	2/3 A. Boïeldieu, De Forges.
Buveur d'eau	V.	1	1/2 Deslandes.	1/2 Ch. Dupeuty.
Byron à l'école d'Arrow	V.	3	Cogniard frères 2/3, E. Burat 1/3.	

C

Titres des Pièces.	Genres.	Actes.	M. GUYOT.	M. PERAGALLO.
Cabale au village	V.	1		Chazet, Simonnin.
Cabaleur	O.	1		Lebrun-Tossa, (D. E.). Jadin.
Cabane du pêcheur	D.	3		Dutestre, Vasselet.
Cabane de Montainard	M.	3	1/2 Victor Ducange (D. E.),	1/2 Frédéric.
Cabaret d'autrefois	V.	1	1/2 Lefils.	1/2 Jouhaud.
Cabaret de la veuve	V.	1		Paillet; Jules Regnault.
Cabaret de la pomme de pin	V.	2	1/2 Rochefort, de Livry.	1/2 Ch. Dupeuty; Bezou *édit*.
Cabaret de Lustucru	V.	1	Dumanoir, Jaime, Et. Arago.	
Cabaret de Ramponeau	V.	3	1/2 Rochefort.	1/2 Huard.
Cabaret des Pyrénées	C.	1	*Pigault-Lebrun pour* Barba.	
Cabaret du Pot cassé	V.	3	2/5 Clairville.	3/5. Thiboust 2/5, H. Worms 1/5.
Cabaret et la Correctionnelle	V.	1		Oscard Pichat, Neuville Dubourg.
Cabinet de figures	C.	1	Magne St-Aubin (D. E.).	
Cabinet littéraire	V.	1	1/2 Coupart.	1/2 Varez.
Cabinet mystérieux	V.	1	Dupin, Varner.	
Cabinet noir	V.	1	Déaddé, Banès.	
Cabinets particuliers	V.	1		Duvert, Saintine.
Cabochard	V.	1	Dumanoir, Sirandin.	
Cabriolet Jaune	O.	1	Ségur, Tarchi.	
Cabriolet volant	V.	1	Cailhava, Tognini.	
Cabrion	V.	1		Alix, *édit.*, 1/4, Michel Delaporte 3/4.
Cache-Cache	V.	2	Théaulon, A. d'Artois.	
Cachemire	C.	1		Boursault. (D. E.).
Cachemire	C.	1	1/3 Brunet.	2/3 E. d'Anglemont, Ader.
Cachemire	C.	1	Lesguillon.	
Cachemire	V.	1	Dupin.	
Cachemire vert	V.	1	2/3 Eugène Nus, Riga, *édit*.	
Cachet	C.	1	Hoffman. (D. E.).	
Cachet rouge	D.V.	1	Saint-Georges, Leuven.	
Cachette	O.	3	Planard, Boulanger.	1/3 Porcher, *prop*.
Cachucha	V.	1	1/4 Desvergers.	3/4. Martin 1/4, Bezou, *édit*. 1/2.
Cacophonie	V.	1	Salin, Tully, Barba, *édit*.	
Cadeau de la fée	V.	2	Scribe, Mélesville, Carmouche	
Cadeau de la future	V.	1		Alboize, H. Blanchard.
Cadeau du parrain	V.	1	Rochefort, Duval.	
Cadet de famille	V.	1	3/4 Vanderburch, Lhérie B.	1/4 D'Avrecourt.
Cadet de famille	V.	1	*Delestre Poirson*.	
Cadet de Gascogne	V.	1	1/2 Arago.	1/2 Buquet.
Cadet-la Perle	V.	2	1/2 Lafitte.	1/2 D'Ennery.
Cadet Roussel	C.	1		Prévost.
Cadet Roussel	C.	1	1/2 Tissot.	1/2 Aude.
Cadet Roussel à Bordeaux	V.	1	Honoré.	
Cadet Roussel au café des aveugles	V.	1	1/2 Tissot.	1/2 Aude.

Titres des Pièces.	Genres.	Actes.	M. GUYOT.	M. PERAGALLO.
Cadet Roussel au Jardin turc................	V.	2	Bisson, Barba, édit.	
Cadet Roussel aux Champs-Élysées.............	V.	1		Aude.
Cadet Roussel, barbier à la fontaine des Innocents...............	C.	1	-	Aude.
Cadet Roussel beau-père.	V.	1	Dumersan 2/3, Barba, édit. 1/3	
Cadet Roussel chez Achmet.................	C.	1		Bosquier.
Cadet Roussel costumier.	C.	2	Mayeur.	
Cadet Roussel dans l'île des Amazones........	V.	2	Henri Simon 1/4, Rozet 1/4, Barba, édit. 1/2.	
Cadet Roussel, Dumollet, Gribouille et Cie.....	V.	3	2/3 Clairville.	1/3 Vaulabelle.
Cadet Roussel esturgeon.	V.	2	Désaugiers (D. E.).	
Cadet Roussel garçon marchand de vin.........	V.	1	Prévost.	
Cadet Roussel Hector...P.-V.		1	1/2 Dumersan.	1/2 Merle
Cadet Roussel, homme de lettres...............	C.	1		Rosny.
Cadet Roussel intrigant..	V.	1	Brazier, Dumersan.	
Cadet Roussel maître de ballets...............	V.	1	Brazier, Dumersan, Ach. d'Artois, Barba, édit.	
Cadet Roussel maître d'école à Chaillot.......	C.	1		Sidony.
Cadet Roussel misanthrope et Manon repentante...	C.	1	1/2 Hapdé (D. E.).	1/2 Aude.
Cadet Roussel panier percé.	V.	1	Martainville (D. E.).	
Cadet Roussel Procida...P.-V.		1	Dupin 1/3, Carmouche 1/3, Barba, édit. 1/3.	
Cadet Roussel professeur de déclamation.......	C.	1		Aude.
Cadet Roussel troubadour.	V.	1		Aude.
Cadichon...............	V.	1		Pujoulx, (D. E.).
Cadi dupé..............	O.	2	Monsigny (D. E.).	
Cadran bleu et la Courtille	V.	2	Gabriel, Brazier, Barba édit.	
Cadran de la commune..	V.	1	1/3 Jouslin pour Joseph B.	2/3 Crosnier, Bezou, édit.
Café de la garnison.....	V.	1	2/3 Montigny.	1/3 Bezou, édit.
Café de l'Ambigu.......	V.	1	Honoré, Clairville.	
Café de l'Union.........	V.	1	1/3 Rochefort.	2/3 Basset, Mangot.
Café des Halles.........	C.	1	Guillemain.	
Café des Aveugles.......	C.	1	1/2 Tissot.	1/2 Aude.
Café des Cent Colonnes..	V.	1	Honoré.	
Café des Comédiens.....	V.	1	Cogniard frères.	
Café des gobe-mouches...	V.	1	Dieulafoy (D. E.).	
Café des Variétés.......	V.	1	Scribe, Dupin.	
Café d'une petite ville....	C.	1		Aude.
Café du printemps......	C.	1	Picard (D. E.).	
Café du Ventriloque.....	V.	1	Arm. Séville.	
Café Moka..............	V.	1		Brunet, prop.
Café Politique..........	C.	1		Aude.
Café Politique..........	C.	1		Touchard, prop.
Café de femmes et les piqueurs d'once......	D.	5	Linossier.	
Cafres.................	V.	1	Cogniard frères.	
Cage de l'oncle Toc.....	P.	1		De Jallais, F. Lemaître fils.
Cagliostro.............	O.	3	1/2 Dupaty, Reicha.	1/2 Dourlen, Reverony (D. E.,

Titres des Pièces	Genres	Actes	M. GUYOT	M. PERAGALLO
Cagliostro	O.	3	Scribe 1/4, St-Georges 1/4, Adam 1/2.	
Cagliostro	M.	3		Ant. Béraud, Léopold.
Cagnard (Monsieur)	V.	1	Brazier, Dumersan, Ach. d'Artois, Barba édit.	
Cagotisme et Liberté	V.	2	1/3 Et. Arago.	2/3 Saintine, Duvert.
Caïd	O.	2	Sauvage, Amb. Thomas.	
Caïn	M.	3		Beauvalet, Davesnes.
Caïn	P.	3		Franconi jeune.
Caisse d'Épargne	D.-V.	3		Desnoyer, Poirier.
Caisse d'Épargne	V.	1	Déaddé, Delalain.	
Caissier	M.	3	1/2 Jouslin pour Joseph B.	2/3 Crosnier, St-Maurice
Caius Gracchus	T.	5	Chénier.	
Caius Gracchus	T.	5	Th. d'Artois, Barba, édit.	
Caius Marcus Coriolan	T.	5	Gudin.	
Calas (Jean)	T.	5	Chénier (D. E.)	
Calas	D.	5	Lemierre.	
Calas	M.	3	Victor Ducange (D. E.).	1/4 Varez, Blondy.
Calcul de la vie	C.	1		Legros.
Caleb de Walter Scott	V.	1	Ach. d'Artois, Planard, Barba, édit.	
Calendrier des Vieillards	V.	1	Paul de Kock.	
Calendrier vivant	V.	1	Ach. d'Artois, Théaulon, Ledoux.	
Calfat	O.-B.	1	Pol Mercier, Cahen.	
Calias	O.	1	Hoffmann (D. E.), Grétry (D. E.).	
Calife de Bagdad	O.	1		Boïeldieu 1/2, St-Just (D. E.).
Calife de la rue Saint-Bon	V.	1		Labiche, Marc Michel.
Calife généreux	B. P.	3		Blache (D. E.).
Californie à Montparnasse	V.	1		Bridault.
Caligula	T.	5		Alex. Dumas.
Calino	V.	1	1/2 Fauchery.	1/2 Th. Barrière.
Caliste	T.	5	Colardeau (D. E.).	
Caliste	V.	1	1/2 Lurine.	1/2 Fournier.
Callot à Nancy	V.	1	1/2 A. Coster.	1/2 Dumolard.
Calomnie	V.	1		Jouhaud.
Calomnie	C.	5	Scribe.	
Calomnie	M.	1		Lemoine-Montigny, Victor Bois.
Calomnie	M.	3		Desnoyer.
Calvados en Algérie	V.	1	Rigam.	
Calvinistes	C.	1	Pigault-Lebrun 1/2, Dumaniant (D. E.).	
Calypso	B.	2	Cogniard frères.	
Camarade de Chambrée	V.	1	Barthélemy, Fillot.	
Camarade de lit	V.	2	Vanderburch, Ferdinand Langlé.	
Camarade de pension	V.	2		Ancelot, Duport.
Camarade du ministre	C.	1	Vanderburch.	
Camaraderie	C.	5	Scribe.	
Camargo	V.	3	1/3 Barba, édit.	2/3 Ch. Dupeuty, Fontan.
Caméléon	V.	1	Rochefort, Henri Monnier.	
Caméléon	V.	1	2/3 Lurine, Gauthier.	1/3 Laya.
Caméléons	V.	1	Moreau (D. E.), Wafflard (D. E.).	
Caméléons	V.	6	Dumanoir 1/3, Clairville 1/3, Bourdois pour Porcher 1/3.	
Cameloni	V.	1	1/2 Gust. Dalby.	1/2 Eug. Décour.
Camerani	V.	3	1/3 Carmouche.	2/3 F. de Courcy, Merle.

— 54 —

Titres des Pièces.	Genres.	Actes.	M. GUYOT.	M. PERAGALLO.
Camilla...............	V.	1	Scribe, Bayard.	
Camille...............	T.	5	Nép. Lemercier.	
Camille...............	T.	5	Desquirons.	
Camille...............	O.	3		Marsollier (D. E.), Dalayrac (D. E.)
Camille Desmoulins......	D.	5	2/3 Mallian, Barba, *édit*.	1/3 Blanchard.
Camille Desmoulins.....	V.	1		F. Perrin, Alix, *édit*.
Camoëns...............	D.	3		Perrot, Duménil.
Campagnard...........	V.	1		L. Montigny, Marchant.
Campagne.............	V.	1	Scribe, Mélesville, Dupin.	
Campagne.............	V.	1	Théaulon, Barba, *édit*.	
Campagne à deux......	V.	1	1/3 E. Jaime.	2/3 Ch. Dupeuty, Alix, *édit*.
Campagne à Paris, Paris à la Campagne........	V.	2	1/2 Siraudin.	1/2 Danvin.
Campagne imaginaire...	V.	1	Barba, *édit*.	
Camp de Fontainebleau..	V.	1		Jouhaud.
Camp de Saint-Maur....	V.	1	3/4. Varin 1/4, Lévy, *édit*. 1/2.	1/4 Biéville.
Camp de Saint-Omer....	V.	3		Adolphe Dumas.
Camp de Saint-Omer....	V.	1	Carmouche 2/3, *Jouslin pour* Joseph B. 1/3.	
Camp des Bourgeoises...	V.	1	Dumanoir.	
Camp des Croisés......	T.	5		Ad. Dumas 2/3, Mongenot 1/3.
Camp de Sobieski.......	O.	2	1/2 Dupaty.	Kreutzer (D. E.).
Camp des Révoltées.....	V.	1	4/9. Lurine, Jules Lecomte.	5/9. Raimond Deslandes 2/9, Bourdilliat, *édit*. 3/9.
Camp de Walstein.......	D.	5		Villenave.
Camp d'Helfaut.........	V.	2	Maillard.	
Camp du Drap d'or.....	O.	3	1/4 Paul de Kock.	3/4. Riffaut 1/4, Batton 1/2.
Canadar père et fils.....	V.	1		Laurencin 1/6, Marc Michel 1/6, Masse, *édit*. 4/6.
Canaille...............	V.	3	Dumanoir, Dumersan.	
Canaille et Canaille.....	V.	2	1/2 Bouet.	1/2 Jouhaud.
Canal de l'Ourq........	V.	1	A. d'Artois, Dumersan.	
Canal Saint-Martin......	D.	5	1/2 Cormon.	1/2 Ch. Dupeuty.
Canal Saint-Martin......	V.	1	1/2 *Jouslin pour* Joseph B.	1/2 Crosnier.
Canard................	V.	1		Lubize, Dutertre.
Canard accusateur......	V.	2	Mélesville, Brazier, Carmouche.	
Canard et Canardin.....	V.	1	*Bonnel-Jaure pour* Barba.	
Canardin..............	C.	1		Aude.
Canards...............	V.	1		Durantin.
Canards de l'année......	R.V.	3	1/2 Cormon.	1/2 Grangé.
Cancans...............	V.	1	Carmouche 1/3, Georges Duval 1/3, *Jouslin pour* Joseph B. 1/3.	
Candaule (Monsieur).....	V.	1		N. Fournier, Meyer, Masse, *édit*.
Candeur et Coquetterie..	V.	3	Bayard, Vanderbuch.	
Candidat..............	V.	5	Théaulon, Francis D., A. d'Artois.	
Candide...............	V.	5	3/4 Clairville, Ad^e Choler, Déaddé.	1/4 Vaulabelle.
Candinot, roi de Rouen...	V.	2		Moreau, Meyer, Laurencin, Davesne.
Candos................	O.	3		Delrieu Jadin.
Cange.................	C.	1	Gamas.	
Cange.................	C.	1	A. Gouffé, Plassan.	
Canis.................	V.	1	Barba, *édit*.	

Titres des Pièces.	Genres.	Actes.	M. GUYOT.	M. PERAGALLO.
Canon d'alarme	V.	1	5/6. Brazier 2/6, Vanderburch 2/6, Quoy 1/6.	1/6 Simonnin.
Canonnier convalescent..	V.	1	Radet (D. E.).	
Canotier	V.	1	Bayard, Sauvage.	
Canotiers	V.	1		Jouhaud.
Canotiers de la Seine....	V.	3	1/4 Henri Thierry.	3/4. A. Dupeuty 1/4, Alix, édit. 1/2.
Cantarelli	V.	1		Marie Aycard, L. Couailhac.
Cantatrice	O.	2	Marmontel (D. E.), L. Picinni (D. E.).	
Cantatrice et Marquise...	V.	3	2/3 Barthélemy, Fillot.	1/3 Alix, édit.
Cantinière de l'armée d'Italie	V.	1		Dutertre, Vulpian.
Cantinière du 10ᵉ léger..	V.	3	Stéphen Arnould.	
Cantinière du 25ᵉ	V.	1	Thurbet.	
Cantons suisses	V.	1	1/4 Barba, édit.	3/4. Dupeuty, Saintine, F. de Villeneuve.
Canuche	V.	3	1/2 Cormon.	1/2 Grangé.
Canuts	V.	2	Varner, Deslandes.	
Capana	M.	5	Ribié (D. E.).	
Capitaine Belronde	C.	3	Picard (D. E.).	
Capitaine Belronde	O.	1		Crémont.
Capitaine Charlotte	V.	2	Bayard, Dumanoir.	
Capitaine Chérubin	V.	1	1/2 Dumanoir.	1/2 Thiboust.
Capitaine Clair-de-Lune..	V.	1	E. Nus, Alph. Brot, Porcher prop.	
Capitaine Dartimon	V.	1	H. Simon, Gersin (D. E.).	
Capitaine de quoi?	V.	1	2/3. Xavier Eyma, Lévy, édit.	1/3 De Jallais.
Capitaine de vaisseau	V.	4	1/3 Mélesville.	2/3 Decomberousse, Antier.
Capitaine de Voleurs	V.	2		Saintine, Duvert, Lauzanne.
Capitaine du Requin	V.	1		Gabet.
Capitaine et le Bailly	V.	1	De Nervaux.	
Capitaine Jacques	C.	1	Cerfbeer, Mˡˡᵉ Huet (Delestre Poirson).	
Capitaine Lajonquière...	D.	5		Alex. Dumas, Aug. Maquet.
Capitaine Lambert	V.	2	1/2 (Delestre Poirson).	1/2 De Prémaray.
Capitaine Laroche	C.	1	Dumersan, Duval.	
Capitaine Muraire	V.	1		Bonel.
Capitaine Parole	C.	1	Paul Meurice, Vacquerie.	
Capitaine Richard	V.	1	Rougemont.	
Capitaine Rolland	V.	1	Desvergers, Varin, Dubois, Held, prop.	
Capitaine Roquefinette...	V.	2	1/2 Dumanoir.	1/2 D'Ennery.
Capitaine Sabord	C.	1	Dorvigny (D. E.).	
Capitaine soldat	C.	1	Guillemain (D. E.).	
Capitaliste malgré lui	V.	1	2/3. Ar. d'Artois, Francis D.	1/3 Saintine.
Capitole sauvé	T.	5	N. Lemercier.	
Capitulation	V.	2	Ach. d'Artois, Dupin.	
Capitulation	V.	1	Gabriel.	
Caponet	V.	1	1/2 Francis D.	1/2 Chazet.
Caporal et la Payse	V.	1	Varin, Paul de Kock, Garnier.	
Caporal et le Paysan	V.	1	Armand d'Artois, Barba, édit. Signol (D. E.).	
Caporal Schlag	V.	1		Sewrin, Chazet.
Caprice	C.	1	A. de Musset.	
Caprice de femme	O.	1	1/4 Lesguillon.	3/4. Chazet 1/4, Paër (D. E.).
Caprice de femme	V.	1		Jouhaud.
Caprice de gentilhomme..	V.	1	De Rostan.	
Caprice de grande dame.	V.	2		Ancelot, Saintine.
Caprices	V.	1	1/2 Léon Halévy.	1/2 Arsène de Cey.

Titres des Pièces.	Genres.	Actes.	M. GUYOT.	M. PERAGALLO.
Caprices de Henri IV....	C.	1	De Rostan.	
Caprices de la marquise..	C.	1		Arsène Houssaye.
Caprices de Marianne....	C.	2	A. de Musset.	
Caprices de Proserpine..	C.	1		Pujoulx (D. E.).
Caprices d'un autocrate..	V.	1	1/2 Scribe.	1/2 Saintine.
Capricieuse............	C.	1	Hoffman (D. E)	
Capsali.............	B.-P.	3	Ragaine.	
Captifs d'Alger.........	M.	3	Bernos.	
Capucins.............	C.	1		Beffray Reigny.
Capulets et les Montaigus.	O.	4		Gust. Oppelt.
Caquet du Couvent.....	O.	1	Planard 1/4, Leuven 1/4, Potier 1/2.	
Caquets...............	V.	3	Riconboni.	
Caquets..............	O.	1		Vial, Berton fils.
Carabins.............	B.-P.	1	Pol Mercier, Paul Legrand, Bovery.	
Carabins et Carabines....	V.	2		Duvert, Lauzanne, Saintine.
Caraïbes.............	D.	5	Camaille Saint-Aubin.	
Caravage.............	D.	3		Ch. Desnoyer.
Caravage de 1599......	M.	3	5/9. Paul Foucher 2/9, Barba, édit., 3/9.	4/9 Drouot.
Caravane de l'Amour....	O.	1	1/2 Th. de Banville.	1/2 Hervé.
Caravane du Caire......	O.	3		Morel-Chedeville (D. E.).
Caravanes de Mayeux...	V.	3	1/2 Dumanoir.	1/2 Brisebarre.
Caravanes d'Ulysse.....	V.	2	3/4. De Léris, Jules Viard.	1/4 Bellevue.
Cardeuse de matelas....	V.	2		Bauchery, Hachin.
Cardeuse par amour....	V.	1	1/2 Chabot.	1/2 Ch. Pérey.
Cardillac.............	M.	3		Ant. Béraud, Léopold.
Caricature............	V.	3	2/3. Gabriel, De Livry.	1/3 F. de Villeneuve.
Caricature............	R.	1	Clairville.	
Caricature au salon.....	V.	1	Clairville 2/3, Guénée 1/3.	
Caricatures..........	C.	1		Hector Chaussier.
Carillon de Saint-Mandé.	V.	1	1/2 Siraudin.	1/2 Danvin.
Carillonneur..........	V.	1	*Henrion pour* Barba.	
Carillonneur de Bruges..	O.-C.	3	Saint-Georges, Grisar.	
Carillonneur de la Samaritaine.............	V.	1	*Henrion pour* Barba.	
Carite et Sophronime....	M.	5	Besnard, Pompigny.	
Carlin à Rome.........	V.	1	2/3. Rochefort, Barba *édit*.	1/3 G. Lemoine.
Carlin débutant à Bergame.............	V.	1	1/2 Philipon la Madelaine.	1/2 Le Prévost-d'Iray.
Carlin de la Marquise....	V.		Clairville 1/2, Varin 1/4, E. Jaime 1/4.	
Carline...............	O.	3	Leuven 1/4, Lhérie B. 1/4, Amb. Thomas 1/2.	
Carline...............	V.	2		De Saint-Aure
Carline...............	V.	1	1/2 Lecœur Seur.	1/2 Colleuille.
Carlo Beati...........	V.	3	Mélesville, Duveyrier.	
Carlo et Carlin	V.	2	Mélesville, Dumanoir.	
Carlos...............	O.	2	Deshayes.	
Carmagnola	O.	2	Scribe, Amb. Thomas.	
Carmagnole	V.	1	2/3 Théaulon, E. Jaime.	1/3 De Forges.
Carmagnole et Guillot-Gorju.............	C.	1	Dorvigny.	
Carnaval.............	V.	1	Montigny, Barba *édit*.	
Carnaval de Beaugency..	C.	1	Étienne, Nanteuil père.	
Carnaval de Cocagne....	V.	1	Scribe, Ymbert, Varner.	
Carnaval de Paris......	V.	3	1/2 Lapointe.	1/2 Léon Morand.
Carnaval des Blanchisseuses..............	V.	3		Boisselot, Hugot, Barbré, *édit*.

Titres des Pièces.	Genres.	Actes.	M. GUYOT.	M. PERAGALLO.
Carnaval des Maris	V.	3	1/2 Cormon.	1/2 Grangé.
Carnaval de Venise	B.P.	2		Milon, Persuis (D. E.), Kreutzer (D. E.).
Carnaval de Venise	B.-P.	2		Blache. (D.E.)
Carnaval de Venise	O.	3	Sauvage, Amb. Thomas.	
Carnaval d'ouvriers	V.	1	2/3 Didier.	1/3 Alix, *édit.*
Carnaval du Sérail	V.	1	Périn.	
Carnaval et les Arrêts	V.	1	1/2 Riga, *édit.*	1/2 A. Jadin.
Carnaval partout	V.	4	Clairville 2/3, B.-Lopez 1/3.	
Caroline	V.	2	Alfred Monnier.	
Caroline	C.	1	E. Roger.	
Caroline	V.	1	1/2 Scribe.	1/2 Ménissier.
Caroline de Lichtfield	M.V.	5	Brazier, Barba, *édit.*	
Caroline de Lichtfield	V.	2	2/3 Brazier, Carmouche.	1/3 Simonnin.
Caroline de Rosenthal	D.	2	Mme de Beaunoir.	
Caroline et Dorville	M.	5	1/2 Leroy.	1/2 De Morange.
Caroline et Storm	D.	3		Mme Leriche, Quaisain (D. E.)
Carrosse d'Orléans	C.	1	Lachapelle.	
Carrosse espagnol	V.	1	1/3 Gersin.	2/3 Année, Jouy.
Carotte d'or	V.	1	1/3 Mélesville.	2/3 Decomberousse, Antier.
Carottes	V.	1	1/3 E. Jaime.	2/3 Marc Michel, Alix, *édit.*
Carreau brisé	V.	1	Monselet.	
Carrière	M.	5	Grétry neveu (D. E.).	
Carrière Montparnasse (la)	P.	1	Scribe, Dupin, Delestre-Poirson.	
Carrières de Montmartre.	D.	5		Ch. Dupeuty, Bourget.
Carte à payer	V.	1	2/3 Brazier, Carmouche.	1/3 Merle.
Carte blanche	V.	1	1/2 Léon Halévy,	1/2 Paul Duport.
Cartes de visite	V.	1	Saint-Laurent (D. E.).	1/2 Saintine.
Cartes parlantes	C.	1	Ribié (D. E.).	
Carton vivant	V.	2		Ch. Potier, Flan, Mifliez *édit.*
Cartouche	M.	3	2/3 Overnay, Quoy.	1/3 Nézel.
Cartouche	D.	5		D'Ennery Dugué.
Cartouche en bonne fortune	V.	1		Simonnin 2/3, Labénardière 1/3.
Cartouche et Mandrin	V.	1	Dupin, A d'Artois.	
Carybde et Scylla	V.	1	Fath.	
Casa-Mayor	M.	5	Delamarre, Fourcade.	
Casanova au fort Saint-André	V.	3	3/4 Desvergers, Varin, Ét. Arago.	1/4 Alix, *édit.*
Cascades de Saint-Cloud.	V.	2		Marc Michel, Laurencin.
Cas de conscience	C.	3	Ch. Lafont.	
Case de l'oncle Tom	D.	8	1/2 Dumanoir.	1/2 D'Ennery.
Casilda	O.	4		Gust. Oppelt.
Casimir	O.	2	1/2 Adam.	1/2 Ch. Desnoyer.
Casque en cuir et pantalon garance	V.	1	2/3 Déaddé, Veyrat.	1/3 Alix, *édit.*
Casque et Jaquette	V.	1		Fontaine.
Casque et les Colombes.	O.	1	Grétry (D. E.).	
Cassandre-Agamemnon.	P.-V.	1	Gouffé, Barré (D. E.), Radet (D. E.). Desfontaines, (D. E.).	
Cassandre astrologue	V.	1	Piis (D. E.), Radet (D. E.).	
Cassandre aveugle	V.	1	Jacquelin, Desaugiers (D. E.).	
Cassandre aveugle	V.	1	Moreau (D. E.).	1/2 Chazet. Prévost d'Iray.
Cassandre égoïste	V.	1		
Cassandre huissier	V.	1	(*Moreau*) *pour* Barba.	
Cassandre malade	V.	1	Henrion.	

Titres des Pièces.	Genres.	Actes.	M. GUYOT.	M. PERAGALLO.
Cassandre malade imaginaire	V.	1	Lafortelle.	
Cassandre oculiste	V.	1	Piis (D. E.), Barré (D. E.).	
Cassandre rival de ses fils.	C.	1	Fonpré-Fracansalle.	
Cassandre tout seul	V.	1		Dubois.
Casse-cou	V.	1	Moreau (D. E.).	1/2 Lefranc.
Cassette	C.	2	Lonchamps (D. E.).	
Cassette à Jeanneton	V.	2		Boisselot 2/3, Mifliez, édit. 1/3.
Cassette mystérieuse	C.	1		Bosquier.
Cassette précieuse	V.	1	Martainville (D. E.).	
Castagnette	V.	1	Paulin Deslandes.	
Castel du lac	P.	3		Cuvelier (D. E.).
Catacombes de Paris	M.	5		Fontaine.
Catafalque de Cadet Roussel	C.	3	Pillon, Réné Périn.	
Catalans	O.	2	3/4. E. Burat 1/4, Elwart 1/2.	1/4 Burat de Gurgy jeune.
Catalans	D.	3		Bellot.
Cataracte	F.-V.	1	Gentil, Desaugiers (D. E.).	
Cataracte	F.-V.	1	Dupin, Varner.	
Catherine	M.	4		Boirie, Dubois,
Catherine	D.-V.	2	Mélesville, Brazier.	
Catherine	C.	2	Julie Candeille (D. E.).	
Catherine	V.	1	1/2 Dumersan.	1/2 Sewrin.
Catherine	V.	1		Duport, Martin, Chapelle, Alix, édit.
Catherine de Courlande	M.	5	11/12 Paul de Kock, Lanusse.	1/12 Quaisain (D. E.).
Catherine de Médicis	D.	5		Guerville, Alix, édit.
Catherine de Médicis aux états de Blois	D.	5		Lucien Arnault.
Catherine de Steimberg	P.	2	1/2 Villiers.	1/2 Franconi jeune.
Catherine II	D.	5		Romand.
Catherine II	C.	3	3/4. Lockroy 1/4, Barba, édit. 1/2.	1/4 Arnould.
Catherine II	V.	2	1/3 Quoy.	2/3 Simonnin, Nézel.
Catherine Howard	D.	5		Al.-Dumas.
Catherine Ire	V.	3		Demornoy.
Catherine trois-six	V.	2	1/3 Barthélemy,	2/3 Salvat, Jouhaud.
Catilina	D.	5		Dumas, Maquet.
Catinat	M.	3		Boirie.
Catinat à Saint-Gratien	V.	1	Ph. de la Madelaine, Thésigny.	
Caton d'Utique	T.	3	Marcel.	
Caton le Censeur	C.	1		O. Leroy.
Cauchemar	R.	1		J. Augier.
Cauchemar de son propriétaire	V.	1	P. de Kock, Guéroult.	
Cauchoises	V.	1		Simonnin, Alix, édit.
Cauchois le braconnier	M.	5	1/2 Sauvage.	1/2 Desnoyer.
Cause célèbre	D.	5		Mlle Hordé.
Cause célèbre	M.	3	Théaulon, Gabriel, Barba, édit.	
Causeries des chenets	P.-V.	1	Bouniol.	
Cavalier et fantassin	V.	1		Jouhaud.
Cavalier servant	V.	1		P. Duport, Monnais, Drouot.
Cavaliers et les fantassins.	M.	1	Montigny.	
Cavalo-Dios	P.	3		Cuvelier (D. E.).
Caveau du propriétaire	V.	1	1/2 De Léris.	1/2 Dutertre.
Cave enchantée	V.	1	Barré, (D. E.). Radet, (D. E.). Desfontaines, (D. E.).	
Caverne (la)	O.	3	Dercy, Lesueur.	

Titres des Pièces.	Genres.	Actes.	M. GUYOT.	M. PERAGALLO.
Caverne............	O.	3	1/2 Forgeot.	1/2 Mehul (D. E.).
Caverne dans les Pyrénées.	P.	3		Cuvelier (D. E.).
Caverne de Souabe.....	M.	3	(Boivée) pour Barba.	
Caverne de Strozzi......	M.	3		Gibert, Darondeau, Quaisain (D. E.).
Caverne d'Ossian.......	P.	2		Cuvelier (D. E.).
Caverne infernale.......	O.	2		Moline (D. E.), Toméoni (D. E.)
Ce bon Monsieur Blandin.	V.	1		Laurencin, Duport, Alix, édit.
Cécile................	C.	1		Sourignère.
Cécile et Fitz Henri.....	M.	5	René Périn.	
Cécile Lebrun..........	D.	5		Ancelot.
Cécilia...............	D.	3		Sewrin.
Cécilia et Almanzor.....	M.	3		Turmeau.
Cédric le Norvégien....	D.	5	Félix Pyat.	
Ceinture.............	O.	1		Chancourtois.
Ceinture dorée.........	C.	3	1/2 E. Augier.	1/2 Ed. Foussier.
Ceinture magique	O.	1		Milcent (D. E.).
Célèbre Vergeot........	V.	1	Varin, E. Jaime, Lévy, édit.	
Célestine.............	D.	3	Monperlier.	
Célestine.............	C.	3		Boursault.
Célestine de Warding ...	D.	2	Régnier de la Bruyère.	
Célestine et Faldoni	D.	3	Hapdé (D. E.).	
Célibataire et l'Homme marié.............	C.	3	Fulgence, Wafflard (D. E.), Barba, édit.	
Céline...............	V.	2	(Delestre Poirson).	1/2 N. Fournier.
Céline...............	V.	1		C. Dupeuty, F. de Villeneuve.
Céline la créole	M.	3	1/3 Barba, édit.	2/3 Alboize, Léon Gozlan.
Celui-là n'est pas sorcier.	C.	1		Chevalier.
Cendres de Napoléon ...	D.	3		Jouhaud.
Cendrillon............	C.	5		Th. Barrière.
Cendrillon	O.	3	Étienne 1/2, Nicolo (D. E.).	
Cendrillon............	M.	3		Laroche.
Cendrillon............	M.	3	Guesdon, Forgeot.	
Cendrillon............	B.P.	3		Albert.
Cendrillon............	V.	2	Desfonfaines (D. E.).	
Cendrillon des Ecoles...	V.	1		Chazet, Dubois.
C'en était un..........	V.	1	2/3 Clairville.	1/3 Vaulabelle.
Cénie	D.	5	Mme de Graffigny (D. E.).	
Censure..............	C.	1	Lemercier.	
Cent ans en un jour.....	O.	2	Catel (D. E.).	
Centaures............	P.	3	Hapdé (D. E.).	
Cent contre un.........	V.	2	Vizentini aîné.	
Cent de fagots.........	C.	1		Vallier.
Cent écus	C.	1	Guillemain.	
Centenaire	V.	1	Théaulon, A. d'Artois, Francis D.	
Centenaire de Corneille..	C.	1	Cubières.	
Cent francs par mois....	V.	1	Dumersan, Gabriel.	
Cent louis............	C.	1	Briois.	
Cent mille francs de rente.	C.	1	Honoré.	
Cent suisse...........	O.	1		Duport 1/4, Monnais 1/4, de la Moskova 1/2.
Cent un coups de canon.	V.	1	Clairville, Siraudin.	
Cent un coups de canon.	V.	1	Mayeur.	
Cent vingt-trois	V.	1	Duflot, Lamerlière.	
Céphale et Procris......	O.	3	Marmontel (D. E.), Grétry (D. E.).	
Céphise..............	C.	1		Marsollier (D. E.).
Ce que c'est que les parents	V.	1	2/3 Brazier, Barba édit.	1/3 Merle.

— 57 —

Titres des Pièces.	Genres.	Actes.	M. GUYOT.	M. PERAGALLO.
Ce que deviennent les roses...............	V.	3	1/2 Varin.	1/2 Biéville.
Ce que femme veut......	V.	2		P. Duport 2/12, Duvert 5/12, Lauzanne 5/12.
Ce que fille veut........	C.	1	Léon Halévy, Ader, Lévy *édit*.	
Ce que l'on dit et ce que l'on pense..........	V.	1	Honoré.	
Ce que peut la liberté...	O.	1	Lemoyne.	
Ce que vivent les roses..	V.	1	2/3 Ed. Martin, Lévy, *édit*.	1/3 Alb. Monnier.
Ce qui manque aux grisettes	V.	3		Alfred Delacour.
Cercle................	C.	1	Palissot.	
Cercle................	C.	1	Varner, Ledoux, Bayard, Barba, *édit*.	
Cerisette en prison......	V.	1		Marc-Michel, Victor Mangin.
Cerisier (le)............	B.	1		Guillet, E. Hus (D. E.).
Certificat d'innocence....	V.	1	A. d'Artois, Brazier.	
Cerveau fêlé............	V.	1	1/2 Mélesville.	1/2 Saintine.
César.................	V.	2	Scribe, Varner.	
César.................	V.	2		Desnoyer, Chassériaux.
César Birotteau	V.	3	Cormon, Lagrange, Michaud.	
César Borgia..........	D.	5		Crisafulli, Devicque.
César de Suza.........	M.	3	5/6 Caigniez.	1/6 Quaisain (D. E.).
Césarine..............	V.	1	2/3 Langlé, Dittmer.	1/3 P. Duport.
Césarine et Victor	C.	2	Desforges (D. E.).	
Ce scélérat de Poireau...	V.	1	2/3 Clairville, Pol Mercier.	1/3 De Jallais.
Ces messieurs et ces dames	V.	1	2/3 Clairville.	1/3 Salvat.
Ces messieurs s'amusent.	V.	2		Laurencin 3/8, Duport 1/8, Masse, *édit*. 4/8.
C'est aujourd'hui le 15...	V.	3	1/4 Rozet.	3/4. Ch. Potier 1/2, Decour 1/4.
C'est avoir du bonheur...	V.	1	Maréchalle.	
C'est demain le 13	V.	1	3/4. E. Arago, Desvergers, Puech, *prop*.	1/4 Bezou, *édit*.
C'est encore du bonheur.	V.	3	1/2 Lockroy.	1/2 Arnould.
C'est encore du guignon.	V.	3	1/2 Cormon.	1/2 Saint-Amand.
C'est fête partout.......	V.	1	Théaulon, A. d'Artois.	
C'est la faute du mari...	V.	2	1/2 Barthélemy..	1/2 Jouhaud.
C'est la faute du mari....	C.	1		Mme E. de Girardin.
C'est la foi qui sauve....	V.	1	1/2 Lockroy.	1/2 Anicet.
C'est la même	O.	1	Saint-Marcellin, Benoist.	
C'est la même	V.	1	Ségur cadet.	
C'est l'amour, l'amour...	V.	1	1/2 Dumanoir.	1/2 H. Lucas.
C'est le diable	F.	4		Cuvelier.
C'est le diable	V.	1	1/2 Jacquelin.	1/2 Chazet.
C'est l'un ou l'autre.....	V.	1	Radet (D. E.).	
C'est ma chambre......	V.	1		Eugène Pierron.
C'est ma femme........	V.	1	Désaugiers (D. E.).	
C'est ma femme........	V.	1	Lamorlière.	
C'est monsieur qui paye.	V.	1	Bayard, Varner.	
C'était moi	M.	2	Mlle Vandeursen.	
C'était moi	C.	1		Boursault (D. E.).
C'était moi...........	V.	1	Gouffé, Barba, *édit*.	
Cévennes en 1682	M.	3	De Pixérécourt.	
Chabert...............	V.	2	J. Arago, Lurine, Barba, *édit*.	
Chabert le Balafré......	V.	1	J. Arago, C. Guéroult.	
Chacun chez soi........	V.	1	Scribe, (*Delestre-Poirson*), Desaugiers (D. E.).	

Titres des Pièces.	Genres.	Actes.	M. GUYOT.	M. PERAGALLO.
Chacun chez soi	V.	1		Léonce, Lubize, Alix, *édit*.
Chacun de son côté	C.	3		Mazères.
Chacun la sienne	V.	1	Réné Périn.	
Chacun le sien	O.	1		Touchard.
Chacun le sien	O.	1	Bambini.	
Chacun pour soi	C.	3		Rosier.
Chacun sa manière	C.	4	Ch. Maurice.	
Chacun sa part	V.	1	1/2 Pluchonneau.	1/2 Ch. Potier.
Chacun ses défauts	C.	1		Hector Chaussier.
Chacun ses torts	V.	1	*Cormon pour* Barba.	
Chacun son métier	C.	1	Dorvigny.	
Chacun son métier	P.	1	G. de Vigneux.	
Chacun son numéro	V.	1	1/3 Carmonche.	2/3 Boirie, Daubigny.
Chacun son tour	O.	1	1/2 Solié.	1/2 Justin.
Chacun son tour	V.	1	Dieulafoy (D. E.), Gersin (D. E.).	
Chacun son tour	V.	1	Gentil, Desaugiers (D. E.).	
Chaillot, Suresnes et Charenton	P.	1	1/3 Carmouche.	2/3 F. de Courcy, C. Dupeuty.
Chaîne (une)	C.	1	Scribe.	
Chaîne Anglaise	V.	3	1/2 Déaddé.	1/2 Labiche.
Chaîne à rompre	V.	1		Dubois, Davesnes.
Chaîne de Montargis	V.	1	1/2 Thiery.	1/2 Vulpian.
Chaîne d'or	V.	1	2/3 Varin, Desvergers.	1/3 Duvert.
Chaîne électrique	V.	2	1/2 Gabriel.	1/2 F. Thomas.
Chaise de Mongas	V.	1	2/3 Desprez, Brazier.	1/3 Varez.
Chaise de poste	M.	2	Montigny, Saint-Amand.	
Chaise pour deux	V.	1		Lubize, Blondy, *prop.*
Chaise pour deux	V.	1	H. Leroux, Joseph, B., *prop.*	
Chaises à porteur	C.	2	Junger.	
Chaises à porteur	O.-C.	1	1/2 Clairville, Dumanoir.	1/2 V. Massé.
Chaises à porteur	C.	1	Bilderbeck.	
Châle	C.	1		Boursault (D. E.)
Châle bleu	V.	1	1/2 Léris.	1/2 Brisebarre.
Châlet	O.	1	Scribe 1/3, Mélesville 1/3, Adam 1/3.	
Chalet	V.	1	Brazier, Dumersan, Gabriel.	
Chaleur	V.	1	Clairville.	
Chamboran	V.	1	Leuven, Siraudin.	
Chambre à coucher	O.	1	1/2. Scribe, 3/8 Barba, *édit.* 1/8.	1/2 Guénée père.
Chambre à deux lits	V.	1	E. Jaime.	
Chambre à deux lits	V.	1	Varin, L. Lefèvre.	
Chambre à louer	C.	1		Varez.
Chambre ardente	D.	5	Mélesville, Bayard.	
Chambre d'arrêt	V.	1	Besnard.	
Chambre de Clairette	V.	1	1/2 Overnay.	1/2 Th. Nezel.
Chambre de la défunte	V.	1	Tully.	
Chambre de ma femme	V.	1	Dumersan.	
Chambre de Molière	V.	1	Barré (D. E.), Radet (D. E), Desfontaines (D. E.).	
Chambre de Rossini	V.	1	1/2 Ach. d'Artois, Barba, *édit.*	1/2 Simonnin, Merle.
Chambre de Suzon	V.	1	2/3 Carmouche, Dumersan.	1/3 Sewrin.
Chambre du berceau	M.	3	1/2 Paul Foucher.	1/2 Alboize.
Chambrée de Savoyards	V.	1	Devaux, Brisson.	
Chambre gothique	V.	3	Carmouche.	
Chambre jaune	V.	1	Brisset.	
Chambre noire	V.	1	Febvé (D. E.)	
Chambre nuptiale	V.	1	1/3 Et. Arago.	2/3 Duport, Bezou, *édit.*

Titres des Pièces.	Genres.	Actes.	M. GUYOT.	M. PERAGALLO.
Chambre pour deux.....	V.	1		Prieur, Lajariette.
Chambre régence.......	V.	1	Grubert.	
Chambre rouge.........	D.	5	2/3 Théodore Anne.	1/3 Aug. Maquet.
Chambre verte.........	V.	2	—	Desnoyers, Danvin.
Champagnac et Suzette..	V.	1		Chazet.
Champenois...........	V.	1	Ach. d'Artois, Arm. D'Artois, Francis D., Barba, édit.	
Champenoise	V.	1	Arm. d'Artois 1/3, Théaulon 1/6, Barba, édit., 1/3, Puech, prop., 1/6.	
Champenoise en loterie..	V.	1	Rochefort.	
Champignons de la Bastille.	R-V.	3		Daubin, Nanteuil.
Champmeslé ,..........	V.	2		Ancelot, Duport.
Champmeslé...........	C.	1		H. Lucas.........
Champs-Élysées........	P.	1	Samson.	
Chandelier	D.	3	Al. de Musset.	
Changée en nourrice.....	V.	1	1/3 Dumanoir.	2/3. Anicet, Brisebarre.
Changement de domicile.	V.	1	Philippe.	
Changement de main....	V.	2	Bayard, Ch. Lafont.	
Changement de ministère...............	C.	5	1/2 Empis.	1/2. Mazères.
Changement d'uniforme..	V.	1	2/3 A. d'Artois, Barba, édit..	1/3 d'Ennery.
Chanoine au cabaret....	V.	1	2/3 Brazier, Livry.	1/3 F. de Villeneuve.
Chanoine de Milan......	C.	1		A. Duval.
Chanoinesse (la)........	V.	1	Scribe, Francis C.	
Chanson	V.	3	1/2 Cogniard frères, Francis C.	1/2. Montigny, Drouot.
Chanson de l'aveugle....	V.	1	(Delestre Poirson).	
Chanson de Margot	V.	2	Feu Jautard, Grasset V., Baptiste B., édit.	
Chansonnier de la paix....	V.	1	Pillon, Lambert, Pixérécourt	
Chansonnier droguiste...	V.	1	Francis D., Moreau (D. E.)	
Chansonniers	V.	1	A. d'Artois, Théaulon.	
Chansons de Béranger...	V.	1	2/3 Ferd. Langlé, Vanderburch.	1/3 De Forges.
Chansons de Béranger...	V.	1	2/3 Clairville.	1/3 Thiboust.
Chansons de Désaugiers..	V.	5	1/4 Théaulon.	3/4. Chazet, F. de Courcy, Alix, édit.
Chansons d'Émile Debraux	V.	1	1/2 Lepage.	1/2. Dutertre.
Chansons de nos pères...	V.	2	5/12. Guénée 3/12, Desvergers 2/12.	7/12. Albitte 3/12, Couailhac 4/12.
Chansons populaires....	V.	1	Clairville.	
Chanteur éternel........	V.	1	Dumersan, Désaugiers (D. E.)	
Chanteur prisonnier.....	V.	1	Francis D., Pradher.	
Chanteurs ambulants....	V.	3	2/3 Michel Masson, Bourdereau.	1/3 Alix, édit.
Chanteurs des rues.....	V.	3	2/3 Dumanoir, Varin.	1/3 D'Avrecour.
Chanteuse des rues.....	V.	2		Marc-Michel, Fontaine.
Chanteuse du coin......	O.-C.	1	1/2 F. Jouffroy.	1/2 E. Doyen.
Chanteuse et l'ouvrière..	V.	4	1/3 Barba, édit.	2/3 Saintine, F. de Villeneuve.
Chanteuse polyglotte....	V.	1	Dumersan, Lhérie (jᵉ)	
Chanteuse universelle ...	V.	1	Dumersan, Lhérie (jᵉ)	
Chanteuse voilée.......	O.	1	1/2 Scribe, Leuven.	1/2 Victor Massé.
Chantre et choriste.....	V.	1	Varner.	
Chants de Béranger.....	V.	1	2/3 Clairville.	1/3 Thiboust.
Chanvrière	V.	3	1/2 E. Plouvier.	1/2. Alix, édit.
Chao-Kange...........	B.-P.	5		Henri, Carlini.
Chapeau de paille d'Italie.	V.	5		Marc-Michel, Labiche.
Chapeau d'un horloger...	V.	1		Mme de Girardin.
Chapeau du roi........	O-C.	1	Ed. Fournier, Caspers.	

Titres des Pièces.	Genres.	Actes.	M. GUYOT.	M. PERAGALLO.
Chapeau gris	V.	1		Brisebarre, Decomberousse.
Chapeau qui s'envole	V.	1		Alf. Delacour, Morand.
Chapeaux				D'Aubigny, Maillard.
Chapeaux séditieux	V.	1	Mélesville, Brazier, Carmouche.	
Chapelain	V.	1	Barré (D. E.), Radet (D. E.), Desfontaines (D. E.).	
Chapelain de Fourvières	D.	5	Prillon.	
Chapelle de Glenthorn	M.	5	Mélesville(*Delestre-Poirson*).	
Chapelle des Bois	M.	3	Pixérécourt.	
Chapelle et Bachaumont	O.C.	1		Barthet, Cressonnois.
Chapelle et Bachaumont	V.	1	G. Duval, Vieillard.	
Chapelle et Boileau	V.	1		E. Sauvage, Alix, *édit*.
Chaperon	V.	1	1/2 Scribe.	1/2 P. Duport.
Chaperon du prince	V.	2		Durantin.
Chaperons blancs	O.	3	1/2 Scribe.	1/2 Auber.
Chaperons et les loups	V.	1	1/2 Brazier.	1/2 Dubois.
Chapitre de Balzac	V.	2		Perrot de Renneville 2/3, Mifliez, *édit*., 1/3.
Chapitre de la toilette	V.	1	2/3 Lafargue, Lévy, *édit*	1/3 D'Avrecour.
Chapitre de l'oncle Tom	V.	2	1/2 Arth. de Beauplan.	1/2 Texier.
Chapitre des contrariétés	V.	2		Sewrin.
Chapitre des informations	V.	1	3/4 Varin, Desvergers, Ét. Arago.	1/4 Alix, *édit*.
Chapitre dix-huit	V.	1	2/3 Vulpian père, Rougemont.	1/3 F. de Courcy.
Chapitre du mariage	V.	1		Turpin de Sansay, Huart.
Chapitre second	O.	1	Dupaty, Solié.	
Chaque oiseau trouve son nid bon	C.	1	Magne Saint-Aubin (D. E.).	
Charades en actions	V.	1	1/2 Dumersan.	1/2 Sewrin.
Charbonnier	V.	2	Carmouche, Brazier.	
Charbonnier	V.	1	Vanderburch.	
Charbonnière	O.	3	Scribe 1/4, Mélesville 1/4, Montfort 1/2.	
Charbonniers de la forêt noire	D.	3	1/2 Lafortelle, Servières(D.E.)	1/2 Sewrin.
Charbonniers de Montargis	V.	3		Bauchery, Bellevue.
Charge à payer	C.	1	Baron.	
Charge à payer	V.	1	Scribe, Varner.	
Charge de cavalerie	M.	3		Cuvelier (D.E.).
Charge de cavalerie	V.	1		Labiche, Delacour, E. Moreau.
Chariot d'enfant	D.	5	1/3 Méry.	2/3 Gérard de Nerval, Paul Bocage.
Charivari	V.	1	Debesse.	
Charivari	V.	1	Carmouche, Rougemont.	
Charivari	V.	1		Brisebarre, Nyon, Porcher, *prop*.
Charivari de Charonne	P.V.	1	Villiers, Pessey.	
Charlatan	C.	1		Mercier (D. E.).
Charlatan	V.	1	1/2 Moreau (D. E.).	1/2 Sewrin.
Charlatanisme	V.	1	1/2 Scribe.	1/2 Mazères.
Charlatans	O.	2		Foignet, Planterre.
Charlemagne	T.	5	Nép. Lemercier.	
Charles	M.	3		Hubert 1/2, Quaisain (D. E.).
Charles V	C.	1	Mlle Huet.	
Charles V et Duguesclin	O.	1	2/3, Carmouche 1/3, Gilbert 1/6, Guiraud 1/6.	1/3 Sewrin, Vial.
Charles Coypel	O.	1		Jadin, Léger (D. E.).
Charles de Blois	M.	5	Monperlier.	

Titres des Pièces.	Genres.	Actes.	M. GUYOT.	M. PERAGALLO.
Charles de France	O.	2	1/2 A. d'Artois, Théaulon, De Rancé.	1/2 Boïeldieu, Hérold (D. E.).
Charles de Navarre	T.	5		Brifaut.
Charles II	C.	3		A. Duval.
Charles XII	D.	5	1/2 Eustache Lorsay.	1/2 Taillade.
Charles XII	V.	1	Théaulon 1/4, Th. Anne 1/4, Barba, édit., 1/2.	
Charles XII et Pierre le Grand	O.	3		Demeun, Chancourtois.
Charles et Caroline	D.	5	Pigault-Lebrun, Barba, édit.	
Charles et Victoire	C.	2	Valcour.	
Charles le Téméraire	D.	3	Pixérécourt.	
Charles le Téméraire	V.	1	1/2 Ad. et Saint-Agnan Choler.	1/2 Lefranc.
Charles Maringe	M.	3	Merville, Francis C.	
Charles IX	D.	5	1/2 Barba, édit.	1/2 Rosier.
Charles IX à Orléans	D.	5	Lesguillon, Barba, édit.	
Charles-Quint	O.	2	Mélesville 1/4, Duveyrier 1/4, Montfort 1/2.	
Charles Rivière Dufresny	V.	1	Deschamps.	
Charles VII chez ses grands vassaux	D.	5		Al. Dumas.
Charles VI	O.	5	1/4 G. Delavigne.	3/4. Casimir Delavigne 1/4, Halévy 1/2.
Charles VI	T.	5		Delaville.
Charles Stuart	M.	5	2/3 Quoy, Decoisy (D. E.).	1/3 Boirie.
Charles III	D.	4		D'Epagny, Deyeux, Drouot, prop.
Charlot	V.	3	2/3, Lockroy, Vanderburch.	1/3 Anicet.
Charlotte	D.	4		Ancelot, Drouot, prop.
Charlotte	D.	4	1/3 Lévy, édit.	2/3. Souvestre, E. Bourgeois.
Charlotte	V.	1	1/2 Carmouche.	1/2 F. de Courcy.
Charlotte	V.	1	1/3 Labie.	2/3 Desnoyer, Blondy, prop.
Charlotte	V.	1		J. Augier, Desnoyer.
Charlotte Blondel	C.	1	Paccard.	
Charlotte Brown	C.	1		Mme de Bawr.
Charlotte Corday	T.	5		Ponsard
Charlotte Corday	D.	5		Regnier-Destourbet. (D. E).
Charlotte Corday	D.V.	3	Dumanoir, Clairville.	
Charlot trois-six	P.V.	5	Yvert d'Amiens.	
Charme de la voix	O.	1	1/3 Nanteuil.	2/3 Loraux, Berton.
Charmettes	V.	1	2/3 Bayard, Vanderburch.	1/3 De Forges.
Charmeurs	O.C.	1	Leuven, Poise.	
Charmeuse	O.	1	Ed. Fournier, Caspers.	
Charpentier	M.	5	1/3 Ch. Hubert.	2/3. Boirie, Poujol.
Charpentier	V.	3	Rochefort 1/3, Mallian 1/3, Barba, édit., 1/3.	
Charpentiers	V.	1	E. Jaime.	
Charpentiers	D.	5		Th. Barrière.
Charretée de comédiens	V.	1	Dumersan.	
Chasse	V.	1		Léopold, Boirie.
Chasse à l'Ours	B.	1		Belliard.
Chasse au Chastre	D.	5		Al. Dumas, Aug. Maquet, Alix, édit.
Chasse aux Ernest	V.	3	1/2 Marquet, Delbès.	1/2 Dunan-Mousseu.
Chasse au Lion	V.	2		Avenel, De Lascaux.
Chasse au Lion	C.	1		Vattier, Najac, Masse, édit.
Chasse au Neveu	V.	1	1/2 Bertrand.	1/2 Dutertre.
Chasse au Renard	V.	1		Saint-Hilaire, Mme Daminois.
Chasse au Roman	V.	3	E. Augier, J. Sandeau.	
Chasse aux Baisers	V.	1	1/2 Llaunet.	1/2 Colleuille.

Titres des Pièces.	Genres.	Actes.	M. GUYOT.	M. PERAGALLO.
Chasse aux Belles Filles..	V.	3	1/2 Bernard Lopez.	1/2 Laurencin.
Chasse aux Biches......	V.	1	2/3 Clairville.	1/3 L. Thiboust.
Chasse aux Conscrits....	B.-P.	1	Cogniard frères pour Ragaine.	
Chasse aux Conscrits....	B.-P.	1		Lindheim.
Chasse aux Corbeaux....	V.	5		Labiche, Marc-Michel.
Chasse aux Écriteaux....	V.	3	Th. Cogniard, Hip. Leroux.	
Chasse aux Flambeaux...	V.	1	Dieulafoy (D. E.), Gersin (D. E.).	
Chasse aux Fripons.....	C.	3		Camille Doucet.
Chasse aux Grisettes....	V.	2	2/3 Cogniard frères, Bourdois pour Porcher.	1/3 Couailhac.
Chasse aux Jobards......	V.	2		Balatier, Lefranc, Labiche.
Chasse aux Jolies Filles..	V.	3	1/2 Lopez.	1/2 Laurencin.
Chasse aux Léopards....	V.	1		Bouteillier, Reneaume.
Chasse aux Loups	M.	5	5/6 Caigniez.	1/6 Quaisain (D. E.).
Chasse aux Loups.......	V.	1		Sewrin.
Chasse aux Loups	V.	1		Desnoyer, Dubois-Davesnes.
Chasse aux Maris.......	V.	3	Leuven, Lhérie B.	
Chasse aux Maris.......	V.	1	Lurine, Solar.	
Chasse aux Millions.....	V.	3		Laurencin, Marc-Michel, L. Couailhac.
Chasse aux Oiseaux.....	B.-P.	1		Al. Blache.
Chasse aux Pierrots.....	V.	1	Vanderburch, Ferd. Langlé.	
Chasse aux Rats........	O.-B.	1		Dutertre 1/4, Ed. Duprez 1/4, Al. Duprez 1/2.
Chasse aux Vautours....	V.	1	Varner.	
Chasse aux Voisins......	V.	1		J. Renard.
Chasse du Roi	O.-C.	1	Labourieux, O'Kelly.	
Chasse du Roi..........	V.	1		Fontaine.
Chasse et l'Amour......	V.	1	2/3 De Leuven, Rousseau.	1/3 Al. Dumas.
Chasse interrompue.....	V.	1	J. Pain (D.E.).	
Chasse royale..........	O.	1	1/4 Joseph.	3/4. Alix, édit. 1/4, Godefroy 1/2.
Chasseur de la rue St-Denis	V.	1	Varner, Ymbert.	
Chasseur noir..........	M.	3	1/4 Overnay.	3/4 Antier, Nézel, Lemaître.
Chasseur rouge.........	O.	1	Théaulon, Collin de Plancy.	
Chassomanie...........	V.	1	Lanusse, Hapdé (D. E.).	
Chaste Suzanne........	M.	5		Taix (D. E.).
Chaste Suzanne........	O.	4	1/4 Carmouche.	3/4. F. de Courcy 1/4, Monpou 1/2.
Chaste Suzanne........	B.-P.	2		Blache.
Chaste Suzanne	V.	2	Barré (D. E.), Radet (D. E.), Desfontaines (D. E.).	
Chat botté.............	M.	3		Cuvelier (D. E.).
Chat botté.............	V.	2	Scribe, Mélesville, (Delestre-Poirson).	
Chat botté.............	V.	2	1/3 Brazier pour Barba.	2/3 Dubois, Simonnin.
Chat de Cendrillon.....	V.	3	1/2 Siraudin.	1/2 Moreau.
Chat de la mère Michel..	V.	1	1/2 De la Rounat.	1/2 Montjoie.
Chat de la mère Michel..	V.	1	Bourelly.	
Chat de la Portière.....	V.	1	1/2 L. Huart.	1/2 Alb. Second.
Chat de Montargis......	V.	1	Hip. Leroux.	
Château d'Amour.......	O.	1	Théaulon, Derancé, Liszt.	
Château d'Arcueil......	D.	2		Demonval (St-Hilaire).
Château d'eau.........	V.	1	Camel.	
Château de Bécherel....	M.	5		Monperlier.
Château de Bécherel....	V.	1	1/3 Carmouche.	2/3 F. de Courcy, Merle.
Château de Cartes......	C.	3	Bayard.	
Château de Chambord...	V.	1	2/3 Mlle Huet, Martin	1/3 Ménissier.

Titres des Pièces.	Genres.	Actes.	M. GUYOT.	M. PERAGALLO.
Château de Cœtaven	V.	1	2/3. Galoppe d'Onquaire, 1/3; Besselièvre 1/6, Ach. d'Artois 1/6.	1/3 Giraud-Dagneau, *édit.*
Château de Douglas	O.	3	1/2 Planard.	1/2 Fétis père.
Château de Duncan	M.	3		Boullault.
Château de Grantier	D.	5		A. Maquet.
Château de Kenilworth	M.	3		Boirie 1/3, Frédéric 1/3, Lemaire (D. E.).
Château de Kenilworth	O.	3	1/2 Scribe, Mélesville.	1/2 Auber.
Château de la Barbe-Bleue	O.	3	1/2 Saint-Georges.	1/2 Limnander.
Château de la Guerche	V.	2	Lecœur-Seur.	
Château de la Poularde	V.	1	Scribe, Dupin, Varner.	
Château de la Roche-Noire	V.	1	Lafargue, Siraudin.	
Château de Lochleven	M.	5	Pixérécourt.	
Château de ma Mère	C.	1		Mme Ancelot.
Château de mon Oncle	V.	1	A. Dufau 1/3, Barba, *édit.* 1/3; Désaugiers (D. E.).	
Château de Monsieur le Baron	V.	2	A. d'Artois, Livry, d'Houdetot, Barba, *édit.*	
Château de Montaldi	M.	3		Mme de Bawr.
Château de Montefeltro	M.	3	Carpier, Dautrevaux.	
Château de Monténéro	O.	3	Hoffman (D. E.).	Dalayrac (D. E.).
Château de Nuremberg	C.	4	Grétry j^e (D. E.).	
Château de Paluzzi	M.	3	1/2 Mélesville.	1/2 Boirie.
Château de Pierre-Size	M.	3	5/6 Ribié (D. E.).	1/6 Quaisain (D. E.).
Château de Plouharnel	D.	5	Lomon, Nougaret.	
Château de Saint-Bris	D.	2		Ancelot.
Château de Saint-Germain	M.	5	Léon Halévy.	
Château des Ambrières	D.	5		Th. Barrière, Taillade.
Château des Apennins	M.	3	Pixérécourt.	
Château des Pyrénées	M.	5	1/6 Dreuilh.	5/6 Boirie; Léopold.
Château des Sept-Tours	D.	5	1/2 Mallian.	1/2 Alboize.
Château des Tilleuls	D.	5		Decourcelle, Raimond-Deslandes, Rolland, Tenin.
Château des Tourelles	M.	3	Pillon, Lambert.	
Château de Torrente	M.	3		Gibert, Quaisain (D. E.).
Château de Valenza	D.	5	1/2 Paul Foucher.	1/2 Alboize.
Château de Verneuil	M.	5		Poujol, Alix, *édit.*
Château de Vincennes	V.	5	Paul de Kock.	
Château de Wodstock	M.	3	2/3 Decoisy, Quoy.	1/3 Boirie.
Château de Dusseldorff	V.	1		Tournemine.
Château d'If	V.	1	Théaulon 1/3, Moreau (D. E.).	1/3 Ménissier.
Château du Diable	M.	4		Loaisel, Boursault (D. E.).
Château du Diable	B.-P.	2		Finart.
Château d'Udolphe	M.	5		Alex. Duval.
Château d'Urtubie	Q.	1	1/2 Lurieu, Vandières.	1/2 Berton.
Château et la Chaumière	V.	3	Barré (D. E.); Radet (D. E.), Desfontaines (D. E.).	
Château et la Chaumière	V.	1	Lafortelle, Henrion.	
Château et la Ferme	D.	3	Pixérécourt.	
Château fort	M.	3		Alexandre.
Château infernal	B.-P.	2		Henri.
Château maudit	D.	5	1/6 Duhomme.	5/6. Élie Sauvage 1/6, Alix, *édit.*, 2/6, Porcher, *prop.* 2/6.
Château mystérieux	M.	5		Dufrenoy.
Château perdu	V.	1		Decomberousse, Saint-Hilaire
Château pour cinq francs	V.	1	Théaulon, Ramond.	
Château pour vingt sous	V.	1	Gabriel, Dumersan.	

Titres des Pièces.	Genres.	Actes.	M. GUYOT.	M. PERAGALLO.
Château rouge	V.	1	3/4. Déaddé 1/2, Champeaux 1/4.	1/4 Ménissier.
Château vert	V.	1	Honoré.	
Châteaux en Espagne	C.	5	Collin d'Harleville.	
Châtelaine de Montlhéry	V.	1		De Baroncelli.
Châtelaines	V.	1	Ach. d'Artois, Th. d'Artois, Th. Anne.	
Châtelains	V.	5	Paul de Kock.	
Chat et la Rose	C.	2		Boursault (D. E.).
Châtiment	D.	4	1/2 Lockroy.	1/2 Anicet.
Châtiment d'une Mère	M.	3	1/2 Labrousse.	1/2 F. Laloue.
Chat noir	M.	3	Caigniez.	
Chat noir	V.	1	Dupin.	
Chat qui expire	V.	1	1/3 Vandeursen.	2/3 De Jallais, Vannoy.
Chatte blanche	F.	5	Cogniard frères.	
Chatte merveilleuse	V.	1	Gentil, Désaugiers (D. E.).	
Chatte métamorphosée en Femme	B.	3	2/3 Duveyrier, Montfort.	1/3 Coraly.
Chatte métamorphosée en Femme	O. B.	1	1/2 Scribe, Mélesville.	1/2 Offenbach.
Chatte métamorphosée en Femme	V.	1	Scribe 1/3, Mélesville 1/3, Bouchard (D. E.).	
Chatterton	D.	3	Alfred de Vigny.	
Chatterton mourant	D.	1	1/2 Riga.	1/2 Alp. Arnault.
Chaud Gaillard	M.	3	1/3 A. Martin.	2/3 Antier, Deflers.
Chaudronnier anglais	V.	2	1/2 Overnay, Quoy.	1/2 Varez, Nézel.
Chaudronnier de St-Flour	V.	1	Gouffé 2/3, Barba, édit., 1/3.	
Chaudronnier homme d'Etat imaginaire	C.	2	Étienne.	
Chauffeurs	M.	5	2/3 Cogniard frères.	1/3 Mourier.
Chauffeurs	D.	5	Dinaux, E. Sue.	
Chaulieu à Fontenay	V.	1	Ségur jeune, Philippon.	
Chaulieu en voyage	V.	1		Ligier.
Chaumière	C.	1	Bellement.	
Chaumière allemande	M.	5	1/2 Lanusse, Rousseau.	1/2 Varez, Quaisain (D. E.).
Chaumière allemande	V.	1	Provost.	
Chaumière bretonne	V.	1	Duval, Rochefort.	
Chaumière dans les bois	C.	1		Touchard.
Chaumière du Mont-Jura	M.	3		Frédéric, Maldan, Heudier.
Chaumière et le Trésor	V.	1	Pixérécourt.	
Chaumière et son Cœur	V.	2	Scribe, Alph. Delaforest.	
Chaumière hongroise	V.	1	1/2 Carmouche.	1/2 Ferd. Laloue.
Chaumière indienne	O.	1		Gaveaux.
Chaumière indienne	P.	1	Hapdé (D. E.).	1/2 Roll.
Chaumière isolée	M.	5	Hapdé (D. E.), Lanusse 1/6.	
Chaumière moscovite	V.	1	Dumersan 1/2, J. Pain (D. E.)	
Chef de Brigands	V.	1	Varin, Marchais.	
Chef-d'œuvre inconnu	D.	3	2/3 Charles Lafont.	1/3 Alix, édit.
Chef du personnel	V.	1	1/2 d'Alby.	1/2 Décour.
Chef écossais	B. P.	3	1/6 Dreuilh.	5/6 Cuvelier (D. E.).
Chefs écossais	M.	3	Pixérécourt.	
Chemin creux	M.	3	1/3 Barba, édit.	2/3 Lepoitevin-Saint-Alme, Villemot, Mourier.
Chemin de Berlin	V.	1		Sewrin, Chazet.
Chemin de Corinthe	C.	3		Armand Barthet.
Chemin de fer	V.	3	Bayard, Varin.	
Chemin de fer de Paris à la Lune	V.	5	Bouché, Lelioux.	

Titres des Pièces.	Genres.	Actes.	M. GUYOT.	M. PERAGALLO.
Chemin de Fontainebleau.	V.	1	G. Duval 1/4, Rochefort /14, Barba, *édit.* 1/2.	
Chemin de la Gloire.....	V.	1	H. Simon 1/3, Dieulafoy (D. E.), Gersin (D. E.).	
Chemin de la Gloire....	C.	1	Rostan.	
Chemin de la Postérité..	V.	2	1/3 Clairville.	2/3 Ch. Dupeuty, Maur.-Alhoy
Chemin des Amoureux..	V.	2		Jules Renard.
Chemin de traverse.....	M.	3		Simonnin, Labénardière.
Chemin de traverse....	V.	3	2/3 Dumanoir, Clairville.	1/3 d'Ennery.
Cheminée de 1748......	V.	1	Mélesville, Brazier.	
Cheminée enchantée ...	P.	1	1/6 Lanusse.	5/6 Frédéric.
Chemin le plus long.....	V.	3		Ch. de Courcy fils.
Chemins en fer	V.	1	2/3 E. Arago, Derville.	1/3 Maurice-Alhoy.
Chemisier.............	V.	1	Dumersan, A. d'Artois.	
Chenapan	V.	2	Dumersan, Carmouche.	
Chêne du Roi.........	C.	3		Soumet, Mme Daltenheym.
Chêne et le Roseau.....	V.	1	1/2 Galoppe d'Onquaire.	1/2 Decourcelle.
Chercheur d'esprit.....	O.	1		J. Barbier 1/6, M. Carré 1/6, E. Foussier 1/6, Besanzoni 3/6.
Chercheurs d'Or	D.	5	1/3 Paul Duplessis.	2/3 Marc Fournier, Alix, *édit.*
Chercheurs d'Esprit....	V.	1	Dumersan 1/2, Lafontaine 1/8, Mlle Huet *prop.* 1/4, Puech *prop.* 1/8.	
Chercheuse d'Esprit....	V.	1	Gabriel 1/3, Barba *édit.* 1/3, Gersin (D. E.).	
Chercheuse d'Esprit....	V.	1	Jules Lecomte.	
Chercheuses d'Or.......	V.	1	2/3 Cogniard frères, A. Martin.	1/3 De Forges.
Chérubin.............	V.	5		Jules Renard.
Chérubin.............	V.	2		Desnoyers, Vignier.
Cheval de bronze......	O.	3	1/2 Scribe.	1/2 Auber.
Cheval de Créqui	V.	1		D'Amboise, A. de Comberousse
Cheval du Diable......	D.	5		Th. Vinet.
Cheval du Diable......	M.	4		Duport, Saint-Hilaire.
Cheval et le Paysan....	M.	1		Antier, Ménissier.
Cheval génie	P.	1		Cuvelier.
Chevalier à la mode ...	V.	5	Dancourt.	
Chevalier au manteau...	V.	2		Ch. Potier, Desnoyers.
Chevalier coquet	V.	1	A. Baron 2/6, De Lafrémoire 1/6, Lévy, *édit.* 1/2.	
Chevalier d'Assas......	D.	5	Eustache-Lorsay.	
Chevalier de Beauvoisin.	V.	2	1/3 Siraudin.	2/3 Delacour, Moreau.
Chevalier de Canolles...	O.	3	1/2 Fontmichel.	1/2 Sophie Gay.
Chevalier de Canolles...	C.	3	Fouque.	
Chevalier de Caylus....	V.	2		Bondois.
Cheval de Florvac......	V.	1		Wion.
Chevalier de Grignon...	V.	2	Mélesville, Bayard.	
Chevalier de Kerkaradec.	V.	1	1/2 E. Roche.	1/2 Max de Rével.
Chevalier de Maison-Rouge.............	D.	5		Al. Dumas, Aug. Maquet.
Chevalier d'Eon........	V.	5	Bayard, Dumanoir.	
Chevalier de Pézénas....	V.	2		Laurencin, Duport, Alix, *édit.*
Chevalier de Pomponne..	C.	3	1/4 Tresse, *édit.*	3/4 Mary-Lafont.
Chevalier de Saint Georges.............	V.	3	1/2 Mélesville.	1/2 Roger de Beauvoir.
Chevalier de Saint-Rémy.	D.	5	1/2 Varner.	1/2 De Prémaray.
Chevalier des Dames....	V.	1		Labiche, Marc-Michel.
Chevalier de Sénange...	O.	3	1/4 Ségur jeune.	3/4 Berton.
Chevalier de Servigny...	C.	1		Lelarge.

— 66 —

Titres des Pièces.	Genres.	Actes.	M. GUYOT.	M. FERAGALLO.
Chevalier d'Essonne	V.	3		Anicet, Ch. Dupeuty.
Chevalier d'Harmental	D.	5		Al. Dumas, Aug. Maquet.
Chevalier d'honneur	V.	1	Gersin (D. E.).	2 3 Sewrin, Touzet.
Chevalier d'industrie	C.	5		Alex. Duval.
Chevalier d'industrie	M.	5	A. Brot, Ste-Suzanne, Follet.	
Chevalier Douglas	V.	1		Rosier.
Chevalier du Château-rouge	V.	2		Jaybert.
Chevalier du Cygne	C.	1	2/3 Monperlier.	1/3 Varez.
Chevalier du Guet	V.	2	1/2 Lockroy.	1/2 Rosier.
Chevaliers du bois roulant.	V.	1	Fayon.	
Chevaliers du pince-nez.	V.	2	1/4 P. Deslandes.	3/4 Grangé, Thiboust, Lévy, édit.
Chevalier du Temple	V.	5	Albert, Labrousse, Barba, édit.	
Chevalière d'Eon	V.	2		Ch. Dupeuty, Maldigny.
Chevalière d'Eon	V.	1	Moreau (D. E.).	1/2 Ourry (D. E.).
Chevalière d'Eon	V.	1	2/3 Carmouche, St-Marc.	1/3 Simonnin.
Chevalier errant	O.	1	Désaugiers (D. E.).	
Chevalier Fracasse de Bordeaux	V.	1		Sauvet.
Chevalier français	C.	3		Monvel, de Comberousse, Monbrun (D. E.).
Chevalier Muscadin	V.	2		Anicet, Ch. Dupeuty.
Chevalier Noir	M.	3		Cuvelier (D. E.).
Chevalier sans peur et sans reproches	C.	3	1/4 Champein.	Monvel (D. E.).
Chevaliers de Jérusalem	P.	3	Hapdé (D. E.).	1/2 Roll.
Chevaliers de la Table Ronde	B.-P.	3		Cuvelier (D. E.).
Chevaliers de Malte	M.	5	5/12 Monperlier.	7/12 Dubois.
Chevaliers du Brouillard	D.	5		D'Ennery 2/3, Bourget 1/3.
Chevaliers du Cygne	M.	5	Monperlier.	
Chevaliers du lansquenet.	D.	5		Grangé, Montépin, Porcher, prop.
Chevaliers du Lion	M.	3		Mme de Bawr.
Chevaliers du Temple	D.	5		Planté fils.
Chevau-légers de la Reine.	V.	3	1/2 B. Lopèz.	1/2 Ch. Dupeuty.
Chevau-légers	O.	2	Monbinne, Lacroix.	
Chevaux du Carrousel	D.	5	1/2 P. Foucher.	1/2 Alboize.
Cheveu blanc	C.	1	O. Feuillet.	
Cheveu blond	V.	1		Léon Gozlan.
Cheveu pour deux têtes	V.	1	1/3 Varner.	2/3 Duvert, de Lauzanne.
Cheveux	V.	1	Guillemain.	
Cheveux de ma femme	V.	1		Labiche, Léon Battu.
Chevilles de maître Adam.	V.	1	Francis D. 1/2, Moreau (D. E.).	
Chèvre de Ploërmel	V.	1	1/2 Dupin.	1/2 Alfred Delacour.
Chevreuil	V.	3	E. Jaime 1/6, Léon Halévy 1/6, Broc 1/3, Barba, édit. 1/3.	
Chevrier blanc	P.	1	2/3 Pol Mercier, P. Legrand.	1/3 Hervé.
Chevrière	D.	3	Tully.	
Chevrière des Abruzzes	V.	2	1/2 Labie.	1/2 J. Augier.
Chez les Turcs	O.-C.	1		Ch. Bridault, Avelino-Valenti.
Chez ma Tante	V.	1	J. Arago.	
Chez une petite Dame	V.	1	1/2 Ed. Martin.	1/2 Albert Monnier.
Chez un garçon	V.	1	1/2 Bayard.	1/2 Saintine.
Chez vous, chez nous, chez moi	V.	3	3/16 Duflot, Guillaume.	13/16. Désarbres 3/16, Kauffmann 6/16, Miffliez, édit., 4/16.

Titres des Pièces.	Genres.	Actes.	M. GUYOT.	M. PERAGALLO.
Chien de garde........	V.	1	Thⁿ Cogniard.	
Chien de Jean de Nivelle.	V.	2	Marius Bourelly.	
Chien de la chaumière...	V.	3	1/2 Cormon.	1/2 Grangé.
Chien de Montargis.....	M.	3	Pixérécourt.	
Chien des Pyrénées.....	M.	2	1/3 Labrousse.	2/3 Anicet, Ferd. Laloue.
Chien du château.......	V.	2	Scribe, Varner.	
Chien du contrebandier..	V.	1	1/2 Ferd. Langlé.	1/2 Alboize.
Chien du jardinier......	O.	1	Lockroy 1/4, Cormon 1/4, Grisar 1/2.	
Chien du régiment.....	M.	1	1/2 St-Léon.	1/2 Franconi.
Chien et Chat..........	V.	3	2/3 Ribié (D. E.), de Valcour.	1/3 Simonnin.
Chien et Chat..........	V.	1		Mᵐᵉ Regnault de Prébois 3/4, Mifliez, *édit.* 1/4.
Chiens du mont Saint-Bernard............	M.	5		Antier, Deflers, Alix, *édit.*
Chiffon-nié de par ici....	V.	3	1/3 Oscar.	2/3 Dutertre, Jouhaud.
Chiffonnier............	V.	3	Théaulon, Steph, Barba, *édit.*	
Chiffonnier de Paris.....	D.	5	Félix Pyat.	
Chiffonniers de Paris....	V.	3	2/3 Bayard, Sauvage.	1/3 Fr. de Courcy.
Childéric..............	T.	5	Morand.	
Childéric..............	T.	4		Delaville.
Chimène...............	O.	3	Guillard.	
Chimère et réalité......	O.	1	Blangini.	
Chimpanzé............	M.	3		Beraud, Alb. Monnier.
Chine à Paris..........	V.	1		De Montheau.
Chine à Paris..........	V.	1		Ch. Dupeuty, Bourget.
Chinois...............	D.	5	Camaille St-Aubin.	
Chinois...............	O.	3	1/2 De Pixérécourt.	Dalayrac (D. E.).
Chipie................	V.	1	Bayard, Varner, Barba, *édit.*	
Chiquenaudes.........	FV.	1	Moreau (D. E.).	1/2 Sewrin.
Chirurgien-major......	V.	1	1/3 Lévy, *édit.*	2/3 Souvestre, Trouessart.
Chodruc-Duclos........	D.	5	1/3 Alp. Royer.	2/3 Vaëz, Michel Delaporte.
Choisy-le-Roi..........	O.	1	1/4 Leuven.	3/4. M. Carré 1/4, Eug. Gautier 1/2.
Choix d'Alcide.........	O.-B.		Bailly.	
Choix d'une czarine.....	V.	2		Jean Czynski.
Choix d'une femme.....	V.	1	Varin, Desvergers, (*Delestre-Poirson.*)	
Choix d'une femme.....	V.	1	Desvergers, Varin, Étᵉ Arago, Barba, *édit.*	
Choix d'une femme.....	V.	1		Bezou, *édit.*
Choix d'une maîtresse...	V.	1	1/2 Scribe.	1/2 Paul Duport.
Choix d'un état........	C.	1		Lalanne.
Choix d'un mari.......	V.	1		Mouton.
Choix d'un mari.......	V.	2		Dutertre, Lebreton.
Choléra morbus........	V.	1	3/4 Mᵉ Masson, Rochefort, Leuven.	1/4 de Villeneuve.
Chonchon Margot à la recherche du meilleur des bénéfices............	V.	1	A. Guénée, Marc Leprévost.	
Chouan...............	V.	1	Cogniard frères.	
Chouans..............	D.	3	1/2 Francis C.	1/2 Anicet.
Chouette et la Colombe..	F.	3	3/4 Feu Brazier, Carmouche, Paul de Kock.	1/4 Meyer, Montigny.
Chrétienne et Néron (une)	D.	5		Alfred Pourchel.
Christian..............	V.	3	2/3 Mélesville, M. Masson.	1/3 de Villeneuve.
Christian et Marguerite..	C.	1	Pol Mercier, Ed. Fournier.	
Christiern de Danemark.	D.	3	1/2 Paul Foucher.	1/2 Alboize.
Christine..............	D.	5		Alexandre Dumas père.

Titres des Pièces.	Genres.	Actes.	M. GUYOT.	M. PERAGALLO.
Christine	D.	3		A. Duval.
Christine à Fontainebleau.	D.	5		Fréd. Soulié.
Christine à Fontainebleau.	D.	5	Brault.	
Christine la Bretonne	V.	2	Pluchonneau, Lantoine.	
Christine, roi de Suède	D.	3	Paul de Musset.	
Christophe	V.	1	1/4 Varin, Desvergers.	3/4 P¹ Duport, Blondy, Bezou, *édit*.
Christophe Colomb	D.	5		Henri Dechêne.
Christophe Colomb	O.	3	1/6 Méry.	5/6 Sylvain St-Étienne, Félicien David, Chaubet.
Christophe Colomb	M.	3	Pixérécourt.	
Christophe Colomb	C.	2	Nép° Lemercier.	
Christophe Dubois	V.	1		Léger (D. E.).
Christophe et Lubin	V.	1	Séveste frères.	
Christophe le cordier	V.	2	1/4 Michel Masson.	3/4. Saintine 1/2, F. Thomas 1/4
Christophe le Rond	C.	1	Dorvigny.	
Christophe le Suédois	D.	5	Bouchardy.	
Chroniques bretonnes	V.	1	2/3 Clairville, Faulquemont	1/3 Th° Barrière.
Chut!	V.	2	Scribe.	
Chute de Phèdre	V.	1		Sewrin, Chazet.
Chute de Séjan	D.	5		Vᵉ Séjour.
Chute des feuilles	V.	2	1/6 Adam.	5/6 St-Hilaire, de Villeneuve.
Chute des feuilles	V.	1	2/3 Roche, Riga, *édit*.	1/3 De Forges.
Chute d'un ministre	D.	5		Carlos d'Algarra, Alix, *édit*
Cicily	V.	2	Scribe.	
Cid	O.	3	Guillard.	
Cid d'Andalousie	T.	3		Lebrun.
Ci-devant jeune femme	V.	1		Chazet, Simonnin.
Ci-devant jeune homme	C.	1	1/2 Brazier.	1/2 Merle.
Ci-devant noble	C.	3	Mercier.	
Ci-devant Rosières	V.	1	Brazier, Dumersan.	
Ciel orageux	V.	3		Hip. Lefebvre 3/4, Dutacq 1/4.
Cigisbé	O.	2	Marmontel fils, L. Piccini (D.E)	
Cigüe	C.	2	Émile Augier.	
Cigale et la Fourmi	C.	1	Ch. Maurice.	
Cigale et la Fourmi	V.	1	Labie.	
Ciel et l'Enfer	F.	5	1/3 Victor Hugo.	2/3 Hip. Lucas, Barré.
Cimarosa	O.	2	1/2 Nicolo (D. E.).	1/2 Bouilly.
Cimetière d'Ivry	M.	3		Boirie, Daubigny, Poujol.
Cimetière du Parnasse	V.	1	A. d'Artois, Théaulon.	
Cincinnatus	T.	3	Arnault père (D. E.).	
Cinq années en 2 heures.	V.	2	Brazier, Mélesville, Carmouche.	
Cinq ans	V.	1	Rougemont, Brazier, Périn, Barba, *édit*.	
Cinq ans après	B.	2	2/3 Carmouche, *Jouslin, pour* Joseph B.	1/3 Coralli.
Cinq ans d'entr'acte	O.	2	Féréol, Leborne.	
Cinq cartes	V.	5	1/2 Paul Michel.	1/2 de Jallais.
Cinq cousins	V.	1	Hubert, Maréchalle.	
Cinq couverts	V.	1		Tournemine, Alix, *édit*.
Cinq demoiselles	V.	1	*Maréchalle* et *Hubert, pour* Barba.	
Cinq étages	V.	5	Colliot, *Bourdois pour* Porcher.	
Cinq et deux font trois	V.	1	Jacquelin.	
Cinq gaillards dont deux gaillardes	V.	1	2/3 Siraudin, Ad° Choler.	1/3 Lefranc.
Cinq heures du soir	V.	1	Théaulon, Carmouche, Mélesville.	

Titres des Pièces.	Genres.	Actes.	M. GUYOT.	M. PERAGALLO.
Cinq mai	V.	1	Clairville 2/3, A. Guénée 1/3.	
Cinq mai 1821	V.	1		Laurencin, Meyer.
Cinq mars	D.	3	1/2 Merville.	1/2 Tournemine.
Cinq minutes du Commandeur	D.	5		Léon Gozlan.
Cinq pour un	V.	1	1/4 Varin, Desvergers.	3/4 P¹ Duport, Blondy, *prop*. Bezou, *édit*.
Cinq sens	B.P.	3	2/3 Dumanoir, Adam.	1/3 Mazilier.
Cinq sens	V.	1	Clairville.	
Cinquantaine	O.	2		Faur.
Cinquantaine	V.	1	1/4 Held, *prop*.	3/4. Lubize 1/4, Alix. *édit*., 1/2.
Cinquante-cinq rancs de voiture	V.	1	1/2 Dardoize.	1/2 Alf. Delacour.
Cinquième acte	D.	3		Antier, Deflers.
Cinquième acte	O.B.	1	1/2 Léveillé.	1/2 M^{el} Delaporte.
Circassienne	V.	4		St-Hilaire, Bourdier, Alix, *édit*.
Circonstances atténuantes	V.	1	1/3 Mélesville.	2/3 Lefranc, Labiche.
Circulaire	C.	1	Belle, Jacquelin.	
Cirque et l'Hippodrome	V.	1	Paul de Kock.	
Citadelle d'Anvers	V.	2	Décour.	
Citerne	M.	4	Pixérécourt.	
Citerne d'Alby	D.	3		D'Ennery, G. Lemoine.
Claire	D.	3		Rosier.
Claire	V.	1	1/2 Mlle Wandeursen.	1/2 Lubize.
Claire d'Albe	V.	3	1/3 Bayard.	2/3 Paul Duport, Bezou, *édit*.
Claire de Champrosé	D.	1		D'Epagny.
Claire de Villebelle	V.	5	Veyrat, Masselin.	
Clairette et Clairon	V.	2	Gabriel, Solar.	
Clara	D.	3		Hubert, Alex. Piccini.
Clara-Wendel	V.	2	Théaulon, A. d'Artois, Francis D.	
Clara-Wendel	V.	1	Brazier, Dumersan.	
Clarence	C.	1		Levasseur.
Clari	B.P.	3		Milon, Kreutzer (D. E.).
Clarice	M.	5		Mme Hadot (D.E.), Taix (D.E.)
Clarice et Faldoni	D.	2		Jars.
Clarice et Lovelace	P.	3		Henri Blanchard, Franconi.
Clarinette enchantée	M.	1	Sylvestre.	
Clarinette mystérieuse	V.	1		Commerson, Moinaux.
Clarinette qui passe	V.	1		Labiche, Marc Michel.
Clarisse	M.	3		Tournemine, Bourgeois, Bezou, *édit*.
Clarisse	V.	1	Barba, *édit*.	
Clarisse et Belton	O.	3	Desfontaines (D. E.).	
Clarisse et Lovelace	D.	3	Dreuilh.	
Clarisse Harlowe	D.	5	2/3. Dinaux, Barba, *édit*.	1/3 G. Lemoine.
Clarisse Harlowe	M.	3	V. Ducange (D.E)	1/2 Anicet.
Clarisse Harlowe	D.V.	3	Dumanoir, Clairville, Guillard.	
Clarisse Harlowe	V.	3	1/2 Ad. Choler.	1/2 Ch. Gabet.
Clary	V.	5		Maurice-Alhoy, Porcher.
Clary	O.	3		Halévy. *Paroles et musique*
Clary à Meaux en Brie	V.	1	Brazier, Dumersan, A. D'Artois, Barba, *édit*.	
Claude le Ribotteur	V.	2	1/2 Eug. Nus.	1/2 Desnoyers.
Claude Bélissan	V.	1	Théaulon, Choquart, Barba, *édit*.	

Titres des Pièces.	Genres.	Actes.	M. GUYOT.	M. PERAGALLO.
Claude Stoq	D.	4		Arnoud, N. Fournier.
Claudia	V.	1		P¹ Duport, Laurencin.
Claudie	D.	3	G. Sand.	
Claudine	D.	5		Desnoyers, Lubize, Alix, *édit*.
Claudine	O.	1		Vial, Gresnick.
Claudine	P.	1	Siraudin, Arth. de Beauplan.	
Claudine de Florian	C.	3	*Pigault-Lebrun pour* Barba.	
Claudine et le petit commissionnaire	O.	1	1/2 Deschamps.	1/2 Bruni.
Claudinet	O.	2		Sewrin, Jadin.
Claudinet	C.	1		Bosquier-Gavaudan (D. E.).
Clause du testament	V.	1	Gabriel, Rozet.	
Clé	M.	5	2/3 Leroy, Merville.	1/3 Monpou.
Clé dans le dos	V.	1		Duport, Duvert, Lauzanne.
Clé de ma chambre	V.	1	Delatour, Compin.	
Clé des champs	O.	1		Deffès 1/2, Boisseaux 1/4, Lévy, *édit.*, 1/4.
Clé d'or	D.	3	1/2 Dinaux.	1/2 Lajariette.
Clé forée	V.	1	1/2 Jacquelin.	1/2 Léger (D. E.).
Clémence	V.	2		Mme Ancelot.
Clémence de David	D.	5	Draparnaud (D. E.).	
Clémence de Napoléon	D.	5		J. Vizentini.
Clémence d'Entragues	D.	3		Coffin Rosny (D. E.), Taix (D. E.).
Clémence d'un monarque	V.	1	Raucourt.	
Clémence et Caroline	V.	1	Ach. d'Artois.	
Clémence et Formose	M.	3	1/2 Arm. Croisette.	1/2 Châteauvieux.
Clémence et Waldemar	D.	2		Pelletier Volmerange.
Clémence Isaure	V.	1	Gouffé, G. Duval.	
Clémentine	O.	1	1/2 Fay.	1/2 Vial.
Clémentine	V.	1		Ancelot, Vaulabelle.
Clémentine de Montaigu	M.	3	11/12 Lanusse, Pompigny.	1/12 Quaisain (D. E.).
Clémentine et Désormes	C.	5		Monvel (D. E.).
Clémentine et Saint-Alban	O.	1	Bambini.	
Clémentine et Saint-Aubin	V.	1	Corsange.	
Clément Marot	V.	1	Gouffé, G. Duval.	
Clément Marot à Genève	V.	1	J. Arago, Lefèvre, Moreau (D. E.).	
Cléomir et Dalia	O.	3	Boutillier.	
Cléopâtre	T.	5		Mme E. de Girardin.
Cléopâtre	T.	5		A. Soumet.
Clerc de la Basoche	D.	5	1/2 Scribe.	1/2 D'Epagny.
Clercs de la Basoche	V.	2		E. Dubreuil.
Clercs en goguette	V.	3	1/2 Brazier.	1/2 Merle.
Clermont	V.	2	Scribe, Vanderburch.	
Clés de Paris	V.	3	Théaulon, A. D'Artois.	
Clé sous le paillasson	V.	1	1/4 Ed. About.	3/4 Grangé, de Najac, Lévy, *édit*.
Clète	M.	3	Victor Ducange (D. E.).	1/2 Anicet.
Client	V.	1	Hipp. Leroux 1/2, *Jouslin pour* Joseph B. 1/2.	
Cliffort le voleur	V.	2	Mélesville, Duveyrier.	
Cloche, le tambour et le tambourin	V.	1	2/3 Brazier, Dumersan.	1/3 Sewrin.
Clochette	O.	3	1/2 Théaulon.	Hérold (D. E.).
Clochette	O.	1	Favart (D. E.).	
Clodomir	D.	3		Henri Lemaire (D. E.), Noël. Bellin.
Cloison	C.	1		
Cloison	C.	2	Pixérécourt.	

Titres des Pièces.	Genres.	Actes.	M. GUYOT.	M. PERAGALLO
Cloison...............	C.	2		Boursault (D. E.).
Closerie des genêts.....	D.	5	1/2 Lévy, édit.	1/2 Frédéric Soulié.
Clotilde...............	D.	5		Fréd. Soulié, Bossange.
Clotilde...............	V.	2	1/2 Rougemont.	1/2 Ch. Dupeuty.
Clotilde...............	V.	2		Ancelot.
Clou..................	V.	1	1/2 Royer de Bruges.	1/2 Jouhaud.
Clou aux maris.........	V.	1		Labiche 1/2, Moreau 1/4, Mme Réal 1/4.
Clovis.................	T.	5	Nep. Lemercier.	
Clovis.................	T.	5		Viennet.
Clowns en voyage......	V.	1	Déaddé, Veyrat.	
Cloyère d'huîtres.......	V.	1	1/3 Carmouche.	2/3 Fr. de Courcy, Merle.
Club Champenois.......	V.	1		Lefranc, Labiche.
Club chez madame Octave	V.	1	2/3 Clairville.	1/3 Vaulabelle.
Club de Sans-Souci.....	V.	1		Révérony de St-Cyr (D. E.).
Club des femmes.......	V.	1		Jouhaud, Bricet.
Club des femmes et le club des maris.......	V.	1	2/3 Clairvillle.	1/3 Vaulabelle.
Clubs.................	V.	1		Dornay, Cuchotte, Mifliez, édit.
Clytemnestre..........	T.	5		Soumet.
Clytemnestre..........	T.	5	Henri Touzez.	
Coalition d'ouvriers.....	V.	1	Mélesville, Carmouche.	
Coblentz et Quiberon....	D.	3	1/2 Francis C.	1/2 Anicet.
Cocambo...........B. P.		3		F. Blache 1/2, Amédée (D.E.).
Cocarde tricolore.......	V.	3	2/3 Cogniard frères.	1/3 Bezou, édit.
Coche d'Auxerre.......	V.	1	Désaugiers (D. E.).	
Coche d'Auxerre.......	V.	1	2/3 Jouslin, Alexandre.	1/3 Crosnier.
Cocher de cabriolet.....	V.	2	3/4. A. D'Artois, Leuven, Barba, édit.	1/4 De Forges.
Cocher de fiacre........	D.	3		Antier, Combérousse, Naigeon
Cocher de Napoléon.....	V.	1	Sauvage, Barba, édit.	
Cochers...............	V.	1	Brazier, Dumersan, Gabriel.	
Cochers de coucou......	M.	2	2/3 Salin, De Berruyer.	1/3 Lévesque.
Coco Pépin............	V.	1		Sewrin, Chazet.
Coco-Ricco............	V.	1	Gouffé.	
Cocoricco..............	V.	3	2/3 Masson, Déaddé.	1/3 de Villeneuve.
Code des femmes.......	V.	1	Dumanoir.	
Code et l'amour........	V.	1	1/3 Quoy.	2/3 Simonnin, Merle.
Code Napoléon.........	D.	2	1/3 Cormon.	2/3 Dutertre.
Code noir.............	O.	3	Scribe, Clapisson.	
Codicile...............	V.	1		Cuvelier (D. E.).
Cœlina................	M.	5	Pixérécourt.	
Cœlina................	M.	3		H. Lemaire (D. E.).
Cœur de grand'mère....	V.	1	Am. de Beauplan.	
Cœur de mère.........	V.	2		Fournier, Uzanne.
Cœur de père..........	M.	2	Latouche.	
Cœur d'une femme.....	M.	3	Sauvage, de Lurieu, Vandières	
Cœur et la dot.........	C.	4		F. Mallefille.
Cœur et trente mille livres de rentes.............	V.	1	1/2 Salin.	1/2 Groubenthal.
Cœur fourvoyé.........	V.	1		Léonce, Petit.
Cœur qui parle.........	V.	1	1/3 Ad. Choler.	2/3 Désarbres, Lévy, édit.
Cœur qui soupire.......	V.	1		Ch. Gabet, Fossey.
Cœur qui soupire.......	V.	1	Cormon.	
Cœurs d'or............	V.	3		Amédée Achard, 1/4, Prémaray 1/4, L. Laya 1/2.
Coffre de fer...........	D.	3		Cuvelier (D. E.), Léopold.
Coffre-fort.............	V.	1	1/3 Desvergers.	2/3 Gust. Vaëz, Blondy.
Coiffeur des dames......	V.	1	Barthélemy.	
Coiffeur et le Perruquier.	V.	1	2/3 Scribe, St-Laurent (D. E.)	1/3 Mazères.

Titres des Pièces.	Genres.	Actes.	M. GUYOT.	M. PERAGALLO.
Coiffure de Cassandre...	O.	1		Altaroche, Montaubry.
Coin de rue	V.	1	Brazier, Dumersan.	
Coin des Tuileries......	V.	1	Gentil, Désaugiers (D.E.).	
Coin du feu...........	D.	4		Ménissier.
Coin du feu...........	O.	1	1/2 Favières.	1/2 Jadin.
Coin du feu	V.	1	1/3 Lévy, *édit.*	2/3 Labat, Étiennez, Philastre
Coin du Palais de cristal..	V.	1	1/3 Faucheur.	2/3 C. Potier, Dechaume *édit.*
Coin du salon.........	V.	1	Scribe, Mélesville, St-Georges	
Coin du tableau........	V.	1	Auguste 1/3, Désaugiers (D.E.) Letournel (D. E.).	
Coin du temple........	V.	1	Maréchalle.	
Colette	O.C.	3	De Planard, Cadaux.	
Colibri	V.	1	Alfred Goy, Boinet.	
Colibri..............	V.	1		Dallard.
Coliche..............	V.	1	1/2 Paul Foucher.	1/2 Paul Duport.
Colin d'Harleville aux Champs-Élysées......	V.	1		Aude neveu; Décour, Defrenoy, Maldan.
Colin et Jeannot........	B.	3		J. B. Gilbert.
Colinette à la cour......	O.	3	Lourdet - Santerre, Grétry (D. E.).	
Colin Maillard.........O.C.		1		Michel Carré 1/4, Verne 1/4, Aristide Hignard 1/2.
Colin Tampon.........	V.	1		D'Ennery, M. Delaporte.
Collaborateur.........	V.	1	Leuven, Théaulon, Lefèvre.	
Collaborateurs	C.	1		Jousserandot.
Collatéral	C.	5	Picard (D. E.).	
Collatéral	C.	3	Fabre d'Églantine (D. E.).	
Collatéraux...........	C.	3	Picard (D.E.).	
Collatéraux...........	V.	1	Henri Monnier.	
Collége de Rachenau...	V.	1	2/3 Leuven, M. Masson.	1/3 Villeneuve.
Colleur..............	V.	1		Antier, Decomberousse.
Collier..............	V.	1	J. Lecomte.	
Collier de fer..........	M.	3	5/9 Hubert, Quoy.	4/9 Boirie, Poujol.
Collier de la reine......	C.	3		Poujol, Blondy, *prop.*, Daubigny.
Collier de perles.......	C.	3		Mazères 2/3, Lévy, *édit.* 1/3.
Collier de perles........	V.	1		Duvert, Paul Duport.
Collier du roi.........	C.	1		H. Lucas.
Colombe et Colombine...	V.	2	1/2 A. Guénée.	1/2 Tandon Naudot.
Colombe et Hibou	V.	1	1/3 Messant.	2/3 Albert Monnier.
Colombe et Perdreaux...	V.	1	2/3 Clairville.	1/3 Vaulabelle.
Colombes orientales.....	B.	1		A. Charpentier.
Colombine	V.	1	Carmouche, Guinot.	
Colombine dans la tour de l'Est................	V.	1	Gouffé, Dossion.	
Colombine Gilles.......	V.	1		Lamarque, Châteauvieux.
Colombine mannequin...	V.	1	Barré (D. E.), Radet (D. E.), Desfontaines (D. E.).	
Colombine philosophe soi-disant................	V.	1	Radet (D. E.).	
Colombine toute seule...	V.	1	1/3 Simonnin pour Barba.	2/3 Philibert, Marty.
Colon de la Mitidja......	V.	1	1/2 Déaddé.	1/2 Commerson.
Colonel..............	O.	1	1/2 D'Estourmel.	1/2 A. Duval.
Colonel..............	V.	1	G. Delavigne, Scribe.	
Colonel Chabert........	V.	2	J. Arago, Lurine, Barba, *édit.*	
Colonel d'autrefois......	V.	1	Mélesville 1/2, Gabriel 1/4, Angel 1/4.	
Colonel de hussards.....	M.	3		Ménissier, de Chavanges.
Colonel et le Soldat.....	M.	3	V. Ducange (D. E.).	

Titres des Pièces.	Genres.	Actes.	M. GUYOT.	M. PERAGALLO.
Colonel et le soldat	V.	3	1/2 M^{el} Masson.	1/2 Anicet.
Colonel et valet	V.	1	J. Arago, Bouas, Guy.	
Colonel Roger	D.	2		Desnoyers, Danvin, Brault.
Colonie	O.	1	Framery (D. E.).	
Colonne de Rosbach	V.	5	Barré (D.E.), Radet (D. E.), Desfontaines (D. E.).	
Colons des Basses-Terres	D.	5	Delatouche.	
Colons et colones	V.	2	2/3 Mélesville, Carmouche.	1/3 Fr. de Courcy.
Colosse de Rhodes	D.	3	Hapdé (D. E.).	A. Piccini (D. E.).
Colporteur	O.	3	1/2 Planard.	1/2 Onslow.
Colporteur	V.	2	1/3 Mlle Wandeursen.	2/3 De Jallais, Vannois.
Combat d'éléphants	V.	3	Paul de Kock.	
Combat des coqs	V.	1	Brazier, Carmouche, Théaulon	
Combat des montagnes	V.	1	Scribe, Dupin.	
Comédie à cheval	V.	1	1/2 Rochefort.	1/2 Ch. Dupeuty.
Comédie à la campagne	O.	2		Duvert, Crémont.
Comédie à Ferney	C.	1	1/3 Lurine.	2/3 Alb. Second, Alix, édit.
Comédie à la cour	V.	2	Scribe, Dupin.	
Comédie à la fenêtre	C.	1		Arsène Houssaye.
Comédie au château	V.	2	Cogniard frères.	
Comédie au château	C.	1		Décour.
Comédie au jardin	C.	1	Tourret 3/4, Duvernois 1/4.	
Comédie aux Champs-Élysées	C.	2	Rougemont, Pillon.	
Comédie chez l'épicier	V.	1	Gentil, Desaugiers (D. E.).	
Comédie de Molière	V.	1	Jules Joly.	
Comédie de salon	V.	2	E. Guinot.	
Comédie impromptu	C.	1	Dieulafoy (D. E.).	
Comédie latine (la)	C.	3	Nep. Lemercier.	
Comédien	V.	1	Ledoux, Degroïseilliez.	
Comédien de Bruxelles	V.	1	Lafortelle.	
Comédien de Paris	V.	1	A. d'Artois, Lamerlière, Barba, édit.	
Comédien de Poitiers	V.	1	1/3 Carmouche.	2/3 Fr. de Courcy, Merie.
Comédien de Province	V.	1		Th. Vinet.
Comédien de salon	V.	3	Rochefort, A. d'Artois.	
Comédien d'Étampes	V.	1	Moreau (D. E.).	1/2 Sewrin.
Comédien en prison	C.	1	1/2 Belle.	1/2 de Forges.
Comédien en voyage	V.	1	Dumersan.	
Comédien et le roi de Prusse	V.	1	Lhérie B.	
Comédienne	C.	3	Andrieux (D. E.).	
Comédiennes	V.	1		Saintine.
Comédiennes	C.	4	1/2 Lurine.	1/2 R. Deslandes.
Comédiennes	C.	4	Dumersan.	
Comédiennes improvisées	V.	1	Valori, Saint-Gervais.	
Comédiens	C.	5		Casimir Delavigne.
Comédiens à l'auberge	V.	1	Francis D., Jouslin, prop.	
Comédiens ambulants	O.	2	Picard (D. E.).	
Comédiens ambulants	V.	2	2/3 Siraudin.	1/3 E. Moreau.
Comédiens aux Andelys	V.	1		Saintine, Ancelot.
Comédiens au Caire	V.	1	1/3 A. Gouffé.	2/3 Chazet, Léger (D. E.).
Comédiens d'Angoulême	C.	1	C. Maurice.	
Comédiens de Brives-la-Gaillarde	C.	1	C. Maurice.	
Comédiens de salon	V.	1		Anicet, Durantin,
Comédiens de société	V.	1		Sewrin.
Comédiens d'une petite ville	C.	2	1/2 Pigault-Lebrun.	1/2 Chazet.
Comédiens du XVIe siècle.	V.	1	Rougemont 1/3, Dumersan 1/3, Desaugiers (D. E.).	

Titres des Pièces.	Genres.	Actes.	M. GUYOT.	M. PERAGALLO.
Comédiens en voyage	V.	1		Laurencin, Dutertre.
Comédiens et marionnettes	V.	2		Ch. Dupeuty, Michel Delaporte
Comédiens par testament.	V.	1	Lafitte, Picard (D. E.).	
Comédie sans acteurs	C.	1		Bernard Valville.
Comète	V.	1		Hector Chaussier.
Comète	V.	1	Barré (D. E.), Radet (D. E.), Desfontaines (D. E.).	
Comète	V.	1	Rougemont.	
Comète	V.	1		Bridault, Lindheim.
Comète de Charles-Quint.	V.	3	1/3 Clairville.	2/3 Thiboust, Lévy, *édit.*
Comète de 1811	V.	1	Rougemont, Henri Simon.	
Comices d'Athènes	V.	1	Scribe, Varner.	
Comique à la ville	C.	1	1/2 Monrose.	1/2 H. Lucas.
Comité de bienfaisance	C.	1	J. de Wailly, Duveyrier.	
Comme ça vient et comme ça passe	V.	1	Francis D.	
Comme il vous plaira	C.	3	G. Sand.	
Comme les femmes se vengent	C.	2	Galoppe d'Onquaire.	
Comme les femmes se vengent	V.	2	Moreau (D. E.).	1/2 Bouilly.
Comme l'on s'aime à Montmorency	V.	1	Francis, Brazier.	
Commencement de Charles VII	V.	1	Chambelland.	
Comment faire?	V.	1	Longchamps (D. E.).	1/2 de Jouy.
Comment l'amour vient au village	B.P.	1	Laurençon.	
Comment la trouves-tu?.	C.	1	2/3 Crétet, de Pages.	1/3 A. Dumas fils.
Comment l'esprit vient au village	B.P.	1	Laurençon fils.	
Comment l'esprit vient aux garçons	V.	1	2/3 Ed. Martin, Lévy *édit.*	1/3 Alb. Monnier
Comment on aime	V.	1	Devaux.	
Commerce à-Vau-l'eau	V.	1	Barba, *édit.*	
Commères	O.C.	1	De Leuven 1/4, Grandvallet 1/4, Montuoro 1/2.	
Commères	V.	1		Sewrin, Chazet.
Commères de Bercy	V.	1	Angel, Veyrat.	
Comme sont les parents	V.	1	2/3 Brazier, Barba, *édit.*	1/3 Merle.
Commis et la grisette	V.	1	Lamerlière.	
Commis et la grisette	V.	1	Paul de Kock 1/3, Labie 1/6, Ch. Monier 1/6.	1/3 Alix, *édit.*
Commis marchand	V.	1	Montigny, Lafontaine, Bouquin de la Souche.	
Commissaire du bal	V.	1	Francis D., A. d'Artois, Théaulon, Duvernois.	
Commissaire extraordinaire	V.	1	1/3 E. Jaime.	2/3 Duvert, Lauzanne.
Commissionnaire	M.	3		Boirie, F. Laloue, Ménissier.
Commissionnaire	C.	1	Julie Candeille (D. E.).	
Commissionnaire	V.	1		Marsollier (D. E.).
Commissionnaire de Saint-Lazare	C.	1	A. *Gouffé pour* Plassan.	
Commissionnaire de Saint-Lazare	C.	4	Gamas.	
Commissionnaires	V.	1		Chazet, Ourry.
Commis voyageur	V.	2	1/3 Barba, *édit.*	2/3 Laurencin, Duport.
Commis voyageur	V.	1	1/2 Montigny.	1/2 Bezou, *édit.*
Commis voyageur	V.	1	Mélesville, (*Delestre Poirson*).	

Titres des Pièces.	Genres.	Actes.	M. GUYOT.	M. PERAGALLO.
Communauté de Copenhague	O.	1	1/2 Dantilly.	1/2 Jadin.
Compagnon de voyage	V.	1		Ernest Serret.
Compagnon d'infortune	V.	1	E. Arago, Théaulon, Duvernois.	
Compagnons	D.	5	1/2 Cormon.	1/2 D'Ennery.
Compagnons de Jéhu	D.	5		Dumas père, Ch. Gabet.
Compagnons de la Marjolaine	O.	1		Michel Carré 1/4, Verne 1/4, Aristide Hignard 1/2.
Compagnons de la truelle	V.	3	Th. Cogniard, Clairville, Lévy, *édit*.	
Compagnons du chêne	M.	5	1/3 Pixérécourt.	2/3 Antier, Nézel.
Compagnons du devoir	V.	1	Lafontaine, Vanderburch, Pollet, Steph.	
Compagnons d'Ulysse	V.	2	1/3 Clairville.	2/3 Vaulabelle, Duchesne.
Compatriotes	V.	1	Henri Monnier, Boyer Partout	
Compère compagnon	V.	1	Henri Duffaud.	
Compère Guillery	V.	2	Lelioux, Bouché.	
Compères	V.	1	2/3 A. d'Artois, Francis D.	1/3 Saintine.
Compilation	V.	1		E. Crosnier, Saint-Hilaire.
Complaisant	C.	5	Pont de Veyle.	
Complaisant	C.	5	Delaunay.	
Compliments au public	V.	1	1/2 Brazier.	1/2 Dubois.
Compliments du jour de l'an	V.	1	D'Artois, Théaulon.	
Complot de famille	C.	5		Al. Duval.
Complot domestique	C.	2	Nep. Lemercier.	
Complot inutile	C.	3	Patrat.	
Compte de tutelle	V.	1		Alboize, Desnoyers.
Compter sans son hôte	P.	1	Mme A. Brohan.	
Comptes de tutelle	V.	1	Bayard, Merville, Duvernois.	
Comte Archambault	C.	1	1/2 Rougemont.	1/2 Léonce.
Comte d'Albert et sa suite	O.	3	Grétry (D. E.).	
Comte d'Angoulême	C.	2	Ledoux, Gentil, Fulgence, Ramond.	
Comte de Bristol	D.	5		J. Hocedé.
Comte de Carmagnola	O.	2	Scribe, A. Thomas.	
Comte de Charolais	V.	3		Duport, De Forges.
Comte d'Egmont	D.	5		Senty.
Comte d'Egmont	D.	3	Riquier.	
Comte de Horn	M.	3		Ancelot.
Comte de Lavernie	D.	5		Auguste Maquet.
Comte de Mansfeld	D.	5	1/2 Paul Foucher.	1/2 Alexandre Delavergne.
Comte de Monte-Fiasco	V.	3	1/2 Clairville.	1/2 De Forges.
Comte de Morcerf	D.	5		Alex. Dumas, Aug. Maquet.
Comte de Reding	T.	5	De Cuzey.	
Comte d'Erfort	V.	2	Scribe, Dupin, Mélesville.	
Comte de Sainte-Hélène	D.	5	2/3 E. Nus, Lévy, *édit*.	1/3 Desnoyers, Lambert.
Comte de Saint-Germain	V.	3	2/3 François, Barba, *édit*.	1/3 Fournier.
Comte de Saint-Germain	V.	3		Ch. Dupeuty, Fontan.
Comte de Saint-Roman	V.	2	Scribe, Dupin.	
Comte de Waltron	D.	5		Moline (D. E.).
Comte Ducis	V.	1	Pontonnier frères.	
Comte et le représentant	V.	1		Simonnin, Thibouville.
Comte Hermann	D.	5		Alex. Dumas, Aug. Maquet, Alix, *édit*.
Comte Julien	T.	5	Guiraud.	
Comte Julien	D.	4	1/6 Duhomme.	5/6. Elie Sauvage 1/6, Alix, *édit*., 1/3, Porcher, *pr*., 1/3.

— 76 —

Titres des Pièces.	Genres.	Actes.	M. GUYOT.	M. PERAGALLO.
Comte Odry	P.V.	1	Ymbert.	
Comte Ory	O.	2	Scribe 1/4, (*Delestre Poirson* 1/4), Rossini 1/2.	
Comte Ory	V.	1	Scribe, (*Delestre Poirson*).	
Comtes de Hombourg	M.	3	5/6 Bilderbeck, Duperche.	1/6 Taix (D. E.).
Comtes d'Offen	M.	3		Mircourt, Renat, Quaisain (D. E.).
Comtesse	V.	1		Ancelot, Saintine.
Comtesse d'Altenberg	C.	5	1/2 Alp. Royer.	1/2 G. Vaëz.
Comtesse de Chamilly	M.	2		Ancelot, Saintine.
Comtesse de Civrac	D.	3	Lapointe, Em. Lefèvre.	
Comtesse de Hazemberg.	D.	3		J. Vizentini.
Comtesse de Morange	M.	5		J. de Prémaray.
Comtesse de Lamarck	O.	3	3/4. d'Artois 1/4, Blangini 1/2	1/4 Révérony, Saint-Cyr (D.E)
Comtesse de Narbonne	M.	3		Pelletier Volmerange, Alex. Piccini.
Comtesse de Novailles	D.	5	Guéroult, Molé-Gentilhomme, Gabriel Roux, *prop.*, Lévy, *édit*.	
Comtesse de Sennecey	V.	3	1/2 Bayard.	1/2 D'Ennery.
Comtesse du tonneau	V.	2	4/9 Théaulon.	5/9 Chazet 2/9, Alix, *édit*, 3/9.
Comtesse Troun	O.	3	Scribe 1/2, Guénée père 1/2.	
Concert			Camaille Saint-Aubin, Verzin.	
Concert à la campagne	V.	1	Léon Halévy, Saint-Georges.	
Concert à la cour	O.	1	1/2 Scribe, Mélesville,	1/2 Auber.
Concert aux Champs-Elysées	V.	1	1/2 Vieillard.	1/2 Chazet.
Concert aux Eléphants	V.	1	Piis (D. E.), Barré (D. E.), Radet (D. E.), Desfontaines (D. E.).	
Concert d'amateurs	V.	1	1/3 Brazier.	2/3 Chazet, Dubois.
Concert d'arlequins	V.	1	1/2 Moreau.	1/2 Chazet.
Concert de la rue Feydeau	V.	1	Martainville (D. E.).	
Concert de village	V.	1	Hubert, Mars, Pollet.	
Concert interrompu	O.	1	1/4 De Fays.	3/4 Favières, Berton, Marsollier (D. E.).
Concerts ambulants	V.	1	Paul de Kock.	
Concierge du théâtre	V.	1	1/2 Paul de Kock.	1/2 Mourier.
Concierge et le portier	V.	1	Rochefort, Lafontaine, Lafortelle.	
Conciliateur	C.	3	Demoustier.	
Condition de mariage	V.	1		Lajariette, Devins.
Confédération suisse	M.	3	1/2 Pixérécourt.	1/2 Antier.
Confédération suisse	M.	3		Ch. Dupeuty, Saintine, de Villeneuve.
Confession du vaudeville.			Etienne.	
Confessions de Jean-Jacques Rousseau	V.	3	2/3 Dumanoir, Mallian.	1/3 Th. Muret.
Confiance dangereuse	V.	1		Lachabeaussière (D. E.).
Confiance et naïveté	V.	3	Bonafous (D. E.).	
Confiance trahie	V.	2		Marsollier (D. E.).
Confidence	V.	1	*Delestre Poirson pour* Barba, *édit*.	
Confidence	V.	1	Potron.	
Confidence pour confidence	V.	1		Boirie, de Rhedon.
Confidences	O.	2	Nicolo (D. E.).	1/2 Jars.
Confident	V.	1	Scribe, Mélesville.	
Confident par hasard	C.	1		Faure.

— 77 —

Titres des Pièces.	Genres.	Actes.	M. GUYOT.	M. PERAGALLO.
Confiseur dramatique...	V.	1	3/4 Brazier, Carmouche, Barba, *édit*.	1/4 Fr. de Courcy.
Congé................	V.	1	Tournay.	
Congé................	V.	1	1/2 Rougemont.	1/2 Justin.
Congé avant midi......	V.	1	2/3 Chol de Clercy, Launois.	1/3 Mifliez, *édit*.
Congé de semestre.....	V.	1	Valmont.	
Congréganiste.........	V.	3		Anicet, Villeneuve, Bezou, *édit*.
Congrès de la paix.....	V.	1		Philatre, Desnoyers, Lambert.
Congrès de la paix.....	V.	1	Clairville 1/2, Déaddé 1/4, Ad. Choler 1/4.	
Congrès de la paix des ménages...............	V.	1		Raimond-Deslandes, Henri de Kock.
Conjectures...........	C.	2	Picard (D. E.).	
Conjectures dans la rue.	V.	1	2/3 Scribe, Mélesville.	1/3 Sainline.
Conjuration...........	V.	1		Edan, Puybusque.
Conjurés à Tescuco.....	M.	3		Lamey, Quaisain (D. E.).
Connaissance du cœur humain..............	V.	1	Angel, Veyrat.	
Connaisseur...........	V.	3		Marsollier (D. E.).
Connaisseur...........	V.	1	J. Pain (D. E.).	
Connétable de Bourbon..	D.	5		X. De Montépin, Grangé.
Connétable de Clisson...	O.	3		Porta, Aignan (D. E.).
Connétable Duguesclin..	M.	3	1/6 Dreuilh.	5/6 Boirie, Léopold.
Conquête.............	V.	1		Demanne.
Conquête de ma femme.	C.	3		Louis Leroy 2/3, Alix, *édit*., 1/3.
Conquête du Pérou.....	M.	5	Pixérécourt.	
Conquêtes d'Afrique....	D.M.	5	Cogniard frères.	
Conradin.............	T.	5	Ducuzey.	
Conradin et Frédéric....	T.	5		Liadières.
Conscience...........	D.	5	1/3 Lockroy.	2/3 A. Dumas père.
Conscrit.............	B.	1	Laurençon.	
Conscrit.............	V.	1		F. Laloue, Merle, Simonnin.
Conscrit de Chatou.....	V.	1		Durantin.
Conscrit de 1813......	V.	1	Arvers, Saint-Germain.	
Conscrit de l'an VIII...	V.	2	Bayard, Gabriel.	
Conscrit de Montrouge..	D.	5	P. Deslandes, Porcher, *prop*., Charlieu, *édit*.	
Conscrit piémontais....	M.	3	2/3 Albert, Labrousse.	1/3 Alix, *édit*.
Conseil d'ami.........	C.	1		Alfred Pourchel.
Conseil de discipline....	V.	1	2/3 Cogniard frères.	1/3 Martin.
Conseil de famille......	V.	1	Lan.	
Conseil de guerre......	D.-V.	2		Alboize, Desnoyers.
Conseil de guerre......	O.	1	1/3 Faulquemont.	2/3 Commerson, Vangèle.
Conseil de révision.....	V.	1	Barthélemy, Lhérie B., Lhérie jeune.	
Conseil des Dieux......	C.	1	Rougemont.	
Conseil des dix........	O.	3	1/2 Garcia.	1/2 Delrieu.
Conseil des dix........	O.	1	De Leuven 1/4, Lhérie B. 1/4, Girard 1/2.	
Conseiller mystérieux...	M.	5	Ernest.	
Conseiller rapporteur...	C.	2		Casimir Delavigne.
Conseils des femmes....	V.	1		E. Moreau.
Consigne.............	V.	1		Decomberousse, Ancelot, Alix, *édit*.
Consolateurs..........	C.	1	Ch. Maurice.	
Conspirateurs.........	V.	1	Brazier, Dumersan, Barba, *édit*.	
Conspirateurs.........	V.	1		Ponet, Leymarie.

Titres des Pièces.	Genres.	Actes.	M. GUYOT.	M. PERAGALLO.
Conspirateurs du camp de Grenelle..............	C.	1	Maurin.	
Conspiration aragonaise.	M.	3	1/6 Lanusse.	5/6 Frédéric.
Conspiration de Cellamare	D.	2		D'Epagny, Saint-Esteben.
Conspiration du Cinq-Mars	D.-5		1/2 Merville.	1/2 Tournemine.
Conspiration de 1812...	D.	1		Nézel, De Chavanges.
Conspiration de Mallet...	D.	5	Bayard, Varner.	
Conspiration en province.	V.	3	Sauvage, de Lurieu, Biosse.	
Conspiration fantastique.	V.	1	Honoré.	
Constable et le Tavernier	V.	1	1/2 Salin.	1/2 A. Jadin.
Constance et Lorédan...	M.	5	Grétry neveu (D. E.).	
Constance et Théodore...	O.	2		Marsollier (D. E.), Kreutzer (D. E.).
Constantine..........	V.	1	1/2 Clairville.	1/2 Jouhaud.
Constantine est prise....	V.	1	1/3 De Léris.	2/3 Salvat, Perrot.
Constantinople.........	D.	4	1/3 Jaime fils.	2/3 Arnault, Judicis.
Constant la Girouette....	V.	1	1/3 Beck, *édit*.	2/3 Grangé, Brésil.
Consulat et l'Empire....	D.-M.	5	Albert, Labrousse.	
Consultation..........	V.	1	Maurice Séguier.	
Consultation de l'an VII..	V.	1	Longchamps (D. E.).	1/2 De Jouy.
Conte d'autrefois.......	O.	1	1/2 De Leuven, Lhérie B.	1/2 Monpou.
Conte bleu............	V.	3	2/3 De Leuven, Lhérie B.	1/3 Alex. Dumas père.
Conte de fée..........	V.	3	2/3 De Leuven, Lhérie B.	1/3 Alex. Dumas père.
Conte de fées.........	V.	3	Clairville.	
Conte de fées.........	V.	2	G. Delavigne, J. de Wailly.	
Contes de fées........	V.	1	Scribe, Dupin, (*Delestre-Poirson*.)	
Contes de la mère l'Oie..	F.	5	2/3 Clairville.	1/3 Vaulabelle.
Contes de la reine de Navarre.............	C.	5	Scribe, Legouvé.	
Contes de ma mère l'Oie.	V.	1	Scribe, Dupin (*Delestre Poirson*).	
Contes d'Hoffmann.....	D.-F.	5		Jules Barbier, Michel Carré.
Conteur...............	C.	3	Picard (D. E.).	
Contrainte et Caprice....	V.	1	Dorvigny.	
Contrainte par Cor.....	P.	2		De Lauzanne.
Contrainte par corps....	V.	1		Philibert, Morel (D. E.).
Contrariant............	C.	5		Pradel.
Contrariant...........	C.	1	Merville, Barba, *édit*.	
Contrastes............	C.	1	De Beauregard, Tresse, *édit*.	
Contrat d'union........	C.	3		Chéron jeune.
Contrat rompu.........	D.	5		Tailliade, Alix, *édit*.
Contrat signé d'avance..	O.	1	1/2 Bianchi.	1/2 Ligier.
Contrat sur le grand chemin.................	V.	1	FrancisD.,A.d'Artois,Gabriel.	
Contrat viager.........	C.	1	Dorvigny.	
Contrebandier.........	M.	3		Crosnier, Frédéric.
Contrebandier.........	V.	1	Cranney.	
Contrebandier.........	V.	1	2/3 Brazier, Carmouche.	1/3 Fr. de Courcy.
Contrebandiers........	M.	5		Béraud, Léopold.
Contrebandiers........	V.	2	Duval, Rochefort, Quoy.	
Contrebandiers........	B.	1		A. Renoux.
Contrebasse..........	V.	1	1/2 Barba, *édit*.	1/2 Biéville.
Contre-épreuve........	C.	3		Piquet.
Contre fortune bon cœur.	V.	1	7/8 Jules de Wailly, Overnay.	1/8 Alix, *édit*.
Contre fortune bon cœur.	V.	1		Vaulabelle, Alix, *édit*.
Contre-lettre..........	V.	2		P. Duport, Ed. Monnais.
Contre-temps sur contre-temps...............	C.	3	Pigault-Lebrun.	

Titres des Pièces.	Genres.	Actes.	M. GUYOT.	M. PERAGALLO.
Contribution militaire...	C.	1		Boursault (D. E.).
Contumace............	M.	3	1/3 *Jouslin pour* Joseph B.	2/3 Crosnier, Saint-Maurice.
Convalescence........	C.	1	Paccard.	
Convalescence de Gourmandin............	V.	1	Francis D. 1/2, Désaugiers (D. E.).	
Convalescente.......	V.	2	2/3 Mélesville, Varner.	1/3 Bezou, *édit.*
Convenances d'argent...	C.	3		D'Epagny.
Conversation criminelle..	V.	1	Théaulon, Vulpian, Mlle Huet.	
Conversation faite d'avance..............	C.	1		De Jouy.
Conversion de madame Dubarry............	V.	1	1/3 Barba, *édit.*	2/3 Simonnin, Nézel.
Copiste...............	C.	1	Meilhac.	
Coq de village........	O.	1	Favart (D. E.).	
Coq de village........	O.	1	1/2 Ach. d'Artois.	1/2 Kreubé.
Coq de village........	V.	1	2/3 Hubert, Duvernois.	1/3 Décour.
Coq de village........	V.	1	7/9 Hubert, Th. Anne, Duvernois.	2/9 Décour.
Coq de village........	V.	1	1/2 Carmouche.	1/2 Fr. de Courcy.
Coq de village........	V.	1	1/3 Brazier.	2/3 Ourry, Chazet.
Coq-à-l'âne...........	V.	1		Léger (D. E.).
Coquelicot............	V.	3	Cogniard frères.	
Coqsigruepoli par l'amour	V.	1	1/2 Ed. Martin.	1/2 Albert Monnier.
Coqueluche...........	V.	1		Lubize, Blondy, *prop.*
Coqueluche du quartier..	V.	1		Martin, Alix, *édit.*
Coquette.............	C.	5	Baron.	
Coquette de village.....	B.	1		A. Renoux.
Coquette et sage......	V.	1	2/3 Brazier, Dumersan.	1/3 Merle.
Coquette fixée........	C.	3	Voisenon.	
Coquetteries de village..	V.	1		Chazet, Simonnin.
Coquette sans le savoir..	O.		Favart (D. E.).	
Coquettes rivales......	C.	3		Lantier (D. E.).
Coquille............P.-V.		2	Brazier, Dumersan, Ach. d'Artois.	
Cora..................	O.	3		Méhul (D. E.).
Cora et Alonzo.........	O.	3		Berton.
Corali................	M.	2	1/2 Villiers.	1/2 Cuvelier (D. E.).
Corali................	O.	1	Bianchi, Grétry neveu (D. E.).	
Coraline..............	V.	1	Maréchalle.	
Coraline.............	C.	1		Antony Béraud.
Coraly................	V.	1	Scribe, Mélesville.	
Corbeau et le Renard....	V.	1	Beuzeville (D. E.).	
Corbeaux accusateurs...	M.	3	5/6 Caigniez.	1/6 A. Piccini.
Corbeau rentier........	V.	1	De Leuven, Lhérie B.	
Corbeille de mariage....	V.		1/2 Jouslin.	1/2 Maurice Alhoy.
Corbeille de mariage....	V.	1	Varnier, Desgroseiller, Lamorlière (*Delestre Poirson*)	
Corbeille d'oranges.....	O.	3	1/2 Scribe.	1/2 Auber.
Corbeille d'oranges.....	V.	1	2/3 Brazier, Barba, *édit.*	1/3 Merle.
Corbeille d'oranges.....	V.	1		Alboize, H. Blanchard.
Corbillon le fondeur....	V.	5		De Jallais, Danvin.
Corde de pendu........	F.	3		Anicet, F. Laloue, Laurent.
Corde de pendu........	V.	2	Cadol.	
Corde de Pendu........	V.	1		Jacques Lambert.
Cordélia..............	O.	1	Émile Deschamps, Pacini.	
Corde sensible........	V.	1	2/3 Clairville, Jaime.	1/3 Thiboust.
Cordier de Samarcande..	V.	1	Lafortelle, Moreau (D. E.).	
Cordon................	V.	1		Poirier.
Cordon-Bleu..........	V.	2	Sauvage, de Lurieu.	
Cordonnier allemand....	V.	1	Demantort.	

Titres des Pièces.	Genres.	Actes.	M. GUYOT.	M. PERAGALLO.
Cordonnier de Crécy....	D.	5		Desbuards, Aug. Luchet.
Cordonnier de Damas...	C.	3	Pigault-Lebrun, Barba, *édit*.	
Cordonnier de Modène...	V.	1		Simonnin.
Cordonnière de Riberach.	V.	3	Carmouche, feu Brazier.	
Cordonnier protecteur...	V.	1	Dumersan.	
Corinne..............	D.	3		Monier de la Sizeranne.
Coriolan.............	T.	5	Laharpe (D. E.).	
Coriolan devant Rome...	T.	5	De la Feutrie.	
Corisandre...........	O.	3		Ancelot, Saintine, Berton.
Cornaro, tyran pas doux.	P.	4		Duvert, Ch. Dupeuty, Alix, *édit*.
Corneille à Rouen......	C.	1		Th. Muret.
Corneille au Capitole....	C.	1		Aude.
Corneille chez le savetier.	V.	1		Lebreton, Beuzeville.
Corneille chez Poussin...	C.	1	De la Boullaye.	
Corneille et Richelieu...	V.	1		Boulé, Rimbaut.
Corneille et Rotrou.....	C.	1	Cormon, de la Boullaye.	
Corneille et ses voisins..	C.	1		Elie, Lemaire (D. E.).
Cornemuse du Diable....	V.	2	Cogniard frères.	
Cornet à piston........	V.	1	2/3 Dupin, Mennechet.	1/3 Roger de Beauvoir.
Cornets indiscrets......	V.	1		Béraud, Simonnin.
Correction conjugale....	V.	1	Maréchalle, Quoy, Philadelphe	
Correction de mes pères.	V.	1	1/2 Mélesville.	1/2 Nézel, Simonnin.
Correction des mœurs...	C.	1		Prévost.
Correctionnelle.........	V.	1	1/3 Rougemont.	2/3 Ch. Dupeuty, Maurice Alhoy.
Corrége..............	V.	1	Salin, Leroy, Lagerot.	
Corrégidor............	M.	3		Béraud, Léopold.
Corrégidor d'Alveiro....	V.	1	Rougemont.	
Corrégidor de Pampelune.	C.	1		Demolière-Moléry, Altaroche.
Corrégidor de Séville....	M.	4		Auger.
Correspondance........	V.	1	1/2 Rougemont, Ét° Arago.	1/2 A. Basset, Bezou, *édit*.
Corrupteur et Dame censure..............	C.	5	Nep. Lemercier.	
Corruption...........	C.	3		Amédée Lefèvre.
Corsaire.............	M.	5	5/12 Bernos.	7/12 Ragueneau, Quaisain (D. E.).
Corsaire.............	D.	3		J. Lamarche, D'Epagny, Vaugeois, Varez.
Corsaire.............	O.	3		Lachabaussière (D. E.).
Corsaire.............	B.	3		Albert.
Corsaire.............	B.	3	2/3 St-Georges, A. Adam.	1/3 Mazilier.
Corsaire.............	C.	1	Dorvigny.	
Corsaire de Venise.....	O.	4		*Verdi pour* Escudier.
Corsaire noir.........	M.	4	Albert, Labrousse.	
Corsaires barbaresques..	M.	3		Cuvelier (D. E.), Barouillet.
Corsaires pour rire.....	V.	1	1/2 Carmouche.	1/2 Fr. de Courcy.
Corses et les Génois.....	M.	3		Frédéric, Lepoitevin.
Cors et dents.........	V.	1	Guiches.	
Corsetières de Passy....	V.	1	Carmouche, feu Brazier, Rougemont.	
Cosaque pour rire......	V.	1	Raucourt.	
Cosaques............	M.	5	Villiers.	
Cosaques............	D.	5		Arnault, Judicis, Porcher, prop., Lévy, *édit*
Cosa rara............	O.	3	Dubuisson.	
Cosima..............	D.	5	George Sand.	
Cosimo..............	V.	2		P. Duport 1/6, St-Hilaire 1/6, Alix 1/6, E. Prévost 3/6.

Titres des Pièces.	Genres.	Actes.	M. GUYOT.	M. PERAGALLO.
Cosme de Médicis	M.	3	1/2 René Périn.	1/2 Mme Hadot (D. E.), Quaisain (D. E.).
Coucher de la mariée	V.	2	Scribe.	
Coucher d'une étoile	V.	1		Léon Gozlan.
Coucher du soleil	V.	2	Mélesville, Hipp. Leroux.	
Coucou et le Cabriolet	M.	1	1/3 Étienne Arago.	2/3 Ménissier, Bourgeois.
Côte rôtie	V.	1	1/3 Duvernois.	2/3 Simonnin.
Cotillon III	V.	1	1/2 Vanderburch.	1/2 Anicet.
Coucou	V.	1	3/8 Labie.	5/8 Constant Laurent, David.
Coucous et les Wagons	V.	1	1/3 Jacques Arago.	2/3 Dupeuty, Maurice Alhoy.
Couleurs de Marguerite	V.	2	1/2 Bayard.	1/2 Biéville.
Coulisses	V.	2	2/3 Cogniard frères.	1/3 Th. Muret.
Coulisses de la vie	V.	5	Dumanoir, Clairville.	
Coupable	M.	3		Boirie, Merle, Lemaire (D. E.).
Coupable innocent	D.	3		Sewrin, Chazet.
Coupable innocente	C.	2	Baudouin.	
Coupable innocente	C.	2	Dubuisson.	
Coup de baguette	M.	3	Brazier.	
Coup de bonheur	C.	2	Cailhava.	
Coup de canne	V.	3	2/3 Vanderburch, Barba, édit.	1/3 Mourier.
Coup de dent	V.	1		Dallard.
Coup de foudre	V.	2	Dupin, Sauvage.	
Coup de lansquenet	C.	2		Léon Laya.
Coup de parti	C.	4	Empis.	
Coup d'épée	O.	3	1/2 Favières.	1/2 Jadin.
Coup d'épée	V.	1		Tournemine.
Coup d'épée	O.	1	1/2 Tarchi.	1/2 Duval, St-Chamans.
Coup d'épée	M.	1		Mourier, Lepoitevin St-Alme.
Coup d'épée de Bassompierre	D.	3	Ad. Choler.	
Coup d'épée viager	O.	1		Vial, Favières, Jadin.
Coup de pied rétrospectif	V.	1	1/2 A. Guénée.	1/2 Alf. Delacour.
Coup de pinceau	V.	1	1/2 Lévy, édit.	1/2 Léonce, Rimbaut.
Coup de pistolet	V.	1	De Livry, D'houdetot, Barba, édit.	
Coup d'Etat	V.	1	De Leuven, Lhérie B., Artr de Beauplan.	
Coup de vent	V.	1	Collin pour Lévy, édit.	
Coup de vent	V.	1	Varin, Lhérie B., Art. de Beauplan.	
Coup de vin blanc	V.	1	Bouchardy, Deligny.	
Coup d'œil sur l'an VIII	V.	1	G. Duval, Gaëtan.	
Coup d'œil sur l'année 1816	V.	1	Barba, édit.	
Coupe des foins	V.	1	Piis (D. E.), Barré (D. E.), Radet (D. E.).	
Coupe-gorge	M.	3	1/3 Pixérécourt.	2/3 Desnoyers, Varez.
Coupe-gorge	V.	1		Commerson, Vor Roger, Elie.
Couplet d'annonces	V.	1	Desprez (D. E.).	
Couplet d'annonce	V.	1	Jacquelin, Gamas, Désaugiers (D. E.).	
Couplet d'annonce	V.	1		Charrin.
Couplets de fête	V.	1	1/3 Brazier.	2/3 Chazet, Dubois.
Coups de pieds	V.	2		Nézel, Simonnin.
Coups du sort	V.	1	1/3 Jouslin, prop.	2/3 Ch Dupeuty, de Villeneuve.
Cour d'amour	V.	2	Barré (D. E.), Radet (D. E.), Desfontaines (D. E.).	
Cour d'assises	V.	1	Scribe.	
Cour de Catherine II	C.	3		Ancelot.
Cour de Gérolstein	R.-V.	2	Bayard, Dumanoir, Varin.	

Titres des Pièces.	Genres.	Actes.	M. GUYOT.	M. PERAGALLO.
Cour de Célimène	O.	2	1/2 Amb. Thomas.	1/2 Rosier.
Cour de Louis XV	D.	5	Rougemont, Laffitte, Lagrange	
Cour de Pharaon	M.	3		Mourier.
Cour de Biberac	V.	1	Siraudin, Guinot, Lafargue.	
Cour de fées	O.	3		Boieldieu 1/2, Paër (D. E.), Berton, Kreutzer (D. E.).
Cour des Messageries	V.	1	1/2 Lepage.	1/2 E. Monnais.
Cour des Miracles	V.	2	2/3 Lesguillon, Théaulon.	1/3 Chazet.
Cour du roi Pétaud	C.	2	Fonpré-Fracansalle.	
Cour du roi Pétaud	V.	1	3/4 De Leuven, Ferd. Langlé, Cavé.	1/4 Alex. Dumas père.
Coureur de grisettes	V.	3		Mourier.
Coureur de noces	V.	1		Dulong, H^t Villemot, Alfred.
Coureur de veuves	V.	2	Brisset, Blangini.	
Coureur d'héritages	C.	3		Justin.
Coureurs d'aventures	O.	3	Etienne 1/2, Nicolo (D. E.).	
Couronne	D.	5	De Rostan.	
Couronne de diamants	V.	2	Rochefort.	
Couronne de fleurs	V.	1	2/3 Gabriel, Gersin (D. E.).	1/3 Vial.
Couronne de France	C.	3	1/2 Monrose.	1/2 Hip. Lucas.
Couronne de Napoléon	V.	1	Beaunoir.	
Courrier	V.	1	1/3 *Jousselin* ; *prop.*, pour Joseph B.	
Courrier de la malle	V.	3	1/3 Rougemont.	2/3 F. de Courcy, Ch Dupeuty.
Courrier de Lyon	D.	5	2/9 Siraudin.	7/9 Moreau, Alf. Delacour, Porcher, *prop.*
Courrier de Naples	M.	3		Boirie, Daubigny, Poujol.
Courrier des théâtres	V.	3	Théaulon, Th. Anne, Gondelier, Barba, *édit.*	
Cour Saint-Jacques-la-Boucherie	Par.	3		G. Bondon.
Cours de la Bourse	V.	1	2/3 Clairville.	1/3 Vaulabelle.
Course à la veuve	V.	1	Colliot, Lapointe, *Bourdois pour* Porcher.	
Course à l'héritage	C.	5		Viennet.
Course au clocher	C.	3	Arvers.	
Course au cousin	V.	1	1/2 Bouché.	1/2 J. Augier.
Course au million	V.	1	1/2 Mélesville.	1/2 Saintine.
Course au plaisir	R.	2		Montheau 2/9, Th. Muret 2/9, Michel Delaporte 2/9, Alix, *édit.*, 3/9.
Course aux canards	V.	3	1/3 H^t Thiery.	2/3 De Jallais, Barbré, *édit.*
Course aux pommes d'or	V.	1		De Jallais, Fréd. Lemaître fils.
Course en fiacre	V.	2	E. Jaime, Courtier, Barthélemy, Barba, *édit.*	
Courses de Chantilly	V.	1	2/3 Lurine, Gauthier.	1/3 Laya.
Courses d'Epson	V.	1	Michel Masson, de Leuven, de Livry.	
Courses de Saint-Germain	V.	1		Léonce, Petit, Rimbaut.
Courses des chevaux	M.	2		Dulong, Mourier.
Courses de New-Market	O.	1		De Jouy, Merle, Struntz.
Courte échelle	C.	5	Scribe.	
Courte et bonne	V.	1	1/4 Barba, *édit.*	3/4 Chazet, Merle, Des Essarts.
Courte-Paille	V.	3	Cogniard frères 2/3, Barba, *édit.*, 1/3.	
Courte vue	V.	1	Brazier.	
Courtisan dans l'embarras	V.	1	A. D'Artois, Dupin.	
Courtisane	D.	5		A. Duval.
Courtisane	O.	3	1/2 Scribe.	1/2 Auber.
Courtisane amoureuse	O.	2	1/2 Scribe.	1/2 Auber.

Titres des Pièces.	Genres. Actes.	M. CUYOT.	M. PERAGALLO.
Courtisane amoureuse...	V. 2	2/3 Férd. Langlé, Dittmer.	1/3 P. Duport.
Courtisane de Rome. ...	M. 8	1/2 Barba, *édit*.	1/2 D'Ennery, Tilleul.
Courtisane vertueuse. ...	C. 1	Ribié (D. E.).	
Courtisans.	V. 1	Sauvage, Dupin.	
Cousin Charles........	V. 1	Sybille.	
Cousin de Danières......	C. 2		Sewrin.
Cousin de Denise......O.	C. 1		Lubize, Paris.
Cousin de Faust........	M. 3	Brazier, Mélesville, Carmouche.	
Cousin de l'héritière....	V. 1	Rochefort, Henri Monnier.	
Cousin de Paillasse......	V. 3	1/2 Rochefort.	1/2 Noiseuil.
Cousin de Paris........	V. 1	Lebas, Lérolix.	
Cousin de tout le monde.	V. 1	Picard (D. E.).	
Cousin du ministre.....	C. 1	Vander-Burch.	
Cousin d'un grand homme	V. 1		Labénardière, Fd. Laloue.
Cousin du Pérou........	V. 1	1/4 Barba, *édit*.	3/4 Martin, Th. Muret, Michel Délaporte.
Cousin du roi.........	V. 2	1/4 Nicolas Tressé.	3/4. Laurencin 6/16, P. Duport 3/16, Michel Delaporte. 3/16.
Cousin du roi.........	C. 1	1/2 Th. de Banville.	1/2 Ph. Boyer.
Cousine Albert........	C. 3		Dorvo.
Cousine supposée.......	C. 1	Vieillard 2/9, Adrien 2/9, Pollet 2/9, Périn 1/3.	
Cousin et cousine......	V. 1	A. Deschamps.	
Cousin Frédéric........	V. 1	1/2 Rougemont, Et. Arago.	1/2 A. Basset, Bezou, *édit*.
Cousin Giraud........	V. 1	1/4 Quoy.	3/4 Simonnin, Ch. Dupeuty, Laloue.
Cousin Jacques.........	V. 1	1/2 Clairville.	1/2 Chevalet.
Cousin Marcel........	V. 1	Brazier, Mélesville.	
Cousin Pamphile.......	V. 2	Guéroult, Molé-Gentilhomme.	
Cousin pour rire......	V. 1	Hapdé (D. E.).	
Cousin Ratine.........	V. 1		Hubert, Laqueyrie.
Cousin Verdure........	V. 1	Déaddé, Zaccone, Pommereux.	
Coutelier de Bagdad....	O. 1		Foignet.
Coutume allemande.....	V. 1	1/2 Rougemont.	1/2 Mazères.
Coutume anglaise.......	V. 1		J. Vizentini.
Coutume écossaise......	V. 1	1/2 De St-Yves.	1/2 Leblanc.
Coutume russe........	V. 1	Ch. Siméon 2/3, Milliez; *édit*. 1/3.	
Couturière...........	M. 3	2/3 Overnay, Quoy.	1/3 Nézel.
Couturière.	V. 3	2/3 Blanche, Brault (D. E.).	1/3 Duvert.
Couturière.	D. 2		Dubois-Davesne.
Couturières...........	V. 2	2/3 Varin, Desvergers.	1/3 Duvert.
Couturières...........	V. 1	Désaugiers (D. E.), Saint-Laurent (D. E.).	1/3 Saintine.
Couvent.	C. 3	Laujon.	
Couvent.	C. 1		Pujoulx (D. E.).
Couvent de Tonnington..	M. 3	Victor Ducange (D. E.).	1/2 Anicet.
Couverture de laine....	M. 3	1/2 Francis Cornu.	1/2 Mourier.
Couvreur.	V. 1	Brazier, Carmouche, Théaulon, Barba, *édit*.	
Couvreurs............	V. 1	P. Deslandes, Didier, d'Artois	
Crac.	C. 1	Charlemagne.	
Crainte de l'opinion.....	C. 3	Barrault.	
Crânologie.	V. 1	Valcour.	
Crapauds immortels....	R. 3	Dumanoir, Clairville.	
Cravate et Jabot.......	V. 1		St-Hilaire, Duport, Alix, *édit*.
Créancier.	C. 2	Bonneville.	
Créancier.	V. 1	Noël, Veyron.	

Titres des Pièces.	Genres. Actes.	M. GUYOT.	M. PERACALLO.
Créancière	V. 2	Théaulon, Ramond, Mlle Huet.	
Créancier rival	V. 1	2/3 Lafortelle, Désaugiers (D. E.).	1/3 Chazet.
Créanciers	O. 3	Nicolo (D. E.).	1/2 Vial.
Créanciers	C. 3	Richter.	
Créancier voyageur	V. 1	St-Georges, A. Martin, Francis D.	
Crédeville	V. 2	De Leuven, Dumanoir, Barba, *édit.*	
Crème des domestiques	V. 1	Ch. Vincent 3/4, Ed. Plouvier 1/4.	
Créole	V. 1	Beaunoir, Vallée.	
Créole	V. 1	(*Delestre Poirson*).	
Créoles	O. 3		Lacour, Berton.
Crêpes et le Bal	V. 2		St-Amand, Labénardière.
Crescendo	O. 1		Sewrin, Cherubini.
Cric-Crac	V. 1	Jacquelin, Désaugiers (D. E.).	
Cricri	V. 1	A. Gouffé, Duval pour Barba, *édit.*	
Cricri	F. 5	1/5 Raygnard.	4/5 Hugelmann, Mlle Thys, Fanfernot, Borssat.
Cricri dans son ménage	V. 1	Barthélemy, Picard (D. E.).	
Cricri et ses mitrons	P. 5	2/3. Carmouche, *Jouslin* pour Joseph B.	1/3 Ch. Dupeuty.
Cri de vengeance	V. 1	Dorvigny.	
Crillon et Bussy d'Amboise	V. 1	Molé Gentilhomme, Belle, Barba, *édit.*	
Crime d'une mère	M. 3		Boirie, F. de Courcy, Ste-Marie.
Crime et la Vertu	M. 3		Châteauvieux, Lamarque.
Crime et la Vertu	V. 1	Dorvigny.	
Crime et les remords	M. 5	H. Roland.	
Crime et Mystère	V. 1	Dumersan, Lhérie jeune.	
Crimes de la noblesse	C. 3		De Villeneuve.
Criminelle conversation	V. 2		Arsène de Cey.
Criminel par amour	M. 3	Gaillardet, Lebas, Maréchalle, Barba, *édit.*	
Criminel repentant	P. 1		Franconi jeune.
Criquet	V. 1		Sewrin.
Cris de Paris	V. 1		Sewrin, Chazet.
Cris de Paris	V. 1	2/3 A. d'Artois, Francis D.	1/3 Simonnin.
Crise	C. 4	Octave Feuillet.	
Crise de ménage	V. 1	Jules Adenis, E. Plouvier, Lévy, *édit.*	
Crispin et Lisette	V. 1		Jouhaud.
Crispin femme et soldat	C. 1	Reignier de la Bruyère.	
Crispin financier	V. 1		Ourry, Merle.
Crispin tout seul	V. 1	Pessey.	
Critique de la comédienne	C. 1	Dumersan.	
Crochets du père Martin	D. 3	2/3 Cormon, Lévy, *édit.*	1/3 Grangé.
Croisée de Berthe	V. 1	1/2 Michel Masson.	1/2 Alboize.
Croisées à louer	V. 1	1/3 Duvernois.	2/3 Décour.
Croissant d'argent	V. 2	H. Leroux.	
Croix à la cheminée	V. 1		De Najac, Antoine de Nantes, Lévy, *édit.*
Croix à la Jeannette	D.-V. 2	Devaux, Brisson.	
Croix d'acier	D. 1	1/2 Duhomme.	1/2 Alix, *édit.*
Croix de feu	D. 3	1/2 Mallian.	1/2 Fontan.
Croix de l'étang	M. 5	Elie Berthet, A. Guénée, Cranney.	

Titres des Pièces.	Genres. Actes.	M. GUYOT.	M. PERAGALLO.
Croix de Malte	D. 3	1/2 Paul Foucher.	1/2 Alboize.
Croix de ma mère	D. 3	Lermite.	
Croix de Marie	O. 3	3/4. Lockroy 1/4, Maillard 1/2	1/4 d'Ennery.
Croix de Saint-Jacques	D. 5	Bouchardy.	
Croix de Saint-Louis	V. 1		Dubois.
Croix d'honneur	V. 2	1/2 Léon Halévy.	1/2 Lebailly.
Croix d'honneur	V. 1	2/3 Brazier, Carmouche.	1/3 Fr. de Courcy.
Croix d'or	V. 2	1/3 Rougemont.	2/3 Ch. Dupeuty, Alix, *prop.*
Croix d'or	D.-V. 2	Mélesville, Brazier.	
Croix d'or	V. 2	Colin.	
Croix du Pont	M. 5	Mallian, P. Deslandes.	
Croix et le Charivari	V. 1	Lhérie B., Lhérie j°, Vidal.	
Cromwell et Charles Ier	D. 5		Cordelier-Delanoue.
Croquefer	O. 1	2/16 Jaime fils.	1 4/16. Tréfeu 2/16, Lévy *édit.* 4/16, Offenbach, 8/16.
Croquemitaine	D. 5		Desnoyers, Humbert, Max de Revel.
Croquemitaine	V. 1	3/4 Brazier, Barba, *édit.*, Désaugiers (D. E.).	1/4 Merle.
Croque-Poule	V. 1		Rosier.
Croquignole	V. 2	2/3 Varin, Dumersan.	1/3 Bourget.
Croûtinet	V. 1	Ernest.	
Croûton	V. 1	Lafortelle, Moreau.	
Croûton chef d'école	V. 1	2/3 Gabriel, Théaulon.	1/3 Fr. de Courcy.
Croûton dans son ménage	V. 1	2/3 Brazier, Dumersan.	1/3 Merle.
Croyance d'un soldat	V. 2		Anicet, Laloue.
Cruelle Aglaé	O.-C. 1	1/2 Félix Jouffroy.	1/2 Doyen.
Cuirassier	P. 3		Ponet, Franconi.
Cuisines parisiennes	V. 3	1/2 Cormon.	1/2 Ch. Dupeuty.
Cuisinier de Buffon	V. 1	1/2 Rougemont, Pollet.	1/2 Merle, Simonnin.
Cuisinier de Londres	V. 2	Vanderburch, Lhérie jeune, Barthélemy.	
Cuisinier du Pacha	V. 1	1/2 Maréchalle.	1/2 Estienne.
Cuisinière bourgeoise	V. 2	1/2 Honoré.	1/2 Marc Michel.
Cuisinière mariée	V. 1		L. Couilhac, Marc Michel.
Cuisinières	V. 1	Brazier, Dumersan.	
Cuisinières travesties	V. 1	Brazier, Dumersan, Siraudin.	
Cuisinier municipal	V. 1	Duveyrier.	
Cuisinier politique	V. 1		Th. Nézel, Simonnin.
Cuisinier politique	V. 1	2/3 Varin, Lévy, *édit.*	1/3 Saintine.
Cuisiniers diplomates	V. 1	Rochefort, Barthélemy, Michel Masson, Quoy.	
Cuisinier supposé	V. 1	Henrion.	
Culotte de Dagobert	V. 3	De St-Georges, de Leuven, P. Deslandes.	
Culottes et cotillons	V. 2	1/2 *Bourdois pour* Porcher.	1/2 Couailhac.
Cultivateur du mont Blanc	P. 3	Hapdé (D. E.).	
Cultivateur hospitalier	V. 2	Corsange.	
Curé de Champaubert	V. 2	2/3 Ach. d'Artois, Mallian.	1/3 Alix, *édit.*
Curé de Pomponne	V. 2	Bayard.	
Curé de village	V. 1		Ménissier, Mourier.
Curée des places	V. 2	1/2 *Bourdois pour* Porcher.	1/2 Couailhac.
Cure et l'archevêché	M. 3	1/3 Barba, *édit.*	2/3 Antier, Decomberousse.
Curé et les Chouans	V. 1		Th. Nézel, Simonnin.
Curé Merino	D. 5	1/4 Mallian.	3/4. Tournemine 1/4, Alix *édit.* 1/2.
Curé Mingrat	M. 5		Hⁱ Villeminot, Ferdinand.
Curieuse	V. 1		Touchard.
Curieuse	V. 1	2/3 Ach. et Arm. d'Artois.	1/3 Saintine.

Titres des Pièces.	Genres.	Actes.	M. GUYOT.	M. PERAGALLO.
Curieux.	C.	1	De Planard.	
Curieux indiscret.	O.	1	Dubuisson, Tripperet.	
Curiosité des femmes.	V.	1	D'Artois, Fulgence, Mlle Huet.	
Curiosité excusable.	C.	1	Mme Vanhove.	
Curiosité punie.	V.	1	Brazier, Dumersan, Francis D.	
Cuvier.	O.-B.	1		De Prémaray, Hassenhut.
Cydippe.	C.	1	Boutillier.	
Cyrano.	B.	3		René de Montlouis.
Cyrano-Bergerac.	V.	1	Rougemont.	
Cyprien.	V.	1	Dautrevaux.	
Cyprien le Vendu.	V.	1		Eugène Pierron.
Cyrus.	T.	5	Chénier.	
Czar Cornélius.	V.	2	Mélesville, Carmouche.	
Czar Démétrius.	T.	5	Léon Halévy.	
Czar et Charpentier.	O.	3	Joos Danglas.	
Czar et la Vivandière.	V.	1	1/2 Scribe.	1/2 P. Duport.
Czarine.	D.	5	Scribe.	
Czarine.	V.	1	A. d'Artois, Michel Masson, Barba, édit.	

D

Titres des Pièces.	Genres.	Actes.	M. GUYOT.	M. PERAGALLO.
Dada de Paimbœuf	V.	1	1/2 Édouard Martin.	1/2 Albert Monnier.
Dago	D.	3		Cuvelier (D. E.).
Dagobert	V.	3	De Saint-Georges, de Leuven, P. Deslandes.	
Dagobert à l'Exposition	R.	2	1/2 Clairville.	1/2 Laurencin.
Daguerréotype	R.	1	2/3 Cogniard frères.	1/3 Th. Muret.
Daguerréotype	V.	1		Carrière, Saussol.
Daguerréotype	V.	1		Fortuné, Morin.
Dahlia magique	F.	3		Ménissier.
Dalécarliens	D.	5	Lamartelière (D. E.).	
Dalila	C.	6	Octave Feuillet.	
Dalila et Samson	V.	1	1/2 Lapointe.	1/2 Grangé.
Dalmanzi	D.	2	Toubon.	
Dalvaire	C.	3	Dessain.	
Dame à la Biche	V.	1	1/2 A. Guénée.	1/2 Dallard.
Dame à trois Maris	V.	1	1/2 A. Guénée.	1/2 Charles Potier.
Dame au Voile vert	V.	1		Saintine, Duvert.
Dame aux Camélias	D.	5		A. Dumas fils.
Dame aux Gobéas	V.	3	6/9. Cogniard frères 4/9, Bourdois pour Porcher 2/9.	3/9 Alix, édit.
Dame aux jambes d'azur	V.	1		Marc-Michel, Labiche.
Dame aux Œillets blancs	V.	1		Eugène Moreau.
Dame aux trois couleurs	V.	3		Desnoyers, Philastre, Wallut, Giraud-Dagneau, édit.
Dame blanche	O.	3	1/2 Scribe.	1/2 Boïeldieu.
Dame de Laval	M.	3	Mallian, Legoyt, Barba, édit.	
Dame de la Halle	D.	5	1/2 Michel Masson.	1/2 Anicet.
Dame de la Halle	V.	2	1/3 Vanderburch.	2/8 Dupeuty, Alix, édit.
Dame de l'Empire	V.	1		Ancelot, P. Duport, Alix, édit.
Dame de pique	O.	3	1/2 Scribe.	1/2 Halévy.
Dame de qualité et un Monsieur comme il faut	V.	1	1/2 Siraudin.	1/2 Moreau.
Dame de Saint-Tropez	D.	5		Anicet, d'Ennery.
Dame des belles Cousines	V.	2	Brazier, Dumersan.	
Dame des belles Cousines	V.	1	Ach. d'Artois 2/3, Mlle Huet 1/3.	
Dame de Trèfle	V.	1	1/3 Alphonse Royer.	2/3 Vaëz, Narrey.
Dame d'honneur	O.	1		Duport, Monnais, Despréaux.
Dame du Lac	O.	3	2/9 Sauvage, Raisson.	7/9. Dépagny 1/9, Laffilé 3/9, Lemière 2/9, Lecomte 1/9.
Dame du Lac	P.	3		Franconi jeune.
Dame du Louvre	D.	4		Pelissier-Laqueyrie, Primorin
Dame du second	V.	1	Vanderburch, A. de Beauplan.	
Dame et Grisette	V.	1		Fournier.
Dame et la Demoiselle	C.	4	1/2 Empis.	1/2 Mazères.
Dame et la Demoiselle	V.	1	Déaddé, Cormon.	
Dame invisible	V.	1		Châteauvieux.
Dame noire	C.	2		Daubigny, Poujol.

— 88 —

Titres des Pièces.	Genres.	Actes.	M. GUYOT.	M. PERAGALLO.
Dame noire	P.-V.	2	Honoré, Barba, *édit*.	
Dame pour voyager	V.	1		Vaulabelle 2/3, Lévy, *édit*. 1/3.
Dames à la mode	V.	1	Gersin (D. E.), Gabriel, Brazier, Vulpian (D. E.).	
Dames capitaines	O.	3	1/2 Mélesville.	1/2 Reber.
Dames de Bordeaux	V.	1	2/3 Brazier, Rougemont.	1/3 Merle.
Dames de la Halle	O.	1	1/2 Lapointe.	1/2 Offenbach.
Dames du Cœur-Volant	O.	1	Lapointe 1/6, Colliot 1/6, *Bourdois pour* Duhard 1/6, Erlanger 3/6.	
Dames Martin	V.	1	Belle, Lafontaine, de Tully.	
Dames patronesses	V.	1	Scribe, Arvers.	
Dames peintres	V.	1	Gabriel, Duvernois, St-Laurent (D. E.).	
Dame voilée	M.	3	2/3 Overnay, Berrier.	1/3 Th. Nézel.
Dame voilée	O.	1	Ségur jeune, Mengozzi.	
Damoisel et Bergerette	P.	3		Cuvelier (D. E.)
Dancourt	V.	1	Gouffé, G. Duval, Barba. *édit*.	
Dancourt	V.	1	Brazier, Carmouche, Barba, *édit*.	
Dandy	V.	2		Ancelot, Laya.
Danger d'écouter aux portes	O.	1	Hoffman (D. E.).	Méhul (D. E.).
Danger des confidences	O.	1	1/4 De Saint-Elme.	3/4 Saint-Yon, Benin-Cory.
Danger des conseils	V.	1		Léger (D. E.).
Danger des liaisons	V.	1	Beaunoir (D. E.).	
Danger des romans	C.	2		Dubois.
Danger d'être jolie fille	V.	1	De Rougemont.	
Dangereux effet des haines de famille infiniment trop prolongées	V.	1	Rougemont, 10/24, Carmouche 8/24, Francis D. 3/24, *Jouslin pour* Joseph B., prop. 3/24.	
Dangers de la faveur	C.	2	Duval, Dumersan.	
Dangers de l'ambition	D.	5	Gamas.	
Dangers de la séduction	C.	3	Desforges (D. E.).	
Dangers de l'imprudence	C.	2	Dumaniant (D. E).	
Dangers de l'inconduite	M.	3		Hubert, Quaisain (D. E.).
Dangers de l'intimité	M.	3	*Neuville Dubourg pour* Tarkein.	
Dangers de l'ivresse	C.	2		Pujoulx (D. E.).
Dangers de l'opinion	C.	5		Laya.
Dangers d'un soupçon	C.	3	Ségur jeune.	
Daniel	T.	5	Charles Lafont.	
Daniel	D.	3		Frédéric.
Daniel	D.	3	Delannoy, Kalekaire, Marguery.	
Daniel et Marie	V.	2	Overnay, Payn.	
Daniel le Tambour	V.	2	1/2 *Delestre-Poirson*.	1/2 Laurencin.
Danilowa	O.	3	1/2 Adam.	1/2 Vial, Paul Duport.
Danina	B.	3		Taglioni.
Danse des écus	V.	1	1/3 Desvergers.	2/3 Marc Fournier, Henri de Kock.
Danse des tables	V.	1		Matharel 2/3, de Najac 1/3.
Danse interrompue	V.	1	Barré (D. E.).	Ourry (D. E.).
Danseur de corde	V.	2	1/2 De Léris.	1/2 Brisebarre.
Danseur du Roi	O.-B.	3		Eugène Gautier, Saint-Léon.
Danseur éternel	B.-V.	1		Clément.

— 89 —

Titres des Pièces.	Genres.	Actes.	M. GUYOT.	M. PERAGALLO.
Danseurs moresques	B.-P.	1	Cogniard frères.	
Danseuse à la classe	V.	1	Dumanoir, Cogniard frères.	
Danseuse de Venise	V.	1	3/8 Théaulon.	5/8. De Forges 3/8, Bezou, *édit.* 2/8.
Danseuse espagnole	V.	3	1/2 Cormon.	1/2 Grangé.
Dans la rue	O.	1	Léonce 1/4, A. de Bar 1/4, Caspers 1/2.	
Dans la rue	V.	1		Saint-Amand.
Dans la rue	V.	1		Th. Vinet.
Dans l'autre monde	V.	2	Colliot, E. Lefèvre.	
Dans les nuages	V.	1	Cogniard frères 1/2, Norel 1/2.	
Dans les vignes	O.	1	Lhérie B. 1/4, A. de Beauplan 1/4, Clapisson 1/2.	
Dansomane	B.	3		Blache (D. E.).
Dansomanie	B.	2		Gardel.
Dansomane de la rue Quincampoix	V.	1	Moreau (D. E.), Servière (D. E.).	
Dansores espagnolas	V.	1	1/2 Bayard.	1/2 Biéville.
Dans quel siècle sommes-nous	V.	1	1/2 Dieulafoy (D. E.), de Longchamps (D.E.).	1/2 de Jouy.
Dans un bouton d'habit	V.	1	De Reiffemberg.	
Dans un coucou	V.	1		Lemonier, Narrey.
Dans une armoire	V.	1	1/2 Desvergers.	1/2 Laurencin.
Dans une armoire	V.	1	H. Thiery.	G. Vulpian.
Dans une baignoire	V.	1		Albert Monnier, Lévy, *édit.*
Dans une boutique	V.	1		V^{or} Koning.
Dans une cave	V.	1	1/2 Guénée.	1/2 Jules Renard.
Dans une île déserte	V.	1		Reneaume, Montagne.
Daphnis	B.	1		Blache (D. E.).
Daphnis et Chloé	B.	3		Blache (D. E.).
Daphnis et Chloé	V.	1	2/3 Clairville.	1/3 Vaulabelle.
Daphnis et Pandrose	B.	2		Gardel.
Daranda	V.	2	Scribe, Legouvé.	
Dardanus	O.	3	Rameau (D. E.), Guillard.	
Darina et ses trois fils	C.	3	Ribié (D. E.).	
Darius Codoman	T.	5	De Vineau.	
Darvis	C.	3		Eugène Ponchard.
D'Asnières à Gonesse	V.	1	Guesdon, Barba, *édit.*	
D'Asnières II	V.	1	1/2 Dumersan.	1/2 Ch. Dupeuty.
D'auberge en auberge	O.C.	4	Dupaty, Tarchi.	
D'Aubigné	V.	2		Ancelot, P. Duport, Laborie.
David	O.	3		*Feu* Soumet, Mallefille, Mermet.
David et Goliath	V.	2		Th. Nézel, Simonnin.
David Rizzio	M.	5	Jacques Arago.	
Davis	V.	2		*Delestre-Poirson pour* Fournier.
Débardeur	V.	2	1/3 Paul de Kock.	2/3 Mourier, Bezou, *édit.*
Débat des Muses	C.	1	Patrat (D. E.).	
Débine	V.	3	1/2 Edouard Martin.	1/2 Albert Monnier.
Débine	V.	1	Jacques Arago.	
Débiteur	C.	1		Faur.
Débutant	V.	1	Bizet.	
Débutant	V.	1	Ach. et Arm. d'Artois 2/3, Etienne Arago 1/3.	
Débutant	V.	1	Rougemont, Arvers, Et. Arago.	
Débutant	V.	1	Vizentini.	
Débutant	V.	1		Desnoyer.

Titres des Pièces.	Genres.	Actes.	M. GUYOT.	M. PERAGALLO.
Débutante............	O.	1	1/2 Scribe, Mélesville.	1/2 Auber.
Début dans la vie......	V.	1	2/3 Jaime père et fils.	1/3 Thiboust.
Début de Cartouche.....	V.	2	Sauvage, Dupin.	
Début de Talma........	V.	1	1/2 Déaddé.	1/2 Demonval, Saint-Hilaire.
Débuts de la modiste....	V.	1		Jouhaud.
Débuts en province.....	C.	2	Paul, Barba, *édit.*	
Décaméron...........	V.	5	Bayard 3/9, Art. de Beauplan 2/9, de Leuven 2/9, Lhérie B. 2/9.	
Décence.............	V.	1	Barré (D. E.), Radet (D. E.), Desfontaines (D. E.).	
Déclassés............	V.	4	Béchard.	
Déconfiture de Pierrot...	P.	1		Chamonin.
Découverte de la mère Ique...............	V.	1		Bourget.
Découverte du Nouveau Monde.............	M.	5	De Pixérécourt.	
Découverte du quinquina.	D.	4		Lemoine Montigny, Meyer.
Dédaigneuse..........	V.	1	1/2 Vulpian, Riga, *prop*.	1/2 Paul Duport, Ed. Monnais.
Dédit...............	C.	1	Dufresny (D. E.).	
Dédit mal gardé........	V.	1		Léger (D. E.).
Déesse..............	V.	3	1/2 Scribe.	1/2 Saintine.
Déesses à l'enchère......	V.	1	Théaulon.	
Défaite des Amazones...	M.	3	Henrion.	
Défauts supposés.......	C.	1	Sédaine-Sarcy (D. E.).	
Défense de danser......	B.-P.	1	Laurençon.	
Défense et désir........	V.	1	Belle 2/3, Barba, *édit.* 1/3.	
Défi................	O.	2		Delrieu, Vadin.
Défiance et Malice......	C.	1	Dieulafoy (D. E.).	
Défunt et l'Héritier......	V.	1	2/3 Dumersan, Mélesville.	1/3 Bezou, *édit.*
De Guise.............	O.	3	Dupaty, Solié.	
De Guise.............	O.	3	1/2 De Planard, de St-Georges	1/2 Onslow.
Déguisements amoureux.	O.	1	Patrat (D. E.).	
Dehors et le Dedans.....	V.	1	Gentil, Moreau (D. E.), Désaugiers (D. E.).	
Dehors trompeurs......	V.	1	Scribe, Mélesville (*Delestre-Poirson*).	
Déjeuner à l'anglaise....	V.	1		Boullault.
Déjeuner de Fifine......	V.	1	Déaddé, Jules Delahaye, Lévy, *édit.*	
Déjeuner de garçons....	O.	1	Creuzé, Nicolo (D. E.).	
Déjeuners d'employés...	V.	1	Gabriel, Edmond.	
Déjeuner d'étudiant.....	V.	1	1/2 Chabenat.	1/2 Groubenthal.
Déjeuner d'huîtres......	V.	1	1/2 Scribe.	1/2 Mazères.
Déjeuner du duc d'Albe..	P.	2	1/2 Villiers.	1/2 Franconi jeune.
Déjeuner gratis.........	V.	1	Jacquelin.	
Déjeuner impossible.....	O.	1	Nanteuil, Nicolo (D. E.).	
De la lumière, S. V. P...	V.	1	De Reiffemberg, Desportes.	
Délassements à la belle étoile...............	V.	1	2/3 A. Guénée, Au. Choler.	1/3 Alb. Monnier.
Délassements - Comiques aux enfers...........	R.	3	A. Guénée, Marc Leprévost.	
Délassements en vacances.	V.	3		A. Flan, E. Blum.
Délassements en vacances.	P.	1		Jules Renard.
Délateur.............	D.	3	Charles Nodier.	
Délateur par vertu......	M.	3		Bon Taylor.
Délia et Verdican.......	O.	1	1/2 Elleviou.	1/2 Berton.
Délire...............	O.	1		Révérony de St-Cyr (D. E.), Berton.

Titres des Pièces.	Genres.	Actes.	M. GUYOT.	M. PERAGALLO.
Délire.	O.	1	Defays.	
Délire.	V.	1	Corsange.	
Délire de Jobet.	C.	1		Hector Chaussier, Châteauvieux.
Délire de l'Amour.	M.	3	Rougemont.	
Délire d'un peintre.	B.-P.	2		Perrot, Pugni.
Délire d'un père.	M.	3		Hubert, Dubois.
Délit politique.	V.	1	Dupin.	
Délivrance des Grecs.	B.	3	Ragaine.	
De l'or.	V.	1	1/2 Bayard.	1/2 Biéville.
Delphes sauvée.	M.	5	Henri.	
Delphine.	D.-V.	2	Arvers, Paul Foucher.	
Delphine.	V.	1	Dupaty.	
Delphine.	C.	2	Léon Guillard, Tresse, édit.	
Delphis et Mopsa.	O.	2		Guy.
Déluge.	M.	5	Caigniez.	
Déluge d'inventions.	V.	3	1/3 Barthélemy.	2/3 Jouhaud, Brisset.
Déluge universel.	M.	3	Hapdé (D. E.).	
Demain.	C.	5		Sewrin.
Demande bizarre.	C.	1	Périn, Barba, édit.	
Demande en grâce.	V.	1	Rougemont, Gabriel, Mévil.	
Demande en mariage.	V.	1	1/2 A. d'Artois.	1/2 E. Monnais.
Demande imprévue.	C.	2		Mercier.
Déménagé d'hier.	V.	1	1/3 Alphonse Royer.	2/3 G. Vaëz, Narrey.
Déménagement.	V.	1	3/4. Eugène Nus 4/4, Lévy, édit. 1/2.	1/4 Léonce.
Déménagement de La Fontaine.	V.	1	Th. Pein.	
Déménagement de l'année.	R.	1	2/3 Francis D., F. Langlé.	1/3 Fr. de Courcy.
Déménagement du salon.	V.	1	Dupaty.	
Démence de Charles VI.	T.	5	Nép. Lemercier.	
Démétrius.	T.	5		Delrieu.
Demi-heure de cabaret.	V.	1	Martainville (D.E.).	
Demi-heure de caprice.	B.	1		Gardel.
Demi-Monde.	C.	5		Alexandre Dumas fils.
Demoiselle à marier.	V.	1	Scribe, Mélesville.	
Demoiselle brigand.	V.	2	A. d'Artois, Francis D., Théaulon.	
Demoiselle de boutique.	V.	3	Mélesville, Tourret, Brazier.	
Demoiselle de Compagnie.	V.	1	2/3 Picard (D. E.), Quoy.	1/3 Mazères.
Demoiselle de Compagnie.	C.	1	1/3 Barba, édit.	2/3 Chazet.
Demoiselle de la Hoche-Tromblon.	O.-B.	1		Moineaux, de Rillé.
Demoiselle d'honneur.	O.	3		Kauffmann 1/4, Mestépès 1/4, Semet 1/2.
Demoiselle en loterie.	O.	1	1/4 Jaime fils.	3/4. Crémieux 1/4, Offenbach 1/2.
Demoiselle en loterie.	V.	3	1/2 Th. Anne.	1/2 Jadin.
Demoiselle et la Dame.	C.	4	1/2 Empis.	1/2 Mazères.
Demoiselle et la Dame.	V.	1	2/3 Scribe, Dupin.	1/3 Fr. de Courcy.
Demoiselle et la Dame.	V.	2	1/2 Jautard.	1/2 Hippolyte Lucas.
Demoiselle et la Paysanne.	C.	1		Th. Nézel, Blondy prop., Bezou, édit.
Demoiselle majeure.	V.	1	3/8 Varin.	5/8 Laurencin, Alix, édit.
Demoiselles.	C.	1	Dumersan, Brazier.	
Demoiselles brigands.	C.	1	Carmouche Brazier.	
Demoiselles de noces.	V.	2	1/2 Bayard.	1/2 Laya.
Demoiselles de Saint-Cyr.	C.	5	5/8 De Leuven, Lhérie B.	3/8 Alexandre Dumas père.
Demoiselles de St-Denis.	V.	2		Duchatelard.

Titres des Pièces.	Genres. Actes.	M. GUYOT.	M. PERAGALLO.
Démon de la forêt	B-.P. 2	Cogniard frères.	
Démon de la nuit	O. 2	Bayard 1/4, Etienne Arago 1/4, Rosenhaim 1/2.	
Démon de la nuit	V. 2	Bayard, Etienne Arago.	
Démon des mauvais rêves.	E. 2		A. Renoux, Valnay.
Démon du foyer	C. 2	Georges Sand.	
Démon familier	M. 3	1/2 Hapdé (D. E.).	1/2 Cuvelier (D. E.).
Démon familier	V. 3	Mélesville, Carmouche.	
Démon femelle	M. 5	De Pixérécourt.	
Demonville	V. 1	Privat.	
Démophon	O. 3		Desriaux.
Démophon	O. 3	1/2 Marmontel (D. E.).	1/2 Cherubini.
Denier de la Veuve	V. 2		Couailhac.
Denise	M. 5		Boulé, Rimbaut.
Denise la blanchisseuse	V. 1	Michel Masson, Lafitte.	
Denis le tyran, maître d'école à Corinthe	O. 1	Grétry (D. E.).	
Dénoûment en l'air	V. 1	*Delestre-Poirson.*	
Dent d'Arlequin	V. 1	Jacquelin.	
Dent de sagesse	O. 1	1/2 Edouard Martin.	1/2 Hervé.
Dent d'Eve	V. 1	1/2 Paul Michel.	1/2 E. Feugère.
Dentiste	V. 1	Martainville (D. E.), Barba, *édit.*	
Dent sous Louis XV	V. 1		Lefranc, Labiche.
Départ de la garnison	V. 1	Salin, de Tully.	
Départ d'une diligence	V. 1	Brisset, Mesnard, Rochefort, Reinaud.	
Départ et retour	D. 4		Ancelot, E. Buquet.
Départ pour la Grèce	V. 1	Eugène Kauffman.	
Départ pour Saint-Malo	V. 1	Désaugiers (D. E.).	
Départ, Séjour et Retour.	V. 3	Etienne Arago, Desvergers, Varin.	
Dépêche au cachet rouge.	V. 1	1/2 Dumersan.	1/2 De Forges.
Dépit amoureux	C. 3	Cailhava.	
Dépositaire	V. 2		Duport, Alix, *édit.*
Dépositaire	V. 1	Armand Croisette.	
Députation	V. 1	1/2 Barba, *édit.*	1/2 Dubois.
Dérivatif	V. 1		Arnould, Rosier.
Derlindindin	V. 1	Réné Périn, Barba, *édit.*	
Dernier Abencerrage	D. 3		Beauvalet père.
Dernier amour	V. 3	Lesguillon.	
Dernier amour	C. 3	Léon Guillard.	
Dernier Banquet de 1848.	R. 2		Camille Doucet.
Dernier Bulletin de la paix.	V. 1	Armand Séville.	
Dernier Chapitre	V. 1	Mélesville, Dumanoir, Mallian.	
Dernier Crispin	C. 1	Charles Lafont.	
Dernier de la famille	V. 1		Ancelot, Decomberousse, Alix, *édit.*
Dernier des Carlovingiens.	T. 3		H. Bis.
Dernier des Chauny	V. 1		Ancelot, Decomberousse, Alix, *édit.*
Dernier des Digard	V. 1		A. Basset.
Dernier des Figaro	C. 5	Lesguillon.	
Dernier des Jocrisses	V. 1	Delalain.	
Dernier des Jocrisses	V. 1	Colliot, Lapointe, *Bourdois pour* Porcher.	
Dernier des Kermer	C. 3	1/3 Lévy, *édit.*	2/3 E. Souvestre.
Dernier des Mohicans	V. 1		Alfred Delacour, E. Moreau.
Dernier des Rochegune	D. 2	1/2 Jaime.	1/2 D'Ennery.
Dernier des romans	P. 1		Duvert.

Titres des Pièces.	Genres.	Actes.	M. GUYOT.	M. PERAGALLO.
Dernier des seigneurs...	V.	1	1/3 Faulquemont.	2/3 Lelarge.
Dernière conquête......	C.	2		Rosier.
Dernière course........	V.	3	Théaulon.	
Dernière élève de madame Evrard.............	V.	1	1/3 Cormon.	2/3 D'Ennery, Grangé.
Dernière Fée...........	V.	1		Dutertre, Nézel.
Dernière heure de liberté.	V.	1		D'Ennery, Grangé.
Dernière heure de liberté.	V.	1	1/3 Quoy.	2/3 Duvert.
Dernière heure d'un avare.	V.	1	Jules Bertrand.	
Dernière heure d'un condamné...............	C.	1	Honoré.	
Dernière heure du Tintoret	V.	1	Abel Jannet.	
Dernière maîtresse......	V.	1		Jouhaud.
Dernière nuit d'André Chénier.............	Mo.	1	1/2 Alfred Goy.	1/2 Alix, édit.
Dernière pensée de Weber	V.	1	A. Guénée, Marc Leprévost.	
Dernière queue du chat..	V.	1		Léon Battu, Martell.
Dernières amours.......	V.	1	Brisset.	
Dernières armes de Richelieu...............	O.	1		Couailhac, Lacroix.
Dernières folies.........	V.	1	Maurice Bouquet.	
Dernières scènes de la Fronde.............	D.	3	1/2 Mallian.	1/2 Marchant.
Dernière venue.........	V.	1	Radet D. E.	
Dernier favori..........	D.	4		Elie Sauvage.
Dernier homme........	V.	1	Veyrot, Sauzay.	
Dernier jour d'André Chénier...............	Mo.	1	1/2 Alfred Goy.	1/2 Alix, édit.
Dernier jour de deuil....	V.	1	2/3 Desvergers, Varin, Et. Arago.	1/3 Bezou, édit.
Dernier jour de folies....	C.	2	Bayard, Romieu.	
Dernier jour de fortune..	V.	1	Scribe, Dupaty.	
Dernier jour de Missolonghi................	D.	5	Ozaneaux.	
Dernier jour de Pompéi..	D.	2	Tottola.	
Dernier jour de Rome....	T.	3	Draparnaud.	
Dernier jour de Tibère...	T.	5		Lucien Arnault.
Dernier jour d'un condamné.............	V.	1	A. d'Artois, Michel Masson, Barthélemy.	
Dernier jour d'une monarchie.............	D.	5	Fath, Jules d'Auriol.	
Dernier Marquis........	D.	5		Romand.
Dernier oncle d'Amérique.	V.	3		D'Ennery, Grangé.
Derniers adieux........	C.	1		Jules Barbier, Michel Carré.
Dernier seigneur de village	V.	1	1/3 Faulquemont.	2/3 Lelarge.
Derniers flibustiers.....	M.	3	1/2 Aubertin (D. E.).	1/2 Bosquier (D.E.).
Dernier soupir de l'inquisition.............	V.	1	Barré (D. E.), Radet (D. E.), Desfontaines (D. E.).	
Dernier vœu de l'Empereur...............	D.	5	1/2 Labrousse.	1/2 Ferdinand Laloue.
Derrière l'alcôve........	V.	1	1/2 Bayard.	1/2 Saintine.
Derrière le rideau.......	D.	2	1/2 Eugène Nus.	1/2 Léonce.
Dervis...............	V.	1	Scribe, G. Delavigne.	
Désagrément de n'avoir ni père ni mère........	P.-V.	2	Dupin, Ach. d'Artois, Barba, édit.	
Désastre de Lisbonne....	D.	3		Bouilly.

Titres des Pièces.	Genres.	Actes.	M. GUYOT.	M. PERAGALLO.
Descartes.	C.	1		Bouilly.
Descendants du Menteur.	C.	3	Armand Charlemagne.	
Descente de la Courtille.	V.	1	1/2 Dumersan.	1/2 Ch. Dupeuty.
Descente en Angleterre.	C.	2	Mittié fils.	
Deschalumeaux.	O.	3	1/2 Creuzé.	1/2 Gaveaux (D. E.).
Deschalumeaux.	O.	1		Pérée, Bridault, Frédéric Barbier.
Deschalumeaux.	B.	2		Aniel.
Des cheveux, S. V. P.	V.	1		Huard, Reneaume.
Déserteur.	D.	5		Mercier (D. E.).
Déserteur.	O.	3	Monsigny (D. E.), Sédaine (D. E.), A. Adam 1/2.	
Déserteur.	B.	3		Gardel.
Déserteur hongrois.	M.	3	Hapdé (D.E), 5/6, Lanusse 1/6	
Déserts de la Sibérie.	P.	3	1/2 Hapdé (D. E.).	1/2 Foignet.
Désespérés.	O.	1	3/4 De Leuven 1/4, Bazin 1/2.	1/4 Moineaux.
Désespoir de Jocrisse.	C.	1	Dorvigny.	
Déshonneur posthume.	C.	1		Durantin.
Deshoullières à Bruxelles.	V.	2	Desfontaines (D. E.).	
Désir de fiancé.	V.	1	Siraudin, Legrand.	
Désirée.	V.		Etienne.	
Despote.	C.	1	Dumersan.	
Desrues.	M.	3	1/4 Saint-Amand.	3/4 Dulong, Léopold, Bezou.
Désordre et Génie.	V.	5	1/3 Théaulon.	2/3 Alex. Dumas père, Fr. de Courcy.
Dessert de Henri IV.	V.	1	A. d'Artois, Théaulon.	
Dessous des cartes.	V.	3	2/3 Feu Bayard, Dumanoir.	1/3 Biéville.
Destinée.	V.	3	1/2 Const. Bernier, pour Barba. prop.	1/2 Lévesque.
Destinée.	M.	3		Mme Hadot (D. E.). Toby.
Destouches.	V.	1	2/3 Ledoux, Mlle Huet, édit.	1/3 Justin.
Détenus.				Marsollier (D. E.).
De Toulouse à Châteauroux.	V.	1		Barré 2/3, Marchal 1/3.
Détournement de majeure	V.	1	Siraudin, Déaddé, Bernard.	
Dettes.	O.	2	Forgeot, Champein (D. E.).	
Dette à la Bamboche.	V.	2		D'Ennery.
Dette de Jacquot.	O.	1		De Jallais 1/4, Em. Thierry 1/4, Moniot 1/2.
Dette d'honneur.	V.	2	1/2 Ferd. Langlé, Quoy.	1/2 C. Dupeuty, de Villeneuve.
Dette d'honneur.	V.	1	Bayard, Sauvage, Romieu.	
Dette et la Dot.	V.	1	Honoré Déo.	
Dettes.	C.	3		Th. Muret.
Dettes criardes.	V.	1	Alphonse Brot, Hostein.	
Dettes de cœur.	C.	5		Auguste Maquet.
Deucalion et Pyrrha.	O.	1	1/2 Montfort.	1/2 Michel Carré, Jules Barbier.
Deuil.	V.	1	Wannaz, Barba.	
Deuil prématuré.	C.	1		Monvel fils.
Deux adjoints.	V.	1	Vulpian, Ledoux, Lassagne.	
Deux adjoints.	V.	1	2/3 Vanderburch, de Leuven.	1/3 De Forges.
Deux âges.	O.	1		De Favières fils, Jadin.
Deux aigles.	V.	2	1/2 Bayard.	1/2 Biéville.
Deux amants.	O.	1		Sapey, Dourlen.
Deux amants de Lyon.	M.	3	Hapdé 5/6 (D. E.), Solomé 1/6.	
Deux âmes de feu.	V.	1	1/2 Llaurret.	1/2 Paillet.
Deux amis.	D.	5	Beaumarchais (D. E.).	
Deux amis de collége.	V.	3		Saint-Hilaire.
Deux amoureux de la grand'mère.	D.	1	2/3 Mme Anaïs Ségalas.	1/3 Alix, édit.

— 95 —

Titres des Pièces.	Genres.	Actes.	M. GUYOT.	M. PERAGALLO.
Deux amoureux transis..	V.	1	1/2 A. Guénée.	1/2 Albert Monnier.
Deux ânes............	V.	1	Mélesville, Carmouche.	
Deux anges...........	V.	3		Saint-Hilaire, Alix, édit.
Deux anges gardiens...	V.	1	Paulin Deslandes.	
Deux Anglais.........	C.	3	Merville 3/4, Barba, édit. 1/4.	
Deux Anglais.........	B.	1		A. Blache, Massip.
Deux Angolas.........	V.	1		Léger (D. E.), Chazet.
Deux Annettes........	V.	1	Caigniez, Bilderbeck.	
Deux ans après.......	M.	3		Ancelot.
Deux ans d'absence...	V.	1		Chazet.
Deux apprentis.......	M.	3	1/3 Barba, édit.	2/3 Béraud, Léopold.
Deux artistes.........	O.	3		Justin Gensoul, Romagnesi.
Deux artistes.........	V.	1	A. d'Artois, Francis D., Jouslin pour Joseph B., prop.	
Deux avares..........	O.	2	Grétry (D. E.).	
Deux aveugles........	V.	1	1/2 Carmouche.	1/2 Fr. de Courcy.
Deux aveugles........	O.-B.	1		Moinaux, Offenbach.
Deux aveugles de Tolède.	O.	1		Marsollier (D. E.), Méhul (D.E.).
Deux avoués..........	V.	1	Scribe, Dupin.	
Deux baillis..........	C.	1	De Ferrière.	
Deux baillis..........	V.	1	Piis (D. E.), Barré (D. E.).	
Deux baillis..........	B.-P.	1		Blache (D. E.).
Deux baisers..........	V.	1		Dallard.
Deux bambins.........	O.	1	De Leuven 1/4, Lhérie B. 1/4, Bordèse 1/2.	
Deux baptêmes.......	V.	1	Th. Cogniard 1/2, Clairville 1/2.	
Deux baptêmes.......	V.	1	Dubois.	
Deux barbes..........	V.	1		Ch. Cabot.
Deux bavards.........	C.	1		Ponet.
Deux bergères........	O.	1	De Planard, Boulanger.	
Deux bonnes amies....	V.	1		Marie Aycard.
Deux borgnes.........	M.	5	3/4 Rougemont.	1/4 A. Piccini.
Deux borgnes.........	V.	1	Cogniard frères 2/3, Delaboullaye 1/3.	
Deux bouquets........	B.	1		A. Renoux, Charles Tourey.
Deux bouquets........	V.	1	Henrion.	
Deux boxeurs.........	V.	1	3/4 Désaugiers (D. E.), Francis, Barba, édit.	1/4 Simonnin.
Deux Bretons.........	V.	1	Léon Pillet.	
Deux brigadiers.......	V.	2		Rosier.
Deux Camusot........	V.	1		E. Souvestre.
Deux candidats.......	C.	2		Onésime le Roy.
Deux capitaines.......	V.	1	Rougemont, Mévil.	
Deux capitaines.......	V.	1	Dupin, Sauvage.	
Deux Caraïbes........	M.	3		Delorme.
Deux célibats.........	C.	3	Jules de Wailly 1/4, Overnay 1/4, Lévy 1/2.	
Deux cents après.....	V.	1	2/3 Théaulon, Stéphen.	1/3 Fournier.
Deux César...........	V.	1	Arvers.	
Deux César...........	V.	1		Viguier.
Deux charlatans......	C.	2	1/2 Jouslin pour Joseph B., prop.	1/2 Ch. Dupeuty.
Deux chasseurs et la laitière...............	V.	1		Duvert, Lauzane, Saintine.
Deux châteaux........	V.	2		Sewrin, Ourry, Chazet (D.E.)
Deux chaumières......	O.	1	1/2 Solié.	1/2 Sewrin.
Deux chemins.........	C.	1		Jaybert, Grout.

Titres des Pièces.	Genres.	Actes.	M. GUYOT.	M. PERAGALLO.
Deux clés	V.	1	Desprez (D.E.), Deschamps.	
Deux cochers de coucou.	V.	1		La Jariette, Commerson.
Deux cœurs de femmes.	V.	1	Jacques Arago.	
Deux coffrets	D.	3		Cuvelier (D. E.).
Deux colonels	C.	1	Pillon.	
Deux colons	C.	1		Aude.
Deux compagnons du tour de France	V.	2	Lockroy, Jules de Wailly.	
Deux comtesses	O.	2	Framery (D. E.).	
Deux conscrits	M.	3		P. Martin.
Deux conscrits	V.	2	Cogniard frères, Leconte.	
Deux conspirations	V.	2		Bougnols.
Deux contrats	C.	1		Prévost.
Deux contrats de mariage.	O.	1	De Planard, Garcia (D. E.).	
Deux coqs de village	V.	1	Follet, Eugène Nus.	
Deux coqs vivaient en paix	V.	1		Lefranc, Marville, Lévy *édit*.
Deux coupables	V.	1	1/2 Dumanoir.	1/2 Anicet.
Deux coups de sabre	M.	3		Antony Béraud, Puysaie, (D. E.).
Deux couronnes	V.	3	Bayard, Vanderburch.	
Deux couronnes	C.	1	2/3 Moreau.	1/3 Alix, *édit*.
Deux cousines	C.	5	Casimir Bonjour.	
Deux cousins	C.	3	Dumaniant (D. E.).	
Deux cousins	V.	3		Saint-Hilaire, Ferdinand Laloue, Paul Duport.
Deux cousins	O.	1	1/2 Bianchi.	1/2 Guillet.
Deux cousins	V.	1	H. Roland.	
Deux créoles	V.	2	Bayard, Vanderburch.	
Deux créoles	B.	3		Aumer (D. E.), Darondeau.
Deux croisées	V.	1	Valcour.	
Deux curieuses	V.	3		Daubigny, Poujol.
Deux dames au violon	V.	1	1/2 Cormon.	1/2 Ch. Dupeuty.
Deux de moins	V.	1	2/3 Cormon, Delaboullaye.	1/3 Alix, *édit*.
Deux destinées	D.	5	Forneret.	
Deux dévotes	V.	2	Désaugiers (D. E.).	
Deux dévouements	V.	1		Th. Muret.
Deux diligences	V.	1	1/2 Francis Cornu.	1/2 Anicet.
Deux diligences à Joigny.	C.	1		Bonel.
Deux dîners	V.	1	De Saint-Georges.	
Deux divorces	V.	1	Cogniard frères.	
Deux drôles de corps	V.	1	2/3 Marquet, Delbès.	1/3 Mifliez, *édit*.
Deux duègnes	V.	1	1/3 Brazier.	2/3 Chazet, Dubois.
Deux écoles	C.	3	Léonard, Ader.	
Deux écots	V.	1		Antier.
Deux Edmond	V.	2	Barré (D. E.), Radet (D. E.), Desfontaines (D. E.).	
Deux élèves	V.	1	Rochefort 1/4, Dittmer 1/6, F. Langlé 1/6, Cavé 1/6, Brunet 1/4.	
Deux Emilie	C.	1		Dejaure jeune.
Deux enfants pour étrennes	V.	1	A. Guénée 1/2 *Bourdois pour* Porcher, *prop*., 1/2.	
Deux enfants pour un	M.	3		Moline (D. E.).
Deux ensorcelés			Sauvage.	
Deux épagneuls	O.	1	E. Fournier, Ch. Manry.	
Deux époques	V.	3	Brazier, Mélesville.	
Deux épouses	M.	5	Dumaniant (D. E.).	
Deux épouses	C.	3		Delœuvre.
Deux ermites	V.	2	(*Delestre-Poirson*,) Barba, *édit*.	

Titres des Pièces.	Genres.	Actes.	M. GUYOT.	M. PERAGALLO.
Deux ermites............	O.	1		Gaveaux (D. E.).
Deux ermites............	V.	1	Dieulafoy (D. E.), Gersin (D. E.).	
Deux ermites............	V.	1		Ménissier.
Deux espiègles..........	V.	1		Chéron jeune, Bellin.
Deux et deux font quatre.	V.	1	Tiercelin.	
Deux étoiles............	V.	2	2/3 Desvergers, Chabrol.	1/3 Lubize.
Deux étoiles............	V.	1		Viguier.
Deux étudiants..........	V.	1	Amédée, Jouslin.	
Deux extrêmes..........	V.	1	Saint-Albert.	
Deux factions...........	V.	1	1/2 Cormon.	1/2 Grangé.
Deux familles...........	D.	5		Anicet, d'Ennery.
Deux familles...........	O.	4	1/2 De Planard.	1/2 Labarre.
Deux faubouriens.......	D.	5		Crisafulli, Devicque, Lévy, édit.
Deux favorites...........	V.	2	1/2 *Delestre Poirson.*	1/2 De Prémaray.
Deux femmes contre un homme.............	V.	1	Dumanoir, Lhérie B.	
Deux femmes en gage...	V.	1	1/3 *Bourdois pour* Porcher, *prop.*	2/3 Nérée Desarbres, Lévy, édit.
Deux femmes légères....	V.	3	1/4 Desvergers.	3/4 Maurice Alhoy, Albitte.
Deux fermiers de la forêt de Saint-Vallier.......	M.	3	1/3 Martin.	2/3 Ménissier, Dubois.
Deux fêtes pour une.....	V.	1	3/4 Jacquelin, Coupart, Overnay.	1/4 Varez.
Deux fiancées...........	V.	3	D'Artois, Dupin.	
Deux fiancées d'Herbesheim...............	V.	1	1/2 Lockroy.	1/2 Arnould.
Deux Figaro.............	C.	5	Martelly.	
Deux Figaro.............	O.	3	Tirpenne, Leborne, Carafa.	
Deux filles à marier.....	V.	1	1/2 Amédée de Beauplan.	1/2 Monnais.
Deux filles de l'air......	V.	2	1/2 E. Burat de Gurgy.	1/2 Gastaldy.
Deux filles pour une.....	C.	2		Dejaure jeune.
Deux filles spectres.....	C.	3	Lemercier.	
Deux fils...............	M.	3		Frédéric, Pellissier-Laqueyrie.
Deux font la paire.......	V.	1	Bayard, Varin, Quoy.	
Deux font la paire......	V.	1	1/3 Lévy, *édit.*	2/3 Michel Carré, Léon Battu.
Deux forçats............	M.	3	1/3 Carmouche.	2/3 Boirie, Poujol.
Deux forçats............	V.	1	1/4 Duvernois.	3/4 Ferdinand Laloue, Ménissier, E. Renault (D. E.).
Deux forteresses........	M.	3		Charrin, Quaisin (D. E.).
Deux Foscari (*traduction*)	O.	3		Escudier.
Deux fous et un roi.....	D.	3		Desnoyers, Rimbaut.
Deux fous raisonnables..	C.	2		Prévost.
Deux Français à Naples..	C.	2		J. Piccini.
Deux francs-maçons.....	D.	2		Pelletier Volmerange (D. E.).
Deux frères.............	D.	4	1/2 Paul Foucher.	1/2 Victor Herbin.
Deux frères.............	D.	4	Jauffret, Patrat, Weiss.	
Deux frères.............	O.	3	Dubuisson.	
Deux frères.............	M.	3	1/2 Saint-Léon.	1/2 A. Franconi.
Deux frères.............	V.	2	2/3 Michel Masson, Barba, *édit.*	1/3 de Villeneuve.
Deux frères.............	D.	1		Milcent (D. E.).
Deux frères Gérard.....	C.	1	Dumaniant (D. E.).	
Deux frères rivaux......	M.	2	5/6 Pompigny.	1/6 Quaisain (D. E.).
Deux Frontin............	V.	1	Gouffé, Villiers.	
Deux Frontins..........	C.	1	Méry, Siraudin.	
Deux fugitifs...........	C.	2	1/2 Magnien.	1/2 Varez.
Deux gamins...........	V.	1	1/2 Michel Masson.	1/2 Anicet.

7

Titres des Pièces.	Genres.	Actes.	M. GUYOT.	M. PERAGALLO.
Deux gascons.	O.	1	Clapisson.	
Deux Gaspards.	V.	1	Gabriel, Capelle, Moreau.	
Deux gendres.	C.	5	Etienne.	
Deux génies.	V.	1	Mélesville.	
Deux gentilshommes.	O.	1	De Planard, Cadaux.	
Deux gentlemen riders.	V.	1	Dupin.	
Deux Gilles.	O.	1	Mélesville fils (paroles et musique).	
Deux Gilles.	B.	1		Baudry.
Deux Giroux.	V.	1	1/3 Ach. d'Artois.	2/3 Chazet, Rosier.
Deux Godinho.	C.	1	Marius Bourelly.	
Deux gouttes d'eau.	V.	1		Anicet, E. Labiche, Hippolyte Lucas.
Deux gouvernantes.	V.	1	A. d'Artois, Francis D., Mlle Huet.	
Deux grenadiers.	C.	3	Patrat.	
Deux Grivet.	V.	2	1/2 Carmouche.	1/2 Fr. De Courcy.
Deux grognards.	V.	1	Paul Arnault.	
Deux guides.	D.	5	Paul Foucher.	
Deux Henri.	V.	1	1/2 Carmouche.	1/2 Ancelot.
Deux Henriette.	V.	1		Prévost d'Iray.
Deux héritages.	V.	1	7/9. Désaugiers (D. E.) 2/9, St-Marc 2/9, Barba, éd. 3/9.	2/9 Simonnin.
Deux héros de Grenade.	M.	3	5/6 Mélesville.	1/6 Quaisain (D. E.), Renat.
Deux heures de caserne.	V.	1	Désaugiers (D. E.), Gentil.	
Deux heures de gaieté.	M.	2	Alex. Guesdon.	
Deux heures en Chine.	V.	1		Elie Frébault.
Deux hommes.	C.	5		Alexandre Dumas père.
Deux hommes du Nord.	V.	1	1/2 Dupin.	1/2 Alfred Delacour.
Deux hommes noirs.	V.	2	1/2 Alphonse Royer.	1/2 Gustave Vaëz.
Deux hussards.	C.	1		Delrieu.
Deux idiots.	V.	1		Jouhaud.
Deux impératrices.	C.	2		Mme Ancelot.
Deux impératrices.	V.	1	1/3 Michel Masson.	2/3 Saintine, de Villeneuve.
Deux ingénues.	V.	1	2/3 Arm. d'Artois, Mlle Huet.	1/3 Saintine.
Deux ingénues.	V.	1	Théaulon, Barba, édit.	
Deux inséparables.	V.	1	3/4. Faulquemont 1/4, Lévy, édit. 1/2.	1/4 Lelarge.
Deux issues.	O.	1		Dorvo, Al. Piccinni.
Deux ivrognes.	O.	1		Sewrin, Quaisain (D. E.).
Deux Jacket.	O.	1	De Planard, Cadaux.	
Deux jaloux.	O.	1		Vial, Mme Gail (D. E.).
Deux jeunes femmes.	D.	5		Saint-Hilaire, Alix, édit.
Deux jeunes filles.	V.	3	Paul de Kock.	
Deux jockeys.	O.	1		Davrigny, Gaveaux (D. E.).
Deux jockeys.	V.	1	Michel Masson, de Leuven, de Livry.	
Deux Jockos.	V.	1	A. d'Artois, Francis D., Gabriel, Quoy.	
Deux Jocrisses.	V.	1	(Gouffé) Barba, édit.	
Deux Joseph.	V.	1		Charles Potier, Nyon.
Deux joueurs.	C.	1	Messant.	
Deux journalistes.	V.	1		Léger (D. E.), Chazet.
Deux journées.	O.	3		Bouilly, Chérubini.
Deux jours.	V.	3		Ancelot.
Deux jours et une nuit.	C.	1	Patrat fils.	
Deux jumeaux espagnols.	M.	3		Delrieu.
Deux jumelles.	O.	1	De Planard.	
Deux jumelles.	V.	1	Masselin.	
Deux Kleingesberg.	C.	5	Kotzebue.	

— 99 —

Titres des Pièces.	Genres.	Actes.	M. GUYOT.	M. PERAGALLO.
Deux Kleingesberg	C.	3		Boursault (D. E.).
Deux lanternes	D.-V.	3	Renaud Banès.	
Deux libraires	C.	1	Bayard.	
Deux Limousins	V.	1	Maréchalle.	
Deux lions	V.	1	Barré (D. E.), Picard (D. E.).	
Deux lions râpés	V.	2	2/3 Varin, Lévy, édit.	1/3 Rosier.
Deux loups de mer	V.	1		Brisebarre, Charles Potier.
Deux Lucas	V.	1	Berrier, Overnay.	
Deux Macbeth	V.	1		Dubois.
Deux magots	V.	1		J. Augier, Salvat.
Deux magots	V.	1	Vizentini.	
Deux magots	V.	1		Bellot.
Deux magots de la Chine.	V.	2		Sewrin.
Deux mahométans	C.	1	Laverpillière.	
Deux maîtresses	V.	1	Arvers.	
Deux Malipieri	M.	5	Guy	
Deux Mandrin	V.	2	1/2 Joachim Duflot.	1/2 Julien.
Deux maniaques	V.	2	Ad. Choler, Lapointe, Colliot.	
Deux manières	V.	1	Bayard, Mathon.	
Deux mansardes	V.	2	Duflot, Dirat.	
Deux Marguerites	V.	2		Commerson, Dutertre, Alix, édit.
Deux mariages	B.	1	Léon.	
Deux mariages	V.	1	5/6 Rougemont, Brazier, Barba, édit.	1/6 Merle.
Deux mariées	V.	1	1/3 Carmouche.	2/3 Fr. De Courcy, Vial.
Deux maris	C.	2		Jemma, Anicet.
Deux maris	O.	1	Etienne, Nicolo (D. E.).	
Deux maris	V.	1	Scribe, Varner.	
Deux maris	V.	1	Déaddé, de Léris.	
Deux maris d'occasion	V.	1		Colleuile pour Abraham.
Deux Martines	C.	1	Ducray-Duminil.	
Deux matelots	V.	1	Francis D., Théaulon, A. d'Artois, Barba, éd., Puech.	
Deux matinées	V.	3	Dumersan.	
Deux mauvaises langues.	V.	1	1/2 Jouslin pour Joseph B., prop.	1/2 Maurice Alhoy.
Deux médecins	V.	3	Rougemont, Mélesville.	
Deux ménages	C.	3	Picard, Fulgence, Wafflard (D. E.), Barba, édit.	
Deux mères	M.	5	5/6 Caigniez.	1/6 Gérardin.
Deux mères	D.	5	2/3 Alph. Brot, Barba, édit.	1/3 Desnoyers.
Deux mères	D.	2	Cormon, Deslandes, Didier.	
Deux mères	C.	1	Etienne, Nanteuil.	
Deux Méricourt	C.	1	Mlle Vanhove.	
Deux merles blancs	V.	3		Alf. Delacour, E. Labiche.
Deux Merval	V.	2	Hippolyte Roland.	
Deux messieurs claqués	V.	1	Jautard, Xavier Eyma.	
Deux miliciens	V.	1	Maréchalle, Barba, édit.	
Deux Mirabeau	V.	1		Pellissier-Laqueyrie, Dubois.
Deux mondes	V.	2	Gabriel 1/4, Michel Masson 1/4 Barba, édit. 1/2.	
Deux morts qui se volent.	O.	1	1/2 Dorvigny.	1/2 Porta.
Deux morts vivants	C.	2	Dieulafoy (D. E.).	
Deux morts vivants	C.	2	Dumaniant (D. E.).	
Deux mots	O.	1		Marsollier (D. E.), Dalayrac (D. E.).
Deux moulins	V.	1	Duchaume-Vée.	
Deux mousquetaires	V.	2		Commerson, R. Deslandes.

Titres des Pièces.	Genres.	Actes.	M. GUYOT.	M. PERAGALLO.
Deux mousquetaires.....	O.	1	—	Vial, Justin Gensoul, Berton.
Deux naissances........	M.	3	1/2 Merville.	1/2 Albitte.
Deux n'en font qu'un....	V.	1	Barré (D. E.), Radet (D. E.), Desfontaines (D. E.).	
Deux neveux..........	C.	1	Gabiot.	
Deux neveux..........	V.	1	Dupin, Varner.	
Deux noblesses........	D.	5	Lomon, Nougaret.	
Deux noces...........	V.	1	Charles Hubert, Emile.	
Deux noces...........:	P.	1	Pol Mercier, Paul Legrand, Bernardin.	
Deux Normands........	V.	1		Ader, Léopold B.
Deux nourrices........	V.	1	1/2 Bayard.	1/2 Decomberousse.
Deux novices.........	V.	3	Bayard, Varner.	
Deux nuits............	O.	3	1/4 Scribe.	3/4. Bouilly 1/4, Boïeldieu 1/2.
Deux nuits............	O.	2		Coffin, Rosny, Béraud, Leblanc (D. E.).
Deux nuits............	O.	2	Scribe, Adam.	
Deux officiers.........	V.	1	Ach. et Th. d'Artois 2/3, Th. Anne 1/3.	
Deux oncles..........	O.	1	Forgeot.	
Deux oncles..........	C.	1	Forgeot.	
Deux ormeaux........	V.	1		Mme Hadot (D. E.).
Deux orphelines.......	M.	5	5/12 Caigniez.	7/12 Fontenay, Quaisain (D. E.), A. Piccini.
Deux orphelines.......	D.	2		Colombey.
Deux orphelins du pont Notre-Dame..........	D.	5	1/2 Michel Masson.	1/2 Anicet.
Deux pages...........	C.	1	Demanteufel.	
Deux paires de bretelles.	V.	1		Brisebarre, Nyon, Barbré, édit.
Deux paires de lunettes..	V.	1		Guerville, Hallard.
Deux Pandolphe.......	V.	2		Lefebvre, Saint-Amand, Danvin.
Deux Panthéons.......	V.	3	Piis (D. E.).	
Deux papas très-bien....	V.	1		Lefranc, Labiche, Balathier.
Deux papas très-mal....	V.	1		Bellevue, Lajariette.
Deux paravents........	O.	1	1/2 J. Pain (D. E.).	1/2 Boïeldieu.
Deux Paris...........	V.	2	7/9 Rougemont, de St-Georges, Duvernois.	2/9 Simonnin.
Deux Parisiens........	V.	1		Sewrin.
Deux pêcheurs........	O.	1		Dupeuty 1/4, Bourget 1/4, Offenbach 1/2.
Deux peintres.........	V.	1	Brazier, d'Olivet.	
Deux peintres.........	V.	1	2/3 Vanderburch, de Saint-Georges.	1/3 Simonnin.
Deux peintres.........	V.	1		Ancelot.
Deux peintres.........	V.	1	1/2 Barba, édit.	1/2 Dupeuty, de Villeneuve.
Deux pensionnaires.....	V.	1		Danvin.
Deux pensions........	C.	1	Duvernois, Charles Hubert, Maréchalle.	
Deux pères...........	V.	2	Dupaty.	
Deux pères pour un.....	V.	1	Hapdé.	
Deux perles..........	V.	2	1/2 Paul Foucher.	1/2 Alboize.
Deux perruques.......				Bernard, Valville.
Deux petites sœurs......	C.	1	Ribié (D. E.).	
Deux petits Savoyards...	O.	1		Marsollier (D. E.).
Deux Philibert........	C.	3	Picard (D. E.).	
Deux Philiberte.......	V.	2	Dumersan 1/2, Barba, édit. 1/2.	
Deux Philiberte........	V.	1	1/2 Barba, édit.	1/2 Merle.

— 101 —

Titres des Pièces.	Genres.	Actes.	M. GUYOT.	M. PERAGALLO.
Deux Pierre	M.	3	1/3 Mélesville.	2/3 Boirie, Merle.
Deux pierrots	V.	1	Bayard.	
Deux pigeons	V.	4	1/2 Michel Masson.	1/2 Saintine.
Deux pigeons	P.	3		Lindheim.
Deux poëtes	V.	1	J. Pain (D. E.), Dumersan.	
Deux pommades	V.	1		Marc Michel.
Deux portraits	C.	1	Desforges (D. E.).	
Deux portraits	C.	1	1/3 Barba, édit.	2/3 Ader, Fontan.
Deux portraits	C.	1	1/3 Jouslin.	2/3 Ch. Dupeuty, de Villeneuve.
Deux portraits	C.	1	Bilderbeck.	
Deux pour un	V.	1	Joseph Pain (D. E.), Dupin.	
Deux pour un	V.	1	1/2 Francis D.	1/2 Chazet.
Deux pour un	V.	1	Jautard.	
Deux pour une	V.	1	Dubacq.	
Deux précepteurs	V.	1	Scribe, Moreau.	
Deux précepteurs	V.	1	Mélesville.	
Deux princes indiens	V.	1	Gabriel.	
Deux princesses	O.	1	Emilien Pacini, Wilfrid d'Indy.	
Deux prisonniers	O.	1		Marsollier (D. E.), Dalayrac (D. E.).
Deux profonds scélérats	V.	1	2/3 Varin, Lévy, édit.	1/3 Labiche.
Deux proscrits	D.	1		Roger, Elie.
Deux prud'hommes	V.	1	P. Deslandes.	
Deux ramoneurs	V.	2	2/3 Gabriel, Théaulon.	1/3 De Forges.
Deux Raymond	M.	3	2/3 Victor Ducange (D. E.), Brisset.	1/3 Naigeon.
Deux réfractaires	V.	3	3/4 Michel Masson, Gabriel, Barba, édit.	1/4 de Villeneuve.
Deux reines	O.	1		Arnould 1/4 Frédéric Soulié pour Alix 1/4, Monpou 1/2.
Deux rencontres	V.	1	Radet (D. E.).	
Deux réputations	V.	1	2/3 Overnay, Pollet.	1/3 Th. Nézel.
Deux riches	C.	3	Merville.	
Deux robes de capucin	V.	2	Barthélemy, Roche, Cottreau.	
Deux rôles	V.	1		Sewrin.
Deux rôles à apprendre	P.	1	Georges de Vigneux.	
Deux roses	M.	5	1/3 Mallian.	2/3 Alboize, Alix, édit.
Deux rosières	P.	1	1/3 Paul Legrand.	2/3 Doyen, Hervé.
Deux Rousseau	C.	1	1/3 De Rougemont.	2/3 Simonnin, Merle.
Deux sacs	V.	1	1/2 Carmouche.	1/2 Ferdinand Laloue.
Deux salem	O.	1		P. de Lespinasse, Daussoigne
Deux sans-culottes	V.	1	1/3 Siraudin.	2/3 Alf. Delacour, Moreau.
Deux secrets	C.	1	Mélesville.	
Deux semestres	V.	2		
Deux sentinelles	O.	1	1/2 Andrieux (D. E.).	1/2 Berton.
Deux sentinelles	O.	1	Rougemont 1/4, Henrion 1/4, Doche 1/2.	
Deux sérénades	O.	1	Goulard.	
Deux sergents	D.	3		Daubigny, Maillard.
Deux sergents	V.	2	N. Louis.	
Deux sergents	V.	1	1/2 Martin.	1/2 Ménissier.
Deux serments	V.	2	1/3 Etienne Arago.	2/3 Saintine, Duvert.
Deux serments	V.	2		Groubenthal.
Deux serruriers	D.	5	Félix Pyat.	
Deux singes	B.	1		A. Renoux.
Deux sœurs	M.	3	1/2 Michel Masson.	1/2 Mourier.
Deux sœurs	C.	2	Monnet.	
Deux sœurs	V.	2	Llaunet.	
Deux sœurs	V.	1	Corsanges.	

Titres des Pièces.	Genres.	Actes.	M. GUYOT.	M. PERAGALLO.
Deux sœurs.	V.	1	Rougemont, Barba, *édit.*	
Deux sœurs.	V.	1	(*Delestre Poirson*).	Fournier.
Deux sœurs.	V.	1	2/3 Deslandes, Jacques Arago.	1/3 Buquet.
Deux sœurs de charité	V.	3	1/3 *Jouslin pour* Joseph B., prop.	2/3 Ch. Dupeuty, Rosier.
Deux sœurs de charité	V.	2		Paul Duport, Romain Chapelain.
Deux soleils pour une lune.	V.	2	1/2 Rochefort.	1/2 Noiseuil.
Deux somnambules.	V.	1	Lhérie jeune, Gabriel.	
Deux Sophie.	D.	3		Aude.
Deux Sophie.	V.	1	Hippolyte Roland.	
Deux soufflets.	C.	2	1/3 Saint-Amand.	2/3 Henri Villemot, Frémont.
Deux sous-lieutenants.	O.	1		De Favières, Berton.
Deux sous de charbon	O.	1	1/2 Léo Delibes.	1/2 Moinaux.
Deux spahis.	V.	1	Bernède.	
Deux statues.	O.	1		Milcent, Porta.
Deux statues.	B.-P.	1		Gilbert.
Deux statues.	P.	1	Paul Legrand, Bovery.	
Deux systèmes.	V.	2	A. d'Artois 2/3, Barba, *éd.* 1/3.	
Deux tableaux de Paris.	C.	1	Brazier, Dumersan.	
Deux tableaux parlants.	C.	1	Bernard Valville.	
Deux tailleurs.	V.	1	1/3 *Jouslin pour* Joseph B., prop.	2/3 Ch. Dupeuty, de Villeneuve.
Deux tambours.	V.	1		Lubize, Salvat, Prieur.
Deux ténors.	V.	3		Marie Aycard, Couailhac.
Deux ténors.	V.	1		Morin.
Deux testaments.	V.	1	Francis D., Brazier, Bernardet.	
Deux toqués.	O.	1		Bondon, Grenier, Oray.
Deux toqués.	V.	1	1/2 A. Guénée.	1/2 Alf. Delacour.
Deux tourlourous.	V.	1		Simonnin.
Deux trappes.	V.	1	Désaugiers (D. E.), Francis D.	
Deux tuiles.	V.	1	1/3 Mathieu.	2/3 Reneaume, Mifliez, *édit.*
Deux Turenne.	V.	1	Hubert, Maréchalle.	
Deux Valentin.	V.	1	Désaugiers (D. E.), Gentil.	
Deux valets.	C.	1	De Pixérécourt.	
Deux valets.	C.	1	Francis D.	
Deux Valladomir.	D.	3	Victor Ducange (D. E.).	
Deux vaudevilles.	V.	1	Brazier, Barba, *édit.*	
Deux veuves.	V.	2	Ségur jeune.	
Deux veuves.	C.	1	Rigaud (D. E.).	
Deux veuves.	V.	1	*Jouslin pour* Joseph B., *prop.* 1/2, Aubertin 1/2.	
Deux veuves.	C.	1	Monnet.	
Deux veuves pour rire	V.	1		Antoine de Nantes, de Najac.
Deux vieillards.	C.	4	Andrieux (D. E.).	
Deux vieilles gardes.	O.	1	1/2 Poise, Léo Delibes.	1/2 de Villeneuve, Lemonnier.
Deux vieux garçons.	V.	1	Vanderburch, Mallian, Barba, *édit.*	
Deux vieux papillons.	D.	2		Léon Laya.
Deux vocations.	D.	2	1/2 Faulquemont.	1/2 Commerson.
Deux voisines.	C.		Désaugiers (D. E.).	
Deux voisins.	O.	1	A. Piccini.	
Deux voisins.	V.	1	Barré (D. E.), Radet (D. E.), Desfontaines (D. E.).	
Deux voisins.	V.	1	1/2 Barba, *édit.*	1/2 Sewrin.
Deux voisins.	V.	1	Gentil, Barrière.	
Deux voleurs.	O.	1	De Leuven 1/4, Lhérie B. 1/4, Girard 1/2.	
Deux voyageurs.	C.	2	Armand Charlemagne.	
Deux voyageurs.	V.	1	*Jouslin pour* Joseph B. *prop.*	

Titres des Pièces.	Genres.	Actes.	M. GUYOT.	M. PERAGALLO.
Deux Zangaris	D.	5		Jouhaud.
Devinette	O.	1	Julian 1/4, Vasseur 1/4, Pilati 1/2.	
Devoir et la nature	D.	1		Pelletier Volmérange (D. E.).
Devoirs d'un roi	M.	3		Leblanc, Dubois.
Dévorant Ier	V.	1	Saint-Marc.	
Dévorants	V.	2		Biéville, Alix, *édit.*
Dévouement	D.	2	Barthélemy, Lhérie B., Lhérie jeune, Barba, *édit.*	
Dévouement	V.	1		Demolière.
Dévouement	C.	1		Auger.
Dévouement de jeune fille.	D.-V.	3	1/2 Sauzay.	1/2 Davesnes.
Dévouement filial	C.	2		Bernard Valville.
Dévouement filial	M.	1	1/2 Henri Simon.	1/2 Ferdinand Laloue.
Dey d'Alger à Paris	V.	1	Etienne, Nanteuil, Desvergers, Varin, Barba, *édit.*	
D'Ginguiz-Kan	M.	5		Anicet.
Diable	D.	5		Alf. Delacour, Lamb. Thiboust.
Diable	V.	2		Duport 2/12, Duvert, 5/12, de Lauzanne 5/12.
Diable à la maison	D.	2	1/2 A. Guénée.	1/2 Couailhac.
Diable à l'école	O.	1	Scribe, Ernest Boulanger.	
Diable à Lyon	V.	3	1/2 Cormon.	1/2 Saint-Amand.
Diable amoureux	B.	3	5/9. De Saint-Georges 3/9, Benoît 2/9.	4/9 Mazilier, Reber.
Diable amoureux	V.	2	Rattier, Déaddé.	
Diable amoureux	V.	1	1/2 Michel Masson.	1/2 Saintine.
Diable à Paris	V.	3	1/2 Clairville.	1/2 Damarin.
Diable à Paris	V.	1	1/2 Llaunet.	1/2 Simonnin.
Diable à quatre	O.	3	1/2 Creuzé.	1/2 Solié.
Diable à quatre	O.	3	Creuzé, A. Adam.	
Diable à quatre	V.	3	1/2 E. Jaime.	1/2 Michel Delaporte.
Diable à quatre	V.	3	De Leuven, Lhérie B., Siraudin.	
Diable à quatre	B.	2	2/3 De Leuven, A. Adam.	1/3 Mazilier.
Diable à Séville	O.	1	Cavé, Gomis.	
Diable au corps	V.	1		J. Augier.
Diable au moulin	O.-C.	1	1/4 Cormon.	3/4 M. Carré 1/4, Gevaërt 1/2.
Diable au moulin	V.	1	H. Roland.	
Diable au spectacle	M.	1	1/3 Overnay.	2/3 Antier, Th. Nézel.
Diable boiteux	M.	5	Pillon.	
Diable boiteux	B.	3	2/3 Burat, Gide.	1/3 Corally.
Diable boiteux	V.	1		Favart fils.
Diable boiteux	C.	1	Vanderburch.	
Diable couleur de rose	O.	1		Levrier de Champrion (D. E.), Gaveaux (D. E.).
Diable d'argent	F.	4		Anicet 3/6, Brisebarre 1/6, Laurent aîné 2/6.
Diable d'argent	V.	1	A. d'Artois, Rochefort.	
Diable des Pyrénées	M.	5	1/2 Mallian.	1/2 Lepage.
Diable en vacances	V.	1	Désaugiers (D. E.).	
Diable en vacances	O.	1		Bosquier, Gaveaux (D. E.).
Diable et la jeune fille	D.	3	Lesguillon, Barba, *édit.*	
Diable ou femme	C.	3	1/3 Lévy, *édit.*	2/3 Hippolyte Lucas.
Diable page	O.	3	1/2 Théaulon, Charpentier.	1/2 Hérold (D. E.).
Diableries de l'année	V.	1	1/3 De Tully.	2/3 Auger, Salvat.
Diables roses	O.-C.	1	2/3 Edouard Fournier, Pol Mercier.	1/3 Herminie Déjazet.
Diablotin	B.	1		A. Renoux, Charles Tourey.

Titres des Pièces.	Genres.	Actes.	M. GUYOT.	M. PERAGALLO.
Diadesté..............	O.	2		Saint-Hilaire 1/4, Léon 1/4, Godefroy 1/2.
Diamant........🟐.....	M.	3	Victor Ducange (D. E.).	
Diamant...............	V.	2	Théaulon, Barba, édit.	
Diamant de Drury-Lane..	C.	2		Coquatrix.
Diamant perdu.........	V.	2	Désaugiers (D.E.), Gentil.	
Diamants de la couronne.	O.	3	1/2 Scribe, de Saint-Georges.	1/2 Auber.
Diamants de madame. ...	V.	1	1/3 François.	2/3 Fournier, Alix, édit.
Diana la créole.........	V.	2	De Saint-Georges.	
Diane................	D.	5	Emile Augier.	
Diane de Chivry........	D.	5		Frédéric Soulié, Alix, édit.
Diane de Lys..........	D.-V.	3		Alexandre Dumas fils.
Diane de Lys et de Camélias...............	V.	1		Alfred Delacour, Lambert Thiboust.
Diane de Poitiers.......	M.	5	1/3 Morain.	2/3 Desnoyers, Raimbaut.
Diane de Poitiers.......	V.	2	Dumersan.	
Diane et Endymion.....	O.	1		Moline (D. E.).
Diane et Endymion......	B.	1		Blache.
Diane et les Satyres.....	P.	3		Franconi jeune.
Diane Vernon..........	V.	1	1/3 De Leuven.	2/3 Blanchard, de Forges.
Diavoletta............	V.	2		Jousserandot.
Dick-Rajah............	M.	3		Saint-Hilaire.
Diderot...............	C.	1	Aude, Barba, édit.	
Didier l'honnête homme.	V.	2	Scribe, Michel Masson.	
Didon................	T.	5	Lefranc de Pompignan.	
Didon................	O.	4	Marmontel (D. E.), Piccini.	
Diégarias.............	T.	5		Victor Séjour.
Dieu des souhaits.......	M.	3	Hapdé (D. E.) 5/6, Lanusse 1/6.	
Dieu du jour...........	V.	2	9/16 Achille et Armand d'Artois, Besselièvre.	7/16 Roger de Beauvoir, Giraud Dagneau, édit.
Dieu et diable..........	V.	1	1/2 Barba, édit.	1/2 Th. Nézel, Simonnin.
Dieu et la bayadère.....	O.	2	1/2 Scribe.	1/2 Auber.
Dieu, l'honneur et les dames	D.	3		Cuvelier (D. E.), Théodore.
Dieu merci, le couvert est mis................	V.	1		Léon Gozlan.
Dieu vous bénisse......	V.	1		P. Duport, Ancelot.
Dieux à la Courtille......	V.	1	Mélesville, Brazier.	
Dieux à Tivoli.........	V.	1	Francis, Servière (D. E.).	
Dieux à Tivoli.........	V.	1	Etienne.	
Dieux de l'Olympe à Paris.	V.	2	2/3 Clairville.	1/3 Vaulabelle.
Dieux rivaux..........	O.	1	1/4 Dieulafoy.	3/4 Brifaut, Berton, Creutzer, Persuis, Spontini.
Difficultueux...........	C.			Saint-Cyr.
Dilettante............	V.	2	Théaulon, Th. Anne, Gondelier, Duvernois.	
Dilettante d'Avignon....	O.	1	1/2 Hoffmann (D. E.), Léon Halévy.	1/2 Fr. Halévy.
Diligence attaquée......	M.	3	1/4 Quoy.	3/4 Ferdinand Laloue, Ménissier, Renault (D. E.).
Diligence de Brives-la-Gaillarde.............	V.	1		Rigot, Alix, édit.
Diligence de Joigny.....	C.	3	Picard (D. E.).	
Diligence de Lyon......	C.	3	Cubières.	
Diligence embourbée....	V.	1	Pompigny.	
Diligence versée........	V.	1	2/3 Ferd. Langlé, Rousseau.	1/3 Ch. De Courcy.
Dimanche.............	V.	1	Désaugiers (D. E.), Gentil, Brazier, Barba, édit.	

Titres des Pièces.	Genres.	Actes.	M. GUYOT.	M. PERAGALLO.
Dimanche à Londres	V.	1	Edouard Noël.	
Dimanche à Passy	V.	1	1/2 Désaugiers (D. E.), Barba, édit.	1/2 Chazet, Léger.
Dimanche à Saint-Mandé.	V.	1	1/3 Varner.	2/3 Duvert, Lauzanne.
Dimanche au Château des fleurs (*Marseille*)	V.	3		Marc-Michel, Laurencin, de Forges.
Dimanche d'été	V.	4	1/2 A. Guénée.	1/2 Vachette.
Dimanche d'une grisette	V.	2	1/2 A. Guénée.	1/2 Ménissier.
Dimanches de Pampette	V.	1	1/2 Zaccone.	1/2 Elie Frébault.
Dinah l'Egyptienne	M.	5	Déaddé, L. Lefebvre.	
Dinde au berceau	V.	1	Plouvier, Desvergers.	
Dinde aux louis	V.	1	Radet (D. E.).	
Dinde en pal	V.	1	De Rougemont, Barba, *édit*.	
Dinde truffée	V.	1	Varin, de Léris.	
Dîner à l'ermitage	V.	1		Voinez, Férey.
Dîner à Pantin	V.	1	3/4 Désaugiers (D. E.), Gentil (D. E.).	1/4 Chazet.
Dîner aux prés Saint-Gervais	V.	1	Radet (D. E.).	
Dîner d'amis	V.	1		Tournemine.
Dîner d'artiste	V.	1	2/3 Brazier, Dumersan.	1/3 Merle.
Dîner d'auberge	V.	1	Dreuilh, Monperlier.	
Dîner d'auberge	C.	1	Mélesville.	
Dîner de garçons	V.	1	Imbert, Varner.	
Dîner de Madelon	V.	1	Désaugiers (D. E.).	
Dîner de monseigneur	V.	1	Mélesville.	
Dîner d'emprunt	V.	1	Pain (D. E.), Dupin.	
Dîner d'emprunt	V.	1	3/4 Hubert, Pollet, Mlle Huet.	1/4 Décour.
Dîner du général	V.	1	F. Garnier.	
Dîner d'un héros	V.	1	A. Gouffé, Rouhier-Deschamps	
Dîner et des égards	V.	1		Vaulabelle 4/9, Dumoustier 2/9, Lévy, *édit*. 3/9.
Dîner manqué	V.	1	1/2 Désaugiers (D. E.), Barba, *édit*.	1/2 Chazet, Léger (D. E.).
Dîner par victoire	C.	1	Désaugiers (D. E.).	
Dîners à trente-deux sous.	V.	1	1/2 Cogniard frères.	1/2 Rimbaut, Lubize.
Dîners au cachet	V.	1	Scribe, Dupin, Dumersan.	
Dîner sur l'herbe			Scribe, Mélesville.	
Diogène	D.	5	Félix Pyat.	
Diogène	P.	1		Jouhaud.
Diorama mythologique	V.	1		Sauvey.
Diplomate	V.	2	Scribe, G. Delavigne.	
Diplomate	V.	1		Durand de Valley, Tournachon.
Diplomate de coulisses	V.	3	1/3 Carmouche.	2/3 Fr. De Courcy, Merle.
Diplomate en famille	V.	1	Varner.	
Diplomate sans le savoir.	V.	2		*Potier pour* Faucheur.
Diplomate de ménage	C.	1	1/2 Mme Caroline Berton.	1/2 Giraud-Dagneau, *édit*.
Directeur dans l'embarras.	O.	2	Dubuisson.	
Directeur de village	O.	1		Foignet.
Directeur et l'abonné	C.	1	Yvert d'Amiens.	
Discipline républicaine	O.	1	Valcour (D. E.).	
Discours de rentrée	V.	2	2/3 Rougemont.	1/3 Alix, *édit*.
Discrétion	V.	1	Dumanoir, Lafargue.	
Discrétion	C.	2	2/3 E. Plouvier.	1/3 Alix *édit*.
Discret malgré lui	C.	2	G. Duval, Barba, *édit*.	
Disgrâce	C.	3		Duval.
Disgrâce	V.	1		Dorat neveu.
Disputeur	V.	1	2/3 Duval, Deguerle.	1/3 Alix, *édit*.
Disputeur	C.	1	Armand Charlemagne.	

Titres des Pièces.	Genres.	Actes.	M. GUYOT.	M. PERAGALLO.
Distraction............	C.	1		Jules Barbier.
Distraits................	C.	1		Antier, d'Epagny.
Distribution de prix.....	C.	1	Chol de Clercy, Messant, Pernet.	
Distribution des prix....	V.	2		Demonval-Saint-Hilaire.
Divertissement de grand seigneur............	V.	1	1/2 Raymond P.	1/2 Lubize.
Diviser pour régner.....	V.	1		Decourcelle.
Divorce................	V.	1	Desfontaines (D. E.).	
Divorce................	C.	1	Demoustier.	
Divorce................	D.	1		Ancelot.
Divorce de Henri VIII....	T.	5	Draparnaud.	
Divorce manqué........	V.	1	Barré (D. E.), Bourgueil.	
Divorce sous l'Empire...	V.	2	Bayard, de Corval.	
Dix...................	O.	1	De Leuven.	
Dix ans de constance....	V.	1		Duvert, Saintine.
Dix ans de gloire........	V.	1	M. Simon.	
Dix ans de la vie d'une femme...............	D.	5	1/2 Scribe.	1/2 Terrier.
Dix ans de trop.........	C.	1	Léon Halévy.	
Dix ans d'exil..........	M.	3		Boirie, Lemaire, Merle.
Dix décembre..........	V.	1		Poujol fils.
Dix francs de Jeannette..	V.	1	1/3 *Jouslin pour* Joseph B., prop.	2/3 Ch. Dupeuty, de Villeneuve.
Dix francs de Jeannette..	V.	1		Duport, Duvert, Lauzanne.
Dix francs de Maclou....	O.	1	Desbuissons, Lemarié.	
Dix heures du soir......	V.	2	1/2 Carmouche.	1/2 Ancelot.
Dix-huit ans après......	M.	3	Masselin.	
Dix-huit brumaire.......	V.	1	Désaugiers (D. E.).	
Dix-huit cent douze.....	D.	5	Hippolyte Leroux.	
Dix-huit cent quarante..	V.	1	Mélesville, Delestre-Poirson, Brazier.	
Dix-huit cent quarante..	R.	1		D'Ennery, Grangé, Bourget.
Dix-huit cent quarante-deux à l'hôtel Bullion..	R.	1	A. Guénée.	
Dix-huit cent quarante-deux et dix-huit cent quarante-trois........	V.	1		Jouhaud.
Dix-huit cent quarante et un et dix-neuf cent quarante et un........	R.	1	2/3 Cogniard frères.	1/3 Th. Muret.
Dix-huit cent quatorze...	V.	2	1/3 Cormon.	2/3 D'Ennery, Alix, *édit.*
Dix-huit cent trente-cinq.	V.	1	Désaugiers (D. E.).	
Dix-huit cent trente-quatre et dix-huit cent trente-cinq...............	V.	1	1/3 Théaulon.	2/3 Fr. De Courcy, Th. Nézel.
Dix-huit cent trente-quatre et dix-huit cent trente-cinq...............	R.	1	2/3 Francis D., F. Langlé.	1/3 Fr. De Courcy.
Dix-huit cent trente-six dans la lune.........	R.	1	Clairville, Delatour.	
Dix-huit cent trente-six sur la sellette........	R.	1	2/3 Bayard, Théaulon.	1/3 Fr. De Courcy.
Dix-huit cent vingt et un, dix-huit cent trente et un et dix-huit cent cinquante.............	V.	3	1/2 Michel Masson.	1/2 de Villeneuve.
Dix jours après.........	V.	1	Sauvage, Ozaneaux, Barba, *édit.*	
Dix mille francs de rente.	V.	1	Marc Leprévost.	

Titres des Pièces.	Genres. Actes.	M. GUYOT.	M. PERAGALLO.
Dix-sept cent cinquante et dix-huit cent vingt-sept.	V. 1	7/9, Rougemont, de Saint-Georges.	2/9 Simonnin.
Dix-sept cent quatre-vingt-neuf et dix-huit cent..	V. 2	1/3 Saint-Laurent.	2/3 Saintine, Duvert.
Dix-sept cent quatre-vingt-quatorze............	M. 5	1/2 Labrousse, Mallian.	1/2 Ferd. Laloue, Dutertre.
Dix-sept cent quatre-vingt-seize et dix-huit cent quinze............	D. 5	1/2 Michel Masson.	1/2 Desnoyers.
Dix-sept cent quatre-vingt-seize et dix-huit cent..	D.-V. 2	Devaux, Brisson.	
Dix-sept cent quatre-vingt-trois...............	C. 1	Lafontaine.	
Dix-sept cent soixante...	C. 1	De Longpré.	
Dix-sept juin dix-huit cent seize...............	V. 1	Désaugiers (D. E.).	
Docteur amoureux......	C. 1		Ernest de Calonne.
Docteur blanc..........	P. 1	2/3 Paul Legrand, Bernardin.	1/3 Bridault.
Docteur Chiendent......	V. 2	3/4 E. Jaime, Varin.	1/4 Giraud-Dagneau, *édit*.
Docteur d'Altona.......	M. 3		Chavanges, Decomberousse, Maillard.
Docteur de Saint-Brice..	M. 2	2/3 Cogniard frères.	1/3 Th. Muret.
Docteur du défunt......	V. 1	Théaulon, Lafontaine, Carmouche, Bouquin de la Souche.	
Docteur en herbe.......	V. 2		P. Duport, Duvert, Lauzanne.
Docteur Gall...........	V. 1	Llaunet.	
Docteur Isambart.......	V. 3		Huard.
Docteur miracle........	O. 1	1/4 Ludovic Halévy.	3/4. Léon Battu 1/4, Lecoq 1/2
Docteur miracle........	O. 1	1/4 Ludovic Halévy.	3/4. Léon Battu 1/4, Bizet 1/2.
Docteur noir...........	D. 7	1/2 Dumanoir.	1/2 Anicet.
Docteur Quinquina.....	V. 1	Gabriel, Rozet, Barba, *édit*.	
Docteur Robin.........	D. 1	Jacques Arago 1/4, (*Delestre-Poirson*) 1/4.	De Prémaray 1/2.
Docteur Sangrado......	F.-V. 1		Simonnin.
Docteur Sobreton.......	C. 1		Mercier (D. E.).
Docteur Tam-Tam......	O. 1	1/2 Jules Adenis, Tourte.	1/2 Frédéric Barbier.
Do de la rue (les).......	O. 1		E. Adam, Rosemboom.
Dodore en pénitence.....	V. 1	1/2 Salin.	1/2 Durand de Valley.
Dodore le Casseur......	V. 1		Labénardière, Simonnin.
Dodorida.............	M. 3	De Leuven, Dumanoir.	
Doge de Venise........	M. 2		A. Goury, F. Polanchet.
Doigt coupé...........	V. 1	Valcour.	
Doigt de Dieu..........	V. 1		Lemoine-Montigny, Meyer.
Doigt de vin...........	V. 1	2/3. Colliot 1/3, *Bourdois pour* Porcher, *prop*. 1/3.	1/3 Rimbaut, Mifliez, *édit*.
Doigts de fée..........	C. 1	Scribe, Legouvé.	
Dolly.................	M. 3	Sauvage, de Lurieu, Vandière.	
Dolorès..............	M. 3		D'Ennery, Tilleul.
Dolorida.	V. 1	De Leuven, Dumanoir.	
Domestique pour tout faire	D. 1	Ach. et Arm. d'Artois.	
Domestiques de Paris....	V. 2	Honoré 2/3, Mifliez, *édit*. 1/3.	
Dominicain...........	M. 3	1/3 Riga.	2/3 Fontan, Chevalier.
Dominicaux..........	V. 1	Rougemont.	
Dominique............	V. 1	Brazier, Barba, *édit*.	
Dominique le possédé....	D. 3	1/2 Dupin.	1/2 D'Epagny.
Domino blanc.........	V. 3		Martin, Michel Delaporte.

Titres des Pièces.	Genres.	Actes.	M. GUYOT.	M. PERAGALLO.
Domino bleu	V.	1		Dutertre, Boulé.
Domino jaune	V.	2	Mme Clémence Lalire.	
Domino jaune	V.	1	1/2 Adolphe Choler.	1/2 Porcher, *prop*.
Domino noir	O.	3	1/2 Scribe.	1/2 Auber.
Domino pour dix	V.	1	Maréchalle, Ch. Hubert.	
Domino rose	V.	2		Ancelot, Decomberousse, Alix.
Dominos	V.	1		Dubois-Davesnes.
Dominos verts	C.	1	Napoléon d'Abrantès.	
Dominus Sampson	V.	1	2/3 Ach. et Arm. d'Artois, Besselièvre.	1/3 Ed. Moinaux.
Dompteur d'animaux	V.	1	A. d'Artois, Théaulon.	
Dompteur de femmes	V.	1		Raymond Deslandes, Rimbault
Dona Bella	P.	2		Hullin (D. E.), Taix (D. E.).
Don Almanzor	O.	1	1/2 Renaud de Vilbac.	1/2 Labat, Ulbac.
Dona Sylvia	M.	5	1/2 Legoyt.	1/2 D'Ennery.
Don Carlos	T.	5		Talabot.
Don Carlos	T.	5	*Feu* Lefèvre.	
Don Carlos	D.	5	Carpier.	
Don Carlos	O.	3		Léger (D. E.), Dutremblay (D. E.).
Don Carlos	O.	2	Deshayes.	
Don César de Bazan	D.	5	1/2 Dumanoir.	1/2 D'Ennery.
Don Gaspar	D.	5	Lelioux.	
Don Grégorio	O.-C.	2	1/2 De Leuven, Sauvage.	1/2 Cte Gabrielli.
Don Gusman	C.	5	1/2 Lévy, *édit*.	1/2 Decourcelle.
Donjon de Vincennes	D.	5		D'Ennery, Grangé.
Don Juan	O.	5	1/6 Emile Deschamps.	5/6 Castil-Blaze, Henry Blaze.
Don Juan	O.	4		Perlet (D. E,).
Don Juan	O.	3		Thuring, Baillot.
Don Juan	B.	3		Alexis Blache.
Don Juan	V.	2	Bayard.	
Don Juan d'Autriche	C.	5		Casimir Delavigne.
Don Juan de Marana	D.	5		Alexandre Dumas.
Don Mendoce	O.	1	Dupaty, Ségur aîné (D. E.)	
Donnant, donnant	V.	2		Amédée Achard 2/3, Lévy, *éd.* 1/3.
Donneur de conseils	C.	1	(Maurin) Mme Charlemagne.	
Donnez aux pauvres	C.	2		Jules de Prémaray.
Donnez-moi la paix	V.	1	Clairville, Th. Cogniard.	
Don Pasquale (*traduct.*)	O.	3	1/6 Alphonse Royer.	5/6. Vaëz 1/6, Donizetti 1/6, Escudier, *édit.* 3/6,
Don Pasquale (*italien*)	O.	3		Escudier, *prop*.
Don Pasquale	V.	1	(*Delestre-Poirson*.)	
Don Pèdre	O.-C.	2	3/4. Cormon 1/4, Poise 1/2.	1/4 Grangé.
Don Pèdre le mendiant	M.	4	1/2 Labrousse.	1/2 Saint-Ernest Brette.
Don Pedro	D.	5		Dutrou.
Don Pedro, roi de Portugal.	D.	5	1/4 Paul Foucher.	3/4. Alboize 1/4, Blanchard 1/2
Don Quichotte	M.	3		Anicet, Ferdinand Laloue.
Don Quichotte aux noces de Gamache	V.	3	Dupin, Sauvage.	
Don Quichotte de Noisy-le-Sec	V.	1	3/4 Désaugiers (D. E.), Gentil, Barba, *édit*.	1/4 Merle.
Don Quichotte et Sancho.	O.-C.	1		Hervé.
Don Sanche	O.	1	Théaulon, Drancé, Liszt.	
Don Sanche d'Aragon	T.	3		Planat.
Don Sanche de Castille	M.	5	Monperlier.	
Don Sébastien	P.-V.	1	Alfred Goy, Boinet.	
Don Sébastien de Portugal	O.	5	1/2 Scribe.	1/2 Donizetti.
Don Sébastien de Portugal	D.	5	Paul Foucher.	

Titres des Pièces.	Genres.	Actes.	M. GUYOT.	M. PERAGALLO.
Dorat et Colardeau	C.	1		Dubois.
Dorat et Fréron	V.	1	Rougemont.	
Dorat et Vadé à la Halle	V.	1	Dumersan, Duval, Rochefort.	
Dormez, mes petits amours	V.	3		Jules Renard.
Dorval	C.	1	Ségur.	
Dorvigny et Lantara	V.	1	1/3 Barba, *édit*.	2/3 Merle.
Dos à dos	C.	1	Mme Roger de Beauvoir.	
Dot	O.	3	Desfontaines.	
Dot d'Auvergne	V.	1		D'Ennery, Grangé, Alix, *édit*.
Dot de Cécile	V.	2	Théaulon, Gabriel, Angel.	
Dot de ma fille	C.	1	Samson.	
Dot de Marie	V.	1	2/3 Clairville.	1/3 de Vaulabelle.
Dot de Mariette	V.	1	Bergeret, Lévy, *édit*.	
Dot de Rose	V.	1	Faulquemont, Frey.	
Dot et la Fille	V.	3	Montigny, Lafontaine, Bouquin de la Souche.	
Dot de Suzette	D.	4	1/2 Dinaux.	1/2 G. Lemoine.
Dot de Suzette	O.	1		Boïeldieu.
Dot du savetier	V.	1	Rougemont.	
Douairière	V.	2		Laurencin.
Douairière	V.	1	1/2 Vanderburch.	1/2 Ménissier.
Douairière de Brionne	V.	1	Bayard, Dumanoir.	
Double apothéose	V.	2	Piis (D. E.), Propiac.	
Double assaut	C.	1	Guiton.	
Double divorce	C.	2	Forgeot.	
Double échelle	O.	1	De Planard, Ambroise Thomas.	
Double enlèvement	C.	2	Victor.	
Double épreuve	C.	1		Hippolyte Lucas.
Double espièglerie	V.	4	3/4. Rochefort 1/4, Barba, *édit*. 1/2.	1/4 Maillard.
Double étourderie	V.	1	3/4. Rochefort 1/2, Barba, *édit*.	1/4 Maillard.
Double fête	V.	2		Chazet, Ourry.
Double fête	V.	1		Turmeau.
Double fête	V.	1		Vial, Bélurgey.
Double fête	V.	1	1/2 Coupart.	1/2 Varez.
Double fête	V.	1	1/2 Mlle Huet.	1/2 Varez.
Double fête au village	B.	1		Blache (D. E.).
Double Gille	V.	1	Hippolyte Leroux.	
Double illusion	M.	3		Hubert, Quaisain (D. E.).
Double intrigue	C.	2	Dumaniant (D. E.).	
Double jugement de Pâris	O.	1	Piis (D. E.), Propiac.	
Double leçon	O.	1	1/2 Mlle de Kerkado.	1/2 A. Duval.
Double leçon	C.	1		D'Epagny.
Double leçon	V.	1	Hippolyte Roland.	
Double mariage	C.	1	Michel Masson.	
Double méprise	C.	1		Chazet.
Double procès	C.	2		Cobourg.
Double promesse	C.	1	Pompigny.	
Double réputation	C.	3	Picard, (D. E.).	
Double stratagème	C.	3	1/2 Barba, *édit*.	1/2 Mme de Bawr.
Double surprise	V.	1		Victor Chaussiez.
Double veuvage	C.	1	Léon Guillard.	
Doublons de ma ceinture	O.	1	Alfred Albert, Darcier.	
Doute et croyance	D.	1	Cournier.	
Douvres et Calais	V.	2	2/3 Théaulon, Barba, *édit*.	1/3 Ménissier.
Douze mois	B.	1		Blache (D. E.).
Douze août 1792	D.	5	1/4 Paul Foucher.	3/4 Desnoyers, Delavergne, Alix, *édit*.

Titres des Pièces.	Genres.	Actes.	M. GUYOT.	M. PERAGALLO.
Douze têtes dans un bonnet	V.	1		Jules Renard.
Doyen de Killerine	V.	3		Ch. Dupeuty, Fontan.
Doyen de Killerine	V.	2	Overnay 1/4, Ad. Payn 1/4, Barba, édit. 1/2.	
Doyen de San-Piétro	V.	2	Kalekaire, Marguerie.	
Dragées	V.	1		Dubois.
Dragées du baptême	O.	1		Ch. Dupeuty 1/4, Bourget 1/4, Offenbach 1/2.
Dragées du baptême	V.	1	1/2 Siraudin.	1/2 Alf. Delacour.
Dragées du 16 mars	V.	1	1/2 A. Guénée.	1/2 Charles Potier.
Dragon des Hespérides	O.	1	1/2 Darcier.	1/2 De Jallais, Flan.
Dragon de Thionville	C.	2	Dumaniant (D. E.).	
Dragon de vertu	V.	1	Théaulon, Pourlin.	
Dragon de vertu	V.	1		Marc Michel, Albéric Second.
Dragon de Vincennes	V.	2	Rougemont.	
Dragonnades	M.	3	De Pixérécourt.	
Dragonne	V.	2	Dumanoir, Leroux.	
Dragonnette	O.	1	1/4 Jaime fils.	3/4. Mestepès 1/4, Offenbach 1/2.
Dragons de la Reine	V.	1		Decourcelle.
Dragons de Villars	O.-C.	3	Lockroy 1/4, Cormon 1/4, Aimé Maillart 1/2.	
Dragons en cantonnement	C.	2	(Pigault-Lebrun) Barba, édit.	
Dragons et les Bénédictines	C.	1	(Pigault-Lebrun) Barba, édit.	
Dramaturge dans son ménage	V.	1		Duchâtelard.
Drame	V.	1	Dupin.	
Drame de famille	D.	5		Béraud, Charles Potier.
Drame de famille	C.	1		Michel Carré, Jules Barbier.
Drame de Murat	D.	1		Ménissier, Labénardière.
Drame en 1779	O.	1		Hervé.
Drapeau	M.	2		Ponet, Anicet.
Drapeau d'honneur	D.	5	1/3 Albert.	2/3 Lafont, Touchard-Lustières.
Drapeau français	V.	1	Gersin (D. E.), Henri Simon.	
Drapeau tricolore	V.	1	Lamerlière.	
Drapeaux	M.	1	Hubert, Pouillet.	
Drapier	O.	3	1/2 Scribe.	1/2 Fr. Halévy.
Drapier des Halles	M.	5	1/2 Lockroy.	1/2 Anicet.
Drelin, Drelin	V.	1	Varin, Mme Roger de Beauvoir, Lévy, édit.	
Drelindindin	V.	1	(Henrion) Barba, édit.	
Drinn-Drinn	V.	1	1/3 Labie.	2/3 Brisebarré, Nyon.
Droit chemin	C.	5		Latour Saint-Ybars.
Droit d'aînesse	V.	2	1/2 Lurine.	1/2 Albéric Second.
Droit d'aînesse	O.	1	Alexis, L. Piccini (D. E.).	
Droit d'aînesse	V.	1		Arnould, N. Fournier.
Droit d'aînesse	V.	1	3/4 Vanderburch, Lhérie.	1/4 D'Avrécourt.
Droit de naufrage	C.		Kotzebue.	
Droit de visite	V.	1	1/3 Edmond Martin.	2/3 Albert Monnier, Mifliez, édit.
Droit du seigneur	O.	3	Desfonfaines (D. E.), Martini.	
Droit et le Travers	V.	1	Delbès, Marquet.	
Droits de la femme	C.	1		Th. Muret.
Droits de l'homme	C.	2		Jules de Prémaray.
Drôle de commission	V.	1		Michel Delaporte 2/12, J. Marie, 2/12, Laurencin 4/12, Lévy, édit. 4/12.
Drôle de cor	V.	1		Couailhac, Sandrin.
Drôle de corps	C.	1		Sewrin.

Titres des Pièces.	Genres.	Actes.	M. GUYOT.	M. PERAGALLO.
Drôle de pistolet.	V.	2	Varin, de Léris, Lévy, *édit.*	
Dromadard et Panadier en Orient.	V.	1		Moinaux.
Dryades.	B.	1		A. Renoux.
Du Belloy.	V.	1	1/2 Lafortelle.	1/2 Chazet.
Duc d'Alençon.	M.	5	Quiney.	
Duc d'Aquitaine.	O.	1	A. d'Artois 1/4, Théaulon 1/4, Derancé 1/2.	
Duc de Craon.	M.	3	2/3 Bilderbeck, Duperche.	1/3 Dubois.
Duc de Modène.	V.	1		Idan, Puybusque.
Duc de Montmouth.	D.	3	1/2 Bodard.	1/2 Leblanc.
Duc de Reichstadt.	D.-V.	2	1/4 Cogniard frères.	3/4 Fontan, Ch. Dupeuty, Alix.
Duc de Valdeza.	O.	1	1/2 D'Antilly.	1/2 Jadin.
Duc de Vaugirard.	V.	2		Marc-Michel, L. Couailhac.
Duc d'Olonne.	-O.	3	1/4 Scribe.	3/4. Saintine 1/4, Auber 1/2.
Duc d'Orléans.	V.	2	1/2 De Livry.	1/2 Ch. Dupeuty.
Duc d'Ossonne.	V.	1	Dupin, Sauvage.	
Duchesse.	V.	1		Audeval.
Duchesse de Châteauroux.	D.	4		Mme Sophie Gay.
Duchesse de Châteauroux.	V.	4	Henri Duffaud.	
Duchesse de Franval.	D.	3		Bellevue, Lajariette.
Duchesse de la Vauballière.	D.	5	Rougemont.	
Duchesse de Marsan.	D.	5		D'Ennery, Clément.
Duchesse de Pimbèche.	V.	3		Albéric Second, Marc Michel.
Duchesse et le Page.	C.	2		Antony Béraud.
Duchesse et poissarde.	V.	2	1/3 Labie.	2/3 Salvat, J. Augier.
Ducis.	V.	1	Pontonnier frères.	
Duc Job.	C.	4		Léon Laya.
Du côté de la barbe est la toute-puissance.	V.	2	Fillot.	
Ducs de Normandie.	D.	3	1/2 Cormon.	1/2 Grangé.
Duègne.	C.	3		Châteauneuf.
Duègne et le valet.	V.	2		Sewrin, Chazet.
Duel.	O.	3		Pélissier, Desessarts, Rifaut.
Duel.	C.	2	Rochon.	
Duel.	M.	2	Signol, Barba, *édit.*	
Duel.	V.	1		Damarin.
Duel.	V.	1	Léon Halévy.	
Duel à trois.	V.	1		E. Dubreuil.
Duel au baiser.	V.	1	2/3 Clairville.	1/3 de Vaulabelle.
Duel au troisième étage.	V.	1	E. Jaime, Léon Halévy, Achille d'Artois, Barba, *édit.*	
Duel aux mauviettes.	V.	1	1/2 Varin.	1/2 Saintine.
Duel aux pommes vertes.	V.	1	1/2 Mlle Vandeursen.	1/2 Vannoy.
Duel à Valence.	O.	1	3/4 Birard 1/4, Louis 1/2.	1/4 Hippolyte Lefebvre.
Duel chez Ninon.	V.	1		Th. Barrière, Michel Carré.
Duel comique.	O.	2		Moline (D. E.).
Duel de Bambin.	O.	1	1/2 Dumaniant (D. E.).	1/2 Toméoni (D. E.).
Duel de Bambin.	V.	1	Dumaniant (D. E.).	
Duel de Benjamin.	O.	1		Jonas, Mestépès.
Duel de Latour.	C.	1		Arsène Houssaye.
Duel de mon oncle.	V.	1	-	Amédée Achard 2/3, Lévy, *édit.* 1/3.
Duel de Pierrot.	P.	1	1/3 Paul Legrand.	2/3 Bridault, Lindheim.
Duel du commandeur.	O.	1		Boisseaux 1/4, Lévy, *édit.* 1/4, de Lajarte 1/2.
Duel en amour.	C.	3	Scribe, Legouvé.	
Duel et la contredanse.	V.	1		Lepoitevin St-Alme, Mourier.
Duel et la lettre de change.	V.	2	1/2 Belle.	1/2 Antier.
Duel et le baptême.	M.	3	1/3 Mélesville.	2/3 Boirie, Merle.

Titres des Pièces.	Genres.	Actes.	M. GUYOT.	M. PERAGALLO.
Duel et le déjeuner.	V.	1	A. Gouffé, Ledoux, Barba, *édit.*	
Duel et l'uniforme	M.	3	1/3 Jouslin.	2/3 Crosnier, Saint-Maurice.
Duel impossible	C.	2	Martainville (D. E.).	
Duelliste.	D.	2		Isidore Courville.
Duellistes.	C.	3	Delongpré.	
Duel manqué	V.	1	Théaulon, Carmouche, Mélesville.	
Duel nocturne.	O.	1	Delongchamps, Rigel.	
Duel par la croisée	V.	1	Dieulafoy (D. E.), Gersin (D. E.)	
Duel par procuration	V.	1	1/3 Rousseau.	2/3 Fr. De Courcy.
Duels.	V.	2	Mélesville, Carmouche.	
Duel sans danger	C.	1	Destival.	
Duel singulier	C.	1	Dorvigny.	
Duel sous Richelieu	V.	3	Lockroy, Badon.	
Duel supposé	C.	1	Valcourt.	
Duel supposé	C.	1	Delaunay.	
Dufavel	D.	2		Desnoyers, Alix, *édit.*
Dufresny et sa servante	V.	1	1/3 Revel.	2/3 Merle, Ourry.
Duguay-Trouin	D.	2	Réné Périn.	
Duguay-Trouin prisonnier à Plymouth	V.	2	Barré (D. E.), Radet (D. E.), Desfontaines (D.E.) St-Félix	
Dugazon	V.	1	1/2 Scribe.	1/2 P. Duport.
Duhautcours	C.	5	Picard (D. E.).	
Du haut en bas	V.	2	Mélesville, Carmouche.	
Dumolet à Lyon	V.	1	Beuzeville (D. E.).	
Dumolet dans sa famille	V.	1	Désaugiers (D. E.).	
D'une fenêtre à l'autre	V.	1		Raymond-Deslandes, Porcher, *prop.*
Duo de capons	O.	1		De Jallais, Rosenboom.
Duo de serpents	O.	1		Commerson 1/4, Furpille 1/4, Cottin 1/2.
Dupe de sa ruse	V.	1	Aubertin (D. E), Henrion.	
Dupe de soi-même	C.	3	Roger.	
Duperron	V.	1		Devins, Commerson.
Dupinceau	V.	1	Arm. Croisette, Barba, *édit.*	
Dupont, mon ami	V.	3	Paul de Kock, Cogniard frères, Barba, *édit.*	
Dupuis et Desronnais	C.	3	Collé.	
Dure à cuire	V.	1	1/4 Labie.	3/4 Augier, Salvat.
Durelief	V.	1	Barré (D. E.), Radet (D. E.), Desfontaines (D. E.).	
Duval	O.	1	Grétry neveu (D. E.).	
Dzing, boum, boum	R.	3	2/3 A. Guénée, Mathieu.	1/3 Charles Potier.

E

Titres des Pièces.	Genres.	Actes.	M. GUYOT.	M. PERAGALLO.
Eau anti-scorbutique....	V.	1		Bellin, Bonel.
Eau bénite de cour......	C.	2	Picard (D. E.).	
Eau de javelle..........	V.	1	1/2 Gabriel.	1/2 Ch. Dupeuty.
Eau de Jouvence.......	O.	1		Duvert, Saintine, Conradin-Keutzer.
Eau de Jouvence........	C.	1	Galoppe d'Onquaire.	
Eau et le feu...........	O.	1	Bianchi.	
Eau et le feu...........	V.	1	1/2 Paul de Kock.	1/2 Henri de Kock.
Eau et le vin...........	V.	1	Désaugiers (D. E.), Gentil.	
Eau merveilleuse.......	O.	2	Sauvage, Grisar.	
Eau qui dort...........	V.	1	1/3 Bernard Lopez.	2/3 Narrey, Giraud-Dagneau, édit.
Eaux-Bonnes...........	V.	1		De Charollais.
Eaux de Hombourg.....	V.	1	Delaboullaye, Faulquemont.	
Eaux de Spa...........	C.	1	Etienne.	
Eaux de Spa...........	V.	1	Jules Lecomte.	
Eaux du Mont d'Or.....	V.	1	1/3 Scribe.	2/3 Fr. De Courcy, Saintine.
Ebéniste...............	V.	2	P. Deslandes, Didier.	
Ebénistes..............	D.	3	2/6 Lelioux, Molé Gentilhomme.	4/6 Lefranc, Michaud.
Ebroïn.................	T.	5		Ancelot.
Ecaillère...............	D.	3	Théaulon, Gabriel.	
Ecaillère et le pioupiou..	D.	5	Paul de Kock.	
Ecarté.................	V.	1	1/3 Jacquelin.	2/3 Ourry, Chazet.
Ecarté.................	V.	1	Scribe, Mélesville, de Saint-Georges.	
Ecbert.................	D.	3	Valcour.	
Echarpe...............	B.	1		Belliard.
Echarpe blanche........	V.	1	Dupin.	
Echarpe noire..........	V.	1		Poujol père et fils.
Echec et mat...........	D.	5	2/3 Oct. Feuillet, Lévy, édit.	1/3 Paul Bocage.
Echelle des femmes.....	V.	2		D'Ennery, Decourcelle.
Echelle de soie.........	O.	1	1/2 De Planard.	1/2 Gaveaux (D. E.).
Echelle des passions....	D.	5	Loyau de Lacy.	
Echelons du mari.......	C.	3	Bayard, Varner.	
Echo de Paris..........	V.	1	Désaugiers (D.E.), Gentil.	
Echo et Narcisse........	O.	3		Berton.
Eclair.................	O.	3	1/2 De Saint-Georges, de Planard.	1/2 Fr. Halévy.
Eclat de rire...........	M.	1	Jacques Arago, A. Martin.	
Eclat de rire...........	V.	1		Ménissier.
Eclat de trompette......	V.	1	Labie 2/3, Gérard 1/3.	
Eclipse de lune.........	V.	1		Lachabeaussière (D. E.).
Eclipse totale..........	O.	1		Lachabeaussière (D. E.).
Eclipse totale..........	V.	2	Scribe, Dupin.	
Ecole buissonnière......	V.	2		Lefranc, Labiche, Nyon.
Ecole de Brienne........	V.	2	3/4 Michel Masson, Gabriel, Barba, édit.	1/4 de Villeneuve.
Ecole de la bienfaisance.	V.	1		Pujoulx (D. E.).

8

Titres des Pièces.	Genres.	Actes.	M. GUYOT.	M. PERAGALLO.
Ecole de l'adolescence...	C.	2	Bertin d'Antilly.	
Ecole de la jeunesse.....	C.	5	Draparnaud (D. E.).	
Ecole de la jeunesse.....	C.	4	Achille, Armand et Théodore d'Artois.	
Ecole de la médisance...	C.	3		Boursault (D. E.).
Ecole de l'indigence.....	C.	2	Destival.	
Ecole de natation.......	V.	1	De Leuven, de Livry, Signol, Barba, édit.	
Ecole de Rome.........	O.	1	1/2 Lassagne, Vulpian, Rochefort.	1/2 Roll, Panseron.
Ecole des agneaux.......	C.	1	Dumanoir.	
Ecole des Arthurs.......	V.	2		Anicet, Labiche.
Ecole des béquillards....	V.	1	Dumersan, Dupin.	
Ecole des blanchisseuses.	V.	1		Châlons d'Argé.
Ecole des braves........	V.	1	Mlle Grimon.	
Ecole des épiciers.......	V.	2	1/2 Honoré.	1/2 Milsan.
Ecole des épiciers......	V.	2	2/3 Clairville.	1/3 Dumoustier.
Ecole des épouses......	D.	2		Bernard Valville.
Ecole des familles......	C.	5		Adolphe Dumas.
Ecole des familles......	M.	3	11/12 Paul de Kock, Lahusse.	1/12 Quaisain (D. E.).
Ecole des fauvettes.....	V.	2	Gabriel, E. Guinot.	
Ecole des Français......	C.	5		
Ecole des ganaches.....	V.	1	A. d'Artois, Francis d'A., Gabriel.	
Ecole de gourmands....	V.	1	2/3 Francis d'A., Lafortelle.	1/3 Chazet.
Ecole des inconstants...	V.	2	Saint-Félix, Monterot.	
Ecole des ivrognes.....	V.	1	P. Deslandes, Didier, A. d'Artois.	
Ecole des jeunes filles...	D.	5		Mélanie Waldor 2/3, Barbré, édit. 1/3.
Ecole des jeunes femmes.	C.	3	Collin-Harleville.	
Ecole des jeunes gens...	V.	2	2/3 Brazier, Carmouche.	1/3 Fr. De Courcy.
Ecole des journalistes...	C.	5		Mme de Girardin.
Ecole des juges.........	T.	5	Chénier (D. E.).	
Ecole des juges.........	D.	3		Dubois.
Ecole des marchands....	C.	3	Lermite.	
Ecole des maris........	C.	6	Nouguer père.	
Ecole des ménages.....	C.	5	A. de Beauplan.	
Ecole des mères.......	V.	2	Desfontaines (D. E).	
Ecole des mères........	O.	1	Després.	
Ecole des parvenus.....	O.	1		Pujoulx (D. E.).
Ecole des paysans.....	V.	2	Grétry neveu (D. E.).	
Ecole des pères........	D.	5	De Beaufort.	
Ecole des pères........	C.	3	Pieyres (D. E.).	
Ecole des peuples......	D.	5	De Rostan.	
Ecole des princes.......	C.	5	Lefèvre.	
Ecole des servantes.....	V.	1		Tournemine.
Ecole des veuves.......	C.	3	Fabien Pillet, Barba, édit.	
Ecole des vices.........	D.	5	Linossier.	
Ecole des vieillards.....	C.	5		Casimir Delavigne.
Ecole de village........	V.	1		Sewrin.
Ecole de village........	V.	1	Brazier, Dumersan (Delestre-Poirson).	
Ecole du monde........	C.	5	Comte Walewski.	
Ecole d'un fat.........	C.	1	Jautard, Mme d'Epinay.	
Ecole du pauvre.......	V.	2	Mallian, Lhérie B.	
Ecole du scandale......	C.	3		Châteauneuf.
Ecole du scandale......	M.	3	1/3 Jouslin pour Joseph B., prop.	2/3 Crosnier, Saint-Maurice.
Ecole du théâtre.......	C.	1		Antony Béraud.

Titres des Pièces.	Genres.	Actes.	M. GUYOT.	M. PERAGALLO.
Ecole militaire.........	V.	1	H. Roland.	
Ecole normande........	V.	1	P. Deslandes.	
Ecolier de Brienne......	V.	2	3/4 Michel Masson, Gabriel, Barba, édit.	1/4 de Villeneuve.
Ecolier d'Oxford........	C.	3	Wafflard.	
Ecolier d'Oxford.........	V.	1		Brisebarre.
Ecolier en vacances.....	O.	1	1/2 Picard (D. E.), Creuzé.	1/2 Jadin.
Ecoliers..............	C.	1	Charlemagne.	
Ecoliers en vacances....	B.	2		Jacquinet, A. Piccini.
Ecoliers en vacances.....	V.	1	3/4. Brazier 1/4, Barba, édit. 1/2.	1/4 Merle.
Ecoliers en promenade..	V.	1	Brazier, Dumersan, Gabriel.	
Economies de Cabochard.	V.	1	Dumanoir, Siraudin.	
Ecorce russe et cœur français............,.	V.	1	3/4. Royer de Bruges 1/4, Barba, édit. 1/2.	1/4 Jouhaud.
Ecossais,.............	B.-P.	1		Alexis Blache, Massip.
Ecossaise fugitive.......	M.	5		Mme Hadot.
Ecosseuses.	V.	1		Banchery.
Ecouteur aux portes.....	C.	1	Beaunoir.	
Ecrin................	V.	3	1/2 Paul Foucher.	1/2 Paul Duport.
Ecriteau.	V.	1	E. Thirion.	
Ecriteaux.	V.	2	Barré (D. E.), Radet (D. E.), Desfontaines (D. E.).	
Ecrivain de la rue de Bièvre................	V.	1	Pessey.	
Ecrivain public.	M.	3	Drouineau, Merville, Barba, édit.	
Ecrivain public.........	V.	2	1/2 Bayard.	1/2 Biéville.
Ecrivain public.........	V.	1	Théaulon, Barba, édit.	
Ecu de six francs.......	V.	1		Sewrin, Chazet.
Ecumeurs de mer......	D.	5		Muriel.
Ecuyer tranchant.......	V.	1		Brisebarre, Nyon.
Edgard...............	M.	3	5/6 Caigniez.	1/6 Quaisain (D. E.).
Edgard et Jenny........	O.	4	Plantade.	
Edgard et Nina.........	O.	1		Milcent, Porta.
Edgard et sa bonne.....	V.	1		Labiche, Marc Michel.
Edith................	D.	4	1/2 Alphonse Brot.	1/2 Antony Béraud.
Edmond..............	M.	3	11/12 Mme Pontueil, Lanusse.	1/12 Quaisain (D. E.).
Edmond et Caroline.....	O.	1		Marsollier (D. E.), Frédéric Kreubé.
Edmond Kean..........	D.	2		L. Paillet.
Edouard..............	O.	1		Mme Lesparat, Jadin.
Edouard II............	C.	5	Billard.	
Edouard en Ecosse......	D.	3		Alexandre Duval.
Edouard et Adèle.	V.	1		Dubois.
Edouard et Clémentine...	V.	3	1/3 Tresse, édit.	2/3 Laurencin, Paul Duport.
Edouard et Sophie......	M.	3		Châteauvieux.
Education.............	C.	5	Casimir Bonjour.	
Education............	C.	2	Victor Ducange (D. E.).	
Education d'Achille.....	V.	1	Théaulon, de Lurieu.	
Education déplacée.....	V.	1	G. Duval, Vieillard.	
Education d'une fille. ...	V.	2	Rougemont.	
Education d'un mari.....	V.	1	Ach. d'Artois, Francis d'A.,	
Education d'un serin.....	V.	1	Varin, Bayard.	
Education et le naturel...,	V.	2	Victor Ducange (D. E.), Ach. d'Artois.	
Education particulière..,.	V.	3	Ach. d'Artois.	
Education particulière...	V.	1	Rochefort, Ferdinand Langlé, Dittmer, Cavé, Brunet.	
Edward...............	M.	5	Albertin.	

Titres des Pièces.	Genres.	Actes.	M. GUYOT.	M. PERAGALLO.
Edwige de Hongrie	D.	5		Ostrowsky.
Effet au porteur	V.	1	Dumersan, Aubertin (D. E.).	
Effet de l'éther	V.	1	2/3 De Champeaux, Daudé.	1/3 Ménissier.
Effet du hasard	V.	1	Auguste Debrugas.	
Effets au porteur	V.	1	Deschamps.	
Effets de la faveur	V.	1	2/3 Dieulafoy.	1/3 Chazet.
Effets de l'amour et du ver solitaire	V.	1	Hapdé (D. E.), Dumersan.	
Effets de l'harmonie	O.	1	Dreuilh, Monperlier.	
Effets de misanthropie	V.	1	Ségur jeune.	
Efforts surnaturels	V.	1	Radet (D. E.).	
Egarements d'un cœur sensible	V.	1	Duval, Rochefort, Barba, *édit*.	
Egarements d'une canne et d'un parapluie	V.	1		Duvert, de Lauzanne.
Egill le démon	D.	3	Cournier, de Rostan.	
Eginhard de campagne	V.	1	Mélesville, Carmouche.	
Eginhard et Imma	M.	1	Valcour.	
Egmont	D.	5		Al. Rolland.
Egoïsme	C.	5	Cailhava.	
Egoïste	C.	3	Constant Berrier.	
Egoïste	V.	1	Ferdinand Latour 2/3, Barba, *édit*. 1/3.	
Egoïste par régime	V.	1	2/3 De Longchamps, Barba, *édit*.	1/3 Ferdinand Laloue.
Egyptien à Paris	V.	1	1/2 Lafortelle.	1/2 Hector Chaussier.
E H	V.	1	1/3 Siraudin.	2/3 Delacour, E. Moreau.
Elbeuf dans de nouveaux draps	V.	1	Dardoize.	
Elections	V.	1	Martainville (D. E.).	
Electre	O.	4	Guillard, Lemoyne.	
Eléonore de Lusignan	M.	3	5/12 Paccard.	7/12. Leblanc 5/12, Quaisain (D. E.) 1/12, Renat 1/12.
Eléonore de Rosalba	M.	3	1/2 *Dabaytuapour* Barba, *éd.*	1/2 Leblanc.
Eléonore de Volmare	M.	3		Aude 5/6, Quaisain (D. E.) 1/6.
Eléonore et Cécile	O.			
Eléonore et Fioretti	D.	5	J. de Normandie.	
Eléphant	V.	1	Brazier, Dumersan.	
Eléphant du roi de Siam	M.	3		Léopold, Ferdinand Laloue, Ad. Franconi.
Eléphant et le page	D.	2	Vanderburch.	
Eléphant et l'épicier	V.	2		Jouhaud.
Eléphants de la pagode	M.	3		Anicet, Saint-Hilaire, Gautier.
Elève de l'Amour	B.-P.	1		Taglioni.
Elève de la nature	D.	5	E. Jaime, Jules Séveste.	
Elève de la nature	O.	3		Monvel, Dalayrac.
Elève de la nature	D.	3	Camaille Saint-Aubin.	
Elève de la nature	C.	1		Vial.
Elève de Presbourg	O.	1		Th. Muret, Luce.
Elève de Rome	V.	1	1/3 Jacques Arago.	2/3 Duport, de Forges.
Elève de Saint-Cyr	D.	5	1/2 Francis C.	1/2 De Flers.
Elève de Saumur	V.	1	Vanderburch.	
Elèves du Conservatoire	V.	1	1/2 Scribe.	1/2 Saintine.
Elevés ensemble	V.	1		Fournier, Potier, Lajariette.
Elèves peintres	V.	1		Sewrin, Tousez.
Elfes	B.	3	1/3 De Saint-Georges.	2/3 Mazillier, Cte Gabrielli.
Elfride	M.	3		Antier, R^d Deslandes.
El Gitano	M.	5	1/3 Paul Foucher.	2/3 Alboize, Alix, *édit*.
Eligible	D.	3	1/3 Jouslin.	2/3 Ménissier, Mourrier.

Titres des Pièces.	Genres.	Actes.	M. GUYOT.	M. PERAGALLO.
Eligible...............	V.	1	3/4 Sauvage, de Lurieu, Barba, édit.	1/4 Mazères.
Elina et Nathalie.......	D.	3	Dumaniant (D. E.).	
Elisa................	M.	3		Coffin-Rosny (D. E.), Leblanc (D. E.).
Elisa................	O.	2		Réverony Saint-Cyr (D. E.), Cherubini.
Elisa................	V.	2	1/2 Arthur de Beauplan.	1/2 Texier.
Elisabeth............	O.	3	1/2 De Leuven, Lhérie B.	1/2 Léon et Marie Escudier.
Elisabeth............	M.	3	5/8. Barba, édit. 4/8, Lanusse 1/8.	3/8 Aude.
Elisabeth............	D.	3		Dorvo, A. Piccini (D. E.).
Elisabeth d'Angleterre...	T.	5		Ancelot.
Elisabeth de France.....	T.	5		Soumet.
Elisabeth du Tyrol......	M.	3	1/2 Hapdé.	1/2 Foignet fils.
Elisca...............	O.	3	3/4. Grétry neveu (D. E.) 1/4, Grétry (D. E.) 1/2.	1/4 De Favières.
Elise................	D.	2	Boutillier.	
Elise................	V.	2	Brazier, Dumersan.	
Elise dans les bois.....	C.	1	Ségur (D. E.).	
Elise et Merval.........	C.	3		Hennequin.
Elise Hortense.........	O.	1		Marsollier.
Elisir d'amor (traduit du Philtre..............	O.	2	1/2 Scribe.	1/2 Auber.
Elixir d'amour.........	V.	1	1/2 Devaux.	1/2 Dupuis.
Ella.................	M.	3	Bitthmer.	
Elle a des bottes........	O.	1	1/2 Deshorties.	1/2 De Rillé.
Elle est à moi..........	V.	1		Charrin.
Elle est folle...........	V.	2	Mélesville.	
Elle était à l'Ambigu.....	V.	1	Siraudin, Victor Bernard.	
Elle et lui.............	V.	1	Théaulon, Capelle, Mlle Huet.	
Elle n'est plus..........	V.	1		Duvert, de Lauzanne.
Elle ou la mort.........	V.	1	Cogniard frères, Blum, Prioux.	
Ellinor et Flora.........	M.	3	Dumaniant (D. E.).	
El Marco Bomba........	B.-P.	1	Ragaine.	
Elmonde.............	M.	5	5/6 Lanusse, Pessey.	1/6 Quaisain (D. E.).
Elodie...............	M.	3	3/4 Victor Ducange (D. E.).	1/4 Varez.
Elodie...............	O.	1		Léon Battu 1/4, Crémieux 1/4, Léopold Amat 1/2.
Eloi l'Innocent.........	V.	2	Sauvage, Ozaneaux.	
Elomire et Dalia........	O.	3	Boutillier.	
Elu du clocher.........	C.	1		Durantin.
Elvérine de Wertheim...	D.	3		Lamey, A. Piccini (D. E.).
Elvire...............	D.	3		Labat (Karl Holbein) 2/3, Alix, édit. 1/3.
Elzamir Benascar.......	M.	3	11/12 Bernos, Monferrier, Lanusse.	1/12 Quaisain (D. E.).
Elzéar Chalamel........	V.	3	Jules et Gustave de Wailly 2/3, Lévy, édit 1/3.	
Embarras des intrigues..	V.	1	Honoré.	
Embarras des richesses..	O.	3	Lourdet-Santerre, Grétry (D. E.).	
Embarras du bonheur...	C.	1	Picard (D. E.).	
Embarras du choix......	V.	1	Radet (D. E.).	
Embarras du choix......	V.	1	2/3 Varin, Desvergers.	1/3 Laurencin.
Embrassons-nous Folleville	V.	1		Lefranc, Labiche.
Embuscade...........	V.	1		Paul Boisselot.
Emery le négociant.....	M.	3	2/9 Duplessis.	7/9 Rimbaut, Boulé, Alix, édit.
Emeute au paradis......	V.	2	1/2 Dupuis.	1/2 Bezou, édit.

Titres des Pièces.	Genres.	Actes.	M. GUYOT.	M. PERAGALLO.
Emigré...............	M.	5	Lefils.	
Emigrés aux terres australes...............	C.	1	Gamas.	
Emile................	D.	4		Desnoyer, d'Ennery.
Emile................	V.	1	1/2 Ferdinand Langlé.	1/2 Alboize.
Emile................	V.	1	Bayard, Dumanoir.	
Emilia...............	D.	3		Soumet.
Emilie...............	V.	1		Dubois.
Emilie et Melcour.......	O.	1		Hennequin, Lebrun (D. E.).
Emma................	O.	3	1/2 De Planard.	1/2 Auber.
Emma................	V.	3		Léon Laya.
Emma................	O.	1	1/6 De Longchamps.	5/6 Saint-Just (D. E.), Jouy, Cherubini, Boïeldieu.
Emma................	D.	2		De Guerville, *Feu* Tournemine.
Emma................	V.	2	1/2 Fortin.	1/2 Charles Potier.
Emmeline.............	O.	3	1/2 De Planard.	1/2 Hérold (D. E.).
Emmeline.............	O.	3		Sewrin, Crémont.
Emmeline.............	O.	2	Scribe, de Feltre.	
Emmeline.............	V.	2	1/2 Mélesville.	1/2 P. Duport.
Empereur.............	M.	3		Lepoitevin-Saint-Alme, Ferdinand, A. Franconi.
Empereur et le cocher...	V.	2	1/3 Riga, *édit*.	2/3 Alboize, Desnoyer.
Empire...............	D.	5	1/2 Labrousse.	1/2 Ferdinand Laloue.
Empire de la Folie......	P.	3		Cuvelier (D. E.).
Empire des grâces et de la constance..........	O.	1	1/2 Dreuilh.	1/2 Coffin-Rosny (D. E.).).
Empire et le divorce....	M.	2	De Pixérécourt, Victor Ducange (D. E.), Sauvage.	
Empiriques...........	C.	2	*Pigault-Lebrun pour Barba, édit.*	
Empiriques d'autrefois...	V.	1	Scribe.	
Employé.............	V.	1		Sandrin, Couailhac.
Employés............	V.	1	1/2 Francis D.	1/2 Maurice Alhoy.
Emporté.............	O.	1		Marsollier (D. E.), Méhul (D. E.).
Emprunt contre l'Angleterre...............	C.	1	Dorvigny.	
Emprunteur..........	C.	1	Legrand, Barba, *édit*.	
Emprunt forcé........	V.	1	A. Gouffé, Dieulafoy (D. E.).	
Emprunt forcé........	V.	1		Léger (D. E.), Chazet.
Emprunts à la mode....	V.	1	7/9 Ferd. Langlé, A. d'Artois, Quoy.	2/9 De Courcy.
Emprunt secret........	O.	1	De Planard, Pradher.	
En attendant.........	V.	2	Bayard, Paul Foucher, Arvers.	
En avant les Chinois.....	R.	1		Labiche, Delacour, Thiboust.
En avant, marche.......	R.	3	1/2 A. Guénée.	1/2 Charles Potier.
En ballon............	V.	1	1/3 Ferdinand Langlé.	2/3 Anicet, Maurice Alhoy.
En bonne fortune.......	C.	1		Narrey.
En carnaval..........	V.	1	Varin, Choquart.	
Enchanteur Azolin......	M.	3	5/6 Duperche.	1/6 Taix (D. E.).
Enchanteur maladroit...	V.	1	Brazier, Mélesville.	
Encore des étourdis.....	V.	1	Léon, Vernet.	
Encore des Ménechmes..	C.	3	Picard (D. E.).	
Encore des mousquetaires	V.	1	Varin, E. Guinot, E. Jaime.	
Encore des Savoyards...	C.	1		Pujoulx (D. E.).
Encore deux..........	V.	1	2/3 Overnay, Saint-Saëns.	1/3 Gabet.
Encore un ballon.......	V.	1	Désaugiers (D. E.).	
Encore un beau jour....	V.	1		Bauchery.
Encore un chapitre.....	V.	1		Théodore Barrière.

Titres des Pièces.	Genres.	Actes.	M. GUYOT.	M. PERAGALLO.
Encore un déserteur. . . .	C.	2	Bilderbeck.	
Encore une auberge	V.	1	Blanchard.	
Encore une Cendrillon . . .	F.	1	Monperlier, Solomé.	
Encore une fille coupable.	M.	3	5/6 Réné Périn.	1/6 Taix (D. E.).
Encore une folie.	V.	1	Gabriel, Capelle, Barba, édit.	
Encore une nuit de la garde nationale	V.	1	Scribe (Delestre-Poirson).	
Encore un grognard	V.	1		Simonnin.
Encore une partie de chasse	C.	1	J. Pain (D. E.), Dumersan.	
Encore un mannequin . . .	V.	1	Chatillon.	
Encore un Normand	D.	1	7/9. Désaugiers (D. E.) 2/9. St-Marc 2/9. Barba, édit. 3/9.	2/9. Simonnin.
Encore un pied	V.	1		Touchard.
Encore un portrait	C.	1	Magne, Saint-Aubin.	
Encore un Pourceaugnac.	V.	1	Scribe (Delestre Poirson).	
Encore un préjugé	V.	3	2/3 Lhérie B., Lhérie jeune.	1/3 Saint-Hilaire.
Encore un roman	V.	1	Mlle Wan-Deursen.	
Encore un tuteur	O.	1	Ernest.	
Endymion.	V.	1	Mélesville.	
Enfance de Boïeldieu	O.	1		Ourry, Chazet.
Enfance de J.-J. Rousseau.	O.	1	Andrieux (D. E.).	
Enfance de J.-J. Rousseau.	V.	1	3/4 Bayard, Vanderburch.	1/4 De Forges.
Enfance de Louis XII	V.	1	1/2 Mélesville.	1/2 Th. Nézel, Simonnin.
Enfant	D.	4		Desnoyer, Vaulabelle, Alix, édit.
Enfant caché	C.	2	Gabiot.	
Enfant chéri de la victoire.	D.	5	Cogniard frères.	
Enfant chéri des dames . . .	V.	2	1/3 Tresse, édit.	2/3 Desnoyer, Labat.
Enfant chéri des dames . .	V.	1		Ch. Dupeuty, Fr. de Courcy.
Enfant de chœur	V.	2	Dumersan, Carmouche.	
Enfant de Bruxelles	V.	1		Victor Lefèvre.
Enfant de cinq ans, muet et courageux	M.-B.	2	Dumersan, Barba, édit.	
Enfant de giberne	M.	4	1/4 Barba, édit.	3/4 Poujol, Tournemine.
Enfant de la balle	V.	2	1/3 Didier.	2/3 de Villeneuve, Alix, édit.
Enfant de la forêt	M.	3	De Pixérécourt, Barba, édit.	
Enfant de la Halle	V.	3	3/9 Ad. et Saint-Agnan Choler.	6/9 Vachette, Alix, édit.
Enfant de la Halle.	V.	1		Jouhaud.
Enfant de la maison.	V.	1	1/3 Varin.	2/3 Labiche, Nyon.
Enfant de l'Amour	M.	3	Caigniez, Lanusse.	
Enfant de l'Amour	V.	3	Bayard, Guinot.	
Enfant de la nature	D.	3	2/3 Vanderburch, Riga, édit.	1/3 Pol Martin.
Enfant de la pitié	M.	3		Alboize, Bauchery.
Enfant de la place Maubert	V.	1		Jouhaud.
Enfant de l'hospice	D.	3		Mourrier, Montigny.
Enfant de ma femme	V.	1	Paul de Kock.	
Enfant de Mars	C.	1	Rougemont.	
Enfant de Mars et de Flore.	P.	1	1/2 Happé.	1/2 Rol.
Enfant de Paris	F.	5	2/3 Pixérécourt, Brazier.	1/3 Duvert.
Enfant de Paris	D.	5		Souvestre, Giraud-Dagneau, édit.
Enfant de Paris	V.	1	A. d'Artois, Gabriel, Francis D.	
Enfant de quelqu'un. . . .	V.	2		Lefranc.
Enfant de quelqu'un	V.	1	Caron de Maurecourt.	
Enfant des Pyrénées	V.	3	Delannoy.	
Enfant du bonheur	D.	4	Ribié (D. E.).	
Enfant du boulevard	V.	5	1/2 Jaime fils.	1/2 Henri de Kock.
Enfant du bûcheron	O.	3	1/2 De Planard.	1/2 Onslow.

Titres des Pièces.	Genres.	Actes.	M. GUYOT.	M. PERAGALLO.
Enfant du désert.	D.	3	1/2 Lockroy.	1/2 Anicet.
Enfant du faubourg	V.	3	P. Deslandes, Didier.	
Enfant du Carnaval.	V.	4	Dumanoir, Clairville.	
Enfant du champ de bataille	D.	1	Lamerlière.	
Enfant du malheur	D.	4		Cuvelier (D. E.).
Enfant du mystère	M.	3	De Pixérécourt.	
Enfant du mystère	M.	3		Lemaire.
Enfant du mystère	V.	1	3/4. Varin 1/4, Lévy, *édit.* 1/2.	1/4 Biéville.
Enfant du parvis Notre-Dame	V.	1	1/2 A. Guénée.	1/2 Blondy.
Enfant du petit monde	D.	3	1/3 A. Guénée.	2/3 Ch. Potier, Mifliez, *édit.*
Enfant du peuple	D.	3	1/2 Labrousse.	1/2 Albert Monnier.
Enfant du quartier	M.	5	Dumersan.	
Enfant du régiment	D.	5	1/2 Th. Anne.	1/2 Auguste Maquet.
Enfant du régiment	V.	1	1/2 Brazier.	1/2 Dubois.
Enfant du siècle	D.	3	Paulin Deslandes, Joachim Duflot, Lévy, *édit.*	
Enfant de Paris	D.	4	2/3 De Pixérécourt, Brazier.	1/3 Duvert.
Enfant du tour de France.	V.	1	Lermite, Charles Vincent.	
Enfant de la poupée.	D.	2	5/6 Villers.	1/6 Leblanc (D. E.).
Enfant et le grenadier	P.	1	5/6 Villiers.	1/6 Darondeau, A. Piccini (D. E.).
Enfant et le vieux garçon.	V.	2	1/3 Desvergers, Varin.	2/3 de Villeneuve, Bezou, *éd*
Enfant gâté	V.	1	Jacques Arago.	
Enfant gâté	V.	1	Raucourt.	
Enfant gâtée	V.	1		Grout.
Enfantillage	V.	1	Mélesville, Carmouche.	
Enfant légitime	V.	1		Charles Gabet.
Enfant perdu	V.	1		Mme Hadot (D. E.).
Enfant perdu	V.	1	1/2 Sauvage.	1/2 Dondey.
Enfant prodigue	O.	5	1/2 Scribe.	1/2 Auber.
Enfant prodigue	D.	5	De Beaufort.	
Enfant prodigue	O.	3		Riboutté (D. E.), Sourignère, Gaveaux (D. E.).
Enfant prodigue.	B.	3		Gardel.
Enfant prodigue	M.	3	1/2 Hapdé.	1/2 Cuvelier (D. E.).
Enfant prodigue	V.	3		Auger, Alix, *édit.*
Enfant prodigue	V.	1	1/2 Coster.	1/2 Ourry.
Enfant prodigue à l'Opéra.	V.	5	Faulquemont, *Bourdois pour* Porcher, *prop.*	
Enfants blancs	D.	5	1/2 D'Artigues.	1/2 Félicien Mallefille.
Enfants d'Adam et d'Ève.	V.	2		Labénardière, Grangé.
Enfants de Bohême	V.	1		G. Lemoine.
Enfants d'Édouard	T.	3		Casimir Delavigne.
Enfants de la balle	V.	3	1/2 Bayard.	1/2 Biéville.
Enfants de la République.	D.	5	1/2 Michel Masson.	1/2 Anicet Bourgeois.
Enfants de la Victoire.	D.	5		Montagne.
Enfants de maître Pierre.	O.	3	1/2 Paul de Kock.	1/2 Kreubé.
Enfants de Paris	V.	1	1/2 Overnay.	1/2 Th. Nézel.
Enfants de troupe	V.	2	1/2 Bayard.	1/2 Biéville.
Enfants de troupe	V.	1	Burat, Masselin.	
Enfants du bûcheron	M.	3	5/12 Caigniez.	7/12 H. Lemaire, A. Piccini.
Enfants du carnaval	C.	1	Charles Maurice.	
Enfants du colon	V.	1		Duport, Saintine, Duvert.
Enfants du Délire	V.	1	Cogniard frères.	
Enfants du facteur	D.	3		Boulé, Lajariette, Alix, *édit.*
Enfants du fermier	M.	3	Cormon, Alphonse Brot.	
Enfants du pasteur	V.	2		Basset, Bezou, *édit.*
Enfants du soldat	V.	2	2/3 Cogniard frères.	1/3 Lubize.
Enfants du soleil	C.	2	Ribié (D. E.).	

Titres des Pièces.	Genres.	Actes.	M. GUYOT.	M. PERAGALLO.
Enfants du travail	V.	3	2/3 Clairville.	1/3 De Jallais.
Enfants jaloux	V.	1	Avy.	
Enfants maîtres	V.	1		Amédée Labesse.
Enfants sans les parents.	V.	1	Raucourt.	
Enfants terribles	V.	2	1/2 Barthélemy.	1/2 Ménissier.
Enfants terribles	V.	2	1/2 Clairville.	1/2 Lambert Thiboust.
Enfants terribles	V.	1		Jouhaud.
Enfants trouvés	V.	2		Ch. Dupeuty, Duvert, Saintine.
Enfants trouvés	M.	3	Bouchardy.	
Enfant sur les bras	V.	1	Bouché.	
Enfant trouvé	O.	3	1/2 Monsigny (D. E.).	1/2 Sedaine (D. E.).
Enfant trouvé	C.	3	2/3 Picard (D.E.), Barba, *édit.*	1/3 Mazère.
Enfant venu par la fenêtre.	D.	3	5/6 Caigniez.	1/6 Quaisain (D. E.).
Enfant volé	V.	3		Simonnin.
Enfer dramatique	V.	1	Théaulon, Ramond.	
Enfer d'un comédien	V.	1		Simonnin.
Enfers de Paris	V.	5		Thiboust, Roger de Beauvoir.
Enfin, la voilà!	P.-V.	1	Désaugiers (D. E.), Dieulafoy (D. E.), Gentil.	
Enfin nous y voilà	V.	1	Barré (D. E.), Radet (D. E.), Desfontaines (D. E.).	
English exhibition	V.	2		Decourcelle, Grangé, Théodore Barrière.
English importation	V.	1	De Leuven, Lhérie B.	
English spoken	V.	1	1/3 Joltroïs.	2/3 Albéric Second, Alix, *éd.*
En Italie	V.	3	2/3 Thierry.	1/3 Barbré, *édit.*
Enlèvement	O.	3	Etienne, Nicolo (D. E.).	
Enlèvement	O.	3	1/4 Scribe.	3/4. D'Epagny 1/4, Zimmermann 1/2.
Enlèvement	M.	3		Aude 5/6, Quaisain (D. E.) 1/6.
Enlèvement	V.	2	Ach. d'Artois.	
Enlèvement	C.	2	Paul de Musset.	
Enlèvement	O.	1	Dumersan, Dugazon.	
Enlèvement au sérail	O.-C.	2		Prosp. Pascal *d'après Mozart.*
Enlèvement de Déjanire.	V.	1		Marc-Michel, Maurin, Alix, *édit.*
Enlèvement de Ragotin	C.	2	Cailhava.	
Enlèvement des Sabines.	B.	3		Milon, Berton (D. E.).
Enlèvement des Sabines.	V.	3	3/4 De Longpré, Desvergers.	1/4 Maurice Alhoy.
Enlèvement des Sabines.	V.	2	Picard (D. E.).	
Enlèvement d'Hélène	P.	1	1/2 Hapdé (D. E.).	1/2 Leblanc (D. E.).
Enlèvements impromptus.	O.	2	De Planard 1/4, Paul de Kock 1/4, Pradher 1/2.	
Enlèvement singulier	C.	2		Boursault (D. E.).
Enlèvement supposé	V.	1	2/3 H. Simon, Rozet.	1/3 Ourry.
En manches de chemise	V.	1		Lefranc, Labiche, Nyon.
Ennemi des modes	C.	3	De Pixérécourt.	
Ennemi intime	V.	2	Vanderburch, Lhérie B., Barthélemy.	
Ennemis	V.	1	1/2 François (D. E.).	1/2 Fournier (D. E.).
Ennemis de la maison	C.	3		Camille Doucet.
Ennui	V.	2	Scribe, Mélesville, Dupin.	
Ennui en goguette	V.	1		Edmond Crosnier.
En pénitence	V.	1		Anicet.
En pension chez son groom	V.	1		Marc-Michel, Labiche.
En province	C.	3	1/3 Lévy, *édit.*	2/3 Serret.
Enragé	D.-V.	1	1/2 Francis Cornu, Payn.	1/2 Nézel, Antier.
Enragé	C.	1	1/2 Saint-Marc.	1/2 Varez.
Enragé de Chaumont	C.	1		Simonnin, Antier.
Enragés	V.	1	Arm. d'Artois, Brazier.	

Titres des Pièces.	Genres.	Actes.	M. GUYOT.	M. PERAGALLO.
En revenant de Crimée..	V.	1		Albert de La Fizelière.
En revenant de Pondichéry	V.	2		Duvert, Lauzanne.
Enrôlement de Cadet Roussel...............	C.	1	Dorvigny.	
Enseigne..............	D.	3		Ménissier.
Enseigne..............	C.	2	Barba, édit.	
Enseigne..............	V.	1		H. Chaussier, Châteauvieux.
Enseigne et le pilote.....	V.	2	1/4 Saint-Amand.	3/4 Dulong, Mourier, Bezou, édit.
Enseigne et le portrait...	V.	1	Maréchalle.	
Enseignement mutuel...	C.	3	1/2 Eugène Nus.	1/2 Desnoyer.
Enseignement mutuel...	V.	1	Brazier, Dumersan (Delestre-Poirson).	
Enseignement mutuel...	V.	1		Th. Barrière, Decourcelle.
En Sibérie............	M.	3	2/3 Charles Lafont, Noël Parfait.	1/3 Alix, édit.
Ensorcelés.............	V.	1	Dupin, Sauvage.	
Ensorcelés.............	V.	1		Lamiral.
Enthousiaste...........	C.	3	J. Léonard, Barba, édit.	
Entorse...............	V.	1	E. Jaime, Dumersan.	
Entr'acte sur le boulevard.	V.	1	Clairville, A. Guénée.	
Entre amis............	V.	1		Rimbaut, Léonce.
Entre chien et loup.....	C.	1	1/2 Hippolyte Magnien.	1/2 Varez.
Entre ciel et terre......	V.	1		Duvert, Dupont, Lauzanne.
Entre deux barricades...	V.	1	1/2 Faulquemont.	1/2 Lelarge.
Entre deux Cornuchet...	V.	1	Boyer-Partout, Paul de Kock.	
Entre deux eaux........	V.	1	Bourdin.	
Entre deux femmes.....	V.	1		Chaulieu, Mouttet.
Entre deux mobiliers....	V.	1		E. Blum.
Entre deux scellés......	V.	1	Henri Grasset.	
Entre deux tisons.......	V.	1	1/2 Bréant, Champeaux.	1/2 Nargeot, Alix, édit.
Entrée à Reims........	V.	1	Armand, Jacquelin, Coupart.	
Entrée dans le monde...	C.	5	Picard (D. E.).	
Entrée de Henri IV à Paris.	P.	2		Cuvelier (D. E.), Franconi jeune.
Entrée en vacances.....	V.	1	1/3 Lafontaine.	2/3 Paul Duport, E. Monnais.
Entre hommes.........	V.	1		Ch. de Courcy 2/3, Lévy, édit. 1/3.
Entre l'arbre et l'écorce..	V.	1		Léonce, Demolière, Rorcher, prop.
Entre l'enclume et le marteau...............	V.	1	1/2 Albert.	1/2 Antony Béraud.
Entremetteur de mariages	C.	2	Depuntis, Perrond.	
Entrepreneurs..........	V.	1	Brazier, Dumersan, Gabriel.	
Entre quatre murs......	V.	1		Charles Danvin.
Entresol..............	O.	1	Désaugiers (D. E.).	
Entrevue.............	C.	3	Vigée.	
Entrevue.............	V.	1	Séguier.	
Entrevue.............	V.	1	Scribe, Mélesville.	
Entrevue.............	V.	1	1/3 Michel Masson.	2/3 Saintine, de Villeneuve
Entrez, messieurs, mesdames................	O.	1	1/2 Méry, Ludovic Halévy.	1/2 Offenbach.
En trois visites.........	V.	1	Colliot 1/2 Bourdois pour Porcher, prop., 1/2.	
En venant de Pontoise...	O.	1		Mestépès, Alfred Dufresne
En vendanges..........	P.	1	2/3 Paul Legrand, Bovery.	1/3 Doyen.
Envie................	C.	2		Onésime Leroy.
Envie de parvenir......	C.	3	Armand Charlemagne, Barba, édit.	
Envies de madame......	V.	1	1/2 Rochefort.	1/2 Basset.

— 123 —

Titres des Pièces.	Genres.	Actes.	M. GUYOT.	M. PERAGALLO.
Envies de madame Godard	V.	1	Carmouche, Mélesville.	
Envieux	C.	5		Dorvo.
Epaulettes de grenadier..	V.	1	Desprez, Coupart, Barba, édit.	
Epée de Damoclès	V.	1	2/3 Lelioux, Bouché.	1/3 J. Augier.
Epée de Jeanne d'Arc...	V.	1	Maréchalle, Hubert pour Barba, édit.	
Epée de mon père	V.	1		Desnoyer, Davrecourt, Alix, édit.
Epée et la morale	V.	1	Varin, Etienne Arago, Derville.	
Epée et le billet	C.	1		Sewrin.
Epée, le bâton et le chausson	V.	1	Lhérie jeune, Barthélemy, Vidal, Barba, édit.	
Ephémères	C.	3	Picard (D. E.), Malmontet, Barba, édit.	
Epicharis et Néron	D.	5	Lesguillon.	
Epicier de Chantilly	V.	2	1/4 (Jouslin), Joseph B., prop.	3/4 Fontaine, Bavoil, Alix, édit.
Epicier droguiste	V.	1		Charles Potier, Boulé.
Epicière bel esprit	V.	1		Bernard Valville, Gosse.
Epicier et son élève	V.	1	P. Deslandes, Didier.	
Epicier journaliste	V.	1	Honoré.	
Epicure	O.	3		Méhul, Cherubini.
Epicurien malgré lui	V.	1	Constant Berrier, Overnay, Quoy.	
Epigramme	C.	4	Kotzebue.	
Epigramme	C.	3		Boursault (D. E.).
Epingle et la rose	V.	1	Ernest.	
Eponine et Sabinus	O.	3		Vial.
Epouse	D.	5		Alboize, Mourier, Vaulabelle.
Epouse criminelle	M.	3		Cuvelier (D. E,).
Epouse du doge	D.	3	Brisset, Théaulon, Bérard.	
Epouse d'un jour	M.	5		Hubert, Létoile.
Epouse enterrée vivante.	D.	3		Mlle Hordé.
Epouse imprudente	C.	3	Desforges (D. E.).	
Epouse retrouvée	V.	1	Bourdin.	
Epouseur de vieilles femmes	C.	2	De Planard.	
Epouseurs	C.	1	Mimant.	
Epouseurs	V.	1	D'Artois.	
Epouseux de campagne..	V.	1		Cabot 1/3, Dechaume, édit. 1/3.
Epouvantail	V.	1	2/3 François, Lévy, édit.	1/3 N. Fournier.
Epoux assortis	V.	2		Victor Roger.
Epoux avant le mariage.	O.	2	1/2 Désaugiers (D. E.).	1/2 A. Piccini (D. E.).
Epoux de Florence	M.	3		Boirie, Poujol, Merle.
Epoux déguisé	O.	1		Gosse, Bruni.
Epoux de quinze ans	V.	1	Ernest.	
Epoux de quinze ans	V.	1	Paul de Kock, Quoy.	
Epoux dès le berceau	C.	2	Desforges (D. E.).	
Epoux de trois jours	V.	2	1/2 Moreau.	1/2 Ourry.
Epoux divorcés	C.	2	Desforges (D. E.).	
Epoux du Marais	V.	1	Lecerf.	
Epoux généreux	O.	1		Dejaure.
Epoux indiscrets	O.	1	3/4. De Saint-Elme 1/4, Benincori 1/2.	1/4 Saint-Yon.
Epoux mécontents	O.	3	Dubuisson, Tripperet.	
Epoux piémontais	P.	3		Cuvelier (D. E.).
Epoux républicain	C.	1	Pompigny.	

Titres des Pièces.	Genres.	Actes.	M. GUYOT.	M. PERAGALLO.
Époux sans l'être	O.	2	Rougemont.	
Époux subjugué	C.	1	Michel Masson.	
Epreuve	V.	1	Rougemont, Barba, *édit*.	
Epreuve	V.	1	2/3 Rochefort, Barba, *édit*.	1/3 Maillard.
Epreuve	V.	1		Antony Béraud.
Epreuve	V.	1	Mengaud.	
Epreuve	B.	1		A. Renoux, Charles Tourey.
Epreuve avant la lettre	V.	1		Jules Barbier, Cordelier-Delanoue.
Epreuve de l'amour	O.	1		Moline.
Epreuve délicate	C.	1	Roger.	
Epreuve d'un républicain.	O.	3	Champein (D. E.).	
Epreuve et bienfait	V.	1	Solomé.	
Epreuve par quiproquo	C.	4	Magne, Saint-Aubin (D. E.).	
Epreuve par ressemblance	C.	1		Gosse.
Epreuve raisonnable	C.	1	Pompigny.	
Epreuves	C.	1	Forgeot	
Epreuves	V.	1	1/2 Henrion.	1/2 Ragueneau.
Epreuves d'Arlequin	V.	1		Foignet fils.
Epreuve villageoise	O.	2	Desforges(D.E.)Grétry(D.E.).	
Epreuve villageoise	B.	2		Milon, Persius (D. E.).
Equipages à la mode	V.	1	Lafortelle.	
Equitomanie	P.	2		Moussard.
Eric le fantôme	D.	3	1/2 Lévy, *édit*.	1/2 Fournier, Biéville.
Eric le fou	D.	2	1/2 L. Pein.	1/2 Grangé.
Ermitage	V.	2		Sewrin.
Ermitage	V.	1		Jars.
Ermitage de Cantorbéry	V.	1		Salvador.
Ermitage de la veuve	V.	1	Vizentini.	
Ermitage des Pyrénées	O.	1	René Périn.	
Ermitage du torrent	M.	3	1/2 De Pixérécourt.	1/2 Leblanc.
Ermite de la Sierra Morena	M.	3		Mme Leriche, Quaisain (D.E.).
Ermite de Saint-Avelle	V.	1	Théaulon, Capelle, Barba, *édit*.	
Ermite de Saverne	M.	3	1/2 Dumaniant (D. E.).	1/2 Thuring.
Ermite des Pyrénées	O.		René Périn.	
Ermite du mont Pausilippe	M.	3	5/6 Caigniez.	1/6 Quaisain (D. E.).
Ermite et la pèlerine	V.	1	1/3 Carmouche.	2/3 De Courcy, Merle.
Ermites	V.	3	5/6 Rougemont, Desprez, Barba, *édit*.	1/6 Edmond Crosnier.
Ernest de Venissen	C.	1	Dumaniant (D. E.).	
Ernest et Ernestine	M.	5	Dorvigny.	
Erreur académique	V.	1	Jouslin, Bergeret.	
Erreur de jeunesse	O.	1	Grétry neveu (D. E.), Grétry (D. E.).	
Erreur de jeunesse	O.	1		Marini.
Erreur de l'esprit	C.	1		Marsollier (D. E.).
Erreur de toute part	C.	2	Dumaniant (D. E.).	
Erreur domestique	V.	1	Léon et Auguste Supersac.	
Erreur d'un bon père	O.	1		Marsollier (D. E.), Dalayrac (D. E.).
Erreur d'un moment	O.	1		Monvel (D. E.).
Erreur et malice	C.	2	Gemppenberg.	
Erreur et sympathie	M.	3		Hubert, Quaisain (D. E.).
Erreur reconnue	D.	3		Année.
Erreurs du bel âge	V.	1	1/2 Varin, Lévy, *édit*.	1/2 Dumoustier, Saintine.
Escadron volant de la Reine	V.	1	Dumanoir, Lafargue.	
Escalier	V.	1	Désaugiers (D. E.).	
Escalier de service	V.	1	Maurice Bouquet.	

— 125 —

Titres des Pièces.	Genres.	Actes.	M. GUYOT.	M. PERAGALLO.
Escamoteur............	V.	1	1/2 De Saint-Georges.	1/2 Simonin.
Escamoteur nomade.....	V.	1		Devieux, Fleury.
Escapades du mari......	V.	1	Georges de Vigneux.	
Escarcelle d'or.........	F.	3		E. Blum, Flan.
Escargots sympathiques.	V.	3	Clairville 2/3, Dumanoir 1/3.	
Escarpolette...........	V.	1		Simonnin.
Esclave...............	O.	1		Gosse, Bruni.
Esclaves d'Alger.......	D.	5	1/2 Mugnerot.	1/2 Dalbot.
Esclave Andrea.........	D.	5		Drouot.
Esclave à Paris.........	V.	1	Carmouche.	
Esclave du Camoëns.....	O.	3	Saint-Georges 5/12, Vanderburch 3/12, Flotow 4/12.	
Esclave du mari........	C.	1		Moreau, Mme Réal.
Esclave grecque........	V.	1	2/3 Mennechet, Dupin.	1/3 Bezou, édit.
Esclave persane........	O.	1		Marsollier (D. E.), Dalayrac (D. E.).
Esclaves par l'amour....	O.	3	Gourbillon.	
Escrimomanie.........	C.	1	Bithmer.	
Escroc du grand monde..	V.	3		Ancelot, Drouot.
Esméralda............	O.	4	1/2 Victor Hugo.	1/2 Mlle Bertin.
Esméralda............	B.-P.	3	1/3 Victor Hugo.	2/3 Perrot, Pugni.
Esope chez Xantus.....	V.	1	De Martignac (D. E.).	
Esope le Phrygien......	M.	1	Marius Bourelly.	
Espagne en 1823.......	D.	5		Davrigny, Fontan.
Espagnolas et Boyardinos.	V.	2		Labiche, Marc-Michel.
Espagnols au Paraguay..	M.	3		Charrin.
Espagnols dans la Floride.	P.	3		Cuvelier (D. E.).
Espiègle..............	V.	2	Patrat.	
Espiègle de l'île Louviers.	V.	1	Georges Duval.	
Espiègle et le Dormeur..	C.	2	Dumaniant (D. E.), Winkel.	
Espièglerie d'Arlequin...	V.	1		Defresnoy.
Espiègleries de garnison.	O.	2	3/4. Gavaudan 1/4, Champein 1/2.	1/4 De Favières.
Espiègleries de l'amour..	B.	1		J.-B. Gilbert.
Espiègleries de village...	V.	1	Henrion.	
Espion...............	D.	5	2/3 Drouineau, Léon Halévy.	1/3 Fontan.
Espion...............	D.	5		Ancelot, Mazères.
Espion du grand monde..	D.	5	De St-Georges, Th. Anne.	
Espion du mari........	C.	1	1/2 Fulgence.	1/2 Decomberousse.
Espionne	V.	3	1/2 A. d'Artois, Adam.	1/2 Ch. Dupeuty, Bezou édit.
Espionne russe........	V.	3	Mélesville, Carmouche.	
Espoir de sa famille.....	V.	1	Courtier.	
Espoir réalisé..........	V.	1	Desprez Saint-Clair.	
Esprit de parti.........	C.	3		Onésime Leroy, Bert.
Esprit familier.........	V.	1	1/2 Jautard, Lévy, édit.	1/2 Hip. Lucas, Nargeot.
Esprit follet...........	C.	1	Pigault Lebrun.	
Esprit frappeur........	R.	2	2/3 Clairville.	1/3 de Vaulabelle.
Esprit national.........	V.	2	1/2 Quoy.	1/2 Antier.
Esprits...............	V.	1	Désaugiers, Gamas.	
Esquisse d'un grand tableau.............	V.	2	Dieulafoy, Delongchamps.	
Esquisses de mœurs.....	C.	3	De Longpré.	
Essai du mariage.......	C.	1	Méry.	
Estaminet de la rue des Martyrs.............	V.	1	Brazier, Carmouche, Francis.	
Est-ce une fille? est ce un garçon?.............	V.	1	E. Cottenet.	
Est-ce un rêve?........	V.	2	De Rougemont.	
Estelle	O.	3		Persuis.

Titres des Pièces.	Genres.	Actes.	M. GUYOT.	M. PERAGALLO.
Estelle	C.	2	Baudoin.	
Estelle	V.	1	Scribe.	
Est-elle aimée?	V.	1	Jacques Arago.	
Estelle et Némorin	O.	3		Quaisain.
Estelle et Némorin	P.	3		Dubois, Hullin, Darondeau.
Estelle et Némorin	V.	2		Ch. Potier, Michel Delaporte.
Estelle et Némorin	O.	1	1/2 Ancessy.	1/2 De Jallais.
Estelle et Némorin	V.	1	Guiche.	
Est-elle fille, femme ou veuve?	C.	1	Henrion.	
Est-elle laide? est-elle jolie?	V.	1	Brazier, H. Simon.	
Esther	M.	3	5/6 Valcour.	1/6 Leblanc.
Esther à Saint-Cyr	V.	1	2/3 De Leuven, Roche.	1/3 De Forges.
Est-il mort? n'est-il pas mort?	V.	1	Rougemont.	
Etameur	V.	1	Dumersan, Gabriel, Brazier.	
Etapes de la gloire	D.	5	3/8. Wœstin 2/8, Porcher 1/8.	5/8. Crémieux 3/8, Bourget 2/8
Etats de Blois	T.	5	Raynouard.	
Etats de Blois	O.	3	1/2 De Planard, de St-Georges	1/2 Onslow.
Eté de dix-huit-cent-quinze	C.	1	Georges Duval, Barba, *édit.*	
Eté de la Saint-Martin	V.	1		Brisebarre, Ch. Pottier.
Etendard de Grenade	O.	3		Jouy, Cherubini.
Etendard du prophète	M.	3	Georges Duval.	
Etéocle et Polynice	T.	5		Legouvé.
Ethelvina	O.	3	1/4 Paul de Kock.	3/4. Mme Lemoignon 1/4, Batton 1/2.
Ether et Osanor	V.	1		Couailhac, Alf. Delacour.
Ether, magnétisme et hatchis	V.	1	2/3 Clairville.	1/3 de Vaulabelle.
Etienne et Robert	V.	1	Ach. d'Artois, Deslandes, Didier, Riga, *édit.*	
Etienne Flutayot	C.	1		Aude.
Etiquette	C.	1	Bodard.	
Et ma future qui m'attend	V.	1	Belfort-Devaux.	
Etoile	B.	1		Barrez.
Etoile de Belleville	R.	1	Léonce.	
Etoile de Séville	O.	4	1/2 Balfe.	1/2 Hippolyte Lucas.
Etoile du berger	F.	5		Anicet, D'Ennery.
Etoile du bocage	D.	5		Petit-Mangin, Barbré, *édit.*
Etoile du marin	B.	2	1/3 Lerouge.	2/3 Morel, Porcher.
Etoile d'un journaliste	V.	1	Dubacq.	
Etoile du nord	O.	3	Scribe, Meyerbeer.	
Etoile du nord	V.	1	A. Deschamps, Félix Jouffroy.	
Etoile du Panthéon	V.	1	Clairville.	
Etoile du Rhin	B.-P.	1		Barrez.
Etoile en plein midi	V.	2	2/3 Cogniard frères.	1/3 Th. Muret.
Etoiles	O.	1	2/3 Clairville, Pilati.	1/3 Barrez.
Etoiles	V.	1	1/3 Déaddé.	2/3 Grangé, X. de Montépin.
Etouffeurs de Londres	D.	5	Paul Foucher, E. Jaime.	
Etourderie	V.	1	Radet (D.E.).	
Etourderie	O.	1		Vial, Quaisain.
Etourderie et bon cœur				
Etourdi à la diète	V.	1	Réné Perrin.	
Etourdi à la diète	V.	1		Décour, Robert, Bezou, *édit.*
Etourdie et la coquette	V.	1	Ernest.	
Etourdi en voyage	O.	2		Sewrin, Kreutzer.
Etourdi en voyage	V.	1	Francis 2/3, Barba, *édit.* 1/3.	
Etourdis	C.	3	Andrieux (D. E.).	
Etourdis en voyage	V.	1	Francis D., Barba, *édit.*	

Titres des Pièces.	Genres.	Actes.	M. GUYOT.	M. PERAGALLO.
Etourneau	V.	3	1/2 Bayard.	1/2 Léon Laya.
Etrangère	M.	3		Crosnier, Frédéric.
Etre aimé ou mourir	V.	1	Scribe, Dumanoir.	
Etrennes	C.	1	Patrat.	
Etrennes	V.	1		Sewrin, Chazet.
Etrennes	V.	1	A. d'Artois, Francis D, Gabriel	
Etrennes	V.	1	Hubert, Maréchalle.	
Etrennes à contre-sens	V.	1	2/3 Brazier, Lafortelle.	1/3 Merle.
Etrennes à la halle	V.	1	1/2 Carmouche.	1/2 Fr. De Courcy.
Etrennes de Jocrisse	V.	1		Huard.
Etrennes de l'amour	C.	1	Cailhava.	
Etrennes de ma barbe	V.	1		Saintine, Duvert, Lauzanne.
Etrennes de Mercure	V.	1	Piis, Barré.	
Etrennes du diable	R.	2		Flan.
Etrennes du futur	V.	1	Jouslin *pour* Joseph B.	
Etrennes d'une danseuse.	V.	1	A. d'Artois, Théaulon, Letournel.	
Etrennes d'un journaliste.	V.	1	Augustin.	
Etrennes du petit Lolo	V.	1	Th. Cogniard, Clairville.	
Etrennes du Vaudeville	V.	1	Désaugiers (D. E.).	
Etrennes en vaudeville	V.	1		Sewrin, Chazet.
Etrennes et le carnaval	V.	1	Dumersan.	
Etrennes forcées	V.	1	Henri Simon.	
Etre ou ne pas être	V.	2	Art. de Beauplan, Lhérie B.	
Etudes sans dessus-dessous	V.	1	1/2 Brazier.	1/2 Merle.
Etudiant en droit	V.	1	Scribe, Dupin.	
Etudiant et la grande dame	V.	2	Scribe, Mélesville.	
Etudiant marié	V.	1		Brisebarre.
Etudiants	D.	5		Frédéric Soulié.
Etudiants d'Heidelberg	V.	2		Adrien Robert, (Ch. Basset).
Etudiants et grisettes	V.	3	1/2 Milon.	1/2 Jouhaud.
Eucharis	B.	2		Coralli, Deldevez.
Eudore et Cymodocée	T.	5	Gary.	
Eudoxie	C.	1	1/2 Théaulon.	1/2 Chazet.
Eugène	O.	3		Darrigny, Berton.
Eugène et Guillaume	V.	3	Rougemont.	
Eugénie	C.	5	Beaumarchais (D. E.).	
Eugénie	V.	1	Barba, *édit*.	
Eugénie et Solange	C.		Francis.	
Eugénie la lingère	D.	3		Auger.
Eulalie Duval	D.	3	Follet, Réné Chevalier	
Eulalie Granger	D.	5	De Rougemont.	
Eulalie Pontois	D.	5	1/4 Tresse, *édit*.	3/4 Frédéric Soulié, Dehay.
Eunuque	C.	5		Michel Carré.
Euphrosine et Coradin	O.	3	1/2 Hoffmann (D. E.).	1/2 Méhul (D. E.).
Euryanthe	D.	3		Castil-Blaze.
Euryanthe	O.-F.	3	De Leuven, de St-Georges.	
Eustache	V.	1		Varez, Duchatelard.
Eustache de Saint-Pierre.	M.	3		Hubert.
Eustache, pointu chez lui.	C.	1	Beaunoir.	
Eustache vingt-trois	V.	3	Honoré.	
Euthyme et Lyris	O.	1	Boutillier.	
Eva	V.	3		Montjoye 3/8, Ray. Deslandes 3/8, Dumas fils 2/8.
Eva	O.	2	De Leuven, Lhérie B., Coppola, Girard.	
Eva	V.	2	Déaddé 1/4, Ad. Choler 1/4, Lévy 1/2.	
Evasion	V.	1	Mélesville, Brazier.	

Titres des Pièces.	Genres.	Actes.	M. GUYOT.	M. PERAGALLO.
Eve................	D.	5		Léon Gozlan.
Eveline	M.	1	2/3 Théaulon, Vulpian.	1/3 Fr. De Courcy.
Evélina............	D.	3	Rigaud 2/3, Barba, *édit*. 1/3.	
Eveline............	D.	2		Mme Regnault de Prébois.
Evénements imprévus...	O.	3	1/2 Grétry (D. E.).	1/2 D'Hell (D. E.).
Eventail de Géraldine...	V.	1		Chanut, Mouchelet.
Exaltés de Charenton....	V.	1	3/4 Barré, Despréaux, Dieulafoy.	1/4 Chazet.
Exécution militaire.....	M.	2	1/2 Saint-Léon.	1/2 Franconi.
Exil de Machiavel......	D.	3	Léon Guillard 2/3, Lévy 1/3.	
Exil de Rochester......	V.	1	2/3 Moreau, Russo.	1/3 Dumolard.
Exilé................	O.	3	1/4 Paul de Kock.	3/4. Mme Lemaignen 1/4, Batton 1/2.
Exilé................	V.	2	Ach. d'Artois, Th. Anne, de Tully, Duvernois.	
Exilé en Sibérie........	M.	3	5/8. Barba *Édit*.4/8, Lanusse 1/8.	3/8 Aude.
Exilés au Kamtchatka...	O.	3		A. Duval, Boïeldieu.
Exilés de Florence.......	D.	3		De Guerville.
Exilés en Sibérie.......	M.	5		Dorvo, A. Piccini.
Existence décolorée.....	V.	1		Lefranc.
Expédients...........	V.	1	1/2 Coster.	1/2. Dumolard.
Expérience du vol......	V.	1	*Delestre-Poirson.*	
Expiation............	D.	5		Victor Herbin.
Expiation............	D.	4	1/2 Mallian.	1/2 D'Avrigny.
Exploiteurs et Exploités..	V.	1	Mlle Wan Deursen.	
Exploits de César.......	V.	1	Clairville, Alphonse Brot.	
Exposition des produits de la République........	V.	3	2/3 Clairville.	1/3 Labiche.
Exposition industrielle..	V.	1	Delaboulaye, Jourdan.	
Extase	V.	3	1/2 Lockroy.	1/2 Arnould.
Extases de M. Hochenez.	V.	1		Marc Michel.
Extravagance de la vieillesse............	O.	2		Eugène Hus, Gresnick.
Extrêmes se touchent:...	V.	1	1/3 Lévy, *édit*.	2/3 Decourcelle, Léon Battu.

F

Titres des Pièces.	Genres.	Actes.	M. GUYOT.	M. PERAGALLO.
Fabio l'alchimiste	M.	4	Deslandes.	
Fabio le novice	D.	5	Ch. Lafont, Noël Parfait.	
Fable en action	C.	1	P. Brun.	
Fables de la Fontaine	V.	5	2/3 F^d Langlé, Vanderburch.	1/3 De Forges.
Fables de la Fontaine	V.	2	1/2 Magné.	1/2 Ch. Potier.
Fabricant	V.	1	Brazier, Francis D.	
Fabrique	V.	3	Déaddé, Delalain.	
Fabrique d'ailes	V.	1	2/3 Moreau, Théaulon.	1/3 Ourry.
Facteur	D.	5	1/4 Barba, *édit*.	3/4 Desnoyer, C. Potier, Boulé
Faction de monsieur le curé	V.	1	2/3 De Leuven, Lhérie B.	1/3 Maurice Alhoy.
Faction de nuit	V.	1	Dumanoir, Siraudin.	
Faction pour le roi de Prusse	V.	1		Labénardière, Simonnin.
Fagotier	V.	1		Sewrin, Ourry.
Fagotin	V.	3	Georges Duval.	
Faire son chemin	V.	1	1/2 De la Rounat.	1/2 Montjoie.
Fais ce que dois	C.	3		Decourcelle, de Lacretelle.
Faiseur refait	V.	1		Louis Boyer, Nuitter.
Fais la cour à ma femme	V.	1		Frédérick-Lemaître fils.
Fais la cour à ma femme	V.	1		Turpin, Huart, Mifliez, *édit*.
Fais moi rire	C.	3	Deligny.	
Fait Paris (Un)	V.	1	Léon et Ludovic Halévy 2/3, Lévy, *édit*. 1/3.	
Fakland	D.	5		Laya.
Faldoni	D.	2	Hapdé (D. E.).	
Falstaff	D.	5	2/3 Vacquerie, Meurice.	1/3 Th. Gautier.
Falstaff	O.	1	De Saint-Georges 1/4, de Leuven 1/4, Adam 1/2.	
Fameux numéro	V.	1	Colliot 2/9, Emile Lefèvre 2/9, Faulquemont 2/9, Lévy, *édit*. 3/9.	
Famille	D.	5		Demolière.
Famille américaine	O.	1		Bouilly.
Famille anglaise	C.	3	Pieyres.	
Famille au temps de Luther	T.	1		Casimir Delavigne.
Famille bretonne	C.	2	*Feu* Colin d'Harleville.	
Famille cauchoise	C.	5	2/3 De Longpré.	1/3 Alix, *édit*.
Famille Cérigny	D.	1		Auger.
Famille Chamouillet	V.	1		Durand de Valley, Jouhaud.
Famille corse	M.	1		Jules Dulong, Bezou, *édit*.
Famille d'Anglade	M.	3	5/12 Barba, *édit*.	7/12 Frédéric, A. Piccini.
Famille Darcourt	V.	2	Mélesville, Carmouche.	
Famille d'Arlequin	P.	4	E. Deligny.	
Famille d'Armincourt	P.	2		Franconi jeune, Camel.
Famille d'Artigues	M.	3		Hubert, A. Piccini.
Famille d'Arville	V.	3	Paul de Kock, Cogniard frères, Barba, *édit*.	
Famille de l'Absent	V.	2	1/2 *Delestre-Poirson*.	1/2 Fournier.
Famille de la future	V.	1	Leroux.	

9

Titres des Pièces.	Genres.	Actes.	M. GUYOT.	M. PERAGALLO.
Famille de Lanceval....	V.	1	Ernest.	
Famille de l'apothicaire..	V.	1	2/3 Desvergers, Varin, Puech.	1/3 Duvert.
Famille de Luceval.....	M.	5	Rougemont, Réné Périn.	
Famille de Lusigny.....	D.	3		Frédéric Soulié, Bossange.
Famille de Renneville....	C.	3		Léonce, Demolière, Alix, éd.
Famille des badauds....	C.	2	Dumaniant.	
Famille des Bonnard....	V.	1	Ach. Armand, Th. d'Artois.	—
Famille des bossus.....	V.	1	Adam.	
Famille des Cendrillon..	V.	1	Henri Simon.	
Famille des guignons....	V.	1		Alph. Champfeu.
Famille des innocents...B.-P.		1		Duport.
Famille des jobards.....	V.	1	(Boirie), pour Barba.	
Famille des lurons.....	B.	2		Royer.
Famille des lurons......	V.	1		Sewrin, Chazet.
Famille des malins......	V.	1	Brazier, Barba, édit.	
Famille des sans-gêne..	V.	1	(Décour) pour Barba.	
Famille du baron.......	V.	1	Scribe, Mélesville.	
Famille du capitoul.....	M.	3	Gilles, Quoy.	
Famille du charlatan....	V.	1	2/3 Jouslin, Joseph B., prop.	1/3 De Chavanges.
Famille du faubourg....	V.	1	Scribe, Varner.	
Famille du fermier......	D.	3		Savigny, Duprat.
Famille du frotteur.....	V.	1		A. Peupin, Ch. Pérey.
Famille du fumiste.....	V.	2	1/3 Varner.	2/3 Duvert, Lauzanne.
Famille Dulaure........	V.	1		Meyer, Montigny.
Famille du mari........	V.	3	Jules de Wailly, Overnay.	
Famille du menuisier...	V.	2	Mallian, Cormon.	
Famille d'un choriste...	V.	3	De Sainte-Anne.	
Famille du pâtissier....	V.	3		De Sainte-Aure.
Famille du pâtissier....	V.	1	1/3 Rougemont.	2/3 Dulong, Mourrier.
Famille du paveur.....	V.	1		Bauchery, Hachin.
Famille du porteur d'eau.	V.	1	A. d'Artois, Francis D., Gabriel, Barba, édit.	
Famille du quaker......	V.	1	De Leuven, Lhérie jeune, Ach. d'Artois.	
Famille en partie double.	V.	2		Saugeon.
Famille extravagante....	V.	1	Barré (D.E), Radet (D.E.), Desfontaines (D. E.).	
Famille Fanfreluche.....	V.	1	1/2 Paul de Kock.	1/2 Desnoyer.
Famille Gauthier.......	V.	1	Ymbert.	
Famille Girard.........	V.	1	2/3 Armand Séville, Leroy.	1/3 Ponet.
Famille Glinet.........	C.	5	Merville.	
Famille Grandval.......	M.	5	1/2 Paul Foucher.	1/2 Alboize.
Famille improvisée.....	V.	1	1/3 Brazier.	2/3 Dupeuty, Duvert.
Famille indienne.......	M.	5		Frédéric, A. Piccini.
Famille indigente......	O.	1	1/2 Planterre.	1/2 Gaveaux (D. E.).
Famille irlandaise......	M.	3		Th. Nézel 3/4, Varez 1/4.
Famille Jabutot........	V.	1	Brazier, de Leuven, de Livry.	
Famille juive..........	M.	3		Touchard.
Famille Lambert.......	V.	2	1/2 Michel Masson.	1/2 Jouhaud, Bricet.
Famille Lambert.......	C.	2		Léon Gozlan.
Famille Meindorf.......	M.	3		Cuvelier, Léopold.
Famille mélomane.....	V.	1		Ourry, Chazet.
Famille Menzicoff.....	M.	5	Dupèrche.	
Famille Moronval......	D.	5	Charles Lafont.	
Famille Noirmont......	M.	5	Dumersan.	
Famille normande.....	V.	1	Brazier, Mélesville.	
Famille Passereau.....	V.	1		Lefort, Letellier.
Famille Pélican........	V.	1	1/2 Llaunet.	1/2 Léon Paillet.
Famille Poisson........	C.	1	Samson 2/3, Lévy, édit. 1/3.	
Famille portugaise.....	M.	3		Mme Belfort.

Titres des Pièces.	Genres.	Actes.	M. GUYOT.	M. PERAGALLO.
Famille réunie	O.	2		Favart fils, Chapelle.
Famille Riquebour	V.	1	Scribe.	
Famille russe	O.	3	1/2 Reicha.	1/2 Guy.
Familles	C.	5		Ernest Serret.
Famille sans gêne	V.	1	(Decour) pour Barba, prop.	
Famille savoyarde	P.	3		Cuvelier.
Famille Simon	D.	2	Roger, Riga, édit.	
Famille Sirven	M.	3		Frédéric, Dubois.
Famille sous le Diretoire.	V.	3	1/2 Rochefort.	1/2 Noiseuil.
Famille suisse	O.	3		Sewrin 1/4, Chazet 1/4, Crémont 1/2.
Famille suisse	O.	1		Boïeldieu, Saint-Just (D. E.).
Famille Thureau	D.	5	Lorentz.	
Famille vénitienne	M.	3		Frédéric.
Famille Versac	D.	3		Stel, Victor Moulin.
Fanal	O.	2	De Saint-Georges, Adam.	
Fanal de Messine	D.	3	De Pixérécourt.	
Fanchette	O.	2	Desfontaines.	
Fanchette	V.	2	Labrousse, Labie.	
Fanchette	V.	2		Charles Potier, Boulé.
Fanchon	V.	1	Réné Périn.	
Fanchon de retour dans ses montagnes	V.	3	1/2 Servière.	1/2 (Aude) pour Touchard.
Fanchon la vielleuse	V.	3	1/2 Pain (D. E.).	1/2 Bouilly.
Fanchonnette	O.	3	De Saint-Georges 1/4, de Leuven 1/4, Clapisson 1/2.	
Fanchon toute seule	V.	1		Ponet.
Fandango			Radet (D. E.), Desfontaines (D. E.).	
Fanfan et Colas	O.	1	1/2 Beaunoir, Mlle Huet.	1/2 Jadin père et fils.
Fanfan et Colas	C.	1	Beaunoir.	
Fanfan la Tulipe	D.	7	Paul Meurice.	
Fanfan la Tulipe	D.	5	Charles Deslys, Chalamel.	
Fanfan la Tulipe	V.	1		Frédéric, Dubois.
Fanfan le bâtoniste	V.	2	1/2 Gabriel.	1/2 Ch. Dupeuty.
Fanfare	D.	3	Labrousse, Lalanne.	
Fanfare	O.	1	1/2 Th. de Banville.	1/2 Hervé.
Fanfare le trompette	V.	1		Thiboust, Raimond-Deslandes
Fanfarons de vice	C.	3	1/2 Dumanoir.	1/2 De Biéville.
Faniska	O.	3	1/2 De Pixérécourt.	1/2 Chérubini.
Fanny Morna	O.	3		De Favières, Persuis.
Fantaisies de milord	V.	1	1/3 Alphonse Royer.	2/3 Vaëz, Narrey.
Fantasque et le méfiant	C.	3		Onésyme Leroy.
Fantôme	D.	3	1/2 Lévy, édit.	1/2 N. Fournier, Biéville.
Fantôme	V.	2	Honoré, Barba, édit.	
Fantôme	V.	4	2/3 Lafargue, de Livry.	1/3 De Villeneuve.
Fantôme	V.	1	Bayard, Sauvage.	
Fantôme de Bérézule	D.	3	Bernos.	
Fantôme du mari	V.	1	Carmouche, Dupin.	
Fantôme du Nord	D.	5		Paul.
Fantômes	V.	1	Honoré, Barba, édit.	
Farceur de société	V.	2	Rochefort, Lassagne, Barba, édit.	
Farceur de soldat	V.	1		Martin 2/3, Alix, édit. 1/3.
Farfadet	O.-C.	1	De Planard, Adam.	
Farfadets	B.	3	Cogniard frères.	
Farfadets	B.	1	Laurençon.	
Fargeau le nourrisseur	V.	2	1/2 Dumanoir.	1 2 D'Ennery.
Faridondaine	D.	5	1/10 A. Adam.	9/10 Ch. Dupeuty, Bourget.
Farine et charbon	V.	1	Dumersan.	

Titres des Pièces.	Genres.	Actes.	M. GUYOT.	M. PERAGALLO.
Farinelli............	V.	3	1/2 De St-Georges, de Leuven·	1/2 De Forges, Alix, *édit.*
Farinelli............	V.	1	Scribe, Dupin.	
Farnésina...........	C.	3	Méry.	
Farruck le Maure......	D.	5	Escousse.	
Fascination..........	V.	1		Anicet, Th. Nézel.
Fatale révélation......	M.	3		Boirie, Léopold, Dubois.
Fat de village.........	V.	1	Mélesville.	
Fat en bonne fortune....	O.	1	Radet (D. E.), Barré (D. E.), Smith (D. E.).	
Fat en bonne fortune...	V.	1	Rougemont.	
Fat en province........	C.	3	(*Delestre-Poirson, Mélheurat*) *pour* Barba.	
Fat puni............	O.	2	Marmontel fils.	Piccini.
Fat puni............	V.	1		Taviau, Paris fils.
Faublas.............	B.	3	2/3 Lockroy, Léon.	1/3 Piccini.
Faublas.............	V.	3	2/3 Lhérie B., Lhérie jeune.	1/3 Ch. Dupeuty.
Faublas de Villers Cotterets	V.	1		Ourry.
Faubourg St-Antoine au boulevard du Temple.	V.	1		Varez.
Faubourgs de Paris.....	V.	5		Grangé, Alf. Delacour.
Faubourien...........	V.	1	Imbert, Varner.	
Faubourien...........	V.	1		Charles Desnoyer.
Faubouriens..........	V.	1	Michel Masson, A. d'Artois.	
Faubouriens de Paris....	V.	1	1/2 Duperche.	1/2 Dubois.
Faucon.............	O.	1	1/2 Monsigny (D. E.).	1/2 Sedaine (D. E.).
Faucon.............	V.	1	Radet (D. E.).	
Fauconnier...........	V.	3	1/2 Mélesville.	1/2 Saintine.
Faussaires anglais......	M.	3	Cormon, Delaboullaye.	
Fausse adultère.......	D.	5		D'Ennery, Mocquart.
Fausse Agnès.........	O.	3		Castil-Blaze.
Fausse Agnès.........	B.	2	Léon.	
Fausse alerte.........	V.	1		Michel Carré.
Fausse apparence......	C.	3	Ymbert.	
Fausse aveugle........	M.	1	1/2 Rainaud, Quoy.	1/2 Cuvelier.
Fausse bonne.........	V.	1		Louis Boyer, Nuitter.
Fausse clé...........	M.	5		Frédéric, Pélissier de Laqueyrie.
Fausse coquette.......	C.	3	Vigée.	
Fausse correspondance..	C.	1		Legros.
Fausse douairière......	P.	1	1/3 Paul Legrand.	2/3 Bridault, Hervé.
Fausse duègne........	O.	3	*Feu* de Montcloux, G. Duval.	
Fausse duègne........	C.	1	Dellamaria.	
Fausse épouse........	M.	5	5/6 Caigniez.	1/6 Quaisain (D. E.), Darondeau
Fausse honte.........	C.	2	Duperche.	
Fausse inconstance....	C.	1	Monnet.	
Fausse Isaure.........	M.	3		Ponet.
Fausse magie.........	O.	2	Marmontel (D. E.), Grétry (D. E.).	
Fausse marquise......	M.	3		Dubois.
Fausse mère.........	D.	5		Richer 5/6, Leblanc 1/6.
Fausse mère.........	D.	3	Camaille Saint-Aubin.	
Fausse modestie.......	C.	2		Onésyme Leroy.
Fausse nièce.........	C.	2	Patrat.	
Fausse paysanne......	O.	3	Piis (D. E.), Propiac.	
Fausse peur..........	C.	1	Ribié (D. E.).	
Fausse princesse......	M.	3		Frédéric.
Fausse prude.........	C.	5	Baron.	
Fausse route.........	D.	5		Ernest Blum, J. Petit.
Fausses bonnes femmes.	C.	5		Th. Barrière, Capendu.

Titres des Pièces.	Genres.	Actes.	M. GUYOT.	M. PERAGALLO.
Fausses conjectures.....	V.	1	Radet (D. E.).	
Fausses consultations...	C.	2	Dorvigny.	
Fausses déclarations....	V.	1	Rougemont.	
Fausse veuve..........	O.	1	Caigniez.	
Faust................	O.	5	1/2 Gounod.	1/2 Michel Carré, Jules Barbier
Faust................	D.	5		D'Ennery.
Faust................	D.	3	Théaulon.	
Faust................	M.	3	1/3 Ch. Nodier.	2/3 Béraud, Merle.
Faust et Framboisy.....	P.	3	Lapointe 3/4, Bourdois 1/4..	
Faust et Marguerite.....	V.	3		Michel Carré.
Faut de la vertu........	C.	1		Colombey.
Faute (Une)...........	V.	1	Scribe.	
Faute de mieux........	V.	1		Biéville, N. Fournier.
Faute de s'entendre.....	C.	1	Ch. Duveyrier.	
Faute d'orthographe....	V.	1	Moreau, Gentil.	
Faute du mari.........	C.	1	Léon Guillard, Tresse *édit*.	
Faute d'une épingle.....	V.	1	Mme Caroline Berton.	
Faute d'un pardon......	D.	5	Paul Foucher, Alex. Jarry.	
Faute et la leçon.......	V.	2	1/2 Désaugiers (D. E.).	1/2 Bouilly.
Faute par amour.......	O.	1	1/2 Mengozzi.	1/2 Vial.
Fauteuil..............	C.	1	Montenclos.	
Fauteuil de mon oncle...	O.	1		Réné de Rovigo 1/4, de Forges 1/4, Mlle Collinet 1/2.
Faut-il des époux assortis?	V.	1	1/2 Durand de Beauregard.	1/2 Marc Michel.
Faut il pleurer? faut-il rire?	V.	1	Désaugiers (D. E.), Gentil.	
Faut-il se marier?......	V.	2	Francis D., Lafortelle.	
Fauvette de la place Royale	V.	3		Dutertre, Touchard-Lustières
Faux................	M.	5	H. Albertin, Bié.	
Faux Alexis...........	M.	3	5/6 Caigniez.	1/6 Darondeau, Quaisain (D. E.).
Faux ami.............	D.	3		Mercier.
Faux ami.............	C.	1		Cuvelier, Barouillet.
Faux aveugle..........	V.	1	Arm. d'Artois, Francis D.	
Faux bienfaisant........	C.	3	Mangenet.	
Faux bonhomme.......	C.	5		Alexandre Duval.
Faux bonhomme.......	V.	3	Lemercier.	
Faux bonshommes......	V.	4		Th. Barrière, Ern. Capendu.
Faux derviches........	C.	1	Fonpré-Francassalle.	
Faux duel............	V.	1	H^i Simon, Théaulon, Barba *éd*.	
Faux enterrement......	V.	1	Coupart, Servière.	
Faux Faust...........	P.	1		Commerson 1/4, Gaboriau 1/4. Frédéric-Barbier 1/2.
Faux frère............	V.	1	1/2 Th. Pein.	1/2 Jouy.
Faux imposteur........	C.	2	Bilderbeck.	
Faux Lindor..........	V.	1	Rigaud, Jacquelin.	
Faux lord............	O.	3		J. Piccini.
Faux mariage.........	M.	3	11/12 Pompigny, Lanusse.	1/12 Quaisain (D.E.).
Faux maris...........	C.	1	Ernest.	
Faux Martinguerre.....	M.	3		Hubert, Alex. Piccinni.
Faux mendiants........	O.	1		Lebrun-Tossa.
Faux mentor..........	C.	2		Hubert, Dubois.
Faux mollets..........	C.	1		Legros.
Faux monnayeurs......	O.	3		Cuvelier.
Faux monnayeurs......	O.	3	1/4 Scribe.	3/4. Mazères 1/4, Auber 1/2.
Faux parents..........	O.	1	Ernest.	
Faux paysans..........	C.	2	De Planard.	
Faux précepteur.......	V.	3		Bonel.
Faux serment.........	O.	1	Dancourt.	
Faux Stanislas.........	C.	3		Alex. Duval.
Faux talisman.........	C.	1	Guillemain.	

— 134 —

Titres des Pièces.	Genres.	Actes.	M. GUYOT.	M. PERAGALLO.
Faux valet de chambre..	C.	1	Beaunoir.	
Favart	V.	1	1/2 Moreau.	1/2 Dumolard.
Favart à Belleville	V.	1	A..Gouffé, Brazier.	
Favart aux Champs-Élysées	V.	1	Barré (D. E.), Radet (D. E.), Desfontaines (D. E.).	
Favori	M.	3		Antier.
Favori	V.	3		Ancelot.
Favori de la favorite	V.	2		Marcaille, Superman.
Favori de la favorite	C.	2	Villemot, Siraudin.	
Favori de la favorite	Parod.	1	1/2 Deschamps.	1/2 Hervé.
Favori du grand Turc	V.	1		De Courcy, Merle, Simonnin.
Favorite	O.	4	3/8. Scribe 2/8, Alp. Royer 1/8	5/8. Vaëz.1/8, Donizetti 4/8.
Favorite	V.	3	1/3 Michel Masson.	2/3 Saintine, Marchant.
Favorite	V.	1	Scribe.	
Favras	D.	3	Merville, Sauvage, Barba, éd.	
Fayel et Gabrielle de Vergy	P.	3		Franconi, Blanchard.
Fée	C.	1	Octave Feuillet.	
Fée au berceau	V.	1	Duflot.	
Fée aux miettes	V.	5	Gabriel, Ferd. Langlé, Barba, édit.	
Fée aux perles	V.	2	1/2 P{in} Deslandes.	1/2 Decomberousse.
Fée aux roses	O.	3	1/2 Scribe, de St-Georges.	1/2 Fr. Halévy.
Fée Carabosse	O.-C.	3	1/2 Lockroy, H{te} Cogniard.	1/2 Victor Massé.
Fée Cocotte	V.	1	1/2 Mélesville.	1/2 Saintine.
Fée de Bretagne	V.	1		Poujol fils.
Fée des eaux	F.	3		J. Augier, Salvat, Tournemine.
Fée des mages	P.-F.	3	1/2 Overnay.	1/2 Nézel.
Fée du bord de l'eau	V.	3	1/3. Michel Masson.	2/3 Fréd. Thomas, Alix, édit.
Fée du logis	V.	3		Anicet, Brisebarre.
Fée du marais	V.	1		Labénardière, Lemanissier.
Fée du marais	V.	1		Maurice Alhoy.
Fée du village	B.	1		Audibert.
Fée du voisinage	V.	1	2/3 Théaulon, Rousseau.	1/3 Fr. De Courcy.
Fée et les bohémiens	B.-P.	2		Audibert, Dédé.
Fée Minette	F.	3		Th. Vinet.
Fée protectrice	M.	3		Turmeau.
Fées de Bercy	V.	1	1/2 Ad. Choler.	1/2 Désarbres.
Fées de la rue Saint-Jacques	V.	3	Clairville.	
Fées de Paris	V.	2	Bayard.	
Fée Urgèle	O.	4	Favart.	
Feinte par amour	C.	3	Dorat.	
Félicie	M.	5	Brisson.	
Félicie	O.	3	Dupaty, Catrufo.	
Felim et Tangu	V.	2	Désaugiers (D. E.), Villiers, Pessey.	
Félix	O.	3	1/2 Monsigny (D. E.).	1/2 Sedaine. (D. E.).
Félix	C.	2		Béraud.
Félix et Julie	C.	2	Bitthmer.	
Félix et Roger	V.	1	2/3 Const. Berrier, Overnay.	1/3 Lévesque.
Fellamare et Tom Jones	C.	3	Desforges.	
Félon (Le)	M.	3	3/8 Merville.	5/8 Mlle Maucs, Malaisie.
Femme	C.	2	Mme Beaunoir.	
Femme acariâtre	O.	3	5/6 Creuzé.	1/6 Solié (D. E.).
Femme à deux maris	V.	1	Paul de Kock, Boyer P.	
Femme à deux maris	M.	3	De Pixérécourt.	
Femme à François	V.	1	Varner, Brazier.	
Femme à la broche	V.	1	1/3 Alph. Royer.	2/3 Anicet, Narrey.
Femme à la mode	V.	1		Mme Ancelot.
Femme à la mode de Caen	V.	1	1/2 (Joachim Duflot) pour Guillaume.	1/2 Désarbres.

Titres des Pièces.	Genres.	Actes.	M. GUYOT.	M. PERAGALLO.
Femme à trois maris....	V.	1	1/2 Durand de Beauregard.	1/2 de Villeneuve.
Femme à trois visages...	D.	3		Fréd., Boirie, Quaisain (D. E.).
Femme au salon et le mari à l'atelier............	V.	1	2/3 Mallian, Cormon.	1/3 Alix, édit.
Femme aux œufs d'or...	V.	1	Dumanoir, Clairville.	
Femme avare............	O.	1	Nicolo (D. E.).	
Femme à vendre........	O.	1	1/2 Paul de Kock.	1/2 Hervé.
Femme à vendre........	V.	1	Molé-Gentilhomme, Belle, Barba, édit.	
Femme blasée.........	V.	1		Fournier, Biéville.
Femme charmante.....	V.	1		Mme Renault, Capelle.
Femme chevalier......	M.	3	11/12 Bernos, Lanusse.	1/12 Quaisain (D. E.).
Femme comme il y en a peu	C.	1	Beaunoir.	
Femme compromise....	D.	2	1/4 Molé-Gentilhomme.	3/4 Ancelot, Lefranc, Balathier.
Femme dans ma fontaine..	V.	1	1/3 De Rosnes.	2/3 Th. Barrière, Thiboust.
Femme d'artiste	V.	2	Scribe, Vanderburch.	
Femme de carton.......	V.	1	3/4 Marquet, Delbès.	1/4 Blondelet.
Femme de chambre.....	V.	1	Moreau, Lafortelle.	
Femme de douze ans...	V.	1		Demonval.
Femme de Jephté......	V.	3		Chivot, Duru, Bourdilliat, édit.
Femme de l'avoué......	V.	1	Mélesville, Carmouche.	
Femme de l'émigré.....	M.	2	A. Guénée. Fath.	
Femme de l'épicier.....	V.	1	2/3 Varin, Etienne Arago.	1/3 Laurencin.
Femme de l'espion.....	M.	1		Lepoitevin St-Alme, Mourier.
Femme de lettres.......	V.	1		D'Ennery, Grangé, Alix, édit.
Femme de l'étudiant....	V.	1		Brisebarre, Rimbaut.
Femme de marbre......	V.	1	Arvers.	
Femme de ménage.....	V.	1	Brazier, Dumersan.	
Femme de ménage.....	V.	1		Duvert, Lauzanne, Saintine.
Femme de ménage.....	V.	1		Duport, Mich. Delaporte, Alix, édit.
Femme de mon mari...	V.	2		Rosier.
Femme d'emprunt......	V.	1	Varin, Desvergers.	
Femme de quarante ans..	C.	3	Galoppe d'Onquaire.	
Femme de quarante-cinq ans...............	O.	1	Hoffman (D. E.).	
Femme de Valentino.....	V.	1		Charles Gabet.
Femme de vingt ans....	C.	3	Dumaniant.	
Femme difficile à vivre...	C.	3	Radet (D. E.).	
Femme doit obéissance à son mari............	V.	1		Lubize, Blondy prop.
Femme d'un grand homme	C.	5		Durantin, Raimond Deslandes
Femme du peuple.......	D.	5	1/2 Mallian.	1/2 D'Ennery.
Femme du peuple.......	V.	1	Dumersan, d'Artois.	
Femme du sous-préfet....	V.	1	1/2 Moreau.	1/2 Sewrin.
Femme du voisin.......	V.	1	1/2 Barba, édit.	1/2 Deshoyer.
Femme électrique......	V.	1	2/3 Clairville.	1/3 de Vaulabelle.
Femme en plâtre.......	V.	1	Dupin, Carmouche.	
Femme en tombola.....	V.	1		Fontaine, Marc Michel.
Femme est un diable.....	V.	1	1/3 De Leuven.	2/3 E. Monnais, de Forges.
Femme et femme......	V.	1		Charles Potier, di Piétro, Morillon.
Femme et la maîtresse..	M.	3		Tournemine, Anicet Bourgeois, Bezou, édit.
Femme et la maîtresse...	V.	2	2/3 Léon Guillard.	1/3 Alix, édit.
Femme et le cheval.....	V.	1	Gabriel 1/2. (Jouslin). pour Joseph B. 1/2.	
Femme et un ami......	V.	1	Simart.	
Femme exposée........	V.	1	Déaddé, Angel.	

Titres des Pièces.	Genres.	Actes.	M. GUYOT.	M. PERAGALLO.
Femme heureuse.......	C.	1	Léon et Auguste Supersac.	
Femme innocente, malheureuse et persécutée	D.	5	Rougemont.	
Femme jalouse.........	C.	3	Deforges (D. E.).	
Femme juge et partie...	C.	5	Montfleury.	
Femme juge et partie...	C.	3		Onésime Leroy.
Femme laide..........	V.	2		Jules de Prémaray.
Femme, le mari et l'amant	V.	4	2/3 Paul de Kock, Barba, *éd.*	1/3 Ch. Dupeuty.
Femme magnanime.....	P.	3		Cuvelier.
Femme malheureuse....	D.	5	2/3 Dinaux, Morain.	1/3 Gustave Lemoine.
Femme mariée.........	V.	1	Desvergers, Varin, Puech, *prop.*	
Femme médecin.......	C.	1	Besnard, Pompigny.	
Femme, mère et maîtresse	D.	3	Pⁱⁿ Deslandes.	
Femme misanthrope....	C.	3		Alexandre Duval.
Femme, page et soldat..	M.	3	4/5 Servières.	1/5 Leblanc.
Femme par intérim.....	V.	1		Hugot (Eugène), A. Lehmann, Alix, *édit.*
Femme perdue........	V.	1		Dallard, Charles Gabet.
Femme peureuse.......	V.	1	Ach. d'Artois, Langlois.	
Femme pour mon frère.	V.	1	Honoré.	
Femme pour trois......	V.	1	Vizentini 1/2 (*Bourdois*) pour Porcher 1/2.	
Femme précepteur.....	M.	3		Mme Hadot, Taix.
Femme qui aime.......	V.	1	Mengaud.	
Femme qui a une jambe de bois.............	V.	1		2/3 Lubize, 1/3 Me Hermant.
Femme qui déteste son mari	C.	1		Mme de Girardin 2/3, d'Ennery 1/3.
Femme qui fait refondre son mari.............	V.	1	1/2 Ed. Martin.	1/2 Albert Monnier.
Femme qui mord.......	V.	1	1/2 Th. Cogniard.	1/2 E. Blum.
Femme qui n'y est pas...	V.	1	Jules Adenis, Francis Tourte, Mifliez, *édit.*	
Femme qui perd ses jarretières.............	V.	1		Labiche, Marc Michel.
Femme qui prend la mouche...............	V.	1	Grandin.	
Femme qui se grise.....	V.	1	1/3 A. Guénée.	2/3 Delacour, Thiboust.
Femme qui se jette par la fenêtre,............	V.	1	1/2 Scribe.	1/2 Gustave Lemoine.
Femme qui s'ennuie....	V.	3	2/3 Honoré.	1/3 Mifliez, *édit.*
Femme qui se venge....	V.	1	1/4 Ach. d'Artois.	3/4 D'Ennery.
Femme qui trompe son mari...............	V.	1		Alf. Delacour, Eug. Moreau.
Femme qui veut se tuer.	V.	1		Porcher.
Femme qu'on n'aime plus	V.	1		Fournier.
Femme rivale de son amant	V.	1	Delpech.	
Femme romanesque....	C.	2	A. J. Leroy.	
Femmes..............	C.	3	Demoustier.	
Femmes..............	V.	1		Antier, Frédéric.
Femmes..............	V.	1		Dubois.
Femmes..............	V.	1	Brisset.	
Femme sans le vouloir..	V.	1	Gouffé, Villiers, Barba, *édit.*	
Femme sans tête.......	M.	3	Ribié (D. E.).	
Femmes assiégées......	V.	3	Monperlier.	
Femme sauvage........	V.	1		Simonnin.
Femmes colères........	V.	1	Dupaty, Francis D., Moreau.	
Femmes comme elles étaient.............	V.	1	Vieillard, Gersin.	

— 137 —

Titres des Pièces.	Genres.	Actes.	M. GUYOT.	M. PERAGALLO.
Femmes corsaires	V.	1	Rozet.	
Femmes de chambre	V.	1		Sewrin.
Femmes de Gavarni	V.	4		Th. Barrière, Beauvallet fils, Decourcelle.
Femmes d'employés	V.	1	Dumersan, Brazier, Carmouche.	
Femmes d'emprunt	V.	1	2/3 Desvergers, Varin, Held.	1/3 Alix, *édit*.
Femmes de Paris	D.	5		Ancelot.
Femmes duellistes	C.	2		Prévos.
Femmes du monde	V.	3	2/9 Cormon.	7/9. E. Grangé 2/9, Montheau 2/9, Alix, *édit*. 3/9.
Femmes du peuple	V.	2	1/3 Duffaut.	2/3 Poujol fils.
Femmes entre elles	O.	1	1/2 Dupaty.	1/2 Dalayrac (D. F.).
Femmes et le secret	O.	1	Quétant.	
Femmes et le secret	V.	1	Lafontaine, Tourret, Quoy.	
Femmes et le secret	V.	1	Delalain 2/3, Déaddé 1/3.	
Femmes fonctionnaires et et factionnaires	V.	1	Honoré.	
Femmes fortes	C.	1		Jules Barbier.
Femme s'il vous plaît	V.	1	Cogniard frères, J. Blum.	
Femmes infidèles	O.-C.	3	Dreuilh, Monperlier.	
Femme singulière	C.	1		Levasseur.
Femmes laides de Paris	V.	1	1/2 Labie.	1/2 J. Augier.
Femmes, le vin et le tabac	V.	1	Cogniard frères, Paul de Kock.	
Femmes libres	V.	3		Salvat, Tournemine.
Femmes officiers	V.	1		Chazet, Dubois.
Femme sous les scellés	V.	1	1/2 Bayard.	1/2 De Forges.
Femmes paresseuses	V.	2		Henri de Kock.
Femmes peintes par elles-mêmes	V.	1	2/9 Lurine.	7/9. H. Lucas 2/9, R. Deslandes 2/9, Bourdilliat *édit*. 3/9.
Femmes politiques	C.	3		Gosse.
Femmes qui pleurent	C.	1	1/2 Siraudin.	1/2 L¹ Thiboust.
Femmes rivales	V.	1	A. d'Artois. Théaulon.	
Femmes romantiques	V.	1	Théaulon, Ramond, Capelle.	
Femmes socialistes	V.	1	2/3 Varin, Pʰ Deslandes.	1/3 Roger de Beauvoir.
Femmes soldats	V.	1	A. d'Artois, Théaulon.	
Femmes solitaires	V.	1	Dieulafoy, Gersin.	
Femmes sous les scellés	V.	3		Saintine.
Femmes spadassins	V.	1	Martainville (D. E.).	
Femmes terribles	C.	3	Dumanoir.	
Femmes tyrannomanes	V.	1	d'Artois.	
Femme sur les bras	V.	2		Léon Battu, Nérée-Désarbres.
Femme sur les bras	V.	1		Tournemine.
Femmes vengées	O.	1	1/2 Blangini.	1/2 Kreutzer (D. F.).
Femmes volantes	V.	1	Ach. et Arm. d'Artois.	
Femme tombée du ciel	V.	1		Lefranc.
Femme vengée	V.	1		L. Couailhac.
Femme vertueuse	V.	1		Labénadière, Ferdinand Laloue.
Fénelon	T.	5	Chénier.	
Fénelon	M.	5	De Pixérécourt.	
Fénelon au village	V.	1		Dumolard, Ragueneau.
Fenêtre secrète	O.	3		Des Essarts, Batton.
Fenêtres à louer	V.	1	Gentil, Désaugiers (D. E.).	
Féodor	O.	1		Claparède, Berton.
Féodor et Lizinska	D.	3	Desforges (D. E.).	
Fera-t-on la noce?	V.	1	Brazier, Mélesville.	
Fera-t-on la noce?	V.	1		Ligier.

Titres des Pièces.	Genres.	Actes.	M. GUYOT.	M. PERAGALLO.
Ferdinand XV	V.	1	Duval, Dabaytua.	
Ferme de Bondy	V.	4	3/4 Gabriel, Michel Masson, Barba, *édit*.	1/4 de Villeneuve.
Ferme de Kilmoor	O.	2	1/2 Charles-Deslys, Wœstyn.	1/2 Varney.
Ferme de Montmirail	M.	5	1/2 Labrousse.	1/2 Ferdinand Laloue.
Ferme de Primerose	V.	1	2/3 Cormon, Lévy, *édit*.	1/3 Dutertre.
Ferme des carrières	P.	2	1/2 Villiers.	1/2 Franconi.
Ferme des trois chemins	D.	5		Latouche.
Ferme de Thoiry	D.	5	De Tully, Chauffer.	
Ferme du Mont-Cénis	O.	3	Lamartelière (D. E.), Champein (D. E.).	
Ferme embrasée	M.	3	1/3 Mélesville.	2/3 Boirie, Merle.
Ferme et le château	V.	1		Sewrin.
Ferme et le château	V.	1	2/3 Gersin, Théaulon.	1/3 Paul Duport.
Fermier anglais	V.	1	Jaime 1/4, Léon Halévy 1/4, Broc 1/6, Barba, *édit*. 1/3.	
Fermier d'Arcueil	V.	1	2/3 Brazier, Carmouche.	1/3 Ferdinand Laloue.
Fermier de Chablais	M.	3	Albertin, Bié.	
Fermier de la Bresse	V.	2		Sewrin.
Fermier d'Issoire	C.	1	Briois.	
Fermière	V.	1	Brazier, Vanderburch.	
Fermière de Bolbec	V.	2	1/3 De Leuven.	2/3 *Feu* Lebrun, de Forges.
Fermière de Montfermeil	V.	3	Rougemont, Brazier, Périn, Barba, *édit*.	
Fermière et le lancier	V.	1		Simonnin.
Fermière romaine	V.	1		Duport, Laurencin.
Fermier et le général	V.	2	2/3 St-Amand, Overnay.	1/3 Dulong.
Fermier Humberg	M.	3	1/3 Bilderbech.	2/3 D'Epagny, Antier.
Fernand	O.	3	Wœlf.	
Fernand-Cortez	O.	3		Jouy, Spontini.
Fernand Cortez	V.	1	2/3 Moreau, Rougemont.	1/3 Merle.
Fernand et Zirma	B.	2		Baudry.
Festin de Balthazar	M.	5	1/3 Francis C.	2/3 Robillard, Alix, *édit*.
Festin de Balthazar	V.	3	2/3 Gormon, Mifliez, *édit*.	1/3 Grangé.
Festin de Pierre	O.	4		Castilblaze.
Festival	V.	1		(*Antony Béraud*) pour Beck.
Fête à Cadix	B.	2	Laurencon.	
Fête à la guinguette	V.	1	Francis D., A. d'Artois, Théaulon.	
Fête à la Halle	V.	1	Coupart, Jacquelin.	
Fête au bivouac	V.	1	Désaugiers, d'Artois, Théaulon	
Fête au village	V.	1		Ch. Dupeuty, de Villeneuve.
Fête catalane	B.	3		J. B. Gilbert.
Fête d'amour	C.	1	Favart (D. E.).	
Fête d'automne	V.	2		Varez.
Fête de Campagne	C.	1	Dorvigny.	
Fête de Colette	B.	2		Blache.
Fête de Corneille	C.	1	Picard.	
Fête de Cythère	O.	1	1/4 Dieulafoy. (D.E.)	3/4 Spontini, Berton, Brifaut, Kreutzer, (D.E.), Persuis. (D.E.)
Fête de Famille	V.	1	Dupin, *Delestre-Poinson*.	
Fête de Henri IV	C.	1	Rougemont	
Fête de Jean Bart	V.	1	1/2 Brazier.	1/2 Dubois.
Fête de la Cinquantaine	O.	3		Faur.
Fête de la France	V.	1		Dutertre, Vulpian.
Fête de la Reconnaissance	V.	1	Brazier, Capelle.	
Fête de la Victoire	V.	1		Ch. Dupeuty, de Villeneuve.
Fête de l'Égalité	V.	1	Desfontaines (D. E.).	
Fête de Lise	V.	1	Bitthmer.	

Titres des Pièces.	Genres, Actes.	M. GUYOT.	M. PERAGALLO.
Fête de ma femme	V. 1		Ancelot, Saintine.
Fête de mars	B. 2		Gardel.
Fête de molière	C. 1	Samson, Barba, édit.	
Fête de monsieur Balonné.	B. 2		Blache.
Fête de Néron	T. 5	1/3 Barba, édit.	2/3 Soumet, Belmontet.
Fête de Perrault	V. 2	1/2 (Brazier) pour Barba.	1/2 Dubois.
Fête de Saint-Louis	V. 1	1/2 Brazier.	1/2 Dubois.
Fête de St-Louis au village	V. 1	Hippolyte.	
Fête de Saint-Maudé	M. 5	1/3 Saint-Amand.	2/3 Franconi, Hi Villemot.
Fête des cœurs	B. 1		Roger.
Fête des fous	D. 5		Arnould, Fournier.
Fête des loups	V. 3		Grangé, Thiboust, de Najac, Lévy, édit.
Fête des mages	F. 3	1/3 Overnay.	1/2 T. Nézel.
Fête des mariages	V. 1	2/3 A. Gouffé, Lafortelle.	1/3 Chazet.
Fête des marins	V. 1	Théaulon, Dormeuil, Chabot.	
Fête des muses (la)	C. 1	(Aude) pour Barba.	
Fête des quatre-saisons.	B. 3	Cogniard frères.	
Fête du béarnais	V. 1	Emile.	
Fête du château	O. 3	Favart (D. E.).	
Fête du château	V. 1	Lourdet-Santerre.	
Fête du faub. St-Antoine.	V. 1	Maréchalle.	
Fête du fermier	V. 1	Brazier.	
Fête du grand-mogol	M. 3	Hapdé, Dabaytua.	
Fête du grand-papa	V. 1	Corsange.	
Fête du mari	V.	Scribe.	
Fête du Mogol	M. 3	5/6 Hapdé, Dabaytua.	1/6 Leblanc.
Fête du mois de mai	B. 1		Blache.
Fête d'un bon bourgeois de Paris	C. 3	3/4. Dumersan 1/4, Barba, édit. 1/2.	1/4 Merle.
Fête du patron	D. 3	1/2 Paul Michel.	1/2 Feugère.
Fête du peuple	V. 1	1/2 Duperche.	1/2 Dubois.
Fête du Pont-Neuf	V. 1	3/4 Désaugiers (D. E.), Gentil, Pain (D. E.).	1/4 Chazet.
Fête du printemps	V. 1		Sewrin, Chazet.
Fête du roi	V. 1	Ramond, Ledoux.	
Fête du vieux soldat	V. 1	Tournay.	
Fête du village	O. 1	Etienne, Nicolo (D. E.).	
Fête du village	V.	1/2 Jouslin.	1/2 Crosnier.
Fête du village voisin	O. 3		Sewrin, Boïeldieu.
Fête foraine	B. 2		Petipa.
Fête française	O. 1	Delestre-Poirson.	
Fête génevoise	O. 1		Leblanc.
Fête hongroise	B. 1		Aumer.
Fête impromptu	V. 1	Rougemont.	
Fête indienne	B. 1		Blache.
Fête mystérieuse	O. 2		Sewrin, Chazet, Kreutzer (D. E.)
Fête péruvienne	B. 2		Roger.
Fête provençale	V. 1	Thurbet.	
Fêtes françaises	V. 1	Rougemont, Gentil.	
Feu Chaponel	V. 1		Duvert, Saintine.
Feu dans une vieille maison	V. 1		G. Lemoine (Henriot)
Feu de cheminée	V. 1	1/2 A. de Beauplan.	1/2 Labiche.
Feu de paille	V. 1	3/4 Béchard 1/4 Lévy éd. 1/2.	1/4 Jules Barbier.
Feu de paille	C. 1	Ch. Potron.	
Feu du bivouac	V. 1		Mourier, Ferdinand Laloue, Al. Franconi.
Feue Brigitte	V. 1	2/9 Chiarini Lange.	7/9. Narrey 2/9, H. Lemonier 2/9, Lévy, édit. 3/9.

Titres des Pièces.	Genres, Actes.	M. GUYOT.	M. PERAGALLO
Feu Gobanchon........	V. 2		Lefranc, Eloi.
Feuille de route........	V. 1	Guy.	
Feuilleton d'Aristophane.	R. 1	2/3 Siraudin, Th. de Banville.	1/3 Phil. Boyer.
Feuilleton revue.......	R. 1	1/2 Clairville.	1/2 D'Ennery.
Feu le capitaine Octave.	C. 2	E. Plouvier, J. Adenis, Lévy éd.	
Feu Lionel............	C. 1	Scribe, Ch. Potron.	
Feu mon frère........	V. 1	1/3 Desvergers.	2/3 Alix, prop.
Feu mon oncle........	O. 1		Debillemont.
Feu mon premier......	V. 3	Clairville.	
Feu monsieur Mathieu..	V. 1	1/2 Brazier.	1/2 Ourry.
Feu Péterscott........	V. 2		D'Ennery, Grangé.
Feu sous la cendre.....	V. 1		Alf. Delacour, Beaufils.
Feux follets..........	B. 2	Laurençon.	
Fiacre.....	V. 3	Théaulon.	
Fiacre et le parapluie...	V. 1		Anicet, Brisebarre.
Fiacres..............	D. 2		Mourier, Hⁱ Villemot.
Fiammina............	C. 5	Mario Uchard.	
Fiançailles des roses....	O.-C. 2	Ch. Deslys 1/4, Jules Séveste 1/4, Villeblanche 1/2.	
Fiancé à l'huile........	V. 1		Louis Boyer, Nuitter, Lévy, éd.
Fiancé de la mort......	M. 5	De Tully, Salin.	
Fiancée............	O. 3	1/2 Scribe.	1/2 Auber.
Fiancée............	V. 2	Théaulon, Ach. d'Artois.	
Fiancée............	M. 1	Adam.	
Fiancée de Berlin......	V. 1	Théaulon.	
Fiancée de Lamermoor.	M. 5	Victor Ducange.	
Fiancée de Lamermoor.	O. 4	1/4 Alphonse Royer.	3/4, Gustave Vaëz 1/4, Donizetti 1/2.
Fiancée de l'apothicaire.	V. 1	Sauvage, Dupin.	
Fiancée de marbre......	O. 3	1/2 Melesville.	1/2 Hérold (D. E.).
Fiancée de Saarnan.....	B. 3		Aniel, Corally.
Fiancée du Bengale.....	V. 2	1/3 Cournier.	2/3 Gustave Sauvey, Louis Boyer.
Fiancée du bon coin....	V. 1		Labiche, Marc Michel.
Fiancée du Bouffon.....	D. 3	Octave Féré.	
Fiancée du bourreau....	D. 3		Th. Vinet.
Fiancée du corrégidor...	V. 1	Cranney, Moreau.	
Fiancée du diable......	O. 3	1/4 Scribe.	3/4. Romand 1/4, V. Massé 1/2.
Fiancée du fleuve......	V. 2	1/3 Carmouche.	2/3 Saintine, Bezou, édit.
Fiancée du pays de Caux.	V. 2		Sewrin.
Fiancée du pêcheur....	V. 2		Jouhaud.
Fiancée du pêcheur.....	V. 1	Albert, Hostein.	
Fiancée du prince......	V. 3		D'Avrecour, A. de Cey.
Fiancée du troupier....	V. 2	Delmas, Bernard.	
Fiancée et la mariée....	V. 2	3/4 D'Artois, Théaulon, Mlle Huet.	1/4 Chazet.
Fiancée perdue........	V. 1	1/2 A. de Beauplan.	1/2 Gosse.
Fiancées de Casserte....	B. 1		Gardel, Milon.
Fiancées d'Herbesheim..	V. 1		Arnould.
Fiancés..............	O. 1	Valette, Heps.	
Fiancés..............	V. 1	d'Artois, Théaulon.	
Fiancés d'Albano.......	D. 5		D'Ennery 1/3, Anicet Bourgeois 1/3, Mocquard 1/3.
Fiancés tyroliens.......	V. 1	1/2 Brazier.	1/2 Dubois.
Fich-Tong-Khan.......	V. 1	2/3 Sauvage, de Lurieu.	1/3 Duvert.
Fidèle berger.........	O. 3	Scribe 1/4, de Saint-Georges 1/4, Adam 1/2.	
Fielding.............	C. 1	Meunechet.	
Fiesque..............	D. 5		Crémieux.
Fiesque..............	D. 5		Ancelot.

Titres des Pièces.	Genres.	Actes.	M. GUYOT.	M. PERAGALLO.
Fiesque et Doria........	D.	2	De Saint-Marcellin.	
Fièvre brûlante (Une)...	V.	3	1/2 Mélesville.	1/2 Labénardière.
Fifi et Nini............	O.	1		Albert Monnier; Hervé.
Fifi Lecoq............	V.	1	7/9. Dumanoir 2/9, Barthélemy 2/9, Barba, édit. 3/9.	2/9 D'Avrecour.
Fifre du roi de Prusse..	V.	1	Revel.	
Fifre et le Tambour.....	V.	1	2/3. Brazier, Villiers.	1/3 Antier.
Fifre et Tambour.......	V.	2		Demonval-Saint-Hilaire.
Fifres de la garde......	V.	2	1/2 Faulquemont.	1/2 Th. Barrière.
Fifres et Tambours de Beaujolais...........	V.	3		Touchard-Lustière, Marly.
Figaro................	O.	3	Achille et Armand D'Artois 1/2, Blangini 1/2.	
Figaro................	C.	3		Dorvo.
Figaro................	B.	2	Laurençon.	
Figaro directeur........	V.	2	1/3 Clairville.	2/3. Maurice Alhoy, Laurencin.
Figaro en prison........	C.	1	Lesguillon, Monrose.	
Figaro et Suzanne.......	V.	1	Brazier, Dumersan.	
Figaro tout seul........	V.	1		Marty.
Figurante.............	O.	5	Scribe 1/3, Dupuis 1/3, Clapisson 1/3.	
Figures de cire........	V.	1	Montigny, Barba, édit.	
Filature..............	V.	3		Duvert, Lauzanne.
Fil de la Vierge........	V.	5	1/2 Mélesville.	1/2 Labénardière.
Fil du Diable..........	V.	3	2/3. Pourcelle, Zaccone.	1/3 Marcaille.
Filets de Saint-Cloud....	D.	5		Antier, Decomberousse.
Filets de Vulcain.......	B.	3		Blache père.
Filets de Vulcain.......	V.	1	Brazier, Dumersan, Gabriel.	
Filets de Vulcain.......	V.	1	Dupin, Carmouche (*Jouslin*) pour Joseph B.	
Fileuse...............	D.	5		Michel Carré, Jules Barbier.
Fileuses..............	V.	1	Jaime, Maillan, Léon Halévy, Riga, édit.	
Fille à deux mères......	M.	3	5/6 Valcour.	1/6 Leblanc.
Fille adoptive..........	M.	5	5/6 Caigniez.	1/6 Gérardin.
Fille à établir..........	V.	2	Bayard, H. Leroux.	
Fille alcade............	D.	3	Monperlier.	
Fille à marier..........	C.	1	Charlemagne.	
Fille à marier..........	V.	1		Ferdinand Laloue, Ménissier, Saint-Hilaire.
Fille à marier et campagne à vendre........	V.	2	1/2 Rochefort.	1/2 Noiseuil.
Fille à Mimire..........	V.	1		Saint-Amand, Lefebvre.
Fille à Nicolas..........	V.	3		Léonce, Michel Delaporte.
Fille aux bas bleus......	V.	3	Devaux, Brisson.	
Fille bannie...........	M.	3	1/2 Barba, édit.	1/2 Pellissier.
Fille bien gardée........	V.	1		Labiche, Marc-Michel.
Fille coupable et repentante...............	D.	3		Varez.
Fille de Bilboquet.......	V.	1		Reneaume, Bouteiller.
Fille de Cromwell.......	V.	1	Rougemont.	
Fille de Dominique.....	V.	1	1/2 De Livry.	1/2 de Villeneuve.
Fille de Figaro.........	V.	3	Mélesville, Théaulon.	
Fille de Frétillon.......	V.	1	Déaddé 1/3. Ad. et St-Agnan Choler 2/3.	
Fille de Jacqueline......	V.	2	1/2 Dumanoir.	1/2 Brisebarre.
Fille de la Favorite.....	V.	3		Duvert, Lauzanne.
Fille de l'air...........	F.	3	Cogniard frères 2/3, Raymond P. 1/3.	
Fille de l'air dans son ménage	V.	1	1/3 Honoré.	2/3 M. Delaporte, Alix, édit.

— 142 —

Titres des Pièces.	Genres.	Actes.	M. GUYOT.	M. PERAGALLO.
Fille de la nature	M.	3	Besnard.	
Fille de la nature	C.	3	Caigniez.	
Fille de la sorcière	D.	5	1/2 Hostein.	1/2 Jouhaud.
Fille de l'avare	V.	2	1/2 Bayard.	1/2 Paul Duport.
Fille de la veuve	V.	2	Rougemont et Th. Anne.	
Fille de l'émir	M.	2	1/3 Mallian,	2/3. Fontan, Jemma.
Fille de l'enfer	M.	3		Boursaut, Arquier.
Fille de l'exilé	D.	3	De Pixérécourt.	
Fille de l'hospice	M.	5	5/6. Lanusse, Pessey.	1/6. Quaisain (D. E.).
Fille de l'hospice	M.	3	Camaille Saint-Aubin.	
Fille de l'olympe	M.	1		Jouhaud.
Fille de madame Grégoire	V.	1		G. de Montheau, Michel Delaporte.
Fille de marbre	B.	2		Pugni, Saint-Léon.
Fille de marbre	V.	1	2/3 Clairville.	1/3 de Vaulabelle.
Fille de quinze ans	C.	1		Boursault.
Fille de Robert Macaire	V.	2	Barthélemy, Mallian, Ach. d'Artois, Barba, édit.	
Fille d'Eschyle	D.	5		Autran.
Fille de trente ans	C.	4	1/2 Scribe.	1/2 de Najac.
Fille d'Ève	V.	1	Dumanoir, Lafargue, Solar.	
Fille de Voltaire	C.	1	De Rostan, Barraguey, Barbré, édit.	
Fille d'Hoffmann	V.	1	Bayard, Varner.	
Fille d'honneur	C.	5		A. Duval.
Fille d'honneur	V.	1	D'Artois.	
Fille difficile à marier	V.	1		Martin, Petit.
Fille du bandit	M.	3	Paul de Kock.	
Fille du barbier	V.	1	De la Rounat.	
Fille du bourgmestre	V.	2		Duvert, Lauzanne.
Fille du bourreau	V.	1		(Boulé, Charles Potier) pour Barba.
Fille du capitaine	C.	5	Montfleury.	
Fille du chiffonnier	M.	3		Dallard.
Fille du Cid	T.	3		Casimir Delavigne.
Fille du ciel	F.	3	Clairville, A. Guénée, Provost.	
Fille du cocher	V.	2	2/3 Rougemont.	1/3 Alix, édit.
Fille du commissaire	F.	1	Belle, Legrand.	
Fille du Danube	F.	2	2/3 Déaddé, Veyrat.	1/3 Alix, édit.
Fille du Danube	B.	2	1/2 Adam.	1/2 Taglioni.
Fille du désert	M.	3	2/3 Bilderbeck, Duperche.	1/3 Dubois.
Fille du diable	D.	5	Vanderburch, Jules Séveste.	
Fille du diable	V.	1		Salvat, Rimbaut, Dechaume, édit.
Fille du fermier	M.	2	2/3. De Saint-Georges, Carmouche.	1/3 Franconi jeune.
Fille du feu	F.	3	1/4 A. Guénée.	3/4. Alb. Monnier 1/4, Alix éd. 1/2.
Fille du guide	V.	1	1/2 Feu Didier.	1/2 Charles Potier.
Fille du hussard	V.	1	Alphonse Keller.	
Fille du laboureur	M.	3	Victor Ducange (D. E.),	
Fille du lapidaire	V.	3		Pierson fils.
Fille du mari de ma femme	V.	1	Bonet, Delbès, Marquet.	
Fille du marin	V.	1	1/2 Dumersan,	1/2 Sewrin.
Fille du matelot	D.	5	Mme Farrenc.	
Fille du millionnaire	M.	3		Léopold.
Fille du musicien	M.	3		Crosnier, Leblanc Deferrière.
Fille du musicien	D.	3	Albertin, Bié.	
Fille d'une reine	M.	5	1/2 V. Ducange (D. E.).	1/2 Anicet.
Fille d'un militaire	V.	2		Laurencin, Duport, Meyer.

Titres des Pièces.	Genres.	Actes.	M. GUYOT.	M. PERAGALLO.
Fille d'un voleur.......	V.	1	Théaulon.	
Fille du pacha.........	V.	2		Jouhaud.
Fille du peuple.........	D.	4		Fillion.
Fille du portier.........	M.	3	2/3. E Arago, Quoy.	1/3 Anicet.
Fille du portier.	V.	1	Gabriel Rougemont.	
Fille du prisonnier.	D.	2		Laurencin.
Fille du réfugié........	M.	3	Rougemont, S. Amand.	
Fille du régent.	D.	5		A. Dumas père.
Fille du régent.	C.	2	1/2 Mélesville.	1/2 Léon Laya.
Fille du régiment.......	O.	2	1/2 Bayard, De St-Georges.	1/2 Donizetti.
Fille du roi René......	V.	1		G. Lemoine.
Fille du savetier.......	V.	2		Eugène Moreau.
Fille du soldat.........	V.	2		Ancelot, Decomberousse, Alix, *édit*.
Fille du soldat.........	O.-C.	1		Battu 1/2, d'Osmont 1/4, Costé 1/4.
Fille du tapissier.......	V.	3	5/9. Cormon 1/9, Lambert 1/9, Barba, *édit*. 3/9.	4/9. St-Amand, Lefebvre.
Fille du Tintoret.......	D.	5	3/5. Jaime fils 2/5, Hostein 1/5.	2/5 Dugué.
Fille du tropique.......	V.	1	Gourdon de Genouillac.	
Fille du voleur.........	M.	3	Merville.	
Fille du voleur.........	V.	1	Stephen, Théaulon, E. Arago, Barba, *édit*.	
Fille écuyer............	M.	3	Périn, A. J. Leroy, Barba.	
Fille en loterie.	V.	1	1/2 De Longchamps.	1/2 Jouy.
Fille ermite............	V.	1		Cuvelier.
Fille et garçon.........	V.	1	Lecerf.	
Fille et garçon.	V.	1	1/2 Barba, *édit*.	1/2 Ch. Dupeuty, de Villeneuve
Fille grenadier.........	V.	1	1/3 Barba, *édit*.	2/3 Merle, Ourry.
Fille guerrière.........	V.	1		Gramont.
Fille hussard...........	P.	3		Cuvelier.
Fille invisible..........	O.	3	2/3 Dupin, De St-Georges,	1/3 A. Boïeldieu.
Fille jockey............	V.	1	1/2 Lafortelle.	1/2 Chazet.
Fille mal élevée.......	V.	2		D'Epagny, Decomberousse.
Fille mal gardée.......	O.	2		E. Hus, Gaveaux (D. E.).
Fille mal gardée........	V.	1	Brazier, Dumersan, Francis-D.	
Fille maudite...........	D.	3		Boirie, Léopold.
Fille mendiante.........	D.	3		Cuvelier.
Fille mousquetaire.....	V.	2	3/8 Jautard.	5/8 H. Lucas 3/8, Nargeot 2/8.
Fille naturelle..........	V.	3	Radet (D. E.).	
Fille obéissante........	V.	1	D'Artois frères.	
Fille peintre............	C.	1		Antony Béraud.
Fille pendue...........	M.	3		Ponet.
Fille pendue..........	V.	2	Ernest, Décour.	
Fille rivale............	V.	1		P. Duport, Monnais.
Fille romanesque.......	C.	4		Châteauneuf.
Fille romanesque......	O.	3	Dupaty, Catrufo.	
Fille tambour (la)......	P.	1		Charrin, Frédéric, Foignet fils.
Filles à marier.........	C.	3	Picard.	
Filles à marier.........	V.	1		Simonin, Chazet.
Fille sauvage..........	D.	3		Cuvelier A. Piccinni.
Filles d'argile.........	V.	1	E. Jaloux, Dubacq.	
Filles de l'air.........	V.	1	2/3 Cogniard frères.	1/3 T. Nézel.
Filles de l'air.........	V.	2	1/2 E. Burat.	1/2 Gastaldy.
Filles de la liberté.....	V.	1	2/3 Clairville,	1/3 de Vaulabelle.
Filles de l'enfer........	M.	5		Desnoyer, Ch. Dupeuty.
Filles de marbre........	D.	5		T. Barrière, Thiboust.
Filles de mémoire......	V.	1	Dieulafoy, Gersin.	
Filles des champs......	V.	1	Siraudin 1/3, (*Bourdois*) pour Porcher 1/6, Levy *éd*. 1/3.	

Titres des Pièces.	Genres.	Actes.	M. GUYOT.	M. PERAGALLO.
Filles d'honneur de la reine	V.	1	Barthélemy, Fillot.	
Filles du docteur	V.	2	Scribe, Michel Masson.	
Filles du lac	O.	1	1/2 E. Moreau, A. Lambert.	1/2 Nibelle.
Filles en loterie	V.	1		Chardon.
Filles mères	V.	1	Barré (D. E.), Radet (D. E.), Desfontaines (D. E.).	
Fille soldat	B.	2		Blache.
Fille soldat	V.	1	Desfontaines.	
Filles sans dot	C.	3	1/2 B. Lopèz.	1/2 Lefranc.
Filles savantes	V.	4	Angel.	
Filles spectres	M.	3	Lemercier.	
Fille tambour	P.	3		Charrin, Frédéric, Foignet fils.
Fille terrible	V.	1	Bouchardy, Deligny.	
Filleule	C.	5		Sewrin.
Filleule à Nicot	V.	1	Bouchardy, Deligny.	
Filleul de tout le monde.	V.	4		Souvestre.
Filleule de la fée	V.	1	1/3 Carmouche.	2/3, Fr. De Courcy, Saintine.
Filleule des fées	B.	2	De St-Georges, Adam.	
Filleule du chansonnier.	V.	3	5/8. St-Agnan Choler 2/8 Porcher 1/8, Lévy, édit. 2/8.	3/8 Léon Beauvallet.
Fille unique	V.	1	2/3 Rougemont, St-Amand, Overnay.	1/3 Bezou, édit.
Fils	M.	3	1/3 Barba, édit.	2/3 Lemoine Montigny.
Fils abandonné	D.	3		Pelletier-Volméranye.
Fils adoptif	O.	2	1/2 Nicolo (D. E.)	1/2 Marsolier (D. E.).
Fils adoptif	V.	1	Rougemont, Vanderburch, Brazier.	
Fils aîné de veuve	V.	1		Martin, Prieur.
Fils banni	M.	3	5/12 Barba, édit.	7/12. Frédéric, Quaisain (D.E.) Renat.
Fils criminel	M.	3		Cuvelier, Quaisain (D. E.).
Fils de Cromwell	C.	5	Scribe.	
Fils de famille	V.	3	1/2 Bayard.	1/2 Biéville.
Fils de Figaro	V.	2		Demonval St-Hilaire.
Fils de Figaro	V.	1	E. Burat, Masselin.	
Fils de Jocrisse	V.	1		Jouhaud.
Fils de la belle au bois dormant	F.	3	2/3 Siraudin, A. Choler,	1/3 Thiboust.
Fils de la folle	D.	5		Soulié, Alix, édit.
Fils de la nuit	D.	5	1/2 B. Lopèz, Porcher,	1/2 V. Séjour.
Fils de l'aveugle	D.	5		Hugelmann 2/3, Lévy, éd.1/3.
Fils de l'émigré	D.	1		Anicet, A. Dumas.
Fils de l'empereur	D.	2	1/4 Cogniard frères,	3/4. Fontan, Dupeuty, Alix, édit.
Fils de l'homme	V.	1	2/3. E. Sue, Riga, édit.	1/3 De Forges.
Fils de l'invalide	V.	1	2/3 Overnay, Coupart.	1/3 Varez.
Fils de Louison	M.	5	1/3 Quoy,	2/3 Antier, Decomberousse.
Fils de monsieur Godard.	D.	5		Anicet, Decourcelle,
Fils de Ninon	M.	3		Ancelot, Rimbaut, Varez.
Fils de Pharamond	V.	3	Jacquelin.	
Fils de Richelieu	V.	1	Veyrat.	
Fils de Triboulet	V.	1	Cogniard frères 2/3, E. Burat 1/3.	
Fils de Télémaque	V.	1	Jautard, Cuny, Grasset Vernier	
Fils du barbier	V.	1	De La Rounat, D'Artigue.	
Fils du bravo	D.	1	2/3 Bouchardy, Deligny.	1/3 Alix, édit.
Fils du colonel	V.	1	1/2 De Tully.	1/2 Duvert.
Fils du condamné	D.	3		Dallard, Nyon.
Fils du diable	D.	5	5/6. Paul Féval 1/6, Déaddé 1/6, Lévy, édit. 3/6.	1/6 F. Soulié,

Titres des Pièces.	Genres.	Actes.	M. GUYOT.	M. PERAGALLO.
Fils du docteur	C.	2		Colombey.
Fils du fermier	V.	2		Emile Souvestre.
Fils du gamin de Paris	V.	1	De Tully 1/2, (*Milon*) pour Porcher 1/2.	
Fils d'un agent de change	V.	1	Scribe, Dupin.	
Fils d'une grande dame	V.	3	Dumersan, Gabriel.	
Fils d'un grenadier de la garde	P.-M.	3		F. Laloue.
Fls d'un joueur	D.	2		Ponet.
Fils du paysan	V.	1	1/2 Bilderbeck.	1/2 Antier.
Fils du pêcheur	V.	1		Poujol fils.
Fils du portier	V.	1	1/2 Morain,	1/2 Grangé.
Fils du prince	O.	2	Scribe, De Feltre.	
Fils du proscrit	D.	5		Anicet, Boulé.
Fils du roulier	V.	2	2/3 Varin, E. Arago.	1/3 Saintine.
Fils du savetier	V.	1	A. D'Artois, Chabot, Barba, *éd*.	
Fils du sonneur	V.	1		C. Danvin.
Fils Gavet	V.	3		E. Hugot 1/4, Lehmann. 1/4, Alix, *édit*. 1/2.
Fils ingrat	D.	3		Bellot.
Fils mal gardé	B.	2	Cogniard frères.	
Fils malgré lui	V.	1	2/3 Jautard, Grasset Vernier.	1/3 Montjoie.
Fils naturel	C.	5		A Dumas fils.
Fils naturel	D.	3	Lesguillon, Leroy, Barba, *éd*.	
Fils naturel	D.	3	Toubon.	
Fils naturel	O.	2	1/2 Nicolo (D. E.).	1/2 Marsollier (D. E.).
Fils naturel	D.	2		Gosse.
Fils par hasard	C.	5	Chazet, Ourry.	
Fils prétendu	O.	1	Dumaniant.	
Fils proscrit	V.	2	Bilderbeck.	
Fils rempailleur	V.	2	Ménissier.	
Fils, s'il vous plait	V.	1	1/3 Chauffer.	2/3 Porcher, Alix, *édit*.
Financier et le savetier	O.	1	1/4 Ed. About.	3/4. Crémieux 1/4, Offenbach 1/2.
Fiu contre fin	V.	1		Ad. d'Ennery.
Fin de la comédie	C.	3		Taxile Delort.
Fin du mois	V.	1	2/3 Rougemont, Quoy.	1/3 Mazères.
Fin du monde	F.	5	Cogniard frères.	
Fin du monde	V.	3	2/3 A. Guénée, Mifliez, *édit*.	1/3 Alb. Monnier.
Fin du monde	V.	1	Barré (D. E.), Radet (D. E.).	
Fin du monde	V.	1	3/4 Brazier, Lafortelle, Mlle Huet.	1/4 Merle.
Fin du monde	V.	1		Jouhaud.
Fin du monde	V.	1	Dumersan, Dupin.	
Fin d'un bal	V.	1	Et⁰ Arago, Gauthier, Potron.	
Fin d'une république	V.	1		Duport, Duvert, Lauzanne.
Fin d'un joueur	M.	3	A. Séville, Leroy.	
Fin du Roman	C.	1		Léon Gozlan.
Fine fleur d'Andalousie	O.	1		Hervé.
Finesses du cœur	V.	1		Grangé.
Finette	F.	3		Mme Ancelot, Alhoy, Michel Delaporte, Alix, *édit*.
Fin mot	V.	1		Marc Michel, Lefranc, Labiche, A. Jolly, Alix, *édit*.
Finot ancien portier de M. de Bièvre	V.	1		Gassicourt, Chazet.
Fiole de Cagliostro	V.	1	1/3 Dumanoir.	2/3 Anicet, Brisebarre.
Fiorella	O.	3	1/2 Scribe.	1/2 Auber.
Fiorina	V.	2	Mélesville, Carmouche.	
Fitz-Henri	M.	5	5/6 (*René Perrin*) pour Barba.	1/6 Taix.

10

Titres des Pièces.	Genres.	Actes.	M. GUYOT.	M. PERAGALLO.
Flageolet enchanté	C.	1	Guillemain.	
Flageolet enchanté	V.	1	Domergue.	
Flagrant délit	V.	1	2/3 A. D'Artois, Théaulon.	1/3 Biéville.
Flagrant délit	V.	1		P. Duport, Roger de Beauvoir.
Flambart l'exterminateur.	V.	1	1/2 Clairville.	1/2 Ch. Pérey.
Flaminio	C.	4	George Sand.	
Flaminius à Corinthe	O.	1	1/2 De Pixérécourt.	1/2 Kreutzer.
Flamme éternelle	V.	1		Simonnin, Maurice Alhoy.
Flamme et papillon	V.	1	1/2 Eug. Duval.	1/2 Ch. Burat.
Flâneur	V.	1		Dulong, Mourier, Villemot.
Flâneurs et piocheurs	V.	2		Duvert, Lauzanne.
Flâneuse	V.	1		Dulong, Mourier, Villemot.
Flâneuse	V.	1	3/8. Déaddé 2/8, Bureau 1/8.	5/8. De Forges 3/8, Alix, édit. 2/8.
Flatteur	C.	5		Gosse.
Flatteur	C.	3		Lantier.
Fléau des mers	D.	7	1/2 Eug. Nus.	1/2 Léonce.
Flétrissure	D.	4	1/2 Paul Foucher.	1/2 Victor Herbin.
Fleur dans le ménage	V.	1	De Reiffemberg.	
Fleur de genêts	V.	2		Davesnes, E. Souvestre.
Fleur des apothicaires	V.	1	A. Gouffé, Duval, Tournay.	
Fleur des bois	V.	1	Faulquemont, Bercu.	
Fleur des champs	V.	1		Beauchery, Hachin.
Fleur des chiffonnières	V.	2		Peupin, Desbuard.
Fleur du château	V.	1	Théaulon, Carmouche.	
Fleurs et les papillons	V.	1	Paul de Kock.	
Fleurette	M.	3	1/2 Labrousse, Albert.	1/2 D'Ennery, Alix, édit.
Fleurette	B.	2		Aniel.
Fleuriste	V.	1	1/3 Et. Arago.	2/3 de Villeneuve, Bezou, pr.
Fleuristes	V.	1	De Tully, Salin.	
Fleur pour réponse	V.	1	G. Bélamy.	
Fleurs animées	V.	1		Jouhaut, Bricet.
Fleurs animées	V.	1	2/9 Labie.	7/9 (Commerson, Montépin), pour Porcher.
Fleurs animées	V.	1	1/2 De Léris.	1/2 Couailhac.
Fleurs du château	V.	1	Théaulon, Carmouche, Vander Burch.	
Fleurs enchantées	O.	2	1/2 Etienne.	1/2 Lebrun.
Flibustiers	M.	3	Rougemont.	
Flibustiers à Panama	M.	3		Ponet.
Flora	O.	3	Fay.	
Flore et Zéphyre	B.	2		Didelot.
Flore et Zéphyre	O.	1	1/2 De Leuven, Ch. Deslys.	1/2 Eugène Gautier.
Flore et Zéphyre	V.	1	Lagrange, Cormon.	
Flore et Zéphyre	V.	1	Scribe (Delestre-Poirson).	
Flore et Zéphyre	P.	1		Cuvelier.
Florentine	D.	5		Ch. Edmond, Victor Séjour.
Floreska	P.	3	1/2 Hapdé (D. E.).	1/2 Foignet fils.
Florestan	O.	3	1/2 Garcia (D. E.).	1/2 Delrieu.
Florestan	V.	1	Goulard.	
Florette et Colin	O.	1	Lebas, Champein (D. E.).	
Florian	V.	1	1/2 J. Pain (D. E.).	1/2 Bouilly.
Floridor le choriste	V.	2	De Leuven. Lhérie B.	
Floueurs	V.	1	1/3 Ferd. Langlé.	2/3 Duvert, Ch. Dupeuty.
Flûte du grand Mogol	V.	1		Sewrin.
Flûte enchantée	O.	3		Castil-Blaze.
Flûte et poignard	O.	1		Castil-Blaze.
Foi jurée	D.	1	De Rostan.	
Foi, l'espérance, la charité	D.	5		Rosier.
Foire à Saint-Cloud	V.	1		Léonce, Petit, Demolière.

— 147 —

Titres des Pièces.	Genres.	Actes.	M. GUYOT.	M. PERAGALLO.
Foire aux idées; premier numéro	V.	3	2/3 De Leuven, Lhérie B.	1/3 Maurice Alhoy.
Foire aux idées; deuxième numéro	V.	2	2/3 De Leuven, Lhérie B.	1/3 Maurice Alhoy.
Foire aux idées; troisième numéro	V.	1	2/3 De Leuven, Lhérie B.	1/3 Maurice Alhoy.
Foire aux idées; quatrième numéro	V.	3	2/3 De Leuven, Lhérie B.	1/3 Maurice Alhoy.
Foire aux places	V.	1	1/2 Bayard.	1/2 Bezou, édit.
Foire aux plaisirs	R.	3	1/3 Cormon.	2/3 Grangé, Mifliez, édit.
Foire de ***	V.	1	Jaime.	
Foire de Beaucaire	B.	2	Cogniard frères.	
Foire de Cahors	M.	5	Valcour.	
Foire de Guibray	M.	2	1/2 St-Amand.	1/2 H^i Villemot.
Foire de Londonderry	V.	1	Mélesville, Bayard.	
Foire de Lorient	N.	1	Cogniard frères 2/3, (Bourdois) pour Porcher 1/3.	
Foire de Pantin	V.	1	Duval, Dumersan.	
Foire de Saint-Cloud	V.	1	Labie, Gérard.	
Foire Saint-Laurent	V.	1	Dumanoir, Rochefort, Siraudin, Barba, édit.	
Folbert	V.	1	Léon Halévy, Jaime, de St-Georges, Riga, édit.	
Folet	V.	2	Rochefort, Varin.	
Folichon	V.	1	Moras, Lermitte.	
Folichons et Folichonnettes	V.	3	Arthur et Paul Delavigne 2/3, Maxance 1/3.	
Folie	O.	3		Bouilly 1/2, Méhul (D. E.).
Folie à Saint-Sever	V.	1		Laurier.
Folie-Beaujon	V.	1	Mélesville (Delestre-Poirson).	
Folie-Beaujon	V.	1	Scribe, Dupin.	
Folie-Beaujon	V.	1	1/3 Rochefort.	2/3 Ch. Dupeuty, Alix, édit.
Folie de carnaval	V.	1		Lemaire.
Folie de Jérome Pointu	C.	1	Mme Villeneuve.	
Folie de jeune homme	V.	1	Bayard.	
Folie du jour	V.	1	1/4 Barba, édit.	3/4 Ménissier.
Folie en amène une autre (Une)	C.	1		Declaye.
Folie espagnole	M.	3	5/6 Valcour.	1/6 Leblanc.
Folie et Raison	V.	1		Sewrin, Chazet.
Folie musicale	O.	1	Francis D., Pradher.	
Folie n'empêche pas l'autre (Une)	V.	1	Fonpré-Fracansalle.	
Folles amoureuse	O.	3		Castil-Blaze.
Folies d'Espagne	V.	2	5/8. Cogniard frères 3/8, Bayard 2/8.	3/8 Lubize.
Folies dramatiques	V.	5	9/10 Dumanoir, Clairville.	1/10 Hervé.
Folies du jour	V.	1	2/3 Théaulon, Martin.	1/3 Ménissier.
Folies en goguette	V.	1		Oudot, Hoster.
Folies nouvelles	D.	1	De Banville.	
Folies nouvelles peintes par elles-mêmes	V.	1		Bridault.
Folies sentimentales	P.	2		Hullin, Taix.
Folies sur folies	M.	5	Overnay.	
Folies turques				Foignet fils.
Foliquet	V.	1		Paul Duport, Laurencin.
Folle	V.	3	Gustave de Wailly.	
Folle	M.	3		Desnoyers, Auger, Alix, édit.

Titres des Pièces.	Genres.	Actes.	M. GUYOT.	M. PERAGALLO.
Folle de Glaris	O.	2	1/3 Sauvage.	2/3 Frédéric, Poyer.
Folle de la Bérésina	V.	2	Théaulon.	
Folle de la cité	D.	5	Charles Lafont.	
Folle de Toulon	M.	5		Saint-Amand, Lefebvre, Henri
Folle de Toulon	B.	3	Laurençon.	
Folle de Toulon	V	2	1/4 Riga, *édit.*	3/4 Morel.
Folle de Waterloo	V.	2		Jouhaud.
Folle de Wolfenstein	M.	5	11/12 Caigniez, Lanusse.	1/12 Quaisain (D. E.).
Folle épreuve	C.	1	Hoffman (D. E.).	
Folle gageure	O.	1		Leblanc.
Folle gageure	V.	1	2/3 Th. Anne, Duvernois.	1/3 Jadin.
Folle intrigue	C.	2	Victor Ducange (D. E.).	
Folle journée	C.	3	Beaumarchais (D. E.).	
Folle nuit	V.	1	Maurice Bouquet.	
Folle par amour	B. P.	2		Milon, Persuis.
Folle par amour	O.	1		Marsollier.
Folle pour rire	V.	1	2/3 Charles Hubert, Quoy.	1/2 Lévesque.
Folle raisonnable	C.	2	Fonpré Fracansalle.	
Folle raisonnable	V.	1	Radet (D. E.).	
Folles de Bedlam	V.	2	A. Guénée.	
Folle soirée	O.	1	1/2 Dupaty,	1/2 Dalayrac (D. E.).
Folles raisonnables	C.	1	1/2 Dumaniant.	1/2 Boursault.
Follette	V.	1		Mme Ancelot.
Follette	V.	1	1/2 Maurice Bouquet.	1/2 Avenel.
Folliculaire	C.	5		Delaville.
Formation de Paris	M.	3		Dubois, Hubert.
Fond du sac	V.	1	Dieulafoy, Gersin.	
Fondé de pouvoirs	V.	1	Scribe, Carmouche.	
Fonds secrets	V.	1	1/2 Lévy, *édit.*	1/2 Serret.
Fontenay, coup d'épée	V.	1	1/2 *Bourdois pour* Porcher.	1/2 Couailhac.
Fontenelle	C.	1	Servière.	
Fonti	B.	2	1/3 Deligny.	2/3 Labarre, Mazilier,
Forçat libéré	M.	5	Armand Séville, Francis C.	
Forçat libéré	D.	3	Charles Hubert, Maréchalle.	
Forêt à vendre	V.	1	2/3 Brazier, Fulgence.	1/3 Decomberousse.
Forêt bleue	M.	3	Valcour.	
Forêt de Bondy	V.	1		Lévesque, Des Essarts.
Forêt de Bondy	M.	5	De Pixérécourt.	
Forêt de Cercotte	M.	5	5/6 Caigniez.	1/6 A. Piccini.
Forêt de Copenas	M.	3		Touchard.
Forêt d'Edimbourg	M.	3		Frédéric, Charrin, Taix.
Forêt de la Sicile	O.	2	De Pixérécourt.	
Forêt de Lemberg	M.	3	1/3 A. Croisette.	2/3 Chaussier, Châteauvieux.
Forêt de Sénart	O.	3		Castil-Blaze.
Forêt de Sénart	D.	3		Boirie, Léopold.
Forêt de Sénart	D.	3		Montheau, Porcher, *prop.* Lévy, *édit.*
Forêt des vengeances	M.	3	Valcour.	
Forêt d'Hermanstadt	M.	3	5/6 Caigniez.	1/6 Quaisain (D. E.) Darondeau
Forêt enchantée	M.	3	3/4. Caigniez 1/4, Barba, *édit.* 1/2.	1/4 Leblanc.
Forêt noire	V.	1	Dupin, Théaulon.	
Forêt nocturne	O. B.	1		Battu 1/4, Crémieux 1/4, Léopold Amat 1/2.
Forge des Châtaigners	D.	5		Marc-Michel, Lefranc.
Forgeron	O.	1	Rochefort, Gabiot.	
Forgeron	V.	1	1/2 Sauvage.	1/2 Carion-Nisas.
Forgeron	V.	1	Déaddé, Delalain, Morain.	
Forgeron de Bassora	O.	2		Sewrin, Frédéric Kreubé.
Forgeron de Gretna-Green.	V.	2	1/3 Faucheur.	2/3 Flan, Mifliez, *édit.*

Titres des Pièces.	Genres. Actes.	M. GUYOT.	M. PERAGALLO.
Forgeron de Saint-Patrick,	V. 2		Paul Duport, De Forges.
Forgerons.............	V. 2	Achi. et Armand d'Artois 2/3, Francis D. 1/3.	
Forges de Norvége......	M. 5	De Pixérécourt.	
Forioso à Bourges.......	V. 1	Villiers, Bonel.	
For-l'Évêque..........	V. 2	Rochefort, Coignard frères.	
Fort de la Halle........	V. 1	2/3 Rougemont, Carmouche.	1/3 Ferd. Laloue.
Forteresse............	O. 1	1/2 A. Dandet.	1/2 A. Piccini.
Forteresse de Cotatis....	M. 3	Villiers.	
Forteresse de Rio-Tercero	D. 3		Maldan.
Forteresse du Danube...	M. 3	De Pixérécourt.	
Forteresse mal défendue.	V. 1	D'Artois, Théaulon.	
Forte Spada...........	D. 5		Mallefille, Alix, *édit*.
Fortunatus............	R. V. 2	Brazier, Dumersan.	
Fortuné...............	V. 1	Chabot.	
Fortune d'un jour......	V. 1	Dumersan, Carmouche.	
Fortune vient en dormant.	B. 3		Henri.
Fosse aux ours.........	V. 1	2/9 (*Bourdois*) *pour* Porcher.	7/9 Couailhac 2/9, Alhoy 2/9, Alix 3/9.
Fossé des Tuileries......	V. 1	Dumersan, Mallian, Lhérie jeune, Ach. d'Artois, Barba, *édit*.	
Fossoyeurs écossais.....	M. 3		Desnoyers, Edan, D'Avrecour.
Fou..................	M. 2	1/3 Drouineau.	2/3 Béraud, Decomberousse.
Fou..................	V. 1	Bernède.	
Fou amoureux.........	V. 2	2/3 Scribe, Rougemont.	1/3 Decomberousse.
Fou de Bérézoff........	O. 3	Lamartelière (D. E.), Champein (D. E.).	
Fou de Péronne........	V. 1	Scribe, Dupin.	
Fou de Saint-James.....	O. 1	Marius Bourelli, Monticelli.	
Fou du roi............	V. 3	1/2 Rochefort.	1/2 Ch. Dupeuty.
Fou par amour.........	D. 5		Anicet, d'Ennery.
Fou par amour.........	C. 1	Ségur.	
Fou par terreur........	C. 1	1/2 Bizet.	1/2 H. Chaussier.
Fou raisonnable........	C. 1	Patrat (D. E.).	
Fourbe dupe de sa fourberie.............	V. 1	Corsange.	
Fourberies d'Arlequin...	V. 1	Paul de Kock.	
Fourberies de Crispin...	C. 1	Lion.	
Fourberies de Marinette..	O. 1	1/4 Paul de Chazot.	3/4. Michel Carré 1/4, Creste 1/2.
Fourbes entre eux......	V. 1	*Delestre-Poirson*.	
Fourniture et la façon...	V. 1	1/3 Jouslin.	2/3 Ch. Dupeuty, de Villeneuve.
Fourreau Coffre-fort....	V. 1		Philibert.
Fous dramatiques......	V. 1	St-Amand.	
Fous dramatiques......	V. 1	St-Amand, Overnay.	
Fous hollandais........	M. 3		Bignon.
Fou supposé...........	V. 1	(*Charlemagne*) *pour* Barba.	
Fouyou...............	V. 1		Demonval.
Fouyou chez les Bédouins.	V. 1		Jouhaud, Alb. Monnier.
Foyer................	V. 1	1/2 Desprez, St-Clair.	1/2 Varez.
Foyer de la Gaîté......	V. 1	2/3 Brazier, Carmouche.	1/3 Frédéric.
Foyer de l'Opéra.......	V. 1	1/2 A. Guénée.	1/2 Jouhaud.
Foyer du Gymnase......	V. 1	Scribe, Bayard, Mélesville.	
Foyer du Théâtre.......	V. 1	J. Vizentini.	
Foyers d'acteurs.......	V. 5	1/3 Clairville.	2/3 D'Ennery, Grangé.
Fra Diavolino..........	O. 1		De Jallais 1/4, Bridault 1/4, Roque 1/2.
Fra-Diavolo...........	O. 3	1/2 Scribe.	1/2 Auber.
Fra-Diavolo	P. 3		Cuvelier.

Titres des Pièces.	Genres.	Actes.	M. GUYOT.	M. PERAGALLO.
Fragile	V.	1		Barré 2/3, Ch. Marchal 1/3.
Fragoletta	V.	2	Bayard, Vanderburch.	
Fraîchement décoré	V.	1	2/3 Clairville.	1/3 de Vaulabelle.
Frais de la guerre	C.	3	Léon Guillard 2/3, Lévy, édit. 1/3.	
Français à Alger	D.	2	Dumaniant.	
Français à Anvers	V.	1	Thurbet.	
Français à Cythère	V.	1	1/2 Dupaty.	1/2 Chazet.
Français à Florence	V.	2	2/3 Scribe, Delestre-Poirson.	1/3 Ch. Desnoyer.
Français à Florence	O.	1	Mennechet, Féréol, Adam.	
Français à Java	M.	3		Fournier, Taix.
Français au Caire	V.	1	Romieu, Gustave de Wailly.	
Français au Canada	M.	5	1/2 Villiers.	1/2 Cuvelier.
Français au sérail	O.	2	3/4 Picard, Albertin, Bié.	4/4 Crémont.
Français à Venise	O.	3		Dejaure jr, Delrieu, Berton.
Français à Venise	O.	1	1/2 Nicolo (D. E.).	1/2 Justin.
Français à Vienne	V.	1	Rougemont.	
Français à Worms	V.	1	A. Gouffé.	
Français de plus	V.	1	Martin frères.	
Française	O.	1	Henri, Champein (D. E.).	
Française en cantonnement.	V.	1	Montigny 2/3, Barba édit. 1/3.	
Français en Egypte	P.	2		Cuvelier.
Français en Espagne	M.	5	1/2 Carmouche.	1/2 F. Laloue.
Français en Espagne	V.	1	Abel Hugo, Vulpian père.	
Français en Espagne	C.	1	De Rostan.	
Français en Sibérie	M.	5	2/3 Ch. Lafont, Noël Parfait.	1/3 Alix, édit.
Français né malin	V.	1	1/2 E. Jaime.	1/2 Ch. Dupeuty.
Français pacha du Caire.	C.	3		Delrieu.
Français peints par eux-mêmes	R.	1	Clairville.	
Francastor	O.	1	1/4 Labottière.	3/4 Lafont-Eyraud 1/4, Frédéric Barbier 1/2.
Franc-breton	O.	1		Vejause jeune, Kreutzer.
France au XVe siècle	M.	3		Davesnes, Desnoyers.
France de Simiers	C.	5		Ferd. Dugué,
France et Savoie	V.	2	A. D'Artois, Théaulon, Barba, édit.	
France pittoresque	V.	1	Théaulon 2/3, Barba édit. 1/3.	
Francesco-Martinez	D.	3		Béraud, Huard.
Franche et Montmutin	V.	1	Radet (D. E.), Piis (D. E.), Barré (D. E.), Desfontaines (D. E.).	
Francine la gantière	V.	1	2/3 Mélesville, Carmouche.	1/3 Fr. De Courcy.
Franck	M.	3	2/3 Rigaud jeune, Quoy.	1/3 Chevrillon.
Franc marin	O.	2	Pompigny.	
Franc marin	C.	1	Dorvigny.	
Françoise	C.	4	George Sand.	
Françoise de Foix	O.	3	1/4 Dupaty.	3/4 Bouilly 1/4, Berton 1/2.
Françoise de Rimini	T.	5	Const. Berrier.	
Françoise de Rimini	D.	5	Drouineau.	
Françoise de Rimini	V.	3		Ostrowsky,
Françoise et Francesca	V.	3	Varner.	
François Jaffier	D.	5	Charles Lafont.	
François le Champi	D.	3	George Sand.	
François les bas bleus	D.	3		Davesnes, Desnoyer.
François les bas bleus	V.	3	De Leuven, Lhérie.	
François les bas bleus	V.	1	Veyrat, Sausay.	
François Ier	O.	3		Sewrin, Chazet, Kreutzer.

— 151 —

Titres des Pièces.	Genres.	Acts.	M. GUYOT.	M. PERAGALLO.
François Ier à Chambord.	O.	1		Fougeron 1/4, Yon 1/4, Ginestel 1/2.
François Ier à Compiègne.	C.	1	Draparnaud.	
François Ier et Charles-Quint............	D.	5	Rougemont, Marchant, Tirpenne.	
François Villon........	O.	1		Got 1/4, Foussier 1/4, Membré 1/2.
Francs dans les Gaules...	M.	3	11/12 Victor, Lapusse.	1/12 Quaisain (D. E.).
Francs-juges..........	D.	3	5/6 Lamartelière (D. E.).	1/6 Quaisain (D. E.).
Francs-maçons de Florence...........	O.	3	1/3 Lafitte,	2/3 Castil-Blaze, Aimon.
Franklin à Passy.......	V.	1	1/2 Francis D., Quoy.	1/2 Fr. De Courcy.
Frascati.............	V.	3	2/3 Dinaux, Barba, édit.	1/3 De Forges.
Frasquita	O.	1		De Forges 1/4, Tranchant 1/4, Laurent de Rillé 1/2.
Fredaines de Troussart..	V.	1		Brisebarre, Potier, Commerson.
Frédégile............	M.	4	1/2 Hapdé (D. E.).	1/2 Cuvelier (D. E.).
Frédégonde	D.	3		De Favières (D. E.), Kreutzer (D. E.).
Frédégonde et Brunehaut.	T.	5	Nep. Lemercier.	
Frédégonde et Brunehaut.	P.	3		Franconi jeune.
Frédéric	V.	1	1/3 Duperche.	2/3 C. Dupeuty, de Villeneuve.
Frédéric à Spandau....	M.	3	1/3 Duperche.	2/3 Dorvo.
Frédéric de Minski......	M.	3		Hubert.
Frédéric duc de Nevers..	M.	3		Mardelle, Varez, Quaisain, (D. E.), Darondeau.
Freluchette...........	O.	1	1/2 Pol Mercier.	1/2 Montaubry.
Frère...............	V.	2	Pin Deslandes.	
Frère de Piron........	V.	1	1/2 Lockroy.	1/2 Arnould.
Frère de quinze ans.....	V.	1	2/3 Fulgence, Ach. d'Artois.	1/3 Decomberousse.
Frère et beau-frère.....	V.	5	Hte Rolland.	
Frère et l'amant........	C.	3	1/2 Fulgence.	1/2 Decomberousse.
Frère et la sœur........	D.	5	Merville.	
Frère et la sœur........	V.	3		Demonval-Saint-Hilaire.
Frère et la sœur	V.	2		Jules Belin.
Frère et la sœur jumeaux.	C.	2	Nep. Lemercier.	
Frère et mari..........	O.	1	1/2 Clapisson.	1/2 Humbert, Polack.
Frère et sœur..........	D.	5	Méry 2/9, B. Lopèz 2/9, Porcher, prop. 2/9, Lévy, édit. 3/9.	
Frère et sœur..........	D.	1	Scribe, Mélesville.	
Frère et sœur de lait....	V.	1		Lévesque.
Frère Galfâtre.........	V.	2	1/2 Bayard.	1/2 Saintine.
Frère Philippe.........	O.	1		Aug. Duport, Dourlen.
Frère à l'épreuve.......	D.	3		Pelletier Volmérange.
Frère ambitieux	M.	3		Ponet.
Frères Corses.........	D.	5		Montépin, Grangé, Alix, édit.
Frères d'armes.........	V.	2	1/2 Saint-Ange.	1/2 Ménissier.
Frères de la Côte.......	D.	5	Faulquemont, Alexandre B.	
Frères de la Côte.......	D.	5	1/3 E. Gonzalèz,	2/3 Henri de Kock, Alix édit.
Frères de lait.........	V.	1	Delestre-Poirson.	
Frères de lait.........	V.	1	1/2 Nicole.	1/2 Duvert.
Frères Dondaine........	V.	1	Varin, Bernard Lopez.	
Frères Faucher.........	D.	5	1/2 Rougemont.	1/2 Decomberousse.
Frères féroces..........	M.	1	Rougemont 10/24, Carmouche 8/24, Francis D. 3/24, (Jouslin), pour Joseph B. 3/24.	

Titres des Pièces.	Genres.	Actes.	M. GUYOT.	M. PERAGALLO.
Frères invisibles........	D.	3	Scribe, Mélesville, *Delestre-Poirson*.	
Frères jumeaux........	V.	3		Baret.
Frères rivaux..........	V.	1	Ach. d'Artois, Bénazé, Lebas, Duvernois.	
Frères Siamois........	V.	1	Mélesville, Varner.	
Frères terrible.........	V.	1	1/2 Guinot.	1/2 Ch. Dupeuty.
Frère tranquille	D.	5	Paul Féval, Porcher, *prop*.	
Frétillon.............	V.	5	1/2 Bayard.	1/2 Biéville.
Frétillon.............	V.	1	Mallian, Michel Masson.	
Freychutz............	O.	3	F. Pacini, Berlioz.	
Frisac...............	B.	2		Petitpa.
Frisette et Brididi.......	V.	1		Th. Vinet.
Frisette..............	V.	1		Lefranc, Labiche.
Frogères et Loupin......	V.	2	Lhérie B,, Lhérie jeune.	
Fronde..............	O.	5	1/2 Niedermeyer.	1/2 J. Lacroix, Aug. Maquet.
Frondeur.............	C.	3	Maugenet.	
Frondeur.............	C.	1	Royou.	
Frontière de Belgique...	V.	1	1/2 A. Guénée.	1/2 Jouhaud.
Frontière de la Savoie....	V.	1	Scribe, Bayard.	
Frontin malade........	C.	1	Jules Viard, Delamadeleine, Lévy, *édit*.	
Frontin mari-garçon.....	V.	1	Scribe, Mélesville.	
Frontin tout seul,.......	V.	1	Ernest.	
Frosine..............	O.	1	Dorvilly.	
Frosine..............	V.	1	Radet (D. E.).	
Frotteur.............	V.	1	2/3 Bayard, Riga, *édit*.	1/3 Paul Duport.
Fruit défendu.........	C.	5		Camille Doucet.
Fruit défendu.........	O.	1		Gosse, Persuis.
Fruit défendu.........	V.	1	Belle 2/3, Barba, *édit*. 1/3.	
Fruit défendu.........	V.	1	Mélesville 5/12, Carmouche 5/12, Chapais 2/12.	
Fruit défendu.........	V.	1		Léger.
Fruit défendu.........	V.	1	Boyer-Partout, Saint-Aguet.	
Fruit défendu.........	V.	1	Dally.	
Fualdès.............	D.	5	1/3 Lévy, *édit*.	2/3 Ch. Dupeuty, Grangé.
Fugitifs.............	D.	6		Anicet, Dugué.
Fumeurs.............	V.	2	2/3 Paul de Kock, Varin.	1/3 Alix, *édit*.
Fureur d'Achille.......	T.	5	Poinsinet-Sivry.	
Fureur d'obliger.......	V.	1	Varner, Ymbert.	
Fureurs de l'amour.....	T.	1	Philidor (D. E).	
Fureurs de Padilla......	D.	3	De Rostan.	
Fureurs d'un cuisinier...	V.	1	Linossier.	
Furieux de l'île St-Domingue, *trad. d'Il Furioso*.	O.	4		Gustave Oppelt,
Furnished appartment...	V.	1	5/9 Cormon 2/9, Lévy, *éd*.3/9.	4/9 Grangé.
Futur de la grand'maman.	V.	1	Ach. et Arm. d'Artois.	
Futur de toutes les femmmes...........	C.	1		Dulong, Mourier, Malaisie.
Future de province (la)..	V.	1	2/3 Dumanoir, Riga, *édit*.	1/3 d'Avrecour.
Futur parfait...........	V.	1		Jouhaud.
Futur présent...........	V.	1	Maurice Bouquet.	

G

Titres des Pièces.	Genres.	Actes.	M. GUYOT.	M. PERAGALLO.
Gabrielle.............	C.	5	Emile Augier.	
Gabrielle.............	V.	2		Ancelot, Paul Duport.
Gabrielle.............	V.	2	Paul Foucher, Bérardi.	
Gabrielle d'Estrée......	T.	5	Sauvigny.	
Gabrielle d'Estrées.....	O.	1		St-Just (D. E.), Méhul (D. E.).
Gabrina..............	M.	3	1/2 Paul Foucher.	1/2 Alboise.
Gachis et poussière....	V.	3	1/2 A. Guénée.	1/2 Alf. Delacour.
Gaëtan il Mammone.....	D.	5	1/2 Alph. Brot.	1/2 Fr. Soulié.
Gageure anglaise.......	C.	3	Dumaniant.	
Gageure des trois commères..............	V.	5	De Boigne, Théaulon, Barba. édit.	
Gageure du pèlerin.....	O.	3		Foignet.
Gageure imprévue......	C.	1		Sedaine (D. E.).
Gageure indiscrète......	O.	3	Pompigny.	
Gageure inutile.........	V.	1		Léger (D. E.).
Gaïffer...............	D.	5		Ferd. Dugué.
Gai, gai, mariez vous....	V.	1	Gentil, Rougemont, Désaugiers (D. E.).	
Gaîté et le sentiment....	V.	1	Brazier, Barba, édit.	
Gaîté française.........	V.	1	Rougemont, Réné Périn.	
Gaîtés champêtres......	V.	2	5/9. Léon Guillard 2/9, Lévy, édit. 3/9.	4/9 Desnoyer, Durantin.
Galant coureur.........	C.	1	Legrand.	
Galantine et l'Endormi...	V.	1	Henri Simon.	
Galant jardinier........	C.	1	Dancourt.	
Galant savetier.........	V.	3	(St-Firmin) pour Barba prop.	
Galant tapissier........	V.	1	G. Duval, Dumersan.	
Galathée.............	O.	2		Jules Barbier 1/4, Michel Carré 1/4, Victor Massé 1/2.
Galathée.............	O.	1	Ernest, Henrion.	
Galathée.............	C.	1	Cubières.	
Galathée.............	P.	1	1/2 Paul Legrand.	1/2 Hervé.
Galérien.............	M.	3	1/3 Charles Hubert.	2/3 Boirie, Poujol.
Galerien vertueux......	D.	5		Fenouillot-Falbaire.
Gallet................	V.	1	Moreau, Francis D.	
Galettes du jour........	V.	1	Théaulon, Gabriel.	
Galochard............	V.	1		Duvert, Lauzanne, Saintine.
Gamin................	V.	3		Lubize, Grangé, Alix, édit.
Gamin de dix ans.......	V.	1		Demonval-St-Hilaire.
Gamin de Londres......	M.	5	Gabriel, Théaulon.	
Gamin de Paris........	V.	2	Bayard, Vanderburch.	
Gamin du faubourg.....	V.	3		Jouhaud.
Gamine de Paris........	V.	3	Dumersan 2/3, Barba éd. 1/3.	
Gamine de Paris........	V.	1	Paulin Deslandes.	

Titres des Pièces.	Genres.	Actes.	M. GUYOT.	M. PERAGALLO.
Gamine du Village	V.	2		Lajariette.
Gamines de Paris	V.	1	Clairville.	
Gammina	V.	4	Siraudin, Ad. Choler.	
Gant et l'éventail	V.	3	Bayard, Sauvage.	
Gants jaunes	V.	1	Bayard.	
Garçon de caisse	V.	3	Gabriel, Ymbert.	
Garçon de chez Véry	V.	1		Labiche, Philastre.
Garçon d'écurie	M.	5		Maire, Tournemine.
Garçon de ferme	V.	1	A. d'Artois, Brazier.	
Garçon de ferme	V.	1	Cogniard frères.	
Garçon de noce	V.	1		Antier, Mourier.
Garçon de recette	V.	1	1/3 Quoy, édit.	2/3 Antier, Damarin.
Garçon d'honneur	V.	1	1/3 Barba, édit.	2/3 Frédéric, Simonnin.
Garçon parfumeur	V.	1	Cogniard frères.	
Garçon sans souci	M.	3	(Réné Perrin) pour Barba.	
Garçons de recette	D.	5	1/2 Elie Berthet.	1/2 D'Ennery.
Garçons et les gens mariés.	V.	2	Dumersan.	
Garde champêtre	V.	2	Carmouche, Dupin.	
Garde champêtre et los braconniers	V.	1	Provost.	
Garde chasse de Chambord	V.	1	3/4 Rougemont, Brazier, Barba édit.	1/4 Merle.
Garde de nuit	V.	3	Mélesville, Michel-Masson, Brucker.	
Garde du commerce	V.	1		Jouhaud.
Gardée à vue	V.	1	1/2 Bayard.	1/2 Biéville.
Garde et le bûcheron	M.	1	2/3 St-Amand, Quoy.	1/3 H^i Villemot.
Garde forestier	V.	2	2/3 De Leuven, Lhérie B.	1/3 Al. Dumas.
Garde malade	V.	1	Paul de Kock, Boyer-Partout.	
Garde moulin	V.	1	1/2 Moreau.	1/2 Sewrin.
Garde nuit	V.	2	Mélesville, Michel Masson.	
Gardes Champêtres	V.	1	Paris.	
Gardes du roi de Siam	V.	1	1/3 Cormon.	2/3 Alf. Delacour, Grangé.
Gardes forestiers	D.	5		Al. Dumas père.
Gardes françaises	O.	1		Hervé.
Gardes françaises	O.	1	Maurice Bouquet, José Protti.	
Gardes marines	V.	1	Dieulafoy, Gersin.	
Garde toi, je me garde	V.	2	Henri Meilhac.	
Gardeuse de dindons	V.	3	3/4 Théaulon, A. d'Artois, Tresse, édit.	1/4 Biéville.
Gardien	V.	2	Scribe, Bayard.	
Gardiens des scellés	V.	1	2/3 Clairville, Pol Mercier.	1/3 De Jallais.
Gargantua	V.	1	Dumersan.	
Gargantua	V.	1	Overnay.	
Garnison malade	V.	1	Rougemont.	
Garrick	V.	1		Simonnin, Merle.
Garrick double	V.	1	A. Gouffé, L. Duval.	
Garrick et les comédiens français	V.	1	Radet (D. E.).	
Gars	M.	4		Béraud, Léopold.
Gascon à l'épreuve	O.	1	Bianchi.	
Gascon à trois visages	F.	3	Gabriel 1/2, Honoré 1/2.	
Gascon et le Normand	J.	1	Théaulon, Capelle, Barba, éd.	
Gascon, gascon malgré lui.	O.	1	1/2 Bianchi.	1/2 Gillet, E. Héris, Henry.
Gasconnade	V.	1		
Gascons	C.	1	Charlemagne.	
Gascons	V.	1	Dupin.	
Gascons	C.	1	Colin-d'Harleville.	
Gascon sentimental	V.	1	Honoré.	
Gascon tel qu'il est	O.	1		Foignet.

Titres des Pièces.	Genres, Actes.	M. GUYOT.	M. PERAGALLO.
Gaspard	O. 1	1/4 Vanderburch,	3/4 De Forges 1/4, Bifaut 1/2.
Gaspard aux airs	V. 1		Vanet, Pichat.
Gaspard Hausser	M. 4	1/4 Merville.	3/4 D'Ennery, Anicet.
Gaspard l'avisé	V. 1	Barré (D. E.), Radet (D. E.), Desfontaines (D. E.).	
Gaspardo le pêcheur	D. 5	2/3 Bouchardy.	1/3 Alix, édit.
Gastibelza	O. 3	2/3 Cormon, Maillart.	1/3 D'Ennery.
Gastronome sans argent	V. 1	Scribe, Bruté.	
Gâteau des reines	C. 5		Léon Gozlan.
Gâteau des rois	V. 1	Francis D.	
Gâteau des sans-culottes	C. 1	Dorvigny.	
Gauchenville	V. 1	Brazier, Dumersan.	
Gaucheries de Blaise	O. 1	Lange, D'Aubel.	
Gauthier le croisé	M. 5	Bonnin.	
Gazette des tribunaux	V. 1		Marc-Michel, Laurencin, Alix édit.
Gazza-ladra	O. 3	5/12 Caigniez.	7/12 Daubigny.
Geais	C. 2		Watrin.
Géant	M. 5		Anicet, Ferd. Laloue.
Géant des montagnes	V. 1		Paul Roux.
Gemma	B-P 2		Th. Gautier, Gabrielli, madame Cerritto.
Gemma de Vergy trad	O. 4	Joos Danglas.	
Gemma de Vergy trad	O. 4		Gust. Oppelt.
Gendarme au Vᵉ siècle	V. 2	1/2 De Livry.	1/2 Ch. Dupeuty.
Gendre aux écus	O. 1	1/2 Marius Bourelly.	1/2 Belliard.
Gendre aux épinards	V. 1		Brisebarre, L. Couailhac.
Gendre de M. Caboche	V. 1	2/3 Colliot, Lapointe.	1/3 Avenel.
Gendre de M. Poirier	C. 4	Jules Sandeau, Emile Augier.	
Gendre de M. Pommier	V. 1	1/3 Siraudin.	2/3 Alf. Delacour, Morand.
Gendre d'un millionnaire	C. 3		Demolière Léonce, Porcher. prop.
Gendre en mi-bémol	V. 5	1/3 A. Guénée.	2/3 Flan, Mifliez, édit.
Gendre en surveillance	V. 1		Labiche, Marc Michel.
Général***	D. 5		Desnoyer.
Général bienfaisant	O. 1	Rochon.	
Général Bonaparte	D. 5		Th. Vinet.
Général et le charbonnier	V. 1	Martainville (D. E.).	
Général et le jésuite	M. 1	1/3 Barba, édit.	2/3 Desnoyer.
Général Marceau	M. 5	Labrousse, Lesguillon.	
Généreux par vanité	C. 1	Picard.	
Gênes sauvée	D. 5	Lamartelière (D. E.).	
Geneviève	D. 1	Scribe.	
Geneviève de Brabant	T. 5	Cicille.	
Geneviève de Brabant	T. 5		Béraud.
Geneviève de Brabant	M. 5		Anicet, Mourier.
Geneviève de Brabant	O. 3	A. J. Leroy.	
Geneviève de Brabant	M. 3	Ribié (D. E.).	
Geneviève de Brabant	O. 2	2/6 Jaime fils, A. Marx.	4/6. Tréfeu 1/6, Offenbach 3/6
Geneviève de Brabant	V. 2		Duvert, Lauzanne, Saintine.
Geneviève de Brabant	P. 3		Franconi jeune, Leblanc.
Geneviève et André	D. 2		G. Lemoine.
Geneviève la blonde	V. 2	1/2 Bayard.	1/2 Biéville.
Geneviève, patrone de Paris	D-F 5		Latour de Saint-Ybars.
Gengis-Khan	V. 1		Saintine.
Génie Azouf	M. 3		Cuvelier.
Génie de la Clyde	O. 3	1/3 Carmouche.	2/3 Saintine, Gᵛᵉ Hequet.
Génie de la Clyde	V. 2	1/3 Carmouche.	2/3 Saintine, Bezou, édit.
Génie des îles noires	M. 3		Frédéric.

Titres des Pièces.	Genres.	Actes.	M. GUYOT.	M. PERAGALLO.
Génie Nardar..........	M.	3	Henrion.	
Génie des îles Hébrides...	M.	3		Cuvelier.
Gens de théâtre........	C.	5		Brisebarre, E. Nyon.
Gens mariés et les garçons	V.	2	Dumersan, Brazier,	
Gens nerveux..........	C.	3		Th. Barrière, V^{en} Sardou.
Gentil Bernand.........	D.	5	Dumanoir, Clairville.	
Gentil Bernard.........	V.	1	1/2 Philippon-la-Madeleine.	1/2 Prévost d'Iray.
Gentil Gaillard.........	V.	1		Jouhaud.
Gentilhomme..........	V.	1		Fr. De Courcy, Ch. Dupeuty.
Gentilhomme campagnard	V.	1	1/2 De Léris.	1/2 Ed. Brisebarre.
Gentilhomme de 1847...	C.	2	Jarry.	
Gentilhomme de grand chemin..............	V.	2	De Leuven, Vanderbuch.	
Gentilhomme de la chambre............	V.	1	Sauvage, Ozanneaux, Barba. *édit.*	
Gentil housard.........	V.	1	Ach. et Arm. d'Artois, 2/3 Théaulon, 1/3.	
Gentil jobard..........	V.	5	Ach. et Arm. d'Artois, E. Jaime.	
Gentlemen ridders......	V.	1	Henri Simon.	
Geordie le tonnelier.....	V.	1		Ch Potier, Lajariette.
Georges..............	M.	3	Gaillardet, Lebras, Maréchalle, Barba, *édit.*	
Georges..............	C.	3	Dumaniant.	
Georges..............	V.	3	1/2 (*Constant Berrier*) pour Barba.	1/2 Lévesque.
Georges d'Alton........	D.	3	Ed. Arnoult.	
Georges et Gros-Jean...	V.	1		Léger.
Georges et Marie.......	D.	5	1/2 Michel Masson.	1/2 Anicet.
Georges et Maurice.....	V.	2	1/2 Bayard.	1/2 Laya.
Georges et Pauline.....	V.	1	Dorvigny.	
Georges et Thérèse.....	V.	1	2/3. *Delestre-Poirson* 1/3, Tresse, *édit.*, 1/3.	1/3 Auvray.
Georges le marin.......	V.	1	Thurbet.	
Georges le taquin......	V.	1	Tissot, Martainville (D. E.), Barba, *édit.*	
Georges Times.........	V.	1	1/2 Duchaume.	1/2 Sewrin.
Georget..............	M.	5	1/2 Dupin.	1/2 D'Epagny.
Georget et Georgette....	O.	1	Harny.	
Georgette.............	O.	1	1/4 Alp. Royer.	3/4, Gustave Vaëz 1/4, Gewaërt 1/2.
Georgette.............	V.	1		Georges.
Georgette.............	V.	1	1/2 Desvergers, Varin.	1/2 Laurencin, Alix, *édit.*
Georgienne à Londres...	V.	1	Théaulon, Gersin.	
Georgina.............	V.	2		Salvador.
Georgine.............	V.	1	1/2 E. Roche.	1/2 De Forges.
Gérard de Nevers.......	P.	3		Cuvelier.
Gérard et Marie........	V.	1	1/2 Et. Arago.	1/2 F. de Villeneuve.
Gérésol..............	V.	1	Désaugiers (D. E.).	
Germaine.............	D.	5	1/4 Ed. About.	3/4 D'Ennery 1/2, Crémieux, 1/4.
Germanicus..........	T.	5	Arnault père.	
Gertrude.............	V.	2	(*Aude*) *pour* Barba.	
Gessner.............	V.	2	Baré (D. E.), Radet (D. E.), Desfontaines (D. E.)	
Giaour..............	O.	3	Bovery.	
Gibby la cornemuse....	O.	3	De Leuven, 2/9 Lhérie B., 2/9 de Saint-Georges 2/9, Clapisson 3/9	

Titres des Pièces.	Genres.	Actes.	M. GUYOT.	M. PERAGALLO.
Gibier du roi	V.	1	1/2 Barthélemy.	1/2 Alf. Delacour.
Giboulées	V.	1	1/2 Jautard, Grasset-Vernier.	1/2 De Jallais.
Giboulées de mars	R.	1		J. Augier.
Gibraltar	C.	3	Charles Maurice.	
Gig-Gig	V.	5		Mourier.
Gil Blas	C.	2	Dorvo.	
Gil Blas à la cour	C.	1	Dorvo.	
Gil Blas à la cour	C.	2	Dumanoir.	
Gil Blas de Santillane	V.	3	Sauvage, de Lurieu.	
Gil Blas de Sens	V.	1		Couailhac, Fradelle.
Gilles afficheur	V.	1	Désaugiers (D. E.).	
Gilles aéronaute	V.	1	A. Gouffé, Buhan.	
Gilles Claude	C.	1	Boutillier.	
Gilles dans un potiron	F. V.	2	Dumersan.	
Gilles Éléphant	V.	1	Hapdé (D. E.).	
Gilles en deuil	O.	1	1/2 Armand Croisette.	1/2 A. Piccini.
Gilles en deuil	V.	1	2/3 Désaugiers (D. E.), Jacquelin.	1/3 A. Piccini.
Gilles esprit	V.	1	Febvé.	
Gilles hommes d'esprit	V.	1		Antony Béraud.
Gilles n'est pas Gilles	V.	1		Dubois.
Gilles ravisseur	O.	1	Sauvage, Grisar.	
Gilles réformateur	V.	1		Touchard.
Gilles Robinson	V.	1	Guesdon, Barba, édit.	
Gilles toujours Gilles	V.	1	Gassier.	
Gilles tout seul	V.	1	Bizet, Simonet, Gardy.	
Gilles ventriloque	V.	1	Gersin, Vieillard.	
Gillette de Narbonne	V.	3	1/2 Ader, Riga.	1/2 Desnoyer, Fontan.
Gilotin	V.	1	1/2 Th. Pein.	1/2 Jouy.
Gipsy	B.	3	5/9 De St-Georges 3/9, Amb. Thomas 1/9, Benoist 1/9.	4/9 Marliani 1/9, Mazillier 3/9.
Girafe	V.	1	Servot.	
Girafe	V.	1	Théaulon, Th. Anne, Gondelier, Barba, édit.	
Giralda	O.	1	Scribe, Adam.	
Giroflée à cinq feuilles	V.	1	2/3 Varin, Baptiste B.	1/3 Dunan-Mousseux.
Giroflé, girofla	D.	5		Crisafulli, Devicque.
Gironde et la montagne	D.	5		Marc Leprévost.
Girouette anglaise	V.	1	Ach. d'Artois.	
Girouette de Saint-Cloud	V.	1	Barré (D. E.), Radet (D. E.).	
Girouette de village	C.	2		Poujol.
Girouettes de village	V.	1	Montigny, St-Amand, Duvernois.	
Giselle	B. P.	2	1/2 De St-Georges, Adam.	1/2 Th. Gautier, Corally.
Gitana	V.	1	1/3 Desvergers.	2/3 Laurencin.
Gitanella	M.	5	1/2 E. Jaime.	1/2 Alboize.
Ginano	M.	3	1/3 Paul Foucher.	2/3 Alboize, Alix, édit.
Gitanos	V.	1	1/2 Déaddé.	1/2 Demonval-St-Hilaire.
Giuseppo le Véronais	D.	5	1/2 Chabot.	1/2 Boulé.
Gladiateur	T.	5		Soumet, Mme d'Altenheim.
Glenarvon	D.	5		Félicien Mallefille.
Gloire et perruque	V.	1	1/3 Labie.	2/3 Laurent, Alix, édit.
Gloire et pot-au-feu	V.	1	1/2 Bayard.	1/2 Fr. De Courcy.
Gloire et tombeau	M.	1	Abel Jannet.	
Gloutonomanie	V.	1	Fonpré-Fracansalle.	
Gnaferrant	V.	2	1/2 A. Guénée.	1/2 Marc Leprévost.
Gnôme	P.	3		Cuvelier.
Gobernaud	V.	1	1/3 Sauvage.	2/3 Duvert, Lauzanne.
Godard	C.	1		Aude.
Godinot	V.	1	Dumersan.	

Titres des Pièces.	Genres.	Actes.	M. GUYOT.	M. PERAGALLO.
Gogo à la course	V.	1	Bayard.	
Gogo et vinaigre	V.	2	Alfred Goy, Boniet.	
Gondolier	O.	1	1/2 Desprez, Ségur aîné,	1/2 Foignet fils.
Gondolier	B.	1		Gilbert
Gondoliers	O.	2	Bréant 1/4, Champeaux 1/4, Blangini 1/2.	
Gondoliers vénitiens	B.P.	1		Aumer, Darondeau.
Gonzalve de Cordoue	D.	3	Dorvo	
Gonzalve et Zuléma	P.	3		Leblanc.
Gotinot	V.	1	Dumersan.	
Goton de Béranger	V.	5	2/9 Cormon.	7/9. Dutertre 2/9, Grangé 2/9, Alix, édit 3/9.
Goton du passage de l'Orme	V.	2	Dumersan, Lhérie B., Vidal, Barba, édit.	
Gourmand puni	C.	1		
Goutte de lait	V.	5		Varez.
Gouvernante par amour	V.	1		Léon Gozlan.
Gouverneur	C.	1	Monperlier.	Boullault.
Gouverneur d'un marquis	V.	1	Dalby.	
Grâce de Dieu	D.	5		
Grâces	O.	2		Gust. Lemoine, D'Ennery.
Gracieuse et Percinct	M.	3	Brazier, Barba, édit.	Moline.
Gracioso	V.	3		
Grain de beauté	V.	1		Ch. Dupeuty, Grangé.
Grain de café	V.	3		Félicien de Baroncelli.
Grain de folie	C.	1		Marc Michel, Labiche.
Grain de sable	V.	1	2/3 Mélesville, Mich. Masson.	Cuvelier, Demorange.
Graine de lin	V.	1	Paul de Kock, Barba, édit.	1/3 F. de Villeneuve.
Graine de lin	V.	1	7/9. Bayard 3/9, Potron 2/9, Gautier 2/9.	2/9 Laya.
Graine de mousquetaire	V.	5	Paul de Kock, A. Guénée.	
Grand bilboquet	V.	2	Honoré.	
Grand chasseur	M.	3	1/2 De Pixerécourt.	1/2 Loaisel de Tréogate.
Grand criminel	D.	1	2/3 Varin, Jacques Arago.	1/3 Lefranc.
Grand criminel	V.	1		Bricet, Commerson.
Grand deuil	O.	1	1/4 Etienne.	3/4. Vial 1/4, Berton 1/2.
Grand dîner	V.	1	5/8 De St-Georges, Gruet.	3/8 Simonnin.
Grand duc	V.	1	1/3 Carmouche.	2/3 Ch. Dupeuty, Fr. Decourcy.
Grande aventure	V.	1	Scribe, Varner.	
Grande bourse et les petites bourses	V.	1	Clairville 2/3, Faulquemont 1/3	
Grande colère de Cadet-Roussel	C.	1	Pompigny.	
Grande dame	V.	2	3/4 Bayard.	1/4 Bezou; éd. Blondy, prop.
Grande dame de la Halle	V.	3		Laurencin, Meyer.
Grande dame et chiffonnier	V.	3		Jouhaud.
Grande duchesse	O.	4	Mélesville 1/4; Merville 1/4, Carafa 1/2.	
Grande duchesse	V.	1		Dupeuty, Saintine, de Villeneuve, Bezou, édit.
Grandes passions	V.	1	Gentil, Désaugiers (D. E.)	
Grandeur et décadence de M. Joseph Prud'homme	C.	5	2/3 Alp. Royer, Henri Monnier.	1/3 Gust. Vaëz.
Grande ville	C.	3	Picard.	
Grande ville	C.	1	Pillon, René Périn.	
Grand hiver	O.	1		Léon Gozlan, Simiot.
Grand juge	M.	3	3/4 Bilderbeck, Carmouche.	1/4 Antier.

Titres des Pièces.	Genres.	Actes.	M. GUYOT.	M. PERAGALLO.
Grand justicier	M.	5	1/6 Lanusse.	5/6 Frédéric.
Grand'maman	V.	1	Ach. et Arm. d'Artois 2/3, Francis D. 1/3.	
Grand'maman	V.	1		Dubois, Léopold.
Grand marronnier	V.	1	De Planard.	
Grand mauvais sujet	V.	1	Llaunet.	
Grand'mère	O.	2		De Favières, Jadin.
Grand'mère	C.	2	Scribe.	
Grand opéra en province.	P.-V.	1	2/3 Rougemont, Moreau.	1/3 Merle.
Grand orateur	V.	1	1/2 Emmanuel Arago.	1/2 Fournier.
Grand paladin	V.	3	1/3 Hip. Leroux.	2/3 Duvert, Lauzanne.
Grand papa Guérin	V.	2	1/3 Barba, édit.	2/3 Laurencin, A. de Cey.
Grand père	O.	1		Favière fils, Jadin.
Grand Poucet	P.	1	2/3 Paul Legrand, Barba édit.	1/3 Lindheim.
Grand prix	O.	3	Gabriel 1/4, Michel Masson 1/4, Adam 1/2.	
Grand repas	V.	1	1/2 Scribe.	1/2 Mazères.
Grand roi d'Yvetot	P.	3	2/3 Vanderburch, Guinon.	1/3 Frédéric Barbier.
Grand scélérat	V.	1		Lubize,
Grands écoliers en vacances	V.	1	Cogniard frères 1/2, P{ier} Deslandes 1/4, (Bourdois) pour Porcher, prop. 1/4.	
Grand seigneur et la paysanne	V.	2	E. Jaime, A. D'Artois, Léon Halévy, Barba, édit.	
Grand seigneur et le majordome	D.	2	1/2 Paul Foucher.	1/2 Paul Duport.
Grands et petits	C.	3		Harel.
Grand Fantoccinis	C.	1	Charles Maurice.	
Grands seigneurs chez Ramponneau	V.	1	1/2 Hipp. Messant.	1/2 Alb. Monnier.
Grands siècles	D.	3		Th. Barrière, Henri de Kock.
Grands vassaux	D.	5		Victor Séjour.
Grand'tante	V.	1	Mme Caroline Berton,	
Grange aux belles	V.	3	Labrousse, Labie.	
Gras et le maigre	V.	1		Prévost.
Gras et maigre	V.	1		D'Ennery, Grangé.
Grassot embêté par Ravel.	V.	1	Siraudin, Legrand.	
Grassot tueur de lions	V.	1	Varin 1/2, Jarry 1/4, Filleu 1/4.	
Graveur	M.	5	Villiers.	
Gravure en action	V.	1	1/3 Etienne.	2/3 Morel, Gosse.
Graziella	V.	1		Jules Barbier, Michel Carré.
Grécourt	V.	1		Ligier.
Grecs	B.	2		Alexis Blache.
Grecs de Paris	V.	2	1/2 Hostein.	1/2 Michel Delaporte.
Greffier de Vaugirard	V.	1	Georges Duval.	
Grégoire	V.	1	1/4 Barba, édit.	3/4 Chazet, Merle, Des Essarts
Grégoire	V.	1	Hipp. Cogniard, B. Lopez.	
Grégoire à Tunis	V.	1	1/2 Desprez.	1/2 Leblanc.
Grécourt	V.	1		Ligier.
Grelot	V.	2	Bérard, Desvergers, Théaulon, Et. Arago.	
Grelot magique	V.	1	Dumersan.	
Grenadier de Beauvoisin.	M.	5	Hipp. Roland.	
Grenadier de Fanchon	V.	1	Brazier, Carmouche, Puech, prop.	
Grenadier de Frédéric-Guillaume	V.	1	Dupin, A. D'Artois, Barba éd.	

Titres des Pièces.	Genres.	Actes.	M. GUYOT.	M. PERAGALLO.
Grenadier de l'an III....	V.	2	1/2 Rochefort.	1/2 Lubize.
Grenadier de l'île d'Elbe..	M.	3	1/3 Francis C.	2/3 Anicet, Bezou, édit.
Grenadier de Louis XV...	V.	1		Dubois.
Grenadier de Wagram...	O.	3		H. Lefebvre, St-Amand, Louis, E. Prévost.
Grenadier du roi de Prusse.	V.	1	1/2 Michel Masson.	1/2 de Villeneuve.
Grenadier Marseillais....	V.	1		Turmeau.
Grenier.............	V.	1	Michel Masson, De Livry.	
Grenier de Béranger....	V.	3		Ch. Desnoyer, Philastre.
Grenier du poëte.......	V.	1	1/3 Quoy.	2/3 Antier, Ponet.
Grenouille du régiment..	V.	1		Lubize, Salvat.
Grenouilles qui demandent un roi.............	V.	1	2/3 Clairville, A. de Beauplan.	1/3 De Vaulabelle.
Grétry.............	V.	1	Fulgence, Ledoux, Ramond.	
Grétry au Parnasse.....	V.	1	Châtelain.	
Grétry chez Mme Dubocage.	V.	1		Fougas.
Greuze	V.	1	Beaunoir, Mme Valory.	
Gribouille	V.	3	Dumanoir, Rochefort, Ach. d'Artois.	
Griffard.............	O.	1	3/4. Jaime fils 1/4, Léo Delibes 1/2.	1/4 Mestépès.
Grille du manoir.......	M.	3		Mourier.
Grille du parc.........	O.	1	1/6 J. Pain (D. E.).	5/6. Ancelot 1/6, Audibert 1/6, Panseron 3/6.
Grillo	V.	2	Léon Halévy, Jaime, de Leuven, Barba, édit.	
Grillon du foyer.......	V.	2	Déaddé 1/4, Ad. Choler 1/4, Lévy, édit. 1/2.	
Grimaldi............	C.	2	Hoffman (D. E.).	
Gringalet, fils de famille.	V.	3	1/2 Dumersan.	1/2 Ch. Dupeuty.
Grippe.............	V.	1	Roche, Barthélemy, Courtier.	
Grippeminaud	V.	1	G. Duval, Dorvigny.	
Grippe-sou	V.	3		(E. Nyon) pour Porcher.
Griselde	D.	3		Ostrowsky.
Griseldis	B.	3	2/3 Dumanoir, Adam.	1/3 Mazilier.
Griseldis	M.	3		Noël, Leblanc.
Grisette.............	V.	1		Jouhaud.
Grisette au vert.......	V.	1		D'Ennery.
Grisette de Bordeaux....	V.	1	1/2 Roche.	1/2 Decomberousse.
Grisette de qualité.....	D.	5		D'Ennery, Grangé, Alix, édit.
Grisette et l'héritière ...	V.	2		Paul Duport, Ancelot.
Grisette mariée........	V.	2	A. D'Artois, Moreau, Vanderburch.	
Grisette romantique.....	V.	1	Carmouche, Vanderburch.	
Grisettes.............	V.	4	E. Jaime, Léon Halévy.	
Grisettes.............	V.	1	Scribe, Dupin.	
Grisettes d'automne.....	V.	1	2/3 Ad. Choler, Bureau.	1/3 Lefranc.
Grisettes en Afrique.....	V.	2	1/2 Carmouche.	1/2 Ch. Dupeuty.
Grison et la grisette.....	V.	1	Labie.	
Grivois-la-Malice.......	V.	1		Sewrin.
Groom..............	V.	1	1/2 Bayard.	1/2 Léon Laya.
Groom..............	V.	1	Masselin.	
Groom de lettres.......	V.	1	1/3 Mathieu.	2/3 Reneaume, Mifliez, édit.
Grosse caisse.........	V.	2	Varner, Bayard.	
Grotesques...........	R.	3	Chabrillat.	
Grotius à Loëvespen.....	M.	3		Leblanc-Deferrière, Quaisain (D. E.).
Grotte de Fingal........	M.	3	5/12 Desprez.	7/12 Frédéric, A. Piccini.
Grotte de la Balme......	M.	3	Monperlier (D. E.).	

Titres des Pièces.	Genres.	Actes.	M. GUYOT.	M. PERAGALLO.
Grotte de la Falaise	V.	3	1/2 Michel Masson, père et fils.	1/2 Alix. *édit.*
Grotte des Cévennes	O.	1		Sewrin, Gresnick.
Grotte des Cyprès	M.	5	Pillon, Lombert.	
Grotte de Tyrophonins	O.	3	1/2 Dubuisson.	1/2 Moline.
Grotte d'Ivernest	M.	3	Lamartelière.	
Guelfes et Gibelins	T.	3	Arnault père.	
Guêpes	V.	1	Bayard, Dumanoir.	
Guérillas	C.	3	1/2 Eug. Nus.	1/2 Léonce.
Guérillas	V.	1	2/3 De Leuven, Barba, *édit.*	1/3 De Forges.
Guérilléro	O.	2	Th. Anne, Amb. Thomas.	
Guérison militaire	V.	1		Macaire, Ferdinand, A. Franconi.
Guérite	O.	1	1/2 Dorvo.	1/2 Foignet.
Guérite abandonnée	V.	1		Ronteix.
Guerre	V.	1	Moras.	
Guerre à Trois	V.	1	Belfort-Devaux.	
Guerre au sexe	V.	1		Jouhaud.
Guerre déclarée	V.	1	Brazier, Dumersan, Gabriel.	
Guerre de l'indépendance	D.	5	1/2 Paul Foucher.	1/2 Aiboize.
Guerre des amours	V.	3		Marc Leprévost.
Guerre des blanchisseuses	V.	3	2/3 A. Guénée, Messant.	1/3 Alb. Monnier.
Guerre des chouans	D.	5	De Rostan.	
Guerre des femmes	D.	5		Alex. Dumas, Maquet.
Guerre des servantes	M.	5	3/8 Théaulon.	5/8 Alboize, Harel.
Guerre des tribus	D.	5	1/2 Lockroy.	1/2 Anicet.
Guerre d'Orient	D.	5	1/3 Albert.	2/3 Touchard-Lustières, Ach. Lafon.
Guerre en jupon	V.	1	Moras.	
Guerre en temps de paix.	V.	2	Labie, Gérard.	
Guerre et la paix	C.	3		Boursault.
Guerre ouverte	C.	3	Dumaniant.	
Guerrero	D.	5	Legouvé.	
Guerrière	M.	3	11/12 Bernos, Lanusse.	1/12 Quaisain (D. E.).
Guerrière des sept Montagnes	M.	3	Hapdé (D. E.).	
Gueule du lion	M.	3		Cuvelier, Léopold.
Gueule du lion	V.	1	Barthélemy, Lhérie B., Ach. D'Artois.	
Gueule du loup	V.	1	Launet, Riffault.	
Guetteur de nuit	O.	1		L. Beauvallet 1/6, De Jallais 1/6, Blaquière 2/6, Bourdillat, *édit.*; 2/6.
Gueux	V.	1	Ach. D'Artois, Théaulon, Ferd. Langlé.	
Gueux de Béranger	D.	5		Ch. Dupeuty, Moinaux.
Gueux de Bruges	V.	2	2/3 Ferd. Langlé, Théaulon.	1/3 Fr. de Courcy.
Gueux de Lyon	D.	3	Théaulon.	
Gueux de mer	M.	3	Cormon, Lagrange, Tresse, *édit.*	
Gueux de Paris	D.	3	1/2 Guénée.	1/2 Tournemine.
Guichard le trépassé	V.	1	1/2 Théaulon.	1/2 Th. Nézel.
Guides de Kinrose	V.	2		Béraud, Ed. Brisebarre, Dagneau, *édit.*
Guides de Zurich	V.	1	1/2 Carmouche.	1/2 Ferd. Laloue.
Guido et Ginevra	O.	4	1/2 Scribe.	1/2 Halévy.
Guido Reni	D.	3		Bouilly, Béraud.
Guignol et Gringalet	V.	1	Labie, Gérard.	
Guignons sur guignons	V.	2	Désaugiers (D. E.), Gentil.	
Guillaume Collmann	D.	5	Paul Foucher.	

Titres des Pièces.	Genres.	Actes.	M. GUYOT.	M. PERAGALLO.
Guillaume et Marianne..	C.	1	Bayard.	
Guillaume, Gautier Garguille.............	V.	1	A. D'Artois, Francis D., Gabriel.	
Guillaume le Conquérant	M.	5	Al. Duval.	
Guillaume le Conquérant	M.	3		Coffin-Rosny, Clément, LeBlanc.
Guillaume le débardeur..	D.	5	3/4. Dumersan 1/4, Lévy 1/2. édit.	1/4 Michel Delaporte.
Guillaume Norvald......	M.	3		Demolière, Rimbaut.
Guillaume Tell.........	O.	4	1/2 Rossini.	1/2 Jouy, Bis.
Guillaume-Tell.........	T.	5		Feu Pichat.
Guillaume-Tell.........	D.	5	Virgile Boileau.	
Guillaume-Tell.........	O.	3		Pellissier 1/4, B. Antier 1/4, Berton 1/2.
Guillaume-Tell.........	D.	3	1/2 De Pixérécourt.	1/2 Antier, Th. Nézel.
Guillaume-Tell.........	V.	3	1/4 Barba. édit.	3/4 Ch. Dupeuty, Saintine, de Villeneuve.
Guillaume-Tell.........	B.	3		Henri.
Guillery	C.	3	Edm. About.	
Guillery le trompette....	O.	2	De Leuven 1/4. A. De Beauplan 1/4, Saarmiento 1/2.	
Guimard...............	V.	1		Armand Durantin.
Guimbardes	P.V.	3	2/3 Dupaty, Moreau.	1/3 Chazet.
Guimbardet.............	V.	1	Dupaty.	
Guinguette	V.	5	Radet (D. E.).	
Guinguette	P.	3	1/2 Villiers.	1/2 Bonel.
Guinguette dramatique..	V.	1	1/2 A. D'Artois.	1/2 Saintine.
Guise..................	O.	3	1/2 De Planard, De Saint-Georges.	1/2 Onslow.
Guise	O.	3	1/2 Dupaty	1/2 Solié.
Guiseppo le Véronais....	D.	5	1/2 Chabot.	1/2 Boulé.
Guitare au violon.......	V.	1	Paul Delavigne, Maxence.	
Guitarero	O.	3	1/2 Scribe,	1/2 Fr. Halévy.
Gulistan	O.	3	5/6 Etienne, Adam.	1/6 Lachabaussière.
Gulliver...............	P.	3		Franconi jeune, Moussard.
Gulliver...............	B.	2	2/3 Jouslin pour Joseph B. Tourret.	1/3 Coraly.
Gulliver dans l'île des Géants..............	V.	1		Sewrin.
Gulnare...............	O.	1		Marsollier, (D. E.), Dalayrac (D.E.).
Gusman d'Alfarache....	V.	2	Scribe, Dupin.	
Gusman le brave.......	D.	5	Méry.	
Gusman, Morillos et Lazarille...............	C.	2	Rougemont.	
Gusman ne connaît pas d'obstacle..........	V.	1	3/4. Cogniard frères 1/2, Ad. Choler 1/4.	1/4 Louis Boyer.
Gustave	O.	5	1/2 Scribe.	1/2 Auber.
Gustave	M.	5		Hubert, Antier, Anicet, Lucien Arnauld.
Gustave-Adolphe	T.	5		
Gustave en Dalécarlie...	D.	5	Lamartelière (D. E.).	
Gustave-Wasa..........	B.	1		Alexis Blache.
Guyon chez Viltard.....	V.	1		Mutelse.
Gypsy.................	B.	3	5/9. De Saint-Georges 3/9, Benoist 1/9, A. Thomas 1/9.	4/9 Marliani, Mazillier.

H

Titres des Pièces.	Genres.	Actes.	M. GUYOT.	M. PERAGALLO.
Habeas corpus.........	V.	2	Varin, Boyer-Partout.	
Habitant de la Guadeloupe.	C.	3		Mercier.
Habitant de la lune......	V.	2	1/2 Chauffer,	1/2 V^er Lefranc.
Habitante de Madagascar.	O.	3	3/4. Gréty neveu 1/4, Grétry 1/2.	1/4 De Favières.
Habitants de Saint-Domingue...............	C.	2	Ribié (D. E.).	
Habitants des Landes....	V.	1		Sewrin.
Habitants de Vaucluse...	O.	1	1/2 Mengozzi,	1/2 Montenclos.
Habit de bal...........	V.	1	A. Séville.	
Habit de Buffon........	V.	1		Décour.
Habit de Catinat........	V.	1		Merle, Ourry.
Habit de cour..........	V.	1		Marville, Chevrillon.
Habit de noce..........	O.	1	1/4 Bignon.	3/4. D'Ennery 1/4, Cuzent 1/2
Habit de velours........	V.	1		Sewrin.
Habit de Voltaire.......	V.	1	Dumersan.	
Habit du chevalier de Grammont..........	O.	3		St. Victor, Martin.
Habit du cousin........	C.	1	Monnet.	
Habit du gascon........	V.	1	Désaugiers, (D. E.), Jacquelin.	
Habit d'un grand seigneur.	V.	2	2/3 Dupin, Carmouche,	1/3 Mifliez, édit.
Habitez donc votre immeuble.............	V.	1	Feu Bayard, Varner.	
Habit fait le moine......	V.	1		Léonce, Demolière.
Habit ne fait pas le moine.	V.	3		St Hilaire, P. Duport, Alix. édit.
Habit ne fait pas l'homme.	V.	1	Rigaud, Jacquelin.	
Habit noisette..........	V.	1		Gustave Lemoine.
Habit retourné.........	O.	1	Maresse.	
Habits d'emprunts......	V.	1	1/2 Nicole.	2/3 Duvert.
Habits, vieux galons.....	V.	5	2/3 Brazier, Francis D.	1/3 Naigeon.
Habits, vieux galons.....	V.	1		Sewrin. Chazet.
Habitué du jardin des plantes.............	V.	1	J. Vizentini.	
Habit vert.............	V.	1	Alfred de Musset, Emile Augier.	
Habit, veste et culotte ...	V.	3	2/3 Varin, Boyer Partout.	1/3 Saintine.
Habit voyageur.........	V.	1	1/2 De Léris.	1/2 Tavenet-Bellevue.
Hâbleur...............	C.	3	Ducancel.	
Hagard, fils de son père..	V.	1	Barré (D. E.), Radet (D. E.), Desfontaines (D. E.).	
Haguenier.............	V.	1		Marville, Chevrillon.
Haine aux deux sexes....	C.	2	Grétry neveu.	
Haine aux femmes......	V.	1		Bouilly.

Titres des Pièces.	Genres.	Actes.	M. GUYOT.	M. PERAGALLO.
Haine aux Françaises....	V.	1	D'Artois, Théaulon, Barba. édit.	
Haine aux hommes.....	V.	1	(Moreau, Francis D.,) Barba. édit.	
Haine aux petits enfants.	V.	1	Brazier, Simonnin, pour Barba. édit.	
Haine dans l'amour.....	C.	3	George Sand.	
Haine d'une femme.....	V.	1	Scribe.	
Haine d'une jeune fille...	V.	1		Vernissy.
Haines de famille infiniment trop prolongées..	V.	1	Rougemont 10/24, Carmouche 8/24, Francis D. 3/24, Jouslin pour Joseph B. 3/24	
Halifax..............	V.	2		A. Dumas père, D'Ennery.
Halle à la chaussée d'Antin................	V.	1		Sewrin.
Halle au blé..........	V.	1	A. D'Artois, Francis D., St-Laurent.	
Halte en Suisse........	V.	1	1/3 Dumersan.	2/3 Duport, S. Hilaire.
Hameçon de Phénice....	C.	1		H. Lucas.
Hamlet..............	T.	5	Ducis.	
Hamlet..............	T.	5	1/2 Vacquerie,	1/2 A. Dumas père.
Hamlet..............	D.	5	1/3 Paul Meurice.	2/3 Al. Dumas, Aug. Maquet.
Hamlet..............	P.	3		Henri.
Hamlet..............	V.	1	Scribe, Delestre, Poirson.	
Han d'Islande.........	M.	3	1/2 Barba. édit.	1/2 Dupuis Delcourt, Sautiquet, Rameau.
Hanneton du Japon.....	V.	1		Duvert, Lauzanne.
Hanneton, vole, vole....	R.	3	1/2 St-Agnan Choler.	1/2 Louis Abraham.
Hardi comme un page...	V.	2	Llaunet,	1/2 Perrot de Renneville.
Hariadan-Barberousse...	D.	3		Lamarque, Leblanc.
Haroun-al-Raschild.....	B.	3		Blache.
Harpe d'or...........	O.	2	3/4. Jaime fils 1/4, Godefroy 1/2.	1/4 E. Dubreuil.
Harpe mystérieuse......	V.	1	Radet (D. E.).	
Harry Burk...........	M.	5		Tilleul.
Harry le Diable........	D.	3		Meyer, Fournier, Levy, édit.
Hasard..............	V.	4		Lemaire.
Hasard et folie........	C.	3	1/2 Victor Ducange. (D. E.)	1/2 Hubert.
Hasards de la guerre....	V.	1	Maurice Séguier.	
Hassam.............	D.	3		Baroncelli.
Hassem.............	M.	3		Lamarque, Leblanc.
Hausse et la baisse.....	C.	1	Moreau, Lafortelle, Francis D.	
Haydée.............	O.	3	1/2 Scribe.	1/2 Auber.
Haydée la pestiférée....	M.	3	Paulin Deslandes.	
Haydn..............	V.	1	Gabriel, Wafflard.	
Hector..............	T.	3		Luce.
Hector..............	V.	1	Gentil, Rougemont, Désaugiers (D. E.).	
Hécube.............	O.	3		Milcent, Fontenelle.
Héléna.............	O.	3		Reverony de S.-Cyr, Foignet.
Héléna.............	O.	3		Bouilly, Méhul (D.E.).
Hélène.............	V.	5		Alexandre Flan.
Hélène et Francisque....	O.	3	Dubuisson.	
Hélène Peyron........	C.	5	Louis Bouilhet.	
Hélénor de Portugal.....	M.	3	5/6 Réné Périn.	1/6 Quaisain (D. E.).
Héli le prophète.......	D.	5	Riquier.	
Helmina............	M.	5	5/6 Hapdé (D. E.).	1/6 Quaisain (D. E.).
Helmina la Tyrolienne...	D.	3	1/2 Rochefort,	1/2 Noiseul.
Héloïse.............	V.	3	Théaulon, Barba. édit.	Aude.

Titres des Pièces.	Genres.	Actes.	M. GUYOT.	M. PERAGALLO.
Héloïse américaine	C.	3		Aude.
Héloïse anglaise	C.	1		Alexandre.
Héloïse de l'Île St-Louis	V.	1	Dumersan, Duval.	
Héloïse et Abeilard	D.	5	1/2 Francis C.	1/2 Anicet.
Héloïse et Abeilard	D.	3		A. Murville.
Héloïse et Abeilard	V.	2	Scribe, Masson.	
Héloïse et Abeilard	V.	1		Jouhaud.
Helvétius	C.	2	Andrieux.	
Henri V et ses compagnons	D.	3	2/3 Romieu,	1/3 Tarranne.
Henri de Bavière	O.	3	1/2 Deshayes,	1/2 Léger, Dutremblay.
Henri et Perrine	C.	1	Dumaniant.	
Henriette	D.	3		Ancelot.
Henriette d'Entragues, trad.	O.	4		G. Oppelt.
Henriette Deschamps	D.	5		Jules Barbier, Michel Carré, Duménil.
Henriette de Volmar	M.	5	Mlle Vanhove.	
Henriette et Adhémar	D.	3	1/2 Caigniez.	1/2 Bernhard, Quaisain (D. E.).
Henriette et Charlot	V.	1	1/2 Varin.	1/2 Saintine.
Henriette et Lucien	C.	3	1/2 Bayard,	1/2 Biéville.
Henriette et Raymond	C.	1	1/2 G. Delavigne.	1/2 Liadières.
Henriette et Verseuil	O.	1		Guillot, E. Hus, Solié.
Henriette Wilson	V.	2	Dumanoir, Mallian.	
Henri Hamelin	V.	2		Emile Souvestre.
Henri VIII	T.	5	Chenier.	
Henri le lion	D.	6	2/9 Fillot.	7/9 S. Ernest, Alix. édit.
Henri IV	D.	5		S. Hilaire, P. Duport. Michel Delaporte.
Henri IV	M.	3		Boirie, Léopold Dubois.
Henri IV chez les meuniers	B.	2		E. Hus.
Henri IV et d'Aubigné	C.	3	Rougemont 1/4, Réné Périn 1/4 Barba 1/2. édit.	
Henri IV à Meulan	C.	1	Merville.	
Henri IV en famille	V.	1	1/3 Vanderburch.	2/3 De Villeneuve, de Forges.
Henri IV en voyage	O.	1		Sewrin, Boïeldieu, Kreutzer.
Henri III et sa cour	D.	5		A. Dumas père.
Héraclite et Démocrite	C.	2		Edouard Foussier.
Herculanum	O.	4	3/6 Méry, Gabriel, De Mirecourt.	3/6. Hadot 1/6, F. David 2/6
Hercule Belhomme	V.	1		P. Duport, Duvert, Lauzanne.
Hérétique	V.	2	1/2 Bayard.	1/2 Decomberousse.
Héritage	C.	1	Mennechet.	
Héritage	V.	1		Sewrin, Chazet.
Héritage	C.	1	Pompigny.	
Héritage	V.	1	Boutillier.	
Héritage	C.	1	Bilderbeck.	
Héritage au Bengale	V.	1	Lange.	
Héritage corse	V.	1	Dumanoir, Siraudin.	
Héritage de Jeannette	V.	1	1/2 Brazier.	1/2 Dubois.
Héritage de ma mère	V.	1		Scheffer-Stel.
Héritage de ma tante	V.	1	1/3 Vanderburch.	2/3 Léonce, Petit.
Héritage de ma tante	V.	1	Deaddé, A. Choler, Lévy. édit.	
Héritage de mon oncle	V.	2		Labénardière, F. Laloue.
Héritage de mon oncle	V.	1		Martin, Petit, Biondy.
Héritage de monsieur Plumet	C.	4		T. Barrière, Capendu.
Héritage du bravo	V.	1	Bouchardy, Deligny.	
Héritage du château	V.	1	Pain, Duhin.	
Héritage du mal	D.	4	Bernay pour Barba, édit.	

Titres des Pièces.	Genres.	Actes.	M. GUYOT.	M. PERAGALLO.
Héritage d'une jolie femme	V.	1	Gabriel, Dupin.	
Héritage d'un Gascon	V.	1		Ed. Montagne, Dubocage.
Héritage d'une pauvre fille.	D.-V.	5		Auger, Nézel.
Héritage d'un mendiant	D.	3	2/3 Merville, Lesguillon.	1/3 Mlle Mancs.
Héritage et mariage	C.	2	1/2 Picard,	1/2 Mazères.
Héritage mystérieux	D.	2	Merville.	
Héritier de Paimpol	O.	3		Sewrin, Boscha.
Héritier du czar	D.	5	3/4. Dinaux, Paul Foucher.	1/4 Paul Duport.
Héritier du trône	V.	3	1/3 De Tully.	2/3 Salvat. J. Augier.
Héritière	C.	5	Empis.	
Héritière	O.	1		F. Kreubé.
Héritière	V.	1	Scribe, G. Delavigne.	
Héritière de Pensylvanie	M.	5		Daubigny, Quaisain (D E.), Renat.
Héritière du comte	M.	3		Antier, Couailhac, Touchard-Lafosse.
Héritière en voyage	V.	1		Rimbaut.
Héritiers	C.	1		A. Duval.
Héritiers	V.	1		Martin, Petit.
Héritier sans héritage	C.	2		Jouy.
Héritier de M. de Crac	V.	1	Scribe, Dupin.	
Héritiers de Paimpol	O.	3		Sewrin, Bochsa.
Héritiers en voyage	V.	1	Brazier, Francis D. Bernadet.	
Héritiers Michau	O.	1	1/2 De Planard.	1/2 Bochsa.
Héritier supposé	O.	1	1/2 De Pixérécourt.	1/2 Persuis.
Hermance	V.	3		Mme Ancelot.
Hermance	D.	2	Rattier, Déaddé.	
Hermann et Sophie	M.	3		Cuvelier.
Hermann et Verner	C.	3		De Favières.
Hermann l'ivrogne	D.	4	Bouchardy 1/4, Deligny 1/4, Barba 1/2. édit.	
Herminia	O.	3		Dejaume jeune 1/4, Delrieu 1/4. Berton 1/2.
Herminie	M.	3	11/12 Lanusse,	1/12 Rousseau, Varez, Quaisain.
Hernali	P.	5		Lauzanne.
Hernance et Fernand	O.	3		Coffin, Rosny, Blasius.
Hernani	D.	5	Victor Hugo.	
Hernani	V.	2	Méneuverier.	
Hernax le fou	D.	4		Delanoue.
Héro et Léandre	B.	2		Milon.
Héro et Léandre	V.	1	1/2 Salin.	1/2 Rauzet-d'Orinière.
Héro et Léandre	D.	1	Louis Ratisbonne,	
Héroïne conjugale	D.	3		Mme Ray.
Héroïne de Montpellier	D.	5	Nep. Lemercier.	
Héroïne égyptienne	C.	2	Camaille St-Aubin.	
Héroïne française	O.	1		Foignet.
Héroïne suisse	P.	1		Cuvelier.
Héroïsme de l'amitié	M.	3	Mayeur.	
Héroïsme des femmes	M.	3	5/6 Réné Périn,	1/6 Taix.
Héroïsme de l'amour filial	M.	3	5/8. Lanusse 1/8, Barba 4/8. éd.	3/8 Aude.
Héroïsme maternel	P.	2	1/6 Lanusse.	5/6 Frédéric.
Héros américain	C.	2	Ribié (D.E.).	
Héros anglais	P.	3	Ribié (D.E.).	
Héros du marquis de quinze sous	V.	3	1/2. A. D'Artois, Théaulon,	1/2 Biéville, Alix. édit.
Héros imaginaire	C.	1		Jaybert, Marc constantin.
Heure à Calais	V.	1	2/3 Lévesque, Martineau.	1/3 Quoy.

Titres des Pièces.	Genres.	Actes.	M. GUYOT.	M. PERAGALLO.
Heure à la frontière	V.	1	Thurbet.	
Heure à la Malmaison	V.	1		Simonnin, Dupeuty.
Heure au corps de garde	V.	1		Turmeau.
Heure aux aventures	V.	1	Salin, De Tully.	
Heure avant l'ouverture	V.	1	Désaugiers (D. E.), Delestre, Poirson.	
Heure d'absence	D.	1		Leraux aîné, Berton fils.
Heure d'Alcibiade	O.	1		Dumolard, Taix.
Heure dans l'autre monde	V.	1	3/4 Barba, édit.	1/4, Lubize, Ronteix.
Heure de caprice	V.	1	Gersin.	
Heure de caserne	V.	1	Vanderburch, Villiers.	
Heure de folie	V.	1	Désaugiers (D. E.).	
Heure de Jocrisse			Martelly,	
Heure de l'esprit	O.	3	5/9. Michel Masson 2/9, Ad. Adam 3/9.	4/9. St-Hilaire, de Villeneuve.
Heure de Londres	V.	1	Moreau, Dumersan, Lafortelle.	
Heure de mariage	O.	1	1/2 Etienne.	1/2 Dalayrac.
Heure de méprise	V.	1	1/3. Carmouche, St. Marc,	1/3 Simonnin.
Heure de paternité	V.	1	Désaugiers (D. E.), Gentil, Barba.	
Heure de prison	V.	2	1/2. Dumersan, Barba.	1/2 Sewrin, Merle.
Heure de quiproquo	V.	1		Achille Lestrelin.
Heure de sagesse	V.	2	Martelly.	
Heure de veuvage	V.	1		Ourry.
Heure de veuvage	V.	1	1/2 Lebas, Benazé.	1/2 Mazères,
Heure d'exposition	V.	1		Ménissier.
Heure du rendez-vous	M.	3	1/2 Overnay.	1/2 Mourier.
Heure de supplice	D.	5	Salin, De Tully.	
Heure de supplice	V.	2		Dutertre, T. Nézel.
Heure en Angleterre	V.	1		Merle, Ourry.
Heure en Bretagne	C.	1		Lambert Thiboust.
Heur et malheur	V.	1		Alix, édit.
Heur et malheur	V.	1		Duvert, Lauzanne, Basset.
Heure propice	C.	1	St-Prix	
Heure sur la frontière	V.	1	1/2 Brazier,	1/2 Dubois.
Heure trop tard	D.	4		Mayer.
Heureuse comme une princesse	C.	2		Ancelot, Laborie.
Heureuse décade	V.	1	Barré (D. E), Radet (D. E.).	
Heureuse épreuve	V.	1	Besnard.	
Heureuse erreur	C.	2	Patrat.	
Heureuse étourderie	C.	1	Dumersan.	
Heureuse gageure	C.	1	Désaugiers (D. E.).	
Heureuse inconséquence	O.	3	Piis, Propriac.	
Heureuse journée	V.	1	Désaugiers, (D. E.), Gentil.	
Heureuse indiscrétion	C.	3		Monvel.
Heureusement	C.	1	Rochon (D. E.).	
Heureuse moisson	V.	1	1/2 Carmouche, Barba. édit.	1/2 Merle, Fr. De Courcy,
Heureuse rencontre	C.	1	Mme Bellot, Leprieur.	
Heure à Sainte-Pélagie	V.	1	Rougemont.	
Heureuse rencontre	C.	3	De Planard.	
Heureuse supercherie	V.	1	Patrat.	
Heureux à propos	C.	2		Sewrin.
Heureux coquin	O.	1		C. Bridault, Lindheim.
Heureux dépit	O.	1		Chapelle (D. E.).
Heureux hasard	C.	1	Paccard.	
Heureux héritier	C.	1	Ribié (D. E.).	
Heureux ménage	V.	2	1/3 De la Rounat.	2/3 Saintine, Lauzanne.
Heureux mensonge	C.	1	Mlle Vanhove.	

— 168 —

Titres des Pièces.	Genres.	Actes.	M. GUYOT.	M. PERAGALLO.
Heureux militaire.......	O.	1	Etienne, Nicolo (D. E.).	
Heureux quand même....	V.	1	Bayard, P. Deslandes.	
Heureux quiproquo	C.	1	Patrat (D. E.).	
Heureux retour.........	C.	1	Maurin.	
Heureux retour.........	V.	1	Caron de Maurecourt.	
Hidalgo du temps de Don Quichotte..........	C.	1		Coquatrix.
Hilberge l'amazone.....	M.	3		Cuvelier, Quaisain (D. E.), Varez.
Hippomène et Atalante..	O.	1	Lehoc, L. Piccini.	
Hirondelles...........	V.	1	1/3 J. Bélamy.	2/3 Abel Lahure, Mifliez. édit.
Histoire d'atelier.......	V.	1	1/3 A. Guénée,	2/3 Couailhac, Tandon.
Histoire de deux grisettes.	D.	1	E. Jaime, Léon Halévy.	
Histoire de Paris........	D.	5		T. Barrière, Henri de Kock.
Histoire de rire........	V.	1	1/2 Déaddé,	1/2 Labiche.
Histoire de voleurs......	V.	1	1/3 Siraudin.	2/3 Fontaine, Sibille.
Histoire de voleurs......	V.	1	Déaddé, Delalain.	
Histoire d'un châle......	V.	2		Chaulieu, E. Hugot, Mifliez, édit.
Histoire d'une femme mariée.............	D.	3		Brisebarre, Nyon.
Histoire d'une rose et d'un croquemort.........	D.	5		Brisebarre, Nyon.
Histoire d'un gilet......	V.	3		Chivot 1/4, Duru 1/4, Dagnaud, édit. 1/2.
Histoire d'un sou.......	V.	1	2/3 Clairville.	1/3 Lambert Thiboust.
Histoire du Palais-Royal.	V.	4	1/2 Théaulon.	1/2 Chazet.
Histoire universelle.....	V.	2		Beffroy-Reigny.
Hiver	V.	1	Duchaume-Vée.	
Hiver................	V.	1	Varin.	
Hiver d'un homme marié.	V.	1		Brisebarre, Nyon.
Hizza	T.	5	Sauvigny.	
Hoang Pouf...........	V.	1	Caigniez, Bilberbeck, Barba, édit.	
Hochet d'une coquette...	V.	1		Léon Laya.
Hog le charpentier......	V.	1	2/3 De Leuven, De Livry.	1/3 De Forges.
Holà Frico.	V.	1	René Périn.	
Holopherne et Judith.....	T.	5		Sewrin.
Homicide	M.	3		Cuvelier, Hubert.
Hommage à Boieldieu...	O.	1	Dupaty, Adam.	
Hommage à Molière....	P.	1	Th. de Banville.	
Hommage du petit vaudeville au grand Racine..	V.	1	Radet (D. E.), Barré (D. E.), Desfontaines (D. E.).	
Homme à deux femmes..	M.	5	Rigaud.	
Homme à femmes......	V.	3		Ch. Dupeuty, Fr. de Courcy.
Homme à la carriole....	V.	3	Théaulon.	
Homme à la clarinette...	V.	1	J. Bélamy.	
Homme à la minute.....	O.	1	Valcour, Propiac.	
Homme à la mode......	V.	2	1/6 Beck, édit.	5/6 Lubize, Lajarriette.
Homme à la tuile	V.	1	3/4 Aylic Langlé, H. Thiéry, Lévy. édit.	1/4 Vulpian.
Homme à plaindre......	V.	1	Jules Bertrand 1/4, Boital 1/4, Dechaume édit. 1/2.	
Homme à projets.......	C.	1	Bernard.	
Homme à sentiment....	C.	5	Chéron.	
Homme à tout.........	V.	1	Desprez St-Clair, Barba. édit.	
Homme à trois visages...	M.	3	De Pixérécourt.	
Homme au manteau bleu.	V.	3		Lambert Thiboust.
Homme au masque de fer.	D.	5	1/3 Barba, édit.	2/3 Arnould, Fournier.

Titres des Pièces.	Genres.	Actes.	M. GUYOT.	M. PERAGALLO.
Homme aux cent soixante millions............	V.	2	2/3 Angel,	1/3 F. de Villeneuve.
Homme automate.......	V.	1	Varner, Ymbert.	
Homme aux convenances.	C.	1		Jouy.
Homme aux lunettes bleues.............	M.	5		Boulé, Dutertre.
Homme aux précautions.	C.	5	Désaugiers (D. E.).	
Homme aux souris......	V.	1		Brisebarre, Marc Michel.
Homme aux trente écus..	V.	1	2/3. Déaddé, Tresse, *édit.*	1/3 Brisebarre.
Homme aux trois culottes.	V.	3	2/3 Paul de Kock,	1/3 Alix. *édit.*
Homme blasé..........	V.	2		Paul Duport.
Homme brun..........	M.	3		Boirie, Dubois, Merle.
Homme content de tout..	C.	3	Colin-d'Harleville.	
Homme d'affaires.......	V.	3	A. d'Artois, Théaulon.	
Homme d'affaires et l'homme de lettres....	C.	2	Charlemagne.	
Homme dangereux......	V.	2		Jules de Prémaray.
Homme de bien........	C.	3	Émile Augier.	
Homme de Carentan....	V.	1		Poujol fils.
Homme de cinquante ans.	V.	1		G. de Montheau.
Homme de confiance....	V.	1	1/2 B. Wolff.	1/2 Duvert.
Homme de Feu........	P.	3	Ribié (D. E.).	
Homme de la forêt noire.	M.	5	1/6 Lanusse.	5/6 Frédéric, Boirie.
Homme de la montagne..	M.	3	2/3. Rigaud jeune, Quoy.	1/3 Chevrillon.
Homme de la nature et homme policé.......	M.	2	1/3 Paul de Kock.	2/3 Ch. Dupeuty. Bezou, *édit.*
Homme de la Roche.....	M.	5	Hapdé (D.E.). 5/6, Solomé 1/6.	
Homme de ma connaissance..............	C.	3		Mercier.
Homme de marbre......	V.	3	Lecœur-Seur.	
Homme de ménage.....	V.	1		Jouhaud, Bricet.
Homme de paille	V.	1	Ach. et Arm. d'Artois 2/3 Francis D. 1/3.	
Homme de paille.......	V.	1		Lefranc, Labiche.
Homme de quarante ans..	V.	1	Pain (D. E.).	
Homme de quinze ans...	V.	2	1/2 Vanderburch.	1/2 Simonnin.
Homme de robe........	V.	1	1/3 Galoppe d'Onquaire.	2/3, Alf. Delacour, L. Morand.
Homme des bois.......	M.	3	1/6 Lanusse.	5/6. Bignon.
Homme des bois........	M.	3	1/2 A. J. Leroy,	1/2 Ponet.
Homme de soixante ans..	V.	1	2/3 Arm. d'Artois (*Simonnin*) pour Barba. *édit.*	1/3 F. Laloue.
Homme des rochers.....	M.	3	1/2 Rochefort.	1/2 Antier.
Homme d'état imaginaire.	C.	3	Cubières.	
Homme du monde......	C.	5		Ancelot, Saintine.
Homme du peuple.......	D.	5	Dumersan, Gabriel	
Homme du peuple et la grande dame........	M.	3	A. Guénée, Mme Farrenc.	
Homme du siècle.......	D.	4		Lepoitevin St-Alme.
Homme en deuil de lui-même..............	C.	1	Dumaniant, Henrion.	
Homme en loterie......	V.	1	De Lurieu.	
Homme entre deux âges.	V.	2	1/3 Barba, *édit.*	2/3 Desnoyer, Fontan.
Homme entre deux âges.	V.	1	Francis D. Charles.	
Homme entre deux airs..	V.	1	1/3 De La Rounat.	2/3 Alf. Delacour, Montjoye.
Homme entre deux femmes	C.	1	Hapdé. (D. E.).	
Homme errant...:.....	M.	3	1/3 (*Jouslin*) pour Joseph B.	2/3 F. Laloue, St Hilaire,
Homme et la blouse.....	M.	3	1/2 Leroyer.	1/2 Fréd. Soulié.
Homme et le malheur....	O.	3		Davrigny.
Homme et le malheur...	O.	3		Defresnoys, Aude neveu.

Titres des Pièces.	Genres.	Actes.	M. GUYOT.	M. PERAGALLO.
Homme et le soldat	V.	2		Roger.
Homme et ses écrits	C.	3	Laverpillière.	
Homme flexible	V.	1	Brazier, Carmouche.	
Homme fossile	V.	1	2/3 Théaulon, St-Marc.	1/3 Simonnin.
Homme grave	V.	1		E. Souvestre.
Homme gris	C.	1		D'Aubigny, Poujol, Boirie.
Homme habile	C.	5		D'Epagny.
Homme heureux	V.	1	Théaulon, Gabriel.	
Homme incombustible	V.	1	3/4 Carmouche, Brazier, Barba, *édit*.	1/4 Fr. De Courcy.
Homme invisible	M.	3	1/2 Valcourt.	1/2 Leblanc.
Homme le plus laid de France	V.	3	De Leuven, De Livry, Lhérie B.	
Homme libre	C.	2	1/2 Maillan.	1/2 Blanchard.
Homme mystérieux	M.	5	Dittmer.	
Homme mystérieux	V.	3		Mme Barthélemy Hadot.
Homme nerveux	V.	1	2/3 Clairville, Th. Cogniard.	1/3 Joseph Marie.
Homme noir	D.	5	Xavier Forneret.	
Homme noir	V.	1	Scribe, Dupin.	
Homme personnel	C.	5	Barthe.	
Homme poli	C.	5	Merville.	
Homme propose	C.	3		Belamy.
Homme propose, etc.	V.	1	Alp. Keller.	
Homme qui a bu	V.	1	E. Roche 1/3, Avocat 2/3.	
Homme qui a perdu son do	V.	4	1/2 Lockroy.	1/2 Marc Michel.
Homme qui a vécu	V.	2	Dumanoir, Lafargue.	
Homme qui bat sa femme	V.	1	Ach. d'Artois, Dumanoir, Maillan, Barba. *édit*.	
Homme qui se cherche	V.	1	1/2 E. Roche.	1/2 A. Decomberousse.
Homme qui se range	V.	1	3/4 Cormon, Ach. d'Artois, Barba. *édit*.	1/4 D'Ennery.
Homme qui tue sa femme	V.	1		Brisebarre, Jemma.
Hommes à l'encan	V.	1	Pompigny.	
Homme sans ennemis	V.	1	2/3 Jautard, Lévy. *édit*.	1/3 Hte Lucas.
Homme sans façon	C.	2		Léger.
Homme sanguin	V.	1		Lefranc, Labiche.
Homme sans façon	O.	3		Sewrin, Kreutzer.
Homme sans façon	C.	3		Boursault.
Homme sans façon	C.	3		Léger.
Hommes célèbres de Saint-Etienne	R.	2	Chabrillat.	
Hommes de la montagne rouge	M.	3	1/2 Pin Deslandes.	1/2 Alix. *édit*.
Hommes de la nature et les hommes policés	P.	3		Cuvelier.
Hommes de marbre	C.	3	De Kéricuff.	
Hommes du lendemain	C.	1	1/3 Quoy	2/3 D'Epagny.
Hommes et les femmes	M.	3		Cuvelier.
Homme seul	V.	1	1/3 Faucheur.	1/3 Ch. Potier, Dechaume, *édit*.
Hommes femmes	V.	1		Oury, Chazet.
Hommes poussés à bout	V.	1	D'Artois.	
Hommes sauvages	V.	1		Jouhaud.
Homme sur le gril	V.	1	2/3 Colliot, Lapointe.	1/3 Avenel.
Homme vert	P.	3	3/4 Ribié (D. E.).	1/4 Froment.
Homme vert	V.	1	Mélesville, *Delestre Poirson*.	
Homœopathie	V.	1		Fournier, Ed. Desnoyers.
Homœpathie et l'amour	V.	2	2/3 De Tully, Salin.	

Titres des Pièces.	Genres.	Actes.	M. GUYOT.	M. PERAGALLO.
Hongrois...............	D.	3	Dumaniant.	
Honnête aventurier......	C.	2		Lebrun-Tossa.
Honnête créancier......	D.	3		Alexandre.
Honnête criminel.......	D.	5		Fenouillot-Falbaire.
Honnête fille...........	V.	3	A. Guénée, Ad. Choler.	
Honnête homme........	C.	3	Dumaniant.	
Honnête menteur.......	C.	2	Dumaniant.	
Honnêtes brigands......	V.	1	Beuzeville.	
Honnêtes femmes.......	C.	5		Anicet, Decourcelle.
Honnête usurier........	V.	1	Boutillier.	
Honneur dans le crime...	M.	3	Mallian.	
Honneur de la maison...	D.	5		Léon Battu, Desvignes.
Honneur de ma fille.....	D.	3	1/2 Barba, édit.	1/2 D'Ennery.
Honneur de ma mère....	D.	3		Boulé, Rimbaut, Alix. édit.
Honneur d'une femme...	M.	3		Antier, Decomberousse.
Honneur d'une femme...	V.	2	1/2 Et. Arago.	1/2 Marie Aycard.
Honneur d'une pauve fille.	V.	3	Lamartelière (D. E.).	
Honneur est satisfait....	C.	1		Al. Dumas père 1/2, Wolf 1/4, Cherville 1/4.
Honneur et indigence....	D.	4	Jauffret, Patrat, Weiss.	
Honneur et l'argent.....	C.	5		Francis Ponsard.
Honneur et l'échafaud...	M.	3		Mme Hadot, Dubois, Belu.
Honneur et pauvreté.....	V.	2		Pépin, Roux-Roland.
Honneur et le préjugé...	M.	3		Varez, Boulé, Mathias.
Honneur et préjugé.....	D.	5	Draparnaud (D. E.).	
Honneur et séduction....	V.	3	Caigniez, Brisset.	
Honneur militaire.......	O.	1	1/2 Destourmel.	1/2 A. Duval.
Honneurs et les mœurs..	V.	2		Mme Ancelot.
Honneurs sans profit ...	V.	2	Cormon, Lagrange, Blosse.	
Honoré...............	V.	1	A. d'Artois, Francis D., Gabriel, Barba, édit.	
Honorine.............	V.	1	Barré (D.E.), Radet (D. E.), Desfontaines (D. E.).	
Hôpital des fous........	V.	1		Chaussier.
Hôpital dramatique.	P.F.V.	1	D'Artois.	
Hôpital militaire........	M.	5	Hubert, Pouillet.	
Hôpital militaire........	V.	1	Rougemont.	
Horace et Caroline......	V.	2	1/2 Bayard.	1/2 Biéville.
Horace et Lydie........	C.	1		Francis Ponsard.
Horace l'empoisonneur..	V.	1		Boulé, Jousserandot.
Horaces...............	O.	3		Porla.
Horatius Coclès........	O.	1		Arnault, (D.E.). Méhul. (D.E.).
Horloge de bois........	V.	1		Bernard Valville.
Hormisdas.............	T.	3		Lucé.
Horoscope............	D.	3	1/2 Payn.	1/2 Th. Nézel.
Horoscope des Cendrillons	V.	1	1/2 Brazier.	1/2 Dubois.
Horreurs à la mode.....	V.	1	Brazier, Dumersan.	
Hortense.............	V.	2	St-Félix, Monterot.	
Hortense de Blangy.....	D.	3	1/2 Lévy, édit.	1/2 Feu Frédéric Soulié.
Hortense de Cerny......	V.	2	Bayard, Arthur de Beauplan.	1/6 Quaisain (D. E.).
Hortense de Vaucluse...	M.	3	5/6 Pompigny.	1/2 Ferdinand Laloue.
Hospitalité............	V.	1	1/2 Carmouche.	1/3 Alix, édit.
Hospitalité............	V.	1	2/3 Cormon, Chabot.	1/2 Alf. Delacour.
Hospitalité d'une grisette.	V.	1	1/2 Barthélemy.	
Hôtel Bazincourt.......	V.	1	Letournel, Ramond, Barba, édit.	
Hôtel César...........	C.	1		Lambert Thiboust.
Hôtel d'Alban.........	C.	1	Pln Deslandes.	

Titres des Pièces.	Genres.	Actes.	M. GUYOT.	M. PERAGALLO.
Hôtel de la Paix, rue de la Victoire, à Paris....	V.	1	Barré (D. E.), Radet (D. E.), Desfontaines (D. E.).	
Hôtel de la Tête Noire ...	D.	5	5/9, Cormon 2/9, Lévy 3/9. édit.	3/9 Ch. Dupeuty, Grangé.
Hôtel de Lorraine	V.	1	2/3 Lafortelle, Francis D.	1/3 Chazet.
Hôtel de l'Union........	V.	1		Antier, E. Damarin.
Hôtel de Nantes........	V.	1		Maurice Alhoy, Louis Boyer, Henri de Kock.
Hôtel de Rambouillet....	V.	3		Mme Ancelot.
Hôtel des Bains.........	V.	1	Scribe, Dupin.	
Hôtel des haricots.......	V.	1	3/4 Dumanoir, De Leuven, Barba, édit.	1/4 D'Ennery.
Hôtel des Invalides......	V.	1	1/2 Barba, édit.	1/2 Dubois.
Hôtel des Princes........	O.	1		De Ferrière, Marconnay, Prévost.
Hôtel des Quatre Nations.	V.	1	Scribe, Brazier, Dupin.	
Hôtel des Quatre-Nations.	V.	1		N. Fournier.
Hôtel du Croissant......	V.	1	Thurbet.	
Hôtel du Grand-Cerf.....	V.	3	Armand Dartois, Dupin.	
Hôtel du Grand-Mogol...	V.	1	Radet (D. E.).	
Hôtel du Louvre........	V.	2	1/2 Salin.	1/2 Chardon.
Hôtel en vente.........	V.	1		Sewrin.
Hôtel et la mansarde....	M.	5	1/3 Mélesville.	2/3 Boirie, Merle.
Hôtel garni............	V.	1	1/2 Dieulafoy.	1/2 Chazet.
Hôtel garni............	C.	1	Désaugiers (D. E.), Gentil, Villiers.	
Hôtellerie............	C.	1		Cuvelier.
Hôtellerie anglaise......	M.	5	Périn.	
Hôtellerie de Gautier-Garguille............	P.	1		Hervé.
Hôtellerie de Genève....	D.	1	Paul Foucher.	
Hôtellerie de Lisbonne...	V.	1	Emile Taigny, Hostein.	
Hôtellerie de Peyrebeille.	M.	5	2/3 De Pixéricourt.	1/3 Desnoyer, Varez.
Hôtellerie de Sarzano....	O.	1		Desriaux, Arquier.
Hôtellerie des Pyrénées..	M.	3		Pelletier-Volmerange.
Hôtellerie de Terracine..	O.	3	1/2 Scribe.	1/2 Auber.
Hôtellerie de Toulouse...	C.	2	Dumaniant.	
Hôtellerie portugaise....	O.	1		Aignan, Chérubini.
Hôtellier de Milan.......	C.	2	1/2 Dumaniant.	1/2 Boursault.
Hôtesse de St-Eloi......	V.	3		S-Hilaire, Maurice Alhoy.
Hottentot............	V.	1		Duvert, Lauzanne.
Houillère de Beaujon....	P.	1	1/2 Hapdé (D. E.).	1/2 Ourry.
Houssards de Berchini...	O.	2	1/2 Adam.	1/2 Rosier.
Houssards et la lingère..	V.	1	Clairville.	
Hubert le Sorcier........	D.	5		Cazenave, Alix, édit.
Hugo-Grotius..........	D.	3	Dumaniant,	
Huguenots............	O.	5	Scribe, 6/12 Emile Deschamps, 1/12 Meyerbeer. 5/12	
Huguenots............	D.	3		Auger.
Huguenots de Touraine..	V.	1	Cogniard frères 2/3, Dumanoir 1/3.	
Hugues Aubriot........	M.	5	1/3 Cormon.	2/3 Boulé, Alix. édit.
Huis-clos............	O.	1	1/2 A. Guénée, Marquet.	1/2 Lecoq.
Huissier amoureux......	V.	1		Biéville.
Huissier chansonnier....	V.	2	Théaulon, Choquart, Barba. édit.	
Huit.................	V.	4		PerrotdeRenneville, Nantulle.
Huit ans après........	D.	3		Lajariette, Devins.

Titres des Pièces.	Genres.	Actes.	M. GUYOT.	M. PERAGALLO.
Huit ans de faction	V.	1	1/3 Morin.	2/3 G. Lemoine, d'Ennery.
Huit ans de plus	M.	3		Arnould, N. Fournier.
Huit jours de sagesse	V.	1	Désaugiers, Lubbert (D. E.).	
Huit mois en 2 heures	M.	5	De Pixérécourt.	
Huître et les plaideurs	V.	1		Dutertre, Alix. *édit*.
Hulla de Samarcande	O.	3	1/2 Etienne.	1/2 Lachabeaussière. (D. E.).
Humanité récompensée	M.	3		Moline.
Humoriste	V.	1	2/3 Fulgence, De Tully.	1/3 Ch. Dupeuty.
Huon de Bordeaux	M.	5		Noël, Leblanc.
Huon de Bordeaux	O.	3		Castilblaze.
Hurluberlu	V.	1	Veyrat, Masselin.	
Hurluberlu	D.	1		Ch. Dupeuty, Fr. De Courcy.
Hures-graves	V.	3	Dumanoir, Clairville, Siraudin.	
Huron	O.	2	Marmontel (D. E.), Grétry (D. E.).	
Huron	V.	1		Duvert, Lauzanne, Saintine.
Hussard	V.	1		Philibert.
Hussard	V.	1	Gabriel.	
Hussard de Felsheim	V.	3		Ch. Dupeuty, F. de Villeneuve, Saint-Hilaire
Hussard et le tambour	V.	1	1/2 Belle.	1/2 Frédéric.
Hussards dans l'étude	V.	1		Dulong, Villemot, Mourier.
Hussards en cantonnement	O.	3	St-Elme, (D. E.). Champein. (D-E.).	
Hussards en garnison	V.	1	Paul de Kock.	
Hussards et les jeunes filles	B.	2	2/3 Carmouche, Jouslin.	1/3 Coralli.
Hussards et les lingères	V.	1	2/3 Clairville.	1/3 Alix. *édit*.
Hussards et vivandières	V.	3		Dallard.
Hussards piémontais	D.	3	2/3 Leroy, Duvernois.	1/3 Ponet.
Hussites	O.	3		Alex. Duval, Méhul. (D. E.).
Hyacinthe Rigaud	V.	1	Demautort (D. E.).	
Hydrophobe de Marcoussis	V.	1	De Leuven, Varin, Desvergers, Riga. *édit*.	
Hyène du Gévaudan	M.	5	Pompigny.	
Hyglanders	M.	3	5/6 Bernos.	1/6 Quaisin. (D. E.).
Hylas et Sylvie	O.	1	Rochon, Gossec (D. E.), Grétry (D. E.).	
Hymen est un lien charmant	V.	1	1/2 Devaux.	1/2 St-Amand.
Hymen et l'Amour	O.	2		Taix. (D. E.).
Hypermenestre	T.		Lemierre.	
Hypocondriaque	V.	1		Tournemine.

I

Titres des Pièces.	Genres. Actes	M. GUYOT.	M. PERAGALLO.
Ibrahim	M. 3		Laurencin, Alix, *édit*.
Ici on lit le Moniteur	V. 1	Brazier, Désaugiers (D. E.).	
Ici on ressuscite	V. 1		Durantin, R^d Deslandes.
Ida	O. 2	Mlle Julie Candeille.	
Ida	V. 2	Radet (D. E.).	
Idala	O. 3	Nicolo (D. E.).	
Idalia	B. 2		Bretin 2/3, Porcher, *prop*. 1/3.
Idamante	D. 5	Prissette.	
Idée de jeune fille	V. 1	1/2 Paulin Deslandes.	1/2 Alix: *édit*.
Idée de médecin	V. 1	Ach. et Armand d'Artois 2/3, De Besselièvre 1/3.	
Idée de tailleur	V. 1		Jouhaud.
Idée de Toinette	V. 1		St-Amand, Hipp. Lefèbvre.
Idée du mari	V. 1	3/4 Cormon 1/4, Barba *édit*. 1/2.	1/4 D'Ennery.
Idée fixe	V. 2	1/2 Michel Masson.	1/2 Lefranc.
Idée fixe	V. 1		Al. Basset.
Idée lumineuse	V. 1	Clairville frères.	
Idiot	V. 1	Dumersan, Brazier, A. d'Artois.	
Idiote	M. 5		Alboize.
Idiote	V. 1	1/3 Théaulon,	2/3 Th. Nézel, Alix, *édit*.
Idole chinoise	O. 3	Dubuisson.	
I fantoccini animati	V. 1		Henri de Kock.
If de Croissey	V. 2	1/2 Desvergers, Varin.	1/2 Laurencin, Alix, *édit*.
Ignace le retors	O.B. 1	Julian, Pilati.	
Il arrive! il arrive!	V. 1	Désaugiers (D. E.).	
Ildamor et Zuléma	M. 3	Georges Duval.	
Ile Bleue et la mer Jaune.	M. 5	Hapdé 5/6, Lanusse 1/6.	
Ile d'Amour	M. 3		Alboize, Desnoyer, Alix, *édit*.
Ile d'Amour	O. 1		Dulocle, Delehelle.
Ile de Babilary	O. 3	1/2 Paul de Kock.	1/2 Mengal.
Ile de Barataria	V. 1	Oscar.	
Ile de Calypso	V. 3	Mathieu.	
Ile de Calypso	O.B. 1	Julian 2/6, Charlieu, *édit*. 1/6, Ruytler (*Pilati*) 1/2.	
Ile de Calypso	V. 1		Salvat, J. Augier.
Ile de la Folie	V. 1	Cogniard frères.	
Ile de l'Espérance	V. 1	Désaugiers (D. E.), Gentil.	
Ile de l'Inconstance	V. 1	Brazier, Coupart.	
Ile de l'Indifférence	O. 2		Taix. (D. E.).
Ile de Robinson	B. 2	Léon.	

Titres des Pièces.	Genres.	Actes.	M. GUYOT.	M. PERAGALLO.
Ile de Robinson	V.	1		Saintine, Duvert, Lauzanne.
Ile des Amazones	B.	2		J. Gilbert.
Ile des Amazones	M.	1	Ribié (D. E.).	
Ile des Amazones	V.	1	1/2 Ad. Choler.	1/2 Dallard.
Ile des antropophages	B.	1		A. Renoux, Ch. Tourey.
Ile des bêtises	R.S.	1 cl.	1/3 Honoré.	2/3 Maurice Alhoy, Delaporte.
Iles des bossus	M.	5	Martainville.	
Iles des bossus	V.	3		Desnoyer, D'Ennery.
Ile de Scyo	B.	3	Ragaine.	
Ile des femmes	V.	1		Léger.
Ile des fleuves	P.V.	1	Rochefort, Lassagne, Brisset.	
Iles des géants	B.	2	2/3. Thourret 1/3, (*Jousselin*) pour Joseph B. 1/3.	1/3 Corally.
Ile des génies	B.F.	1	1/3 Nourrit.	2/3 Corally, Schneitzœffer.
Ile des mariages	M.	3	7/12 Bernos, Lanusse.	5/12 Frédéric.
Ile des noirs	V.	1	2/3 A. d'Artois, Mlle Huet.	1/3 Saintine.
Ile des palmiers	M.	3	1/2 De Pixerécourt.	1/2 Loaisel de Tréogate.
Ile des piqûres	M.	1	Gouffé, Barba, *édit*.	
Ile des pirates	B.	4	1/3 Gide.	2/3 Carlini.
Ile des regrets	M.	3	Solomé.	
Ile des vieilles	M.	3		Cuvelier.
Ile de tohu-bohu	V.	1	Cogniard frères.	
Ile du bonheur	D.	3	Camaille St-Aubin.	
Ile du silence	P.	3		Cuvelier.
Ile enchantée	O.	1	1/2 Sedaine-Sarcy.	1/2 Bruni
Ile flottante	M.	3	5/6 Réné Perrin.	1/6 Leblanc.
Ile joyeuse	V.	3	Paul de Kock.	
Ile merveilleuse	R.	1	Clairville.	
Ile perdue	V.	1		Laurencin, Dupuis.
Ile Saint-Denis	V.	1		Jouhaud.
Ile Saint-Louis	D.	6	1/2 Eug.-Nus.	1/2 Ed. Brisebarre.
Iles Marquises	R.	2	2/3 Cogniard frères.	1/3 Th. Muret.
Ile sonnante	O.	3	Monsigny (D. E.)	
Il est à la Chartreuse	C.	1	Honoré.	
Il est à Montmartre	V.	1	Honoré.	
Il est arrivé	C.	1		Touchard.
Il est fou	V.	1		Duvert, Saintine.
Il est minuit	V.	1	Marius Bourelly.	
Il est trop tard	V.	1		Th. Vinet.
Il était temps	C.	1	Pompigny.	
Il était temps	V.	1		Sewrin, Chazet.
Il était temps	V.	1		Léonce, Demolière, Alix, *édit*.
Il était un roi et une reine	V.	1		Labenardière, Varney.
Il faut croire sa femme	C.	1	Pigault-Lebrun.	
Il faut plus d'un talent	C.	1	Guiton.	
Il faut que jeunesse se passe	C.	3	Rougemont.	
Il faut que jeunesse se paye	C.	4		Léon Gozlan.
Il faut qu'une porte soit ouverte ou fermée	C.	1	Alfred de Musset.	
Il faut toujours en venir là	P.	1	Augustine Brohan.	
Il faut un état	V.	1	1/3 Buhan.	2/3 Chazet, Léger.
Il faut un mariage	V.	1	1/2 Henrion, Brazier.	1/2 Ragueneau.
Illinois	T.	5	Sauvigny.	
Illuminé	C.	4		Boursault.
Illusion	V.	2	Llaunet.	
Illusion	O.	1	1/4 De St-Georges.	3/4. Ménissier 1/4, Hérold (D. E.) 1/2.
Illusion d'un peintre	B.	1		Perrot, Pugny.

Titres des Pièces.	Genres.	Actes.	M. GUYOT.	M. PERAGALLO.
Illustration	V.	1	DeLeuven, Lhérie B, E. Jaime.	
Illustre aveugle	M.	3	5/6 Caigniez.	1/6 Quaisain. (D. E.).
Illustre divorce	M.	1		Décourty, Quaisain. (D. E.).
Illustre galérien	M.	5		Lemaire.
Illustre Gaudissard	V.	1	1/3 Théaulon.	2/3 Th. Muret, Fr. De Courcy.
Illustres fugitifs	M.	3		Eug. Hus, Bignon, A. Piccini.
Illustres infortunés	O.	3	Bianchi.	
Illustres rivales	M.	3	5/12 Duperche.	7/12 Dubois.
Illustres rivaux	M.	5	5/12 Duperche.	7/12 Dubois.
Illustres voyageurs	D.	3		Alex. Duval.
Il ne faut jurer de rien	C.	3	Alfred de Musset.	
Il ne faut jurer de rien	V.	1	2/3 Dupaty, Séguier.	1/3 Chazet.
Il ne faut jurer de rien	V.	1	1/2 A. Guénée.	1/2 Marc Leprévost.
Il ne faut pas condamner sans entendre	V.	1	Patrat.	
Il ne faut pas jouer avec le feu	C.	1		Coquatrix.
Il n'est plus	C.	2	Cubières.	
Il n'y a plus de bâtards en France	C.	2		F. de Villeneuve.
Il n'y a plus de grisettes.	V.	1		Laurencin 2/6. Michel Delaporte, 1/6. Joseph Marie 1/6, Barbré. édit.
Il n'y a plus d'enfants	V.	3		Henri de Kock, Ernest Blum.
Il n'y a plus d'enfants	V.	1	Dieulafoy, Gersin.	
Il n'y a plus d'enfants	V.	1	Moreau, Dupin, Carmouche.	
Il proscrito (trad.)	O.	5	1/2 Victor Hugo.	1/2 Escudier, prop.
Il sait tout	V.	3	Sauvage, Dupin.	
Ils arrivent	V.	1	1/2 Désaugiers (D. E.).	1/2 Ragueneau.
Il signor Barilli	V.	1	2/3 Théaulon, Lhérie jeune.	1/3 Vaëz.
Il signor Cascarelli	O.B.	1	Julian, Pilati.	
Il signor Pascarello	O.	3	De Leuven 1/4, Lhérie B. 1/4, Henri Potier 1/2.	
Ils n'ouvriront pas	V.		Mélesville, Brazier, Bayard.	
Ils reviennent	V.	1	Rougemont.	
Ils sont chez eux	O.	2	1/2 Désaugier.	1/2 A. Piccini.
Ils sont deux	V.	1		Poujol, Dorat.
Ils sont sauvés	V.	2	3/4 Rougemont, Brazier, Barba, édit.	1/4 Merle.
Il y a seize ans	M.	3	Victor Ducange (D. E.).	
Il veut tout faire	C.	1	Colin d'Harleville.	
Il y a plus d'un âne à la foire	V.	1	Paul de Kock, Guiche.	
Image	V.	1	Scribe, Sauvage.	
Imagier de Harlem	D.	5	2/3 Méry, Bernard Lopez.	1/3 Gérard de Nerval.
Imbécile	M.	3	Valcourt.	
Imbroglio des petites affiches	V.	1	Valcour.	
Imirce	M.	3	Besnard.	
Immortalité à l'épreuve	M.	5	5/6 Caigniez.	1/6 Quaisain (D. E.).
Immoralités	V.	1	Dumersan, A. d'Artois.	
Immortels	V.	1	Bohain, Barthélemy, Rolle.	
Impatient	C.	1		Lantier.
Impératrice de la Chine	V.	1	Faulquemont, Alexandre B.	
Impératrice et la jeune fille	V.	3		Simonnin, Labenardière.
Impératrice et la juive	D.	5	1/2 Lockroy.	1/2 Anicet.
Impératrice et le cosaque	V.	2	1/3 Quoy.	2/3 Th. Nézel, Simonnin.
Impératrice Joséphine et le prince Eugène	M.	5	1/2 Labrousse.	1/2 Ferd. Laloue.

Titres des Pièces.	Genres. Actes.	M. GUYOT.	M. PERAGALLO.
Impertinent............	V. 2	Bayard, De Leuven.	
Important.............	C. 3		Ancelot.
Importuns	O. 1	Cailhava (D. E.).	
Importuns.............	V. 1	1/2 Maréchalle.	1/2 Décour.
Imposture et vérité.....	M. 3	5/6 Bilderberk, Caigniez.	1/6 Quaisain (D. E.).
Impresario............	O. 1	1/3 Ludovic Halévy.	2/3 Léon Battu, Amat.
Impressions de ménage..	V. 1	1/2 Déaddé.	1/2 E. Brisebarre.
Impressions de voyage..	V. 2		Duvert, Lauzanne, Saintine.
Imprimeur sans caràctère.	V. 1	Francis, A. d'Artois, Gabriel.	
Impromptu de campagne.	O. 1	1/2 Nicolo (D. E.).	1/2 Delrieu.
Impromptu de Nanterre.	V. 1		Sewrin.
Imprudence et perfidie..	M. 5	11/12 Lanusse, Mme Pontueil,	1/12 Quaisain (D. E.).
Incendiaire............	D. 3	1/3 Barba, édit.	2/3 Antier, Decomberousse.
Incendie..............	V. 3	Lecerf.	
Incendie..............	V. 3	1/2 Bayard.	1/2 P. Duport.
Incendie..............	V. 1	3/4 Brazier, Rougemont, Barba, édit.	1/4 Merle.
Incendie de Salins......	M. 1	1/3 St-Léon-Caravello.	2/3 Rabbe, Franconi.
Incendie du village.....	M. 3		Leblanc, Dubois.
Incertitude maternelle..	O. 1	1/2 Solié (D. E.).	1/2 Dejaure jeune.
Incertitudes de Rosette..	V. 1		E. Serret.
Incognito	C. 1	Mélesville.	
Incompris............	V. 1	1/2 (Delestre-Poirson.).	1/2 Duchâtelard.
Inconnu..............	D. 5	Rigaud (D. E.).	
Inconnu..............	O. 3	1/2 Favières (D. E.).	1/2 Jadin.
Inconnu..............	M. 3		Boulé, Mathias, Varez.
Inconnu..............	V. 1	Radet (D. E.).	
Inconnu..............	V. 1	1/3 *Jouslin pour* Joseph B.	2/3 Ch. Dupeuty, Mongenet.
Inconnu	V. 1	Scribe, Feu Roger.	
Inconnue de Ville-d'Avray	V. 1	1/2 Angel.	1/2 De Villeneuve.
Inconnue persécutée....	O. 3		Moline (D. E.).
Inconséquent..........	C. 3		Lantier.
Inconséquence	C. 1	Corsange.	
Inconséquente	V. 1	Monnet.	
Inconsolable..........	V. 3		Rosier.
Inconsolable..........	O. 1	1/2 De Saint-Georges, de Leuven.	1/2 Fr. Halévy.
Inconsolables.........	C. 1	Scribe.	
Inconstance sans inconstance.............	V. 1	Patrat.	
Inconstant............	C. 3	Colin d'Harleville.	
Inconstant dans l'embarras...............	V. 1	Maurice Séguier.	
Inconstants...........	V. 1	Lefebvre.	
Inconvénient des honneurs	V. 1	Debesse.	
Inconvénients de la diligence	V. 3	Théaulon, A. d'Artois, Francis D., Barba, édit.	
Inconvénients de la sympathie	V. 1	Me Anaïs Ségalas.	
Incorrigibles..........	C. 2	Feu Colin-d'Harleville.	
Incroyables...........	C. 1		De Villeneuve.
Indécis	C. 1	Decharbonnières.	
Indécision............	V. 1	Derancé.	
Indépendance en cœur..	V. 1		Lubize 1/4, Porcher 1/4, Alix, édit. 1/2.
Indépendants..........	C. 3	Scribe.	
Indiana...............	D. 5	5/6 Léon Halévy, Francis C, Barba, édit.	1/6 Alix, *prop*.

12

— 178 —

Titres des Pièces.	Genres.	Actes.	M. GUYOT.	M. PERAGALLO.
Indiana et Charlemagne.	V.	1	Bayard, Dumanoir.	
Indicateur	V.	1	Ségur aîné et jeune.	
Indienne	O.	3	Framery (D. E.).	
Indiens	B.	2		Baudry.
Indiens à Marseille	D.	5	René Perrin, pr Barba, Ribié (D. E.).	
Indiens Ioways	V.	2	1/3 De Tully.	2/3 Salvat, J. Augier.
Indifférence par amour	V.	1		Dubois.
Indifférent	C.	1		Cobourg.
Indigent	D.	5		Mercier.
Indiscret	C.	5	Théaulon.	
Indispensable	V.	1	Didier.	
Indostan	M.	5	Dabaytua.	
Industrie aux Champs-Elysées	R.	3	Paul de Kock, E. Roche.	
Industriel de grand chemin	M.	3		Chavanges, de Comberousse, Poujol.
Industriels et industrieux.	V.	1	1/3 Desvergers.	2/3 Laurencin, Maurice Alhoy.
Inès	V.	2		Laurencin, Monnais, Alix, éd.
Inès	M.	3		Leblanc, Dubois.
Inès	O.	1	1/2 Paul de Kock.	1/2 Mengal.
Inès et Pédrille	C.	3	Victorin, (Delestre Poirson).	
Inévitable	V.	3	1/3 Rougemont.	2/3 Léonce, Petit.
Infante de Zamora	O.	3	Framery (D. E.).	
Infanticide	T.	5	1/2 Barba, édit.	1/2 Soumet.
Infidèles	V.	1		Anicet-Bourgeois, T. Barrière.
Infidélités conjugales	V.	1		Me de Prébois.
Infidélités de Lisette	V.	3	2/3 Brazier, De Livry.	1/3 De Villeneuve.
Influence des perruques.	C.	1	Picard (D. E.).	
Informations	V.	1	2/3 Dumanoir, Riga, édit.	1/3 Davrecour.
Informations conjugales	V.	1	1/3 E. Jaime.	2/3 Duvert, Lauzanne.
Informations conjugales.	V.	1	1/2 Clairville.	1/2 D'Ennery.
Infortuné	V.	2		Antier père et fils.
Infortuné Ducroquet	V.	1	Mengaud.	
Infortune et gaieté	V.	1	Montigny.	
Infortunes de M. Jovial	V.	5	2/3 Théaulon, Barba, édit.	1/3 Fr. De Courcy.
Infortunes d'un marchand de cirage	V.	1	A. Guénée 1/2, Duprat 1/4.	1/4 Marc Leprévost.
Infortunes d'un trombone	V.	1	Déaddé, De Léris.	
Infusion de perles	V.	1		Vanel.
Ingénieur des mines	D.	3	Duveyrier.	
Ingénu	B.	2		E. Hus, A. Piccini.
Ingénu	V.	1		Sewrin, Chazet.
Ingénue	O.	1		Dupin, Colet.
Ingénue à la cour	C.	5	Empis.	
Ingénue de Brives-la-Gaillarde	V.	1	Rougemont, Henri Simon. Barba, édit.	
Ingénue de Paris	V.	3	3/4 Théaulon, Lefebvre.	1/4 Chazet.
Ingénues de Pontoise	V.	1	1/2 A. Guénée,	1/2 Marc Leprévost.
Inkermann	V.	2	Moras.	
Inkermann	V.	1	Dubacq.	
Innocence à la campagne.	C.	2	Corvisart, Barrois.	
Innocence et amour	C.	3		Boursault.
Innocence et le Mirliton	V.	1	Gabriel, Moreau, Rougemont, Mlle Huet.	
Inondation	D.	5	1/2 Francis Cornu.	1/2 Anicet-Bourgeois.
Inondation	V.	1		Jouhaud.

Titres des Pièces.	Genres. Actes.	M. GUYOT.	M. PERAGALLO.
Inondation du Rhône...	M. 3	Cranney, A. Guénée, Renaut.	
Inondés de Lyon.......	V. 1		Jouhaud.
Inquisition...........	T. 5		Talabot.
Inquisition...........	D. 5		Dépagny, Deyeux, Alix, *édit.*
Inquisition de Goa.....	D. 3		Lebrun-Tossa.
Inséparables..........	M. 5		D'Aubigny, Poujol.
Inséparables..........	V. 1	Scribe, Dupin.	
Insomnie	V. 1	Leroux, E. Arago, Desvergers.	
Insouciant...........	C. 1	Charlemagne.	
Insouciant...........	V. 1	1/3 Barba, *édit.*	2/3 P. Duport, X. Saintine.
Insulaires d'O-Whié....	P. 2		Franconi jeune.
Insulte	D. 3	Lesguillon, Leroy, Barba, *éd.*	
Insurrection de demoiselles	V. 3	Dumanoir, Mallian, A. d'Artois, Riga, *édit.*	
Intendant............	V. 2	Desfontaines.	
Intendant comédien malgré lui............	C. 1	Dorvigny.	
Intendant et la femme de chambre...........	V. 2	Thurbet.	
Interdiction..........	D. 2		Souvestre.
Intérêt et séduction.....	C. 3	De Proisy.	
Intérieur comme il y en a tant................	V. 1		Ed. Brisebarre, L. Couailhac
Intérieur de la comédie..	C. 2		André Murville.
Intérieur d'un bureau...	V. 1	Scribe, Varner, Ymbert.	
Intérieur d'une caserne..	V. 1	Ledoux, Belle.	
Intérieur d'une étude....	V. 1	Scribe, Dupin.	
Intérieur d'un ménage...	D. 5		Auger.
Intérim paternel........	V. 1	1/3 Lepeintre jeune.	2/3 Demonval, Stadler.
Interprète............	V. 1		Arnould, N. Fournier.
Intimes..............	M. 1		Damarin, Courville.
Intimes..............	V. 1		Duvert, Lauzanne, X. Saintine.
Intrigant démasqué.....	C. 2	Corsange.	
Intrigant démasqué.....	V. 1		Bonel.
Intrigant dupé.........	C. 2	Martelly (D. E.).	
Intrigante............	C. 3	Etienne.	
Intrigante............	C. 3		Alex. Duval.
Intrigant maladroit.....	C. 3	Picard (D. E.).	
Intrigants	C. 5		Delaville.
Intrigants	C. 3	Dumaniant.	
Intrigants sans le savoir.	O. 1		Faur.
Intrigue à contre-temps.	C. 1	Martainville (D. E.).	
Intrigue à la hussarde...	V. 1	Dumersan.	
Intrigue à l'auberge.....	V. 1	Barginet, Philippe.	
Intrigue au bal.........	C. 1	Cailhava.	
Intrigue au château.....	O. 3		Justin, Kreutzer.
Intrigue au sérail......	O. 1	Étienne, Nicolo (D. E.).	
Intrigue aux fenêtres....	O. 1	3/4 Étienne 1/4, Nicolo (D. E.) 1/2.	1/4 Bouilly.
Intrigue avant la noce...	C. 2	René Périn, Barba, *édit.*	
Intrigue dans la hotte...	V. 1	1/2 A. Gouffé.	1/2 *Simonnin pour Barba.*
Intrigue dans la rue.....	V. 1		Defrénoy.
Intrigue dans la rue.....	V. 1	1/2 Dieulafoy (D.E.).	1/2 de Jouy.
Intrigue de carrefour....	V. 1	Martainville (D. E.).	
Intrigue électorale......	C. 4		Saujeon.
Intrigue en l'air........	V. 1		Sewrin, Chazet.
Intrigue en route.......	V. 2	(*Delestre Poirson*).	
Intrigue épistolaire.....	C. 5	Fabre d'Églantine (D. E.).	

— 180 —

Titres des Pièces.	Genres. Actes.	M. GUYOT.	M. PERAGALLO.
Intrigue espagnole	V. 1		Lamarque.
Intrigue et amour	D. 5		Alex. Dumas, A. Maquet.
Intrigue et bêtise	C. 1	Francis D.	
Intrigue et amour	C. 5		Delaville.
Intrigue hussarde	V. 1	Dumersan.	
Intrigue impromptu	V. 4	Dieulafoy (D.E.), Gersin (D.E.)	
Intrigue italienne	B. 1	Laurençon.	
Intrigue qui tombe des nues	V. 1		Aude pour Barba.
Intrigues de cour	C. 3		De Jouy.
Intrigues de Figaro	B. 2	Laurençon.	
Intrigues de la Râpée	V. 1	1/3 Dumersan.	2/3 Sewrin, Merle.
Intrigue secrète	C. 1	Monnet.	
Intrigues espagnoles	B. 2	Léon.	
Intrigue Styria	B. 2	Laurençon.	
Intrigue sur la grande route	V. 1	Honoré.	
Intrigue sur l'escalier	V. 1	Désaugiers (D. E.).	
Intrigue sur les toits	V. 1	Dumersan.	
Intrigue turque	V. 1	2/3 Moreau, Théaulon.	1/3 Ourry.
Intrigue vénitienne	C. 2		Sewrin.
Invalides	V. 1	Henri Simon.	
Invalides	V. 1	1/2 Carmouche.	1/2 Ferd. Laloue.
Invasion	V. 1	7/9 Michel Masson, De Leuven, Barba, édit., 1/3.	2/9 De Villeneuve.
Invasion de grisettes	V. 2	Varin, E. Arago.	
Inventeur de la poudre	V. 1		Nyon, Lefranc, Labiche.
In vino veritas	V. 1	2/3 Carmouche, Martin.	1/3 Fr. De Courcy.
Invisible	V. 1	A. d'Artois, Fulgence, Pleissier, Mlle Huet.	
Invitation à la valse	C. 1		Alex. Dumas, Paul Bocage.
Iphigénie	V. 1	1/2 Dumanoir.	1/2 Brisebarre.
Iphigénie en Tauride	O. 1	Dubreuil, Piccini.	
Ipsiboé	O. 3		Saint-Yon, Kreutzer.
I Pifferari	O. 1		De Jallais, Nargeot.
I Puritani (trad.)	O. 3	Troupenas 3/4. H. Robert 1/4.	
Irato	O. 1		Marsollier (D.E.), Méhul (D.E.)
Irène	M. 2		Béraud, St-Hilaire, Franconi.
Irène	V. 2	Scribe, Lockroy.	
Irlandaise	V. 2	1/3 Quoy.	2/3 Antier.
Irlandais unis	D. 2		Bouilly.
Irons-nous à Paris	V. 1		Chazet, Ourry, Merle.
Iroquois	D. 1	Clairville.	
Irrésolu	C. 1		Onésime Leroy.
Irrésolution	C. 1	Corsange.	
Irza	M. 3		Lamey, Quaisain (D. E.).
Isabelle	C. 3		Mme Ancelot.
Isabelle de Bavière	T. 3		De Lamothe-Langon.
Isabelle de Castille	T. 5		Baget.
Isabelle de Lorenzo	M. 5	René Périn, A. J. Leroy, Barba, édit.	
Isabelle de Montréal	D. 2	1/2 Paul Foucher.	1/2 Cordelier-Delanoue.
Isabelle de Portugal	C. 1	Etienne, Nanteuil.	
Isabelle et Gertrude	O. 3	Pacini.	
Isabelle et Gertrude	V. 1	Carmouche, Vanderburch, Mlle Huet.	
Isabelle et Gertrude	V. 1	1/2 Carmouche.	1/2 Fr. de Courcy.
Isambart marié	V. 3	Paulin Deslandes 2/3, Alix 1/3, édit.	
Isaure	D. 3	1/2 Ad. Payn, Francis C, Adam.	1/2 Th. Nezel. Antier.

Titres des Pièces.	Genres.	Actes.	M. GUYOT.	M. PERAGALLO.
Isaure...............	D.	3	1/2 Francis C., Payn.	1/2 Th. Nézel, Antier.
Isaure...............	V.	1	Maurice Séguier (D. E.),	
Isaure de Chavigny.....	D.	5	Rougemont.	
Isaure et Germance.....	C.	3	Dumaniant.	
Isaurine et Valbourg.....	M.	3		Hubert, Rousseau, A. Piccini.
Isidore et Juliette.......	M.	3		Mme Ray.
Ismaël au désert.......	T.	1	Nép. Lemercier.	
Ismayl et Mariam.......	M.	3		Frédéric, Bon Taylor.
Isoline...............	V.	1	2/3 Brazier, Carmouche.	1/3 X. Saintine.
Isoline des Cyprès......	P.	3		Franconi jeune.
Isule et Orovèze.......	T.	5	Nép. Lemercier.	
Italie.................	O.	1	1/2 De St-Georges.	1/2 Fr. Halévy.
Italienne.............	M.	3		D'Aubigny, Maillard.
Italienne à Alger.......	O.	3		Castil-Blaze.
Italienne à Londres.....	O.	3	Neuville, Montansier.	
Italien et le Bas-Breton..	V.	1	1/2 (*Delestre Poirson*).	1/2 Durantin.
Ivan de Russie.........	T.	3	2/3 Ch. Lafont.	1/3 Alix, *édit.*
Ivanhoë...............	O.	.	Deschamps 1/4, De Wailly 1/4, Pacini 1/2.	
Ivonette..............	B.-P.	2		Ad. Renoux, Ch. Tourey.
Ivrogne..............	D.	3	Sauvage, Ozaneaux.	
Ivrogne corrigé........	C.	1	Dieulafoy (D. E.), Longchamps (D. E.).	
Ivrogne et sa femme.....	V.	1	Ernest Vernet.	
Ivrogne et son enfant...	V.	2		Desnoyers, Philastre.
Ivrogne tout seul.......	V.	1		Villars.
Ivrogne tout seul.......	V.	1	Joly, Brazier.	
Izoline...............	V.	1	Brazier, Carmouche.	

J

Titres des Pièces.	Genres.	Actes.	M. GUYOT.	M. PERAGALLO.
Jabot	O.	1		P. Duport, St-Hilaire, Boilly.
Jacasset	V.	1		Philibert, Morel.
Jacobin en mission	V.	1	De Pixerécourt.	
Jacobins aux enfers	V.	1		Chaussier.
Jacobites	O.	3	1/2 Léon Guillard.	1/2 Aimés.
Jacquart	V.	2	1/2 (Delestre Poirson).	1/2 N. Fournier.
Jacqueline	V.	2	Dumanoir.	
Jacqueline	O.	1		Léon Battu 1/2, d'Osmont 1/4 Costé 1/4.
Jacqueline	V.	1	Brazier, Mélesville.	
Jacqueline d'Olzebourg	M.	3	5/6 Bazin.	1/6 Quaisain (D. E.).
Jacqueline Doucette	V.	1		Francis Cabot.
Jacqueline Homard	V.	1	Honoré.	
Jacquemin roi de France	V.	2		Duvert, Lauzanne.
Jacquerie	O.	2	1/4 Ferd. Langlé.	3/4 Alboize 1/4, Mainzer 1/2.
Jacques	D.	5	Dumanoir, Mallian.	
Jacques	M.	3		Boirie, Dubois, Léopold.
Jacques	V.	1		Alboize, Desnoyers.
Jacques Callot à Nancy	V.	1		Décour.
Jacques Clément	D.	5	3/4. Scribe 1/4, Barba, édit. 1/2.	1/4 Dépagny.
Jacques Cœur	D.	5		Anicet-Bourgeois, Alboize.
Jacques II	D.	5	Vanderburch.	
Jacques II	V.	1	Llaunet, Leroyer.	
Jacques Dumont	C.	1	Ségur jeune.	
Jacques Durand	M.	5	Mlle Wan-Deursen.	
Jacques et Paulin	V.	1	Masselin.	
Jacques le corsaire	D.	5	3/8 E. Nus, Follet.	5/8 Desnoyers, Alix, édit.
Jacques le fataliste	V.	2	Dumanoir, Clairville, Bern. Lopez.	
Jacques le fataliste	V.	1	Dumersan, A. d'Artois.	
Jacques Martin	D.	5		G. de Montheau.
Jacques Richemont	V.	2	Tisserant, Follet.	
Jacques Rigault	O.	1	1/2 Dumaniant (D. E.).	1/2 Foignet fils.
Jacquot	O.	1	Desprez.	
Jacquot	V.	1		Dubois.
Jacquot	V.	1	Gabriel, Guinot, Tresse, édit.	
Jacquot directeur	C.	1	Camaille Saint-Aubin.	
Jacquot parvenu	C.	1	Fonpré-Fracansalle.	
Jacquot renchéri	V.	1		Ch. Potier, Abraham, Alix, éd.
Jadis et aujourd'hui	O.	1		Sewrin, Kreutzer.
Jaffier	D.	5	Ed. Lanet.	
Jaffier le corsaire	D.	5	Ch. Lafont.	
Jaguarita l'Indienne	O.	3	1/2 De St-Georges, De Leuven.	1/2 Fr. Halévy.
J'ai du bon tabac dans ma tabatière	V.	2		Desnoyers, Danvin.
J'ai gagné mon procès	V.	1	Brazier.	
J'ai mangé mon ami	V.	1	2/3 Varin, Boyer-Partout.	1/3 Saintine.

Titres des Pièces.	Genres.	Actes.	M. GUYOT.	M. PERAGALLO.
J'ai marié ma fille......	V.	1		Laurencin, Marc-Michel.
J'ai mes raisons........	V.	1	De Richemont, Llaunet.	
J'ai perdu mon père...:	V.	1	Cornélie Grimon.	
J'ai perdu mon procès...	V.	1		Déjaure jeune.
J'ai quinze ans.........	V.	1		Poujol fils.
Jakets'Clubs...........	V.	2		De Villeneuve.
Jalousie...............	V.	3	1/2 Bayard.	1/2 Laurencin, Alix; *édit*.
Jalousie de Molière.....	V.	1	Dumersan.	
Jalousie en partie double.	C.	1	Despret.	
Jaloux................	C.	5	Rochon.	
Jaloux................	V.	1	Lebas, H. Léroux.	
Jaloux corrigé........	C.	1	*Pigault-Lebrun pour* Barba.	
Jaloux désabusé.......	C.	5	Campistron.	
Jaloux de village......	V.	1	Jacquelin.	
Jaloux honteux de l'être.	C.	4	Camaille-St-Aubin.	
Jaloux malade.........	V.	1	Dupaty.	
Jaloux malgré lui......	C.	1		Delrieu.
Jamais content........	V.	1		Porcher, *prop*.
Jambe anonyme........	V.	1		De Forges, Ch. Basset.
Jambe de bois........	M.	3	1/2 Hubert, Quoy,	1/2 Boirie, Poujol.
Jambe de bois........	O.	1	1/2 Demoustier.	1/2 Gaveaux (D. E.).
James apothicaire.....	V.	1	E. Corne.	
Jane Eyre............	D.	5	1/2 Royer de Bruges.	1/2 Victor Lefèvre.
Jane Grey............	T.	5		A. Soumet, Mme. d'Altheynheim.
Jane Grey............	D.	5		Leblanc.
Jane Grey............	T.	5		Briffaut.
Jane Grey............	D.	5	Eug. Nus, Alp. Brot.	
Jane Osborne.........	D.	4		Mme Léonie d'Aunet 2/3. Porcher, *prop*. 1/3.
Jane Shore...........	T.	5		Liadières.
Jane Shore...........	T.	5	Nép. Lemercier.	
Jane Shore...........	M.	5	1/3 *Jouslin pour* Joseph B.	2/3 Chavanges, Décomberousse.
Janot chez les sauvages..	V.	1	1/2 Cogniard.	1/2 Paul Bocage.
Janvier et Nivôse......	V.	1		Sewrin, Chazet.
Japhet...............	C.	2	Scribe, Vanderburch.	
Japhet et Sélima......	M.	3	Caigniez.	
Jardin...............	V.	1	Desprez Saint-Clair (D. E.).	
Jardin des Hespérides...	V.	1		Th. Barrière, Léon Battu, Michel Carré.
Jardin d'hiver	V.	1	2/3 Mélesville, Carmouche.	1/3 F. De Courcy.
Jardin d'Oliviers.......	V.	1	Desprès.	
Jardinier de Valence...	M.	5	3/8 Saint-Amand.	5/8 Dulong; Bezou, *édit*.
Jardinier du château...	V.	1		Huard 4/9, Désarbres 2/9, Mifliez, *édit*. 3/9.
Jardinière...........	B.	1	1/2 Labie, Lerouge.	1/2 Porcher, *prop*.
Jardinière de Blumthal...	V.	1	Dupin, A. d'Artois.	
Jardinière de l'orangerie.	V.	1	2/3 Michel Masson, De Leuven.	1/3 De Villeneuve.
Jardinière de Muhldorff..	V.	1		Léopold, Boirié.
Jardinière de Vincennes..	V.	3	Brazier, Barba, *édit*.	
Jardinière de Vincennes.	V.	1		Charrin.
Jardinier et son seigneur.	V.	1		Sewrin, Merle, F. De Courcy.
Jardin turc...........	V.	1	1/2 Coster.	1/2 Ourry.
Jarretière de la mariée..	V.	1	Scribe, Dupin.	
Jarretière de rose.....	V.	2	1/3 Ch. Deslys.	2/3 Dutertre, Barbré, *édit*.
Jarretière de ma femme.	V.	1	1/2 Dévaux.	1/2 St-Amand.
Jarvis...............	O.	3	De Planard.	
Jarvis l'honnête homme.	D.	2	1/2 Ch. Lafont.	1/2 Alex. Dumas.

Titres des Pièces.	Genres.	Actes.	M. GUYOT.	M. PERAGALLO.
Jaspin..................	V.	1	Sauvage, Barba, *édit.*	
J'attends un omnibus....	V.	1	Gabriel, Guinot.	
Javanais..............	M.	3	1/2 Decoisy (D. E.), Quoy.	1/2 Antier, Deflers.
Jean.................	V.	3	Théaulon, Signol, Barba, *édit.*	
Jean-Baptiste...........	D.	5	1/3 Michel Masson.	2/3 Fr. Thomas, De Villeneuve.
Jean-Baptiste Rousseau..	V.	3	Bourguignon, Ernest.	
Jean Bart.............	M.	5		Frédéric, A. Piccini,
Jean Bart.............	D.	5	1/3 Eug. Sue.	2/3 De Forges, De Villeneuve.
Jean Bart.............	D.	5		Hugelmann.
Jean Bart.............	O.	1		Léger, Jadin....
Jean Bart.............	V.	1	1/2 Georges Duval.	1/2 Ligier.
Jean Bart.............	V.	1	Angel.	
Jean Bart à Versailles...	V.	1	*Maréchalle, Durin* p^r Barba.	
Jean Bart et Patoulet....	O.	1		Léger, Jadin.
Jean Bart et son fils.....	D.	1	Thurbet.	
Jean Calas	D.	5		Laya.
Jean de Bourgogne	D.	5		Guerville.
Jean de Bourgogne	T.	3	Deformont.	
Jean de Bourgogne	D.	3	1/2 Galoppe d'Onquaire.	1/2 Pitre-Chevalier.
Jean de Calais.........	M.	3	5/6 Caigniez.	1/3 Quaisain (D. E.).
Jean de Calais	V.	2	Gabriel, Vanderburch, Steph.	
Jean de Nivelle.........	V.	1	G. Duval, Dumersan.	
Jean de Paris..........	O.	3		Boïeldieu, Saint-Just (D. E.).
Jean de Paris..........	D.	3		Marsollier. (D. E.), Darondeau (D. E.).
Jean de Passy..........	V.	1	Martainville (D. E.).	
Jean de Saintré........	V.	1	Dumersan, Barba, *édit.*	
Jean de Vert...........	V.	5	Scribe, Mélesville, Carmouche.	
Jean Durand...........	V.	3	Théaulon, Signol, Barba, *éd.*	
Jean et Geneviève.......	O.	1	1/2 Solié.	1/2 De Favières.
Jean et Jeanne.........	O.	1	1/2 Ancessy.	1/2 A. Lafont-Eyraud.
Jean et Marie	V.	3	A. d'Artois.	
Jean Galéas...........	D.	5	Arthur Fleury.	
Jean Hennuyer, évêque de Lizieux	D.	5		Mercier.
Jean-Jacques Rousseau...	D.	1		Chazet, Dubois.
Jean-Jacques Rousseau à l'ermitage...........	V.	1	Piis (D. E.), Barré (D. E.), Radet (D. E.).	
Jean-Jean	B.	2	-	Léopold, Blache, Boirie, Mazurier.
Jean-Jean don Juan.....	V.	3	2/3 Rougemont, A. d'Artois.	1/3 Ch. Dupeuty.
Jean-Jean et la vivandière	B.-P.	1	Laurençon.	
Jean Lafontaine	V.	1	1/2 Dieulafoy.	1/2 Prévost d'Iray.
Jean le cocher.........	D.	5	Bouchardy.	
Jean le noir	V.	1	1/2 (*Delestre-Poirson*).	1/2 Laurencin.
Jean le pingre.........	V.	1	2/3 Clairville.	1/3 Alix, *édit.*
Jean le sot............	O.	1	Mme Julian 3/8, Charlieu, *éd.* 1/8, Pilati 4/8.	
Jean le postillon.......	V.	1	Carmouche, Guinot.	
Jean le toqué	V.	2	Théodore Cogniard.	
Jean Monnet..........	V.	1	Barré (D. E.), Radet (D. E.), Desfontaines (D. E.).	
Jean Moulinot..........	M.	5	Dumersan.	
Jeanne...............	D.	5	1/3 Chabot.	2/3 Boulé, Saint-Ernest.
Jeanne	V.	3	1/2 P^{in} Deslandes.	1/2 Anicet-Bourgeois.
Jeanne d'Albret	V.	1	Théaulon, Rochefort, Carmouche.	
Jeanne d'Arc..........	O.	5	1/3 Joos Danglas.	2/3 Escudier.

Titres des Pièces.	Genres.	Actes.	M. GUYOT.	M. PERAGALLO.
Jeanne d'Arc	T.	5		Soumet.
Jeanne d'Arc	D.	5		Mercier.
Jeanne d'Arc	D.	5	3/4. Dinaux 1/2, Labie 1/4.	1/4 Desnoyers.
Jeanne d'Arc	O.	3	A. d'Artois 1/4, Théaulon 1/4, Carafa 1/2.	
Jeanne d'Arc	V.	3	Dieulafoy(D.E.), Gersin(D.E.)	
Jeanne d'Arc	P.	3		Cuvelier.
Jeanne d'Arc à Rouen	T.	5		Davrigny.
Jeanne d'Arc en prison	D.	1		Élie Sauvage, Alix, *édit.*
Jeanne de Flandre	T.	5		H. Bix.
Jeanne de Flandre	D.	4		Fontan, Victor Herbin, Alix, *édit.*
Jeanne de Naples	D.	5	2/3 Paul Foucher.	1/3 Alix, *édit.*
Jeanne Vaubernier	C.	5	Rougemont, Lafitte, Lagrange	
Jeanne et Jeanneton	V.	2	Scribe, Varner.	
Jeanne et Jenny	V.	5	E. Jaime, Jules Seveste.	
Jeanne et Jenny	P.	3	Camaille St-Aubin.	
Jeanne Hachette	M.	5	Duperche.	
Jeanne Hachette	M.	5		Anicet-Bourgeois, d'Ennery.
Jeanne la folle	D.	5		Fontan.
Jeanne la folle	O.	5	Scribe, Clapisson.	
Jeanne Mathieu	V.	1	1/2 Lévy, *édit.*	1/2 Fournier, P. Duport.
Janneton colère	V.	1	Georges Duval, Servières.	
Jeannette	D.	3	1/2 Francis C.	1/2 Anicet-Bourgeois.
Jeannette	C.	2	Rougemont.	
Jeannette	C.	1	Beaunoir.	
Jeannette	V.	1		Sewrin.
Jeannette et François	V.	1		Victor Lefèvre.
Jeannic le Breton	D.	5		A. Dumas, Anicet-Bourgeois.
Jeannic le contrebandier	M.	5	Vanderburch, Carmouche.	
Jeannot	C.	1	Dorvigny.	
Jeannot bohémien	C.	1	Martainville (D. E.).	
Jeannot chez le dégraisseur	C.	1	Dorvigny.	
Jeannot en bonne fortune	V.	1	1/2 Dumersan.	1/2 De Forges.
Jeannot et Colin	O.	3	Étienne, Nicolo (D. E.).	
Jeannot tout seul	V.	3		*Simonnin pour* Barba.
Jenny	O.	3	De Saint-Georges, Carafa.	
Jean Pacot	V.	5	A. d'Artois, Francis D., Barba, *édit.*	
Jean-Pain-Mollet	V.	1	Labie, E. Devaux.	
Jean qui pleure et Jean qui rit	V.	1	1/2 Brazier, Barba, *édit.*	1/2 Sewrin.
Jean Racine avec ses enfants	V.	1	Jacquelin.	
Jean sans Peur	D.	5		Liadières.
Jean sans Peur, duc de Bourgogne	D.	3		Léopold, Boirie, A. Piccini.
Jean Sbogar	M.	3		Cuvelier, Léopold.
Jean Sobieski	D.	3		Mme Barthélemy-Hadot(D.E.). Taix (D. E.).
Je cherche mon père	C.	3		Dorvo,
Je cherche un dîner	V.	1	1/3 Coster.	2/3 Ourry, Merle.
Je connais les femmes	V.	1		Laya.
Je croque ma tante	V.	1		Labiche, Marc Michel.
Je débute	V.	1	1/2 Rougemont.	1/2 Ragueneau.
Je dîne chez ma mère	V.	1		Decourcelle, L. Thiboust.
Je fais mes farces	V.	1	Désaugiers (D. E.), Gentil, Brazier, Barba, *édit.*	
Jeffries	M.	3	3/4 Bilderbeck, Carmouche.	1/4 Antier.

Titres des Pièces.	Genres, Actes.	M. GUYOT.	M. PERAGALLO
Je l'épouse............	V. 1		Hector Chaussier.
Jéliotte..............	O. 1		Hippol. Lucas 1/4, Éd. Duprez 1/4, G. Duprez 1/2.
Je lui pardonne sa fortune................	C. 1	Dorvigny.	
Je marie Victoire.......	V. 1	1/3 Cormon.	2/3 Grangé, Lévy, édit.
Je m'émancipe.........	V. 1		Chazet, Dubois.
Je m'en moque comme de l'an quarante........	R. 1	Théaulon, A. d'Artois.	
Je ne mange pas de ce pain-là.............	V. 1		Beauvallet fils, Nouvière, Lévy, édit.
Je ne sais qui.........	V. 1	3/4 Barré (D. E.), Despréaux, Dieulafoy (D. E.).	1/4 Chazet.
J'enlève ma femme.....	V. 2	1/2 Moreau.	1/2 Ourry.
J'enlève ma femme.....	V. 1		Anicet-Bourgeois, Decourcelle.
Jenneval..............	D. 5		Mercier.
Jenny.................	O. 3	De Saint-Georges, Carafa.	
Jenny.................	P. 3		Aumer, Darondeau.
Jenny la gitana........	V. 3		Dallard.
Jenny Bell............	O. 3	1/2 Scribe.	1/2 Auber.
Jenny la bouquetière...	O. 2	1/2 Pain, Pradher.	1/2 Bouilly, Kreubé.
Jenny l'ouvrière.......	D. 5		Decourcelle, Jules Barbier.
J'épouse ma femme.....	V. 1	Ramond, Letournal.	
Je reconnais ce militaire.	V. 1	1/3 Varin.	2/3 Lubize, Lévy, édit.
Jérôme...............	C. 5	Briosne.	
Jérôme...............	V. 3	Brazier, Mélesville.	
Jérôme...............	V. 2	1/3 Varner.	2/3 Duvert, Lauzanne.
Jérôme Brichard.......	D. 5	1/2 Rochefort.	1/2 Basset.
Jérôme le maçon.......	V. 2	1/2 Bayard.	1/2 Biéville....
Jérôme Paturot........	V. 3		Marc Leprévost.
Jérôme Pointu........	C. 1	Beaunoir.	
Jérôme, porteur de chaises			Monvel.
Jérôme Richard........	V. 3	1/2 Rochefort.	1/2 Charles Basset.
Jérôme Truchot........	V. 1		Jouhaud...
Jérusalem.............	O. 4	3/6. Alph. Royer 1/6, Verdi 2/6.	3/6. G. Vaëz 1/6, Escudier 2/6.
Jérusalem délivrée.....	D. 4	1/2 Francis C.	1/2 Anicet-Bourgeois.
Jérusalem délivrée.....	O. 3	1/2 Baour-Lormian.	1/2 Persuis (D. E.).
Jérusalem déshabillé....	V. 1	2/3 Théaulon, Moreau.	1/3 Ourry.
Je serai comédien......	C. 1		Desnoyer.
J'essaye..............	V. 1	Armand Séville.	
Je suis fou............	V. 1	1/2 Paul Foucher.	1/2 Desnoyer......
Je suis joué..........	C. 1		Mme Barthélemy Hadot (D. E.).
Je suis le cousin.......	V. 1	Pessey.	
Jésuite (le)...........	M. 3	Victor Ducange (D. E.), de Pixérécourt.	
Jésuite...............	V. 2		A. Duport, Monnais.
Jésuite retourné.......	V. 1	1/2 D'Artois.	1/2 Monnais.
Jeton de Frascati......	D. 3	2/3 Lesguillon.	1/3 Dubourg-Neuville.
Jettator..............	V. 1	2/3 Dumanoir, Gonzalès.	1/3 Marc Michel.
Jeu à la mode.........	V. 1	Moreau, Lafortelle.	
Jeu de bascule........	V. 1	Fulgence 3/4, Barba, édit. 1/4.	
Jeu de bourse.........	V. 1	Fulgence, Picard (D. E.), Wafflard (D. E.), Barba, édit.	
Jeu de cache-cache....	V. 2	Théaulon, Ach. d'Artois.	
Jeu de dominos.......	V. 1		Chardon.
Jeu de la fortune......	C. 3	Picard (D. E.).	
Jeu de l'amour et de la cravache.............	V. 1	1/3 Alph. Royer.	2/3 Anicet-Bourgeois, Narrey.

Titres des Pièces.	Genres.	Actes.	M. GUYOT.	M. PERAGALLO.
Jeu de Sylvia	C.	1	1/2 Solar.	1/2 Amédée Achard.
Jeu du cœur	V.	3	2/3 Paulin Deslandes.	1/3 Mifliez, *édit*.
Jeu et l'amour	V.	2	Ricard.	
Jeune aventurier	M.	3		Blanchard.
Jeune aveugle	O.	1	E. Monglave, Chalas.	
Jeune aveugle	D.	1	1/3 Sauvage.	2/3 Carion-Nisas, Boirie.
Jeune avocat	V.	1	1/4 Riga, *édit*.	3/4 Paul Duport, Monnais.
Jeune Basque et le vieux troubadour	V.	1	1/2 Hapdé (D. E.).	1/2 Ourry (D. E.).
Jeune belle-mère	O.	3	1/4 Dumersan.	3/4 Sewrin. 1/4, F. Kreubé 1/2.
Jeune caissier	C.	3	A. d'Artois, Théaulon.	
Jeune comtesse	V.	1	1/3 Blosse.	2/3 Th. Nézel, Simonnin.
Jeune épouse	C.	2	Cubières.	
Jeune et la vieille garde	V.	1	1/3 Clairville.	2/3 Salvat, Alix, *édit*.
Jeune et vieille	V.	2	Scribe, Bayard, Mélesville.	
Jeune et vieille	D.	1	1/2 Pradher.	1/2 Chazet, Dubois.
Jeune et vieux	V.	1	Montigny.	
Jeune femme colère	O.	1	1/2 Étienne.	1/2 Boïeldieu.
Jeune femme colère	B.	1		Taglioni.
Jeune femme colère	C.	1	Étienne.	
Jeune fille et roi	V.	1	1/2 Labie.	1/2 J. Augier.
Jeune fille et la jeune fleur	V.	1	Angel.	
Jeune fille et la veuve	V.	1	Bayard, Chabot.	
Jeune fille et les épouseurs	C.	2	Rougemont.	
Jeune fille et sa bonne	V.	1	Varner, Hip. Leroux.	
Jeune frondeur	C.	1		Verneuil.
Jeune fruitière	V.	1	Dulau.	
Jeune gouvernante	V.	1		Naigeon.
Jeune Henri	O.	2		Bouilly, Méhul (D. E.);
Jeune homme (un)	D.	2		Camille Doucet.
Jeune homme à l'épreuve	C.	1	Pompigny.	
Jeune homme à marier	V.	1	Scribe.	
Jeune homme à marier	V.	1	(*Delestre Poirson*), Desvergers, Varin.	
Jeune homme aux expédients	V.	1	Coster.	
Jeune homme charmant	M.	5	2/3 Varin, Paul de Kock.	1/3 Bezou, *édit*.
Jeune homme criblé de dettes	V.	1		E. Abraham, Firmin.
Jeune homme enlevé	C.	1		Delœuvre.
Jeune homme en loterie	C.	1		Alex. Duval.
Jeune homme en loterie	V.	1	2/3 De Lurieu, Barba, *édit*.	1/3 Mazères.
Jeune homme pressé	V.	1		Labiche.
Jeune homme traqué	V.	1		Victor Couailhac.
Jeune hôtesse	C.	2	Carbon-Flins.	
Jeune maire	V.	2		Ch. Dupeuty, Duvert, Saintine.
Jeune mari et la vieille femme	C.	3		Mazères.
Jeune médecin	C.	1	Picard (D. E.).	
Jeune médecin	C.	1		Antier, Anicet-Bourgeois.
Jeune ménage	C.	5	Empis.	
Jeune ménage	V.	1	1/2 Hippolyte Leroux.	1/2 Ancelot.
Jeune mère	V.	2	Dupaty.	
Jeune militaire	C.	2	Barba, *prop*.	
Jeune oncle	O.	1	Fontenille, Blangini.	
Jeune peintre	V.	1	Joseph Pain (D. E.).	
Jeune père	D.	3		Touchard, D'Avenay.

Titres des Pièces.	Genres.	Actes.	M. GUYOT.	M. PERAGALLO.
Jeune père	V.	2	2/3 François, Lévy, *édit.*	1/3 N. Fournier.
Jeune père	V.	1	De Saint-Georges, Achille d'Artois, Barba, *édit.*	
Jeune philosophe	C.	3		Loaisel-Tréogate.
Jeune philosophe	V.	1	Radet (D. E.), Coupigny.	
Jeune poule et vieux coq.	O.	1	1/2 Abadie.	1/2 Lefebvre.
Jeune présomptueux	C.	5	Cailhava.	
Jeune prince	D.	2	Merville, Martin, Saint-Ange.	
Jeune prude	O.	1	1/2 Dupaty.	1/2 Dalayrac (D. E.).
Jeune reine	M.	5	1/2 Victor Ducange (D. E.).	1/2 Anicet-Bourgeois.
Jeune reine	V.	1	2/3 Ratier, Déaddé.	1/2 Delcour.
Jeune sage et le vieux fou	O.	1	1/2 Hoffman (D. E.).	1/2 Méhul (D. E.).
Jeune savant	C.	1	Rougemont.	
Jeunes bonnes et les vieux garçons	V.	1	2/3 Desvergers, Varin.	1/3 Blondy, *prop*.
Jeunes femmes	C.	3		Dorvo.
Jeunes filles en vacances.	V.	1	Brazier, Dumersan.	
Jeunes gens	C.	3		Léon Laya.
Jeunes mariés	V.	1		D'Ennery.
Jeunesse	C.	5	Émile Augier.	
Jeunesse d'Achille	P.	3	Hapdé (D. E.).	
Jeunesse de Charles XII	T.	5		Demolière.
Jeunesse de Charles-Quint	O.	2	Mélesville, Duveyrier 1/2, Montfort 1/2.	
Jeunesse de Corneille	C.	1		Coquatrix.
Jeunesse d'Alembert	C.	4	Merville.	
Jeunesse de Favart	V.	1	1/2 Gentil.	1/2 Favart fils.
Jeunesse de Gœthe	C.	1	Révoil, Louis.	
Jeunesse de Gœthe	C.	1	Louise Colet.	
Jeunesse de Henri IV	C.	1	Ramond, Fulgence.	
Jeunesse de Henri IV	V.	1	1/2 Brazier, Barba, *édit.*	1/2 Ourry, Merle.
Jeunesse de Henri V	C.	3		Alexandre Duval.
Jeunesse de Jeanne d'Arc.	M.	1		E. Duval.
Jeunesse de Louis XI	D.	5		Jules Lacroix.
Jeunesse de Louis XV	V.	1	Henri Duffaud.	
Jeunesse de Lully	O.	1		Mlle Péan de la Roche-Jagu.
Jeunesse de Luther	V.	1		Michel Carré.
Jeunesse de Marie Stuart.	D.	2	1/2 Vanderburch.	1/2 De Villeneuve.
Jeunesse de Richelieu	C.	5		Monvel, Alexandre Duval.
Jeunesse de Richelieu	V.	2	Bayard, Dumanoir.	
Jeunesse des mousquetaires	D.	5		Alexandre Dumas, Auguste Maquet.
Jeunesse de Talma	V.	1	Lhérie B., Barthélemy, Lhérie jeune, Barba, *édit.*	
Jeunesse de Voltaire	V.	1		Demonval Saint-Hilaire.
Jeunesse d'Haydn	O.	1		Duménil, Hetzel.
Jeunesse dorée	D.	5	1/2 Lockroy.	1/2 Léon Gozlan.
Jeunesse du Béarnais	V.	1	1/3 Jacquelin.	2/3 Décour.
Jeunesse du Cid	C.	3		Hippolyte Lucas, Bazzoni.
Jeunesse du comte de Saxe	C.	1	Charlemagne.	
Jeunesse du grand Condé.	P.	3		Cuvelier.
Jeunesse du grand Frédéric	M.	3		Boirie, Henri Lemaire, Leblanc.
Jeunesse du jour	V.	3		Ch. Potier, Cuchote de Fère, Alix, *édit.*
Jeunesse d'un cardinal	V.	3	Mennechet 1/4, de Nogent 1/4, Barba, *édit.* 1/2.	

Titres des Pièces.	Genres. Actes.	M. GUYOT.	M. PERAGALLO.
Jeunesse d'un grand peintre...	V. 1	Lafontaine, Vernet, Mlle Huet.	
Jeunesse d'un grand roi..	V. 1	E. Burat.	
Jeunesse et folie.......	C. 2	Pigault-le-Brun.	
Jeunesse et malice......	V. 1	Labottière.	
Jeunesse orageuse......	V. 2		Desnoyer, Poirier.
Jeunes vieillards.......	V. 1		Ourry.
Jeune tante............	O. 1	1/2 Mélesville.	1/2 Kreubé.
Jeune tante............	C. 1		Al. Dumas, Anicet, Durieu.
Jeune veuve...........	V. 1	A. d'Artois.	
Jeune veuve...........	V. 1		Lefebvre, Saint-Amand.
Jeune veuve...........	C. 1		Delrieu.
Jeune vieillesse........	V. 3	Lefèvre.	
Jeune Werther.........	V. 1	Désaugiers (D. E.), Gentil.	
Je vous le souhaite.....	V. 1		Dutertre.
Je vous y prends.......	V. 1	Saint-Firmin.	
Jeux chevaleresques.....	V. 1	Cerfbeer (*Delestre Poirson*), Mévil.	
Jeux d'Eglé...........	B. 2	Dauberval.	
Jeux du roi René.......	O. 3		Castil-Blaze.
Jeux du roi René.......	V. 1	Marius Bourelly.	
Jeux du hasard........	M. 1	Adam.	
Jeux floraux...........	O. 3		Bouilly, Aimon.
Jeux innocents.........	V. 1	Paul de Kock, Varin.	
Jeux innocents.........	V. 1	Dumanoir, Michel Masson.	
Jeux innocents.........	C. 1		E. Foussier.
Jeux innocents.........	P. 1	2/3 Paul Legrand, Lindheim.	1/3 Ch. Bridault.
Joachim Murat.........	M. 4	1/4 Quoy.	3/4 Antier, Théophile Nézel, Decomberousse.
Jocrisse au bal de l'Opéra.	V. 2	Dorvigny (D. E.).	
Joaillier..............	V. 2	1/2 Llaunet.	1/2 Paillet.
Joanita...............	O. 3		É. Duprez 1/4, Oppelt 1/4, G. Duprez 1/2.
Joanna...............	O. 1		Marsollier (D. E.), Méhul (D. E.).
Jobards...............	C. 1	Martainville (D. E.).	
Job en loterie..........	V. 2	1/2 Mlle Wandeursen.	1/2 Vannoy.
Jobert................	C. 1	Lafortelle, Moreau, Coster.	
Job et Jean............	V. 2	1/2 Lockroy.	1/2 Anicet-Bourgeois.
Jobin et Nanette.......	V. 1		Michel Carré, Léon Battu, Paul Duport.
Job l'afficheur.........	V. 2	2/3 Cogniard frères.	1/3 Michel Delaporte.
Jocelin le garde-côte....	D. 5		Fournier, Meyer, Lévy, *édit*.
Jockey...............	O. 1	Solié, Hoffman (D. E.).	
Jockey maître.........	V. 1	Duchaume.	
Jockeys improvisés.....	V. 1		De Fère, Dornay, Mifliez, *ed*.
Jocko................	M. 2	2/3 Gabriel, Rochefort.	1/3 Merle.
Jocko................	B. 2		Petitpa.
Jocko................	B.-P. 1		Taglioni.
Jocko n'est pas mort....	M. 2	1/2 A. J. Leroy.	1/2 Ponet.
Joconde (la)..........	C. 5	Paul Foucher, Régnier.	
Joconde..............	O. 3	1/2 Desforges.	1/2 Jadin.
Joconde..............	O. 3	Étienne 1/2, Nicolo (D. E.).	
Jocrisse..............	V. 1	1/2 Boutilliers.	1/2 Léger.
Jocrisse, apprenti cornac	V. 1	Brazier, Dumersan.	
Jocrisse au Palais-Royal.	V. 1	Honoré.	
Jocrisse autre part.....	V. 1	2/3 A. Gouffé, Georges Duval.	1/3 Chazet.
Jocrisse aux enfers.....	V. 2	Désaugiers (D.E.), Francis D.	
Jocrisse changé de condition...............	C. 2	Dorvigny (D. E.).	

Titres des Pièces.	Genres.	Actes.	M. GUYOT.	M. PERAGALLO.
Jocrisse chef de brigands	V.	1	2/3 Dumersan, Barba, *édit*.	1/3 Merle.
Jocrisse commissionnaire	V.	1	Patrat (D. E.).	
Jocrisse congédié	C.	1	Dorvigny (D. E.).	
Jocrisse corrigé	C.	1		Sewrin.
Jocrisse dans son ménage	C.	1		Argaud de Barges.
Jocrisse en famille	V.	1		Duvert, Lauzanne, Duport
Jocrisse en ménage	V.	1		Salvat, J. Augier.
Jocrisse grand-père, Jocrisse fils et Jocrisse petit-fils	C.	1	Brazier, Dumersan, Barba, *éd*.	
Jocrisse jaloux	C.	1	Dorvigny (D. E.).	
Jocrisse maître	V.	1	1/3 Varin.	2/3 Saintine, Sewrin.
Jocrisse maître et Jocrisse valet	C.	1	1/2 Barba, *édit*.	1/2 Sewrin.
Jocrisse marié	V.	1		Jouhaud.
Jocrisse millionnaire	V.	1	Siraudin, de Pages.	
Jocrisse paria	V.	1		Crosnier, Saint-Hilaire.
Jocrisse somnambule	V.	1	Dupin, Sauvage.	
Jocrisse suicidé	C.	1	1/2 Servière.	1/2 Sidony.
Jodelet	C.	1	Dumaniant (D. E.).	
Jodelle	V.	2	*Décour pour* Barba.	
John Bull	V.	2	1/2 Overnay, Quoy.	1/2 Varez, Th. Nézel.
John Bull au Louvre	V.	1	Théaulon, Bayard, Saint-Laurent (D. E.).	
Joie de la maison	C.	3		Anicet-Bourgeois, Decourcelle.
Joie fait peur	C.	1		Mme Émile de Girardin.
Joli cadet	V.	1	Hippolyte Leroux.	
Jolie fiancée	V.	1	*Delestre Poirson, pour* Barba, *édit*.	
Jolie fille de Gand	B.	3	2/3 De Saint-Georges, Adam.	1/3 Albert.
Jolie fille de Marienbourg	V.	1	Desfontaines (D. E.).	
Jolie Fille de Parme	M.	3	1/2 Mallian.	2/3 Alboise, Alix, *édit*.
Jolie fille du faubourg	V.	3	Varin, Paul de Kock, E. Jaime.	
Jolie Jambe	V.	1		Duvert, Lauzanne.
Jolie Meunière	V.	1	De Léris, Ternaux, A. d'Artois.	
Jolie parfumeuse	F.	3	Armand Séville.	
Jolie parfumeuse	V.	1		Lebrun-Tossa (D. E.).
Jolie parfumeuse	V.	1	*Bonel pour* Barba.	
Jolies filles de Stilberg	V.	1		Lubize.
Jolies filles du Maroc	V.	3	2/3 A. Guénée, de Léris.	1/3 Couailhac.
Jolies filles et le grand Seigneur	C.	2	Rougemont.	
Jolie voyageuse	V.	1	1/2 A. D'Artois.	2/3 Chazet Rosier.
Joli moi de mai	V.	1	Clairville.	
Joli Régiment	O.	1		Hervé.
Jolis chasseurs	O.	1	1/2 Bovery.	1/2 Ch. Bridault.
Jolis soldats	V.	1	A. D'Artois, Francis D., Théaulon.	
Jonas	V.	3	Scribe, Dupin.	
Jonathan le maudit	D.	5	Méry.	
Jongleurs et mandarains	V.	2		Fontaine.
Joseph	M.	5		Henri Lemaire.
Joseph	V.	3	Gassier.	
Joseph II	V.	1	2/3 Lafontaine, Leroy.	1/3 Duvert.
Joseph en Égypte	T.	5	Baour-Lormian.	
Joseph en Égypte	O.	3		Alex. Duval, Méhul (D. E.).
Joséphine	O.	1	Gabriel 1/4, Delaboullaye 1/4, Adam 1/2.	
Joseph-Léopold	M.	3	5/6 Duperche.	1/6 Taix (D. E.).

Titres des Pièces.	Genres.	Actes.	M. GUYOT.	M. PERAGALLO.
Joseph Lesurques	D.	3	1/2 Merville.	1/2 Cergy.
Joseph le tapissier	V.	1	1/2 E. Jaime.	1/2 Commerson.
Joseph Sbogar	V.	1		Frédéric, Boirie.
Joseph Trubert	V.	3		Dupeuty, Duvert, Saintine.
Josselin et Guillemette	C.	1		D'Epagny.
Josselin et Guillemette	C.	1	Barba, prop.	
Joset en Champagne	V.	1	Barré (D. E.), Radet (D. E.).	
Jouer avec le feu	O.	3	1/2 Scribe, de St-Georges.	1/2 Auber.
Joueur (le)	D.	5	Victor Ducange 1/2 (D. E.). Dinaux, Beudin, Barba, éd.	
Joueur d'échecs	V.	1		Chazet, Marsollier (D. E.).
Joueur de flûte	O.	1	Dreuilh, Monperlier (D. E.).	
Joueur de flûte	V.	1	Dreuilh.	
Joueur de flûte	C.	1	Emile Augier.	
Joueur d'orgue	D.	3		Dutertre.
Joueur d'orgue	V.	1	A. Chedel, Rigaud jeune.	
Joueurs	V.	1	Moreau, Lafortelle, Francis D.	
Joueuse	C.	2	Pigault-Lebrun.	
Joueuse corrigée	C.	2		Coffin-Rosny (D. E.).
Joujou	O.	1		Debillemont.
Jour à Bagnères	V.	1	1/3 Scribe.	2/3 Fr. De Courcy, Saintine.
Jour à Bologne	V.	1	Cogniard frères 2/3, Barba, édit. 1/3.	
Jour à Paris	O.	3	Étienne 1/2, Nicolo (D. E.).	
Jour à Reims	V.	1		Décour.
Jour à Rome	V.	1	2/3 De Lurieu, Barba, édit.	1/3 Mazères.
Jour au camp de Saint-Omer	V.	1	Thurbet.	
Jour aux aventures	V.	1		Mourier.
Jour à Vincennes	M.	5	Bilderberck.	
Jour de charité	V.	1		Prémaray.
Jour de garde national	V.	1	Fontenille, J. Pain.	
Jour de grandeur	V.	3	1/2 Deligny.	1/2 Alix, édit.
Jour de la blanchisseuse	V.	1		De Jallais, Montjoye, Porcher.
Jour de l'an	V.	1	Désaugiers (D. E.), Francis.	
Jour de liberté	V.	3		Mme Ancelot.
Jour d'embarras	V.	1	1/2 Étienne Arago.	1/2 Lepoitevin-St-Alme.
Jour de médecine	V.	1	Dumanoir, Chapais fils.	
Jour de noce	V.	1		Dallard, Charles Gabet.
Jour de noces	V.	4	1/2 Nicolle.	1/2 Duvert.
Jour de Pâques	M.	5	Paul Foucher.	
Jour de popularité	V.	1		Cordelier-Delanoue.
Jour de réception	V.	1	1/2 Dupin.	1/2 Rifaut.
Jour des noces	C.	3	Ach. et Armand d'Artois 1/2, Blangini 1/2.	
Jour des noces	V.	1	Paul de Kock 2/3, Barba, édit. 1/3.	
Jour des noces	V.	1		Ch. Dupeuty, de Villeneuve.
Jour des rois	V.	1	Théaulon.	
Jour des rois	C.	1	Cerfbeer (Delestre Poirson), Mlle Huet.	
Jour de Vaugirard	V.	1	Moreau, Lafortelle.	
Jour d'orage	V.	1	1/2 (Delestre Poirson).	1/2 N. Fournier.
Jour du baptême	V.	1		Turmeau.
Jour du frotteur	V.	1	2/9 Dupré.	7/9. Brisebarre 2/9, Rimbault 2/9, Lévy, édit. 3/9.
Jour du supplice	M.	5	St-Amand, Polyanthe, Quoy.	
Jour et la Nuit	V.	1	1/2 Alph. Royer.	1/2 Gust. Vaez.
Journal d'une grisette	V.	3	3/4 Cormon 1/4, Lévy, éd.1/2.	1/4 Grangé.
Journaliste des ombres	C.	1		Aude.

Titres des Pièces.	Genres.	Actes.	M. GUYOT.	M. PERAGALLO.
Journal pour rire........	V.	1	2/3 Clairville.	1/3 Vaulabelle.
Journée à Montmorency..	V.	1	Théaulon, Ramond, Ferdin. Langlé.	
Journée au camp.......	V.	2	Désaugiers (D. E.), Gentil.	
Journée aux accidents ...	C.	1		Sewrin.
Journée aux aventures...	V.	5		J. Renard.
Journée aux aventures...	O.	3	2/3 Capelle, Mézilières.	1/3 Méhul (D. E.).
Journée aux aventures...	C.	2	Dumaniant (D. E.).	
Journée aux Champs-Élysées	V.	2	2/3 De Saint-Georges, Barba, *édit*.	1/3 Ménissier.
Journée aux enlèvements	V.	1		Sewrin, Chazet.
Journée aux événements	V.	1	1/2 Overnay.	1/2 Th. Nézel.
Journée aux éventails ...	V.	2	Théaulon, Clairville.	
Journée aux mariages ...	V.	1	Barginet, Philippe.	
Journée aux méprises ...	V.	1	1/2 Dumanoir.	1/2 Ed. Brisebarre.
Journée aux suicides....	V.	1		Hip. Deschamps.
Journée aux surprises....	V.	1		Huard.
Journée à Versailles.....	C.	2	Georges Duval, Barba, *édit*.	
Journée chez Bancelin...	V.	1	Moreau, Francis.	
Journée chez Mazarin....	V.	1	1/3 Fulgence.	2/3 Th. Muret, Decomberousse.
Journée d'Agrippa d'Aubigné	D.	5		E. Foussier.
Journée d'Alcibiade.....	V.	1	Raboteau.	
Journée de carnaval à Venise	B.	1		A. Renoux.
Journée de Charles V....	V.	1		Aug. et Paul Duport.
Journée d'Ermenonville..	V.	1		Chazet, Dubois.
Journée de Ferney......	V.	2	Barré (D. E.), Radet (D. E.).	
Journée de Frédéric II...	C.	1	1/2 Bernard.	1/2 Varez.
Journée de garnison....	V.	1		Ourry, Merle.
Journée de la Fronde....	O.	3	2/3 Mélesville, Carafa.	1/3 Boirie, Merle.
Journée d'élections.....	C.	3		Delaville.
Journée de Marathon....	O.	3	1/2 Guéroult.	1/2 Kreutzer (D. E.).
Journée de monsieur de Sully	C.	1		Mercier.
Journée de pensionnat...	V.	1	Moreau, Dupin, Carmouche.	
Journée de Philippe-Auguste...............	C.	1	Derancé.	
Journée de Pierre le Grand	T.	3	Lamartelière, (D. E.).	
Journée de ronde.......	V.	1	1/2 Mélesville.	1/2 Merle.
Journée de Saint-Cloud	V.	1		Léger, Chazet.
Journée des dupes......	C.	5	Lemercier.	
Journée des dupes......	C.	5	Charlemagne, Barba, *édit*.	
Journée des dupes......	V.	1	Linossier.	
Journée de Vendôme....	V.	3	Draparnaud (D. E.).	
Journée de Washington..	D.	1		Sénis, Gauné.
Journée difficile........	C.	1	Dumaniant (D. E.).	
Journée du baptême....	V.	1		Turmeau.
Journée du jeune Néron.	C.	1		Léon Laya.
Journée d'un créancier..	V.	1	Honoré Déo.	
Journée d'une jolie femme	V.	5	1/2 Cormon.	1/2 D'Ennery.
Journée d'un flâneur....	V.	1	Brazier, Dumersan, Gabriel.	
Journée d'un rentier....	C.	1	Pabiot.	
Journée d'un séducteur..	C.	5	1/2 Lévy, *édit*.	1/2 Decourcelle.
Journée d'un vaudevilliste	V.	1	Eugène Sue.	
Journée du vieux temps	V.	1	Mélesville.	
Journée en Pologne (une).	V.	1	Cogniard frères.	

Titres des Pièces.	Genres.	Actes.	M. GUYOT.	M. PERAGALLO.
Journée fatale.........	M.	3		Jars.
Journée militaire.......	M.	5	5/6 Duperche.	1/6 Taix (D. E.).
Jours de misère........	V.	1	1/2 De Léris.	1/2 Commerson.
Jours gras.............	V.	1		Ch. Davesnes.
Jours gras.............	B.	1	Gosset.	
Jours gras sous Charles IX	V.	1	3/8 Lockroy.	5/8 Arnoult, Alix, édit.
Jour sous les armes.....	V.	1		Chazet, Dubois.
Jouteurs	M.	3		Alexandre.
Juvénal des Ursins	D.	5		Durand de Vallay.
Jouvenot..............	V.	1	1/2 Saint-Laurent (D. E.).	1/2 Saintine.
Jovial	V.	1	Théaulon, Choquart, Barba, édit.	
Jovial en prison........	V.	2	Théaulon, Gabriel, Th. Anne.	
Jovita	B.	2	1/3 Deligny.	2/3 Labarre, Mazilier.
J' parie qu'y pleure, j' parie qu'y rit............	V.	1	Delbès, Marquet.	
Juana	V.	2		Mme Ancelot.
Juanita...............	D.	2	1/2 Paul Foucher.	1/2 Paul Duport.
Juanita	V.	2	1/2 Bayard.	1/2 A. Decomberousse.
Juanna	V.	2		Antier, Decomberousse, Alix.
Judith................	Trag.	5		Mme Émile de Girardin.
Judith................	D.	3		De Comberousse.
Judith................	V.	2	Bayard, Dumanoir.	
Judith et Holopherne....	V.	2	3/4 Théaulon, Overnay, Barba	1/4 Th. Nézel.
Juge amoureux	C.	2	Bonafous.	
Juge bienfaisant	D.	2	Puységur.	
Juge de paix..........	C.	1	Demoustier.	
Juge de paix de Coutances			Vanderburch.	
Jugement de Daniel	D.	5	5/6 Vallée.	1/6 Taix (D. E.).
Jugement de Dieu	D.	5	5/6 Ribié (D. E.).	1/6 Leblanc.
Jugement de Midas	O.	3	1/2 Grétry (D. E.).	1/2 D'Hell (D. E.).
Jugement de Monsalo ...	P.	1	Barba, propriétaire.	
Jugement de Pâris	B.	3		Gardel.
Jugement de Pâris	O.	1	Piis, Propiac.	
Jugement de Pâris	O.	1		Commerson 1/4, Alby 1/4, Laurent de Rillé 1/2.
Jugement de Pâris	R.	1	Rochefort, A. d'Artois.	
Jugement dernier.......	O.	1	Plouvier 1/4, Burat de Gurgy 1/4, Vogel 1/2.	
Jugement de Salomon ...	M.	3	5/6 Caigniez.	1/6 Quaisain (D. E.).
Jugement de Salomon ...	V.	1		Duvert, Lauzanne.
Jugements précipités....	V.	1	Ségur jeune.	
Juif	V.	3	2/3 Désaugiers (D. E.), Mesnard.	1/3 Rousseau.
Juif	M.	2		Giraud.
Juif de Venise.........	M.	3		Dulac, Alboize.
Juif de Venise.........	D.	5		Ferdinand Dugué.
Juif errant............	O.	5	1/2 Scribe, de St-Georges.	1/2 Fr. Halévy.
Juif errant............	M.	5	Mallian, Merville.	
Juif errant............	D.	5	1/2 Eugène Sue, Dinaux.	1/2 D'Ennery.
Juif errant............	M.	3	5/6 Caigniez.	1/6 A. Piccini.
Juif errant	V.	1		Joly.
Juif errant	V.	1	1/2 Royer de Bruges.	1/2 Jouhaud.
Juif errant	V.	1	Clairville.	
Juif portugais	C.	2		Châteauneuf.
Juif reconnaissant	M.	3	11/12 Pompigny, Lanusse.	1/12 Quaisain (D. E.).
Juive.................	O.	5	1/2 Scribe.	1/2 Fr. Halévy.
Juive de Constantine....	D.	5	1/2 Noël Parfait.	1/2 Th. Gauthier.
Jules.................	M.	5		Mme B. Hadot (D.E.), Taix (D.E.)
Jules.................	M.	5	Rougemont, René Périn.	

Titres des Pièces.	Genres. Actes.	M. GUYOT.	M. PERAGALLO.
Jules................	V. 1	Hippolyte Roland.	
Julia................	M. 5		Sewrin.
Julia................	M. 5		Boirie, Mongenet, Poujol.
Julia................	D. 5	Mme de Féréal.	
Julia................	V. 1	1/2 Dieulafoy (D. E.).	1/2 De Jouy.
Julia la comédienne.....	V. 1	1/2 Delalain.	1/3 Ménissier.
Julie................	C. 5	Empis.	
Julie................	O. 1	1/4 Fay.	Jars 1/4, Spontini 1/2.
Julie................	C. 1		Châteauvieux.
Julie................	V. 1	1/2 Rochefort.	1/2 De Jouy.
Julie et Laurette.......	V. 1	Bizet.	
Julie et Saint-Preux.....	M. 5	1/3 Labie.	2/3 Desnoyers, Alix, *édit*.
Julien dans les Gaules...	D. 5		De Jouy.
Julien................	V. 2	1/2 d'Artois.	1/2 Saintine.
Julien et Justine........	V. 1		Desnoyers, Dubois-Davesnes.
Juliette..............	D. 5	3/4 Albert, Labrousse, Alphonse Brot.	1/4 Alix, *édit*.
Juliette..............	V. 2	1/2 Riga, *édit*.	1/2 Morel.
Juliette..............	V. 2	1/2 Mélesville.	1/2 Biéville.
Jumeaux béarnais......	D. 4	1/2 Paul Foucher.	1/2 V. Herbin.
Jumeaux de la Réole....	D. 3	1/2 Rougemont.	1/2 Decomberousse.
Jumelles.............	V. 2	Masselin.	
Jumelles béarnaises.....	V. 1	Vernet, E. Vanderburch, Barba, *édit*.	
Jument de Jacquart.....	V. 2	Varner, P. Deslandes.	
Junius Brutus.........	T. 5	Andrieux (D. E.).	
Junius Brutus.........	T. 5		Monvel fils.
Jusqu'à minuit........	V. 1	2/3 D'Artois, Besselièvre.	1/3 De Rovigo.
Juste-Milieu..........	V. 2	Desvergers, Varin, Derville.	
Justice de Dieu........	D. 5	1/2 Paul Foucher.	1/2 Anicet Bourgeois.
Justice de paix........	D. 1	Cranney, Adrien.	
Justice en 1773.......	M. 5	De Pixérécourt.	
Justine et Collin.......	B. 1		Baudry.

K

Titres des Pièces.	Genres.	Actes.	M. GUYOT.	M. PERAGALLO.
Kabry le sabotier	V.	1	1/2 Moreau.	1/2 Sewrin.
Kaled	V.	1	Rougemont, Barba, *édit*.	
Kallick-Fergus	C.	3		Cuvelier.
Karabi	M.	1	Gouffé, Belle.	
Karel-Dujardin	C.	1		De Belloy.
Karl	D.	4	1/2 Lockroy.	1/2 Anicet Bourgeois.
Kauko	P.	3	Ribié (D. E.).	
Kean	V.	5	1/3 Théaulon.	2/3 Al. Dumas, Fr. de Courcy.
Kerkaradec	V.	1	1/2 Roche.	1/2 Max de Revel.
Kermesse	B.	1	1/2 Bertoletti.	
Kettly	V.	1		Paul Duport, Duvert.
Kiki	M.	3	1/2 Eugène Nus.	1/2 Bernard Valville.
Kikiki	V.	1	2/3 Desprez, Brazier.	1/3 Varez.
Kiosque	O.	1	1/4 Scribe.	3/4 Duport 1/4, Mazas 1/2.
Kiouny	D.	4	Vanderburch.	
Kokoli	V.	3	2/3 Ribié (D. E.), Valcour.	1/3 Simonnin.
Kokoli à Capra	M.	3	5/6 Valcour.	1/6 Leblanc.
Kor-nang-pouf	V.	1		Saint-Amand, Lefebvre.
Kosmouth	D.	3	Ribié 1/2, (*René Périn*) pour Barba, *édit*. 1/2.	
Koulikan	M.	5	5/6 Scribe, Dupin.	1/6 Darondeau.
Koulouf	O.	3	1/2 De Pixérécourt.	1/2 Dalayrac (D. E.).

L

Titres des Pièces.	Genres.	Actes.	M. GUYOT.	M. PERAGALLO.
La Boisière	D.	5	1/2 Jaime fils.	1/2 Théodore Barrière..
Laboureur	C.	1	A. d'Artois, Théaulon.	
Laboureur chinois	O.	1		Morel de Chedeville, Berton, Lachmith.
Laboureur devenu gentilhomme	O.	1	Boutillier.	
Labyrinthe d'amour	V.	1		Favart fils.
Labyrinthe de Woodstock	C.	2	1/2 Carmouche.	1/2 Fr. de Courcy.
La Camargo	V.	3	1/3 Barba, édit.	2/3 Ch. Dupeuty, Fontan.
Lac de Gomorrhe	V.	3	Théaulon, Et. Arago.	
Lac des fées	O.	5	1/2 Scribe, Mélesville.	1/2 Auber.
Lac des fées	D.	3	Veyrat, Sauzay.	
La Champmeslé	V.	2		Ancelot, P. Duport.
Lâche				E. Ponchard.
La Dugazon	V.	1	1/2 Scribe.	1/2 Paul Duport.
La Duperron	V.	1		Devins, Commerson.
Lady Henriette	V.	3	De Léris 1/4, Lantoine 1/4, Viard 1/2.	
Lady Henriette	B.	3	4/9 De Saint-Georges, de Flotow.	5/9 Mazilier, Burgmüller, Deldevez.
Lady Melvil	O.	3	De Leuven 1/4, de Saint-Georges 1/4, Grisar 1/2.	
Lady Seymour	D.	5	Duveyrier	
Lady Tartuffe	C.	5		Mme de Girardin.
Lady Tartuffe à marier	V.	1	Ach. et Arm. d'Artois 2/3, Besselièvre, 1/3.	
Lady Vapora	V.	1	A. Gouffé, Villiers.	
La Esméralda	O.	4	1/2 Victor Hugo.	1/2 Mlle Bertin.
La Esméralda	B.	3	1/3 Victor Hugo.	2/3 Perrot, Pugni.
La Fiammina	C.	5	Mario Uchard.	
Lafleur	V.	1	Cogniard frères, Siraudin, Villemot.	
La Fontaine chez Fouquet	C.	1		Dumolard.
La Fontaine chez Mme de la Sablière	C.	1	Naudet.	
La Fonti	B.	2	1/3 E. Deligny.	2/3 Mazilier, Labarre.
La Gammina	V.	1	Siraudin, Ad. Choler.	
La Gipsy	B.	3	5/9. De Saint-Georges, 3/9, Benoist 1/9, Amb. Thomas, 1/9.	4/9. Marliani 1/9, Mazilier, 3/9.
La Gitana	V.	2	1/3 Desvergers.	2/3 Laurencin.
La Gitanella	M.	5	1/2 Jaime.	1/2 Alboize.
Lagrange-Chancel	V.	1		Sewrin, Chazet.
La Guimard	V.	1		Durantin.
Laide	D.	3		Ancelot.

Titres des Pièces.	Genres.	Actes.	M. GUYOT.	M. PERAGALLO.
Laird de Dumbicky.	D.	5	5/8 De Leuven, Lhérie B.	3/8 A. Dumas.
Laisné et Lamonnoie	V.	1		Sewrin.
Laissez-moi faire	V.	1	1/2 Arm. Séville.	1/2 Varez.
Lait d'ânesse	V.	1	1/2 Gabriel.	1/2 Ch. Dupeuty.
Laitière	V.	1	Henrion.	
Laitière de Belleville	V.	1		Antier, Ponet.
Laitière de Bercy	V.	2		Sewrin, Chazet.
Laitière de la forêt	V.	2	2/3 Paul de Kock, Barba, *édit.*	1/3 Mourier.
Laitière de Montfermeil	V.	5	Rougemont, Brazier, Périn, Barba, *édit.*	
Laitière de Montreuil	V.	1	De Leuven, de Saint-Georges, Barba, *édit.*	
Laitière des bords du Rhin	M.	5	5/6 Hapdé.	1/6 Foignet fils.
Laitière de Trianon	O.	1	1/2 Galoppe d'Onquaire.	1/2 Wekerlin.
Laitière et les deux chasseurs	V.	1		Duvert, Lausanne, Saintine.
Laitière polonaise	P.	3	Rochefort.	
Laitière polonaise	B.	3		Blache père.
Laitière suisse	V.	1	Corsange.	
Laitière suisse	B.	3		Taglioni.
Laitière suisse	B.	2	2/3 Reicha, Carafa.	1/3 Taglioni.
Laitière suisse	V.	1	1/3 Dumersan.	2/3 Sewrin, Merle.
Laitière suisse	B.O.	1	Reicha, Carafa.	
La Joconde	C.	5	Paul Foucher, Régnier.	
La Lescombat	M.	5	1/2 Alp. Brot.	1/2 Béraud.
Lallier	T.	5		De Vennes.
La Mal'aria	C.	1		De Belloy.
La Marchesa	M.	3	1/2 Barba.	1/2 D'Ennery, Tilleul.
La Marchesa	O.	2	1/4 Jules de Wailly.	3/4. Arnould 1/4, Kastner 1/2.
La Maupin	V.	1	1/2 Labie.	1/2 J. Augier.
Lambert Symnel	C.	5	Picard (D. E.), Empis.	
Lambert Symnel	O.	3	3/4 Scribe, Mélesville, Adam.	Monpou.
Lamentin	C.	1		Dorvo.
Lamotte - Houdart à la trappe	V.	1	1/2 Piis.	1/2 Auger.
Lampe de Davy	C.	1		Ostrowski.
Lampe merveilleuse	M.	5	1/3 Carmouche.	2/3 Merle, Saintine.
Lampe merveilleuse	M.	5	5/6 Ribié (D. E.), Pompigny.	1/6 Leblanc.
Lampe merveilleuse	M.	3		Faur, Foignet fils.
Lampe merveilleuse	O.	3	Etienne, Nicolo (D. E.), Benincori (D. E.).	
Lampions de la veille et les lanternes du lendemain	R.	5	Dumanoir, Clairville.	
Lancastre	D.	5		D'Epagny.
Lanciers	M.	3		Saint-Hilaire.
Lanciers	V.	1	3/4 Th. Cogniard, Cormon, Lévy, *édit.*	1/4 Grangé.
Lanciers et les capucins	V.	1		Laurencin.
Lanciers et les marchands de modes	V.	1		Antier, Varez.
Landeau	V.	1	Picard (D. E.) Barba, *édit.*	1/3 Mazères.
Landwher	B.	1		Frédéric Blache.
Langeli	V.	1		Rosier.
Langue musicale	O.	1	1/2 Moreau, Gabriel.	1/2 Fr. Halévy.
Lansquenet	V.	1	Bayard, Dumanoir.	
Lansquenet	V.	1	Ferd. Langlé, Lockroy.	
Lantara	V.	1	(D. E.) Barré, Picard, Radet, Desfontaines.	
Lantara et Dorvigny	V.	1	1/2 Brazier, Barba, *édit.*	1/2 De Courcy, Merle.

Titres des Pièces.	Genres.	Actes.	M. GUYOT.	M. PERAGALLO.
Lanterne de Diogène	P.	3		Cuvelier.
Lanterne de Diogène	V.	1	Séveste frères.	
Lanterne de Diogène	V.	1	Duhomme.	
Lanterne magique	R.	3	1/2 Clairville.	1/2 Thiboust, Delacour.
Lanterne magique	O.	1	Grétry neveu, Bianchi.	
Lanterne magique	V.	1		Bernard Valville.
Lanterne sourde	V.	1	1/3 Désaugiers (D. E.).	2/3 Antier, Hubert.
Lanval et Vivianne	C.	5	Murville.	
La Périchole	V.	1	1/2 Théaulon.	1/2 De Forges.
Lapeyrouse	D.	5	Harvy-Leack.	
Lapeyrouse	P.	2	5/6 Hapdé (D. E.).	1/6 Foignet fils.
Lapin blanc	O.	1	1/2 Carmouche, Mélesville.	1/2 Hérold (D. E.).
Laponne	V.	1		Jouhaud.
Laquais d'Arthur	V.	1	(Réné Lordereau), pour Guillaume 2/3, Lévy, édit. 1/3.	
Laquais d'autrefois	V.	1		Demanne, Lagoguée.
Laquais d'un nègre	V.	2		Brisebarre, Nyon.
Laquelle des deux	V.	1	Bourdois.	
Laquelle est ma femme?.	O.	1	Bianchi.	
La Raisin	V.	2		Roger de Beauvoir 2/3, Lévy, édit. 1/3.
Larme d'une reine	D.	5	De Rostan.	
Lasthénie	O.	3		De Chaillon.
La Tonelli	O.	2	3/4. Sauvage 1/4, A. Thomas 1/2.	1/4 De Forges.
Latour d'Auvergne	M.	3		Boirie, Léopold.
Latréaumont	C.	5	Dinaux, Eug. Sue.	
Latude	D.	3	1/2 De Pixérécourt.	1/2 Anicet Bourgeois.
Laure	O.	1		Marsollier (D. E.), Dalayrac (D. E.)
Laure et Delphine	V.	2	Bayard, Ch. Potron.	
Laure et Félino	P.	3		Cuvelier.
Laure et Fernando	D.	3	Dumaniant.	
Laure et Pétrarque	O.	1		Moline.
Laurence	T.	5	Legouvé.	
Laurence	V.	2		Th. Barrière, Jules Barbier, Michel Carré.
Laurence et d'Herval	C.	1	Boutillier.	
Laurent de Médicis	T.	3	Petitot.	
Laurent de Médicis	T.	3		Léon Bertrand.
Laurette	V.	3	Lamerlière, Liénard.	
Laurette	D.	1	De Leuven, de St-Georges.	
Laurette de retour au village	O.	1		Porta.
Lauriers-roses	V.	1		Dubois.
Lauzun	V.	2	2/3 Michel Masson, Lafitte.	1/3 Saintine.
Lavallière et Montespan	D.	5	1/2 Lagrange.	1/2 Antier.
Lavandières	V.	2	De Tully, Chauffer.	
Lavandières de Santarem	O.	3		D'Ennery 1/4, Grangé 1/4, Gevaert 1/2.
Lavater	D.	5	2/3 Rochefort, Brisset.	1/3 Naigeon.
Lavater	V.	2	Dumanoir, Clairville.	
Lavater	V.	1	Maurice Séguier.	
Laveuses de Provence	V.	1	1/2 Labie.	1/2 J. Augier.
Lavinia	T.	5		Ponroy.
La Voisin	D.	5	1/2 Paul Foucher.	1/2 Alboize.
Law	D.	3	Mennechet.	
Lazare le pâtre	D.	5	Bouchardy.	
Lazaret	V.	1	1/2 Paul de Kock.	1/2 Simonnin.
Lazarille de Tormes	V.	2	Sauvage, de Lurieu.	

Titres des Pièces.	Genres.	Actes.	M. GUYOT.	M. PERAGALLO.
Lazzarone............	O.	2	1/2 De St-Georges.	1/2 Fr. Halévy.
Léa.................	D.	5	Bouchardy, Paul Foucher, Lévy.	
Léa la bohémienne.....	V.	3	1/3 Sauvage.	2/3 Duvert, Lauzanne.
Lébao le nègre........	D.	5		Demolière 1/2, Chardon 1/4, Mouton 1/4.
Lebel...............	V.	1	2/3 Overnay.	1/3 Alix, édit.
Le Caravage de 1599...	M.	5	5/9. Paul Foucher, Barba 1/3.	4/9 Alix, édit.
Leçon...............	C.	3	Casimir Bonjour.	
Leçon...............	O.	1		Marsollier (D. E.), Dalayrac (D. E.).
Leçon...............	V.	1	Goulard.	
Leçon...............	V.	1		De Courville.
Leçon...............	V.	1	Masselin, E. Burat.	
Leçon aux fermiers.....	C.	1	Dorvigny.	
Leçon conjugale........	C.	2		Sewrin, Chazet.
Leçon conjugale........	V.	1		Dubois.
Leçon d'amour.........	V.	1	1/3 Brazier.	2/3 Merle, Ourry.
Leçon d'amour.........	V.	3		A. Renoux.
Leçon de botanique.....	V.	2	Dupaty.	
Leçon de danse........	C.	1	Dumaniant.	
Leçon de danse à 75 centimes le cachet.......	V.	1	Barthélemy, Fillot.	
Leçon de danse et d'équitation.............	V.	1	1/2 Gersin.	1/2 Sewrin.
Leçon de dessin........	C.	1		1/2 Davesnes, Desnoyers.
Leçon d'égalité........	V.	2	Jaime, Ach. d'Artois, Léon Halévy, Barba, édit.	
Leçon de l'oncle.......	V.	1		Sewrin, Chazet.
Leçon de mathématiques.	V.	1	Ramond de la Croizette, Brisset.	
Leçon des fermiers.....	C.	3		Dorvigny.
Leçon de trompette.....	V.	1		Laurencin, Lévy, édit.
Leçon d'une actrice.....	V.	1	1/2 Milon.	1/2 Guerville.
Leçon paternelle.......	C.	1	1/2 (Paccard), Barba, édit.	1/2 Pellissier-Laqueyrie.
Leçon paternelle.......	P.-V.	1	Moreau, Lafortelle.	
Leçon singulière.......	C.	1	Désaugiers, Gentil, Villiers.	
Lecoq...............	V.	1		Simonnin.
Le Corrége...........	M.	5	Salin, Leroy, Lagerot.	
Lectrice.............	V.	2	Bayard.	
Lecture du *Tartuffe*.....	C.	1		Dubois, Chazet.
Légende de l'homme sans tête............	D.	5	1/2 Eug. Nus.	1/2 Brisebarre.
Légion de Fischer......	M.	3	5/6 Lamartelière.	1/6 Taix (D. E.).
Législatrices...........	C.	1		Moline.
Legrand Poncet........	P.	1	2/3 Paul Legrand, Bovery.	1/3 Lindheim.
Le grand roi d'Yvetot...	P.	3	2/3 Vanderburch, Guinon.	1/3 Frédéric Barbier.
Léhéman.............	O.	3		Marsollier (D. E.), Dalayrac (D. E.).
Leila................	O.	3	Bovery.	
Lekain...............	V.	2	De St-Georges.	
Lekain à Draguignan....	V.	2	1/2 E. Guinot.	1/2 De Forges.
Lélia................	D.	5		Béraud, Alboize.
Lendemain de fortune...	C.	1	Picard.	
Lendemain de la fin du monde.............	F.	1	Dumersan, Honoré, Riga, édit.	
Lendemain de la pièce tombée.............	V.	1	1/2 Dupaty.	1/2 Dubois.
Lendemain des noces...	O.	1		Léger, Jadin.
Lendemain du bal......	V.	1	1/3 Jacquemin.	2/3 Ourry, Chazet.

Titres des Pièces.	Genres.	Actes.	M. GUYOT.	M. PERAGALLO.
Lendemain d'un bal masqué..............	V.	1	Sauvage, Lecouturier.	
Lendemain d'une pièce tombée.............	V.	1	Dupaty, Maurice Séguier.	
Lendemain d'un succès..	V.	1	Dupuis 1/3, Carmouche 1/3, (*Jouslin*) p^r Joseph B. 1/3.	
Léo Burkard............	D.	5		Dumas, Gérard de Nerval.
Léocadie..............	O.	3	1/2 Scribe, Mélesville.	1/2 Auber.
Léocadie..............	R.	3	2/3 Carmouche, (*Jouslin*), pour Joseph B.	1/3 Coralli.
Léocadie de Pantin.....	V.	1	A. d'Artois, Dupin, Varner.	
Léon.................	D.	5	Rougemont.	
Léon.................	O.	3	1/2 Hoffman.	1/2 Dalayrac (D. E.).
Léona...............	V.	2	De St-Georges, de Leuven, Pilati.	
Léonard..............	D.	4	1/2 Draparnaud.	1/2 Pellissier-Laqueyrie.
Léonard le perruquier...	V.	4	Dumanoir, Clairville.	
Léonce...............	V.	3	1/2 Bayard.	1/2 Doucet la Revelière.
Léonce...............	O.	2	1/2 Nicolo (D. E.).	1/2 Marsollier (D. E.).
Léon de Montaldi.......	M.	3		Mme de Bawr.
Léon et Lucienne.......	V.	2	3/4 Dinaux, Paul Foucher.	1/4 Paul Duport.
Léon, Georges et Marie..	V.	1		Charles Potier, Dutertre.
Léonidas.............	T.	5		Pichat.
Léonidas.............	O.	1	1/2 De Pixérécourt.	1/2 Gresnick.
Léonidas.............	M.	1	Villiers, Quoy.	
Léonide..............	V.	3		Ch. Dupeuty, de Villeneuve, St-Hilaire.
Léonie...............	T.	5		Delrieu.
Léonie...............	D.	3	Jaime, Léon Halévy, Fellmann.	
Léonie...............	V.	1		Laya.
Léon Norveld.........	M.	3	1/2 Barba, *édit.*	1/2 Aude.
Léonor de Volmar......	M.	3		Goldman, Quaisain (D. E.).
Lénore...............	D.	5	1/2 Cogniard frères.	1/2 Henri Blaze.
Lénore...............	O.	4	Joos Danglas.	
Léonore..............	O.	2		Bouilly, Gaveaux (D. E.).
Léonore..............	D.	1	1/2 Loiseleur.	1/2 Souvestre.
Léonore de Volmar.....	M.	3		Aude 5/6, Quaisain 1/6.
Léonore et Félix.......	O.	1	St-Marcellin, Benoist.	
Léontine.............	V.	3		Ancelot.
Lépreux de la vallée d'Aoste..............	M.	3		Decomberousse, Daubigny, Merle.
Lequel?..............	O.	1	1/3 Leborne.	2/3 Ancelot, Paul Duport.
Lequel des deux?......	C.	1		Chavanges, Chollet, Bezou, *éd.*
Lequel des deux?......	C.	1	Merville, Barba, *édit.*	
Lequel des trois?......	V.	1		Francisque.
Lequel est mon cousin?..	V.	1	Joseph Pain.	
Lescombat............	D.	5	1/2 Alphonse Brot.	1/2 Béraud.
Lestocq..............	O.	4	1/2 Scribe.	1/2 Auber.
Lestocq..............	V.	1		Laurencin, Altaroche, Alix, *éd.*
Lesurques............	D.	5	2/9 Siraudin.	7/9 Moreau, Alfred Delacour Porcher.
Les voilà bien tous.....	V.	1		Antier, Deflers.
Les voilà partis........	C.	1		Chevalier.
Le Tasse.............	T.	5	Cicille.	
Le Tasse.............	D.	5		Alexandre Duval.
Le Tasse à Sorrente....	D.	3		De Belloy.
Létorières............	V.	3	Bayard, Dumanoir.	
Létourneau...........	V.	3	1/2 Bayard.	1/2 Léon Laya.

Titres des Pièces.	Genres.	Actes.	M. GUYOT.	M. PERAGALLO.
Lettre	M.	3		Mme Hadot (D. E.), Taix (D. E.).
Lettre	C.	1	Dumersan.	
Lettre anonyme	C.	1		Ponet, Franconi jeune.
Lettre anonyme	C.	1	Charles Maurice.	
Lettre anonyme	V.	1		Ad. Stel.
Lettre au bon Dieu	O.	2	1/4 Scribe.	3/4 Fr. De Courcy 1/4, G. Duprez 1/2.
Lettre d'audience	V.	3	De Tully, Fulgence.	
Lettre de cachet	D.	5	2/2 Pigault-Lebrun, Barba, éd.	
Lettre de change	O.	1	1/2 De Planard.	1/2 Bochsa.
Lettre de faire part	V.	1	Lange.	
Lettre de recommandation	V.	2	1/2 Dumersan, Barba, édit.	1/2 Sewrin, Merle.
Lettre équivoque	C.	1	Merville, Barba, édit.	
Lettre et la réponse	V.	1		Feu Marsollier, Kreubé.
Lettre initiale	V.	1	1/2 Nicolo.	1/2 Duvert.
Lettre posthume	O.	1	1/2 Scribe, Mélesville.	1/2 F. Kreubé.
Lettre posthume	V.	1	Rougemont.	
Lettre sans adresse	V.	1	1/2 Etienne.	1/2 Moras.
Lettres de carnaval	V.	1	Joseph Pain (D. E.), Dupin.	
Levée de trois cent mille hommes	V.	1	1/3 Michel Masson.	2/3 Saintine, Alix, édit.
Lever du rideau	V.	1		Charrin.
Levez la toile	V.	1	Coupart, Jacquelin.	
Lévite d'Ephraïm	D.	2		Mme Alexandre.
Leycester	O.	3	1/2 Scribe, Mélesville.	1/2 Auber.
Leycester du faubourg	V.	1	2/3 Scribe, Carmouche.	1/3 Saintine.
Lia	V.	2	Etienne Arago, Desvergers.	
Liaison	C.	5	1/2 Empis.	1/2 Mazères.
Liaisons dangereuses	V.	3		Ancelot, Saintine, Alix, édit.
Libellé	C.	1	Réné Périn.	
Libellistes	D.	4	1/2 Beaunoir.	1/2 Boursault.
Libérateur	C.	1		Mercier.
Libérateur de l'Amérique	V.	2		Sénis, Gauné.
Liberté conquise	D.	3	Harny.	
Liberté des costumes	V.	1		Touchard.
Liberté des nègres	P.	1	Toubon.	
Libertins de Genève	V.	4		Marc Fournier.
Lidda	V.	1	Théaulon, Th. Anne, Barba, éd.	
Lierre et l'ormeau	V.	1	1/3 Alfred Monnier.	2/3 Lefranc, Labiche.
Lieutenant d'artillerie	V.	2	1/3 St-Laurent (D. E.).	2/3 Saintine, Duvert.
Lieutenant de police	T.	2	Dumanoir, Mallian.	
Lièvre en sevrage	V.	1	1/2 Boyer-Partout.	1/2 Boyer jeune.
Ligne droite	C.	1		Marc-Monnier
Ligue des amants	C.	1		Alfred des Essarts.
Ligue des auteurs	V.	1	(D. E.) Barré, Radet, Desfontaines.	
Ligue des femmes	V.	1		Ourry, Chazet.
Ligue des femmes	V.	1	1/3 Et. Arago.	2/3 Saintine, Duvert.
Lilas	V.	1		Jouhaud.
Lilas	V.	1	1/2 A. Guénée.	
Lilas de Romainville	V.	1	Wœstyn.	
Lilas et les grisettes	V.	2	Didier.	
Lili Taquinet	C.	1		Sidony.
Limites	V.	1	(D. E.) Barré, Radet, Desfontaines.	
Limousins vengés	V.	1	Scribe, Delestre-Poirson.	
Lina	O.	3		Saint-Cyr, Dalayrac (D. E.).
Linda di Chamouni	O.	5		D'Ennery, G. Lemoine.
Lindane	M.	5	Réné Périn.	

Titres des Pièces.	Genres.	Actes.	M. GUYOT.	M. PERAGALLO.
Lingère.................	C.	1	Magne Saint-Aubin.	
Lingère du Marais......	V.	3	Ach. d'Artois, Dupin.	
Linnée...............	O.	3	1/2 Beaunoir, Vallée.	1/2 Dejaure jeune, Dourlen.
Lion amoureux........	V.	2	Scribe.	
Lion amoureux........	V.	1	Théaulon 1/4, Th. Anne, 1/4, Barba, édit., 1/2.	
Lion de Florence.......	P.	2	1/6 Lanusse.	5/6 Frédéric.
Lion de Hémosy.......	V.	1	Marius Bourelly.	
Lion de Montmorency...	V.	3		Élie Sauvage, Raimond Deslandes.
Lion devenu vieux.....	V.	1		Brisset, Raimond Deslandes, Jouhaud.
Lion du désert.........	M.	3	1/3 Labrousse.	2/3 Anicet, Ferd. Laloue.
Lionel...............	V.	2	1/2 De Livry.	1/2 de Villeneuve.
Lion empaillé..........	V.	2		Léon Gozlan.
Lion et le rat..........	V.	2	1/2 Labie.	1/2 Saint-Amand.
Lion et le rat..........	V.	1	2/3 De Leuven, E. Guinot.	1/3 De Forges.
Lion et le moucheron...	D.	5		E. Souvestre, E. Bourgeois, E. Dagneau.
Lion et lionne.........	V.	1		Bresson.
Lionne...............	V.	1		Ancelot, Laya.
Lionnes pauvres.......	V.	5	1/3 Émile Augier.	2/3 Foussier, Jules Barbier.
Lion parlant..........	M.	3		Charrin.
Lion reconnaissant.....	M.	5	5/6 Caigniez.	1/6 Leblanc.
Lion reconnaissant.....	P.	3	Ribié.	
Lions de Gisors.......	V.	1	Varin, Desvergers.	
Lions de Gisors........	P.	1		Francisque, Ganné.
Lions de Mysore.......	M.	3		Th. Nézel, Ferd. Laloue, Villemot.
Liquidation...........	V.	1	1/3 A. Séville.	2/3 Antier, Ponet.
Lisbell...............	B.	3		Corali.
Lisbeth...............	D.	5	Victor Ducange (D. E.).	
Lisbeth...............	O.	3	3/4 Grétry neveu 1/4, Grétry 1/2.	1/4 De Favières.
Lisbeth...............	V.	2	Grétry neveu.	
Lisbeth...............	V.	1	1/2 Eugène Nus.	1/2 Léonce.
Lisbeth et Muller.......	B.	3		Blache.
Lise et Colin.........	O.	2		Eugène Nus, Gaveaux.
Lise et Colin dans leur ménage...........	P.	1	5/6 Hapdé.	1/5 Foignet fils.
Lisette...............	O.	2	1/2 Sauvage.	1/2 Ortolan.
Lisette...............	V.	1	Chol de Clercy, Gauthier, Mifliez, édit. 1/3.	
Lisette toute seule.....	V.	1	Brazier, Barba, édit.	
Lisez Plutarque........	O.	1	1/2 Plantade père.	1/2 Léger, Chazet.
Lisia................	O.	1	Monnet, Scio.	
Lisistrata............	V.	1	Hoffmann.	
Liste de mes maîtresses.	V.	1	7/9 Potron 2/9, Gautier 2/9, Barba, édit. 3/9.	2/9 Léon Laya.
Liste des notables......	V.	2		Dupeuty, Decomberousse.
Lit de circonstance.....	V.	2	De Planard.	
Lit de la mariée........	V.	1		Leroy, Guyot de Fer.
Lithographe..........	V.	1		Sewrin, L. Tousez.
Livre de l'ermite.......	O.	2	3/4 De Planard 1/4, Carafa 1/2.	1/4 Paul Duport.
Livre des destins.......	O.	1	Bianchi.	
Livre d'heures........	V.	2	1/2 Théaulon.	1/2 Biéville.
Livre noir............	D.	5	1/3 Siraudin.	2/3 Léon Gozlan.
Livret...............	V.	1		Masquiller, Lepeintre jeune, Porcher.

Titres des Pièces.	Genres.	Actes.	M. GUYOT.	M. PERAGALLO.
Livre trois, chapitre premier............	C.	1		Eugène Pierron, Auger.
Locataire............	O.	1		Sewrin, Gaveaux....
Locataires et les portiers	V.	1	2/3 Brazier, de Livry.	1/3 de Villeneuve.
Lodoïska............	O.	3		F. Loraux, Chérubini.
Lodoïska............	B.	1		Taglioni.
Lodoïska............	B.	1	Laurencon.	
Loge de l'Opéra.......	C.	3	Mme Anaï-Ségalas, Lévy, édit.	
Loge du portier.......	C.	1		Aude.
Loge du portier........	V.	1	1/2 Scribe.	1/2 Mazères.
Loge et le salon.......	V.	2	1/2 Rochefort.	1/2 Paul Duport.
Loge mal gardée......	V.	1	Duflot.	
Logement pour trois....	V.	1	2/3 Siraudin.	1/3 Danvin.
Logeur	V.	1	5/6 Michel Masson, Vanderburch, Barba, édit.	1/6 de Villeneuve.
Loi anglaise..........	V.	2		Terrier, Fournier, Chazet.
Loi anglaise..........	V.	2	1/2 Lesguillon.	
Loi anglaise..........	C.	2	1/2 Carmouche.	1/2 Fr. De Courcy.
Loi de Frédéric........	O.	3		Pélissier-Laqueyrie, Des Essarts, Rifaut.
Loi de Jatab..........	C.	1	Dumaniant.	
Loi militaire..........	M.	5	Victor Ducange (D. E.).	
Loin du bruit.........	O.	1	Galoppe-d'Onquaire, Paul Bernard.	
Loïsa	V.	2		Mme Ancelot.
Loi salique...........	V.	2	Scribe.	
Loïse de Montfort.....	O.	1	Emile Deschamps 1/4, Pacini 1/4, Bazin 1/2.	
Loiserolles...........	O.	1	Ducaire.	
Loi singulière.........	D.	3	1/12 Lanasse.	11/12 Loaisel-Tréogate(D.E.), Quaisain (D. E.).
Loi singulière.........	V.	2	Brisset, Blangini.	
Lolo Siraudot.........	V.	1		Lauzanne, Gustave Lemoine.
Lolotte	V.	4		Th. Nézel.
Lolotte et Fanfan......	O.	3	1/2 Guillemin.	1/2 Dubuat.
Lolotte et Fanfan......	P.	3		Frédéric.
Lombards............	O.	4		(Verdi) p^r Escudier, prop^{re}.
Longue-Épée le Normand	D.	5	Bouchardy.	
Longue paille.........	V.	1	Cogniard frères, Burat.	
Lord Byron à Venise....	D.	3		Ancelot,
Lord Davenant........	D.	4		Vial, Justin Gensoul, Milcent.
Lord et la modiste.....	V.	2	P. Deslandes, Didier, Ach. d'Artois, Barba, édit.	
Lord et son Jockey.....	O.	3		Leblanc.
Lord Novart..........	C.	5	Empis.	
Lord Pikengrock.......	V.	1		Francisque, Gauné.
Lords à la taverne.....	V.	1	1/2 Dumersan,	
Lord Spleen..........	V.	1	1/2 Arvers.	1/2 Davrecour.
Lord Surrey..........	D.	5		Jousserandot, Fillion.
Lorenzino............	D.	5		Alexandre Dumas.
Lorettes et aristos......	V.	1	2/3 Lafargue, Siraudin.	1/3 de Villeneuve.
Lorgnette............	V.	1		J. Renard 2/3, Miffliez 1/3, éd.
Lorgnon.............	V.	1	Scribe.	
Lorichon............	V.	1	Carmouche, feu Brazier.	
Lorrains.............	V.	1	Gabriel, Francis D., A. d'Artois.	
Loterie..............	V.	1		Sewrin, Chazet.
Loterie..............	V.	4	Désaugiers (D. E.).	
Loterie..............	V.	1	Théaulon, T. Anne, Barba, éd.	
Loterie à la mode......	V.	1	Lhérie B., Vanderburch.	

Titres des Pièces.	Genres.	Actes.	M. GUYOT.	M. PERAGALLO.
Loterie anglaise	O.	1	Valcourt.	
Loteries de Francfort	V.	1	Théaulon, Ramond.	
Louisa	V.	1	2/3 Carmouche, Brazier.	1/3 Saintine.
Louis Bronze	V.	1	F. Langlé, Vanderburch.	
Louis XII	O.	3	3/4 De St-Georges, Lauréal, Vergne.	1/4 Crémont.
Louise	M.	5		Decomberousse, Pichat, St-Hilaire.
Louise	D.	3		Frédéric, Crosnier, Pellissier-Laqueyrie.
Louise	O.	1	1/2 Hoffman.	1/2 Solié.
Louise	V.	2	Scribe, Mélesville, Bayard.	
Louise	C.	1	Magne, St-Aubin.	
Louise	V.	1	Beaunoir, Vallée.	
Louise	V.	1	Caron de Maurecourt.	
Louise Bernard	D.	5	5/8 De Leuven, Lhérie B.	3/8 Alexandre Dumas.
Louise de Lignerolles	D.	5	Dinaux, Legouvé.	
Louise de Lugny	V.	2		Porcher.
Louise de Nanteuil	V.	5		Léon Gozlan.
Louise de Rouvray	D.	4	E. Moreau.	
Louise de Vaulcroix	D.	4	1/2 Lévy, édit.	1/2 Labénardière, Guerville.
Louise Duval	M.	4	Jaime, Léon Halévy.	
Louise et Ferdinand	C.	2		Boursault.
Louise et Louison	D.	5	1/3 Alphonse Royer.	2/3 Ch. Dupeuty.
Louise Miller	O.	3		Verdi, pour Escudier, prop.
Louise Miller	O.	4	Siraudin 1/4, Alaffre 1/4, Verdi 1/2.	
Louise Miller	D.	5	Bravard.	
Louisette	V.	2		Marc Michel, Fontaine.
Louis IX	T.	5		Ancelot.
Louis IX en Égypte	T.	5	Nép. Lemercier.	
Louison	C.	2	Alfred de Musset.	
Louis XI	T.	5		Casimir Delavigne.
Louis XI à Péronne	C.	3	Mély-Janin.	
Louis XI en goguette	V.	1	1/3 Fulgence.	2/3 Decomberousse, Alix, éd.
Louis XIV	V.	1		1/2 Demonval.
Louis XIV et Napoléon	D.	2	Rochefort, Brisset.	
Louis XV chez madame Dubarry	V.	1	1/2 Vanderburch.	1/2 Anicet Bourgeois.
Louis XVI	D.	5	2/3 Labrousse, Lévy, édit.	1/3 Ferd. Laloue.
Louis XIII	M.	5	1/2 Merville.	1/2 Tournemine.
Loup dans la bergerie	C.	1		Arnould Frémy.
Loup dans la bergerie	V.	1	1/2 Dumanoir.	1/2 Brisebarre.
Loup de mer	V.	2	2/3 Sauvage, de Lurieu.	1/3 Alix, édit.
Loup et le chien	V.	1	De La Rounat.	
Loup et les brebis	V.	1		Sewrin.
Loupeurs	V.	3	Dumersan, Vanderburch.	
Loup-garou	V.	3	2/3 Varin, E. Jaime.	1/3 Alix, édit.
Loup-garou	O.	1	1/4 Scribe.	Mlle Bertin 1/2, Mazères 1/4.
Loup-garou	O.	1	1/2 J. Delahaye, Baric.	1/2 Nibelle.
Loup garou	V.	1	1/2 Francis D.	1/2 Ourry.
Loup hors du bois	V.	2		Boisselot.
Loups dans la bergerie	V.	1		Ménissier.
Loups et les brebis	V.	1		Sewrin.
Loustic	V.	1		Labénardière.
Louvel à St-Germain	V.	1		Th. Nézel.
Lovelace dans l'embarras	V.	1		Duvert, Lauzanne, Duport.
Lovelace de la halle	V.	1		Camel.
Lovelace français	C.	3		Monvel, Alex. Duval.
Lovelace malgré lui	V.	2	Guiche.	

Titres des Pièces.	Genres.	Actes.	M. GUYOT.	M. PERAGALLO.
Loyer de la danseuse...	V.	2	Dumanoir, Mallian, d'Artois.	
Luce et Lucette........	O.	1		De Forges, Offenbach.
Lucette..............	O.	3		Lantier, Fridzéri.
Lucette..............	V.	1	Raymond P.	
Lucette et Lucas.......	O.	1	1/2 Forgeot.	1/2 Leblanc.
Lucette et Montfort.....	C.	2		F. Loraux.
Luceval..............	D.	2		Mercier.
Lucie................	C.	1	George Sand.	
Lucie de Lammermoor..	O.	5	1/4 Alph. Royer.	3/4, Vaez 1/4, Donizetti 1/2.
Lucie Didier...........	C.	3	1/2 Jaime fils.	1/2 Léon Battu.
Lucienne	V.	2	1/2 Carmouche.	1/2 Ancelot.
Lucienne	V.	1	Dinaux, Paul Foucher.	
Lucile................	C.	2		Mme Achille Comte.
Lucile................	D.	2		Francisque.
Lucile................	O.	1	Marmontel (D. E.), Grétry (D. E.)	
Lucile................	C.	1	Coupart.	
Lucile et Sainval.......	V.	1	Corsange.	
Lucio................	D.	5	1/2 Paul Foucher.	1/2 Alboize.
Lucrèce..............	T.	5		Arnault.
Lucrèce..............	T.	5		Ponsard.
Lucrèce..............	V.	3		Anicet, Ch. Dupeuty.
Lucrèce..............	V.	1		Richard, Ch. Monselet.
Lucrèce à Poitiers......	V.	1	*Delestre-Poirson.*	
Lucrèce Borgia........	D.	5	Victor Hugo.	
Lucrèce de la rue de la Harpe..............	V.	3		Jouhaud.
Ludovic..............	O.	2	1/4 De St-Georges.	3/4 Alix, *édit.*, Fr. Halévy, Hérold (D. E.).
Lui-même.............	O.	1	1/2 Francis D.	1/2 A. Piccini.
Lully................	V.	2	Dumanoir, Clairville.	
Lully et Quinault.......	O.	1	Nanteuil, Nicolo (D. E.).	
L'un après l'autre......	V.	1	Désaugiers (D. E.).	
Lundi, mardi, mercredi..	V.	3		Sewrin, Chazet.
Lundis de madame.....	C.	1		Léon Gozlan, feu Allard.
L'une après l'autre.....	V.	1	Labottière.	
Lune de miel..........	V.	2	Scribe, Mélesville, Carmouche.	
L'une pour l'autre......	V.	2		Baret.
L'une pour l'autre......	C.	1		Poitevin.
Lune rousse...........	V.	1		Rosier.
L'un et l'autre.........	C.	1	Mme Roger de Beauvoir.	
Lunettes..............	M.	3	Pompigny.	
Lunettes cassées.......	C.	2	(*Charlemagne*), *pour* Barba, *édit.*	
L'un pour l'autre.......	O.	4		Vial.
L'un pour l'autre.......	C.	1	Delaunay.	
Lutèce...............	M.	5		Dubois, Hubert.
Luthier de la rue de la Harpe..............	V.	1	Désaugiers (D. E.).	
Luthier de Lisbonne....	V.	2	Scribe, Bayard.	
Luthier de Vienne......	O.	1	1/2 De Leuven, de St-Georges.	1/2 Monpou.
Lutin amoureux........	M.	2	Rougemont.	
Lutin d'Argail	V.	1	Scribe, Carmouche.	
Lutin d'Argail.........	V.	1	1/3 Dumersan, Rousseau.	1/3 Fr. De Courcy.
Lutin d'Argail	V.	1	Théaulon 1/3, Lafontaine 1/3, (*Jouslin*), *pour* Joseph B. 1/3.	
Lutin de la vallée	O.	2		Alboize, Carré, Eug. Gautier, St-Léon.

Titres des Pièces.	Genres.	Actes.	M. GUYOT.	M. PERAGALLO.
Lutineau............	C.	4	Grétry neveu.	
Lutin femelle.........	V.	1	A. Dubois.	
Lutins...............	V.	1	Barré (D. E.), Radet (D. E.), Desfontaines (D. E.).	
Lutins de Bretagne.....	F.	3	Dumersan.	
Luxe................	C.	5	Jules Lecomte.	
Luxe des femmes......	V.	3		Anicet Bourgeois, Durantin.
Luxe et détresse........	V.	1	Ed. Noël.	
Luxe et indigence	C.	5		D'Epagny.
Luxembourg..........	C.	1	Charles Maurice.	
Lycéen..............	V.	1	P. Deslandes, Ach. d'Artois, Didier.	
Lydia-Seymours.......	D.	3		Décourty, Quaisain (D. E.).
Lydie...............	B.	2		Aumer.
Lynda di Chamouni....	O.	3	D'Ennery 1/4, G. Lemoine 1/4, Donizetti 1/2.	
Lys.................	V.	1	Chevrot.	
Lys de la vallée........	D.	5	1/3 A. de Beauplan.	2/3 Th. Barrière, de Balzac.
Lys d'Évreux.........	T.	6	Loyau de Lacy.	
Lys enchanté.........	V.	1	Théaulon.	

M

Titres des Pièces.	Genres.	Actes.	M. GUYOT.	M. PERAGALLO.
Ma Bête noire	V.	1	Dupin.	
Mabille et Maroc	V.	2	1/2 De Tully.	1/2 Salvat.
Ma Blanchisseuse	V.	1		Jouhaud.
Ma bonne Fée	V.	1	Lambert.	
Macaroni	V.	1	2/3 Dumersan, Varin.	1/3 Vaulabelle.
Macaroni d'Italie	V.	1		Duvert, Lauzanne, Lavoix.
Macbeth	T.	5	Ducis (D. E.).	
Macbeth	O.	5	Joos Danglas.	
Macbeth	M.	5	1/2 Victor Ducange.	1/2 Anicet.
Macbeth	M.	5	3/4 Deschamps 1/4, Lévy 1/2.	1/4 Hippolyte Lucas.
Macbeth	O.	3		Rouget de l'Isle, Chalard.
Macbeth	O.	3		Verdi pour Escudier, prop.
Macbeth	P.	3		Cutelier, Franconi jeune.
Mac-Dowen	D.	3	Victor Ducange.	
Macédoine	V.	1	Dumersan.	
Mac-Dog	V.	1	Durand de Beauregard.	
Mac-Dowel	M.	5	Victor Ducange.	
Mac-Grégor	V.	2		Morel.
Machabées	T.	5	Guiraud.	
Machabées	D.	4		Cuvelier, Léopold.
Maclovie	M.	5		Mme Barthélemy Hadot.
Maçon	O.	3	1/2 Scribe, G. Delavigne.	1/2 Auber.
Maçon	O.	1		Sewrin, Lebrun.
Maçon et le Banquier	V.	3	2/3 Michel Masson, Bourdereau.	1/3 Frédéric Thomas.
Maçon poëte	V.	1	Dumersan 1/2.	1/2 *Simonnin*, pour Barba, édit.
Maçons	V.	1		Anicet, Brisebarre.
Madame Absalon	V.	1	Siraudin, Ed. Martin.	
Madame André	V.	1		Laurencin, Fournier, Lévy, édit.
Madame Angot au Malabar	M.	3	1/2 Lion.	1/2 Aude.
Madame Angot	V.	1	1/2 Bourlier.	1/2 Varney.
Madame Angot dans son Ballon	V.	1		Aude, Mme Belfort.
Madame Angot au Malabar	M.	3		Aude.
Madame Angot au Sérail de Constantinople	M.	5		1/2 Aude, 1/2 de Jallais.
Madame Angot au Sérail de Constantinople	V.	3		(Aude), pour Perlet.
Madame Angot et sa suite	V.	2	(*Malliot*), pour Barba, édit.	

Titres des Pièces.	Genres. Actes.	M. GUYOT.	M. PERAGALLO.
Madame a sa migraine...	V. 1	1/2 Joltrois.	1/2 Abraham.
Madame Barbe-Bleue....	V. 3		Mourier.
Madame Barbe-Bleue....	V. 1	3/4 Lockroy, Choquart.	1/4 Roger de Beauvoir.
Madame Barbe-Bleue....	V. 1	Bayard, d'Ivernois.	
Madame Bazile.........	V. 2	2/3 Lurine, Solar.	1/3 Bezou, *édit*.
Madame Bertrand et Mademoiselle Raton.....	V. 1	Dumanoir, Lafargue.	
Madame Bijou........	V. 1	1/3 Lurine.	2/3 R. Deslandes, Alix, *édit*.
Madame Brusquet.......	C. 1	Dorvigny.	
Madame Bugolin.......	V. 1		Dumoustier.
Madame Camus et sa Demoiselle............	V. 1	1/2 Dumanoir.	1/2 Brisebarre.
Madame Caporal.......	V. 1		Saintine, Duvert, Lauzanne.
Madame Croquemitaine..	D.-V. 3		Henri de Kock, Cabot.
Madame de Brémont....	V. 1		Le Gouvé.
Madame de Brienne.....	D. 3	Déaddé, Letellier, Barba, *édit*.	
Madame de Cérigny....	V. 1	Bayard, Potron.	
Madame de Croustignac.	V. 2	Mélesville, Carmouche.	
Madame de Genlis......	V. 2	Dalby.	
Madame d'Egmont......	D. 3		Ancelot, Decomberousse, Alix, *édit*.
Madame de Lavalette...	D. 3	Barthélemy, Lhérie B., Lhérie jeune, Barba, *édit*.	
Madame de Laverrière...	D. 5	1/2 Charles-Lafont.	1/2 Mme Ancelot.
Madame de Lavallière...	V. 2	Lhérie B., Lhérie jeune.	
Madame de Lucenne....	C. 2		Mme A. Comte.
Madame de Mazarin.....	V. 1	Henri Simon.	
Madame de Montarcy....	D. 5	Louis Bouilhet.	
Madame de Pompadour..	V. 1	2/3 Maréchalle, Paulin.	1/3 Gombaut.
Madame de Presles.....	V. 3	Mélesville.	
Madame de Saint-Agnès..	V. 1	Scribe, Varner.	
Madame de Sévigné.....	C. 3		Bouilly.
Madame Deshoulières à Bruxelles............	V. 2	Desfontaines.	
Madame de Tencin.....	D. 5	2/3 Mirecourt, Lévy, *édit*.	1/3 Marc Fournier.
Madame de Valdaunaye..	V. 2	1/3 Barba, *édit*.	2/3 Léonce, Bernard.
Madame de Valnoir.....	M. 5	11/12 Paul de Kock, Lanusse.	1/12 Quaisain.
Madame de Villeneuve...	V. 1	De Pixérécourt.	
Madame Diogène.......	V. 1		Léon Battu. Nérée Désarbres.
Madame Dormessan, S.V.P.	V. 1	1/3 Ed. Martin.	2/3 Albert Monnier, Lévy, *éd*.
Madame Dubarry.......	V. 1	1/2 Etienne Arago.	1/2 Ancelot.
Madame Dubarry.......	V. 1	1/2 Vanderburch.	1/2 Anicet Bourgeois.
Madame Duchâtelet.....	V. 1		Ancelot, G. Héquet.
Madame est aux eaux....	V. 1		Labiche, Villemar.
Madame est de retour...	V. 1	2/3 Duflot, Lévy *édit*.	1/3 Nérée Désarbres.
Madame et Monsieur Pinchon.............	V. 1	2/3 Bayard, Dumanoir.	1/3 D'Ennery.
Madame et sa chambre..	V. 1	Chauffer.	
Madame Favart........	V. 3	1/2 Michel Masson.	1/2 Saintine.
Madame Favart........	V. 1	1/2 Moreau.	1/2 Dumolard.
Madame Flambart......	V. 1	Alphonse Keller.	
Madame Frontin........	V. 1	1/3 Brazier.	2/3 Chazet, Dubois.
Madame Gibou et madame Pochet............	V. 3	Dumersan, Armand d'Artois, Barba, *édit*.	
Madame Grégoire.......	V. 2	1/2 Rochefort, De Livry.	1/2 Dupeuty, Bezou, *édit*.
Madame Grégoire.......	V. 1	1/4 Barba, *édit*.	3/4 Chazet, Merle, Des Essarts.
Madame Jordonne et Cie.	V. 2		Brisebarre, Boisselot, Alix, *éd*.
Madame la Comète.....	R. 3		Roger de Beauvoir, L. Masson.
Madame la Comtesse....	V. 2		Vernet 2/3, Alix, *édit*., 1/3.

Titres des Pièces.	Genres. Actes.	M. GUYOT.	M. PERAGALLO.
Madame la duchesse et Monsieur le duc	V. 2		Arsène de Cey.
Madame Larifla	V. 1	1/2 Ad. Choler.	1/2 Labiche.
Madame Lovelace	C. 3		2/3 Lambert Thiboust, Alix, édit., 1/3.
Madame Marneffe	V. 5	2/3 Clairville.	1/3 De Balzac.
Madame Mascarille	O. 1	Jules Viard, Bovery.	
Madame Panache	V. 2	1/2 Deligny.	1/2 E. Bourgeois.
Madame Papillon	O. 1	1/2 Ludovic Halévy.	1/2 Offenbach.
Madame Péterhoff	V. 1	2/3 De Livry, Roche.	1/3 Davrecour.
Madame Philiska	V. 1		Henri de Kock.
Madame Pincé	C. 1	Valcour.	
Madame Roger Bontemps	V. 1	1/2 Clairville.	1/2 Thiboust, De Jallais.
Madame Rolland	D. 3		Mme Ancelot.
Madame Scarron	V. 1	Désaugiers (D. E.), Servières (D. E.).	
Madame Schlick	V. 1	Scribe, Varner.	
Madame veuve Boudenois	V. 2	1/2 *Delestre-Poirson*.	1/2 N. Fournier.
Madame veuve Larifla	V. 1	1/2 Ad. Choler.	1/2 Eugène Labiche.
Madeleine	D. 5	1/2 Albert.	1/2 Anicet Bourgeois.
Madeleine	V. 3	1/3 Paul de Kock.	2/3 Ch. Dupeuty, Mourier.
Madeleine la sabotière	V. 3	2/3 Bayard, Lafitte.	1/3 Desnoyers.
Madeline et Madelinette	V. 1	1/2 Alzay.	1/2 Davesnes.
Madelon	O. 2	T. Sauvage, Bazin.	
Madelon	V. 1		Brisebarre, Anicet Bourgeois.
Madelon Friquet	V. 2	1/2 Rougemont.	1/2 Ch. Dupeuty.
Madelon la danseuse	V. 1		Brisebarre, Blondy.
Madelon Lescaut	V.P. 1		Lambert Thiboust.
Mademoiselle	V. 2		Laurencin, Dupeuty, Alix, *éd*.
Mademoiselle ***	V. 1	A. d'Artois, Henri Simon.	
Mademoiselle Agathe	V. 1	1/3 Cormon.	2/3 D'Ennery, Grangé.
Mademoiselle Aïssé	D. 5	2/3 Paul Foucher.	1/3 Alex. de Lavergne.
Mademoiselle Aïssé	V. 1	1/3 Emmanuel Arago.	2/3 M. Aycard, Alix, *édit*.
Mademoiselle Bernard	V. 1	1/3 Barba, *édit*.	2/3 Auger, Laurencin.
Mademoiselle Bourrache et madame Quinquina	V. 1		Camel.
Mademois. Bruscambille	V. 1	Déaddé, Sauzay.	
Mademoiselle Carillon	D. 1	Angel, Déaddé.	
Mademoiselle Clairon	V. 2	2/3 Mélesville, Carmouche.	1/3 Fr. de Courcy.
Mademoiselle d'Aloigny, lieutenant de dragons	V. 1	2/3 J. Arago, 1/3 Barba, *édit*.	
Mademoiselle Dangeville	V. 1	1/2 De Livry.	1/2 De Villeneuve.
Mademoiselle de Belle-Isle	D. 5		Alex. Dumas.
Mademoiselle de Bois-Robert	V. 2	1/2 *Delestre-Poirson*.	1/2 N. Fournier.
Mademoiselle de Choisy	V. 1	De Saint-Georges, Bernard Lopez.	
Mademoisel. de Fontanges	O. 2	Théaulon 1/4, Léotard 1/4, Pilati 1/2.	
Mademoiselle de Guise	O. 3	1/2 Dupaty.	1/2 Solié.
Mademoiselle Déjazet au sérail	V. 1	Bayard, De Lurieu.	
Mademoiselle de la Faille	D. 5		Anicet, Gustave Lemoine.
Mademoiselle de la Seiglière	C. 4	J. Sandeau 2/3, Régnier 1/3.	
Mademoiselle Delaunay à la Bastille	O. 1	1/2 Creuzé.	1/2 Madame Gail.
Mademoiselle de Lavallière	D. 5		Adolphe Dumas.

Titres des Pièces.	Genres.	Actes.	M. GUYOT.	M. PERAGALLO.
Mademoiselle de Lavallière et madame de Montespan	D.	5	1/2 Lagrange.	1/2 Antier.
Mademoiselle de Liron	V.	1		Gust. Lemoine, Decourcelle.
Mademoiselle de Mérange	O.	1	De Leuven 1/4, Lhérie B. 1/4, Henri Potier 1/2.	
Mademoiselle de Montansier	V.	1	Bayard, Gabriel.	
Mademoiselle de Montmorency	C.	3	1/3 Barba, *édit*.	2/3 Rosier.
Mademoiselle de Navailles	V.	1	2/3 Siraudin, Lafargue.	1/3 Amédée Achard.
Mademoiselle Desgarcins.	V.	1	1/2 Vanderburch.	1/2 Marie Aycard.
Mademoiselle de Valence.	V.	2	Marchais, Tirpenne.	
Mademoiselle Farce	M.	2		Dubois.
Mademoiselle Gaussin	V.	1		Chazet.
Mademoiselle Faribole	V.	2		Marc Michel.
Mademoiselle Gertrude	V.	1		*Simonnin*, pour Barba.
Mademoiselle Grabutot	V.	1	Déaddé 2/3, Ad. Choler 1/3.	
Mademoiselle Guimard	V.	1		Durantin.
Mademoiselle Hamilton	V.	1	Dupin, Sauvage.	
Mademoiselle Lange	V.	1	1/3 Jacques Arago.	2/3 Porcher, Alix, *édit*.
Mademoiselle ma femme.	V.	1		Lefranc, Labiche.
Mademoiselle Marguerite.	V.	1		Duvert, Saintine.
Mademoiselle Marie	D.	1		Grout, J. Marville.
Mademoiselle mon frère	V.	1	Clairville.	
Mademoiselle Musard	V.	1	Rougemont, Henrion.	
Mademoiselle Navare	V.	1	1/3 Lévy, *édit*.	2/3 Hipp. Lucas.
Mademoiselle Nichon	V.	1	De Leuven, de Saint-Georges, Barba, *édit*.	
Mademoiselle Rose	C.	2	1/2 Alp. Royer.	1/2 Gust. Vaez.
Mademoiselle Sallé	V.	2	2/3 Bayard, Dumanoir.	1/3 Saintine.
Ma dernière maîtresse	V.	1		Jouhaud.
Madone	D.	4	Léon Halévy, Debuy.	
Madrigal, écrivain public.	V.	1		Argand de Barges.
Ma femme et ma place	C.	3	Bayard, Gustave de Wailly.	
Ma femme et mon parapluie	V.	1	1/2 *Desvergers, Varin* pour Held, *prop*.	1/2 (*Laurencin*) pour Alix, *édit*.
Ma femme et sa chambre	V.	1	Chauffer, Barba, *édit*.	
Ma femme m'adore	V.	1	1/2 Louis Desnoyers.	1/2 Laurencin.
Ma femme se marie	V.	1	1/2 Taviaud.	1/2 Duvert.
Ma fille et ma femme	V.	1		Peupin, Pérey.
Magasin de chaperons	V.	1	Désaugiers, Théaulon, Ach. d'Artois.	
Magasin de la Graine de lin	V.	1	7/9. Bayard 3/9, Potron 2/9, Gautier 2/9.	2/9 Léon Laya.
Magasin de masques	V.	1	Brazier 1/4, Francis D. 1/4, Gabriel (*Jouslin*) 1/4, pour Joseph B. 1/4.	
Magasin des lumières	V.	1	Ferdinand Langlé.	
Magasin des modernes	V.	1	Deschamps, Després.	
Magasin, la mairie et la cour d'assises	V.	3	2/3 Brazier, Vanderburch.	1/3 de Villeneuve.
Magasin pittoresque	V.	1		Fr. De Courcy, Ch. Dupeuty, Maurice Alhoy.
Magicienne	O.	5	1/2 De Saint-Georges.	1/2 Fr. Halévy.
Magicienne supposée	C.	3	5/6 Caigniez.	1/6 Quaisain. (D. E.).
Magicienne sans magie	O.	2	Creuzé 1/4, Roger 1/4, Nicolo (D. E.) 1/2.	
Magie blanche	V.	1	Dumersan.	

Titres des Pièces.	Genres.	Actes.	M. GUYOT.	M. PERAGALLO.
Magister et le Meunier...	V.	1	Désaugiers (D.E.), Jacquelin (D.E.).	
Magnétisme	V.	2	Scribe, Lockroy.	
Magnétismomanie	V.	1	Vernet.	
Magnifique............	O.	1	1/2 Grétry neveu (D. E.).	1/2 Sedaine (D. E.).
Magot................	P.	1	Coupart, Servière.	
Magot................	V.	1	1/2 Brazier.	Simonnin, pour Barba, édit.
Magot de Jacqueline....	O.	1	1/4 Jautard.	3/4. De Jallais 1/4, Blaquières 1/2.
Ma grand'mère.........	O.	2		Favière, Jadin.
Mahomet Barbe-Bleue...	V.	1		Ourry, Chazet, Merle.
Mahomet II............	T.	5	Baour-Lormian.	
Mahomet II............	O.	3		Saulnier, Jadin.
Mahomet II............	M.	3		Charrin, Dusaulchoix.
Mahomet II............	V.	1		Lubize, Léonce.
Mahomet jugé par les femmes...........	P.-V.	1	Dieulafoy (D. E.), Gersin (D. E.).	
Mai.................	V.	1		Sewrin, Chazet.
Mai d'amour...........	V.	1		Chazet, Ourry.
Mai des jeunes filles....	V.	1	Barré (D.E.), Radet (D. E.).	
Main de bois...........	M.	5		Boirie, Daubigny, Poujol.
Main de fer............	M.	5		Cuvelier.
Main de fer............	M.	3	Scribe 1/4, de Leuven 1/4, Adam 1/2.	
Main de fer	M.	3		Monvel.
Main de sang..........	D.	3		Hippolyte Lucas.
Main droite et la main gauche............	D.	5		Léon Gozlan.
Mainfroy le Maudit.....	M.	5	Du Perron, Gilbert.	
Maire du palais........	T.	3		Ancelot.
Maison à deux maîtres..	O.	1	Desfontaines, Martini.	
Maison à deux portes...	C.	3	Cailhava (D. E.).	
Maison à vendre.......	O.	1		Dalayrac (D. E), Alex. Duval.
Maison bien gardée.....	C.	1	Ribié (D. E.).	
Maison bien garnie.....	V.	1	Labie, Gérard.	
Maison blanche........	M.	5	1/3 Paul de Kock.	2/3 Antier, de Flers.
Maison changée.......	O.	1		Lemière, Dubuat.
Maison de campagne à vendre............	V.	1	1/2 Woestyn.	1/2 Gustave Sauvey.
Maison de Choisy.......	C.	2	De Pixérécourt.	
Maison d'éducation.....	V.	1	Dupin, Varner.	
Maison d'éducation.....	V.	1	Richer.	
Maison de Jeanne d'Arc..	C.	1	René Périn, Barba, édit.	
Maison de Jeanne d'Arc..	V.	1	Rougemont.	
Maison de Molière......	C.	4		Mercier.
Maison de mon oncle....	V.	1	Théaulon, Mebulle, Barba, éd.	
Maison d'emprunt:.....	V.	1	Valcour.	
Maison de Pantin.......	V.	1		Merle, Ourry.
Maison de Plaisance.....	V.	3		Antier, D'Épagny.
Maison de prêt.........	V.	1	(Mignon), pour Barba, édit.	
Maison de santé........	V.	1	Pillon.	
Maison de santé........	V.	1	(Martainville) pr Barba, édit.	
Maison des bois........	M.	1	Caigniez, Quoy.	
Maison des fous........	D.	2	René Périn.	
Maison des fous........	V.	1	Ravrio.	
Maison des fous........	V.	1	Gabriel, A. D'Artois, Michel Masson.	
Maison des fous........	C.	1	Mimaut.	
aison de Socrate......	C.	3		Mercier.

Titres des Pièces.	Genres.	Actes.	M. GUYOT.	M. PERAGALLO.
Maison d'Essonnes	C.	1	Rigaud.	
Maison donnée	C.	1		Alexandre Duval.
Maison du bon Dieu	V.	1	1/2 Vanderburch.	1/2 Tournemine.
Maison du commissaire	V.	1	Rochefort, Barthélemy, Courtier.	
Maison du corrégidor	D.	3	Victor Ducange (D. E.).	
Maison du défunt	V.	1	Dumersan, Mélesville.	
Maison du docteur	O.	1		Boisseaux, Paul d'Ivry.
Maison du faubourg	V.	2	1/2 Vanderburch, Quoy.	1/2 Simonnin, Villeneuve.
Maison du garde	V.	1	5/8 De Leuven, Lhérie B.	3/8 Alexandre Dumas.
Maison du marais	O.	3		Alexandre Duval.
Maison du rempart	O.	3	2/3 Mélesville, Carafa.	1/3 Boirie, Merle.
Maison du rempart	V.	3	1/3 Mélesville.	2/3 Boirie, Merle.
Maison en loterie	O.	1	2/3 Picard (D.E.), Radet (D.E.)	1/3 Piccini.
Maison en loterie	V.	1	Picard (D. E.), Radet (D. E.).	
Maison Gaindoré	V.	2	Paulin Deslandes 1/3, (Bourdois) Porcher 1/3, Adolphe Choler 1/3.	
Maison incendiée	M.	5		Ménissier, Edmond Damarin.
Maison isolée	O.	2		Marsollier (D. E.), Dalayrac (D. E.)
Maison louée	O.	1	Desfontaines (D. E.), Martini.	
Maison maudite	D.	5		Alix.
Maison murée	M.	5	5/6 Duperche.	1/6 Quaisain.
Maison périlleuse	V.	2	De Leuven, Lhérie B.	
Maison rouge	D.	3	Llaunet.	
Maison sur la frontière	V.	1	De Saint-Georges.	
Maison vide occupée	C.	2		Boursault.
Maître Adam, menuisier de Nevers	V.	1	1/2 Philipon la Madeleine.	1/2 Prévost d'Iray.
Maître André et Poinsinet	V.	1	Brazier, Dumersan, Barba, éd.	
Maître à tous	V.	1		Charles Potier, Béraud.
Maître bâton	O.	1		Bercioux, Dufresne, Lévy, éd.
Maître chanteur	O.	2		Trianon, Limnander.
Maître clerc et le bachelier	V.	1	Legrand.	
Maître d'armes	V.	1	Guinot.	
Maître David le distrait	V.	2	1/4 Labie.	3/4. J. Augier 1/4, Constant Ménissier 1/2.
Maître de chapelle (joué ordinairement en un acte).	O.	2		Alexandre Duval 1/4, Mme Sophie Gay 1/4, Baër 1/2.
Maître d'école	D.	5	2/3 Paul Meurice.	1/3 Frédéric Lemaître.
Maître d'école	V.	1	1/2 Lockroy.	1/2 Anicet.
Maître de forges	V.	2	Dumersan, Gabriel, Brazier.	
Maître de maison	C.	1	Vigée.	
Maître de poste	V.	2		Albitte, Laurencin.
Maître de poste	V.	1	1/3 Siraudin.	2/3 Delacour, E. Moreau.
Maître du château	V.	1	De Lurieu, Vandière.	
Maître en droit	O.	2	Monsigny.	
Maître et le valet	O.	3		Kreutzer, Justin.
Maître et l'ouvrier	D.	5	1/2 Rochefort.	1/2 Basset.
Maître Favilla	D.	3	George Sand.	
Maître Frontin à Londres	C.	1		Dubois.
Maître généreux	O.	3	Dubuisson.	
Maître Jean	V.	2	Scribe, Dupin.	
Maître Job	V.	1		Saint-Firmin.
Maître Job	V.	1	Mélesville.	
Maître Palma	D.	5	1/2 Octave Feuillet.	1/2 Paul Bocage.
Maître Pathelin	O.	1	De Leuven 1/4, Ferdinand Langlé 1/4, Bazin 1/2.	
Maître pour tout faire	V.	1	1/3 Barthélemy.	2/3 Jouhaud, Bricet.

Titres des Pièces.	Genres.	Actes.	M. GUYOT.	M. PERAGALLO.
Maîtresse	V.	2	2/3 Merville, Hipp. Leroux.	1/3 Decomberousse.
Maîtresse	V.	1	2/3 Rougemont, Chabot.	1/3 Davrecour.
Maîtresse anonyme	V.	2		Laya.
Maîtresse au logis	O.	1	Lange, D'Aubel.	
Maîtresse au logis	V.	1	Scribe.	
Maîtresse bien agréable	V.	1	1/2 Paul de Kock.	1/2 Lambert Thiboust.
Maîtresse de langues	V.	1	Dumanoir, De Leuven, De Saint-Georges.	
Maîtresse de maison	V.	2	Mélesville, Carmouche.	
Maîtresse de poste	V.	1		Ch. Dupeuty, Fr. De Courcy.
Maîtresse d'été et la maîtresse d'hiver	V.	5	2/3 Cairville.	1/3 Vaulabelle.
Maîtresse du mari	V.	1	2/3 *Duflot, pour* Guillaume 1/3, Lévy 1/3.	1/3 Nérée-Désarbres.
Maîtresse d'un ami	V.	1	1/3 Chabot.	2/3 Ch. Desnoyers, Alix, *édit.*
Maîtresse d'un roi	V.	2		Paul Duport 1/6, Duvert, Lauzanne.
Maîtresse et la femme	V.	2	Lafitte, Lagrange.	
Maîtresse et la fiancée	V.	2		E. Souvestre.
Maîtresse femme	V.	1	Montigny.	
Maîtresse femme	V.	1	Carmouche, Vanderburch.	
Maîtresse femme	V.	1		Laurencin.
Maîtresses filles	V.	1		Dubois.
Maîtres supposés	V.	1	Dumersan.	
Maître Wolff	C.	1		Mme Adam-Boisgontier.
Maître Wolfram	O.	1	Méry 2/8, De Leuven 1/8, A. De Beauplan 1/8, Reyer 4/8.	
Maîtrise	M.	5		Edan.
Majesté de sept ans	V.	1		Hippolyte Lefebvre.
Major	D.	5	2/3 De Cournol, Barba, *édit.*	1/3 Th. Nézel.
Major	V.	1	Pélissier.	
Majorat	C.	5	De Cournol 2/3, Barba 1/3, *éd.*	
Major Cravachon	V.	1		Lefranc, Labiche, Jessé.
Major et le menuisier	M.	1		Villemot, Ferdinand Laloue Nézel.
Majorité	C.	1	1/2 Adam.	1/2 Ader, Fontan.
Major Palmer	O.	3	1/2 Pigault-Lebrun.	1/2 Bruni.
Major Schlagmann	O.	1	Grasset-Vernier, A. Fétis.	
Malade du jour	C.	1	Etienne.	
Malade par amour	O.	1	1/2 Hoffman (D. E.).	1/2 Solié.
Malade par amour	V.	1	Henrion, Brazier.	
Malade par circonstance	V.	1	2/3 Etienne Arago, Desvergers, Varin.	1/3 Bezou, *édit.*
Malade qui se porte bien	V.	3	Dupaty.	
Maladroit	C.	2	Martelly.	
Malakoff	V.	2	Bouquet, Jaloux.	
Mal à la mode	V.	1	Roche, Barthélemy, Courtier.	
Mal'aria	C.	1		De Belloy.
Mal avec son portier	V.	1	1/2 Mathieu.	1/2 Verconsin.
Malavisé	C.	1	De Pixérécourt.	
Malborough	V.	3	Dumersan, A. d'Artois, Barba, *édit.*	
Malborough	P.	3	Ribié (D. E.).	
Malborough, mironton, mirontaine	F.	2	1/2 Desprez Saint-Clair (D. E.).	1/2 Maillard.
Malbranchu	V.	2		Saintine, Duvert, Lauzanne.
Malcontents de quinze cent soixante-dix-neuf	D.	5	1/3 Jarry	2/3 D'Epagny, Alix, *édit.*
Mal de la peur	V.	1		Fournier, Meyer, Lévy, *édit.*

Titres des Pièces.	Genres.	Actes.	M. GUYOT.	M. PERAGALLO.
Mal du pays............	V.	2		Brisebarre, Ch. Potier.
Mal du pays...........	V.	1	Scribe, Mélesville.	
Maleck-Adhel..........	D.	5	5/6 Rougemont, A. J. Leroy.	1/6 A. Piccini.
Maleck-Adhel..........	B.	2		Alexis Blache.
Malédiction paternelle...	D.	2	Corsange.	
Malentendu	C.	2	Sedaine-Sarcy.	
Malet.................	D.	1		Chavanges, Th. Nézel.
Malgrave..............	V.	1		Simonnin.
Malherbe	V.	1	Georges Duval, Vieillard.	
Malheur de famille......	V.	2		Decomberousse.
Malheur d'être jolie.....	O.	1	1/2 Bazin.	1/2 Desnoyer.
Malheur domestique....	V.	1		Couailhac, Fradelle.
Malheur et constance...	M.	5		1/2 Loaisel-Tréogate (D. E.), Quaisain (D. E.).
Malheur et la conscience.	M.	3		Hubert, A. Piccini.
Malheureux comme un nègre	V.	2	Clairville, Siraudin.	
Malheurs d'un amant heureux...............	V.	2	Scribe.	
Malheurs d'un joli garçon.	V.	1	7/8. Etienne Arago 2/8, Desvergers 2/8, Varin 2/8, Barba, édit. 1/8.	1/8 Bezou, édit.
Malheurs heureux........	V.	1	1/3 De La Rounat.	2/3 Duvert, Lauzanne.
Malice de mon oncle....	V.	1		Décour.
Malice et pas si sotte....	V.	2		Flan.
Malice pour malice......	C.	2	Collin d'Harleville.	
Malices de Gribouille....	V.	5	Rochefort, Ach. d'Artois, Dumanoir.	
Malin bonhomme.......	V.	1		Alexandre Duval.
Malins	V.	1	Brazier.	
Malmaison et Ste-Hélène.	M.	2	De Pixérécourt, Victor Ducange (D. E.), Sauvage.	
Mal noté dans le quartier................	V.	1	3/4 Desvergers, Étienne Arago, Hippolyte Leroux.	1/4 Bezou, édit.
Mal venu tôt...........	P.	1	1/2 Duprat.	1/2 Marc Leprévost.
Malvina...............	M.	5	Pillon, Lambert.	
Malvina...............	V.	2	Scribe.	
Ma maison du Pecq.....	V.	1	Mélesville, Varner.	
Ma maîtresse..........	V.	1		Laurencin.
Ma maîtresse et ma femme.	V.	1	1/2 Dumanoir.	1/2 D'Ennery.
Maman Sabouleux......	V.	1		Labiche, Marc Michel.
Mamans rosières.......	V.	1		Dubois.
Mameluck à Paris.......	V.	1	Deschamps, Després, Ségur aîné.	
Mam'zelle fait ses dents..	V.	1		Labiche, Marc Michel.
Mam'zelle Geneviève....	O.	2	Lhérie B. 1/4, A. De Beauplan 1/4, Adam 1/2.	
Mam'zelle Jeanne.......	O.B.	1		De Najac 1/4, Léonce Cohen 1/2, Lévy, édit. 1/4.
Mam'zelle Pénélope.....	O.	1		Boisseaux, Delajarte.
Mam'zelle Rose........	V.	1		Bercioux, Decourcelle, Lévy, édit.
Manche à manche......	O.	1	1/2 Galoppe d'Onquaire.	1/2 Wekerlin.
Manche à manche......	V.	1		Rosier.
Manchettes d'un vilain...	V.	2	1/3 Déaddé.	2/3 Lefranc, Labiche.
Manchon..............	C.	2		Cordelier-Delanoue.
Mancini...............	V.	3		Ancelot.
Mandarin Hoang-Pouf...	V.	1	Caigniez, Bilderbeck, Barba, édit.	

Titres des Pièces.	Genres.	Actes.	M. GUYOT.	M. PERAGALLO.
Mandrin	M.	5	1/3 Etienne Arago.	2/3 Antier, Crosnier.
Manette	V.	1	Rougemont.	
Manette	V.	1	Bayard, Gabriel.	
Manette et Ursule	V.	4		Saintine, Villeneuve.
Manette la bavarde	V.	1	1/3 (*Jouslin*), pour Joseph B.	2/3 Maurice Alhoy, Lemanissier.
Ma nièce et mon ours	V.	3	Clairville, Millaud.	
Manie de briller	C.	3	Picard.	
Manie de la danse	V.	1	Després, Ségur jeune.	
Manie de l'indépendance	V.	1	Dumersan, Moreau.	
Manie des affaires	C.	1	Coupart.	
Manie des arts	C.	1	Rochon.	
Manie des arts	C.	1	Rougemont.	
Manie des bals masqués	V.	1	2/3 Ferdinand Langlé, Vanderburch.	1/3 Fr. De Courcy.
Manie des campagnes	V.	1		Ourry, Merle.
Manie de se plaindre	C.	1		Dorvo.
Manie des grandeurs	C.	3		Alexandre Duval.
Manie des places	V.	1	Scribe, Bayard.	
Manie des romans	V.	2	1/2 Pain (D.E.).	1/2 Bouilly.
Manie des voyages	P.	3		Franconi jeune, Moussard.
Manie d'être quelque chose	C.	3		Alexandre Duval.
Manie du jour	V.	1	3/4 Moreau, Brazier, Lafortelle.	1/4 Merle.
Manlius Torquatus	T.	5		Prévost d'Iray.
Mannequin	O.	1		Chapelle-Laurencin.
Mannequin de Bergame	O.	1	1/4 De Planard.	3/4 Paul Duport 1/4, Fétis père 1/2.
Mannequin du prince	D.	3		Antier, d'Epagny, Meyer.
Mannequin parlant	V.	1	Rochefort.	
Mannequin politique	C.	2	Picard (D. E.), Empis.	
Manoël le soldat	M.	5		Elie, Ed. Lemoine.
Manoir de Montlouviers	D.	5		Rosier.
Manon	V.	2	1/2 *Delestre-Poirson*.	1/2 Jules de Prémaray.
Manon de Nivelle	V.	3		De Jallais, Thierry, Vulpian, Mifliez, *édit*.
Manon Giroux	V.	2	2/3 De Leuven, De Saint-Georges.	1/3 De Forges.
Manon Giroux	V.	1	Brazier, Dumersan.	
Manon la ravaudeuse	V.	1	Désaugiers (D. E.), Henrion, Servière.	
Manon Lescaut	M.	5	1/3 Barba, *édit*.	1/3 Gosse.
Manon Lescaut	D.	4		Th. Barrière, Marc-Fournier.
Manon Lescaut	O.	3	1/2 Scribe.	1/2 Auber.
Manon Lescaut	M.	3	1/3 Barba, *édit*.	2/3 Fr. De Courcy.
Manon Lescaut	D.	3	1/2 Carmouche.	1/2 Fr. De Courcy.
Manon Lescaut	B.	3	1/3 Scribe.	2/3 Aumer, Fr. Halévy.
Mansarde de la cité	M.	5	1/2 Cormon.	1/2 D'Ennery.
Mansarde des artistes	V.	1	Scribe, Dupin, Varner.	
Mansarde du crime	V.	1		Rosier.
Manteau	V.	1	Scribe, Varner.	
Manteau	O.	1	Beaunoir (D. E.), Champein (D. E.).	
Manteau	C.	1	Sedaine-Sarcy.	
Manteau	C.	1	Andrieux.	
Manteau de Joseph	V.	1		L. Boyer, Nuitter, Lévy, *édit*.
Manteaux	V.	2	Scribe, Dupin, Varner.	
Mantille	O.	1	De Planard 1/4, Dinaux 1/4, Bordèse 1/2.	

— 216 —

Titres des Pièces.	Genres. Actes.	M. GUYOT.	M. PERAGALLO.
Manuella	V. 1		Laurencin.
Manuels à la mode	V. 1	3/4 Carmouche, Brazier, Riga, édit.	1/4 Fr. de Courcy.
Manufacture d'indienne	V. 1	Dieulafoy (D.E.), Gersin (D.E.)	
Manuscrit retrouvé	V. 1	Désaugiers (D.E.), Gentil (D.E.)	
Ma place et ma femme	C. 3	Bayard, Gustave de Wailly.	
Maquignons	V. 2	F. Langlé, Rochefort.	
Marais pontins	V. 2	3/4 Théaulon, De Planard jeune, Delange.	1/4 Alix, édit.
Marâtre	D. 5	1/2 Lévy, édit.	1/2 H. de Balzac.
Maraudeur	V. 3	Sauvage, Dupin.	
Marbrier	D. 3	1/3 Lhérie B.	2/3 Alexandre Dumas, Paul Bocage.
Marcassin	V. 1	2/3 Clairville.	1/3 Dumoustier.
Marceau	D. 5	1/2 Michel Masson.	1/2 Anicet Bourgeois.
Marcel	D. 5	Rougemont.	
Marcel	M. 5	Dumersan.	
Marcel	D. 4		Hippolyte Auger.
Marcel	D. 3		Agon, Lebailly.
Marcel	O. 1	1/2 De Pixérécourt.	1/2 Persuis.
Marcel	V. 1	Grétry neveu.	
Marcelin	V. 3	Bayard, Dumanoir.	
Marcelin	O. 1		Bernard Valville, Lebrun.
Marceline	C. 1	Magne Saint-Aubin (D. E.).	
Marceline la vachère	V. 3		Léonce, Demolière, Rimbaut.
Marcel l'aveugle	D. 2	Llaunet.	
Marcelin l'aveugle	V. 2		Desbuards, Peupin.
Marchand		Rochefort, Barba, édit., 1/3.	
Marchand d'amour	V. 1	Scribe, Dupin, Carmouche.	
Marchand de bœufs	V. 2		Anicet, Ferdinand Laloue.
Marchand de chansons	V. 3	2/3 Vanderburch, Morain.	1/3 Simonnin.
Marchand de coco	V. 2	De La Rounat.	
Marchand de jouets d'enfants	V. 1	Mélesville, Léon Guillard.	
Marchand de lapins	V. 1	Varin, Boyer-Partout.	
Marchand de la rue Saint-Denis	V. 3	2/3 Brazier, Vanderburch.	1/3 De Villeneuve.
Marchand de Londres	D. 5		Alexandre Dumas.
Marchand de Londres	O. 3	De Planard.	
Marchand de Londres	C. 1	Mélesville.	
Marchand de marrons	V. 2		Duport, Duvert, Lauzanne.
Marchand de parapluie	V. 1	Désaugiers (D. E.), Vanderburch, Brunet.	
Marchand de peaux de lapins	V. 3		Duvert, Lauzanne.
Marchand de peaux de lapins	V. 1	Maréchalle, Pollet.	
Marchand de poussahs	V. 1		Marc Michel, Albéric Second.
Marchand de Venise	D. 6		Ferdinand Dugué.
Marchand de Venise	D. 3	1/2 Barba, édit.	1/2 Lamarche.
Marchand d'habits	D. 5		Charles Potier, Desnoyers.
Marchand du Temple	M. 5	2/3 Francis D. Brisset.	1/3 Naigeon.
Marchand à la toilette	V. 2	Bayard, Bayard jeune.	
Marchande d'amadou et la Marchande de gâteaux de Nanterre	V. 1		Prévost.
Marchande de balais	V. 1	Brazier, Gabriel.	
Marchande de coco	V. 1	Varner, Ymbert.	
Marchande de goujons	V. 1	A. D'Artois, Francis D, Barba, édit.	

Titres des Pièces.	Genres. Actes.	M. GUYOT.	M. PERAGALLO.
Marchande de modes....	V. 1	1/2 Dieulafoy (D. E.).	1/2 De Jouy.
Marchande de plaisirs...	V. 1	Joseph Pain.	
Marchande du Temple..	D. 5		Luchet 4/9, Desbuards 2/9, Alix, *édit.*, 3/9.
Marchand forain........	O. 3	1/4 De Planard.	3/4. Paul Duport 1/4, Marliani 1/2.
Marchand forain........	D. 2	1/2 Lafont.	1/2 Saint-Amand.
Marchand malgré lui....	C. 5		Amédée Rolland, Du Boys.
Marchand provençal.....	C. 2	Pigault-Lebrun.	
Marchand satirique.....	V. 1	1/2 Bonafous.	1/2 Chazet.
Marchands de bois......	V. 1	Déaddé, Montréal.	
Marchands forains......	V. 1	Rochefort, Ferdinand Langlé, Barba, *édit.*	
Marché anglais.........	V. 1	1/2 Carmouche.	1/2 Fr. de Courcy.
Marché aux chevaux.....	M. 5	1/3 Saint-Amand.	2/3 Franconi, Villemot.
Marché aux chevaux.....	V. 2	Rochefort, Ferdinand Langlé.	
Marché aux fleurs.......	V. 1	Dumersan.	
Marché aux servantes...	V. 3		J. Augier.
Marché aux servantes...	V. 1	De Léris 1/4, Lantoine 1/4, Viard 1/2.	
Marché de Londres......	D. 5		D'Ennery.
Marché de Saint-Pierre..	D. 5		Antier, Decomberousse.
Marché écossais........	V. 1	Molé-Gentilhomme, Belle, Barba, *édit.*	
Marchesa............,	M. 3	1/2 Barba, *édit.*	1/2 D'Ennery, Tilleul.
Marchesa.............	O. 2	1/4 Jules de Wailly.	3/4. Arnould 1/4, Kastner 1/2.
Marchés de Philis......	P. 1	Henrion.	
Marco................	V. 2	Mélesville.	
Marco Spada..........	O. 3	1/2 Scribe.	1/2 Auber.
Marco Spada..........	B. 3	1/3 Scribe.	2/3 Auber, Mazilier.
Mardi gras............	V. 1	Cavé, Dittmer, Saint-Laurent (D. E.), Riga, *édit.*	
Mardi gras............	V. 1	2/3 A. Guénée.	1/3 Devins.
Mardi gras à l'hôtel des Haricots............	V. 3	1/2 Clairville.	1/2 Laurencin.
Mardi gras et le lendemain..............	V. 1	2/3 Cavé, Dittmer.	1/3 Devins.
Mardi gras, ne t'en va pas !	V. 1	Clairville.	
Maréchal.............	O. 2	Quétant.	
Maréchal Brune........	D. 3		Dupeuty, Fontan.
Maréchal de Byron......	T. 5	Duparc, Locmaria.	
Maréchal de l'Empire...	C. 5	Merville.	
Maréchal de Lovendal...	P. 1	Villiers.	
Maréchal de Luxembourg.	M. 5	1/6 Lanusse.	3/6 Frédéric, Boirie.
Maréchal de Montluc....	D. 5		Mary Lafon.
Maréchal de Saxe.......	O. 4		Gosse, Kuntz.
Maréchal des logis......	P. 1		Arnould.
Maréchal des logis......	V. 1		A. J. Leroy.
Maréchal de Turenne....	P. 3		Cuvelier.
Maréchal de Villars.....	D. 5	Eustache Lorsay.	
Maréchal de Villars.....	M. 3	1/2 Duperche.	1/2 Frédéric.
Maréchal d'Ancre.......	D. 5	Alfred de Vigny.	
Maréchal et le soldat....	V. 1	Bernard Léon, Maréchalle, Barba, *édit.*	
Maréchal ferrant	O. 2	Quétant.	
Maréchal ferrant de la ville d'Anvers........	V. 1	Séguier.	
Maréchal Ney.........	D. 5		Anicet, Dupeuty, D'Ennery.
Maréchaux de l'Empire ..	D. 5		Anicet.

Titres des Pièces.	Genres.	Actes.	M. GUYOT.	M. PERAGALLO.
Ma rente avant tout.....	V.	1		Barret.
Ma rente et ma fille.....	V.	1	1/2 De Léris.	1/2 Lajariette.
Margot................	O.-C.	3	De Leuven 1/4, De Saint-Georges 1/4, Clapisson 1/2.	
Margot................	V.	1		Chazet, Ourry, Simonnin.
Margot................	V.	1	2/3 Clairville, Milon.	1/3 Alix, *édit.*
Marguerite............	O.	4	Joos Danglas.	
Marguerite............	O.	3	1/2 Scribe, de Planard.	1/2 A. Boïeldieu.
Marguerite............	D.	3		Mme Ancelot.
Marguerite............	C.	1	Ribié (D. E.), Camille Saint-Aubin.	
Marguerite d'Anjou.....	M.	5	De Pixérécourt.	
Marguerite d'Anjou.....	O.	3	1/2 Sauvage.	1/2 Crémont.
Marguerite de Navarre et Clément Marot.......	V.	1		Lottin de Laval, Alix, *édit.*
Marguerite de Quélus...	D.	3	1/4 Paul Foucher.	3/4 Desnoyers, de Lavergne, Alix, *édit.*
Marguerite de Sainte-Gemme............	C.	3	George Sand.	
Marguerite de Strafford..	M.	5	5/12 Desprez (D. E.).	7/12 Leblanc (D. E.), Quaisain (D. E.) Renat.
Marguerite de Valdémar.	O.	3	Saint-Félix, Dugazon.	
Marguerite d'York.....	D.	4		Fournier, Dessarcin.
Marguerite et Bouton d'or.	V.	1		Judicis, Lagarde, Mifliez, *éd.*
Marguerite Fortier......	D.	5	1/2 Paul Foucher.	1/2 Alboize.
Marguerite, reine de France.............	B.	3		Taglioni.
Marguerites...........	V.	2	Mlle Wan-Deursen.	
Marguillier de Saint-Eustache................	V.	1	Sauzay, Ader.	
Mari.................	V.	1		Décour, Fournier.
Maria................	M.	5	Victor Ducange (D. E.).	
Maria................	D.	5		D'Avrigny, Fontan.
Maria................	M.	3	1/3 A. Croisette.	2/3 Chaussier, Châteauvieux.
Maria................	P.	3		Franconi jeune.
Maria................	V.	2	1/3 Paul Foucher.	2/3 Laurencin, Alix, *édit.*
Maria................	C.	1	1/3 Barba, *édit.*	2/3 Léger.
Mari à bonnes fortunes..	C.	5	Casimir Bonjour.	
Mari à deux femmes....	C.	1	Pompigny.	
Maria di Rohan........	O.	3		*Verdi, pour* Escudier, *propre.*
Mariage à coups de pierres	V.	1	Dumersan, Henrion.	
Mariage à la course.....	V.	1	Henri Simon.	
Mariage à la hussarde...	V.	1	A. d'Artois, Théaulon, Lafontaine, Mlle Huet.	
Mariage à la mode......	C.		Fardeau.	
Mariage à l'anglaise.....	V.	1		Vial, Gensoul, Kreubé.
Mariage à l'arquebuse...	C.	1	Léon Guillard, Lévy, *édit.*	
Mariage à la turque.....	V.	1	1/2 Desprez (D. E.).	1/2 Crosnier.
Mariage à l'étranger....	C.	1	Durand de Beauregard.	
Mariage après la noce...	V.	1	1/2 Duvernois.	3/3 Ménissier, E. Renault.
Mariage à propos de bottes	V.	1	2/3 Rostaing, Lassalle.	1/3 Mifliez, *édit.*
Mariage à rompre......	V.	1	1/3 Barba, *edit.*	2/3 Arnould, Fournier.
Mariage au miroir......	V.	1		G. Lemoine, E. Serret.
Mariage au bâton......	D.	5	7/8 Xavier Eyma, Déaddé, Bureau.	1/8 Giraud, *édit.*
Mariage au bâton......	V.	1		Marc-Michel.
Mariage au tambour....	V.	3	5/8 De Leuven, Lhérie B.	3/8 Alexandre Dumas.
Mariage aux lanternes...	O.	1		Battu 1/4, Michel Carré 1/4, Offenbach 1/2.

— 219 —

Titres des Pièces.	Genres.	Actes.	M. GUYOT.	M. PERAGALLO.
Mariage civique	V.	1	Patrat (D. E.).	
Mariage clandestin	O.	2	1/2 Ségur.	1/2 Devienne.
Mariage comique	V.	1		Touchard.
Mariage corse	V.	1	1/3 Lockroy.	2/3 Arnould, N. Fournier.
Mariage d'amour	D.	4		Ancelot, Alix, *édit*.
Mariage dans un chapeau.	C.	1		Vivier.
Mariage dans une rose...	V.	1	Brazier, Barba, *édit*.	
Mariage d'Antonio	O.	1	Mme Beaunoir (D. E.), Grétry (D. E.).	
Mariage d'argent	C.	5	Scribe.	
Mariage de Barogo	C.	3	Pompigny.	
Mariage de Beaufils	C.			De Jouy.
Mariage de Benoist	V.	1		Aude...
Mariage de Buffon	V.	1	Désaugiers (D. E.), Aude, *pour* Barba, *édit*.	
Mariage de Cendrillon...	F.	3	Solomé, Théaulon.	
Mariage de Charlemagne.	C.	1	Rougemont.	
Mariage de Charles Collé.	V.	1	Gouffé, Brazier, Barba, *édit*.	
Mariage de Clovis	D.	3		Dubois, Léopold.
Mariage de Colombine...	O.	1		Nuitter 1/4, De Beaumont 1/4, Frédéric Barbier 1/2.
Mariage de convenance..	V.	1	Ach. et Théod. d'Artois.	
Mariage de Corneille	C.	1	Prosper Mignard.	
Mariage de Croûton	V.	1		Merle.
Mariage de dévouement.	C.	3		Rosier.
Mariage de Dumollet	V.	1	Désaugiers (D. E.).	
Mariage de Figaro	C.	5	Beaumarchais (D. E.).	
Mariage de Figaro	O.	3		Castil-Blaze.
Mariage de Janot	C.	1	Guillemain.	
Mariage de Jocrisse	C.	1	Henrion.	
Mariage de la Valeur	V.	1	Desprez (D. E.).	
Mariage de la veille	O.	1	1/2 D'Avrigny.	1/2 Jadin.
Mariage de Mlle Camus..	V.	1	1/2 Devaux.	1/2 St. Amand.
Mariage de Nanon	V.	1	*Maillot, pour* Barba, *édit*.	
Mariage de M. Beaufils..	C.	1		De Jouy.
Mariage de Nicolas	V.	1	*Maillot, pour* Barba, *édit*.	
Mariage de Nina Vernon.	C.	1	1/3 Dieulafoy (D. E.).	2/3 Dubois, Chazet.
Mariage de raison	V.	2	Scribe, Varner.	
Mariage de raison	B.	1	1/3 *Jouslin, pour* Joseph B.	2/3 Crosnier, Coralli.
Mariage de Scarron	V.	1	(D. E.) Barré, Radet, Desfontaines.	
Mariage de Scarron	V.	1	*Delestre-Poirson*.	
Mariage des grenadiers..	C.	1	Picard (D. E.).	
Mariage des morts	V.	1		Rimbaut.
Mariage de Victorine....	V.	3	George Sand.	
Mariage difficile	C.	2	Caigniez.	
Mariage d'inclination....	V.	2	Scribe.	
Mariage d'Olympe	D.	3	Émile Augier.	
Mariage d'orgueil	V.	3	1/4 Déaddé.	3/4 D'Ennery, de Lavergne.
Mariage d'ouvriers	V.	1		Masquillier.
Mariage du capucin	C.	3		Pelletier-Volmérange (D. E.).
Mariage du ci-devant jeune homme	C.	1	Rougemont, Maréchalle, Barba, *édit*.	
Mariage du défunt	C.	1	De Leuven.	
Mariage du gamin de Paris.	V.	2	1/2 Vanderburch.	1/2 Laurencin.
Mariage du Mélodrame et de la Gaîté	V.	1	Martainville (D. E.).	
Mariage d'un roi	V.	2		Ancelot, Duport, Laborie.

— 220 —

Titres des Pièces.	Genres.	Actes.	M. GUYOT.	M. PERAGALLO.
Mariage du Vaudeville...	V.	1	(D. E.) Barré, Radet, Desfontaines.	
Mariage en capuchon....	V.	2	2/3 Cormon, Lagrange.	1/3 Alix, *édit.*
Mariage en carnaval.....	V.	3	1/2 *Bourdois, pour* Porcher.	1/2 Ménissier.
Mariage en enfer........	P.	3		Hector Chaussier.
Mariage en Espagne.....	V.	3	1/2 Labrousse.	1/2 Ferdinand Laloue.
Mariage enfantin........	V.	1	Scribe, Germain Delavigne.	
Mariage en l'air........	O.	1	1/2 De St-Georges, Dupin.	1/2 Eugène Déjazet.
Mariage en l'air........	V.	1	Désaugiers (D. E.).	
Mariage en plein vent...	C.	1	Levasseur.	
Mariage en poste.........	O.	1	1/2 Galoppe d'Onquaire.	1/2 Wekerlin.
Mariage en poste.......	C.	1		Décour, Maldan.
Mariage en poste.......	V.	1	Honoré.	
Mariage en province.....	V.	4		Montigny, E. Lemoine.
Mariage en trois étapes..	V.	3		Rosier.
Mariage extravagant.....	V.	1	Désaugiers(D.E.)1/4, De Valory 1/4, Champein (D.E.)1/2.	
Mariage extravagant.....	O.	1	3/6. Cormon 2/6, De Valory 1/6.	3/6 Eugène Gautier.
Mariage fait et rompu....	C.	3	Dufrény.	
Mariage impossible......	V.	2	Carmouche, Mélesville, Barba.	
Mariage impossible......	C.	1	Dumaniant (D. E.).	
Mariage impromptu.....	O.	1	1/2 Pigault Lebrun.	1/2 Gaveaux.
Mariage impromptu.....	V.	1	Deschamps.	
Mariage impromptu.....	V.	1	Moreau, Rougemont.	
Mariage impromptu.....	V.	1	*Delestre-Poirson.*	
Mariage mal assorti.....	V.	1	Scribe.	
Mariage militaire.......	O.	2	Grétry neveu, Byesse.	
Mariage par appétit.....	V.	1	Belfort-Devaux.	
Mariage par autorité et justice.............	C.	1		Villeneuve, Simonnin, St-Hilaire.
Mariage par bienfaisance.	O.	1	Rouhier-Deschamps.	
Mariage par circonstance.	C.		Melchior.	
Mariage par comédie....	C.	1	Dorvigny (D. E.).	
Mariage par commission.	O.	1		Simonnin, Bruni.
Mariage par demande et par réponse.........	V.	1	Georges Duval, Barba, *édit.*	
Mariage par dépit.......	V.	2	Magne St-Aubin (D. E.).	
Mariage par dévouement.	C.	3		Rosier.
Mariage par enterrement.	C.	1	Henrion, Martin-d'Ingrande.	
Mariage par imprudence.	O.	1		De Jouy, Dalvimare.
Mariage par intérêt......	V.	1	1/3 Duvernois.	1/3 Ménissier, Renault.
Mariage par les petites affiches.............	O.	2		Sourignère, Piccini.
Mariage par ordre.......	V.	2	1/2 Riga.	1/2 Alboize, Desnoyers.
Mariage par ordre	C.	1		De. Pellaert, E. Serret.
Mariage par procuration.	V.	1	1/2 P. Deslandes.	1/2 Durantin, R. Deslandes.
Mariage par saisie......	V.	1	1/3 Revel.	2/3 Merle, Ourry.
Mariage par sensibilité...	V.	1	Henri Simon, Théaulon, Barba.	
Mariage par sortilége....	V.	1	Gamas, Désaugiers (D. E.).	
Mariage par vengeance..	M.	5	5/6 Caigniez.	1/6 Quaisain(D.E.),Darondeau
Mariage patriotique.....	O.	2	Deshayes, Rouhier-Deschamps.	
Mariage posthume......	V.	1		Prémaray.
Mariage raisonnable.....	C.	1		Ancelot.
Mariage renoué........	V.	1	Th. Pein.	
Mariage rompu.........	B.	3		Henri.
Mariage russe..........	V.	2	1/2 De Léris.	1/2 Dutertre.
Mariages..............	C.	2		Pujoulx.

— 224 —

Titres des Pièces.	Genres.	Actes.	M. GUYOT.	M. PERAGALLO.
Mariages assortis.	V.	1	Corsange.	
Mariages comme ils devraient être.	V.	1	Besnard.	
Mariages dangereux.	C.	5	Jaime fils.	
Mariages de circonstance.	C.	1	1/3 Quoy.	2/3 Boisset.
Mariages écossais.	C.	1	5/9 Ch. Hubert, Samson.	4/9 Décour, Pellissier-Laqueyrie.
Mariage secret.	O.	3		Castil-Blaze.
Mariage secret.	O.	3	Scribe 1/4, De Leuven 1/4, Adam 1/2.	
Mariage secret.	C.	3	Brousse-Desfaucherets.	
Mariage secret.	O.	2		Perlet.
Mariage secret.	B.-P.	2		Aumer, Darondeau.
Mariages faits et rompus.	B.	1		Blache.
Mariages impromptus.	V.	1	Montigny.	
Mariages inattendus.	O.	1	1/2 Tissot.	1/2 Gaveaux.
Mariage singulier.	O.	1	Blanchard, Dreuilh.	
Mariage singulier.	V.	1		Favard fils.
Mariage sous la Régence.	C.	3	Guillard.	
Mariage sous l'Empire.	V.	2		Ancelot, Paul Duport.
Mariages sous d'heureux auspices.	V.	1	1/2 Desprez.	1/2 Leblanc.
Mariage sous Louis XV.	C.	3		Alexandre Dumas.
Mariages samnites.	O.	3	1/2 Grétry (D. E.).	1/2 Durosoy (D. E.).
Mariage supposé.	C.	2	Lourdet-Santerre.	
Mariage supposé.	C.	2	Lemercier.	
Mariage sur la frontière.	V.	1	1/2 H. De St-Yves.	1/2 Leblanc.
Mariage sur une carte.	C.	1	Bittmer.	
Mari à la campagne.	C.	3	Bayard, Jules de Wailly.	
Mari à la porte.	O.	1		Alf. Delacour 1/4, Morand 1/4, Offenbach 1/2.
Mari à la ville et la femme à la campagne.	V.	2	3/4 Desvergers, Varin, Ét. Arago.	1/4 Alix, *édit*.
Mari à l'école.	V.	1		Andrey.
Maria l'esclave.	D.-V.	2	1/3 Paul Foucher.	2/3 Laurencin, Alix, *édit*.
Mari à l'essai.	V.	1	Théaulon 1/3, Ach. et Th. d'Artois 2/3.	
Mari à l'essai.	V.	1	1/2 Bayard.	1/2 Vaulabelle.
Mari à l'étouffé.	V.	1		Commerson 1/4, Vachette 1/4, Alix, *édit*., 1/2.
Mari ambitieux.	C.	5	Picard (D. E.).	
Mariana.	D.	3		Dupeuty, Fontan, Alix, *édit*.
Marianne.	D.	5	1/2 Michel Masson.	1/2 Anicet.
Marianne.	O.	1		Marsollier (D. E.), Dalayrac (D. E.)
Marianne et Dumont.	C.	1	Rouhier-Deschamps.	
Mari anonyme.	V.	2	1/2 Lafitte.	1/2 D'Ennery.
Maria Padilla.	T.	5		Ancelot.
Maria Padilla.	O.	4		Hipp. Lucas, Donizetti.
Maria Padilla.	V.	3		Rosier.
Mari au bal.	O.	1	Émile Deschamps 1/4, A. De Beauplan 3/4.	
Mari aux épingles.	V.	1	2/3 Léon Halévy, François.	1/3 Alix, *édit*.
Mari aux neuf femmes.	V.	1	Théaulon, Riga.	
Mari battu et content.	V.	1	Adam.	
Mari brûlé.	V.	1	1/2 Eug. Nus.	1/2 Élie Sauvage.
Mari charmant.	V.	1	Dumanoir, Lafargue.	
Mari colère.	O.	1	1/2 Pixérécourt.	1/2 Gaveaux.
Mari complaisant.	V.	1	Honoré.	

Titres des Pièces	Genres	Actes	M. GUYOT	M. PERAGALLO
Mari confesseur	V.	1		Sewrin.
Mari confiant	C.	3	Bonafous (D. E.).	
Mari confident	V.	1	2/3 Berrier, Overnay.	1/3 Varez.
Mari contrariant	C.	1	Magne St-Aubin (D. E.).	
Mari coupable	C.	3		De Villeneuve.
Mari curieux	V.	1	Séguier.	
Mari dans l'embarras	V.	1		Jules Renard.
Mari dans les nuages	V.	1	1/2 B. Gastineau.	1/2 Ch. Desolme.
Mari d'autrefois	C.	3	Kotzebue.	
Mari d'autrefois	C.	2		Boursault.
Mari de cinq ans	V.	1	Vanderburch.	
Mari de circonstance	O.	1	De Planard, Plantade	
Mari de circonstance	O.	1		Orlonsky.
Mari de la cantatrice	V.	1	De St-Georges, Léon Halevy, Jaime, Barba, *édit*.	
Mari de la comédienne	V.	1	Arvers.	
Mari de la cuisinière	V.	2	1/3 Honoré.	2/3 Marc-Michel, Alix, *édit*.
Mari de la dame de chœur	V.	2	1/2 Bayard.	1/2 Duvert.
Mari de la fauvette	V.	1	2/3 Angel, Veyrat.	1/3 Villeneuve.
Mari de la favorite	C.	5	1/3 Michel Masson.	2/3 Saintine, Marchant.
Mari de la reine	V.	1	Albert, Clairville.	
Mari de la veuve	C.	1		Alex. Dumas, Anicet, Durieu.
Mari de la vivandière	V.	2	Masselin, Veyrat.	
Mari de ma femme	C.	3		Rosier.
Mari de ma femme	V.	1	Ricard.	
Mari de ma femme	V.	1		Morin.
Mari de ma fille	V.	1		Ancelot, Vaulabelle.
Mari d'emprunt	O.	1		Hennequin.
Mari d'emprunt	V.	1		Léger, Chazet.
Mari d'emprunt	V.	1	Dabaytua.	
Mari d'emprunt	V.	1	Ernest Hugues.	
Mari de sa cuisinière	V.	2		Rosier.
Mari de toutes les femmes	V.	1	Montigny, Barba, *édit*.	
Mari d'occasion	C.	1	2/3 Jautard, Lévy, *édit*.	1/3 Hipp. Lucas.
Mari du bon temps	V.	1	1/2 Potron.	1/2 Léon Laya.
Mari d'une camargo	V.	2		A. De Cey, Laurencin.
Mari d'une favorite	V.	2	Scribe, Bayard.	
Mari d'une grisette	V.	3	1/2 Rochefort,	1/2 Noiseuil.
Mari d'une jolie femme	V.	1		Morin.
Mari d'une jolie femme	V.	1	Déaddé, Ad. Choler, Lévy, *éd*.	
Mari d'une muse	V.	1	Bayard, Varner.	
Mari d'un jour	O.	1		Hennequin, Quaisain (D. E.).
Mari d'un jour	V.	1		Décour, Fournier.
Marie	D.	5	1/2 Francis C.	1/2 Anicet.
Marie	D.	5	1/2 Sauzay.	1/2 Davesnes.
Marie	O.	3	1/2 De Planard.	
Marie	D.	3		Béauchery, Cordiez, Alix, *éd*.
Marie	C.	3		Mme Ancelot.
Marie	V.	3	Albert, Hostein.	
Marie	V.	1	A. Martin.	
Marie	V.	1		De Courville.
Marie	V.	1		Poujol fils.
Marie	V.	1	Mengaud.	
Marie	V.	1	1/2 Chabot.	1/2 Dutertre.
Marié	V.	1		Vial, Fr. De Courcy.
Marié au deuxième, garçon au cinquième	V.	2		Brisebarre, Couailhac.
Marie Corneille	V.	1	1/2 De La Rounat.	1/2 Montjoye.
Marie de Beaumarchais	D.	4	Galoppe d'Onquaire.	
Marie de Brabant	D.	5		Ancelot.

Titres des Pièces.	Genres.	Actes.	M. GUYOT.	M. PERAGALLO.
Marie de Médicis	D.	5		De Guerville.
Marie de Montpellier et Pierre d'Aragon	B.	2		J. Gilbert.
Marie de Rohan	O.	3	2/3 Lockroy.	1/3 Verdi, p^r Escudier, propre.
Mariée à l'encan	V.	1	Théaulon, Riga.	
Mariée de Bercy	M.	3	1/3 Ch. Hubert.	2/3 Boirie, Poujol.
Mariée de Poissy	V.	1	1/3 De La Rounat.	2/3 D'Ennery, Grangé.
Mariée de village	C.	1	Pompigny.	
Mariée en voyage	V.	2	Mallian, Dumanoir, De Leuven, Vente.	
Mariée est trop belle	V	1		Léon Beauvallet 2/9, Henri de Kock 4/9, Alix, édit. 3/9.
Marie honnête	C.	3	Dumersan.	
Marie-Jeanne	D.	5	1/2 Mallian.	1/2 D'Ennery.
Marie Jobert	V.	3	Scribe, Dupin, Carmouche.	
Marie la dentellière	D.	4		Fillion.
Marie Michon	V.	2	Vanderburch, De Leuven.	
Marie Mignonne	V.	2	Michel Masson, Rochefort, de Livry.	
Marie Mignot	V.	3	1/2 Bayard.	1/2 P. Duport.
Mari en bonne fortune	V.	1	Henri Simon, Barba, édit.	
Mari en cent cinquante	V.	1		De Najac 2/3, Lévy, édit. 1/3.
Mari en état de siége	V.	1	1/2 Bourdois, pour Porcher.	1/2 Ch. Potier.
Mari en gage	C.	2		De Favières.
Mari enlevé	V.	3	Méry.	
Mari en vacances	V.	1	Désaugiers (D.E.), A. Barrière.	
Marie Prudence	V.	1		Petit Mangin.
Marie Rémond	V.	5	1/2 Lockroy.	1/2 Anicet Bourgois.
Mari ermite	C.	1		Boursault.
Marie Rose	D.	5	1/2 Michel Masson.	1/2 Anicet.
Marie Rose	D.	3		St-Amand, Overnay, A. Payn.
Marie Simon	D.	5	1/3 Déaddé.	2/3 Davrecour, Alboize.
Mariés sans l'être	V.	1	1/4 Edmond Martin.	3/4. Raimond Deslandes 1/4, Giraud, édit. 1/2.
Marie Stuart	O.	5	1/2 De Planard.	1/2 Fétis.
Marie Stuart	M.	5		Lebrun.
Marie Stuart	M.	5		Merle.
Marie Stuart	O.	3	Th. Anne, Niedermeyer.	
Marie Stuart en Écosse	D.	5		Crisafulli, Devicque.
Mari et femme	O.	4		Bresson.
Marie Thérèse	O.	4	2/3 Cormon, N. Louis.	1/3 Dutertre.
Mari et l'amant	C.	1		Vial.
Mari et le séducteur	M.	5		Porcher, Alix, édit.
Mariette	V.	2		Couailhac, Fradelle.
Mariette	C.	2	Hortense Rolland.	
Mariette	C.	1	1/2 Ader.	1/2 Léopold B.
Marie Tudor	D.	5	Victor Hugo.	
Marieurs écossais	V.	1	Ramond, Mlle Huet.	
Mariez-vous donc!	V.	2	Simart, Bréant, p^r Turkeim.	
Mari fidèle	V.	1	7/9. Varin 2/9, De Beauregard 2/9, Lévy, édit. 3/9.	2/9 Laurencin.
Mari honoraire	V.	2	2/3 F. Langlé, DeLeuven.	1/3 De Forges.
Mari impromptu	C.	3	Georges Duval, Barba, édit.	
Mari incognito	C.	2		Delœuvre.
Mari inquiet	C.	2	Andrieux.	
Mari instituteur	C.	1		Dumolard.
Mari intrigué	C.	3	Désaugiers.	
Mari juge et partie	C.	1		Ourry, Chazet.
Mari, la femme et le voleur	V.	1	De Leuven, De Saint-Georges, E. Roche, Barba, édit.	

Titres des Pièces.	Genres.	Actes.	M. GUYOT.	M. PERAGALLO.
Mari, l'amant et le voleur comme on n'en voit plus.............	V.	1	Henrion, Laubespine.	
Mari malgré lui.........	V.	3	1/2 Ader, Riga.	1/2 Desnoyer, Fontan.
Mari malgré lui.........	C.	1		Poitevin.
Mari mendiant.........	V.	1	Ernest.	
Marin	V.	1	Théaulon, Barba, *édit.*	
Marin de Cherbourg.....	V.	1		Dutertre, Frédéric Lemaître fils, Barbré, *édit.*
Marin de la garde.......	D.	5	2/3 Michel Masson, Dinaux.	1/3 Anicet Bourgeois.
Marin de la garde......	O.	1	1/2 Déaddé.	1/2 Eugène Gautier.
Marinette.............	C.	1		De Courville.
Marinette et gros René...	O.	1		E. Duprez, G. Hecquet.
Marini...............	O.	3		Delrieu, Dourlen.
Marinier de la Loire.....	V.	1		Jouhaud, Dutertre.
Mariniers de Saint-Cloud.	V.	1		Sewrin.
Marino Faliero.........	O.	5	Joos Danglas.	
Marino Faliero.........	T.	5		Casimir Delavigne.
Marino Faliero à Paris...	V.	1	Bayard, Varner.	
Mari nourrice..........	V.	1		Saint-Amand.
Marin provençal........	V.	1	*Martainville, pour* Barba, *éd.*	
Marins d'eau douce.....	V.	1	2/3 Veyrat, Angel.	1/3 De Villeneuve.
Marins révoltés........	D.	1	Constance Drouville.	
Marion	V.	2		Mme Regnault de Prébois.
Marion Carmélite.......	V.	1	Bayard, Dumanoir.	
Marion de Lorme.......	D.	5	Victor Hugo.	
Marion de l'Orme......	V.	1		Chazet, De Favières.
Marionitz.............	D.	3	Maréchalle, Laurent.	
Marionnette...........	P.	5	1/3 Barba, *édit.*	2/3 Ch. Dupeuty, Duvert.
Marionnettes	C.	5	Picard (D. E.).	
Marionnettes du docteur.	D.	5		Michel Carré, Jules Barbier.
Marions nos filles.......	V.	1		Noël.
Mari par intérim.......	V.	1	Fulgence, Detully, De Saint-Laurent.	
Mari par régime........	V.	1	Colliot, Lapointe, (*Bourdois*) *pour* Mlle Porcher.	
Mari par testament.....	V.	1	Wan-Deursen.	
Mari perdu............	V.	2	Paul de Kock, Varin.	
Mari pour étrennes.....	O.	1	1/2 Théaulon, A. d'Artois.	Bochsa.
Mari prêt à se marier...	C.	3	De Proisy.	
Mari prêté............	V.	1	2/3 Milon.	1/3 Blondy.
Mari qui bat et le mari qui est battu.............	V.	1		Jouhaud.
Mari qui n'a rien à faire..	V.	1		Laurencin, Fournier, Lévy, *éd.*
Mari qui prend du ventre.	V.	1		Labiche, Marc. Michel.
Mari qui ronfle.........	V.	1	Siraudin, A. De Beauplan.	
Mari qui se dérange....	V.	2	5/8. Cormon 3/8, Lévy, *éd.* 2/8	3/8 Grangé.
Mari qui trompe sa femme.	C.	2	Scribe, Duveyrier.	
Mari qu'on n'attend plus.	V.	1		Charles Danvin.
Mari retrouvé..........	C.		Dancourt.	
Mari revenant.........	V.	2		Jules Belin.
Mari revenant.........	O.	1		Foignet fils.
Maris anglais..........	V.	1	Théaulon, Vulpian, Mlle Huet.	
Mari sans caractère.....	C.	3	Lamartelière (D. E.).	
Mari sans femme.......	V.	1	Desfontaines (D. E.).	
Mari sans le savoir......	V.	1	Varner, Ymbert.	
Maris à vendre.........	V.	2	1/2 Carmouche.	1/2 Fr. de Courcy.
Maris corrigés.........	C.	2		Lachabeaussière (D. E.).
Maris en bonne fortune..	C.	3	Étienne.	
Maris garçons..........	O.	1	1/2 Nanteuil.	1/2 Berton.

Titres des Pièces.	Genres.	Actes.	M. GUYOT.	M. PERAGALLO.
Mari s'il vous plaît.....	V.	1	2/3 Léon Halévy, Tresse, édit.	1/3 Pitre-Chevalier.
Maris me font toujours rire...............	V.	2	2/3 E. Jaime, Jaime fils.	1/3 Alfred Delacour.
Maris ont tort..........	V.	1	A. D'Artois.	
Mari sous enveloppe.....	V.	1		J. Deschamps, Choux.
Maris sans femme.......	V.	1	Desaugiers (D. E.), Gentil, Barba, édit.	
Mari supposé..........	V.	2	Rougemont.	
Mari supposé..........	V.	1	Barré (D. E.).	
Maris Vengés..........	V.	5	3/4 Etienne Arago, E. Roche, Barba, édit.	1/4 Decomberousse.
Mari sylphe.............	O.	2		Fridzéri.
Mari terrible...........	V.	1	2/3 François, Lévy, édit.	1/3 N. Fournier.
Mari tombé des nues....	V.	1		Audeval, De Jallais, Jules Renard, Mifliez, édit.
Mari trompé, battu et content................	C.	1	Charles Maurice.	
Mari trop aimé.........	V.	1		Rosier.
Marius à Minturnes.....	T.	3	Arnault père.	
Mari valet de sa femme..	C.	1		Decour, Aude neveu.
Marivaudage...........	C.	1		Charles Ponchard.
Marjolaine.............	V.	1	1/3 Cormon.	2/3 D'Ennery, Alix, édit.
Marmitons et les grands seigneurs...........	V.	1	Sauvage, De Lurieu.	
Marmontel............	V.	1	Tournay, Gouffé, Vieillard.	
Marmontel et Thomas...	V.	1		Dumolard.
Marmotte assassinée....	V.	1		Dubois.
Marmotte de la Râpée....	V.	1	Désaugiers (D. E.), Gentil, de Planard.	
Marmozetta............	M.	2	Harvy-Leack.	
Marnière des saules.....	D.	5	Alph. Brot, Ch. Lemaître.	
Marocaines...........	V.	1	2/3 Clairville.	1/3 Damarin.
Marocains............	V.	3	2/3 Paul de Kock.	1/3 Alix, édit.
Marocains et maroquins.	V.	1	1/3 Guénée.	2/3 Grangé, Saint-Amand.
Marot et sa servante....	V.	1	2/3 Lafortelle, Brousse Desfaucherets.	1/3 Chazet.
Marquis d'argent court...	V.	3	1/3 Clairville.	2/3 Ch. Dupeuty, Michel Delaporte.
Marquis d'autrefois.....	D.	3		Simonnin, Mourier.
Marquis de Beaupinson..	V.	2	1/2 Gabriel.	1/2 Frédéric Thomas.
Marquis de Brunois.....	D.	5	E. Jaime, A. D'Artois, Théaulon	
Marquis de Brancas....	M.	3		Rimbaut, Demolière, Léonce.
Marquis de Carabas.....	V.	2	1/3 Brazier pour Barba.	2/3 Dubois, Simonnin.
Marquis de Carabas.....	V.	1	1/2 Ad. Choler.	1/2 D'Ennery.
Marquis de Carabas.....	V.	1	A. Guénée, Faucheur.	
Marquis de Lausac.....	V.	3	1/3 Labie.	2/3 Lubize, Brisebarre.
Marquis de Lauzun.....	V.	1	Carmouche, Guinot.	
Marquis de Moncade....	V.	1		Sewrin.
Marquis de Pommerars..	C.	1		Sophie Gay.
Marquis de Rieux......	C.	3	1/2 Dupin.	1/2 D'Epagny.
Marquis de Tulipano....	O.	2	De Gourbillon.	
Marquise.............	O.	1	De St-Georges 1/4, De Leuven 1/4, Adam 1/2.	
Marquise d'Aubray.....	C.	5	5/6 Ch. Lafont.	1/6 N. Fournier.
Marquise de Bretèche...	V.	2	Mélesville, Carmouche.	
Marquise de Brinvilliers.	O.	3	7/16. Scribe 1/4, Carafa 3/32, Blangini, 3/32.	9/16 Castil-Blaze.
Marquise de Brinvilliers.	M.	3	2/3 Brisset, Réné Périn.	1/3 Fr. de Courcy.
Marquise de Carabas....	V.	1	Bayard, Dumanoir.	
Marquise de Gange.....	M.	3		Dubois, Léopold, Boirie.

Titres des Pièces.	Genres.	Actes.	M. GUYOT.	M. PERAGALLO.
Marquise de Langeac...	V.	2	Chabenat, Lhermitte.	
Marquise de Pompadour.	C.	3	Cubières.	
Marquise de Prétintailles.	V.	1	Bayard, Dumanoir.	
Marquise de Rantzau....	V.	2	1/2 *Delestre Poirson.*	1/2 Jules de Prémaray.
Marquise de Senneterre..	O.	3	Mélesville, Duveyrier.	
Marquise de Tulipano...	V.	2	Dumanoir, Lafargue.	
Marquise et Mousquetaire	V.	1		Prémaray.
Marquise Nabotte.......	V.	1		Demonval-St-Hilaire.
Marquise en gage.......	V.	1	1/2 Mélesville.	1/2 Roger de Beauvoir.
Marquises de la fourchette	V.	1	1/2 Ad. Choler.	1/2 Labiche.
Marquis et le savetier...	V.	3	1/4 Déaddé.	3/4 D'Ennery, Delavergne.
Marquis et l'officier.....	V.	1	1/2 Eug. Sue.	1/2 De Forges.
Marquis malgré lui.....	V.	1	A. D'Artois, Théaulon, Mlle Huet.	
Marraine..............	V.	1	Scribe, Lockroy, Chabot.	
Marraines de l'an trois...	V.	3	Dumanoir, Clairville.	
Marrons d'Inde........	V.	5	2/3 Cogniard frères.	1/3 Th. Muret.
Marrons glacés........	V.	1	A. de Beauplan 2/3, Lévy, édit. 1/3.	
Marseillaise..........	C.	2	Marius Bourelly.	
Marseille en dix-huit cent vingt-neuf....:.....	M.	1	1/2 Henri Simon.	1/2 Ferd. Laloue.
Mars en carême.......	V.	1	Désaugiers (D. E.), Francis D., Barba, *édit.*	
Mars en carême........	V.	1		J. Augier, Salvat.
Mars et Vénus........	B.	3		Blache père.
Marsistes et les Durvalistes	V.	1	Dumersan.	
Martha..............	O.	4	Joos Danglas, de Flottow.	
Martha..............	O.	4	1/2 De Flottow.	1/2. (*Crevel Charlemagne*) 1/4, Aulagnier 1/4.
Marthe...............	M.	5		Boirie, de Courcy, Ste Marie.
Marthe et Marie........	D.	5	1/2 Michel Masson.	1/2 Anicet.
Marthe la vivandière....	P.	1	1/3 Barba, *édit.*	2/3 Desnoyers, Auger.
Martial Cassé-cœur.....	V.	2	Mélesville.	
Martial et Angélique....	P.	3		Cuvelier.
Martin et Bamboche....	D.	5	Eug. Sue, Dinaux.	
Martingale............	V.	1	2/3 Francis D., Servières.	1/3 Belurgey.
Marton et Frontin......	C.	1		Dubois.
Martyr de la foire.......	V.	1	Paris.	
Martyr du bonheur.....	V.	1	Boyer Partout, Henri Monnier.	
Martyr du cœur........	D.	5		Victor Séjour, Brésil.
Martyre de Vivia.......	V.	3		Reboul.
Martyrs.:.............	O.	4	1/2 Scribe.	1/2 Donizetti.
Martyrs..............	P.	3		Cuvelier.
Martyrs de Souli.......	D.	5	Nep. Lemercier.	
Martyrs du carnaval....	V.	4	1/2 *Bourdois pour* Porcher.	1/2 Couailhac.
Mary	V.	1	Buffaut.	
Masaniello............	O.	4	Moreau 1/4, Lafortelle 1/4, Carafa 1/2.	
Mascara.............	V.	1	Sauzay, Ropicquet.	
Mascarades...........	C.	1		Belfort.
Ma sœur et ma place....	V.	1		Lubize, Estienne.
Masque..............	V.	1	F. Langlé, Rochefort.	
Masque d'airain........	D.	2	5/6 Villiers.	1/6 Leblanc.
Masque de fer.........	T.	5		Boursault.
Masque de poix.......	D.	5		Antier 1/9, Barré 1/9, Mocquart 2/9, Porcher 2/9, Lévy, *édit.*, 3/9.
Masque et visage.......	V.	1	Honoré 2/3, Miffiez, *édit.*, 1/3.	
Matinée d'une jolie femme.	C.	1	Vigée.	

Titres des Pièces.	Genres.	Actes.	M. GUYOT.	M. PERAGALLO.
Masque de velours	V.	2	1/2 Fritz (Poër).	1/2 Michel Delaporte.
Masque tombé	V.	1	2/3 A. Croisette, Barba, *édit.*	1/3 Châteauvieux.
Massacre des Innocents	M.	3	1/4 Mallian.	3/4 Montigny, Fontan.
Massacre d'un innocent	V.	1	1/2 Varin, Lévy, *édit.*	1/2 Marc-Michel.
Massacres	M.	3	1/3 Overnay.	2/3 Antier, Th. Nézel.
Massacres de Saint-Domingue	D.	3		Lepoitevin, Anicet.
Masséna	D.	5	Cogniard frères.	
Ma tabatière	V.	1	1/2 Cogniard frères.	1/2 Ch. Potier, Commerson.
Ma tante Aurore	O.	2		Boïeldieu.
Ma tante Rose	V.	1		Gilbert.
Ma tante Rose	V.	1	2/3 Théaulon, Brazier.	1/3 Fr. de Courcy.
Mât de cocagne	V.	1		Léon Rabbe.
Matelot	V.	1	Sauvage, De Lurieu.	
Matelot à terre	V.	1	1/3 Chabot.	2/3 Alboize, Alix, *édit.*
Matelot de Saint-Pardon	V.	1	Colombey.	
Matelots et matelottes	V.	1	1/2 Dumersan.	1/2 Ch. Dupeuty.
Matelotte normande	V.	2	1/2 Rochefort.	1/2 Noiseuil.
Mateo	M.	5		Laurencin.
Mathias l'invalide	V.	2	Bayard, Bayard jeune.	
Mathieu Laensbergh	V.	2	1/3 Vanderburch.	2/3 Anicet, de Villeneuve.
Mathieu Laensbergh	V.	1		Chazet, Ourry.
Mathieu Laensbergh	V.	1	2/3 Clairville.	1/3 Alix, *édit.*
Mathieu Luc	D.	5		Cordelier-Delanoue.
Mathilde	D.	5	Eugène Sue, Félix Pyat.	
Mathilde	V.	5	Gabriel, Michel Masson.	
Mathilde	O.	3	Mélesville 1/4, Merville 1/4, Carafa 1/2.	
Mathilde	D.	3		Monvel.
Mathilde	V.	3	1/2 Bayard.	1/2 Laurencin, Alix, *prop.*
Mathilde	D.	2		Mlle Degoty.
Mathilde	V.	1	Déaddé, Veyrat.	
Mathilde de Schabran	O.	5	Joos Danglas.	
Mathurin Régnier	D.	3		Ferdinand Dugué.
Matin	V.	1	Guillemain.	
Matinée à Cayenne	O.	1		N***, Lavaine.
Matinée à Gretna-Green	V.	1	Ramond, Mlle Huet.	
Matinée à la mode	C.	1	Rochon.	
Matinée aux Charmettes	V.	1	2/3 Bayard, Vanderburch.	1/3 De Forges.
Matinée aux contre-temps	V.	1	3/4 Desvergers, Duvernois, Varin.	1/4 Duvert.
Matinée aux Prés-Saint-Gervais	V.	1	Salin, Bouet.	
Matinée d'autrefois	V.	1	1/2 Dumersan.	1/2 Merle.
Matinée de Catinat	O.	1		Marsollier (D. E.), Dalayrac (D. E.).
Matinée de Charlemagne	P.	2	Rozet, Lanusse.	
Matinée de Frontin	O.	1	Leber, Catrufo.	
Matinée de garçons	V.	1	Pain.	
Matinée de grand seigneur.	C.	1	De Longpré.	
Matinée de Henri IV	C.	1	Picard (D. E.).	
Matinée de la place Maubert	V.	1		A. De Barges.
Matinée de madame Geoffrin	V.	1	Demantort.	
Matinée des deux Corneille	V.	1	Grétry neveu.	
Matinée d'étudiants	V.	3	Alfred Monnier.	
Matinée d'une jolie femme.	C.	1	Henriquez.	

Titres des Pièces.	Genres.	Actes.	M. GUYOT.	M. PERAGALLO.
Matinée d'un jeune homme	V.	1		Defrénoy.
Matinée du Pont-Neuf	V.	1	Dieulafoy (D. E.), Dupaty, Désaugiers (D. E.), Francis.	
Matinée et la veillée villageoise	V.	1	Piis (D. E.), Barré (D. E.).	
Matin et soir	V.	2	3/4 A. Dartois, Théaulon, Mlle Huet.	1/4 Chazet.
Matou à Minette	V.	1	1/2 Suzanne.	1/2 Perrot de Renneville.
Matrimoniomanie	V.		Désaugiers (D. E.).	
Matroco	O.	3	1/2 Grétry (D. E.).	1/2 Laujon.
Matrone d'Ephèse	V.		Radet (D. E.).	
Maudit des mers	M.	5	1/2 Chabot.	1/2 Alboize.
Maugrabin	V.	1	2/3 Déaddé, Veyrat.	1/3 Alix, *édit*.
Maupin	V.	1	1/2 Labie.	1/2 J. Augier.
Mauprat	D.	5	George Sand.	
Maure de Venise	T.	5	Ducis.	
Maure de Venise	D.	5	Alfred de Vigny.	
Maure de Venise	T.	3		Mercier.
Maure de Venise	P.	3		Cuvelier.
Maures	O.	3	Voëlff.	
Maures d'Espagne	M.	3	De Pixérécourt.	
Mauresque	O.	1	Mélesville fils.	
Mauresques	D.	5	Cogniard frères.	
Mauresques	B.	1	Ragaine.	
Maurice	V.	5	1/2 Bourdois, *pour* Porcher.	1/2 Lefranc.
Maurice	V.	2	Mélesville, Duveyrier.	
Maurice de Plouarnel	D.	5	Lomon, Nongaret.	
Maurice de Saxe	D.	5	Paul Foucher.	
Maurice et Madeleine	V.	3	1/3 *Bourdois pour* Porcher.	2/3 Couailhac, Alix, *édit*.
Maurice le Havrais	D.	5		Petit-Mangin.
Maurice le mobile	V.	3		Auger.
Mauricette	V.	4	1/2 A. Michel Masson 1/6, Dinaux 2/6.	1/2 D'Ennery, Frédéric Thomas.
Mauricette	V.	1		Albert Monnier, Jouhaud, Dechaume, *édit*.
Maurico de Venise	V.	1		Sewrin.
Mauvais cœur	D.	5	11/16. Paul Féval 3/16, Lévy, *édit*., 8/16.	5/16 Frédéric Soulié, Porcher, *prop*.
Mauvais conseil	M.	3	1/4 Cormon.	3/4 D'Ennery, Grangé, Alix, *édit*.
Mauvais conseils	D.	5	1/2 Scribe.	1/2 H. Terrier.
Mauvais coucheur	V.	1		Lefranc.
Mauvaise langue	V.	1	1/2 Jouslin *pour* Joseph B.	1/2 Maurice Alhoy.
Mauvaise nuit est bientôt passée	V.	1	Honoré 2/3, Riga *édit*. 1/3.	
Mauvaise plaisanterie	V.	1	1/2 A. Guénée.	1/2 Brésil.
Mauvaises connaissances	D.	3		Desnoyers, Davesnes, Mourier.
Mauvaises connaissances	V.	2	Dumersan.	
Mauvaises têtes	V.	1		Sewrin, Ourry, (D. E.). Chazet.
Mauvaise tête et bon cœur	C.	2	Beaulieu.	
Mauvaise tête et bon cœur	V.	1	Brazier, Vanderburch.	
Mauvais fils	P.	3		Franconi jeune.
Mauvais garçons	M.	3		Robillard, Dupuis, Tastet.
Mauvais gas	V.	5		Henri de Kock, Alix, *édit*.
Mauvais locataires	V.	1		H. Paillet.
Mauvais ménage	M.	3	Merville, Francis C., Barba, *édit*.	

— 229 —

Titres des Pièces.	Genres.	Actes.	M. GUYOT.	M. PERAGALLO.
Mauvais ménage	V.	3	1/2 Mélesville.	1/2 Saint-Hilaire.
Mauvais œil	O.	1	1/4 Scribe.	3/4 Gustave Lemoine 1/4, Loïsa Puget 1/2.
Mauvais père	D.	3		Lubize, Lajariette, Alix, *édit.*
Mauvais riche	D.	5		Ernest Serret.
Mauvais sujet	M.	3	1/4 Cormon.	3/4 D'Ennery, Grangé, Alix, *édit.*
Mauvais sujet	D.		Scribe.	
Mauvais sujet	V.	1	1/3 Labie.	2/3 Salvat, J. Augier.
Mauvais sujet dans son ménage	V.	2		De Marville.
Mauvais sujet et sa famille	V.	2	Lafortelle.	
Ma vie pour un dîner	V.	1	Buffault.	
Ma vocation	V.	1	3/4 Etienne Arago, Desvergers, Varin.	1/4 Alix, *édit.*
Ma vocation	V.	1	Lecerf.	
Maxime	T.	5	Draparnaud (D. E.).	
Mazagran	V.	1	Duflot, Lamerlière.	
Mazarin	V.	1	1/3 Fulgence.	2/3 Th. Muret, Decomberousse.
Mazeppa	M.	5		Feu Cuvelier, Léopold.
Mazurka	V.	1	1/2 Dumanoir.	1/2 D'Ennery.
Meâ culpâ	V.	1	1/2 Lurine.	1/2 Ancelot.
Méchant malgré lui	C.	3	Dumersan.	
Mèche éventée	V.	1		Louis Boyer, Truinet, Levy, *édit.*
Médart fils de Gros Jean	C.	2	A. Gouffé, Rouhier-Deschamps.	
Medea	T.	5	Legouvé.	
Médecin au bal	V.	1	1/2 Guénée.	1/2 Charles Potier.
Médecin conciliateur	C.	1	Jauffret, Patrat (D. E.), Weiss.	
Médecin de campagne	V.	2	1/3 Théaulon.	2/3 De Courcy, Th. Muret.
Médecin de campagne	V.	2	Mélesville, Duveyrier.	
Médecin de l'âme	D.	5	1/3 Léon Guillard.	2/3 Desvignes, Levy, *édit.*
Médecin de la reine	M.	5	Gaillardet.	
Médecin de madame	V.	1		Dutertre, Vachette.
Médecin de Palerme	V.	1		Sewrin, Chazet.
Médecin des dames	V.	1	Scribe, Mélesville.	
Médecin des enfants	D.	5		D'Ennery, Anicet.
Médecin des moutards	P.	1	2/3 Paul Legrand, Bovery.	1/3 Blondelet.
Médecin de son honneur	D.	5		Hippolyte Lucas.
Médecin des théâtres	V.	1	A. D'Artois, Francis, Théaulon.	
Médecin du mari	V.	1	Lelioux.	
Médecine sans médecin	O.	3	2/3 Scribe, Bayard.	1/3 Hérold (D. E.).
Médecin malgré lui	O.	3	1/2 Gounod.	1/2 Jules Barbier, Michel Carré.
Médecin malgré tout le monde	C.	3	Dumaniant (D. E.).	
Médecin sans le savoir	V.	1	Roland.	
Médecin turc	O.	1	Armand Gouffé, Villiers, Elleviou, Nicolo.	
Médée	T.	5		Boursault.
Médée	T.	5	Legouvé.	
Médée	O.	3	1/2 Hoffman (D. E.).	1/2 Cherubini.
Médée	T.	3		Hippolyte Lucas.
Médée	V.	1		Hector Chaussier.
Médée de Nanterre	P.	3	2/3 Th. Cogniard, *Bourdois pour* Porcher.	1/3 Grangé.

Titres des Pièces.	Genres.	Actes.	M. GUYOT.	M. PERAGALLO.
Médée et Jason	O.	3		Blache.
Médée et Jason	B.	3		Milcent, Fontenelle.
Médicis et Machiavel	D.	3		Pélissier.
Médiocre et Rampant	C.	5	Picard (D. E.).	
Médisance et Scandale	C.	3		Châteauneuf.
Médisant	C.	4		Gosse.
Méfiant	C.	5		Onézime Leroy.
Méfiant	C.	3	Beaume-Liste.	
Mégani	V.	2	1/3 Emmanuel Arago.	2/3 Rosier, Davesnes.
Mégalantropogénésie	V.	1	Dieulafoy (D.E.), Barré (D.E,) Radet (D. E.), Desfontaines (D. E.).	
Mélancolie	M.	5	2/3 Théaulon, Vulpian père.	1/3 Fr. de Courcy.
Melcourt et Verseuil	C.	1		Murville.
Méléagre champenois	V.	1	Joseph Pain (D. E).	
Mêlez-vous de vos affaires	V.	1	Colliot 1/3, Lapointe 1/3, Bourdois pour Porcher 1/3.	
Mélidor et Phrosine	O.	3		Arnault, Méhul (D. E.).
Méli-mélo de la rue Meslay	V.	1	1/2 Adolphe Choler.	1/2 Marc Michel.
Melmouth	M.	3	1/3 Jouslin pour Joseph B.	2/3 Ferdinand Laloue, Saint-Hilaire.
Mélodrame à l'auberge	M.	5	Beuzeville.	
Mélomanie	O.	1	Champein.	
Melsor et Zima	O.	1	Lanusse, Pessey.	
Mélusine	V.	3	1/2 Overnay.	1/2 Th. Nézel.
Même roman	O.	3	1/2 Mélesville, Catrufo.	1/2 Vial, Lemière.
Memnon français	C.	1	Pigault-Lebrun.	
Mémoire d'un père	V.	1		Léonce, Petit, Alix, édit.
Mémoires contemporains.	V.	1	Gabriel, A. D'Artois, Michel Masson.	-
Mémoires de Beaumarchais	D.	3		Judicis.
Mémoires de deux jeunes mariées	V.	1	1/3 Clairville.	2/3 D'Ennery, Alix, édit.
Mémoires de Grammont	V.	1	1/3 Lévy, édit.	2/3 Decourcelle.
Mémoires de la blanchisseuse	V.	1	2/3 Brazier, De Livry.	1/3 De Villeneuve.
Mémoires de ma tante	V.	1		Simonnin, Philastre, Mifliez, édit.
Mémoires de Richelieu	C.	1		D'Ennery.
Mémoires du diable	V.	3	Étienne Arago, Théaulon, Guinot.	
Mémoires du gymnase	V.	1	Dumanoir, Clairville.	
Mémoires d'un colonel de hussards	V.	1	Scribe, Mélesville.	
Mémoires d'une jeune Anglaise	V.	1	1/2 Rochefort père.	1/2 Paul Duport.
Mémoires d'un père	V.	1		Léonce, Petit.
Mémoires du Pont-Neuf	V.	3	2/3 De Leuven, Lhérie B.	1/3 Maurice Alhoy.
Mémorial de Sainte-Hélène	D.	5		Jules Barbier, Michel Carré.
Ménage anglais	M.	3	Charles Lafont, d'Abrantès.	
Ménage à trois	O.	3	De Planard, Ambroise Thomas.	
Ménage à trois	V.	2		D'Ennery, Decourcelle.
Ménage de croûton	V.	1	2/3 Brazier, Dumersan.	1/3 Merle.
Ménage de garçon	V.	1	Scribe, Dupin.	
Ménage de garçon	V.	1		Léonce, Petit, M. Delaporte.

— 231 —

Titres des Pièces.	Genres	Actes.	M. GUYOT.	M. PERAGALLO.
Ménage de Molière	C.	2		Justin.
Ménage de Molière	C.	1	Naudet.	
Ménage de Rigolette	V.	1	1/2 De Léris.	1/2 Brisebarre.
Ménage de Titi	V.	1		Touchard, Davenay, Firmin.
Ménage d'ouvrier	V.	1	Bayard, Varner.	
Ménage du garçon	V.	1		Ch. Desnoyers.
Ménage du maçon	V.	3		Davesnes, Desnoyers, Bézou, prop.
Ménage d'une actrice	V.	1	2/3 A. Guénée, Mathieu.	1/3 Ch. Potier.
Ménage du savetier	V.	1	1/3 Jouslin pour Joseph B.	2/3 Ch. Dupeuty, de Villeneuve.
Ménage du zouave	V.	1	A. Deschamps.	
Ménage parisien	C.	3	Bayard.	
Ménage parisien	D.	2		Monnais, Laurencin, Bézou.
Ménages parisiens	D.	7	1/2 E. Nus.	1/2 Brisebarre.
Mendiant	M.	3	1/3 Ch. Hubert.	2/3 Boirie, Poujol.
Mendiant	V.	2		Duvert, Lauzanne, Saintine.
Mendiante	D.	5	1/2 Michel Masson.	1/2 Anicet.
Mendiante	V.	2		Ancelot.
Mendiants	V.	1	Rougemont, Leroux, Monnier.	
Mendiants d'Espagne	M.	3		Cuvelier.
Mendiants d'Irlande	D.	5	1/2 Ad. Choler.	1/2 Ch. Gabet.
Ménechmes	M.	3	2/3 Victor Ducange (D. E.), Brisset.	1/3 Naigeon.
Ménestrel	C.	5	C. Bernay.	
Ménestrel écossais	O.	3	Catel, Saint-Marcellin.	
Ménestrels	O.	3		Révérony de St-Cyr (D. E.)
Ménétrier	O.	3	1/2 Scribe.	1/2 Labarre.
Mensonge	M.	5	1/2 Vanderburch.	1/2 Léonce.
Mensonge excusable	C.	1	Guillemain.	
Mensonge officieux	O.	1	Forgeot (D. E.), Lemoyne.	
Mensonge officieux	C.	1	Forgeot (D. E.).	
Mensonge par discrétion	C.	1	Patrat (D. E.).	
Mensonges vrais	Pr.	1	Caroline Berton.	
Menteur maladroit	O.	1		Hennequin, Lebrun.
Menteur véridique	V.	1	Scribe, Mélesville.	
Menteuse	V.	3		Simonnin.
Menteuse par point d'honneur	C.	1	Patrat (D. E.).	
Mentor	V.	1	1/2 Delestre Poirson.	1/2 N. Fournier.
Mentor faubourien	V.	1	Dumanoir, Jaime, Ach. d'Artois, Barba, édit.	
Menuet de la reine	V.	2	Delestre Poirson.	
Menuet du bœuf	V.	1	Gabriel, Wafflard (D. E.).	
Menuisier de Bagdad	C.	1	Guillemain.	
Menuisier de Livonie	C.	2		Alex. Duval.
Menuisier de Nanterre	V.	1		X. de Montépin.
Menuisier de Nevers	V.	1	Philippe La Madeleine.	
Menuisier de Pontoise	V.	1	1/2 Brazier.	1/2 Sewrin.
Menuisier de Strasbourg	V.	1		Camel.
Menuisier de Touraine	C.	1		Camel.
Menuisier de Vierzon	V.	1		Cuveller.
Menzikoff et Fador	O.	3	Lamartelière (D. E.), Champein (D. E.).	
Méphistophélès	D.	3	Lesguillon, Barba, édit.	
Méphistophélès	O.	1	3/4. Ruytler 1/2, Lévy, édit., 1/4.	1/4 Michel Delaporte.
Méprise	O.	1	1/2 Creuzé.	1/2 Mme Gail.
Méprise	C.	1	Henrion.	
Méprise	C.	1		Mme de Bawr.

Titres des Pièces.	Genres.	Actes.	M. GUYOT.	M. PERAGALLO.
Méprise en diligence	C.	3	Caigniez 2/3, Barba, éd., 1/3	
Méprises	V.	1	Th. Pein.	
Méprises de bal	V.	1	Rousseau.	
Méprises de l'amour	C.	5	Émile Augier.	
Méprises de l'amour	V.	1		Touchard.
Méprises espagnoles	O.	1		Saint-Just (D. E.), Boïeldieu.
Méprises par ressemblance	C.	2	Patrat (D. E.).	
Méprises par ressemblance	O.	1	Grétry (D. E.).	
Méprise volontaire	O.	1	1/2 Mlle de Kerkado.	1/2 Duval.
Mercadet le faiseur	D.	3		Feu de Balzac, d'Ennery.
Mercure à Paris	V.	1		Décour, Aude neveu.
Mère	D.	2	Bayard.	
Mère	V.	2	De Saint-Georges, Ach. D'Artois.	
Mère	V.	2	Courtier, Henri Duffaud.	
Mère au bal et la fille à la maison	V.	2	Théaulon, Gondelier, Puech, prop.	
Mère Barthe	V.	1	Brazier.	
Mère Camus	V.	1		Aude.
Mère Camus	V.	1	Rougemont.	
Mère coquette	V.	1	Dulau.	
Mère coupable	D.	5	Beaumarchais (D. E.)	
Mère de famille	V.	1		D'Ennery, G. Lemoine.
Mère de la débutante	V.	2		Ch. Desnoyers.
Mère du soldat	M.	5		F. Lanoue, Ménissier, E. Renauld.
Mère esclave	M.	3		Cuvelier, Léopold.
Mère et la fiancée	V.	2		P. Duport, Léonce, Petit.
Mère et la fille	C.	5	1/2 Empis.	1/2 Mazères.
Mère et la fille	D.	5	Xavier Forneret.	
Mère et la fille	V.	3		St-Hilaire, Alix, édit.
Mère et l'enfant se portent bien	V.	1	Dumanoir, de Tully, de Léris.	
Mère fêtée	C.	1	Guillemain.	
Mère Gigogne	V.	2	1/2 Carmouche.	1/2 Brisebarre.
Mère Gigogne	R.	2		Flan 2/3, Mifliez, édit., 1/3.
Mère Godichon	V.	3		Michel Delaporte, Martin.
Mère Laitue	V.	1	Guillemain.	
Mère Michel	V.	1	1/2 Sibille.	1/2 St-Hilaire.
Mère Moreau	V.	1	2/3 Clairville.	1/3 De Vaulabelle.
Mère Prothée	V.	1	Pompigny.	
Mère Rainette	D.	5	1/2 Ch. Deslys.	1/2 Raymond Deslandes, Durantin.
Mère rivale	C.	3	Casimir Bonjour.	
Mère rivale	C.	1	Pigault-Lebrun.	
Mère Saint-Martin	V.	1	Rochefort, Carmouche.	
Mères repenties	D.	4		Félicien Mallefille.
Mère Taupin	V.	3	1/3 Vanderburch.	2/3 Laurencin, Alix, édit.
Méridien	V.	1	2/3 Clairville, Pol Mercier.	1/3 Raymond Deslandes.
Mérinos Béliéro	V.	2	Rougemont, Romieu.	
Merlan en bonne fortune	V.	1	Varin 1/2, Labie 1/4, Gérard 1/4.	
Merle blanc	V.	1	C. Appay, E. Pick.	
Merluchon et compagnie	V.	1	1/2 Bourdois pour Porcher.	1/2 Vizentini.
Merluchons	V.	1	2/3 Théaulon, Stéphen.	1/3 Fournier.
Mérovée	V.	1	1/2 Bayard.	1/2 Biéville.
Mers polaires	D.	5		Ch. Edmond, Maynard.

Titres des Pièces.	Genres.	Actes.	M. GUYOT.	M. FERAGALLO.
Merveille.............	V.	5	De Léris.	
Mésalliance...........	D.	3	Aug. Supersac.	
Mes amis, Bouffé, Ravel, etc................	V.	1	1/2 A. Guénée.	1/2 Alfred Delacour.
Mes bottes neuves......	V.	1	Cogniard frères.	
Mesdames de la halle...	O.	1	1/2 Lapointe..	1/2 Offenbach.
Mesdames de Montenfriche................	V.	3		Labiche, Marc Michel.
Mesdames les pirates....	V.	1	2/3 Clairville.	1/3 De Vaulabelle.
Mes débuts dans ma chambre.............	V.	1		Jouhaud.
Mes débuts devant ma glace...............	V.	1		Charles Danvin.
Mes derniers vingt sous..	V.	1	Théaulon, Ramond.	
Mes lunettes...........	V.	1	Llaunet, Cranney.	
Messager de cour	V.	2	Jaime, Michel Masson, Ach. d'Artois.	
Messieurs Panoufle père et fils...............	V.	1	Dumersan.	
Messire Barbe-Bleue....	P.	1		Hervé.
Métamorphoses........	V.	1	Ségur aîné (D. E.).	
Métamorphoses........	V.	1		Touchard.
Métamorphoses........	V.	1	Désaugiers (D. E.).	
Métamorphoses de Chamoiseau.............	V.	1	2/3 Siraudin, Henri Monnier.	1/3 Lefranc.
Métamorphoses de Jeannette................	V.	1	1/2 Aug. Supersac.	1/2 Th. Barrière.
Métamorphoses de l'amour...............	Pr.	1	Augustine Brohan.	
Métamorphoses d'Ovide.	V.	1		Bercioux, Jules Petit.
Métempsycose.........	V.	1	Bourguignon.	
Métempsycose.........	V.	1	2/3 Jaime, Riga, édit.	1/3 Fr. de Courcy.
Métier à la Jacquart.....	V.	2	1/2 Delestre Poirson.	1/2 N. Fournier.
Métier et la quenouille ..	V.	2	Bayard, Dumanoir.	
Mettez vos lunettes.....	O.	1		Leblanc.
Métusko..............	M.	5	1/2 Arm. Séville.	1/2 Varez.
Meublé et non meublé...	V.	1		Dupeuty, Grangé, Alix, édit.
Meuble inutile.........	V.	1	Ch. Siméon.	
Meunière.............	O.	1	Scribe 1/4, Mélesville 1/4, Garcia 1/2.	
Meunière.............	V.	1	Scribe, Mélesville.	
Meunière de Harlem....	C.	1	1/2 Théaulon.	1/2 Chazet.
Meunière de Marly.....	V.	1	Mélesville, Duveyrier.	
Meunière du moulin....	V.	1	A. Guénée, Marc Leprévost.	
Meunière du Puy-de-Dôme	M.	3	1/3 Carmouche.	2/3 Boirie, Poujol.
Meunier et le Chansonnier................	V.	1	Barré (D. E.), Radet (D. E.), Desfontaines (D. E.).	
Meunier et le Charbonnier................	B.-P.	1		J. Gilbert.
Meuniers.............	B.	1	Laurençon.	
Meuniers de Pontoise....	V.	1	1/2 Brazier.	1/2 Sewrin.
Meunier, son fils et Jeanne	V.	1	1/2 Feu Bayard.	1/2 Biéville.
Meuniers.............	B.	2		Blache.
Meuniers et les Meunières	B.	1		Blache.
Meurtre et dévouement..	D.	3		Béraud, Grant.
Meurtrier.............	D.	5		Crosnier, St-Hilaire.
Meurtrier.............	V.	1	Théaulon, Henri Simon.	
Mexicain.............	D.	2	1/4 Maillan.	3/4 Laurencin, Fontan.
Mexicains............	M.	3	Mélesville.	

Titres des Pièces.	Genres. Actes.	M. GUYOT.	M. PERAGALLO.
Micaëla	M. 3	1/3 Cogniard frères.	2/3 Poujol, Prieur.
Micaëla	D. 3		J. Augier.
Micaël l'esclave	D. 5	Bouchardy.	
Michel	V. 4	1/3 E. Jaime.	2/3 Duvert, Lauzanne.
Michel-Ange	M. 3	5/9. Paul Foucher 2/9, Barba édit; 3/9.	4/9 Alix, prop.
Michel-Ange	O. 1	1/2 Nicolo.	1/2 Delrieu.
Michel Brémond	D. 5	1/3 Tresse, édit.	2/3 Viennet.
Michel Cervantes	D. 4		Th. Muret.
Michel Cervantes	C. 2	Dieulafoy (D. E.).	
Michel Cervantes	O. 3	1/2 Gamas.	1/2 Foignet.
Michel et Christine	V. 1	Scribe, Dupin.	
Michelette	V. 3		Martin, Albitte.
Michelin	M. 3		Moline (D. E.).
Micheline	O. 1	5/9. Michel Masson 2/9, Adam 3/9.	4/9 Saint-Hilaire, Villeneuve.
Michel Lando	V. 1		Arrivetz.
Michel l'ivrogne	V. 3	Salin.	
Michel Montaigu	C. 3		Guy.
Michel Morin	V. 1		Léger.
Michel Morin	V. 1	Barré (D. E.), Radet (D .E.), Desfontaines (D. E.).	
Michel Perrin	V. 2	Mélesville, Duveyrier.	
Michel Poulard	V. 1	Mélesville, Dumersan.	
Micromégas	F. 5		Janety, Bonnemère, Dumesnil.
Midas au Parnasse	O. 1		Planterre.
Midi	V. 1	Georges Duval, Gaëtan.	
Midi	C. 1	Charles Maurice.	
Midi	V. 1	1/4 Quoy.	3/4 Saint-Hilaire, P. Duport, Monnais.
Midi à quatorze heures	V. 1		Ancelot, Decomberousse.
Midi à quatorze heures	V. 1		Th. Barrière.
Midi-folie-gaîté	C. 1	Charles Maurice.	
Miel et vinaigre	V. 1		Léonce, Petit, Alix, édit.
Mieux est l'ennemi du bien	Pr. 1	G. de Vigneux, Beck, édit.	
Mieux fait douceur que violence	C. 2	Pompigny.	
Mieux vaut tard que jamais	V. 1	1/2 Arvers.	1/2 D'Avrecour.
Mignon	V. 2		De Montheau.
Mignonne	V. 2		Fr. de Courcy, Ch. Dupeuty.
Mignonne	V. 1	P. Deslandes.	
Migraine	C. 1		Viennet.
Mila	V. 1	2/3 Dupin, Mennechet.	1/3 Bezou, édit.
Milan et Grenoble	M. 3	1/3 Quoy.	2/3 Naigeon, Antier.
Mil huit cent quarante	V. 1	Mélesville, Delestre Poirson, Brazier.	
Mil huit cent quarante	R. 1		D'Ennery, Grangé, Bourget.
Mil huit cent quarante-deux à l'hôtel Bullion	R. 1	1/2 A. Guénée.	1/2 Jouhaud.
Mil huit cent quarante-deux et mil huit cent quarante-trois	V. 1		Jouhaud.
Mil huit cent quarante et un et mil neuf cent quarante et un	R. 2	2/3 Cogniard frères.	1/3 Th. Muret.
Mil huit cent quatorze	V. 2	1/3 Cormon.	2/3 D'Ennery, Alix, édit.
Mil huit cent trente-cinq	V. 1	Désaugiers (D. E.).	

Titres des Pièces.	Genres.	Actes.	M. GUYOT.	M. PERAGALLO.
Mil huit cent trente-quatre et mil huit cent trente-cinq	V.	1	1/3 Théaulon.	2/3 Fr. de Courcy, Th. Nézel.
Mil huit cent trente-quatre et mil huit cent trente-cinq	R.	1	2/3 Francis D., Ferd. Langlé.	1/3 Fr. de Courcy.
Mil huit cent trente-six dans la lune	R.	1	Clairville, Delatour.	
Mil huit cent trente-six sur la sellette	R.	1	2/3 Bayard, Théaulon.	1/3 Fr. de Courcy.
Mil huit cent vingt et un, mil huit cent trente et un, et mil huit cent cinquante et un	V.	3	1/2 Michel Masson.	1/2 De Villeneuve.
Milicien	B.	1		Blache.
Militaire et pensionnaire.	V.	1		Brisebarre, Touchard-Lustières.
Militaires	C.	2		De Favières.
Mille écus	V.	1	Masselin.	
Mille et une nuits	F.	4	Cogniard frères.	
Mille et une nuits	V.	3		Demonval.
Mille et un guignons de Guignol	V.	2		Simonnin.
Mille francs à gagner	V.	1	Ernest, Decourt.	
Millevoye	D.	1	Paul Foucher.	
Million dans le ventre	V.	3		J. Renard 2/3, Alix , éd., 1/3.
Millionnaire	C.	2	Martin, Andin, Loignon.	
Millionnaire	V.	1		Camille Doucet.
Millions de la mansarde	C.	1	Edmond About.	
Million sur la tête	O.	1	Georges de Vigneux, Paul Bernard.	
Milon de Crotone	B.	2		Frédéric Blache.
Milord et l'artisan	V.	2	Beuzeville (D. E.).	
Milord Go	V.	1	Désaugiers (D. E.).	
Mil sept cent cinquante et mil huit cent vingt-sept	V.	2	7/9 Rougemont, de St-Georges, Duvernois.	2/9 Simonnin.
Mil sept cent quatre-vingt-neuf et mil huit cent	V.	2	1/3 Saint-Laurent.	2/3 Saintine, Duvert.
Mil sept cent quatre-vingt-quatorze	M.	5	1/2 Labrousse, Mallian.	1/2 Ferd. Laloue, Dutertre.
Mil sept cent quatre-vingt-seize et mil huit cent quinze	D.	5	1/2 Michel Masson.	1/2 Desnoyers.
Mil sept cent quatre-vingt-seize et mil huit cent	D.	2	Devaux, Brisson.	
Mil sept cent quatre-vingt-trois	C.	1	Lafontaine.	
Mil sept cent soixante	C.	1	De Longpré.	
Mimi Pinson	V.	1	Bayard, Dumanoir.	
Miltiade à Marathon	O.	2	Lemoyne.	
Milton	O.	1	1/4 Dieulafoy.	3/4. Jouy 1/4, Spontini 1/2.
Mina	O.	3	De Planard, Amb. Thomas.	
Mina	V.	2	Cogniard frères.	
Mina	V.	2		Duvert, Lauzanne.
Mina l'Alsacienne	V.	2		Souvestre, Davesnes.
Mincétoff	V.	1	Désaugiers (D. E.), Francis D., Moreau.	
Mine de Beaujon	P.	2		Franconi jeune, A. Piccini.
Mine de charbon	D.	3	Duveyrier.	

Titres des Pièces.	Genres.	Actes.	M. GUYOT.	M. PERAGALLO.
Mine est trompeuse.....	V.	3	2/3 Lafortelle, Francis D.	1/3 Chazet.
Minerve marchande de modes	V.	1	Guillemain.	
Mines de Beaujon .....,	V.	3	Pain, Dumersan, Barba, *édit*.	
Mines de blagues.......	R.	1	1/2 Clairville.	1/2 Alfred Delacour.
Mines de Coperberith ...	M.	5	Martin d'Ingrande.	
Mines de Paluzzi	M.	3	1/2 Barba, *édit*.	1/2 Leblanc.
Mines de Pologne	M.	3	De Pixérécourt.	
Mines de Suède........	O.	3		Dejaure jeune, Dourlen.
Mines et contre-mines...	V.	1	Bergeret.	
Minette................	V.	1	2/3 E. Jaime, Jaime fils.	1/2 Lambert Thiboust.
Mineur d'Auberval	M.	5	1/2 Victor Ducange (D. E.).	1/2 Frédéric.
Mineurs...............	D.	3	1/2 Francis C.	1/2 Anicet.
Mineurs de Beaujon.....	V.	2	3/4 Rougemont, Brazier, Barba, *édit*.	1/4 Merle.
Mineurs de Trogolf.....	M.	3		2/3 Henri Marcaille, 1/3 Ladimir.
Mineurs suédois........	D.	5	Lamartelière (D. E.).	
Ministre allemand......	D.	2		Bonel.
Ministre anglais.......	C.	5		Riboutté.
Ministre français.......	M.	3	2/3 Bilderbeck, Duperche.	1/3 Dubois.
Minorité de Louis XV ...	V.	1	Clairville.	
Minuit................	D.	3		Crosnier, Frédéric.
Minuit................	C.	1	Saint-Prix.	
Minuit................	V.	1		Boissetot.
Minuit................	B.	1		Gilbert.
Minute trop tard (Une)..	O.	1	Arthur Delavigne 2/9, Paul Delavigne 2/9, Villebichot 2/9, Lévy 3/9, *édit*.	
Miquelets	P.	3		Cuvelier.
Mirabeau	D.	5	Bohain.	
Mirabeau	M.	3		G. Lemoine, Lemoine-Montigny.
Mirabeau et Sophie.....	V.	2	Théodore Anne, René Périn, Barba, *édit*.	
Miracle d'amour........	V.	1	2/3 Lesguillon, de Tully.	1/3 Neuville.
Miracle de l'amour	D.	5	1/2 Vaucheret.	1/2 Dunan-Mousseux.
Miracle de l'amour	V.	1	De Léris, Devaux.	
Miracle des roses.......	D.	5	2/3 Hostein, (Albert), Rimbault.	1/3 Béraud.
Mirliton du diable	F.	5	1/2 Marc Leprévost.	1/2 Anicet.
Mirliton du diable	V.	2		Dallard, Ch. Gabet.
Mirliton enchanté.......	F.	5		Ferd. Laloue, Anicet, Laurent.
Miroir................	O.	1	3/8. Bayard 2/8, Mallian 1/8.	5/8. Davrigny 1/8, Gastinel 4/8.
Miroir................	V.	1	A. Gouffé.	
Mironton, ton, ton, mirontaine.............	V.	1		Dubois.
Mirza	C.	2	Patrat (E.D.).	
Mirza et Almanzor......	V.	2		A. Renoux.
Mirza et Lindor........	B.	3		Dauberval.
Misanthrope...........	O.	1	Charles Maurice.	
Misanthrope...........	V.	1	Rougemont, Brazier.	
Misanthrope au village ..	C.	2	Gilbert.	
Misanthrope corrigé	C.	1	-	Hector Chaussier.
Misanthrope de la rue de Clichy...............	V.	1	2/3 A. D'Artois, Francis D.	1/3 Maurice Alhoy.
Misanthrope et l'Auvergnat	V.	1	1/3 Siraudin.	2/3 Labiche, Lubize.

— 237 —

Titres des Pièces.	Genres.	Actes.	M. GUYOT.	M. PERAGALLO.
Misanthropie et repentir.	D.	5	Mme Molé.	
Misanthropie et repentir.	D.	5		Gérard de Nerval.
Misanthropie et repentir.	D.	5	Rigaud.	
Misanthropie et repentir.	V.	1	Radet (D.E.).	
Misère	D.	6		Ferd. Dugué.
Misère et amour	D.	2		Belin.
Misère et gaieté	V.	1	1/2 Tiercelin.	1/2 Simonnin.
Misère et génie	D.	5	Mme de Féréal.	
Misère et génie	V.	1	De Tully, de Léris.	
Misères d'un timbalier	V.	1	1/4 Desvergers.	3/4 Martin, Albitte, Alix, *éd.*
Miss Anna	V.	3	2/3 Théaulon,	1/3 Fr. de Courcy.
Miss Annette	V.	1	2/3 Sauvage, Dupin.	1/3 Alix, *édit.*
Miss Fauvette	O.	1		Jules Barbier 1/4, Michel Carré 1/4, Victor Massé 1/2.
Mississipi	V.	3	Lhérie B., de Leuven, A. de Beauplan.	
Miss Kelly	C.	1		Duport, Monnais.
Missolonghi	D.	5	3/4 Ozaneaux.	1/4 Hérold (D. E.).
Mistriss Siddons	V.	2	De Leuven, Lhérie B., Lhérie jeune.	
Mnémoniste	V.	1	Gersin(D.E.), Dieulafoy(D.E.).	
Mobilier de Rosine	V.	3	De Leuven, Lhérie B., Siraudin.	
Mode	C.	5	Henri Tessier.	
Mode ancienne et nouvelle	C.	1	Nanteuil.	
Mode anglaise	V.	1		Léonce, Rimbaut.
Modèle	V.	1	Cogniard frères 2/3, Barba, *édit.* 1/3.	
Modèle des fils	C.	2		Pelletier-Volmerauge.
Modéré	C.		Dugazon.	
Modernes enrichis	C.	2		Pujoulx.
Modes de l'exposition	V.	1	Champeaux.	
Modestie et insuffisance	C.	2	Beaume Liste.	
Modiste au camp	V.	1		Brisebarre, Nyon.
Modiste et le lord	V.	2	Ach. D'Artois, Deslandes, Didier, Barba, *édit.*	
Modistes	V.	1	7/12 Duvernois, Delestre-Poirson.	5/12 Ch. Dupeuty, de Villeneuve.
Modistes de la Bouille	B.	1	Laurençon.	
Moellon	V.	1		Saint-Amand, Lefebvre.
Mœurs	C.	1	Pigault-Lebrun.	
Mœurs de dix sept cent soixante	D.	3	Escousse (D. E.).	
Mœurs de l'ancien régime	D.	3		Fenouillot-Falbaire.
Mœurs et la fortune	C.	1	Camaille Saint-Aubin (D. E.).	
Mœurs de Londres	C.	1		Boursault.
Mœurs du jour	C.	5	Collin-Harleville.	
Mœurs et la loi	D.	5		Auger.
Mœurs italiennes	V.	1		P. Duport, Monnais, Alix *prop.*
Mogols	M.	5	Hyacinthe.	
Mohicans	B.	2	Guerra, Adam.	
Moine	M.	5		Fontan, Marchand.
Moine	D.	3	Ribié (D. E.), Camaille St-Aubin (D. E.).	
Moineau de Lesbie	C.	1		Barthet.
Moine et canard	V.	1		Grangé, C. Laurent.
Moines japonais	T.	3		Fenouillot-Falbaire.
Moi pas bête	V.	1	Marquet, Delbès.	

— 238 —

Titres des Pièces.	Genres.	Actes.	M. GUYOT.	M. PERAGALLO.
Moiroud et compagnie...	V.	1	Bayard, Jules de Wailly.	
Mois à Bagnères........	V.	3	1/2 Déaddé.	1/2 Demonval.
Mois à Bagnères.	V.	1	Roland.	
Mois à Naples.........	V.	1	Jacques Arago, Berthaud.	
Mois après la noce......	V.	1	1/3 Duvernois.	2/3 Ménissier, E. Renault.
Mois au Pérou........	V.	2	2/3 E. Guinot, Tresse, *édit.*	1/3 De Forges.
Mois de fidélité........	V.	1	2/3 A. d'Artois, Barba, *édit.*	1/3 E. Moreau.
Moïse................	O.	4	3/4. Balochi (D. E.), 1/4, Rossini 1/2.	1/4 Jouy.
Moïse au mont Sinaï	D.	5		Pourrat frères.
Moïse au mont Sinaï	T.	4	De Chateaubriand.	
Moïse en Égypte........	O.	3		Castil-Blaze.
Moisson..............	V.	1		Sewrin.
Moissonneurs de la Beauce	V.	1	Brazier, Dumersan, Francis.	1/4 Anicet.
Moissonneuse..........	O.	4	3/4. M. Masson 1/4, Vogel 1/2.	
Moitié du chemin.......	C.	3	Picard (D. E.).	
Moitié du monde joue l'autre	C.	2		Prévost.
Moitié d'une pièce......	V.	1	Dumersan.	
Moitié faux, moitié vrai..	C.	1	Martainville (D. E.).	
Molé aux Champs-Élysées	O.	1	Périn, Pillon.	
Molière...............	D.	5	George Sand.	
Molière...............	D.	2	Merville, Marlin St-Ange.	
Molière à Chambord	C.	3	A. Desportes.	
Molière à Lyon	V.	1	Ségur aîné, Deschamps, Desprez.	
Molière au dix-neuvième siècle	C.	1	1/2 Delaboullaye.	1/2 Alix, *édit.*
Molière au théâtre......	C.	5	Bayard, Romieu.	
Molière avec ses amis...	V.	2	Jacquelin, Rigaud.	
Molière avec ses amis...	C.	1	Andrieux.	
Molière chez Ninon.....	C.	1		Dubois, Chazet.
Molière enfant	C.	1		Vierne.
Molière en ménage	C.	1	Abel Jannet.	
Molière et les médecins .	C.	1	Dumersan, Barba, *édit.*	
Molière jaloux	V.	1	Dumersan.	
Molière, Tartuffe et Ninon	V.	1	Henri Simon.	
Moment d'ambition......	C.	1		Meyer, Montigny.
Moment de caprice	V.	1		De Favières, Chazet.
Moment d'erreur.......	C.	3	Pigault-Lebrun.	
Moment d'humeur......	O.	1		Hennequin, Lebrun.
Moment d'imprudence...	C.	3	Wafflard (D. E.), Fulgence, Barba, *édit.*	
Momie de Roscoco......	O.	1		De Najac, Ortolan.
Momies..............	V.	1	Rochefort, Desvergers, Varin.	
Momus vaincu ou amoureux	B.	3		Dauberval.
Monadelchi	D.	3		A. Duval.
Mon ami Babolin	V.	1	1/3 L. Monrose.	2/3 Ach. Comte, Decourcelle.
Mon ami Christophe	V.	1	1/2 Lafontaine, Quoy.	1/2 Ch. Dupeuty, de Villeneuve.
Mon ami Cléobule	V.	1	J. Arago.	
Mon ami de Paris.......	V.	1	Montigny.	
Mon ami Dupont	V.	3	Cogniard frères, Paul de Kock, Barba, *édit.*	
Mon ami Dupont	V.	1	1/2 H. Thiéry.	1/2 De Jallais.
Mon ami Fouinard......	V.	1	Clairville, Milon.	
Mon ami Grandet.......	V.	3		Ancelot, Decomberousse.
Mon ami l'habit vert....	V.	1	*Théodore pour* Porcher, *pr.*	
Mon ami Listrac	C.	2	Bayard, Armand.	
Mon ami Pierre........	V.	1	Arm. d'Artois, de Leuven.	
Mon ami Pierrot........	V.	1		Marc-Michel, Maurin, Alix, *éd.*

Titres des Pièces.	Genres.	Actes.	M. GUYOT.	M. PERAGALLO.
Mon ami Polyte........	V.	1	1/2 Rougemont.	1/2 Courville.
Monastère abandonné...	M.	3	De Pixérécourt.	
Monastère dans les bois.	M.	5	Pompigny.	
Mon Athénaïs..........	V.	1		P. Duport, Th. Muret.
Mon avenir............	V.	2	1/2 De Livry.	/2 De Villeneuve.
Mon bonnet de nuit.....	V.	1	2/3 Maréchalle, Barba, édit.	1/3 Poujol.
Mon bonnet de nuit.....	V.	1	2/3 Georges Duval, Barrière aîné.	1/3 Alix, édit.
Monck.................	V.	5	1/2 De Wailly.	1/2 D'Epagny.
Mon coquin de neveu....	V.	1	3/4 Desvergers, Rochefort.	1/4 Bezou, édit.
Mon cousin de Dreux....	V.	3		Sewrin, Chazet.
Mon cousin de Paris....	O.	1		Léger, Jadin.
Mon cousin Jacques....	V.	1	1/2 Clairville.	1/2 Chevalet.
Mon cousin Lalure.....	C.	1	Montigny, Duvernois.	
Mon cousin Lalure.....	C.	1	Georges Duval.	
Mon cousin le comédien.	V.	1	1/2 Théaulon.	1/2 Fr. de Courcy.
Mon cousin Ratine.....	V.	1	2/3 Hubert, Duvernois.	1/3 Pellissier-Laqueyrie.
Monde.................	D.	5	Henri Tessier.	
Monde.................	V.	2	1/2 Faucheur.	1/2 Mifliez, édit.
Monde à l'envers..... V.	F.	2	1/2 Cogniard frères.	1/2 Desnoyers.
Monde camelotte.......	P.	3	Cogniard frères 2/3 (Bourdois) pour Porcher 1/3.	
Monde renversé........	V.	1	Rozet.	
Monde renversé........	V.	1	Honoré.	
Monde repeuplé........	V.	1	Martainville.	
Monde tel qu'il est......	C.	2		Mme Ray.
Monde volant..........	V.	1	Paul de Kock.	
Monet, directeur de l'Opéra...............	V.	1	Radet (D. E.).	
Mon étoile............	C.	1	Scribe.	
Mon gendre............	V.	1	1/2 Bayard.	1/2 Laurencin.
Mon illustre ami........	V.	1		Lubize.
Mon Isménie..........	V.	1		Labiche, Marc-Michel.
Monnaie de singe.......	V.	2	Dumanoir, Mallian, Ach. D'Artois.	
Mon nez, mes yeux, ma bouche..............	V.	3	1/3 Siraudin.	2/3 Chivot, Duru.
Monomane :...........	D.	5	Duveyrier.	
Monomanie.	V.	1	1/2 Scribe.	1/2 Paul Dupart.
Mon oncle Antoine......	V.	1		Sewrin.
Mon oncle Bouffard.....	V.	1		Arnault, Judicis, Dagnaud, éd.
Mon oncle d'Avallon....	V.	1	2/3 Salin, Carpier.	1/3 Lévesque.
Mon oncle Gobsek......	V.	1		Ed. Montigny.
Mon oncle le bossu.....	C.	1	Mélesville, Lafontaine, Gaville, Morère.	
Mon oncle le commandeur.	V.	1		Saint-Amand.
Mon oncle le mousquetaire.	V.	1		J. Augier.
Mon oncle le puriste.....	V.	1	Henri Avocat.	
Mon oncle Ruinard......	V.	1	3/4 Varin, É. Arago, Derville.	1/4 Alix, prop.
Mon oncle Thomas......	V.	3	Michel Masson, de Livry.	
Mon oncle Thomas......	C.	2		Mirecour.
Mon oncle Tobie.......	V.	1	Monperlier.	
Mon ours.............	V.	1	1/2 Ad. Choler.	1/2 Labiche.
Mon parapluie et ma femme..............	V.	1	1/2 Desvergers, Varin pour Held, prop.	1/2 Laurencin pour Alix, pr.
Mon parrain de Pontoise.	V.	1	1/2 Desvergers.	1/2 Vaëz.
Mon parrain Guignolet...	V.	1		Dupuis, Saltret.
Mon rival.............	V.	1	Clairville.	
Monrose et Amélie......	D.	4		Faur.

Titres des Pièces.	Genres.	Actes.	M. GUYOT.	M. PERAGALLO.
Monseigneur	V.	3	1/3 Dumanoir.	2/3 Anicet, Brisebarre.
Monsieur Acker	V.	1		Durantin.
Monsieur Antoine	V.	1	2/3 Francis D., De St-Georges,	1/3 Saintine.
Monsieur Bannelet	V.	1		De Montheau, Nuitter.
Monsieur Barbebleue	V.	1	Dupin, Varner.	
Monsieur Barbebleue	V.	1	Bayard, d'Ivernais.	
Monsieur Beaufils	C.	1		De Jouy.
Monsieur Beauminet	V.	1	1/2 Mélesville.	1/2 Saintine.
Monsieur Beldam	V.	1	A. Gouffé, Villiers, Barba, éd.	
Monsieur Benoît	D.	3	Ch. Maurice, Quoy.	
Monsieur Benoit	V.	1	1/2 Cogniard frères.	1/2 Tournemine.
Monsieur bien mis	O.	1	1/2 Delange.	1/2 Nargeot.
Monsieur bien mis	V.	1	1/3 Rochefort fils.	2/3 Commerson, Mifliez, édit.
Monsieur Blaise	V.	2		Sewrin; Ourry (D. E.), Chazet.
Monsieur Boissec	C.	1	Rougemont, Maréchalle, Barba, édit.	
Monsieur Bonaccord	V.	1		Lepoitevin-St-Alme, Mourier.
Monsieur Bonasse	C.	1		Bosquier.
Monsieur Bonasse	V.	1	Honoré.	
Monsieur Bonaventure	V.	1	Maréchalle, Vsınnaz, Quoy.	
Monsieur Bonaventure	V.	1	Théaulon, Ar. D'Artois, Francis D.	
Monsieur Bon-enfant	V.	1	Dumersan.	
Monsieur Bonhomme	V.	1	Eug. et J. de Planard 2/3, Barba, édit., 1/3.	
Monsieur Bonnefoy	V.	1	1/2 Carmouche.	1/4 Saintine.
Monsieur bonne grâce	V.	1	Désaugiers (D. E.).	
Monsieur Bontemps	V.	1	Tourret, Decour, pour Barba, édit.	
Monsieur Botte	C.	3	Dumersan pour Barba, édit.	
Monsieur Botte	V.	3		Dupeuty, Saintine, Villeneuve.
Monsieur Botte	C.	3	Servières 1/2, Ernest pour Barba, édit., 1/2.	
Monsieur Botte tout seul.	V.	1		Ponet.
Monsieur Boulainville	C.	5	Picard (D. E.).	
Monsieur Boulevard	V.	1		Merle.
Monsieur Brouillon	C.	1	Francis D., Barba, édit.	
Monsieur Cagnard	V.	1	Brazier, Dumersan. Ach. D'Artois, Barba, édit.	
Monsieur Camion	V.	1	Dumersan, Dupin.	
Monsieur Candaule	V.	1		N. Fournier, Meyer, Lévy, édit.
Monsieur Champagne	V.	1	Ar. D'Artois, Théaulon, Mlle. Huet.	
Monsieur Chapolard	V.	1		Duvert, Lauzanne, Duport.
Monsieur Charles	V.	1		F. Laloue, Merle, Dupeuty.
Monsieur Chose	V.	1	Duval, Dumersan.	
Monsieur Coco	V.	1		Bougnol.
Monsieur comme il faut et une dame de qualité	V.	1	Siraudin.	Moreau.
Monsieur Coquelicot	V.	3	Cogniard frères.	
Monsieur courte vue	V.	1		Simonnin.
Monsieur Courtois	V.	1	Dupin.	
Monsieur Crédule	V.	1	Martainville.	
Monsieur Croquemitaine	V.	1	Désaugiers (D. E.).	
Monsieur Dadais	V.	1	Coupart, Servières.	
Monsieur d'Aigrieux	C.	2		Onézime Leroy.
Monsieur Dasnières	V.	1	1/2 Dumersan.	1/2 Ch. Dupeuty.
Monsieur Daube	C.	1	Charlemagne.	

Titres des Pièces.	Genres.	Actes.	M. GUYOT.	M. PERAGALLO.
Monsieur Daube........	V.	1	Duval, Deguerle.	1/2 Alix, *édit*.
Monsieur David.........	C.	1	A. J. Leroy, Martin.	
Monsieur de bel œil.....	V.	1	1/2 Tresse, *édit*.	1/2 Biéville.
Monsieur de Bièvre.....	V.	1	1/2 Dupaty.	1/2 Gassicourt.
Monsieur Débiné.......	V.	1		Th. Nézel, Laurent.
Monsieur de Chimpanzé.	O. B.	1		Jules Vernes 1/4, Michel Carré 1/4, Hignard 1/2.
Monsieur de Coislin.....	V.	1		Marc Michel, Lefranc, Labiche, Alix, *édit*.
Monsieur de Crac à Paris.	C.	1	Charlemagne.	
Monsieur de Crac dans son petit castel..........	C.	1	Collin-d'Harleville (D. E.).	
Monsieur de Croustignac.	M.	3		Hineaux, Quaisain (D. E.).
Monsieur Delahure......	V.	1	Desprez (D. E.).	
Monsieur de la Gourmandière..............	V.	2	Barré (D. E.), Radet (D. E.), Desfontaine (D. E.).	
Monsieur de la Jobardière.	V.	1	Dumersan, Dupin, A. d'Artois.	
Monsieur de la Nigaudière.	C.	1		Henri Lemaire.
Monsieur de la Palisse...	V.	1	Henrion.	
Monsieur de la Palisse...	V.	1	1/3 Carmouche.	2/3 D'Avrecour, E. Nyon.
Monsieur de la Pinchinette.	V.	1	1/2 Ed. Martin.	1/2 A. Monnier.
Monsieur de la Rocambolle.	V.	2	Renaud, Devaux.	
Monsieur de Malborough.	V.	3	Dumersan, A. d'Artois, Barba, *édit*.	
Monsieur de Malborough.	V.	1	Dumersan, Barba, *édit*.	Dubois.
Monsieur de Malesherbes.	V.	1		
Monsieur de Pourceaugnac.	O.	3		Castil-Blaze.
Monsieur de Pourceaugnac.	B.	2		Merle, Coralli, Boirie.
Monsieur de Saint-Cadenas..............	V.	1		Labiche, Marc Michel.
Monsieur de Saint-Germain..............	C.	3	2/3 François, Barba, *édit*.	1/3 N. Fournier.
Monsieur Desbosquets...	O.	1		Sewrin, Berton fils.
Monsieur Deschalumeaux.	O.	3	1/2 Creuzé.	1/2 Gaveaux (D. E.).
Monsieur Deschalumeaux.	O.	1		Perré 1/4, Bridault 1/4, Frédéric Barbier 1/2.
Monsieur Deschalumeaux.	B.	1		Petipa.
Monsieur Descroquinolles.	V.	1	Henri Simon, Rozet.	
Monsieur Descuirs......	V.	1		Saint-Aure.
Monsieur Désornières...	V.	1	Désaugiers (D.E.), Gentil.	
Monsieur Desortolans....	C.	1		Chazet, Bosquier.
Monsieur du coupé......	V.	1		Duvert, Duport, Lauzanne.
Monsieur Ducroquis.....	V.	1	Théaulon, Choquart, Barba, *édit*.	
Monsieur Duguignon....	V.	1		Chevrillon, Frédéric.
Monsieur Dupinceau....	V.	1	Arm. Croisette, Barba, *édit*.	
Monsieur Durelief.......	V.	1	Barré (D. E.), Radet (D. E.), Desfontaines (D. E.).	
Monsieur Duroseau......	V.	1	Brazier, Carmouche.	
Monsieur en question....	V.	1	1/2 Ed. Martin.	1/2 Alb. Monnier.
Monsieur est de la noce...	V.	3		J. Renard 2/3, Mifliez, *éd.* 1/3.
Monsieur et madame....	V.	1	1/4 Ch. Hubert.	3/4 Laqueyrie, Decour, Bezou.
Monsieur et mad^{me} André.	V.	1		Travault, Lecomte.
Monsieur et madame Bernard	V.	1		Dubois.
Monsieur et madame Denis.	V.	2		Anicet, Michel Delaporte.
Monsieur et madame Denis.	V.	1	(Brazier,Simonnin,)Barba,*éd*.	
Monsieur et madame Denis.	V.	1	Rougemont, (Désaugiers) (D. E.), Barba, *édit*.	

Titres des Pièces.	Genres.	Actes.	M. GUYOT.	M. PERAGALLO.
Monsieur et madame Galochard	V.	1		Duvert, Lauzanne, Saintine.
Monsieur et madame Godiche	V.	1	Brazier.	
Monsieur et madame Pépin	V.	1		Sewrin, Chazet.
Monsieur et madame Pinchon	V.	1	2/3 Bayard, Dumanoir.	1/3 D'Ennery.
Monsieur et madame Rigolo	V.	1		Alf. Delacour, de Najac.
Monsieur et madame Robinson	O.	1		Commerson 1/4, Furpille 1/4, Dufresne 1/2.
Monsieur et madame Tatillon	C.	3	Picard.	
Monsieur et madame Toutcœur	C.	1	H. de Saint-Yves.	
Monsieur et une dame	V.	1		Duvert, Lauzanne, Saintine.
Monsieur Feuillemorte	V.	1	Désaugiers (D. E.), Brazier.	
Monsieur Flanelle	V.	1	Rochefort, Maillard, Barba, édit., 1/2.	
Monsieur Folichon	V.	1	Moras, Lermite.	
Monsieur François	D.	2	Beaulieu.	
Monsieur François	V.	1	Théaulon, A. d'Artois, Francis D.	
Monsieur Frontin	V.	1	Brazier.	
Monsieur Furet	V.	1	Maréchalle.	
Monsieur Furet	V.	1	Brazier 1/4, Carmouche 1/4, Lafontaine 1/4, (Jouslin), Joseph B. 1/4.	
Monsieur Gérésol	V.	1	Désaugiers.	
Monsieur Gingnet	M.	3	Valcour.	
Monsieur Girafe	V.	1	Servot.	
Monsieur Girouette	C.	1		Dubois.
Monsieur Gogo	V.	3	7/9. Paul de Kock 4/9, Barbier, édit., 3/9.	2/9 Frédéric-Lemaître fils.
Monsieur Gogo à la Bourse	V.	1	Bayard.	
Monsieur Graine de lin	V.	1	Paul de Kock, Barba, édit.	
Monsieur Grégoire	V.	1		Chazet, Merle, des Essarts.
Monsieur Gribouillet	V.	1	1/2 Paul de Kock.	1/2 Lubize.
Monsieur Griffard	O.	1	3/4. Jaime fils 1/4, Léo Delibes 1/2.	1/4 Mestépès.
Monsieur Guillaume	V.	1	Barré (D. E.), Radet (D. E.), Desfontaines (D. E.).	
Monsieur Gérôme	V.	3	Mélesville, Brazier.	
Monsieur Jonas	V.	1	Henrion, Dumersan.	
Monsieur Jovial	V.	1	Théaulon, Choquart, Barba, édit.	
Monsieur Jules	V.	2	1/2 Lurine.	1/2 Raymond Deslandes.
Monsieur Jules	V.	1	Sibille.	
Monsieur Lafleur	V.	1	Cogniard frères, Siraudin, Villemot.	
Monsieur Lagobe	V.	1	Désaugiers, Gentil.	
Monsieur Lamentin	C.	1	Dorvo.	
Monsieur Lapalisse	V.	1	Henrion.	
Monsieur le baron de Fourchevif	C.	1		Labiche, A. Jolly.
Monsieur Lecoq	V.	1		Chazet, Simonin.
Monsieur le marquis	V.	1	1/2 Eug. Sue.	1/2 De Forges.
Monsieur Lerond	V.	1	Gentil, Francis D.	
Monsieur Lerond	C.	1	Dumersan.	

— 243 —

Titres des Pièces.	Genres.	Actes.	M. GUYOT.	M. PERAGALLO.
Monsieur le sac et madame la braise	V.	5	7/9. Cormon 2/9, (Bourdois), Porcher 2/9, Lévy, éd. 1/9.	2/9 Grangé.
Monsieur le sénateur	V.	1	Dumanoir, Laurez, Barba, éd.	
Monsieur le vicomte	V.	2		De Prémaray, Eug. Nyon.
Monsieur Lombard	C.	1	Boivin.	
Monsieur Lombard	V.	1	2/3 Desvergers, Varin	1/3 H. Martin.
Monsieur Martin	V.	3	1/2 Labrousse.	1/2 C. Ménissier.
Monsieur Mathieu	V.	1	Mélesville, Vandière.	
Monsieur Mathieu	C.	1	Brazier.	
Monsieur Maugaillard	C.	1		Rosier, Arnould.
Monsieur Mayeux	V.	2		(Décour) pour Barba, édit.
Monsieur Mézières	V.	1		Dutertre, Touchard-Lustières.
Monsieur Mitonnet	C.	1	Dorvigny.	
Monsieur mon fils	V.	2		Th. Barrière, Decourcelle.
Monsieur Moquette	V.	1	Georges Duval, Dumersan.	
Monsieur Morin	V.	1	1/3 Labrousse.	2/3 Ferd. Laloue, Alix, édit.
Monsieur Moufflet	V.	1	Jaime, Léon Halévy, Ach. d'Artois, Riga.	
Monsieur Mouton	V.	1	Georges Duval, Coster.	
Monsieur Mouton	V.	1	A. Gouffé, Paul de Kock, Barba, édit.	
Monsieur Mouton	V.	1	1/3 Dinaux.	2/3 Lajariette, Bricet.
Monsieur Musard	C.	1	Picard.	
Monsieur Nacarat	C.	1		Brunet.
Monsieur Oculi	F.	1	Désaugiers (D. E.), Gentil.	
Monsieur Papillon	V.	1		Chazet.
Monsieur Partout	V.	1	1/2 Désaugiers (D. E.), Barba, édit.	1/2 Chazet, Léger.
Monsieur Philippe	V.	1		Leroy, Guyot-de-Fer.
Monsieur Pique	V.	1	1/2 Brazier.	1/2 Simonnin.
Monsieur Pique-Assiette	V.	1	Gabriel, Théaulon, A. d'Artois.	
Monsieur Pisaller	V.	1	Montigny.	
Monsieur Pistache	V.	1	Désaugiers (D. E.), Francis.	
Monsieur Placide	V.	1	Cormon, Delaboullaye.	
Monsieur Potard	V.	1	Brazier, Rougemont.	
Monsieur Prudhomme en voyage	V.	3	1/3 Rougemont.	2/3 Fr. de Courcy, Ch. Dupeuty.
Monsieur qui a la vue basse	V.	1		Cabot.
Monsieur qui a perdu une dame	V.	1		Anicet, Labiche.
Monsieur qui a peur	V.	1	De Reiffemberg.	
Monsieur qui n'a pas d'habit	V.	2	1/2 Jautard.	1/2 Montjoie.
Monsieur qui ne veut pas s'en aller	V.	1	2/3 Clairville.	1/3 Lambert Thiboust.
Monsieur qui pose	V.	1	1/4 Emm. Gonzalès.	3/4 Lefranc, Labiche, Marville.
Monsieur qui prend la mouche	V.	1		Labiche, Marc Michel.
Monsieur qui suit les femmes	V.	2		Th. Barrière, Decourcelle.
Monsieur qui veut exister	V.	1	Ach. et Arm. d'Artois 2/3, Besselièvre 1/3.	
Monsieur qui voit tout en jaune	V.	3		J. Renard 2/3, Mifliez, éd. 1/3.
Monsieur Ragot	V.	1	2/3 Rougemont, Mélesville.	
Monsieur Renard	V.	1	A. Martin.	

Titres des Pièces.	Genres.	Actes.	M. GUYOT.	M. PERAGALLO
Monsieur Rigaud	V.	1	Scribe, Varner.	
Monsieur Rigolard	V.	1	Théaulon.	
Monsieur Rossignol	V.	1	2/3 De Tully, Quoy.	1/3 Duvert.
Monsieur Roulainville	C.	3	Picard.	
Monsieur Sans-Gêne	V.	1	Désaugiers (D. E.), Gentil.	
Monsieur Sans-Gêne chez lui	V.	1	Dieulafoy, Gersin.	
Monsieur Sans-Souci	V.	1	Ledoux, Belle, Barba, *édit*.	
Monsieur Sapajou	V.		Dumersan.	
Monsieur Sensible	O.	1	3/4. Barba, *édit*. 1/4, Duvergier 1/2.	1/4 Mazères.
Monsieur Soupirac	V.	1	Honoré.	
Monsieur suspect	V.	1		Gustave Bondon, Dorlanges.
Monsieur Taboureau s'amuse	V.	3	De Reiffemberg.	
Monsieur Tardif	V.	1	Scribe, Mélesville.	
Monsieur Tatillon	C.	3	Picard.	
Monsieur Touche-à-Tout	V.	1	Barba.	
Monsieur Tourniquet	V.	1	Courtier.	
Monsieur Toussaint	V.	1	1/3 Brazier.	2/3 Chazet, Dubois.
Monsieur Tranquille	V.	1	3/4 Rougemont, Brazier, Barba, *édit*.	1/4 Merle.
Monsieur Trottin	V.	1	Varner, Ymbert.	
Monsieur va au cercle	V.	1	2/3 Siraudin, André de Goy.	1/3 Alfred Delacour.
Monsieur Vautour	V.	1	Désaugiers (D. E.), Georges Duval, Tournay.	
Monsieur votre fille	V.	1		Labiche, Marc Michel.
Monstre dans son ménage	V.	1	1/2 A. Guénée.	1/2 Marc Leprévost.
Monstre de femme	V.	1	1/3 Varner.	2/3 Duvert, Lauzanne.
Monstre de la rue Plumet	V.	1	2/3 Brazier, Henri Simon.	
Monstre et le magicien	D.	3		Béraud, Crosnier, Merle.
Monstre et le pharmacien	V.	3	A. Guénée.	1/2 Marc Leprévost.
Montagnards	V.	1	Lafontaine, Gerdret.	
Montagnards	C.	3		Monnet.
Montagnards écossais	M.	3	5/6 Bernos.	1/6 Quaisain.
Montagnards écossais	V.	1		Pujoulx.
Montagne qui accouche	V.	1	Varin, A. de Beauplan.	
Montagnes françaises	V.	1	Mélesville, *Delestre-Poirson*.	
Montagnes russes	V.	2	Scribe, *Delestre-Poirson*, Dupin.	
Montagnes russes	V.	1	3/4 Brazier, Moreau, Lafortelle.	1/4 Merle.
Mont-Alphéa	O.	3		Lebrun-Tossat, Foignet.
Montano et Stéphanie	O.	3	1/4 Defays, (D. E.).	3/4. Dejaure jeune 1/4, Berton 1/2.
Montbailly	M.	5		Desnoyers.
Montbars l'exterminateur	M.	3	1/2 Aubertin.	1/2 Bosquier.
Mont-César	D.	3	Girard.	
Monte-Cristo (1re journée)	D.	5		Alex. Dumas, Aug. Maquet.
Monte-Cristo (2me journée)	D.	5		Alex. Dumas, Aug. Maquet.
Monte-Cristo de la jeunesse	V.	3		Simonnin.
Monténégrins	M.	3		Cuvelier, Varez, Quaisain.
Monténégrins	O.	2	1/4 De Lurieu.	3/4 Alboize, de Nerval, Limnander.
Montgadin	V.	1		Laurencin.
Montmorency	T.	5		Carion-Nisas.

Titres des Pièces.	Genres.	Actes.	M. GUYOT.	M. PERAGALLO.
Montoni.............	M.	5		Alex. Duval.
Mon tour de garde.....	V.	1		Dubois, Chazet.
Montre de Musette.....	V.	3		Hugot, Chaulieu, Alix, édit.
Montre d'or...........	M.	2		Cuvelier, Léopold.
Montre perdue, récompense honnête.......	V.	1		Marc Michel, Moreau.
Mont-Sauvage.........	M.	3	De Pixérécourt.	
Mon troisième.........	V.	1		Jouhaud.
Monument de Molière...	V.	1	Clairville 2/3, Hostein 1/3.	
Monval et Sophie.......	D.	3	1/2 Quiney.	1/2 Touchard.
Mon voisin d'omnibus...	V.	1	7/9. De Beauregard.2/9, Desvergers 2/9, Tresse, éd. 3/9.	2/9 Albitte.
Morale au cabaret......	V.	1	Honoré.	
Morale en action.......	V.	1	2/3 Jaime, Rolland.	1/3 De Villeneuve.
Moralistes............	V.	1	Scribe, Varner.	
Morceau d'ensemble....	O.	1	2/3 Carmouche, Adam.	1/3 Fr. de Courcy, Merle.
Morceau d'ensemble....	V.	1	1/3 Carmouche.	2/3 Fr. de Courcy, Merle.
Morceau de pain.......	D.	5	Salin, Tharraud.	
More de Venise........	T.	5	Alfred de Vigny.	
More de Venise........	O.	3		Castil-Blaze.
Moresque.............	D.	5		Hugelmann.
Morin................	D.	3	M. et Mme Lesguillon.	
Morne-aux-Diables......	D.	5	Eug. Sue, Dinaux.	
Mort à trente ans.......	M.	3	1/2 Bonnin.	1/2 Jouhaud.
Mort civilement........	V.	1	Mélesville, Carmouche.	
Mort d'Abel...........	T.	5		Legouvé.
Mort d'Abel...........	O.	3	1/2 Hoffman.	1/2 Kreutzer.
Mort d'Adam..........	O.	3	Guillard, Lesueur.	
Mort d'Adonis.........	B.	1	Ragaine.	
Mort d'André Vesale....	Mon.	1	Colliot, Jules Bertrand.	
Mort dans l'embarras...	C.	3	Gust. de Wailly, Duval, Barba, édit.	
Mort de Bayard........	D.	2	7/12 Vermont-Mariton, Lanusse.	
Mort de Cadet-Roussel..	V.	2		Boullault.
Mort de Caïn..........	D.	2		Th. Vinet.
Mort de César.........	T.	3	Mlle Barbier.	
Mort de César.........	T.	5	Royon.	
Mort de Figaro........	D.	5		Rosier.
Mort de Gilbert........	M.	3		Janety.
Mort de Guillaumet.....	B.	1	Verdier.	
Mort de Henri IV.......	T.	5		Legouvé.
Mort de Jeanne d'Arc...	T.	5		Dumolard.
Mort de Kléber........	P.	2		Cuvelier.
Mort de lord Byron.....	Mon.	1	Paul Féval, Pourcelle.	
Mort de l'ours blanc....	V.	1	Serrot.	
Mort de Mme Angot.....	V.	1	Gassier.	
Mort de Mardi-Gras....	C.	1	Fonpré-Fracansalle.	
Mort de Mardi-Gras...	B.-P.	1		J. Gilbert.
Mort de Millevoie......	D.	1	Paul Foucher.	
Mort de Molière........	C.	3	Dumersan.	
Mort de Molière........	C.	2	Cubières.	
Mort de Pompée........	V.	3		Vaulabelle 2/3, Dagnaud, édit. 1/3.
Mort de Socrate........	T.	5	Sauvigny.	
Mort de Stafford.......	D.	5		Durantin.
Mort de Tibère.........	T.	5		Lucien Arnault.
Mort de Turenne.......	M.	3		Bouilly, Cuvelier.
Mort d'Eurydice........	P.	1		Morin Clairanson.
Mort du capitaine Cook,..	P.	2		Franconi jeune.

Titres des Pièces.	Genres.	Actes.	M. GUYOT.	M. PERAGALLO.
Mort du chevalier d'Assas	M.	3	1/2 Solomé.	1/2 Baron Taylor.
Mort du duc de Clarence.	C.	1		Quentin.
Mort du général Hoche..	C.	1		Aude.
Mort du gourmand	F.	1	Foupré-Fracansalle.	
Mort d'un avare........	V.	1	Colliot, Jules Bertrand.	
Mort du pêcheur	V.	1	Lafargue, Siraudin.	
Mort du roi de Rome ...	V.	1		Montigny, Basset, Alix, édit.
Mort du Tasse..........	O.	5	Garcia.	
Mort du Tasse..........	O.	1		Cuvelier, Barouillet, Demeun.
Morte	D.	4		Ancelot, L. Buquet.
Mort et le Bûcheron	V.	2	Scribe, Dupin.	
Mort et le Médecin	V.	3		Dubois, Boirie, Léopold.
Mort et remords d'un marchand d'habits.......	P.	1	2/3 Paul Legrand, Bovery.	1/3 Bridault.
Morte vivante	M.	3	Caigniez.	
Mort fiancé	V.	3	Fulgence, de Tully, Ach. d'Artois.	
Mort fiancé	O.	1	1/4 Monvel, Féréol.	3/4 Vial 1/4, Ginestel 1/2.
Mortier-d'Or...........	V.	1		Marie Aycard, de Varennes.
Mort imaginaire........	C.	2		Hector Chaussier.
Mort imaginaire........	V.	1		Auger.
Mort marié............	C.	1		Sedaine.
Mort sous le scellé.....	V.	1	Cherie jeune, Barthélemy, Vidal, Barba, édit.	
Morts pour rire	V.	1	1/4 Cu. Hubert.	3/4 Pélissier-Laqueyrie, Decour, Bezou, édit.
Morts vont vite........	D.	5	1/2 Cogniard frères.	1/2 Blaze.
Mort vivant	C.	2	Audrieux.	
Mort vivant	V.	1	1/2 Nicole.	1/2 Duvert.
Mosquita la sorcière	O.	1	3/4 Scribe 1/4, Boisselot 1/2.	1/4 Gust. Vaëz.
Mot de l'énigme........	V.	1	2/3 Désaugiers (D. E.), Lafortelle.	1/3 Chazet.
Mot et la chose	C.	1	Guillemain.	
Mouche du coche.......	C.	1	Philibert.	
Mouche du coche.......	V.	1	G. Duval, Barba, édit.	
Mouche du coche.......	V.	1	Brazier, *Delestre-Poirson*, Certbeer.	
Mouche du coche.......	C.	1		Marc Monnier.
Mouche du mari	V.	1	Chabot, Dumanoir, Barba, éd.	
Mouches du coche	C.	1	Georges Duval, Dossion, Barba, édit.	
Mouchette et pétard.....	V.	1	1/2 Ed. Martin.	1/2 Alb. Monnier.
Mouchoir	C.	2	1/2 Bilderbeck.	1/2 Dubois.
Mouchoir	V.	1	Dupin.	
Mouchoir bleu	D.	1		Rimbaut.
Moujick	V.	2	Sauvage, Ozaneaux.	
Moujick	O.	1		Lindheim.
Moulin	B.-P.	1		Blache.
Moulin à paroles	V.	1	1/2 Gabriel.	1/2 Ch. Dupeuty.
Moulin à vent	V.	1	Bouché.	
Moulin de Bayard......	V.	1	Saint-Laurent, Barba, édit.	
Moulin de Catherine	O.	1		Alby, Laurent de Rillé.
Moulin de Javelle.......	V.	2	Scribe, Mélesville.	
Moulin de Jemmapes....	V.	1	2/3 Michel Masson, de Leuven.	1/3 De Villeneuve.
Moulin de la Galette	V.	2		D'Ennery, Grangé.
Moulin de l'Ermitage....	D.	5		Mme de Prébois, Lévy, édit.
Moulin de Licursaint....	O.	1	1/2 De Planard.	1/2 Bochsa.
Moulin de Massiac......	M.	5		Ménissier, Ferd. Laloue, l. Saint-Hilaire.

Titres des Pièces.	Genres. Actes.	M. CUYOT.	M. PERAGALLO.
Moulin de Mansfeld	M. 3	5/6 Paul de Kock.	1/6 Quaisain, Renat.
Moulin de Sans-Souci	V. 1	Dieulafoy.	
Moulin des Étangs	D. 4		Frédéric, Laqueyrie.
Moulin de Steinbach	V. 1		Dallard, Decomberousse.
Moulin des Tilleuls	O. 1	*Mallian pour* Porcher 1/4, Cormon 1/4, Aimé Maillard 1/2.	
Moulin du Diable	V. 2		2/3 Ratel, 1/3 Mifliez, *édit.*
Moulin du père Simon	V. 1		Camel.
Moulin du torrent	D. 3	Michel et Hippolyte Masson.	
Moulin joli	V. 1	1/2 Clairville, Hostein.	1/2 Varney.
Moulins de Hantz	V. 1	1/2 Quesney.	1/2 Perrot de Renneville.
Mousquetaire	O. 1	2/6 Ach. et Armand d'Artois.	4/6 Monnais, G. Bousquet.
Mousquetaire gris	V. 2		Rosier.
Mousquetaires	D. 5		Alex. Dumas, Maquet.
Mousquetaires	V. 2	Salin, Carpier.	
Mousquetaires de la reine	O. 3	1/2 De Saint-Georges.	1/2 Halévy.
Mousse	V. 2		E. Souvestre.
Moustache	V. 1	2/3 Varin, Paul de Kock.	1/3 Alix, *édit.*
Moustache de Jean-Bart	V. 1	3/4 Desvergers, Vanderburch, Barba, *édit.*	1/4 Duvert.
Moustache grise	V. 1	Colliot 1/3, Lapointe 1/3, *Bourdois pour* Porcher 1/3.	
Moutardier du roi de Maroc	V. 2	1/4 A. Boucher.	3/4 J. Augier 1/4, Raymond Deslandes 1/2.
Mouton	V. 1	Rochefort, F. Langlé, Barba, *édit.*	
Mouton-Duvernet	D. 1	Lamerlière.	
Moutons de Panurge	R. 5	1/2 *Agence Guyot.*	1/2 *Agence Peragallo.*
Moyen dangereux	V. 1	Feu Bayard,	1/2 Michel Delaporte.
Moyen de s'enrichir	V. 1	1/2 Clairville.	1/2 Chevalet.
Moyen le plus sûr	V. 1	*Jouslin pour* Joseph B.	
Moyens dangereux	C. 3	Léon Guillard.	
M'sieu Landry	O. 1		Dulocle, Duprato.
Mucius Scœvola	T. 3		Luce.
Muet	D. 6	1/2 Michel Masson.	1/2 Anicet.
Muet de Barcelone	M. 3		Deyeux.
Muet de la reine	V. 2	1/2 *Delestre-Poirson.*	1/2 N. Fournier.
Muet de Manchester	D. 3	Théaulon.	
Muet de Saint-Malo	V. 1	1/2 Varin, Desvergers.	1/2 Martin, Alix, *édit.*
Muet de Venise	O. 3		Delrieu, Dourlen.
Muet d'Ingouville	V. 2	2/3 Bayard, Bouffé.	1/3 Davesnes.
Muets	V. 1	2/3 Beaunoir, Vallée.	1/3 Léger.
Muets à la mode	C. 1		Gosse.
Muette	P. 5		Cuvelier, Léopold.
Muette de Bercy	V. 1	*Jouslin pour* Joseph B.	
Muette de la forêt	M. 1	1/2 Pixérécourt.	1/2 Antier.
Muette de Manchester	D. 2	Théaulon.	
Muette de Portici	O. 5	1/2 Scribe, Germ. Delavigne.	1/2 Auber.
Muette de Senez	M. 5	5/6 Barba, *édit.*	1/2 Darondeau.
Muette de Vizille	M. 5	Lamerlière.	
Muette d'Ingouville	V. 1	Déaddé.	
Muette du port de Bercy	P.V. 2	D'Artois, F. d'Allarde, Dupin, Jouslin.	
Mulâtre et l'Africain	M. 3		Frédéric, Laqueyrie.
Muletier	O. 1	1/2 Paul de Kock	1/2 Hérold.
Muletier de Tolède	O. 3	3/4 Clairville 1/4, Adam 1/2.	1/2 D'Ennery.
Murat	M. 5	1/2 Labrousse.	1/2 Ferd. Laloue.
Murat	M. 3		Th. Nézel, Antier, Decomberousse.

Titres des Pièces.	Genres.	Actes.	M. GUYOT.	M. PERAGALLO.
Murdock le bandit	O.	1	1/2 De Leuven.	1/2 Eugène Gauthier.
Mûrier	V.	1	Vernet.	
Murillo	C.	3	Aylic Langlé.	
Mur mitoyen	C.	3		Bercioux.
Mur mitoyen	V.	1	Barré (D. E.), Bourgueil.	
Murs ont des oreilles	V.	2		Brisebarre, Anicet, Nyon.
Murviédo	M.	4	2/3 Cogniard frères.	1/3 Alboize.
Muse du boulevard	V.	1		Dulong, Léopold.
Musée comique	V.	1	Clairville, Jaime, Th. Cogniard.	
Musée en boutique	V.	1	Vulpian, Lassagne, Th. Anne.	
Musée historique	V.	1	Th. de Banville.	
Musée pour rire	V.	1		Simonnin.
Muses et le pot au feu	V.	2	1/2 Royer de Bruges.	1/2 Jouhaud.
Muses rivales	C.	1	La Harpe.	
Musette	V.	3		Bauchery.
Muséum au Pont-Neuf	V.	1	Henri Simon.	
Musicien de Valence	V.	2	1/3 Quoy.	2/3 Simonnin, Albitte.
Musicomanie	O.	1		Audinot, Quaisain.
Mustapha	O.	1		Gosse, Mazas.
Mylord Dog	V.	1	1/4 Théaulon.	3/4 Fr. De Courcy, Chazet, Alix, *édit*.
Myope	V.	1		Dupeuty, Saintine, F. Laloue.
Myrrha	T.	5		Souriguère.
Myrtil et Lycoris	O.	1	Boutillier.	
Mystère	M.	5	5/6 Pompigny.	1/6 Quaisain.
Mystère	D.	5		E. Souvestre, Lévy, *édit*.
Mystère	O.	3		Révérony-St-Cyr, Dalayrac.
Mystère	V.	1	1/2 Labie.	1/2 J. Augier.
Mystère d'autrefois	V.	1	1/3 De Tully.	2/3 Salvat.
Mystère	V.	2		Decomberousse.
Mystère	V.	1	Dieulafoy, Gersin.	
Mystère et jalousie	C.	1		Champfeu.
Mystères de la vertu	D.	3		C. Laurent, Montépin.
Mystères de l'été	V.	5		Delacour, Thiboust.
Mystères de Londres	D.	5	3/4 P. Féval 1/4, Lévy, *éd*. 1/2	1/4 De Guerville.
Mystères de ma femme	V.	2	1/2 B. Lopez.	1/2 Laurencin.
Mystères de Paris	D.	5	Dinaux, Eug. Sue.	
Mystères de Paris	V.	3		Joubaud.
Mystères de Passy	V.	3	D'Artois, Rochefort, Barba, *éd*.	
Mystères de St-Étienne	V.	3	Linossier.	
Mystères d'Isis	O.	3		Morel-Chedeville, Lachnith.
Mystères du carnaval	D.	5	1/2 Michel Masson.	1/2 Anicet.
Mystères du carnaval	V.	3	Clairville.	
Mystères du château des neiges	V.	1	Ferd. Langlé.	
Mystères d'Udolphe	M.	5	Lamartelière.	
Mystères d'Udolphe	O.	3	Scribe 1/4, G. Delavigne 1/4, Clapisson 1/2.	
Mystères d'Udolphe	V.	2	1/2 Desvergers.	1/2 Lubize.
Mystificateur	V.	1	Cerfbeer, Scribe, *Delestre-Poirson*.	

— 249 —

N

Titres des Pièces.	Genres.	Actes.	M. GUYOT.	M. PERAGALLO.
Nabab..............	V.	1		Demonval Saint-Hilaire.
Nabab..............	O.	3	1/2 Scribe, de St.-Georges.	1/2 Halévy.
Nabuchodonosor.......	D.	4	1/2 Francis C.	1/2 Anicet.
Nadir et Sélim.........	O.	3		Justin Gensoul, Romagnesi.
Naïade	B.	2	2/3 Julian, Pilati.	1/3 Bridault, Duchâteau.
Naïda...............	B.	2		Gilbert, Barbery.
Nain bleu............	F.	3		Ménissier.
Nain de Sundervald.....	D.	3		Léopold, Ch. Dupeuty.
Nain jaune...........	M.	3		Coffin-Rosny, Cuvelier.
Nain mystérieux.......	V.	3		Demonval.
Nain sauvage..........	D.	2	Harry-Leack.	
Nains du roi..........	V.	1	Carmouche, Clairville.	
Naissance d'Arlequin....	M.	5	1/2 Hapdé.	1/2 Foignet fils.
Naissance de la pantomine.	M.	3		Cuvelier.
Naissance de Pierrot....	V.	1		Saint-Hilaire, A. Renoux.
Naissance de Vénus.....	B.	2		Petitpa.
Naissance du Prince Impérial	V.	1	Méry.	
Naissance du roi de Rome.	V.		Desprez.	
Naissance et mariage....	V.	1	Lafitte, Cormon, A. d'Artois, Barba, édit.	
Naissance, fortune et mérite	C.	3	Casimir Bonjour.	
Nanand et Nonor.......	V.	3	Yvert.	
Nanette..............	V.	1	Dupin, Carmouche.	
Nanette et Lucas.......	O.	1	Framery.	
Nanon, Ninon et Maintenon.............	V.	3	Théaulon, A. d'Artois, Lesguillon.	
Napoléon	D.	5	Lamerlière.	
Napoléon	M.	5	1/2 Dumersan.	1/2 Béraud.
Napoléon	M.	3	1/3 Francis C.	2/3 Anicet, Bezou, édit.
Napoléon	M.	2		Dupeuty, Destourbet.
Napoléon à Berlin......	V.	1	Dumersan, Dupin, A. d'Artois.	
Napoléon aux Tuileries..	C.	1	Dumersan, Barba, édit.	
Napoléon Bonaparte.....	D.	6		Alex. Dumas.
Napoléon empereur.....	D.	5		Sandrin, Munier, p. Porcher
Napoléon en paradis....	V.	1		Nézel, Antier, Simonin.
Napoléon et Joséphine...	D.	5		Dallière.
Napoléon et l'empire....	D.	3	Belfort-Devaux.	
Napoléon et Talma......	D.	5		Ch. Potier, Boulé, Parisot.
Napoléon, l'empire et la république..........	D.	4	Belfort-Devaux.	
Napolitain	M.	3		Anicet, Hubert, Antier.
Nappe et le torchon.....	V.	3	1/2 Vanderburch.	1/2 Alboize.
Natchez	M.	5	De Pixérécourt.	
Narcisse le beau........	V.	1	1/2 Jautard.	1/2 Albéric Second.
Nathalie	D.	4		Mercier.
Nathalie	O.	3	1/2 Reicha.	1/2 Guy.

Titres des Pièces.	Genres.	Actes.	M. GUYOT.	M. PERAGALLO.
Nathalie	C.	3		Mercier.
Nathalie	B.	2	2/3 Reicha, Carafa.	1/3 Taglioni.
Nathalie	V.	1		Duport, Saint-Hilaire.
Nations	B.	1	2/3 De Banville, Adam.	1/3 Saint-Léon.
Naturaliste	D.	3	Théaulon.	
Naturel	C.	2	Victor Ducange.	
Naufrage	M.	3		Béraud, Léopold.
Naufrage	M.	3		Boirie, Frédéric. Merle.
Naufrage	C.	1		Alex. Duval.
Naufrage	C.	1	Lesguillon.	
Naufrage	B. P.	1		Lefebvre.
Naufrage de la Méduse	M.	3		Desnoyers, D'Ennery.
Naufrage de la Méduse	O.	4	Cogniard frères 3/6, de Flotow 1/6, Grisar 1/6, Pilati 1/6.	
Naufrage de la Méduse	V.	1		Jouhaud.
Naufrage de la Lapérouse.	D.	5	1/10 H. Thierry.	9/10 D'Ennery, Grangé, de Jallais.
Naufrage des artistes	V.	1	1/2 Overnay.	1/2 Antier.
Naufrage des singes	P. D.	3		Frédéric.
Naufrage du capitaine Cook	M.	5	Harry-Leack.	
Naufrage pour rire	V.	1	Désaugiers.	
Naufragés	B.	1		A. Renoux, Ch. Tourey.
Naufrageurs	D.	3	2/3 Chabot, Déaddé.	1/3 Boulé.
Nécessaire et le superflu.	V.	1	Dumersan, A. d'Artois.	
Né coiffé	V.	1		Anicet, Brisebarre.
Nèfles	V.	1		Grangé, Thiboust.
Négociant anglais	C.	1	Dumersan.	
Négociant de Hambourg.	O.	3		Vial, Révérony-Saint-Cyr, Kreutzer.
Négociant de Hambourg.	V.	1	Valcour.	
Négociant de Hambourg.	C.	1	1/2 Desprez.	1/2 Lecomte.
Négociant de Lyon	D.	5	Beaumarchais.	
Négociants	C.	3		Boursault.
Nègre	D.	4	Ozaneaux.	
Nègre aubergiste	C.	1	Guillemain.	
Nègre blanc	D.	5	1/2 Maucomble.	1/2 Alexis Léon.
Nègre blanc	V.	1	Brazier, Rougemont.	
Nègre blanc	V.	1	Honoré, François.	
Nègre comme il y a peu de blancs	C.	1	Gabiot.	
Nègre généreux	M.	3	Pixérécourt.	
Nègre par amour	O.	1		Saint-Just, de Villeblanche.
Nègresse	V.	2	Rougemont.	
Nègresse	O.	1	Dorvigny.	
Nègresse	V.	1	Radet (D. E.), Barré (D. E.).	
Nègresse africaine	V.	1	Mélesville, Carmouche, Quoy.	
Nègresse et pacha	V.	1	1/2 De la Rounat.	1/2 Th. Gauthier.
Neige	O.	4	1/2 Scribe, Germ. Delavigne.	1/2 Auber.
Neige	B.	2	1/3 *Jouslin pour* Joseph B.	2/3 Ch. Dupeuty, Coraly.
Neige	V.	1	Mélesville, Carmouche.	
Ne jouez pas avec l'amour.	C.	1	1/3 Siraudin.	2/3 Thiboust, Aurélien Scholl.
Ne jugez pas sur l'apparence	V.	1		Mme Belfort.
Nella	B.	2	1/2 Pilati.	1/2 Bridault, Duchâteau, Alix, *édit.*
Nelly	D.	5	Déaddé, Delalain.	
Nelly	M.	3	1/2 Barba, *édit.*	1/2 Pélissier, Laqueyrie.
Nelly	V.	2	Mélesville.	
Ne pas croire ce qu'on voit.	V.	1	1/2 Gersin.	1/2 Année.

Titres des Pièces.	Genres.	Actes.	M. GUYOT.	M. PERAGALLO.
Nephtali	O.	3	1/2 Blangini, Saint-Marcel.	1/2 Aignan.
Nephté	O.	5	Hoffman, Lemoyne.	
Né pour être homme	V.	3		Béraud, Ch. Potier.
Néréides et les Cyclopes.	V.	2	1/2 Clairville.	1/2 Thiboust, Montaubry.
Ne touchez pas à la hache	V.	1	1/2 Plouvier, Jules Adenis.	1/2 Dagneau, *édit*.
Ne touchez pas à la reine	O.	3	9/12. Scribe 4/12, Xavier Boisselot 5/12.	3/12 Vaëz.
Ne touchez pas à la tante	V.	1	1/2 Maurice St-Aguet.	1/2 Saintine.
Ne touchez pas à l'échelle	V.	1		Renaume, Montagne, Mifliez, *édit*.
Neuf heures	C.	2		Mme Hadot.
Neuf thermidor	M.	3	1/3 Francis C.	2/3 Anicet, Bezou, *édit*.
Neveu de Monseigneur	O.	2	1/3 Bayard, Sauvage, Romieu.	1/3 Guénée, *compositeur*.
Neveu du Curé	V.	1		Dutertre, Vasselet.
Neveu du faubourg	V.	1		E. Fontaine.
Neveu du Mercier	V.	3		Roger de Beauvoir, Mallefille.
Neveu, s'il vous plaît	V.	1		Albéric Second, E. Pagès.
Newgate	D.	4	Sauvage, Ozaneaux.	
Nez à nez	V.	1		J. Augier, Salvat.
Nez d'argent	V.	1	2/3 Ad. Choler, Déaddé.	1/3 Alfred Delacour.
Niais de Sologne	C.	1	Dorvigny.	
Niaise	C.	4		Mazères.
Niaise de Mélanie	V.	1	Henri Nicolle.	
Niaise de Pontoise	V.	1		A. Huart, Turpin de Sausay.
Niaise de Saint-Flour	V.	1	1/2 Bayard.	1/2 Gust. Lemoine.
Niaise Mélanie	V.	1	Henri Nicolle.	
Niais espiègle	V.	1	Radet (D. E.).	
Nicaise	V.	1		Ch. Dupeuty, de Villeneuve.
Nicaise à Paris	V.	1	Bayard, Dumanoir.	
Nicaise auteur	V.	1	Dumersan.	
Nicaise de Vadé	V.	1		Léger.
Nicaise peintre	V.	1		Léger.
Nicaise tout seul	V.	1	Ernest.	
Nice	V.	1	Desprez.	
Nicette	V.	2	1/2 Cogniard frères.	1/2 Martin.
Nichée d'amour	V.	1		Jules Barbier, Michel Carré, Léon Battu.
Nichée d'arlequins	V.	1	Cogniard frères.	
Nichée d'arlequins	V.	1	Georges de Vigneux.	
Nicolas Nikleby	D.	5	1/2 Dinaux.	1/2 Gust. Lemoine.
Nicodème à Paris	V.	1	*Rouhier - Deschamps, pour* Barba, *édit*.	
Nicodème dans le soleil	F.	2	Dumersan.	
Nicolas Poulet	V.	2	1/2 Deligny.	1/2 E. Bourgeois.
Nicolas Rémi	V.	1		Sewrin.
Nid d'aigle	O.	1	Mme Julian, Pilati.	
Nid d'amour	B.	1		E. Hus.
Nid d'amour	O.C.	1		Désarbres 1/4, Truinet 1/4, Montaubry 1/2.
Nid d'oiseau	V.	1	Guillemain.	
Nièce d'Amérique	V.	1	Salin, Guionnet.	
Nièce de la mère Fleurus	V.	3	E. Moreau.	
Nièce de ma tante Aurore	C.	1	Jacquelin.	
Nièce du pasteur	V.	2	2/3 Salin, Chabenat.	1/3 Groubenthal.
Nièce du pédicure	V.	1		1/2 Tournemine, 1/2 Marc.
Nièce du précepteur	V.	3	Laurencin.	Leprévost.
Nièce et la pupille	C.	2	Caigniez, Bilderbeck.	
Nièces rivales	O.	1	Beaunoir, Champein.	

Titres des Pièces.	Genres.	Actes.	M. GUYOT.	M. PERAGALLO.
Nièce supposée	C.	2	De Planard.	
Ni hommes, ni femmes	P.	1	1/3 Paul Legrand.	2/3 Bridault, Lindheim.
Ni jamais, ni toujours	V.	3	1/2 Paul de Kock.	1/2 Mourier.
Ni l'un ni l'autre	V.	1	Jacquelin.	
Ni l'un ni l'autre	V.	1	Vernet, Barba, *édit*.	
Nina	B.	2		Milon, Persuis.
Nina	O.	1		Marsollier (D. E.). Dalayrac (D. E.).
Nina de la rue Vivienne	V.	1	A. d'Artois, Gabriel, Francis D.	
Ninette à la cour	O.	2	1/4 Creuzé.	3/4. Favart fils 1/4, Berton 1/2.
Ninette à la cour	V.	2	Dupin, Sauvage.	
Ninette à la cour	V.	2	Brazier 1/3, Carmouche 1/3, Jouslin pour Joseph B. 1/3.	
Ninette à la cour	V.	1	1/3 A. d'Artois.	2/3 Ourry, Chazet.
N. i ni	V.	1	1/3 Carmouche.	2/3 C. Dupeuty, F. de Courcy.
Ninon chez madame de Sévigné	O.	1	1/2 Dupaty.	1/2 Berton.
Ninon de Lenclos	V.	1	1/2 Henrion.	1/2 Ragueneau.
Ninon et Ninette	V.	1		De Jallais, Nouvières, Léon Beauvallet.
Ninon, Molière, Tartuffe	V.	1	A. d'Artois, Henri Simon, Barba, *édit*.	
Ninus II	T.	5		Brifaut.
Nirzal	M.	5	Lecomte.	
Nirzal et Zoraïde	M.	3		Taix.
Nisus et Euryale	V.	1		Léon Battu, Bercioux.
Nisida	B.	2	Deligny, Mabille, Benoît.	
Nitouche et Guignolet	C.	1	Dorvigny.	
Nizza de Grenade	O.	3	1/2 Et. Monnier.	1/2 Donizetti.
Noble et l'Artisan	V.	2	René Périn, Théod. Anne.	
Noble roturier	V.	1	Radet (D. E.).	
Nobles et Bourgeois	D.	5	1/2 Cavé.	1/2 Frédéric Soulié.
Noblesse oblige	C.	5	1/2 E. Nus.	1/2 Ange de Kéraniou.
Noce à l'auberge	C.	1	Victor Ducange.	
Noce au mont Saint-Bernard	V.	2	Brazier, Dumersan.	
Noce béarnaise	O.	2		Leblanc.
Noce de Tronquette	V.	1	Paulin Deslandes, Porcher.	
Noce de village	V.	1	1/2 Brazier.	1/2 Dubois.
Noce du boulanger	V.	1		Tournemine, Alix, *édit*.
Noce du village	P.	1	Lanusse.	
Noce écossaise	O.	1	Dumersan, Dugazon.	
Noce et l'enterrement	V.	1	1/2 Vulpian, Lassagne.	1/2 Alex. Dumas, Bezou, *édit*.
Noce flamande	V.	1	1/2 Brazier.	1/2 Merle.
Noce interrompue	V.	1	2/3 Brazier, Barba.	1/3 Merle.
Noce révolutionnaire	C.	1	Patrat.	
Noce sans mariage	C.	3	Picard.	
Noces de Bouchencœur	V.	3	1/3 Ed. Martin.	2/3 Labiche, Alb. Monnier.
Noces de Figaro	O.	4		Castil-Blaze.
Noces de Figaro (Mozart)	O.	4		Michel Carré, Jules Barbier.
Noces de Gamache	O.	3	2/3 Dupin, Sauvage.	1/3 Guénée, *compositeur*.
Noces de Gamache	O.	2	1/2 De Planard.	1/2 Bochsa.
Noces de Gamache	B.	2		Milon, Lefebvre.
Noces de Jeannette	O.	1		Barbier 1/4, Michel Carré 1/4, Victor Massé 1/2.
Noces de Jocrisse	V.	2		Brisebarre, Nyon.
Noces de Lucette	O.	1	1/2 Monnet.	1/2 Foignet fils.
Noces de Merluchet	V.	3	1/2 Jaime fils.	1/2 Alfred Delacour.

Titres des Pièces.	Genres.	Actes.	M. GUYOT.	M. PERAGALLO.
Noces d'Orphée	V.	3	1/2 De Léris.	1/2 Couailhac.
Noces du bouffon	V.	1		Rollin (Czinski), Dutertre.
Noces hussardes	C.	2	Dorvigny.	
Noces vénitiennes	D.	5		Victor Séjour.
Noceurs	D.	3	Dumersan, Vanderburch, Tresse, *édit.*	
Noce villageoise	B.	2		Blache.
Noctambule	V.	1	Varner, P. Deslandes.	
Noé	V.	1	*Martainville.* ou Barba, *éd.*	
Noémie	V.	2		Clément, d'Ennery.
Nœud d'amour	C.	1	Pompigny.	
Nœud gordien	C.	5	M*me* Casa-Major 2/3, Lévy, *édit.* 1/3.	
Noir d'Aïombo	D.	3		Boulé, Parisot.
Noir et blanc	B.	1		J. Gilbert.
Noire et deux rouges	V.	1		Brisebarre, Rimbaut.
Noir et blanc	A.	1	Dumersan, Vieillard.	
Noir et le blanc	D.	3	Pigault-Lebrun.	
Noirville	C.	5	Lemercier.	
Noix dorée	V.	1		Desessarts, René de Rovigo.
Nom de mon père	V.	2	1/2 Paul Foucher.	1/2 Aug. Maquet.
Nommez-la comme vous voudrez	C.	1		Aude.
Nom pour deux	V.	1	1/2 De Léris.	1/2 Lajariette,
Noms supposés	O.	1		Pujoulx, Gaveaux.
Nom sur l'affiche	V.	1		Jules Renard.
Non	V.	1	2/3 Fournier, Quoy.	1/3 Ménissier.
Nonne sanglante	O.	5	Scribe 1/4, G. Delavigne 1/4, Gounod 1/2.	
Nonne sanglante	D.	5	1/2 Mallian.	1/2 Anicet.
Nonne sanglante	M.	3		Boursault.
Nono et Nini	V.	1		Châteauvieux, Lamarque.
Nopces et festins	V.	1		Cardoze.
Norbert	V.	1		Lemoine-Montigny, Alix, *édit.*
Nord et le Midi	C.	1		Élie Sauvage.
Norma	T.	5	1/2 Barba, *édit.*	1/2 Soumet.
Norma	M.	3		Béraud, Léopold, Merle.
Norma, trad. *Bellini*	O.	3	3/4 Étienne Monnier.	1/4 Soumet.
Normands à Paris	O.	5		Gustave Oppelt.
Nos amis les ennemis	V.	1		Lévesque, Dorat.
Nostradamus	M.	3		Béraud, Mourier.
Notables de l'endroit	C.	5		Narrey.
Notaire	V.	1	3/4 Vandière, De Lurieu, Barba, *édit.*	1/4 Mazères.
Notaire à marier	V.	3	13/ A. De Beauplan.	2/3 Labiche, Marc-Michel.
Notaire de Moulins	V.	2	2/3 De Planard, Barba, *édit.*	1/3 P. Duport.
Notre-Dame de Bon-Secours	V.	2		Joseph Petit.
Notre-Dame de Paris	D.	5	Victor Hugo 1/2, Paul Foucher 1/4, Dinaux 1/4.	
Notre-Dame de Paris	M.	3		Louis Dubois.
Notre-Dame des Abîmes	D.	5		L. Gozlan.
Notre-Dame des Anges	D.	5	1/2 Michel Masson, Albert.	1/2 Anicet.
Notre fille est princesse	C.	5		L. Gozlan.
Nourjahad et Chérédin	M.	3	5/6 Caigniez.	1/6 Quaisain.
Nourma	O.	2	1/2 De Planard.	1/2 Bruni (D. E.).
Nourrice du roi de Rome	V.	2		Ancelot, Anicet.
Nourrice républicaine	V.	1	Piis.	
Nourrice sur lieu	V.	1	Montigny, Ymbert, Barba, *éd.*	
Nourrice sur lieu	V.	1		Charles Gabet.

— 254 —

Titres des Pièces.	Genres.	Actes.	M. GUYOT.	M. PERAGALLO.
Nourrisson...............	V.	1		Marc-Michel, Fontaine,
Nourrissons............	V.	1	1/2 Francis D.	Simonnin pour Barba, édit.
Nourri sur place........			Montigny, Barba, édit.	
Nous aussi nous l'aimons!	V.	1	Maréchalle.	
Nous en ferons un avocat.	V.	1	2/3 E. Roche, Mifliez, édit.	1/3 Abel Lahure.
Nous l'échappons belle!.	V.	1	Ledoux, Jourdan.	
Nous marions papa.....	V.	1	2/3 Cormon, Mifliez, édit.	1/3 Grangé.
Nous verrons...........	V.	1		Sewrin.
Nouveau Bélisaire	V.	1		P. Duport.
Nouveau Cagliostro......	C.	4		Boursault.
Nouveau Chimpanzé....	V.	3	1/2 Launois.	1/2 De Jallais.
Nouveau conte d'Hoffman	V.	3		Hippolyte Lefebvre.
Nouveau débarqué	V.	1		Gosse.
Nouveau directeur dans l'embarras.	V.	1	Vizentini.	
Nouveau domestique....	V.	1	1/2 Carmouche.	1/2 Fr. De Courcy.
Nouveau Don Juan......	O.	3	Brisset, Blangini.	
Nouveau Don Quichotte..	O.	2	Boissel, Champein.	
Nouveau Don Quichotte..	O.Q.		Defays(D. E).	
Nouveau doyen de Killerine..................	C.	2		Mercier.
Nouveau Gamin de Paris.	C.	1	Raucourt.	
Nouveau Joseph........	V.	1		Fournier.
Nouveau Juif-Errant.....	V.	3	Varner.	
Nouveau marié	O.	1	Cailhava.	
Nouveau Masque de Fer.	M.	3	1/2 Hapdé.	1/2 Léopold.
Nouveau Mentor	C.	1		Gosse.
Nouveau Menteur.......	V.	1	1/2 Carmouche.	1/2 Saintine.
Nouveau Narcisse.......	B.	1		Taglioni.
Nouveau Nicaise	V.	1	Scribe, Dupin.	
Nouveau père de famille.	D.	3	1/2 Quiney.	1/2 Touchard.
Nouveau peuple........	D.	3	Camaille-Saint-Aubin.	
Nouveau Pied de Mouton.	F.	4	Cogniard frères 2/3.	1/3. Michel Delaporte.
Nouveau Pourceaugnac..	V.	1	Scribe, Delestre-Poirson.	
Nouveau préfet........	V.	2	Desvergers, Varin, Derville.	
Nouveau propriétaire ...	V.	1		Ch. Dupeuty, de Villeneuve.
Nouveau Pygmalion	M.	5	Bitthmer.	
Nouveau réveil d'Épiménide	C.	1	Étienne, Nanteuil.	
Nouveau Ricco.	C.	2		Aude.
Nouveau Robinson......	B.	1		Frédéric Blache.
Nouveau Robinson......	P.	1	Dantan jeune, Bernardin.	
Nouveau Rodolphe......	V.	1	Delestre-Poirson.	
Nouveau Roger-Bontems.	V.	1		Huard, Gombault.
Nouveau Sargines	V.	1	Francis D., Ach. d'Artois.	
Nouveau séducteur.....	O.	1	1/4 Scribe.	3/4. Saintine 1/4, Auber 1/2.
Nouveau seigneur de village	O.	1	1/4 Creuzé.	3/4. Favières 1/4, Boïeldieu 1/2
Nouveau Vert-Vert......	V.	3	Bouché, Lelioux.	
Nouveaux Adelphes.....	C.	5	Lesguillon.	
Nouveaux artistes......	C.	1	Ch. Maurice.	
Nouveaux déguisements amoureux...........	C.	1	(Maurin) Mme Charlemagne.	
Nouveaux jeux de l'amour et du hasard.........	V.	1	Scribe, G. Delavigne.	
Nouveaux Ménechmes...	M.	3	2/3 V. Ducange, Brisset.	1/3 Naigeon.
Nouveaux Ménechmes...	V.	1	Désaugiers, Gentil.	
Nouveaux parvenus.....	C.	3	J. Piccini.	
Nouvel Anacharsis......	V.	1	Gabriel, Rougemont, Sauvage.	

Titres des Pièces.	Genres.	Actes.	M. GUYOT.	M. PERAGALLO.
Nouvel Eginhard	O.	3	1/2 Scribe, G. Delavigne.	1/2 Auber.
Nouvelle amazone	B. P. F.	3		Taglioni.
Nouvelle année théâtrale.	R.	2	Grandin.	
Nouvelle Antigone	M.	3	Camaille St-Aubin.	
Nouvelle Cacophonie	C.	1	A. Gouffé.	
Nouvelle Cendrillon	D.	3	Rougemont, Réné Périn.	
Nouvelle Cendrillon	V.	3	Théaulon, Barba, *édit.*	
Nouvelle Clarisse	V.	1	1/2 Siraudin.	1/2 E. Moreau.
Nouvelle Clary	V.	2	1/3 Barba, *édit.*	2/3 Léonce, Petit.
Nouvelle Clary	V.	1	Scribe, Dupin.	
Nouvelle comédienne	V.	1	Brazier, d'Artois, Théaulon.	
Nouvelle condition de Jocrisse	C.	1	Dorvigny.	
Nouvelle Geneviève	V.	3		Duvert, Lauzanne, Saintine.
Nouvelle Héloïse	M.	3	1/3 Labie.	2/3 Desnoyers, Alix, *édit.*
Nouvelle Héloïse	V.	3		Ancelot, Michel Delaporte.
Nouvelle Hermione	V.	1		Laurencin, Marie, Michel Delaporte, Lévy, *édit.*
Nouvelle inattendue	V.	1		Bonel.
Nouvelle Judith	V.	2	3/4 Overnay, Théaulon, Barba, *édit.*	1/4 Th. Nézel.
Nouvelle madame Evrard.	V.	1	1/2 De Planard.	1/2 P. Duport.
Nouvelle Manon Lescaut.	V.	3	A. d'Artois, Dupin.	
Nouvelle mariée	V.	3		Ancelot.
Nouvelle matrone	O.	1	Caigniez.	
Nouvelle Nina	C.	2	Bithmer.	
Nouvelle nouveauté	V.	1	Moreau, Lafortelle.	
Nouvelle pièce	C.	1	Varner.	
Nouvelle Psyché	O.	3	Scribe, Adam.	
Nouvelle Psyché	V.	3		Mallefille.
Nouvelle rosière	C.	2		Guy.
Nouvelles à la main	V.	1	1/2 Clairville.	1/2 D'Ennery.
Nouvelles amazones	V.	1	Ach. d'Artois, Th. d'Artois, Th. Anne.	
Nouvelles Danaïdes	V.	1	Scribe, Dupin.	
Nouvelles de Pantin	V.	1	Désaugiers (D.E.), Gamas.	
Nouvelles d'Espagne	C.	1	1/3 Tresse, *édit.*	2/3 Gust. Vaëz.
Nouvelle Sirène	V.	1		Desplats, Ed. Petit.
Nouvelles métamorphoses.	V.	1	Coupart, Servière.	
Nouvelle somnambule	V.	3	Théaulon, Barba, *édit.*	
Nouvelles réjouissances	V.	1		Sewrin.
Nouvelle télégraphique	V.	1	Barré (D. E.), Radet (D. E.).	
Nouvelle tentation	V.	1	De Tully, Salin.	
Nouvelliste	V.	1		Antier, Martin, R. Deslandes.
Nouvel Opéra	V.	1	Théaulon.	
Novice	V.	1	Mélesville, Duveyrier.	
Novice et dragon	V.	1	Delaboullaye, Duplessis.	
Noviciat diplomatique	V.	1	Jacques Arago, Paul Foucher, Barba, *édit.*	
Nowogorod sauvée	C.	2	Desforges.	
Nuage au ciel	V.	1	Bayard, Pol Mercier.	
Nuage qui passe	V.	1	1/2 Hostein.	1/2 D'Ennery.
Nuées	C.	2		Hippolyte Lucas.
Nuit à Beaune	V.	1	Mélesville, *Delestre-Poirson*, Barba, *édit.*	
Nuit agitée	V.	1	2/3 Rochefort, Ferd. Langlé.	1/3 Lefranc.
Nuit à l'hôtel Saint-Paul.	D.	3	Déaddé 1/2, Raymond P. 1/4, Bréant 1/4.	
Nuit à Montargis	V.	2		Prieur.
Nuit anglo-parisienne	V.	1	Varner, Ymbert.	

Titres des Pièces.	Genres.	Actes.	M. GUYOT.	M. PERAGALLO.
Nuit à Séville	O.	1		Beaume 1/4, Nuitter 1/4, Frédéric Barbier 1/2.
Nuit au château	O.	1	1/2 Paul de Kock.	1/2 Mengal.
Nuit au Louvre	D.	3	Vanderburch, de Leuven.	
Nuit au Palais-Royal	V.	1	1/2 Francis C.	1/2 Anicet.
Nuit au sérail	V.	2	1/2 E. Guinot.	1/2 De Forges.
Nuit aux aventures	C.	3	Dumaniant.	
Nuit aux soufflets	V.	2	1/2 Dumanoir.	1/2 D'Ennery.
Nuit avant la noce	V.	1	Théaulon, Fulgence.	
Nuit à Venise	V.	1	Carmouche, Dupin.	
Nuit blanche	V.	3	2/3 Carmouche, feu Brazier.	1/3 Fr. de Courcy.
Nuit blanche	V.	2	De Leuven, Lhérie B.	
Nuit blanche	O.	1	1/2 E. Plouvier.	1/2 Offenbach.
Nuit blanche	V.	1	1/3 Méry.	2/3 Bocage, Gérard de Nerval.
Nuit champêtre	V.	2	Mague Saint-Aubin (D. E.).	
Nuit dans la forêt	O.	2		Marsollier (D. E.), Dalayrac (D. E.).
Nuit dans les montagnes	M.	4	1/3 Chauffer.	2/3 Maire.
Nuit d'attente	V.	1	Leroux, Etienne Arago, Desvergers.	
Nuit d'auberge	V.	1	Lafortelle, Moreau, Coster.	
Nuit d'avant	V.	2		Ancelot, De Comberousse.
Nuit de carnaval à Venise.	B. P.	1		A. Renoux, Ch. Tourey.
Nuit de Cromwell	D.	1	D'Épagny.	
Nuit de Frédéric II	V.	1	2/3 Dieulafoy, Coupigny.	1/3 De Favières.
Nuit de Gustave Wasa	O.	2	1/2 Gasse.	1/2 N. Lefèvre.
Nuit de la garde nationale	V.	1	Scribe, *Delestre-Poirson*.	
Nuit de la ligue	O.	1	Jacques Arago, Lurine, Zangroniz.	
Nuit de la mi-carême	V.	3	1/2 Michel Masson.	1/2 Mourier.
Nuit de la mi-carême	V.	2	Mallian, Cormon, A. d'Artois.	
Nuit de Madrid	V.	1	Henrion.	
Nuit de Marion de Lorme.	V.	2	1/3 Brazier.	2/3 Alboize, Dulac.
Nuit de Noël	O.	3	1/2 Scribe.	1/2 Reber.
Nuit de Noël	V.	1	Rochefort, Emmanuel Arago, Barba, *édit*.	
Nuit de Noël	V.	1	1/2 De Léris.	1/3 Saint-Amand.
Nuit de Noël	D.	5	2/3 Overnay, A. Payn.	1/2 Ch. Gabet.
Nuit de Paris	V.	2	D'Artois, Théaulon, Lafontaine, Mlle Huet.	
Nuit de printemps	V.	1	2/3 Carmouche, Brazier.	1/3 Fr. de Courcy.
Nuit des noces	D.	3	1/2 Overnay.	1/2 Th. Nézel.
Nuit d'été	V.	1		Année.
Nuit de Venise	V.	3	Déaddé.	
Nuit de Waterloo	V.	1	Nus, Follet.	
Nuit d'Hégésippe Moreau	V.	1	Abel Jannet.	
Nuit d'intrigue	O.	1		Frédéric Kreubé.
Nuit d'orage	V.	1		Lubize, Mauguin.
Nuit du duc de Montfort.	V.	2	1/3 Adam.	2/3 Fréd. Soulié, Arnould.
Nuit du Mardi-Gras	V.	1		Fontaine.
Nuit du meunier	V.	1	E. Moreau.	
Nuit du meurtre	M.	5	Albert, Labrousse, Barba, *édit*.	
Nuit d'un curieux	V.	1	Masseliu.	
Nuit d'un joueur	V.	1	A. d'Artois, Gabriel, Steph.	
Nuit du treize janvier	D.	3		Boudin.
Nuit du treize mars	V.	1		Alfred Delacour, Bricet.
Nuit du vingt-quatre février	D.	1		Paul Lacroix, Alix, *édit*.

Titres des Pièces.	Genres.	Actes.	M. GUYOT	M. PERACALLO.
Nuit du vingt septembre.	D.	5		Xavier de Montépin.
Nuit espagnole.........	O.	2		Persuis.
Nuit espagnole.........	C.	2	De Pixérécourt.	
Nuit espagnole.........	V.	1	Carmouche.	
Nuit manquée.........	V.	1		Chazet (Rolland *propriétaire*)
Nuit orageuse.........	V.	2	J. Adenis 3/9, Ach. et Arm. d'Artois 1/9, Besselièvre 1/9 Lévy, *édit.* 3/9.	
Nuit orageuse.........	V.	1		Lefranc, Vorbel.
Nuit porte conseil.....	M.	3	2/3 Dumersan, Gabriel.	1/3 Ch. Dupeuty.
Nuit rose	C.	1	Léopold Laluyé.	
Nuits blanches.........	V.	2	1/2 Bayard.	1/2 Biéville.
Nuits de la Seine......	D.	5		Marc-Fournier 2/3, Bourget 1/3.
Nuits d'Espagne	O.	2		Tenint 1/4, Michel. Carré 1/4, Semet 1/2.
Nuits sur la scène.....	V.	1		De Jallais, Audeval, Blondelet, Mifliez, *édit.*
Nuit terrible..........	V.	1	3/4 Varin, Octave Feuillet, Tresse, *édit.*	1/4 Saintine.
Nuit très agitée.......	V.	1	Badoche.	
Numéro deux cent cinquante............	V.	1	Dupin, Dumanoir, Mallian.	
Numéro quatre-vingt-treize............	V.	1	1/2 Faulquemont.	1/2 Commerson.
Numéros dix et douze...	V.	1	Salin.	
Numéro treize	V.	1	Théaulon, Fulgence.	
Nymphe d'Armide.....	V.	1		Demane, Pernot...
Nymphe de la Bièvre...	V.	1	Carmouche.	
Nymphe de la rive gauche	V.	1		Jouhaud.
Nymphe de Plombières..	V.	1	Carmouche.	
Nymphe des eaux......	M.	3	De Pixérécourt.	
Nymphes de Diane.....	B.P.	1		Blache.
Nymphes et les satyres..	B.P.	1	Laurençon...	
N'y venez pas, c'est mauvais	V.	1	Théaulon.	

Titres des Pièces.	Genres.	Actes.	M. GUYOT.	M. PERAGALLO.
O ! Amitié	V.	3	Scribe, Varner.	
Obéron	B.	3		Aniel.
Obéron (de Weber)	O.	3	1/4 Paul de Chazot.	3/4 Nuitter, Beaumont.
Oberito	O.	4	Joos Danglas.	
Obligeant	V.	1	Ymbert, Varner.	
Obligeant maladroit	V.	1	Barré (D. E.), Radet (D. E.), Desfontaines (D. E.).	
Obligeant maladroit	V.	1	1/3 Quoy.	2/3 Davesnes, Falkenberg.
Obliger est si doux	V.	1		Laurencin, Lubize, Blondy, édit.
Obstacle imprévu	C.	2	Hostein, Monrose fils.	
Obstiné	V.	1	Léon Pillet.	
Octaïr et Zoraïde	M.	5	Valcour.	
Octavie	T.	5		Souriguère.
Octogénaire	V.	1	Scribe, Varner.	
Octogénaire	V.	1	Bayard.	
Oculiste dupe de son art.	V.	1	Piis, Barré (D. E.).	
Odalisque	V.	2	1/2 Mélesville.	1/2 Saintine.
Odalisques	V.	2	1/2 Guinot.	1/2 De Forges.
Odalisque de Ka-ka-o	V.	3	1/2 Zaccone.	1/2 Élie Frébault.
Odalisques pour rire	V.	1		Jouhaud, Planté.
Odalisque volontaire	C.	1	1/2 Bilderbeck.	1/2 Dubois.
Odeïna	V.	1		Duvert, Saintine.
Odette	V.	1	2/3 Rattier, Déaddé.	1/3 Delcourt.
Odon de St-Amand grand-maître des Templiers	M.	3	Rougemont.	
Œdipe à colonne	O.	3	Guillard.	
Œdipe chez Admète	T.	5	Ducis.	
Œdipe roi	T.	5		Jules Lacroix.
Œil de verre	V.	1		Laya.
Œil du diable	V.	1	Delbès, Marquet.	
Œil et nez	V.	1	Paul de Kock.	
Œlia et Mysis	B.	2	2/3 Deligny, Henri Potier.	1/3 Mazilier.
Œnome	O.	1		Bailly.
Œuvres anciennes et modernes	C.	1	Pompigny.	
Œuvres d'Horace	C.	1		Eugène Pierron.
Œuvres du démon	D.	5		Boulé, Brésil, Porcher.
Officier aux arrêts	V.	1	*Delestre-Poirson.*	
Officier bleu	M.	3	1/3 Paul Foucher.	2/3 Alboize, Alix, *édit.*
Officier cosaque	O.	1		Cuvelier, Barouillet, Dumonchau, Gianella.
Officier de fortune	O.	2	1/2 Patrat.	1/2 Bruni (D. E.).
Officier de fortune	C.	1	Musnier-Desclozeaux.	
Officier de marine	V.	1		Pagès, Bricet.
Officier de quinze ans	V.	1		Chazet.
Officier d'ordonnance	M.	1	1/2 Villiers.	1/2 Antier.
Officier et le paysan	O.	1	1/2 A. d'Artois.	1/2 Kreubé.
Officier enlevé	O.	1	1/2 Catel.	1/2 Alexandre Duval.

Titres des Pièces.	Genres.	Actes.	M. GUYOT.	M. PERAGALLO.
Officier protée	V.	1	Maréchalle.	
Officier protée	V.	1	Désaugiers.	
Officier suédois	C.	2	Bilderbeck.	
Officieux	C.	2	Lasalle.	
Officieux maladroit	V.	1	Pompigny.	
Officieux maladroit	V.	1	H. Aubertin (D. E.).	
Ogier le Danois	M.	3		Cuvelier, Léopold.
Ogresse	V.	2	Désaugiers (D. E.), Gentil.	
Ogresse	V.	2	2/3 Eugène Guinot, Tresse, éd.	1/3 De Forges.
Ogresse Gorgia	P.	2	Mallian.	
Oh! ce serait affreux	V.	1	1/2 Dardoize, Guénée.	1/2 Couailhac, Alb. Monnier.
Ohé! les grands agneaux.	V.	1		Lemercier de Neuville.
Ohé! les petits agneaux.	R.	3	Clairville, Th. Cogniard.	
Oh le meilleur des pères.	V.	1	1/2 Jules Adenis.	1/2 Decourcelle.
Oh! l'impie	V.	1	Désaugiers (D. E.), Dieulafoy, Gersin.	
Oh! qu'nenni	V.	1	Carmouche, Brazier.	
Oiseau bleu	V.	3	Théaulon.	
Oiseau bleu	V.	3	Bayard, Varner.	
Oiseau bleu	T.	2	2/3 Victor Ducange, De Pixérécourt.	1/3 Simonnin.
Oiseau de paradis	T.	5	Michel Masson, Gabriel.	
Oiseau de paradis	V.	3	1/2 De Léris, A. Guénée.	1/2 L. Couailhac, Alix, édit.
Oiseau de passage	V.	1	Bayard, Vanderburch.	
Oiseau perdu et retrouvé.	V.	1	Piis (D.E.), Barré (D.E.).	
Oiseau prend l'oiseleur	C.	2	Hortense Rolland.	
Oiseau sur la branche	V.	3	1/2 Barthélemy.	1/2 Jouhaud.
Oiseaux de Boccace	V.	1	Déaddé, De Léris.	
Oiseaux de Paris	V.	4		Alf. Delacour, Lt. Thiboust.
Oiseaux de proie	D.	5		Adolphe d'Ennery.
Oiseaux et le chaperon	C.	1	De Saint-Marcellin.	
Oiseleur et le pêcheur	V.	1	1/3 Carmouche.	2/3 Ferd. Laloue, Saintine.
Oisifs	C.	1	Picard.	
Olga	D.	3		Ancelot.
Olinde et Sophronie	D.	5		Mercier.
Olivier	O.	3		Monvel, Dalayrac (D. E.).
Olivier	M.	3	1/3 De Pixérécourt.	2/3 Th. Nézel, Antier.
Olivier Basselin	O.	1	2/3 Brazier, Pilati.	1/3 Fr. de Courcy.
Olivier et Rosemonde	O.	1		De Nervaux.
Olympe, Vienne, Paris et Rome	C.	1	Rougemont.	
Olympia	M.	3		Gibert, Quaisain, Darondeau.
Olympiade	O.	3	Framery.	
Olympie	O.	3	1/4 Dieulafoy.	3/4 Brifaut 1/4, Spontini (D. E.) 1/2.
Omasis	T.	5	Baour-Lormian.	
Omazette	V.	1	Barré (D. E.), Radet (D. E.), Desfontaines (D. E.).	
Ombre	B.	2	Cogniard frères.	
Ombre d'Argentine	O.	1	3/4 Feu Bayard 1/4, Montfort 1/2.	1/4 Biéville.
Ombre de J. J. Rousseau.	C.	1	Toubon.	
Ombre de Molière	V.	1		Jules Barbier.
Ombre de Nicolet	V.	1	1/3 Labie.	2/3 Desnoyers, J. Augier.
Ombre du mari	V.	1		Desnoyers, Brault.
Ombre d'un amant	V.	3	1/2 Clairville.	1/2 N. Fournier.
Ombres chinoises	V.	2	Déaddé, Delalain.	
Ombres chinoises humaines	V.	1	Vernet.	
Omelette à la Follembuche	O.	1	1/2 Léo Delibes.	1/2 Marc Michel, Labiche.

Titres des Pièces.	Genres.	Actes.	M. GUYOT.	M. PERAGALLO.
Omelette du Niagara....				
Omelette fantastique....	V.	1	1/2 Boyer Partout.	1/2 Duvert.
Omnibus	V.	1	1/2 Lassagne, Barba, *édit*.	1/2 F. de Courcy, C. Dupeuty.
On a souvent besoin d'un plus gamin que soi...	V.	1		Beaulieu.
On a souvent besoin d'un plus petit que soi.....	V.	1	Mengaud.	
Oncle à succession	V.	2	1/2 *Delestre-Poirson*.	1/2 Durantin.
Oncle aux arrêts	V.	2	Ernest.	
Oncle aux carottes	V.	1	2/3 Ed. Martin, Lévy, *édit*.	1/2 Alb. Monnier.
Oncle au violon.........	C.	1	3/4 Leroy 1/4, Barba 1/2.	1/4 Fr. de Courcy.
Oncle Baptiste	V.	2		Souvestre, Davesnés.
Oncle d'Afrique.........	V.	1	Angel, Veyrat, Morain.	
Oncle d'Amérique.......	V.	1	1/2 Scribe.	1/2 Mazères.
Oncle d'Amérique	P.	1		Lindheim.
Oncle de Normandie....	C.	5	1/3 Tresse, *édit*.	2/3 Mary Lafont.
Oncle de Sicyone.......	C.	1		René Clément.
Oncle diplomate........	V.	1		De Guerville.
Oncle diplomate........	V.	1		Dutertre, Victor Roger.
Oncle en tutelle........	V.		Vanderburch.	
Oncle et la tante........	V.	1	Émile Ader.	
Oncle et le neveu	O.	1	Grétry neveu, Solié.	
Oncle et le neveu	V.	1	Ricard.	
Oncle et le neveu	C.	1	Derancé.	
Oncle et le neveu	V.	1		Boirie, Tournemine.
Oncle et le neveu	V.	1	Henri Monnier.	
Oncle et le neveu	V.	1	Dupin, Th. Sauvage.	
Oncle et le neveu amateurs de comédie.....	C.	2	Ribié.	
Oncle modèle..........	V.	1	1/2 Ader.	1/2 Léopold B.
Oncle et les deux tantes.	C.	3	Lasalle.	
Oncle neveu...........	V.	1	Dupin, Sauvage.	
Oncle Philibert	C.	1	Bayard, Gust. de Wailly.	
Oncle rival.............	C.	1		Mme Lesparat.
Oncle rival.............	V.	1	Mélesville.	
Oncle Tom.............	D.	5	1/2 Léon de Wailly.	1/2 Texier.
Oncle valet.............	O.	1	1/2 Dellamaria.	1/2 Alex. Duval.
On demande des culottières	V.	1		Labiche, Marc Michel.
On demande des professeurs...............	V.	1	Lockroy, Jaime.	
On demande l'auteur....	V.	1		Jouhaud.
On demande un gouverneur................	V.	2	1/2 Jaime fils.	1/2 Decourcelle.
On demande un jardinier	V.	1	1/2 René Lordereau.	1/2 Phil. Boyer.
Ondine................	D.	5	Th. Sauvage.	
Ondine................	M.	3	De Pixérécourt.	
Ondine................	B.-P.	2		Perrot, Pugni, St-Léon.
Ondine et le pêcheur ...	V.	1		Aug. Rousseau 2/3, de Forges 1/3.
Ondines	V.	2	1/2 De Léris.	1/2 Couailhac.
Ondines	B.	1		Henri.
On dira des bêtises	V.	1		Labiche, Delacour, Raymond Deslandes.
O'Néa	V.	3	1/2 A. Guénée.	1/2 L. Couailhac.
On fait ce qu'on peut....	C.	1	Dorvigny.	
Onguent pour la brûlure.	V.	1	Bourgueil, Dieulafoy.	
On ne saurait penser à tout...............	C.	1	Alfred de Musset.	
On ne s'avise jamais de				

Titres des Pièces.	Genres.	Actes.	M. GUYOT.	M. PERAGALLO.
tout...	O.	1	Monsigny.	
On ne s'avise jamais de tout...	O.	1	De Planard, Génin.	
On n'est trahi que par les siens...	V.	1		Fournier, Élie Frébault, Barbré, *édit*.
On prend des pensionnaires...	V.	1		De Jallais, Flan.
On respire...	O.	1	Tissot.	
Onze heures du soir...	M.	5	1/3 Mélesville.	2/3 Boirie, Merle.
Onze, soixante-seize et soixante-dix-huit...	V.	1	1/3 Dieulafoy.	2/3 Dubois, Chazet.
Opéra à la cour...	O.	2	3/4 Scribe, de St-Georges, Grisar.	1/4 Boïeldieu fils.
Opéra au village...	O.	1	1/2 Solié.	1/2 Sewrin.
Opéra au camp...	O.	1	1/2 Paul Foucher, Dinaux.	1/2 Varney.
Opéra aux fenêtres...	O.	1	1/2 Ludovic Halévy, Lévy, *éd*.	1/2 Gastinel.
Opéra comique...	O.	1	Dupaty 1/4, Ségur 1/4, Dellamaria 1/2.	
Opéra de Quinault...	V.	1		Chazet, Simonnin.
Opéra en dix-sept cent soixante...	V.	3	1/3 Barba, *édit*.	2/3 Dupeuty, Fontan.
Opéra impossible...	V.	2	1/3 Carmouche.	2/3 Ferd. Laloue, Bézou, *édit*.
Opéra italien...	O.	1	2/3 Dumanoir, Clairville.	1/3 Hervé.
Opérateur et son compère	V.	1	Moras.	
Ophis...	T.	5	Lemercier.	
Opinion...	V.	1		Dubois.
Opinion...	M.	3	1/3 Barba, *édit*.	2/3 Alboize, Gozlan.
Opium et le vin de Champagne...	V.	1		Salvat, J. Augier.
Opium et le vin de Champagne...	V.	1	Clairville.	
Oppressions de voyage...	V.	1	1/2 Ferd. Langlé.	1/2 de Villeneuve.
Optimiste...	C.	5	Collin-d'Harleville.	
Oracle...	O.	1		Desriaux, Porta.
Oracle indien...	O.	1	Camaille Saint-Aubin.	
Orage...	V.	2		Ch. Desnoyers, Ch. Potier.
Orage...	O.	1	1/2 Monnet.	1/2 Foignet.
Orage...	V.	1		Laurencin, Alix, *édit*.
Orage...	V.	1	2/3 A. d'Artois, Raymond.	1/3 Saintine.
Orages...	V.	1	Barré (D. E.), Radet (D. E.), Desfontaines (D. E.).	
Oraison de Saint Julien...	O.	3		Dalayrac (D. E.).
Oraison de Saint-Julien...	V.	1	1/2 Saint-Amand.	1/2 Mange.
Oraison de Saint-Médard.	V.	3	1/2 Brazier.	Sewrin.
Orangerie de Versailles...	V.	3		Anicet, Ferd. Laloue.
Orang-Outang...	M.	5	1/6 Lanusse.	5/6 Bignon.
Orateur anglais...	C.	5		Alex. Duval.
Oratorio de Saül...	O.	3	1/2 É. Deschamps, Desprez.	1/2 Morel Chedeville, Lachnith.
Ordonnance du médecin.	V.	1	1/2 Lévy, *édit*.	1/2 J. de Prémaray.
Ordre de l'Empereur...	V.	2	1/3 Cormon.	2/3 Dutertre.
Ordre des Coteaux...	V.	1		Prévost-d'Iray.
Ordre du jour...	M.	4	Lafontaine, de Guerle.	
Ordre et désordre...	C.	2		Sewrin, Chazet.
Oreilles de Midas...	O.	1	A. Lazare, J. Boucher.	
Oreilles et les perdrix...	V.	1	Georges Duval, Dumersan.	
Oréno...	V.	1		Duvert, Duport, Saintine.
Oreste...	T.	5	Mély-Janin.	
Oreste et Pylade...	V.	2	2/3 Colliot, Lapointe.	1/3 Arthur Ponroy.

— 262 —

Titres des Pièces.	Genres. Actes.	M. GUYOT.	M. PERAGALLO.
Oreste et Pylade	O. 1		Thys.
Oreste et Pylade	V. 1	Scribe, Dupin.	
Oreste et Pylade	V. 1	A. d'Artois, Francis D.	
Orestie	D. 3		Alexandre Dumas.
Or est une chimère	V. 1	Legrand.	
Or et la boue	V. 1		Th. Nézel, Simonnin.
Orfa	B. 2	1/3 Adam.	2/3 Mazilier, Trianon.
Organiste	V. 1	Eug. Nus, Follet.	
Organiste dans l'embarras	O. 1		Alboize 3/8, Wekerlin 3/8, Alix, *édit.* 2/8.
Organiste de Saint-Médard	V. 3	1/2 Brazier.	1/2 Sewrin.
Orgie	B. 3	2/3 Scribe, Carafa.	1/3 Corali.
Orgue de Barbarie	O. 1	De Léris, Alary.	
Orgueil	D. 5	1/2 Llaunet.	1/2 Dunan-Mousseu.
Orgueil et ignorance	V. 1		Décour.
Orgueil et vanité	C. 5	Souque.	
Orgueil puni	C. 1	Mme Molé.	
Orgueil puni	V. 1	Raucourt.	
Orgues de Barbarie	V. 1		Sewrin, Chazet.
Orient	D. 4	Labrousse.	
Orientale	C. 1		Jules Barbier, Foussier.
Orientales	V. 1		Brisebarre, Marc-Michel.
Original	C. 1	Hoffman.	
Original de Jeannot	V. 1	1/2 Brazier, Barba, *édit.*	1/2 Fr. de Courcy, Merle.
Original de Pourceaugnac	V. 1	Dumersau, Barba, *édit.*	
Original et la copie	C. 1	Dardoize, Jautard.	
Originaux	C. 1	Palissot.	
Originaux	V. 1	Labie.	
Originaux	C.	Dugazon.	
Originaux au café	V. 1	2/3 Brazier, Barba, *édit.*	1/3 Merle.
Origine de Rome	M. 3		Lamey, A. Piccini.
Origine des Clari	V. 2	De Leuven, de Livry, Barba, *édit.*	
Origine des Grâces	V. 1	Duffaud, Chapais.	
Origine des Mayeux	V. 2		Alboize.
Origine des ponts-neufs	V. 1	2/3 A. Gouffé, G. Duval.	1/3 Chazet.
Origine du chevalet	B.-P. 2		J. Gilbert.
Origine du légataire	V. 1	Carmouche, *feu* Brazier.	
Orphanis	T. 5	Blin de Saint-Maure.	
Orphée aux enfers	O. 2	1/6 Ludovic Halévy.	5/6. Crémieux 2/6, Offenbach 3/6.
Orphée et Eurydice	O. 3		Moline.
Orphelin	C. 3	Pigault-Lebrun, Barba, *édit.*	
Orphelin	V. 2	1/2 Rochefort.	1/2 Paul Duport.
Orphelin	V. 2	Bayard.	
Orphelin de la Chine	V. 2	1/2 Carmouche.	1/2 Jouhaud.
Orphelin du parvis Notre-Dame	V. 1	1/2 Ad. Guénée.	1/2 Alix, *édit.*
Orpheline	C. 2	Pigault-Lebrun.	
Orpheline	V. 1	Patrat.	
Orpheline	V. 1	Boutillier.	
Orpheline	V. 1	Desfontaines (D. E.).	
Orpheline	V. 1		P. Duport.
Orpheline	V. 1		Royer.
Orphelin écossais	M. 3	1/2 V. Ducange.	1/2 Frédéric.
Orpheline de Berlin	O. 2	Mlle Candeille.	
Orpheline de Genève	M. 5	Victor Ducange (D. E.).	
Orpheline de Glencoë	O. 2	Mélesville, Grisar.	
Orpheline de Praga	V. 1	Vizentini.	

Titres des Pièces.	Genres. Actes.	M. GUYOT.	M. PERAGALLO.
Orpheline de Waterloo..	D. 3	Albert, Benjamin Gastineau.	
Orpheline du château...	M. 3		Cuvelier.
Orpheline du Châtelet...	V. 3		Ménissier, Bricet.
Orpheline du Loiret.....	V. 1		Bádenier.
Orpheline moscovite....	D. 3		Ancelot.
Orphelines d'Anvers....,	D. 5	Bouchardy.	
Orphelines de la Charité.	D. 5		D'Ennery, Brésil.
Orphelines de St-Sever.	D.-V. 3	Plouvier 4/9., Llaunet 2/9, Lévy, édit. 3/9.	
Orphelines du faubourg..	V. 3	2/3 Thirion, Bedeau.	1/3 Mifliez, édit.
Orphelin et le brigadier.	O. 2	1/2 Paul de Kock.	1/2 De Ginestel.
Orphelin et le curé	C. 1		Léger.
Orpheline et l'héritière..	V. 2	Th. Anne, de Tully, Barba, éd.	
Orpheline russe........	V. 2	2,3 Scribe, Desvergers.	1/3 de Villeneuve.
Orphelines de Valneige..	V. 3	1/2 Jaime fils.	1/2 Decourcelle.
Orphelines du pont Notre Dame	D. 5	1/2 Michel Masson.	1/2 Anicet.
Orphelins.............	V. 1	Hennette-Duvigneux.	
Orphelin soldat........	D. 3		Cuvelier.
Ortalbano............	M. 3	Pessey.	
Orthopédie...........	V. 1	Duval, Rochefort, Vardon, Barba, édit.	
Osages..............	V. 1	D'Houdetot, de Livry.	
Osages..............	V. 1	1/2 Overnay.	1/2 Benjamin Antier.
Oscar................	C. 3	Scribe, Duveyrier.	
Oscar et Adèle	M. 5	Rougemont.	
Oscar, fils d'Ossian	T. 5		Arnault père.
Oscar Vingt-Huit	V. 2		Jules Barbier, Decourcelle, Labiche.
Ossian	O. 3	Deschamps 1/4, Dercy 1/4, Lesueur 1/2.	
Ossian cadet..........	V. 3	2/3 Dupaty, Moreau.	1/3 Chazet.
Otage	V. 1		Bonel.
Otez votre fille S. V. P...	V. 2		Labiche, Marc-Michel.
Othello..............	T. 5		Mercier.
Othello..............	O. 3	1/2 Rossini.	1/2 Castil-Blaze.
Othello..............	O. 3	2/3 Alphonse Royer, Benoist.	1/3 Gustave Vaëz.
Othello..............	T. 5	Ducis (D. E.).	
Othello..............	P. 3		Cuvelier.
Othello de la rue Mouffetard...............	V. 1		Jaybert.
Ottonsko.............	D. 5	Bodard.	
Oubli................	V. 1	1/3 Étienne Arago.	2/3 P. Duport, Bezou, édit.
Oubliettes............	V. 2	2/3 Bayard, Michel-Masson.	1/3 Bezou, édit.
Oui.................	O. 1	Goulard.	
Oui des jeunes filles.....	V. 1	Ach. et Th. d'Artois.	
Oui des jeunes filles.....	V. 1	1/3 Jouslin pour Joseph B.	2/3 C. Dupeuty, de Villeneuve.
Oui et non	V. 2	1/2 Barrière jeune.	1/2 Tournemine.
Oui et non	V. 1	9/16. Jacques Arago 3/16, A. de Beauplan 6/16,	7/16 Porcher, Alix, édit.
Oui fatal.............	V. 1	3/4 Desvergers, Varin.	1/4 Alix, édit.
Oui ou non..........	C. 1	Dorvigny.	
Ouistiti..............	V. 3	2/3 Lhérie B., De Leuven.	1/3 Porcher.
Où passerais-je mes soirées...............	V. 1		Montheau, C. Potier, Lévy, éd.
Où peut-on être mieux..	V. 1	3/4. P. Deslandes 1/2, Faucheur 1/4.	1/4 Ch. Potier.
Ouragan.............	V. 3	Cogniard frères.	
Ourika	C. 3		Ch. Dupeuty, de Villeneuve.
Ourika	C. 2	Decoisy.	

Titres des Pièces.	Genres.	Actes.	M. GUYOT.	M. PERAGALLO.
Ourika	D.	1		Fr. de Courcy, Merle.
Ourika	V.	1	Mélesville, Carmouche, Quoy.	
Ours	F.	1	1/2 Carmouche.	1/2 Ferdinand Laloue.
Ours au sérail	C.	2	Rougemont.	
Ours blanc	F.	3		Charrin.
Ours blanc	V.	1	Coupart.	
Ours du Jardin des Plantes	V.	1		De Najac, Vulpian.
Ours et l'enfant	P.	3		Cuvelier, Varez.
Ours et le pacha	V.	1	1/2 Scribe.	1/2 Saintine.
Ours et l'homme sauvage	D.	5	1/2 Labrousse, Albert.	1/2 Ferdinand Laloue, Laurent aîné.
Où sont les pincettes	V.	1		Commerson, Vachette, Mifliez, *édit.*
Outrage	D.	5	1/2 Ed. Plouvier.	1/2 Th. Barrière.
Outrage	V.	1	Dupin.	
Ouverture de la chasse	V.	1	1/3 Desvergers.	2/3 Albitte, Alix, *édit.*
Ouverture de la chasse	V.	1	A. Guéné, Cranney.	
Ouvreuses de loges	V.	1	2/3 Clairville.	1/3 Vaulabelle.
Ouvrier	M.	5		Fréd. Soulié, Alix, *édit.*
Ouvrier	V.	1		Justin Disame.
Ouvrier de Paris	V.	1	Henri Duffaud.	
Ouvrière	D.	3	1/2 Const. Berrier, Barba, *éd.*	1/2 Lévesque, Prieur.
Ouvrières	V.	3		C. Dupeuty, Duvert, Saintine.
Ouvrier et son maître	V.	3	1/2 Rochefort.	1/2 Basset.
Ouvrier gentilhomme	V.	3	1/2 Rochefort.	1/2 Noiseuil.
Ouvrier lyonnais	D.	2	1/2 Charles Menan.	1/2 Neuville-Dubourg.
Ouvriers	V.	1	Brazier, Dumersan, Francis D.	
Ouvriers	V.	1		Ch. Dupeuty 2/3, Duvert 1/3.
Ouvriers de la cité	D.	5		Ad. d'Ennery.
Ouvriers de Paris	D.	5		Alboize, André Thomas.
Ouvriers du faubourg	V.	2		Jouhaud.
Ouvrirons-nous	V.	1	1/2 Cranney.	1/2 Jouhaud.
Ovide chez les Vestales	V.	1	A. d'Artois.	
Owinska	O.	3		Villemontey, Gaveaux.
Oxessian	V.	1	Désaugiers, Francis.	
Oyayaye	O.	1		Moinaux, Offenbach.
Ozahoï	V.	2		Salvador, feu Dessarsins.
Ozaï	B.	2	1/3 Gide.	2/3 Coraly.

P

Titres des Pièces.	Genres.	Actes	M. GUYOT.	M. PERAGALLO.
Pacha	O.	1		Beaume 1/4, Nuitter 1/4, Frédéric Barbier, 1/2.
Pacha de la rue Chapon..	V.	1	2/3 Nicolle, de Tully,	1/3 Duvert.
Pacha dérangé	V.	1	1/3 Ad. Choler.	2/3 De Jallais, Ch. Gabet.
Pacha de Surène	C.	1	Étienne, Nanteuil.	
Pacha et la vivandière...	V.	1	Signol, Quoy.	
Pacotille	C.	3	De Planard 2/3, Barba, éd. 1/3.	
Pacotille	V.	2		Ménissier, N. Fournier.
Pacotille	V.	1	1/3 A. d'Artois.	2/3 Saint-Alme, Rousseau.
Pacte d'amour	D.	3		Marc-Michel.
Pacte de famine	D.	5	Paul Foucher, Élie Berthet.	
Paganini en Allemagne..	V.	1	Desvergers, Varin.	
Page de la reine	V.	2	E. Nus, Follet.	
Page de la vie intime ...	V.	1	Alfred Goy, Boinet.	
Page de Louis-Douze....	V.	2	1/2 Barrière jeune.	1/2 de Villeneuve.
Page de de madame Marlborough.	O.	1		Jules Verne, Fréd. Barbier.
Page de Schœnbrunn ...	V.	1	2/3 Brazier, Barba, édit.	1/3 Merle.
Page des Confessions de J.-J. Rousseau	V.	1	2/3 Bayard, Vanderburch.	1/3 De Forges.
Page de Wodstock	V.	1		Duvert, C. Dupeuty, Saintine.
Page du Régent	V.	1	Théaulon 2/3, Barba, édit. 1/3.	
Page écossais	M.	3		Benjamin Antier.
Page ensorcelé	V.	1	2/3 Brazier, Carmouche.	1/3 Saintine.
Page et la danseuse	V.	2	Clairville, Milon.	
Page et pensionnaire....	V.	1		Nautulle, Perrot de Renneville, Mifliez, édit.
Page inconstant	B.	3		Aumer.
Pages au sérail	V.	2	Théaulon, A. d'Artois.	
Pages de Bassompierre..	V.	2	3/4 Desvergers, Varin, Étienne Arago.	1/4 Alix, édit.
Pages de l'Empereur....	V.	2		Anicet, Ferd. Laloue.
Pages de Louis-Quinze..	V.	1	Clairville 2/3, A. Guénée 1/3.	
Pages de Marie-Thérèse.	V.	2	1/2 Thirion.	1/2 Dallard.
Pages du czar	V.	1	Barthélemy Fillot.	
Pages du duc de Vendôme	B.	1		Aumer.
Pages du duc de Vendôme	V.	1	Dieulafoy, Gersin.	
Pages et les brodeuses ..	V.	2		Lubize, Davesnés.
Pages et poissardes	V.	2	2/3 Rochefort, Bernard Lopez,	1/3 Alix, édit.
Page vingt-quatre	V.	1	Barthélemy, de Leuven, Lhérie jeune.	
Pagode	O.C.	2	De St-Georges, Fauconnier.	
Pagode	V.	1	Mélesville.	
Paillasse	D.	5		Marc-Fournier, d'Ennery.
Paillasse	V.	1	Raucourt.	
Paille dans l'œil	O.	1		Turpin 1/6, Huart 1/6, Borssat fils, 2/6, Alix, édit. 2/6.
Pailles rompues	C.	1		Jules Verne.
Paire de bottes	V.	1	De Reiffenberg, Desportes.	
Paire de Nicolas	V.	1	Llaunet, Leroyer.	

Titres des Pièces.	Genres.	Actes.	M. GUYOT.	M. PERAGALLO.
Paire de pères.	V.	1	1/3 Siraudin.	2/3 Alf. Delacour, Moreau.
Paire d'imbéciles.	V.	2		Audeval, de Jallais.
Paix.	C.	1	Mittié fils.	
Paix.	V.	1	Martainville, Barba, *édit*.	
Paix.	V.	1	Armand Séville.	
Paix.	V.	1	Rougemont.	
Paix.	V.	1	Brazier.	
Paix.	P.	1		Cuvelier, Franconi jeune.
Paix à tout prix.	C.	2	1/2 Lévy.	1/2 E. Serret.
Paix dans la Manche.	V.	1	Barré (D. E.), Radet (D. E.).	
Paix du ménage.	V.	1	Déaddé, Ad. Choler.	
Paix du théâtre de la République.	C.	2	(*Aude*) *pour* Barba, *édit*.	
Paix ou la guerre.	C.	1		Saint-Amand, Viguier.
Palais de chrysocale.	R.	1	2/3 Clairville.	1/3 Charles Gabet.
Palais de cristal.	V.	5	2/3 Clairville.	1/3 Vaulabelle.
Palais de l'Industrie.	V.	3		Couailhac, Maurice Alhoy.
Palais de Strigilier.	M.	3	Valcour.	
Palais, la Guinguette et le champ de bataille.	V.	1	2/3 Brazier, Carmouche.	1/3 Dupeuty.
Palais-Royal en dix-huit cent soixante-douze.	V.	1	Bayard, de Lurieu.	
Palais-Royal et la Bastille	V.	3	1/3 Labrousse.	2/3 Ferd. Laloue, Alix, *édit*.
Paletot brun.	P.	1		Victor Séjour.
Paletot jonquille.	V.	5		Blum, Flan.
Palma.	O.	2	1/2 Plantade.	1/2 Lemontey.
Palmérin.	M.	3	11/12 Victor Ducange, Lanusse, Barba, *édit*.	1/12 Quaisain.
Paméla.	C.	3	François de Neufchâteau.	
Paméla.	V.	1	Gabriel Rougemont.	
Paméla Giraud.	D.	5	1/2 Bayard, Jaime.	1/2 (*Balzac*) *pour* Porcher.
Paméla la plumassière.	V.	1		Yehery.
Paméla mariée.	D.	3	1/2 Cubières.	1/2 Pelletier-Volmerange.
Paméla mariée.	C.	3		Desriaux.
Pamphlet.	C.	3	G. Duval, Barba, *édit*.	
Pamphlet.	C.	2	Legouvé.	
Pamphlétaire.	C.	3		André Thomas.
Pamphlet sous monsieur de Maupas.	V.	1	1/2 Paul Foucher.	1/2 Paul Duport.
Pancrace et Polycarpe.	O.	2	Grétry neveu. Bieysse.	
Pandolphe.	V.	2		Lefebvre, St-Amand, Danvin.
Pandore.	M.	2	Ribié.	
Panier d'argenterie.	M.	3	1/2 Mélesville, Leroy.	1/2 Naigeon, Bezou, *édit*.
Panier de cerises.	V.	1	Montperlier, Coupart, Barba, *édit*.	
Panier de pêches.	V.	1	2/3 Audebrand, Alix, *édit*.	1/3 Henri de Kock.
Panier fleuri.	O.	1	De Leuven 1/4, Lhérie B. 1/4, A. Thomas 1/2.	
Panier percé.	V.	1	1/2 Coster.	1/2 Ourry.
Paniers à ma tante.	V.	1	Brazier, Gersin.	
Paniers de la comtesse.	V.	1		Léon Gozlan.
Paniers de mademoiselle.	C.	1	Guillard.	
Panorama.	V.	4	Sauvage, Ozaneaux.	
Panorama.	V.	1	Armand Gouffé, Georg. Duval.	
Panorama au village.	V.	1	1/2 A. Guénée.	1/2 De Jallais.
Panorama d'Athènes.	V.	1		Mazères.
Panorama de Momus.	V.	1	Désaugiers.	
Panorama de Paris.	V.	1	A. d'Artois, Théaulon.	
Panorama des mariages.	V.	5	1/2 Jautard, Grasset-Vernier.	1/2 Audeval, de Jallais.
Panorama du boulevard				

Titres des Pièces.	Genres.	Actes.	M. GUYOT.	M. PERAGALLO.
du Temple.........	V.	1	1/2 Coupart.	1/2 Varez.
Pan, pan, c'est la fortune	V.	1	1/2 Varin, Thiéry.	1/2 De Jallais, Lévy, *édit.*
Pantagruel...........	O.	2		Trianon, Labarre.
Pantalon garance et casque en cuir.........	V.	1	2/3 Déadjé, Veyrat.	1/3 Alix, *édit.*
Panthéon charivarique...	V.	5	Clairville 1/3, A. Guénée 1/3, (*Bourdois*) *pr.* Porcher 1/3.	
Panthéon normand.....	V.	3	Marcel-Briot.	
Panthère de Java.......	V.	1	2/3 De la Rounat. Lévy, *édit.*	1/3 Montjoye.
Pantins de violettes.....	O.	1	1/2 Adolphe Adam.	1/2 Léon Battu, de Forges.
Pantomime et le vaudeville.............	V.	1	Dupin.	
Pantoufles de Madeleine.	V.	4	Méjanel.	
Pantoufles de Madeleine.	V.	1	Pourcelt, Palianti.	
Pantoufles de Voltaire...	V.	2	1/2 Barba, *édit.*	1/2 Simonnin.
Panurge.............	C.	3	Fillieu.	
Panurge dans l'île des Lanternes.............	O.	1	1/2 Grétry.	1/2 Morel-Chedeville.
Paola...............	V.	2	Rougemont.	
Paoli................	M.	5		Frédéric, Lepoitevin.
Paoli de la Romala.....	V.	1	De Tully, Morin.	
Papa charmant........	V.	2	Honoré 2/3, Mifliez, *édit.* 1/3.	
Papesse Jeanne........	V.	1		Léger.
Papesse Jeanne........	V.	1		Nézel, Antier, Simonnin.
Papier timbré.........	V.	1		Ch. Desnoyers.
Papillon............	O.	1		1/2 Offenbach.
Papillon et les fleurs....	V.	1	1/2 Ludovic Halévy.	1/2 Narrey.
Papillon jaune........	V.	1	1/2 Collin.	
Papillons et la chandelle.	V.	1	(*Jouslin*) *pour* Joseph B.	P. Duport, M. Delaporte.
Papillotes............	V.	1	3/8 Jacques Arago.	5/8 Ancelot; Alix, *édit.*
Papillotes de monsieur Benoist............	O.	1		Michel Carré 1/4, Jules Barbier 1/4; Reber 1/2.
Papyrius.............	V.	1	Gersin, Vieillard.	
Paquebot...........	C.	3	Méry.	
Pâquerette...........	O.	1	1/6 De la Rounat.	5/6. Grangé 1/6, Decourcelle, 1/6 Duprato, 3/6.
Pâquerette...........	B.	1	1/2 Deligny, Benoît.	1/2 Th. Gautier, St-Léon.
Pâquerette...........	V.	1		Eugène Pierron.
Pâquerette...........	V.	1	Maurice Bouquet.	
Pâques véronaises.....	D.	4		Arnaud, Judicis, Giraud-Dagneau, *édit.*
Paquette et Grivet.....	V.	1	Marquet, Delbès.	
Paquita.............	D.	5	Paul Foucher, Faulquemont.	
Paquita.............	B.	2	1/3 Paul Foucher.	2/3 Mazilier, (*Deldevez*) *pour* Escudier.
Parachute...........	V.	1	1/2 Hapdé.	1/2 Hector Chaussier.
Parade..............	O.	1		Brésil, Jonas.
Parade dans le salon....	V.	1	Rochefort, Lassagne, Duvernois, Brisset.	
Parades de nos pères....	V.	3	2/3 Clairville, Dumanoir.	1/3 Vaulabelle.
Paradis de Mahomet....	O.	3	1/2 Scribe, Mélesville.	1/2 Kreutzer, Kreubé.
Paradis de Mahomet....	V.	1		Laurencin.
Paradis des voleurs.....	V.	1		Maurice Alhoy.
Paradis perdu.........	D.	5		D'Ennery, Dugué.
Paradis perdu.........	V.	5		Léon Beauvalet 1/4, Henri de Kock 1/4, Alix, *édit.* 1/2.
Paradis terrestre.......	V.	1	Dalby.	
Parapluie de Damoclès..	V.	2	3/4. Varin 1/2, Dardoize 1/4.	1/4 Lhemann.

Titres des Pièces.	Genres.	Actes.	M. GUYOT.	M. PERAGALLO.
Parapluie d'Oscar	V.	1	7/9. (*Jaime fils*) *pour* Porcher, 2/9, Paulin Deslandes 2/9, Lévy, *édit.* 3/9.	2/9 Decourcelle.
Parapluie fantastique	V.	3	A. Lelioux.	
Parapluie homicide	V.	3	1/2 Marquet.	1/2 Jules Renard.
Parasite	V.	1		Léger.
Paratonnerre	V.	1		Charles Gabet.
Paratonnerres	V.	1		Boirie, Daubigny.
Paravent	C.	1	De Planard.	
Paraviedés	M.	3	1/2 P. Deslandes.	1/2 Alix, *édit*.
Paravole	V.	1	Veyrat, Sauzay.	
Parc aux Cerfs	M.	3		Leroy, Guyot-de-Fer.
Parceque	V.	1		(*Boulé*, *Ch. Potier*) *pour* Alix, *édit.*
Parchemin, greffier de Vaugirard	V.	1	Georges Duval.	
Pardon de Bretagne	D.	5	1/2 Lévy, *édit*.	1/2 Marc-Fournier.
Pardon de Ploërmel	O.	3	1/2 Meyerber.	1/2 Michel Carré, Jules Barbier.
Par droit de conquête	C.	3	Ernest Legouvé.	
Parent millionnaire	V.	3	2/3 Cormon, Delaboullaye.	1/3 Alix, *édit*.
Parents	C.	2		Boursault.
Parents de circonstance	V.	1	Rougemont, Barba, *édit*.	
Parents de la danseuse	V.	1	Gabriel, Dupin.	
Parents de la fille	C.	1	1/2 Arvers.	1/2 D'Avrecour.
Parents de l'héritage	V.	1	1/2 Théaulon.	1/2 Fr. de Courcy.
Parents de ma femme	V.	1	1/3 Lévy, *édit*.	2/3 E. Serret.
Parents d'un jour	O.	1	1/2 A. de Beauplan.	1/2 Benni-Cori.
Parents supposés	C.	1	Pompigny.	
Parfaite égalité	C.	3	Dorvigny.	
Parfumeuse de la cour	V.	1	2/3 Dupin, d'Artois.	1/3 D'Épagny.
Parga	M.	3	1/4 Carmouche.	3/4 Boirie, Poujol, Dorbigny.
Pari	O.	1		Boïeldieu.
Pari	V.	1	2/3 Th. Anne, Duvernois.	1/3 A. Jadin.
Pari	V.	1		Palmarola.
Paria	T.	5		Casimir Delavigne.
Paria	O.	1		Gaveaux.
Pari biscornu	V.	1	2/3 Paul de Kock, Boyer-Partout.	1/3 Alix.
Pari de la duchesse d'Alençon	O.	1	1/4 Fontenille.	3/4. Lachabeaussière 1/4, Chancourtois 1/2.
Pari d'une heure	V.	1	Thurbet.	
Parieurs anglais	V.	1	1/2 Moreau.	1/2 Ourry.
Paris	D.	5	Paul Meurice.	
Paris	B.	3		Gardel.
Paris à !!!	V.	1	Lhérie jeune.	
Paris à cheval	R.	3	Carmouche, E. Guinot.	
Paris à Constantinople	V.	1	2/3 Rougemont, Ét. Arago.	1/3 Ch. Dupeuty.
Paris à la campagne et la campagne à Paris	V.	2	1/2 Siraudin.	1/2 Danvin.
Paris à Pékin	V.	1	Désaugiers, A. d'Artois.	
Paris à tous les diables	V.	1	Clairville.	
Paris au bal	V.	1	2/3 Clairville (*Bourdois*) *pour* Porcher.	1/3 Cavaignac.
Paris au village	V.	1	Delaboullaye, Gabriel, Barba, *édit*.	
Paris aux cinq cents diables	V.	1	1/2 A. Guénée.	1/2 Dutertre.
Paris aux îles Marquises	R.	1		J. Augier.

Titres des Pièces.	Genres.	Actes.	M. GUYOT.	M. PERAGALLO.
Paris bloqué	V.	3	Maurel-Dupeyré, Joseph B.	
Paris crinoline	R.	3		Roger de Beauvoir, Montépin, De Prémaray.
Paris dans la comète	R.	3	2/3 Dumanoir, Clairville.	1/3 Adolphe d'Ennery.
Paris dans la comète	V.	1	2/3 Rougemont, Ét. Arago.	1/3 Ch. Dupeuty.
Paris dans la lune	V.	3	1/3 Desvergers.	2/3 Jouhaud.
Paris dans l'eau	V.	1	1/2 Labie.	1/2 Laurent.
Paris délivré	T.	3		De Vennes.
Paris de Suresnes	V.	1	Gabriel, Rozet.	
Paris diabolique	V.	3	1/2 A. Guénée.	1/2 Lajariette.
Paris en Chine	V.	1	2/3 A. Guénée, Mathieu.	1/3 Albert Monnier.
Paris en dix-huit cent quatre-vingt	V.	1	Ader.	
Paris en loterie	R.	3		Jouhaud.
Paris en miniature	V.	1	Bizet, Sautray.	
Paris en miniature	V.	1	Rougemont, Gentil.	
Paris en quatorze cent dix-huit	D.	5	2/3 Lockroy, Barba, édit.	1/3 Anicet.
Paris en seize cent soixante-sept	V.	3	Dumanoir, Mallian.	
Paris en vacances	R.	3		Flan.
Paris et Bruxelles	V.	2	Théaulon, Gondelier, Steph, Barba, édit.	
Paris et la banlieue	D.	5	1/2 Clairville.	1/2 Ad. D'Ennery.
Paris et Londres	V.	2	A. d'Artois, Brisset, Joly.	
Paris hors Paris	V.	3	Clairville, Bernard Lopez.	
Parisien	V.	1		Michel Delaporte.
Parisien à Londres	C.	3	1/2 Carmouche.	1/2 Fr. De Courcy.
Parisien dépaysé	C.	1	Magüe Saint-Aubin.	
Parisien en Corse	V.	2	De St-Georges, de Leuven.	
Parisien en Normandie	V.	1	Delaboullaye, Gabriel, Barba, édit.	
Parisienne	V.	2		E. Souvestre, Davesnes.
Parisienne à Madrid	V.	1	Maurice Séguier.	
Parisienne en Espagne	V.	1	1/2 Désaugiers.	1/2 Saintine.
Parisien pour gendre	V.	1	Mme Niboyet.	
Parisiens	D.	3		Th. Barrière.
Parisiens en vacances	V.	2	1/2 Paul de Kock.	Marc Leprévost.
Parisiens vengés	C.	1	Pillon, René Périn.	
Paris la nuit	D.	5	1/2 Cormon.	1/2 Ch. Dupeuty.
Paris le 29 septembre dix-huit cent vingt	V.	1	2/3 Desprez, Depluyette.	1/3 Crosnier.
Paris le Bohémien	D.	5	Bouchardy.	
Paris l'été	V.	4	1/2 Gabriel.	1/2 Ch. Dupeuty.
Paris l'été	V.	4		E. Moreau, Alf. Delacour.
Paris malade	V.	1	Bayard, Varner.	
Paris, Melun et Fontainebleau	V.	3		Sewrin, Chazet.
Paris, Orléans et Rouen	V.	3	Bayard, Varin.	
Paris qui dort	V.	5		Delacour, Lambert Thiboust.
Paris qui pleure, et Paris qui rit	D.	5	2/3 Cormon, Lévy, édit.	1/3 Laurencin.
Paris qui s'éveille	V.	5		
Paris s'amuse	V.	3	Adolphe et Saint-Agnan Choler 2/3, Lévy, édit. 1/3.	
Paris sans impôt	V.	3	2/3 Clairville.	1/3 Vaulabelle.
Paris sans le sou	V.	3		Anicet, Marc Leprévost.
Paris trop petit	V.	2		Flan.
Paris volant	V.	1	2/3 Théaulon, Moreau.	1/3 Ourry.
Paris voleur	V.	3	2/3 Dumanoir, Clairville.	1/3 Adolphe d'Ennery.

Titres des Pièces.	Genres.	Actes.	M. GUYOT.	M. PERAGALLO.
Pariure de Jules Denis...	V.	2		Mme Adam Boisgontier. 2/3, Lévy, édit. 1/3.
Parjure	B.	1		Blache.
Parlementaire	V.	1	Scribe, Mélesville.	
Par les femmes	V.	1		Jouhaud, Bricet.
Par les fenêtres	V.	1		Amédée Achard 2/3, Lévy, édit. 1/3.
Parleur contrarié	C.	3	Delaunay.	
Parleur contrarié	C.	1	Ducray-Duminil.	
Parleur éternel	C.	1	Ch. Maurice.	
Parlez au portier	V.	1		D'Ennery, Lajariette, Alix, éd. (Simonnin) pour Barba, édit.
Parlez pour moi	V.	1		
Parnasse assiégé	V.	1	A. d'Artois, Théaulon.	
Parole d'honneur	V.	1	1/2 Martin.	1/2 Ménissier.
Paroles et la musique	V.	1	Arm. Charlemagne.	
Parrain	V.	1	Scribe, Mélesville, Delestre-Poirson.	
Parrain de Jeannette	V.	3		Laurencin 1/4, N. Fournier 1/4, Lévy, édit. 1/2.
Parrain du faubourien	V.	1	A. Guénée.	
Parrain par inconstance	V.	1	Gentil, Ramond, Fulgence, Ledoux.	
Part à deux	V.	1		Jules de Prémaray.
Partageux	V.	1	2/3 Clairville.	1/3 Vaulabelle.
Part du diable	O.	3	1/2 Scribe.	1/2 Auber.
Part du roi	V.	1	1/2 Jautard.	1/2 Hipp. Lucas.
Particulier en général	V.	1	H. Leroux.	
Partie à Romainville	V.	2		Jouhaud.
Partie à trois	V.	1	E. Nus, Fath, Follet.	
Partie carrée	O.	1		Hennequin, Gaveaux.
Partie carrée	V.	1	Arm. Séville.	
Partie carrée	V.	1	A. d'Artois, Théaulon.	
Partie d'âne	V.	1	1/4 St Amand, Lacoste.	3/4 Th. Nézel, Henri Villemot, Bezou, édit.
Partie d'ânes	V.	1	De Lurieu.	
Partie de campagne	O.	1	1/2 Lamartelière.	1/2 Jadin.
Partie de campagne	V.	1	Scribe, Mélesville.	
Partie de chasse	C.	3	Ch. Maurice.	
Partie de chasse	C.	2		Aude.
Partie d'échecs	C.	1		Chevalier.
Partie de dominos	V.	2	1/2 Jules de Wailly.	1/2 Arnould.
Partie de dominos	V.	1		Tournemine.
Partie de piquet	V.	1		N. Fournier, Meyer, Alix, éd.
Partie et revanche	V.	1	Léger pour Barba.	
Partie et revanche	C.	1	De Rancé.	
Partie et revanche	V.	1	Scribe, Francis D., Brazier.	
Partie fine	V.	1	1/3 Carmouche.	2/3 Fr. de Courcy, Saintine.
Parti le plus gai	C.		Ségur.	
Pascal et Chambord	V.	2		Anicet, Ed. Brisebarre.
Pas de fumée sans feu	V.	1	Bayard.	
Pas jaloux	V.	1		Meyer 2/9, Laurencin 2/9, Martin 2/9, Lévy, édit. 3/9.
Pas plus de six plats	C.	2	Joseph Payn.	
Pasquin et Blaizot	O.	1	Francis D., Martinelli, Bianchi.	
Passage de la mer Rouge	M.	3	Camaille Saint-Aubin, Hapdé.	
Passage de l'Essler	D.	5	1/2 Villiers.	1/2 Franconi jeune.
Passage de militaires	V.	1	Barré (D. E.).	
Passage des Thermopyles	M.	2	Villiers, Quoy.	
Passage du Léthé	V.	1	1/2 Lafortelle.	

Titres des Pièces.	Genres.	Actes.	M. GUYOT.	M. PERAGALLO.
Passage du mont St-Bernard	P.	1	5/6 Hapdé.	1/6 Darondeau, A. Piccini.
Passage du Perron	V.	1	2/3 Francis D., A. d'Artois.	1/3 Saintine.
Passage du régiment	O.	1	1/2 Catrufo.	1/2 Sewrin.
Passage militaire	V.	1	Coupart, Jacquelin.	
Passages et les rues	V.	1	Brazier, Dumersan, Gabriel.	
Passage Vendôme	V.	2	Paul de Kock.	
Passé	V.	1		Chazet.
Passé	V.	1	1/2 Cormon, Ach. d'Artois.	1/2 Boulé, Alix, édit.
Passé cinq heures	V.	1		Décour.
Passé d'une femme	D.	4	Charles Lafont, Béchard.	
Passé et l'avenir	C.	1		Michel Carré, Narrey.
Passé, le présent et l'avenir	V.	3	1/2 Michel Masson.	1/2 Villeneuve.
Passé midi	V.	1	2/3 Devaux, Barba, édit.	1/3 Dupuis.
Passé minuit	V.	1	1/2 Lockroy.	1/2 Anicet.
Passe-partout	V.	1	*Feu* Monperlier, Campenault.	
Passe-port	V.	1	1/3 Decourchamps.	2/3 Ménissier, Renault.
Passe-temps de duchesse	C.	1		De Montheau.
Passe-temps militaire	V.	1	1/2 Belle.	1/2 Frédéric.
Pas si bête !	V.	1	Ernest.	
Passion	V.	1	2/3 Desvergers, Varin, Held.	1/3 Alix, édit.
Passion	V.	1	*Delestre-Poirson*.	
Passion à la vanille	V.	1	1/2 Mélesville.	1/2 Saintine.
Passion de salon	V.	1	Rivail, Gallois.	
Passion du Midi	V.	1		Rosier.
Passion échevelée	V.	1		Dupuis, Saltret.
Passions	V.	1	Georges Duval, Rochefort; Barba, *édit*.	
Passions d'un cœur sensible	D.	2	Beaulieu.	
Passions d'un cœur sensible	C.	1		Brunet.
Passion secrète	C.	3	Scribe.	
Passons les ponts	V.	1	Dumersan.	
Pasteur	D.	5	1/3 Lévy, *édit*.	2/3 Eug. Bourgeois, E. Souvestre.
Pasteur de Ramberg	V.	2	Théaulon, Lesguillon.	
Pastorale	C.	5		Bellot.
Pataquès	C.	1	(*Martainville*) *pour* Barba *éd*.	
Pâté d'alouettes	C.	1		Levrier de Champrion.
Pâté d'anguilles	V.	1	A. d'Artois, Henri Simon, Barba, *édit*.	
Pâté de canards	V.	1	1/3 De Léris.	2/3 Dutertre, Alix, *édit*.
Pâté de Chartres	V.	1		Abel Lahure, Davenay, Grangé.
Patineau	V.	1		Saintine, Dumontier.
Pâtissier d'Asnières	V.	1	1/2 Brazier, Moreau.	1/2 Ourry, Merle.
Pâtissière de Darmstadt	M.	3		Poujol père et fils, Tournemine.
Pâtissière du boulevard	V.	3		Jouhaud.
Pâtissier usurpateur	V.	2		Antier, Simonnin, Th. Nézel.
Pâtre	M.	2		Franconi jeune, Ponet.
Patriote de Modène	D.	5	Sauvage, Ozaneaux, Blosse.	
Patron Jean	M.	3	2/3 Brazier, Vizentini.	1/3 Merle.
Patrouille	C.	1	Vanderburch, Desvergers, Barba, *édit*.	
Paul	D.	2	1/2 Vanderburch.	1/2 De Forges.
Paula	D.	5	1/2 Chabot.	1/2 Boulé.
Paul d'Arbois	M.	3		Boullé, Fillion.

Titres des Pièces.	Genres.	Actes.	M. GUYOT.	M. PERAGALLO.
Paul d'Artenay	D.	3		Adrien Robert.
Paul et Jean	V.	2	Bayard.	
Paul et Julien	V.	2		Ch. Desnoyers, Chasseriaux.
Paul et Laurette	B.	1	Léon.	
Paul et Pauline	V.	2		Duvert, Lauzanne.
Paul et Rosette	B.	3		Coralli.
Paul et Virginie	M.	5	Gournay.	
Paul et Virginie	D.	5	2/3 Cormon, Albert.	1/3 Boulé.
Paul et Virginie	O.	5		De Favières, Kreutzer.
Paul et Virginie	O.	3	Dubreuil.	
Paul et Virginie	B.	3		Gardel, Kreutzer.
Paul et Virginie	M.	3		Turmeau.
Persiflor et Cactus	O.	1		Hervé.
Paul et Virginie	V.	1	1/2 Feu Moreau.	1/2 Sewrin.
Paulin	D.	3		Delrieu.
Pauline	D.	5		Grangé, Montépin, Alix, édit.
Pauline	V.	3	Radet (D. E.).	
Pauline	M.	3	1/2 Labrousse.	1/2 Ferd. Laloue.
Pauline	C.	2	Dumersan.	
Pauline	V.	2	Mélesville, Carmouche.	
Pauline et Henri	O.	3	Boutillier.	
Pauline et Valmont	C.	1	Bodard.	
Paulin et Virginie	O.	3	Dubreuil, Lesueur.	
Paul Jones	D.	5		Alex. Dumas.
Paul le corsaire	D.	5		(Alex. Dumas) pour Porcher.
Paul Morin	M.	3	1/2 Et. Arago.	1/2 Marie Aycard.
Paul 1er	M.	3	1/2 Barba.	1/2 E. d'Anglemont, Muret.
Pausanias	T.	5	Trouvé.	
Pauvre Albert	V.	1	1/2 Sauvage.	1/2 Alix, édit.
Pauvre Arondel	V.	2	1/3 Et. Arago.	2/3 Villeneuve, Bezou, édit.
Pauvre aveugle	D.	3		De Guerville.
Pauvre aveugle	O.	1	1/2 Hapdé.	1/2 Porta.
Pauvre aveugle	V.	1	1/2 Lafitte.	1/2 D'Ennery.
Pauvre Bastien	V.	3		Petit-Mangin.
Pauvre berger	M.	3	1/3 Carmouche.	2/3 Daubigny, Decomberousse
Pauvre de l'Hôtel-Dieu	M.	3		Antier, Decomberousse, Naigeon.
Pauvre de Notre-Dame	V.	3	Pain, Dumersan.	
Pauvre de Saint-Roch	M.	3	2/3 Brazier, Théaulon.	1/3 Fr. de Courcy.
Pauvre diable	V.	2		Beffroy-Reigny.
Pauvre diable	V.	2	Rougemont, Dumersan.	
Pauvre enfant	V.	1		Simonnin.
Pauvre femme	O.	1		Marsollier (D. E.), Dalayrac (D. E.).
Pauvre fille	M.	5		Anicet.
Pauvre fille	P.	3		Cuvelier.
Pauvre fille	D.	2		Mme Sophie Gay.
Pauvre fille	V.	1		Roger.
Pauvre fille	V.	1	Ach. et Arm. d'Artois 2/3, Dieulafoy 1/3.	
Pauvre idiot	M.	5	1/3 Barba, édit.	2/3 Ch. Dupeuty, Fontan.
Pauvre Jacques	V.	3		Sewrin, Chazet.
Pauvre Jacques	V.	3	Cogniard frères.	
Pauvre Jacques	V.	1	Corsange.	
Pauvre Jeanne	D.	3		D'Ennery, Grangé, Alix, édit.
Pauvre mère	M.	5		Boyrie, Léopold.
Pauvre mère	M.	5	1/2 Francis C.	1/2 Auger.
Pauvre mère	P.	3		Frédéric.
Pauvre orpheline	M.	5	Caigniez, Paccard.	
Pauvre père	V.	1	Ratier.	

Titres des Pièces.	Genres.	Actes.	M. GUYOT.	M. PERAGALLO.
Pauvres de Paris	D.	5	1/2 Eug. Nus.	1/2 Brisebarre.
Pauvres d'esprit	C.	3		Léon Laya.
Pavés sur le pavé	V.	1	Lhérie B., de Leuven, A. de Beauplan.	
Paveurs	V.	2	Mélesville, Vanderburch.	
Pavillon	O.	1	1/2 Désaugiers (D. E.).	1/2 A. Piccini.
Pavillon	V.	1	De Tully, Salin.	
Pavillon des fleurs	O.	1	1/2 De Pixérécourt.	1/2 Dalayrac (D. E.).
Pavillon des lis	V.	1		Turmeau.
Pavillon du calife	O.	2		Morel-Chedeville (D. E.), Dalayrac (D. E.).
Pavillon du parc	V.	1	Léon, Vernet.	
Pavillon mystérieux	C.	2	Gemppenberg.	
Paysan	O.	1		Alboize, Geley, Poisot.
Paysan amoureux	V.	2	Scribe, Bayard.	
Paysan d'aujourd'hui	C.	1		E. Souvestre, Giraud, édit.
Paysan des Alpes	D.	5		Félicien Mallefille.
Paysan des Vosges	M.	3	De Pixérécourt.	
Paysan et son seigneur	V.	2	Bérard, Desvergers, Théaulon, Et. Arago.	
Paysan grand seigneur	M.	3		Boirie, Léopold.
Paysanne curieuse	O.	1	Framery.	
Paysanne de la Moselle	P.	2	1/2 Villiers.	1/2 Cuvelier (D. E.).
Paysanne de Livonie	V.	2	1/3 Vanderburch.	2/3 Villeneuve, Saintine.
Paysanne demoiselle	V.	4	1/3 Michel Masson.	2/3 Saintine, Alix, édit.
Paysanne et la demoiselle	V.	1		Th. Nézel, Blondy, prop., Bezou, édit.
Paysanne pervertie	D.	5	1/2 Dumanoir.	1/2 D'Ennery.
Paysanne supposée	O.	3		Dubois, Blasius (D. E.).
Paysan parvenu	C.	2		Pelletier-Volmérange (D. E.).
Paysan perverti	V.	3	Théaulon, Barba, édit.	
Paysan picard	V.	1	1/2 Brazier.	1/2 Léon Rabbe.
Paysan qui plaide avec son seigneur	C.	2		Mercier.
Paysan romanesque	O.	3	1/4 Picard (D. E.).	3/4. Loraux 1/4, Berton 1/2.
Paysans	D.	5	1/3 Cormon.	2/3 Grangé, d'Ennery.
Paysans	V.	1	Brazier, Dumersan, Mélesville.	
Paysans	V.	1		Duvert, Lauzanne.
Paysans de la ville	V.	1	De Pixérécourt.	
Paysan seigneur	C.	1	Ribié.	
Paysans et courtisans	V.	1	Maréchalle.	
Pays des amours	V.	5	Plouvier 2/3, Lévy, édit. 1/3.	
Pays des échasses	V.	1	Clairville, Th. Cogniard.	
Pays latin	V.	1	Lhérie B., Cogniard frères.	
Peau-d'Ane	M.	3	Hapdé 5/6, Lanusse 1/6.	
Peau-d'Ane	F.	3	1/3 Vanderburch	2/3 Laurencin, Bezou, édit.
Peau-d'Ane	V.	3	Lelioux, Bouché.	
Peau-d'Ane	O.	1	Mme Julian, Ruyller (Pilati).	
Peau de chagrin	D.	5		Balzac, Judicis.
Peau de chagrin	V.	3	1/3 Quoy.	2/3 Th. Nézel, Simonnin.
Peau de l'ours	O.	1		Beaume 1/4, Nuitter 1/4, Samuel David 1/2.
Peau de l'ours	V.	1	Lambert, de Pixérécourt.	
Peau de mon oncle	V.	1	1/2 Varin.	1/2 J. de Prémaray.
Peau de singe	V.	1	Addison, E. Moreau.	
Peau de singe	V.	1	Lange.	
Peau du lion	V.	1		Laya.
Peaux rouges	V.	1	2/3 Sauvage, de Lurieu.	1/3 Duvert.
Peblo	M.	3	3/8 Saint-Amand.	5/8 Dulong, Bezou, édit.

— 274 —

Titres des Pièces.	Genres.	Actes.	M. GUYOT.	M. PERAGALLO.
Peccadilles de Valentin..	V.	1		N. Naquet 2/3, Alix, *édit.* 1/3.
Péchantré............	V.	1		Sewrin.
Pêche au beau-père....	V.	2	Bayard, Sauvage, de Lurieu.	
Pêche aux corsets.......	V.	1		Commerson 1/6, Furpille 1/6, Porcher 1/6, Alix, *éd.* 3/6.
Pêche aux maris.......	V.	2	Paulin Deslandes.	
Péché caché..........	V.	1	Henri Meilhac.	
Péché de jeunesse......	V.	1	Samson, Jules de Wailly.	
Pêche de Vulcain.......	V.	1	Rochefort, Lassagne, Brisset.	
Péché et pénitence.....	V.	2	H. Leroux 1/2, (Jouslin), Joseph B. 1/2.	
Pécherel l'empailleur...	V.	1		Duvert, Lauzanne.
Péchés de jeunesse......	C.	3		E. Souvestre, Dagnau, *édit.*
Pêcheur béarnais.......	V.	1		Montagne, Dubocage, Mifliez, *édit.*
Pêcheur de l'Isère......	D.	3		Fontaine.
Pêcheur de Schewing...	V.	3	1/3 Michel Masson.	2/3 De Villeneuve, Saintine.
Pêcheur napolitain......	O.	3	Moreau 1/4, Lafortelle 1/4, Carafa 1/2.	
Pêcheur provençal......	M.	3	2/3 Brazier, Vizentini.	1/3 Merle.
Pêcheurs.............	B.	3		J. B. Gilbert.
Pêcheurs	O.	1	Gossec, Lassalle.	
Pêcheurs.............	V.	1	Brazier, Rougemont.	
Pêcheurs catalans.......	M.	3	Bernos, Lanusse.	
Pêcheurs danois........	V.	1	Théaulon, A. d'Artois.	
Pêcheurs du Tréport....	V.	1		Ferd. Laloue, Anicet.
Pêcheurs et les pirates...	V.	2	1/2 Cormon.	1/2 D'Ennery.
Pêcheur suédois........	O.	2	1/2 Patrat (D. E.).	1/2 Bruni.
Péché véniel	V.	1		Decomberousse, H. Lefebvre.
Pédrilla	V.	1	Delalain.	
Pedro le beau pêcheur...	V.	1	De Rostan.	
Peine de mort.........	M.	3	1/4 Riga.	3/4 Antier, Decomberousse, Raffard.
Peine du talion	M.	3		Toby, Hadot.
Peine du talion.........	D.	3		Marc Michel, Victor Lefranc, Eugène Labiche.
Peine du talion.........	V.	1	Paulin Deslandes.	
Peintre au cabaret......	V.	1	Barré (D. E.), Picard, Radet (D. E.), Desfontaines (D. E.)	
Peintre d'animaux......	V.	2	Rochefort.	
Peintre dans son ménage.	V.	2	Jacquelin.	
Peintre d'enseignes.....	V.	1	A. Croizette, Barba, *édit.*	
Peintre en prison.......	V.	1	Ledoux, Belle, Barba, *édit.*	
Peintre et la courtisane..	V.	1	Blosse.	
Peintre et le comédien...	V.	1	Saint-Félix, Barba, *édit.*	
Peintre et le courtisan ..	V.	1	Brisset, Letellier, Barba, *éd.*	
Peintre français à Londres	V.	1	Barré (D. E.), Radet (D. E.), Desfontaines (D. E.), Bourgueil.	
Peintre français en Espagne.............	V.	1	Barré (D. E.), Radet (D. E.), Desfontaines (D. E.).	
Peintre italien	M.	5	Carmouche, Dieulafoy (D. E.).	
Peintres d'enseignes	V.	1		Simonnin.
Peintres en voyage	V.	1	1/3 Dumersan.	2/3 P. Duport, Saint-Hilaire.
Peintres et bourgeois....	C.	3	Henri Monnier, Renoult.	
Pekinet..............	V.	1	1/3 Carmouche.	2/3 Fr. De Courcy, Saintine.
Pélage	O.	2		Jouy, Spontini.
Pèlerinage	V.	1	Déaddé, Delalain.	
Pèlerin blanc..........	M.	3	De Pixérécourt.	

Titres des Pièces	Genres. Actes.	M. GUYOT.	M. PERAGALLO.
Pèlerin et le roi	V. 2	Joseph Pain (D. E.), Dumersan.	
Pélican de Noisy-le-Sec	V. 1		Brisebarre, Moreau.
Pélisson	V. 1	1/2 Jacquelin.	1/2 Chazet.
Pélisson	V. 1	Rougemont, Brazier.	
Peloton de fil	V. 1		Ch. Potier.
Pendant l'orage	V. 1		De Jallais 2/3, Mifliez, éd. 1/3.
Pendu	D. 5	1/2 Michel Masson.	1/2 Anicet.
Pendu	O. 1	3/4 Carmouche 1/4, Clapisson 1/2.	1/4 De Courcy.
Pendu ou fusillé	V. 1	1/2 Brisson.	1/2 Venel.
Pendu ou marié	V. 1		Aug. Muriel 2/3, Mifliez, édit. 1/3.
Pénélope	O. 3	Marmontel, Piccini.	
Pénélope de la Cité	V. 1	Duval 1/3, Rochefort 1/3, (Jouslin), Joseph B. 1/3.	
Pénicault le somnambule	V. 1		Fournier, Meyer, Lévy, édit.
Pénitents blancs	M. 3		Leblanc, Dalayrac.
Pénitents blancs	V. 2	Varner.	
Pensée dans le verre	V. 1	1/2 A. Guénée.	1/2 Ch. Potier.
Pensée d'un bon roi	C. 1		Dubois.
Pension alimentaire	V. 2		Rosier.
Pension bourgeoise	V. 3	1/3 A. Guénée.	2/3 Delavergne, J. Augier.
Pension bourgeoise	V. 1	Scribe, Dupin, Dumersan.	
Pension de jeunes demoiselles	O. 1	1/2 Patrat (D. E.).	1/2 A. Piccini.
Pension de retraite	V. 1	2/3 Carmouche, Delille.	1/3 Fr. De Courcy.
Pension des jeunes garçons	O. 1	Propiac.	
Pension des jeunes garçons	C. 1		Dubois.
Pensionnaire	M. 3	1/2 Victor Ducange.	1/2 Anicet.
Pensionnaire	V. 1	Scribe, Dupin, Dumersan.	
Pensionnaire mariée	V. 1	Scribe, Varner.	
Pensionnat de jeunes demoiselles	V. 2	1/2 Picard.	1/2 Vial.
Pensionnat de Montereau	V. 2	1/3 Cormon.	2/3 D'Ennery, Alix, édit.
Pension pour rire	V. 1	Dumersan.	
Pépinières de Vitré	V. 1	Arm. Gouffé.	
Pepito	V. 1		Léon Battu 1/4, Moinaux 1/4, Offenbach 1/2.
Perdreau pour trois	V. 1		Décour.
Perdrix rouge	V. 1		Decourcelle, Lamb. Thiboust.
Père	D. 3		Roger, Marchand.
Père absent	V. 2	Henri Simon.	
Père ambitieux	C. 3		Dorvo.
Père au bal, les enfants à la maison	V. 1		Demonval St-Hilaire.
Père aux écus	D. 5		Ch. Dupeuty, Ferdin. Dugué.
Père avare	V. 1		Charrin.
Père aveugle	C. 1	Arm. Charlemagne.	
Père Brice	V. 2		Montigny, Rousseau.
Père Brouillard	V. 1		Grangé, Lahure.
Père de famille	V. 1		Duvert 5/12, Lauzanne 5/12, Paul Duport 2/12.
Père de famille allemand	D. 5	Bonneville.	
Père de la débutante	V. 5	Bayard, Théaulon.	
Père de l'enfant	V. 1	3/4 Desvergers, Varin, Ét. Arago, Held.	1/4 Alix, édit.
Père de ma fille	V. 1		Moreau, Mme Réal, Lévy, édit.

— 276 —

Titres des Pièces.	Genres.	Actes.	M. GUYOT.	M. PERAGALLO
Père des Cendrillons....	V.	1	Brazier.	
Père d'occasion	V.	1	Joseph Pain, Vieillard.	
Père d'occasion	V.	1	1/2 Paul de Kock.	1/2 L. Couailhac.
Père du débutant.......	V.	1	1/2 Jautard..	1/2 Hipp. Lucas...
Père dupe de lui-même ..	C.	1		Levasseur........
Père enfant...........	V.	1		Sewrin.
Père et citoyen	D.	5	Sauvage, Ozaneaux, Blosse.	
Père et fils...........	V.	1	1/2 Mélesville.	1/2 Paul Duport. ...
Père et la fiancée.......	V.	1	Chauffer.	
Père et la fille	C.	1	Scribe.	
Père et mère inconnus...	V.	1	Labie, Bouché.	
Père et oncle	V.	1	Marquet, Delbès.	
Père et parrain	V.	2		Ancelot, Anicet, Alix, *édit*.
Père et portier.........	V.	2	Bayard, Varner.	
Père Finot............	V.	1		Ch. Dupeuty, de Villeneuve, Saint-Hilaire.
Père Fourreau.........	V.	2	1/3 Dupin.	2/3 Antier père, d'Épagny.
Père Gaillard..........	O.	3	1/2 Thomas Sauvage.	1/2 Reber...
Père Goriot	V.	3	2/3 Jaime, Théaulon.	1/3 Decomberousse.
Père Goriot	V.	2		Ancelot, Paul Duport.
Père Jean............	V.	2		Laurencin, Marc-Michel, Simonnin, Lévy, *édit*.
Père Jean............	V.	1	1/2 Carmouche.	1/2 Ferd. Laloue.
Père Joseph..........	V.	3	1/2 Maréchalle.	1/2 Gombault, Bureau.
Père Juge............	M.	3		Decomberousse, Pichat, St-Hilaire.
Père Langevin........	V.	1	Maréchalle.	
Père Lantimèche......	V.	2	Carmouche.	
Père Latuile..........	V.	1	2/3 De Leuven, de Livry.	1/3 De Forges.
Père Leuleu..........	V.	1	Th. Anne, René Périn.	
Père malgré lui.......	V.	1	1/2 Jacquelin.	1/2 Servières...
Père malgré lui.......	C.	1	Philidor.	
Père Marcel..........	V.	2		Mme Ancelot.
Père nourricier	V.	1		Brisebarre, L. Couailhac.
Père ouvrier..........	V.	1		Eugène Nyon.
Père par intérim	V.	1		Demonval Saint-Hilaire.
Père Pascal	V.	2	1/3 Varin.	2/3 Laurencin, Bezou, *édit*.
Père prodigue	C.	5		Al. Dumas fils.
Père rival............	C.	2	Dupaty.	
Père sangsue.........	V.	1	1/2 Gourdon de Genouillac.	1/2 Paul Avenel.
Pères créanciers	C.	1	De Planard.	
Père supposé.........	C.	1		Delrieu.
Père Trinquefort......	V.	1	1/2 Cormon.	1/2 Ch. Dupeuty.
Père Turlututu........	V.	1		Souvestre, Davesnes.
Péri.................	B.	2		Th. Gautier, Burgmuller, Coralli.
Périchole	V.	1	1/2 Théaulon.	1/2 De Forges.
Péril en la demeure....	C.	2	Octave Feuillet.	
Périne la closière.....	V.	3		A. de Cey, de Forges.
Périnette............	O.	1		De Forges, Offenbach,
Péristère............	B.	1		Morin-Clairanson.
Perkins Varbeck	D.	5	1/2 Barba, *édit*.	1/2 Fontan.
Perkins Varbeck	V.	2	Carmouche, Théaulon, Brazier, Barba, *édit*.	
Perle d'Alsace........	O.	1		Hervé.
Perle de Frascati......	O.-C.	1	Émilien Pacini, de Roubin.	
Perle de la Cannebière ..	V.	1		Labiche, Marc-Michel.
Perle de Marienbourg...	V.	2	2/3 Théaulon, de Leuven.	1/3 De Forges.
Perle de Morlaix	M.	5	Delalain, Déaddé, Hostein, Tresse, *édit*.	

Titres des Pièces.	Genres.	Actes.	M. GUYOT.	M. PERAGALLO.
Perle des maris........	V.	1	Bayard, Mallian, Dumanoir.	
Perle des servantes.....	V.	1	Varner.	
Perle du Brésil.........	O.	3	1/4 Gabriel.	3/4. Sylvain St-Étienne 1/4. Félicien David 1/2.
Perle du faubourg.......	V.	2	A. Guénée, Faucheur.	
Perle du régiment.......	V.	1	Alp. Keller.	
Perle du village........	V.	1		Guyon.
Permesse gelé..........	V.	1	A. d'Artois, Théaulon, Gersin.	
Permission de dix heures	V.	1	Mélesville, Carmouche.	
Péroline...............	V.	1	Bayard, Dupin.	
Perrault...............	V.	1	Brazier.	
Perrinet Leclerc........	D.	5	2/3 Lockroy, Barba, édit.	1/3 Anicet.
Perrin et Lucette........	V.	2	Bouché, Avy.	
Perroquet gris.........	C.	2	Adrien Lelioux.	
Perroquets de la mère Philippe...............	V.	1	Ach. et Arm. d'Artois 2/3, Barba, édit. 1/3.	
Perroquet trouvé........	V.	1		Anicet, Brisebarre.
Perruche..............	O.	1	Dumanoir 1/3, Dupin 1/3, Clapisson 1/3.	
Perruque blonde........	C.	1	Picard.	
Perruque de mon oncle..	V.	1		Nuitter, Louis Duchesne.
Perruque enlevée.......	V.	1	2/3 Carmouche, Mlle Huet.	1/3 Merle.
Perruque et chandelles..	V.	1		Duvert, Lauzanne.
Perruques.............	V.	1		Ménissier.
Perruquier à Smyrne...	V.	1	2/3 Carmouche, Brazier.	1/3 Saintine.
Perruquier de Beaumarchais...............	V.	1	Loyau de Lacy, Messant.	
Perruquier de la régence	O.	3	3/4. De Planard 1/4, Amb. Thomas 1/2.	1/4 Paul Duport.
Perruquier de l'empereur	M.	5	1/2 Mallian.	1/2 Ch. Dupeuty.
Perruquier de Meudon..	V.	1		Anicet, d'Ennery.
Perruquier de Sotteville.	B.-P.	1	Laurençon.	
Perruquier et le coiffeur.	V.	1	A. d'Artois, Dupin, Sauvage.	
Persécutions diaboliques.	M.	3	1/2 Henrion.	1/2 Bazile.
Persée et Andromède...	B.	3		Gardel.
Persévérance..........	V.	1	Brisson.	
Persico...............	V.	1		Léger.
Persifleur	C.	2	Sauvigny.	
Personnalités..........	V.	1	A. d'Artois, Francis d'Artois, Gabriel.	
Perte des maris........	C.	1	Bayard, Dumanoir, Mallian.	
Pertinax..............	T.	5	Arnault père.	
Pérugina..............	O.	1	2/3 Mélesville.	1/3 Monpou.
Pervonte..............	M.	3	Hapdé 5/6, Lanusse 1/6.	
Pessimiste	C.	1	Pigault-Lebrun.	
Peste de Florence......	O.	3	1/2 Scribe.	1/2 Auber.
Peste de Marseille......	M.	3	1/4 De Pixérécourt.	3/4 Dubois, Pellissier, Mme Marty.
Peste noire...........	D.	5	2/3 D'Arlincourt.	1/3 Alix, édit.
Petit almanach des grands hommes...........	V.	3	1/2 Rougemont.	1/2 Ourry.
Petit Alphonse.........	V.	1		Aude.
Petit bonhomme vit encore...............	V.	3	1/2 Eug. Nus.	1/2 Desnoyers.
Petit bonhomme vit encore...............	F.	3		Ch. Potier, Jules Renard, Mifliez, édit.
Petit bonhomme vit en-				

Titres des Pièces.	Genres.	Actes.	M. GUYOT.	M. PERACALLO.
core................	V.	2	Ach. et Arm. d'Artois 2/3, Besselièvre 1/3.	
Petit bossu du Gros-Caillou	V.	1	Brazier, Dumersan.	
Petit bout d'oreille......	C.	1		Léon Gozlan.
Petit caméléon.........	V.	1	Lafortelle, Jacquelin.	
Petit Candide...........	V.	1		Sewrin, Chazet.
Petit caporal	V.	2	3/4 Michel Masson., Gabriel, Barba, édit.	1/4 Villeneuve.
Petit carillonneur.......	M.	3	De Pixérécourt.	
Petit Cendrillon........	P.	1	1/3 Paul Legrand.	2/3 Bridault, Lindheim.
Petit chapeau	M.	4		Desnoyers.
Petit Chaperon rouge.....	O.	3	1/2 Théaulon.	1/2 Boïeldieu.
Petit Chaperon rouge ...	M.	3	1/2 Brazier.	1/2 Frédéric.
Petit Chaperon rouge ...	V.	3		Simonnin.
Petit Chaperon rouge ...	V.	1	Blanchard.	
Petit Chaperon rouge ...	V.	1		Labénardière, Ménissier.
Petit Chaperon rouge ...	V.	1	Dumersan.	
Petit commissionnaire...	O.	1	1/2 E. Deschamps.	1/2 Bruni.
Petit corsaire..........	V.	1	2/3 Brazier, Rougemont.	1/3 Merle.
Petit courrier..........	V.	2	1/2 Moreau.	1/2 Bouilly.
Petit cousin	O.	1		Cuvelier (D. E.), Barouillet.
Petit cousin............	V.	1		Baret.
Petit cousin	C.	1	Bildenbeck.	
Petit cousin............	V.	1		Villemot 2/3, Th. Nézel 1/3.
Petit de la mobile.......	V.	2	2/3 Clairville.	1/3 Vaulabelle.
Petit diable............	B.	1		Morin-Clairanson.
Petit diable à quatre	V.	2	Rougemont.	
Petit dragon...........	V.	2	1/3 Scribe, Delestre-Poirson, 1/3 Mélesville.	
Petite Agathe........	V.	1	Bildenbeck.	
Petite Américaine........	M.	3	Caigniez, Bildenbeck.	
Petite Babet............	V.	1	A. d'Artois, Francis d'Artois, Mlle Huet.	
Petite bohémienne......	M.	3	5/6 Caigniez.	1/6 Amédée, Renat.
Petite bonne	V.	1		Dubois.
Petite bonne	V.	1		Desnoyer, Fontan.
Petite Cendrillon	V.	1	Désaugiers (D. E.), Gentil.	
Petite coquette	V.	1	Désaugiers (D. E.), Gentil.	
Petite coquette	V.	1	Brazier, Dumersan.	
Petite Corisandre.......	V.	1	2/3 Dupin, Carmouche.	1/3 Fr. De Courcy.
Petite cousine	V.	1	1/3 Lévy, édit.	2/3 Th. Barrière, Decourcelle.
Petite Didon...........	V.	2	Rouhier-Deschamps.	
Petite école des femmes .	C.	1		Dumolard.
Petite école des pères...	C.	1	Étienne, Nanteuil.	
Petite Fadette	V.	2	1/2 Ch. Lafont.	1/2 Anicet.
Petite famille	M.	3		Antier, Boisset.
Petite favorite	C.	2		Francisque Lemoine.
Petite fille de la grande armée...............	V.	2		Th. Barrière, Victor Perrot.
Petite fille d'honneur....	V.	2	Brazier 1/3, Carmouche 1/3, (Jouslin), Joseph B. 1/3.	
Petite-fille du Grand-Mogol à Marseille.......	M.	3		Delrieu.
Petite fille en vacances ..	V.	1	2/3 Brazier, Barba, édit.	1/3 Merle.
Petite folle............	V.	1	Scribe, Mélesville.	
Petite goutte des halles...	V.	1	Guillemain.	
Petite gouvernante	V.	2	Moreau, Gentil.	
Petite guerre..........	C.	2		Mme Ancelot.

Titres des Pièces.	Genres.	Actes.	M. GUYOT.	M. PERAGALLO.
Petite guerre	C.	1	Mélesville.	
Petite guerre	V.	1	Désaugiers (D. E.).	
Petite guerre	V.	1	1/3 Carmouche.	2/3 Fr. De Courcy, Merle.
Petite guerre	C.	1	Honoré.	
Petite intrigue épistolaire	V.	2	Pain, Duperche.	
Petite lampe merveilleuse	O.	3	2/3 Scribe, Mélesville.	1/3 A. Piccini.
Petite maison	C.	3	Mélesville.	
Petite maison	O.	2	1/2 Dieulafoy (D. E.).	1/2 Spontini.
Petite maison	V.	2	1/4 *Feu* Saint-Saëns.	3/4 Paul Duport, Ancelot.
Petite maison de Thalie	C.	1	Arm. Charlemagne.	
Petite manie des grandeurs	V.	1	Rigaud.	
Petite mendiante	V.	1	Brisset.	
Petite Métromanie	V.	1	1/2 Thésigny.	1/2 Chazet.
Petite Nanette	O.	2		Beffroy-Reigny.
Petite négresse	V.	1	Mélesville, Carmouche, Quoy.	
Petit enfant prodigue	V.	1	Désaugiers, Gentil, Barba, *éd.*	
Petite Nichon	P.	2	1/2 Villiers.	1/2 Cuvelier (D. E.).
Petite orpheline	V.	1	Boutillier.	
Petite orpheline	V.	1	1/2 Barba, *édit.*	1/2 Ch. Dupeuty, de Villeneuve
Petite pluie abat grand vent	V.	1		Lemercier de Neuville.
Petite Pologne	V.	3		Audeval.
Petite Provence	V.	1	Désaugiers (D. E.), Gentil.	
Petite Provence	V.	1		Brisebarre, Salvat, Mifliez, *éd.*
Petite prude	V.	1	3/4 Desvergers, Varin, Puech.	1/4 Duvert.
Petite reine de seize ans.	V.	2	Bayard.	
Petite revue	V.	1	Dumersan.	
Petite Rose	V.	1	Dumersan, Barba, *édit.*	
Petite ruse	V.	1	Patrat (D. E.).	
Petites affiches	V.	1	Marius Bourelly.	
Petites biographies	V.	1	Brazier, Dumersan, Gabriel.	
Petites bonnes de Paris	V.	3	1/2 Hipp. Leroux.	1/2 Martin.
Petites Danaïdes	B.	3		Petipa.
Petites Danaïdes	V.	1	Désaugiers, Gentil.	
Petites étrennes du Vaudeville	V.	1	Rougemont.	
Petites filles politiques	V.	1	Moreau, Dupin, Carmouche.	
Petites lâchetés	C.	3		Anicet, Decourcelle.
Petites livrées de madame	V.	1		Fr. De Courcy.
Petites mains	V.	3	1/2 Ed. Martin.	1/2 Labiche.
Petites marionnettes	V.	1		Sewrin, Chazet.
Petites misères de la vie humaine	V.	1	Scribe, Mélesville.	
Petites misères de la vie humaine	V.	1	2/3 Clairville.	1/3 Alix, *édit.*
Petites misères du carnaval	V.	3	1/2 A. Guénée.	1/2 Vachette.
Petite sœur	V.	1	Scribe, Mélesville.	
Petite somnambule	V.	1		Ch. Dupeuty, de Villeneuve.
Petite somnambule	V.	1		A. Renoux.
Petites pensionnaires	V.	1	2/3 Brazier, Barba, *édit.*	1/3 Merle.
Petit espiègle	V.	1	Hubert, Maréchalle.	
Petites saturnales	V.	1	3/4 Brazier, Carmouche, Quoy.	1/4 Mazères.
Petit Eugène	V.	1		Dubois.
Petite ville	C.	4	Picard.	
Petite Zoé	O.	1	1/2 Plantade.	1/2 Bouilly.
Petit Faust	V.	1	Lange.	
Petit fifre	V.	1	1/2 Brazier.	1/2 Merle.

— 280 —

Titres des Pièces.	Genres.	Actes.	M. GUYOT.	M. PERAGALLO.
Petit Figaro	C.	2		Dorvo.
Petit-fils	V.	1	Bayard, Varner.	
Petit-fils de Figaro	V.	1	Vanderburch, Colin.	
Petit-fils d'un grand homme	V.	1	1/2 Scribe.	
Petit gagne-petit	V.	1		1/2 Mazères.
Petit Georges	M.	3		Bernard Valville.
Petit homme gris	V.	1	1/3 Carmouche.	Ferd. Laloue; Ponet.
Petit homme gris	V.	1	1/2 Bayard.	2/3 Boirie; Daubigny.
Petit homme rouge	F.	4	De Pixérécourt, Carmouche, Brazier.	1/2 Simonnin.
Petit Jacques dans son pays	C.	4	Henriquez.	
Petit Jacquot	O.	1	1/2 Guesdon.	1/2 Solié.
Petit Joconde	V.	1		Chazet; Merle; Ourry (D. E.)
Petit Jehan de Saintré	V.	3	Brazier, Dumersan.	
Petit Jules	V.	1	Hubert, Maréchalle, Quoy.	
Petit Jules	V.			Dubois.
Petit matelot	O.	1	1/2 Pigault-Lebrun.	1/2 Gaveaux (D. E.).
Petit matelot	B.	1		Lefebvre.
Petit mendiant	V.	1	1/2 Brazier.	1/2 Dubois.
Petit mensonge	C.	1		Mme de Bawr.
Petit Mezzetin	O.	1	1/2 Th. de Banville.	1/2 Nargeot.
Petit mitron de la rue de Lourcine	V.	1	(A. Gouffé, G. Duval), Barba, éd.	
Petit monstre de la rue Plumet	V.	1	2/3 Brazier, Henri Simon.	1/3 Merle.
Petit monstre et l'escamoteur	V.	1	1/2 De Saint-Georges.	1/2 Simonnin.
Petit mot pour rire	V.	1	Guillemain.	
Petit Orphée	O.	3	Rouhier-Deschamps, Deshayes.	
Petit page	O.	1	1/2. De Pixérécourt 1/4, Nicolo (D. E.) 1/4.	1/2 Kreutzer (D. E.).
Petit pêcheur	V.	1	Dumersan.	
Petit Pierre	V.	2	1/3 Royer de Bruges.	2/3 Jouhaud, Alix, édit.
Petit Pierre	V.	1		D'Ennery; Decourcelle.
Petit pinson	V.	1	1/3 Mélesville, Delestre-Poirson, 1/3 Barba.	
Petit postillon de Fismes	V.	1	3/4 Jacquelin, Coupart, Overnay.	1/4 Varez.
Petit Poucet	M.	3	1/2 Hapdé.	1/2 Cuvelier (D. E.).
Petit Poucet	P.	3	1/6 Lanusse.	5/6 Frédéric.
Petit Poucet	V.	3	Dumanoir, Clairville.	
Petit prophète	V.	1	1/2 Ed. Martin.	1/2 Alb. Monnier.
Petit ramoneur	D.	3	Th. Sauvage.	
Petit Robert	V.	1		Bougnol.
Petit sacristain	V.	3	Demantort.	
Petits acteurs	V.	1	Brazier, Dumersan, Francis D., Barba, édit.	
Petit saint Jean	V.	1	Émile.	
Petits appartements	O.	1	1/2 Dupin, Varner.	1/2 Berton.
Petits Auvergnats	O.	1	1/2 De Pixérécourt.	1/2 Demorange.
Petits Auvergnats	V.	1	De Pixérécourt.	
Petits aveugles de Franconville	O.	1		Lebrun.
Petits braconniers	V.	1	3/4 Brazier, Charles, Barba, édit.	1/4 Merle.
Petits caquets	V.	1	Rozet.	
Petits-fils de Mascarille	C.	5	Meilhac.	

— 281 —

Titres des Pièces.	Genres.	Actes.	M. GUYOT.	M. PERAGALLO.
Petits-fils de Rabelais	V.	3		Watripon, de Lascaux.
Petits livres	V.	1	3/4 Carmouche, Brazier; Riga, édit.	1/4 Fr. De Courcy.
Petits métiers	V.	1	Barthélemy, Fillot.	
Petits métiers de Paris	V.	3	1/2 Durand de Beauregard.	1/2 Lubize.
Petits moyens	V.	1		Lemoine, Labiche, Decourcelle.
Petits mystères de Paris	V.	3	1/2 Cormon.	1/2 Ch. Dupeuty.
Petits orphelins du hameau	M.	5	De Pixérécourt.	
Petits orphelins du hameau	M.	3		Lemaire, Leblanc.
Petit souper	O.	1		Dalayrac. (D. E.)
Petit souper	V.	1	2/3 Vanderburch, Barba, éd.	1/3 Anicet.
Petits péchés de la grand'-maman	V.	1	Honoré 2/3, Mifliez, éd. 1/3.	
Petits prodiges	O.-B.	1	1/4 Jaime fils.	3/4 Tréfeu 1/4, Jonas 1/2.
Petits protecteurs	C.	1	1/2 Barba, édit.	1/2 Daubigny.
Petits ricochet	V.	1		Décour ; Ragueneau, Aude neveu.
Petits riens	B.	1		Blache.
Petits Savoyards	O.	1		Marsollier (D. E.), Dalayrac. (D. E.).
Petits souliers	V.	1		D'Ennery, Bastide.
Petits troubadours	V.	3		Touchard, Frédéric, Arquier.
Petits violons de mademoiselle	V.	2	Dumanoir, Clairville.	
Petit tableau d'un grand événement	V.	1	Barré (D. E.), Radet (D. E.), Desfontaines (D. E.).	
Petit tambour	V.	1	Ernest.	
Petit tambour	V.	1	1/2 Vizentini.	1/2 Sewrin.
Petit tambour	C.	1		Tournemine, Lévesque.
Petit timbalier	V.	1	1/2 Ménissier, Delestre-Poirson.	
Petit tondu	D.	3	1/3 Labrousse.	2/3 Porcher, Mennecier.
Petit volage	V.	1	Georges Duval, Dumersan.	
Petit voyage du Vaudeville	V.	1	Barré (D. E.), Radet (D. E.), (D. E.) Desfontaines.	
Peu de méchanceté	C.	1	1/2 Grétry neveu.	1/2 Décour.
Peuple	D.	5		Anicet, Al. Dumas.
Peuples au cabaret	V.	1	Dumersan.	
Peur	V.	1		Tournemine.
Peur du mal	V.	1	3/8 Lurine.	5/8 Ancelot, Alix, édit.
Peur du mal	V.	1	1/2 Jautard.	1/2 Albéric Second.
Peur du tonnerre	V.	1	Overnay, A. Payn.	
Peureux	V.	1	1/3 Siraudin.	2/3 E. Moreau, Alf. Delacour.
Pharamond	O.	3	1/6 Guiraud.	5/6 Ancelot, Soumet, Berton, Boïeldieu, Kreutzer (D. E.).
Pharamond	M.	3	11/12 Victor Ducange, Lanusse.	1/12 Quaisain (D. E.).
Pharaons	D.	5		Ferd. Dugué.
Phare de Bréhat	V.	1	1/2 Bern. Lopez.	1/2 Biéville.
Phèdre	O.	3	Hoffman, Lemoyne.	
Phénix	V.	2		Ferd. Laloue, Labénardière.
Phénix	V.	1	Piis, Desprez.	
Phénix d'Angoulême	O.	1	Ségur, Tarchi.	
Phénomène	V.	1	3/4 Varin 1/4, Lévy, éd. 1/2.	1/4 Biéville.
Philanthrope du Marais	V.	1	Jaime, Dumersan.	

— 282 —

Titres des Pièces.	Genres.	Actes.	M. GUYOT.	M. PERAGALLO.
Philanthropes	C.	3		Fr. De Courcy, Th. Muret.
Philanthropie et repentir.	V.	1	Jules Adenis, Lévy, *édit*.	
Philémon et Baucis	V.	1	G. Duval, Dumersan.	
Philibert de la rue Mouffetard	V.	1	Varner, Ymbert.	
Philiberte	C.	3	Emile Augier.	
Philiberte travestie	V.	1	A. Guénée, Dardoize.	
Philibert marié	V.	1	Scribe, Moreau.	
Philinte de Destouches	C.	5		Dumolard.
Philinte de Molière	C.	3	Fabre d'Eglantine (D. E.).	
Philippe	C.	1		Pujoulx (D. E.).
Philippe	V.	1		Macaire, Ferdinand, A. Franconi.
Philippe	V.	1	Scribe, Mélesville, Bayard.	
Philippe d'Alsace	M.	3		Levasseur.
Philippe deux, roi d'Espagne	D.	5	2/3 Cormon.	1/3 Saint-Amand.
Philippe et Georgette	O.	1	1/2 Monvel.	1/2 Dalayrac (D. E.).
Philippe le Savoyard	V.	1	2/3 A. Gouffé, G. Duval.	1/3 Chazet.
Philippe trois	T.	5		Andraud, Alix, *édit*.
Philips et Sara	C.	1		Marsollier (D. E.).
Philoclès	O.	2		Justin, Dourlen.
Philoctète	T.	5	De La Harpe (D. E.).	
Philomèle et Térée	M.	3		Quaisain (D. E.).
Philosophe bridé	V.	1	Piis (D. E.), Barré (D. E.).	
Philosophe en voyage	O.	3	3/4 Paul de Kock, Pradher, Quoy.	1/4 Kreubé.
Philosophe marié	V.	1	2/3 Ledoux, Mlle Huet.	1/3 Justin.
Philosophe nocturne	V.	2	Théaulon, Steph, Barba. *édit*.	
Philosophe sans le savoir.	C.	3		Sedaine (D. E.).
Philosophes de vingt ans.	V.	1	1/2 Caroline Berton.	1/2 Giraud-Dagneau, *édit*.
Philtre	O.	2	1/2 Scribe.	1/2 Auber.
Philtre champenois	C.	1	Mélesville, Brazier.	
Phocion	T.	5	Royou.	
Phœbus	V.	2	1/2 Bayard.	1/2 Biéville.
Phœbus et Borée	V.	1		Marc-Michel.
Phœnix	M.	4		Cuvelier (D. E.).
Phoque intelligent	V.	1	Labie, Gérard.	
Phosphorus	O.B.	1		Hervé.
Physiologie du mariage	V.	1	1/2 De Tully.	1/2 Perrot.
Physiologies	V.	1	Angel, Veyrat.	
Physionomiste	C.	1	De Rostan.	
Physionomiste en défaut.	O.	2	1/4 Désaugiers (D. E.).	3/4. Souriguère 1/4, Piccini 1/2.
Piano à vendre	O.	1		Bondon, Grenier, Oray.
Piano de Berthe	V.	1	1/3 A. Grasset.	2/3 T. Barrière, J. Lorin.
Piblox et Friquet	V.	1		Ch. Dupeuty, Bourget.
Picaros et Diégo	O.	1	1/2 Dupaty.	1/2 Dalayrac (D. E.).
Piccolet	V.	1		Lefranc 3/8, Labiche 3/8, Montjoye 2/8.
Picotin d'avoine	V.	1	Dieulafoy (D. E.), Gersin, (D. E.)	
Pic terrible	P.	3		Frédéric.
Pie borgne	V.	1		Chazet, Ourry (D. E.), Simonnin.
Pièce à l'étude	C.	1		A. Duval.
Pièce curieuse	V.	1	Barré (D. E.), Radet (D. E.), Desfontaines (D. E.).	
Pièce de circonstance	V.	1	Scribe, Dupin.	
Pièce d'emprunt	V.	1		E. Crosnier, Saint-Hilaire.

Titres des Pièces.	Genres.	Actes.	M. GUYOT.	M. PERAGALLO.
Pièce d'entrée.........	V.	1	Overnay.	
Pièce de Sedaine.......	V.	1	Déaddé, Ratier.	
Pièce de vingt-quatre sous...............	V.	1	1/2 Mélesville.	1/2 Saintine.
Pièce en perse.........	V.	1	1/2 A. Croisette.	1/2 E. Crosnier.
Pièce improvisée.......	V.	1	Lhérie jeune.	
Pièce interrompue......	V.	1	2/3 A. Gouffé.	1/3 Chazet.
Pièce nouvelle.........	V.	1		Charrin.
Pièce nouvelle.........	V.	1	Jacquelin, Désaugiers (D. E.), Garnas.	
Pièce nouvelle.........	C.	1	Varner.	
Pièce qui n'a pas de nom.	V.	1	Georges Duval, Servières, Barba, *édit*.	
Pièce qui n'en est pas une................	V.	1	Georges Duval, Servières, Barba, *édit*.	
Pièce sans nom........	V.	1	Salin, de Tully, Barba, *édit*.	
Pièces mises en pièces...	V.	1	2/3 Gabriel, Gersin (D. E.).	1/3 Mazères.
Pied-à-terre (Un).......	V.	1		A. Peupin.
Pied d'Argile..........	C.	3		E. Bourgeois.
Pied de bœuf et la queue du chat.............	M.	3		De Rhédon, Charrin, Heudier.
Pied de fer............	D.	5		Léon Gozlan.
Pied de mouton (*Martainville, Ribié, Taix*)...	M.	3	1/3 Cogniard frères.	2/3 Delaporte, Crémieux.
Pied de nez...........	M.	3	Villiers, Pessey, Lanusse.	
Pied de nez...........	P.	1	Désaugiers (D. E.), Villiers.	
Pied droit et le pied gauche................	V.	3	2/3 Clairville.	1/3 Jouhaud.
Pie de Palaiseau et le chien de Montargis...	V.	1	1/2 Brazier.	1/2 Dubois.
Piédestal.............	M.	3		Simonnin, Labénardière.
Pieds de mouche.......	V.	1	Brazier, Barba, *édit*.	
Pieds noirs............	V.	3	1/2 Mallian.	1/2 Fontan.
Piége................	V.	1	Théaulon.	
Piége à loup..........	V.	1	Déaddé, Veyrat, Carpier.	
Piéges dorés..........	C.	3	A. de Beauplan.	
Pie grièche...........	C.	1	Beaunoir.	
Pierre................	D.	3		Sewrin.
Pierre................	V.	1	Brazier, Carmouche, Théaulon, Barba, *édit*.	
Pierre Alexiowitz......	M.	3	5/6 Duperche.	1/6 Quaisain (D. E.), A. Piccini.
Pierre Arezzo.........	M.	3	1/2 Dumanoir.	1/2 D'Ennery.
Pierre Bagnolet et Claude Bagnolet............	C.	1	Deville.	
Pierre Corneille à Rouen.	V.	1		Huillard.
Pierre de Portugal.....	T.	3		Lucien Arnault fils.
Pierre de touche.......	C.	5	Jules Sandeau, Emile Augier.	
Pierre Durand........	D.	3	Salin, Tharraud.	
Pierre et André.......	V.	2	1/4 Barba, *édit*.	3/4 Ch. Dupeuty, Saintine, de Villeneuve.
Pierre et Catherine....	O.	1	De Saint-Georges, Adam.	
Pierre et Etienne......	O.	2	De Féréol, Leborne.	
Pierre et Marie........	V.	1	1/2 F. Langlé, Duvernois.	1/2 Ch. Dupeuty, de Villeneuve.
Pierre et Paul........	C.	2	Lamartelière (D. E.), Barba, *édit*.	
Pierre et Paul........	V.	1		Demonval.
Pierre et Thomas Cor-				

Titres des Pièces.	Genres.	Actes.	M. GUYOT.	M. PERAGALLO.
neille............	C.	1	Abel Hugo, Romieu.	
Pierre Février.........	V.	1		Davesne.
Pierre Fournier.........	M.	3		Desnoyers, Anicet.
Pierre Landais.........	D.	5		Souvestre.
Pierre le Couvreur......	V.	1	Bragier, Carmouche, Théaulon.	
Pierre le Grand........	D.	4	1/3 Barba, édit.	2/3 Desnoyers, Auger.
Pierre le Grand........	O.	3	1/2 Grétry (D. E.).	1/2 Bouilly.
Pierre le Grand........	M.	3	5/6 Bilderbeck, Duperche.	1/6 Quaisain (D.E.), A. Piccini.
Pierre le Grand à Saardam.............	O.	3	J. Danglas.	
Pierre le millionnaire...	V.	3		Mme Ancelot.
Pierre le Noir.........	D.	5	Dinaux, E. Sue.	
Pierre le Parisien......	D.	5		Boulé, Touchard-Lustières.
Pierre le Rouge........	V.	3	1/3 Rougemont.	2/3 Ch. Dupeuty, Antier.
Pierre Luc............	P.	3	Hapdé (D E.).	
Pierre, Paul et Jean.....	V.	2		Sewrin, Ourry (D. E.).
Pierre philosophale.....	V.	1	Dumersan, Henrion.	
Pierre trois...........	D.	5	Escousse (D. E.).	
Pierrot..............	V.	2	Désaugier (D. E.), Gentil.	
Pierrot..............	C.	1		Lefranc, Decourcelle.
Pierrot amoureux......	P.	1	1/2 Paul Legrand.	1/2 Hervé.
Pierrot au château.....	P.	1	1/2 Paul Legrand.	1/2 Hervé.
Pierrot boursier.......	P.	1	1/3 Bovery.	2/3 Nadar, Bridault.
Pierrot bureaucrate.....	P.	1	P. Mercier, P. Legrand, Bovery.	
Pierrot clown.........	P.	1		Jackson, Offenbach.
Pierrot conscrit........	V.	1	Alphonse Keller.	
Pierrot Dandin........	P.	1	1/3 Paul Legrand.	2/3 Bridault, Hervé.
Pierrot épicier.........	P.	1	2/3 Danton j., P. Legrand.	1/3 Lindheim.
Pierrot indélicat.......	P.	1	2/3 Danton j., P. Legrand.	1/3 Hervé.
Pierrot marié.........	P.	1	Jules Viard.	
Pierrot millionnaire.....	P.	1	Champfleury.	
Pierrot posthume......	C.	1	1/2 Siraudin.	1/2 T. Gauthier.
Pierrot qui rêve.......	P.	1	2/3 P. Mercier, P. Legrand.	1/3 Belloni.
Pierrot réactionnaire....	V.	1	Belfort-Devaux.	
Pierrot Robinson.......	P.	1	Danton j., Bernardin.	
Pie voleuse...........	O.	3	1/4 Caigniez.	Daubigny 1/4, Castil-Blaze 1/2.
Pie voleuse...........	M.	3	5/12 Caigniez.	7/12 Daubigny, A. Piccini.
Piffard Droldeton......	P.	3	2/3 Dumersan, Brazier.	1/3 Saint-Hilaire.
Pigeon plumé.........	V.	1	Honoré.	
Pigeon, vole..........	O.	1		Castil-Blaze.
Pignon sur rue........	V.	1	De Tully, Chauffer.	
Pile de Volta..........	V.	1	Siraudin, De La Rounat.	
Pile ou face...........	V.	2		Lubize, Michel Delaporte.
Pilote côtier (le).......	V.	1		Saintine, Ch. Dupeuty, de Villeneuve.
Pilules d'amour........	V.	3		Dallard, C. Gabet.
Pilules dramatiques.....	V.	1	3/4 Michel Masson, Rochefort, De Leuven.	1/4 De Villeneuve.
Pilules du diable.......	F.	4		Anicet, Laurent, F. Laloue.
Pincé au demi-cercle...	V.	1		Brisebarre 2/3, Alix, éd. 1/3.
Pinson, père de famille..	V.	1	2/3 Désaugiers (D. E.), St-Laurent.	1/3 Saintine.
Pinto,..............	C.	5	Nep. Lemercier.	
Piou-piou............	V.	2	Varner.	
Pipe cassée...........	V.	1	2/3 A. Gouffé, G. Duval.	1/3 Léger.
Pipe cassée...........	V.	1	Rochefort, B. Lopez.	
Pipes culottées........	V.	1	1/2 Mathieu.	1/2 A. Monnier.

Titres des Pièces.	Genres.	Actes.	M. GUYOT.	M. PERAGALLO.
Piquenique	V.	1		Auger, Tournemine.
Piquillo	O.	3		A. Dumas 1/4, De Nerval 1/4, Monpou 1/2, 1/2 Anicet.
Piquillo Aliaga	D.	5	1/2 Michel Masson.	
Pirate	O.	3	Tibulle, Cadaux.	
Pirate	O.	3		Duprez, Crémont.
Pirate	M.	3		Baron, Taylor.
Pirates de la Savane	D.	5		Anicet, Ferdinand Dugué.
Pire qu'un diable	V.	1	Beaunoir, Victorin.	
Piron à Beaune	V.	1	A. Gouffé, G. Duval.	
Piron avec ses amis	V.	1	Deschamps.	
Piron aveugle	V.	1	Jacquelin, Rigaud.	
Pistache	V.	1	Désaugiers (D. E.), Francis D.	
Pistolet qui ne veut pas partir	V.	1		Audeval.
Piston galant	V.	1	Bourdois, Porcher.	
Pizarre	T.	5	Dessessard.	
Pizarre	M.	3	De Pixérécourt.	
Place à donner	V.	1	Vulpian, Lassagne, Gersin (D. E.).	
Place du Louvre	V.	1		Mazères.
Place du Palais	M.	3	De Pixérécourt.	
Place et le dîner	V.	1	Carmouche, 3/4 Moreau, Barba, édit.	1/4 Fr. de Courcy.
Place Maubert	V.	1	Dumersan, Gabriel, Brazier.	
Place vacante	V.	1		Ch. Dupeuty, de Villeneuve.
Place Ventadour	V.	2	Paul de Kock.	
Plaideurs de Racine	V.	1	Brazier, Rousseau, Lafontaine, Barba, édit.	
Plaideurs sans procès	C.	3	Etienne.	
Plaidoyer des Halles	C.	1		Boirie, Clément.
Plaine de Grenelle	D.	5	1/3 H. Leroux.	2/3 Desnoyers, Poirier.
Plaisant de société	V.	1	Scribe, Mélesville.	
Plaisir au bois de Boulogne	V.	1	A. d'Artois, Besselièvre.	
Plaisir et Charité	V.	1	Colliot, Bézier.	
Plaisirs d'Asnières	V.	1	1/2 H. Leroux.	1/2 De Villeneuve.
Plaisirs de famille	V.	1	Chambelland.	
Plaisirs de la chasse	V.	1	Barthélemy, Vidal.	
Plaisirs de la chasse	V.	1	1/3 St-Amand.	2/3 E. Moreau, Meyer.
Plaisirs de l'hiver	V.	1		Sewrin.
Plaisirs de l'hospitalité	V.	1	Piis (D. E.).	
Plan de campagne	V.	1	Scribe, Mélesville.	
Plan de campagne	V.	1		Antier, Martin, Deslandes.
Plan de comédie	C.	2	Delestre-Poirson, 1/3 Melhieurat, 1/3 Barba, édit.	
Plan de comédie	V.	1		Touchard.
Plan d'opéra	O.	1	1/2 Gamas.	1/2 Foignet.
Planète ***	V.	2	1/2 Cormon.	1/2 Grangé, Porcher.
Planète à Paris	V.	3	1/3 Gabriel.	2/3 Ch. Dupeuty, Duvert.
Planète et satellites	V.	3	Méry.	
Planteur	O.	2	1/2 de St-Georges.	1/2 Monpou.
Planton de la marquise	V.	1	1/2 Mme Wandeursen.	1/2 Vannoy.
Plastron	V.	2		Duvert, Lauzanne, Saintine.
Plâtrier	M.	2	5/9 St-Amand, Duvernois.	4/9. Dulong, Villemot.
Plaute	C.	3	Nép. Lemercier.	
Pleine eau	O.	1	1/2 Ludovic Halévy.	1/2 D'Osmont, Costé.
Plock le pêcheur	V.	1		Antier, Couailhac, Alix, édit.
Plombières, Bade, Trouville	V.	3	1/2 Bayard.	1/2 Biéville.

Titres des Pièces.	Genres.	Actes.	M. GUYOT.	M. PERAGALLO.
Plombs de Venise	D.	5	Carpier.	
Pluie et le beau temps	V.	1	Honoré.	
Pluie et le beau temps	V.	1	Clairville.	
Pluie et le beau temps	V.	1	1/2 Hostein.	1/2 d'Ennery.
Pluralité des femmes	O.	3	Scribe, Mélesville.	
Plus beau jour de l'année.	V.	1	1/2 Devaux.	1/2 Salvat.
Plus beau jour de la vie.	V.	1	Scribe, Varner.	
Plus belle nuit de la vie	V.	1	1/2 Varin, Desvergers.	1/4 Blondy, Bezou, *édit*.
Plus belle nuit de la vie.	V.	1		Th. Barrière, Michel Carré.
Plus belle nuit d'un marié	V.	1	1/3 Desvergers, Varin.	2/3 H. Martin, Bezou, *édit*.
Plus court chemin	V.	1	De Tully, Fulgence.	
Plus de femmes	O.	1	Réné Lordereau, Bovery.	
Plus de jeudi	V.	2	Feu Victor Ducange, 2/3. A. d'Artois.	1/3 Anicet.
Plus de loterie	V.	1	Cogniard frères 2/3, Dumanoir 1/3.	
Plus de louche	V.	1	Sauvage, Dupin.	
Plus de peur que de mal.	O.	1		Faur, Lebrun.
Plus de peur que de mal.	V.	1		Léger.
Plus de peur que de mal.	V.	1	A. Croisette.	
Plus de peur que de mal	C.	1		H. Auger.
Plus de Pyrénées	V.	1	Désaugiers (D. E.), Gentil.	
Plus heureux que sage	V.	2	Fiévée.	
Plus heureux que sage	O.	1		Dourlen.
Plus heureux qu'un roi.	V.	1	1/2 Cormon.	1/2 Dutertre.
Plus on est de fous	V.	1	1/2 Ed. About.	1/2 de Najac.
Plus petite de toutes	F.-V.	1	Solomé, Monper.	
Podestat	O.	1	Lafitte, Vogel.	
Poëme de Claude	C.	2	Léop. Laluyé.	
Poésie des amours	V.	2		Duvert, Duport, Lauzanne.
Poëte	D.	5		J. Barbier.
Poëte	C.	1	Barrière, jeune.	
Poëte	V.	1	Jules Joly.	
Poëte en prison	V.	1	Desfontaines.	
Poëte et le musicien	O.	3	1/2 Dupaty.	1/2 feu Dalayrac (D. E.).
Poëte et le savetier	V.	1	J. Arago, Chiarini Lange.	
Poëte et l'homme de cour.	V.	1	Dieulafoy (D. E.), Gersin (D. E.).	
Poëte et maçon	V.	1	7/9. Deleuven 2/9, Roche 2/9, Barba, *édit*. 3/9.	2/9 D'Avrecour.
Poëte inconnu	C.	3	Pellion.	
Poëte maçon	V.	1	Dumersan, Barba, *édit*.	
Poëtes artisans	V.	1	Francis, Moreau.	
Poëte satirique	V.	1	Desprez.	
Poëtes de la treille	V.	3		Flan, de Jallais, Pichat, Dagnaud, *édit*.
Poëtes sans soucis	O.	1		Sewrin.
Poëte vertueux	D.	3		Mercier.
Poignard de Léonora	V.	2	2/3 Clairville.	1/3 de Jallais.
Point d'adversaires	O.	1	J. Pain (D. E.), Pacini.	
Point de bruit	O.	1	Tournay, Thésigny, Doche.	
Point de lendemain	V.	1		Ancelot, G. Hequet.
Point d'honneur	V.	3	Cogniard f^{res} 2/3, Barba, *éd*.1/3.	
Point d'honneur	O.	1	1/2 Dreuilh.	1/2 Coffin-Rosny (D. E.).
Point d'honneur	V.	1	Belle 1/2. Duvernois 1/2.	1/2 Antier, Tousez.
Point du jour	V.	1	1/2 Gabriel.	1/2 de Forges.
Pointe d'une aiguille	V.	1	Dorvigny.	
Poison et contre-poison	V.	1	Dupin, de St-Georges, A. d'Artois.	

— 287 —

Titres des Pièces.	Genres.	Actes.	M. GUYOT.	M. PERAGALLO.
Poissarde...............	D.	5	1/3 Paulin Deslandes.	2/3. Ch. Dupeuty, Bourget.
Poissarde parvenue.....	V.	2	Barba, *édit*.	
Poisson chez Colbert....	V.	1	Moreau, Lafortelle.	
Poisson d'avril.........	V.	1		Léon Laya.
Poisson d'avril.........	V.	1	Carmouche, Rougemont, Barba, *édit*.	
Polder	D.	3	De Pixérécourt, V. Ducange.	
Poletais...............	V.	2	1/4 Barba.	3/4 Ch. Dupeuty, Saintine, de Villeneuve.
Polichinelle...........	O.	1	Scribe 1/4, Duveyrier 1/4, Montfort 1/2.	
Polichinelle aux eaux d'Enghien..............	V.	1	2/3 A. d'Artois, Francis D.	1/3 Saintine.
Polichinelle dans le monde	O.	1	1/4 Ludovic Halévy.	3/4. Offenbach 1/2, Busnach 1/4.
Polichinelle en Ecosse..	B.-P.	1	Laurençon.	
Polichinelle en voyage ..	V.	1		Jouhaud.
Polichinelle et Nigodine.	B.	1	Laurençon.	
Polichinelle notaire.....	P.	1		Lindheim.
Polichinelle sans le savoir..	V.	1	A. d'Artois 1/3, Francis D. 1/3, (Jouslin) Joseph B 1/3.	
Polichinelle vampire....	B.	2	1/2 Hyacinthe A.	1/2 Frédéric Blache.
Polichinelle vampire......	B.-P.	1		John Blick.
Politesse...............	V.	1	Honoré.	
Politesse de Richelieu...	V.	2	Honoré.	
Politique en défaut......	C.	1		Sewrin, Chazet.
Politique maternelle.....	V.	2	Bayard, H. Leroux.	
Polixène...............	T.	5		Aignan.
Polka	B.	1	Cogniard frères.	
Polka des sabots.......	O. B.	1		Ch. Dupeuty 1/4, Bourget 1/4, Varney 1/2.
Polka du Palais-Royal...	V.	1	E. Guinot, Bérat.	
Polka en province	V.	1		A. Decomberousse, de Vaulabelle.
Polkamanie............	V.	1	1/2 Paul de Kock.	1/2 Henri de Kock.
Polkette..............	O.	1	1/2 Bernardin.	1/2 Firmin.
Polkette et Bamboche ...	V.	1		Alfred Delacour.
Polkistes et Polkés......	V.	1	Clairville 2/3, A. Guénée 1/3.	
Polly..................	V.	2	Mélesville, Carmouche.	
Polonais................	M.	4		Lepoitevin, Ad. Franconi.
Polonais..............	M.	3	1/2 A. Séville.	1/2 Varez.
Polonais dans la Russie blanche...............	M.	3	11/12 Bilderbeck, Duperche, Lanusse.	1/12 Quaisain (D. E.).
Polonais en dix-huit cent trente et un.........	V.	1	1/2 Riga.	1/2 Desnoyers.
Poltron................	V.	1	Bayard 3/9, Potron 2/9, Gautier 2/9.	2/9 Léon Laya.
Poltronet	V.	1		Noël.
Polydore..............	V.	1	Rigam.	
Pommade du lion......	V.	1	2/3 Arvers, de Saint-Germain.	1/3 Lubize.
Pommadin.............	V.	1	Martainville (D. E.) Barba, *éd*.	
Pomme d'api..........	O.	1	1/2 Jules Delahaye.	1/2 Fossey.
Pomme de Turquie.....	O.	1		De Forges 1/4, Mlle Thys 3/4.
Pommes de terre malades.	V.	5	Dumanoir, Clairville.	
Pommiers et le moulin...	O.	1	Forgeot, Lemoyne.	
Pompadour des Porcherons	V.	1	2/3 Labie, Gérard.	1/3 Alix, *édit*.
Pompée	V.	1	Mélesville, Carmouche.	
Pompe funèbre........	V.	1	Dupin.	

— 288 —

Titres des Pièces.	Genres.	Actes.	M. GUYOT.	M. PERAGALLO.
Pompe funèbre du général Hoche	O.	1	1/2 Chénier.	1/2 Cherubini.
Pompiers	P.	1	Bonnafous.	
Pomponette et Pompadour	V.	1	Constant Guéroult, Molé Gentilhomme, Gabriel Roux, Lévy, *édit*.	
Ponce de Léon	O.	3	Defays.	
Ponce de Léon	O.	3		Berton.
Pongo	V.	3	1/2 Clairville.	1/2 Ch. Desolme.
Pongo	D.	5	Harvy Leak.	
Poniatowski	D.	5	1/2 Villiers.	1/2 Franconi jeune.
Pont cassé	V.	1		P. Duport, Duvert, Lauzanne.
Pont de Beauvoisin	V.	2	A. d'Artois, Théaulon, Barba, *édit*.	
Pont de Kehl	M.	3	3/4 Etienne Arago, Desvergers, Mlle Huet.	1/4 Mme Cuvelier.
Pont de Kehl	V.	1		Ménissier.
Pont de Lodi	O.	1		Delrieu, Méhul.
Pont de Logrono et la prise du Trocadéro	M.	3		Cuvelier (D. E.).
Pont de Montereau	M.	5		Boirie, Léopold, A. Picini.
Pont des Arts	V.	1	Dumersan, Georges Duval.	
Pont de Veyle	V.	1	1/2 Etienne.	1/2 Gosse.
Pont du diable	M.	3	5/6 Hapdé (D. E.).	1/6 Taix.
Pontignac	C.	1	Pompigny.	
Pont infernal	P.	3		Franconi jeune.
Pont Neuf	V.	1	2/3 Em. Arago, Barba, *édit*.	1/3 Marie Aycard.
Pontons	D.	5	Dinaux, Eugène Sue.	
Pontons de Cadix	O.	1		Ancelot 1/4, Paul Duport 1/4, Prévost 1/2.
Pont rouge	D.	5	1/3 Charles Deslys.	2/3 Decourcelle, Barbara.
Ponts-neufs	V.	1	2/3 A. Gouffé, G. Duval.	1/3 Chazet.
Popularité	C.	5		Casimir Delavigne.
Popularité	V.	1		Jouhaud.
Porc-épic de Charles Quint	V.	1		Chivot, Duru, Mifliez, *édit*.
Porcherons	O.	3	Sauvage 1/4, de Lurieu 1/4, Grisar 1/2.	
Pornic le Hibou	O.	1	Deulin Charlemagne, Darcier.	
Port au blé	V.			Dubois.
Port de mer	B.	1		Blache.
Porte à côté	V.	1	Ernest Guebauër.	
Porte de Bussy	D.	3	1/3 Vanderburch.	1/2 d'Epagny.
Porte-drapeau d'Austerlitz	V.	1	1/3 A. Guénée.	Mifliez, *édit*. 1/3; Marc Leprévost 1/3.
Portefaix	O.	3	Scribe, Gomis.	
Portefaix de la Rochelle	V.	3		Dutertre, Quersin.
Portefeuille	D.	5		Anicet, d'Ennery.
Portefeuille	V.	2	3/4 A. d'Artois, De Leuven, Barba, *édit*.	1/4 De Forges.
Portefeuille	V.	1	Sauvage.	
Porte ouverte ou fermée	C.	1	Alfred de Musset.	
Porte respect	V.	1	1/3 Dumanoir.	2/3 Anicet, Brisebarre.
Porte secrète	C.	3	Dumaniant, Désaugiers (D.E.).	
Porte secrète	M.	3	Deligny.	
Porte secrète	V.	2	1/2 Mélesville.	1/2 Paul Duport.
Porte secrète	C.	1	Pompigny, Besnard.	
Porte secrète	V.	1	Désaugiers (D. E.), Bayard.	
Portes et placards	V.	1	Varin, De Léris.	
Porteur d'eau	M.	1		Ferdinand, Simonnin.

Titres des Pièces.	Genres.	Actes.	M. GUYOT.	M. PERAGALLO.
Porteur d'eau	V.	2	1/3 Albert.	2/3 d'Ennery, Michaud.
Porteur d'eau de l'arche Marion	V.	2	Guillemain.	
Porteur des halles	V.	1	3/4 Brazier, Dumersan, Barba, édit.	1/4 Fr. De Courcy.
Porthos à la recherche d'un équipement	V.	1	1/3 Dumanoir.	2/3 Anicet, Brisebarre.
Portier de sa maison	V.	1	Clairville 1/2, de Faulquemont 1/4.	1/4 Lelarge.
Portière et le pair de France	V.	2	Courtier, Henri Duffaud.	
Portier je veux de tes cheveux	V.	1	Cogniard f^{es}, Pⁱⁿ Deslandes, Didier.	
Portrait	O.	1	1/2 Tarchi.	1/2 Alexandre Duval.
Portrait	V.	1	Cogniard f^{es} 2/3, Barba, éd. 1/3	
Portrait	V.	1		Merle, Simonnin.
Portrait de Dominique	V.	1	Rochefort.	
Portrait de famille	O.	1	1/2 De Planard.	1/2 Kreubé.
Portrait de famille	C.	1	De Planard.	
Portrait de Fielding	V.	1	Ségur aîné, Desprez, Brousse Desfaucherets.	
Portrait de Henri IV	M.	3	Henri Simon.	
Portrait de Jean Jacques Rousseau	V.	1	2/3 Moreau, Lafortelle.	1/3 Ourry (D. E.).
Portrait de maître	C.	1	Barillot.	
Portrait de mémoire	V.	1	2/3 Bouché.	1/3 J. Augier.
Portrait de Michel Cervantes	C.	3	Dieulafoy (D. E.).	
Portrait de mon oncle	V.	1	Amédée T. (Jouslin), Joseph B.	
Portrait de Séraphine	O.B.	1		Flan, Simiot.
Portrait du concierge	V.	2	Delaboulaye.	
Portrait du diable	V.	1	Rougemont, Brazier.	
Portrait du duc	C.	3	Joseph Pain.	
Portrait du grand turc	V.	1	1/2 Nicole.	1/2 Duvert.
Portrait d'un ami	C.	1	Musnier Descloseaux.	
Portrait du pendu	M.	3	Carmouche 1/2, Dieulafoy, (D. E.)	
Portrait du singe	V.	1	E. Burat.	
Portrait perdu et retrouvé	V.	1	Coster 1/4, Mlle Huet 1/2.	1/4 Dumolard.
Portraits	V.	1	Thomas Sauvage.	
Portraits	C.	1	1/3 Lévy, édit.	2/3 T. Barrière, Decourcelle.
Portraits au salon	V.	1	Rougemont, Moreau.	
Portraits de famille	C.	3	Ribié.	
Portrait vivant	C.	3	1/2 Mélesville.	1/2 Léon Laya.
Position délicate	V.	1	1/3 Barba, édit.	2/3 Léonce, De Bernard.
Possédé	D.	2	1/2 Dupin.	1/2 D'Epagny.
Poste aux chevaux	V.	1	Scribe, Dupin, Varner.	
Poste enchantée	P.	1	1/2 Hapdé (D. E.).	1/2 Roll.
Poste aux quiproquos	V.	1	Gouffé, G. Duval, Barba, édit.	
Poste dramatique	V.	1	A. d'Artois, Théaulon.	
Poste évacuée	V.	1	Deschamps.	
Poste prussienne	V.	1		Léger.
Poste restante	V.	1	1/2 De Léris.	1/2 L. Couailhac.
Postillon à louer	V.	1	1/2 Bayard.	1/2 Porcher.
Postillon de Fismes	V.	1	3/4 Jacquelin, Coupart, Overnay.	1/4 Varez.
Postillon de Longjumeau	O.	3	De Leuven 1/6, Lhérie B. 1/6, Lhérie jeune 1/6, Adam 3/6.	

Titres des Pièces.	Genres.	Actes.	M. GUYOT.	M. PERAGALLO.
Postillon de Saint-Valéry.	V.	2	1/2 Pilati.	1/2 Commerson, Salvador.
Postillon en gage.	O.	1	1/2 Jules Adenis.	1/2 Offenbach.
Postillon Franc Comtois.	V.	2	2/3 Paul de Kock, Barba, éd.	1/3 Meurier.
Postillons de Crèvecœur.	V.	1		Brisebarre, Rimbaut.
Potager de Colifichet.	V.	2	2/3 Eug. Nus, Mifliez, édit.	1/3 Brisebarre.
Pot au lait.	V.	1	Déaddé.	
Pot aux roses.	V.	1	1/2 Boyer-Partout.	1/2 Duvert.
Pot de fleurs.	O.	1	1/4 Fay.	3/4 Jars, Spontini.
Pot de fleurs.	C.	1		Châteauvieux.
Pot de terre et le pot de fer.	V.	1	1/2 de Léris.	1/2 d'Avrecourt.
Potichon.	V.	1		D'Ennery.
Poucet et Croquemitaine.	F.	1		Baron Taylor.
Poudre coton.	V.	3	Dumanoir, Clairville.	
Poudre de perlinpinpin.	F.	3	Cogniard frères.	
Poudre de perlinpinpin.	F.	4	1/2 Devaux.	1/2 Dupuis,
Poudre d'escampette.	V.	1	2/3 de Tully, Salin.	1/3 Salvat.
Poudre électricomagnétique.	O.	1	Dubacq, Joly.	
Poudre et farine.	V.	1		Antier, Roger de Beauvoir.
Pougatscheff.	M.	3	Albert, Labrousse.	
Poulailler.	D.	3		Th. Nézel, Antier.
Poule.	V.	1	Brazier, Francis, Carmouche.	
Poule.	V.	1	Bayard, Bayard jeune.	
Poule à ma tante.	V.	3	2/3 Michel Masson, Déaddé.	1/3 De Villeneuve.
Poule aux œufs d'or.	F.	5	1/2 Clairville.	1/2 d'Ennery.
Poule aux œufs d'or.	V.	1		Touchard-Lafosse, Varez.
Poule aux œufs d'or.	V.	1	1/2 Boutillier.	1/2 Léger.
Poule mouillée.	V.	1	1/2 Bayard.	1/2 Biéville.
Poules du père Boniface.	V.	1		Fournier, Porcher.
Poupard.	V.	1	Paul de Kock, Boyer-Partout.	
Poupée.	V.	1	1/3 Barba, édit.	2/3 Arnould, Fournier.
Poupée de la reine.	V.	3	Lelioux, Bouché.	
Poupée de la reine.	V.	2	Hostein, Pourcelt.	
Poupée de Nuremberg.	O.	1	A. de Beauplan 1/4, de Leuven 1/4, Adam 1/2.	
Poupée qui chante et qui parle.	F.	3	Belfort-Devaux.	
Pour arriver.	C.	3	1/3 Lévy, édit.	2/3 Souvestre.
Pourceaugnac.	O.	3		Jadin.
Pourceaugnac.	O.	3		Castil Blaze.
Pour et le contre.	C.	3		Sewrin.
Pour et le contre.	V.	1	Bourgueil.	
Pour et le contre.	C.	1	Octave Feuillet.	
Pour et le contre.	C.	1	1/2 Lafitte.	1/2 E. Nyon.
Pour éviter Clichy.	V.	1	Duriez, Mérimée.	
Pour ma mère.	V.	1	2/3 Cogniard frères.	1/3 Th. Muret.
Pour mon fils.	V.	2	Bayard, Jaime, père.	
Pourquoi?	V.	1	1/2 Lockroy.	1/2 Anicet.
Pour un baiser.	V.	1		Eug. Pierson.
Pouvoir de l'amour.	B. P.	2		J. Gilbert.
Pouvoir de la reconnaissance.	V.	1		Camel.
Pouvoir de la vertu.	C.	1		Leroy.
Pouvoir de l'enfance.	M.	3	De Pixérécourt.	
Pouvoir d'une femme.	V.	2		Rosier.
Pradon sifflé, battu et content.	V.	1	Jacquelin.	
Praxitèle.	O.	1		Milcent.
Pré aux Clercs.	O.	3	1/2 de Planard.	1/2 Hérold (D. E.).

Titres des Pièces.	Genres.	Actes.	M. GUYOT.	M. PERAGALLO.
Précautions de ma tante.	V.	1	2/3 Hubert, Pollet.	1/3 Décour.
Préceptes de mon père..	C.	1		Desriaux.
Précepteur............	V.	1		Paul Duport, A. de Cey.
Précepteur dans l'embarras...............	O.	3	1/2 de Leuven, Sauvage.	1/2 comte Gabrielli.
Précepteur dans l'embarras...............	V.	1	Ymbert, Varner.	
Précepteur dans l'embarras...............	V.	1	Carmouche, Delille.	
Précepteur dans l'embarras...............	V.	1	1/3 St-Léon.	2/3 Ménissier, Renault.
Précepteur dans l'embarras...............	V.	1	Mélesville.	
Précepteur de son maître.	V.	2	1/2 E. Burat.	1/2 Vaulabelle.
Précepteur de vingt ans.	V.	2	1/3 Barba, édit.	2/3 H. Auger.
Précepteurs	C.	5		Fabre d'Eglantine fils.
Précepteurs de Pantin...	C.	1	Lyon.	
Précepteur de vingt ans.	C.	2	1/3 Barba, édit.	2/3 H. Auger.
Prêcher dans le désert.	O. B.	1		Favereau, Javelot.
Précieuses ridicules de Molière.............	O.	1		Moline (D. E.), Devienne.
Précieux.............	V.	1		Labiche, Lefranc, Marc-Michel.
Preciosa.............	O.	3	1/2 Sauvage.	1/2 Crémont.
Preciosa (Weber)......	O.	1		Beaume, Nuitter.
Précipice............	M.	3	De Pixérécourt.	
Prédestiné...........	V.	3	1/2 Lockroy.	1/2 Arnould.
Prédiction	T.	5		Beauvallet père.
Préface de Gil Blas.....	V.	1	Déaddé, E. Burat.	
Préface de Lina........	V.	1	Dieulafoy (D. E.), Gersin (D. E.)	
Préface et le Commentaire..............	C.	1	Henri Simon.	
Préférence d'une mère..	V.	2		Antier, Decombrousse, de Villeneuve.
Préjugé	M.	3	Jaime père, Léon Halévy.	
Préjugé et l'Amitié.....	C.	2	Patrat (D. E.).	
Préjugé de la sympathie.	V.	1	Piis (D. E.), Barré (D. E.).	
Prélat d'autrefois.......	C.	2	Pompigny.	
Premier amour........	V.	3	Bayard, Vanderburch.	
Premier amour de Henri IV.............	M.	5	Albert, Labrousse.	
Premier avril.........	V.	1	2/3 Clairville.	1/3 Ch. Gabet.
Premier bal..........	V.	1	Angel.	
Premier chapitre.......	V.	1		Léon Laya.
Premier chapitre de roman................	V.	1	A. d'Artois, Henri Simon.	
Premier coup de canif...	V.	2		Anicet, Brisebarre.
Premier crime........	P.	3		Franconi jeune.
Premier début........	V.	3	Mélesville, Carmouche, Tourret.	
Premier début de Dazincourt...............	V.	1	Sauvage.	
Première affaire.......	C.	3	Merville.	
Première cause........	D.	5	1/2 feu Didier.	1/2 Lajarriette.
Première cause........	V.	1	1/4 Riga.	3/4 Paul Duport, Ed. Monnais.
Première chanson de Gallet................	V.	1		Saglier.
Première coquetterie d'étudiant.............	D.	5		Alex. Dumas, de Nerval.

— 292 —

Titres des Pièces.	Genres. Actes.	M. GUYOT.	M. PERAGALLO.
Première entrevue	C. 1	Mélesville.	
Première lance d'Allemagne	V. 1	Clairville, de Faulquemont.	
Premier en date	O. 1	Désaugiers (D. E.), Catel (D. E.).	
Première maîtresse	V. 1		Brisebarre, L. Couailhac.
Première nuit	V. 1	Dumanoir, Michel Masson.	
Première nuit manquée	V. 1		Dubois, Chazet.
Première représentation	V. 1		Charrin.
Première représentation	C. 1		Onésime Leroy.
Première représentation	V. 1	Paul de Kock.	
Première ride	V. 1	1/2 Locroy.	1/2 Anicet.
Premières amours	V. 1	Scribe.	
Premières amours de Henri IV	D. 2		D'Ennery.
Premières armes de Blaveau	V. 1	G. de Wailly 1/3, Jules de Wailly 1/3, Lévy, édit. 1/3.	
Premières armes de 1852	R. 2	1/3 de Faulquemont.	2/3. Maurice Alhoy, Commerson.
Premières armes de Fanfan-la-Tulipe	V. 1	2/3 Clairville.	1/3 de Jallais.
Premières armes de Figaro	V. 3	1/2 Vanderburch.	1/2 Victorien Sardou.
Premières armes de Richelieu	V. 2	Bayard, Dumanoir.	
Premières armes du diable	V. 5	1/3 Cormon.	2/3. Grangé, Alix, édit.
Première scène	V. 1	2/3 A. Gouffé.	1/3 Chazet.
Premières coquetteries	V. 1	1/2 Lévy, édit.	1/2 Jules Barbier.
Premières et dernières amours	C. 3	Tavard.	
Premier feu	V. 1	3/4. Guénée, Faucheur, Dechaume, édit.	1/4 Ch. Potier.
Premières pages d'une grande histoire	D. 7	1/2. Albert, Labrousse.	1/2 Porcher.
Premier homme du monde	V. 1	Vieillard.	
Premier jour des noces	C. 1		Rosier; Arnould.
Premier malade	V. 1	1/2 Vanderburch.	1/2 Marie Aycard.
Premier navigateur	C. 1		Moline.
Premier pas	O. 1	Mennechet 1/4, Roger 1/4, Blangini 1/2.	
Premier pas	O. 1	1/2 A. Royer, Carafa, Adam.	1/2 G. Vaëz, Auber, Halévy.
Premier pas dans le monde	V. 3	Henri Duffaud.	
Premier pas de Son Altesse	V. 1	1/2 De Leuven.	1/2 De Forges.
Premier président	V. 3	Scribe, Mélesville.	
Premier prix	V. 1	1/2 Barba, édit.	1/2 Ch. Dupeuty, de Villeneuve.
Premier sacre	D. 5	Théaulon.	
Premiers beaux jours	V. 3	Cormon 1/4, Lévy, édit. 1/2.	1/4 Grangé.
Premiers fiacres	V. 2		Bonnemère, Dumesnil.
Premier sorti	O. 1	1/6 J. Pain.	5/6 Ancelot, Audibert, Panseron.
Premier souper de Louis XV	V. 1	Mélesville, Clairville.	
Premiers temps de la Ligue	C. 4	Merville.	

— 293 —

Titres des Pièces.	Genres.	Actes.	M. GUYOT.	M. PERAGALLO.
Premiers succès de J. B.	V.	2		Eugène Nyon.
Premier tableau du Poussin	D.	2		A. Tailhaud 2/3, Lévy, éd. 1/3.
Premier ténor	V.	1		Michel Delaporte.
Premier venu	O.	3		Vial, Hérold (D. E.).
Premier venu	C.	3		Vial.
Premier venu en graine	C.	1		Bosquier.
Préparation au baccalauréat	V.	1	1/2 Feu Bayard.	1/2 Biéville.
Presbytère	C.	5	Casimir Bonjour.	
Presbytère de Meudon	T.	1	De Leuven, De Livry.	
Présence d'esprit	V.	1	Daymery.	
Présent	C.	1	Patrat (D. E.).	
Présentation	C.	3	2/3 François, Barba, édit.	1/3 N. Fournier.
Présentation à la cour	V.	1	Maréchalle.	
Présent du prince	C.	3		Decomberousse, Daubigny.
Président de la basoche	V.	1		H. Lucas, Decourcelle.
Présidente et l'abbé	V.	1	Dupin, Sauvage.	
Presque deux jambes de bois	V.	1	Rougemont, Jacquelin.	
Pressoir	C.	3	George Sand.	
Prestiges	D.	4		Chaussier.
Presto	V.	1	Raucourt.	
Prétendante	C.	2	Dinaux, E. Sue.	
Prétendants	C.	2	Lesguillon.	
Prétendants	V.	1	Bayard.	
Prétendu de Gisors	V.	1	Guesdon.	
Prétendu de province	V.	1	2/3 De Tully, Quoy.	1/3 Duvert.
Prétendues	O.	1		Alexandre.
Prétendu et le prétendant	C.	1		Hineaux.
Prétendus	O.	1	Rochon, Lemoyne.	
Prétendus au village	V.	1	1/2 Molé-Gentilhomme.	1/2 Dordan.
Prétendus de Gimblette	V.	1		Eugène Labiche, Marc-Michel, Matharel.
Prétendus de l'allée des Veuves	V.	1	Henri Simon.	
Prêté rendu	C.	1	Dieulafoy (D. E.).	
Prêté rendu	V.	1	2/3 Rougemont, Gentil.	1/3 Mme Lesparat
Prêtés rendus	C.	1	Désaugiers (D. E.); 1/2 Gentil.	
Prêteur sur gages	M.	3	1/2 De Saint-Georges.	1/2 Béraud.
Prêteur sur gages	V.	1	Jacquelin 1/3, Carmouche 1/3, (Jouslin), Joseph B. 1/3.	
Prêtez-moi cinq francs	M.	3	Albert, Labrousse.	
Prêtre et le médecin	D.	3		Saint-Aure.
Prêtresse d'Irminsul	M.	3		Lemaire, Noël.
Pretty	V.	1		Fr. De Courcy, T. Muret.
Preuve d'amitié	C.	3		Comte Sollohub.
Prévention	C.	1	Bancet.	
Prévention maternelle	V.	1	Corsange.	
Prévention maternelle	C.	1		Delrieu.
Prévention paternelle	C.	1		Delrieu.
Préventions	O.	3	Dupaty, Tarchy.	
Préventions	C.	3		Carion Nisas.
Préventions	C.	1	2/3 Dupin, Barba, édit.	1/3 D'Épagny.
Préventions	V.	1		Lemoine Montigny.
Préventions d'une femme	V.	3	Radet (D. E.).	
Préventions vaincue	C.	1	Martin-d'Ingrande.	
Préville et Taconnet	V.	1	3/4 Brazier 1/4, Barba, éd., 1/2	1/4 Merle.

Titres des Pièces.	Genres.	Actes.	M. GUYOT.	M. PERAGALLO.
Prévôt de Paris	M.	3	1/2 Cormon.	2/3 Boulé, Alix, *édit*.
Prière des naufragés	D.	5		D'Ennery, Dugué.
Priez pour elle	D.	5	3/4 Albert, Labrousse, Alphonse Brot.	1/4 Alix, *édit*.
Prima donna	V.	1	Achille d'Artois, de Saint-Georges, Riga.	
Prime de sauvetage	V.	1		Thavenet-Bellevue.
Primerose	O.	3		De Favières 1/4, Marsollier (D. E.), 1/4 Dalayrac (D. E.) 1/2.
Primeur	V.	1		Martin, Labénardière.
Prince Ajax	V.	1		Laya.
Prince Arthur	V.	3	Lockroy.	
Prince charmant	V.	1	Scribe 1/3, Dupin 1/3, Delestre-Poirson.	
Prince chéri	V.	1	Théaulon.	
Prince de Catane	O.	3	Catel (D. E.), Nicolo (D. E.).	
Prince de la Néva	M.	3	5/6 Camaille Saint-Aubin.	1/6 Quaisain (D. E.), Darondeau.
Prince d'occasion	O.	3	Lamartelière, Garcia.	
Prince d'une nuit	V.	3	Paulin Deslandes.	
Prince d'un jour	V.	1	1/2 Michel Masson.	1/2 Saintine.
Prince en goguette	V.	2	1/2 Désaugiers.	1/2 Bouilly.
Prince errant	V.	3		Brisebarre, Nyon.
Prince et la grisette	C.	1	Creuzé de Lesser.	
Prince et le banquier	V.	2	Léon Halévy, Jaime père, De Leuven, Barba, *édit*.	
Prince et le page	M.	3	Dorvigny.	
Prince et le soldat	M.	3	5/6 Monperlier.	1/6 Quaisain.
Prince Eugène et l'Impératrice Joséphine	D.	5	1/2 Labrousse.	1/2 Ferdinand Laloue.
Prince hercule	V.	3	1/2 Lockroy.	1/2 Arnould.
Prince infortuné	O.	1		Hervé.
Prince invisible	M.	6	5/6 Hapdé.	1/6 Foignet fils.
Prince lutin	M.	3	Guesdon.	
Prince malgré lui	V.	1	Dupin, Ymbert, Varnet.	
Prince ramoneur	C.	1	Pompigny.	
Princesse	V.	2	Carmouche, Brazier.	
Princesse Aurélie	C.	5		Casimir Delavigne.
Princesse de Babylone	O.	3	1/4 Vigée.	3/4 Morel Chedeville 1/4, Kreutzer 1/2.
Princesse de Babylone	B.	3		Roger.
Princesse de Jérusalem	M.	3	11/12 Pompigny, Lanusse.	1/12 Quaisain.
Princesse de Savoie	V.	1	Pain, Lafortelle.	
Princesse de Saluces	C.	1	Mme de Saint-Onge.	
Princesse des Ursins	C.	5		Alexandre Duval.
Princesse de Tarare	V.	1	1/3 Scribe, *Delestre-Poirson*, 1/3 Dupin.	
Princesse de Trébizonde	P.	1	De Leuven 1/4.	Alboise 1/4, E. Gauthier 1/2.
Princesse de Valachie	V.	1	Théaulon, Jaime père.	
Princesse et charbonnière	V.	1	Bayard, Dumanoir.	
Princesse et l'artiste	O.	3	1/2 Adam.	1/2 Vial, Paul Duport.
Princesse et le charbonnier	V.	2	2/3 Carmouche, Brazier.	1/3 Merle.
Princesse Kaïka	O.	1		De Villeneuve 1/4, Lemonnier 1/4 Demerssmann 1/2.
Princesses de la rampe	V.	2		D'Ennery, Lambert Thiboust, Léon Beauvallet.
Prince troubadour	O.	1		1/2 Alexandre Duval, Méhul (D. E.).

Titres des Pièces.	Genres.	Actes.	M. GUYOT.	M. PERAGALLO.
Principal locataire	V.	1	Brazier, Dumersan, Gabriel.	
Principes et les occasions	V.	1		Ancelot, Decomberousse, Alix, édit.
Printemps	V.	1	Piis (D. E.), Barré (D. E.).	
Printemps	B.	1		Blache.
Printemps et les amours.	V.	2	Paul de Kock.	
Pris au piége	V.	1	1/2 Lantoire.	1/2 Ménissier.
Pris dans ses filets	V.	1	1/2 Jautard.	1/2 Hippolyte Lucas.
Prise d'Alger	V.	3	2/3 Cogniard frères.	1/3 Bezou, édit.
Prise d'Anvers	V.	1	Thurbet.	
Prise de Caprée	D.	5	Albert, Labrousse.	
Prise de Constantine	V.	1	1/3 Mallian.	2/3 Dutertre, Labénardière.
Prise de corps	C.	1		Boirie, Léopold.
Prise de Grenade	M.	3	11/12 Lanusse.	1/12 Quaisain.
Prise de Jéricho	O.	3	Deschamps, Desprez.	
Prise de Jéricho	V.	1	E. Moreau.	
Prise de la Bastille et le passage du mont Saint-Bernard	M.	3		Villemot, Ferdinand, Nézel.
Prise de la citadelle	D.	3		De Cés Caupenne, Alix, édit.
Prise de la citadelle d'Anvers	M.	3		Lepoitevin St-Alme.
Prise de la flotte	M.	3		Cuvelier.
Prise de Landau	M.	3	Lamartelière.	
Prise de la tour Malakoff.	V.	1	Dannel.	
Prise de Madrid	V.	1		Bonel.
Prise de Milan	M.	5		Cuvelier, Léopold.
Prise de Mytilène	P.	2	Ribié (D. E.).	
Prise de Napoli	M.	5		Antony Béraud, Saint-Hilaire, Franconi.
Prise de Paris	M.	3		Boirie, Léopold, Dubois.
Prise de Passau	O.	3	1/2 Dupaty, Nicolo (D. E.).	
Prise de possession	V.	1	Joseph Pain.	
Prise de Sandan	M.	3	5/6 Lamartelière.	1/6 Taix.
Prise de Sébastopol	D.	3		Paul.
Prise de Seringapatam	M.	3		Dubois.
Prise de Strasbourg	V.	1		Ménissier.
Prise de tabac	V.	1	Ach. d'Artois, Benazé, Lebas, Duvernois.	
Prise de Tarifa	M.	1		Dulong, Villemot, Mourier.
Prise de Vienne	V.	1	Rougemont.	
Prise de voile	V.	2	Sauvage, de Lurieu, Vandière, Barba, édit.	
Prison d'Edimbourg	O.	3	De Planard 1/4, Scribe 1/4, Carafa 1/2.	
Prison de Pompéia	T.	1		Lacroix.
Prison d'Etat	O.	1	1/2 de Pixérécourt.	1/2 Kreutzer.
Prison de village	C.	1	3/4 Leroy 1/4, Barba, éd. 1/2.	1/4 Fr. de Courcy.
Prison militaire	C.	5	Dupaty.	
Prisonnier	O.	1	1/2 Dellamaria.	1/2 Alex. Duval.
Prisonnier amateur	V.	1	1/3 A. d'Artois.	2/3 Decomberousse, Ferd. Laloue.
Prisonnier américain	O.	1		Marsollier (D. E.), Dalayrac (D. E.).
Prisonnier anglais	O.	3	Desfontaines (D. E.), Grétry (D. E.).	
Prisonnier d'Abd-el-Kader	V.	1		Jouhaud.
Prisonnier de la Bastille.	C.	5		E. Souvestre.
Prisonnier de Newgate	D.	5	Draparnaud.	

Titres des Pièces.	Genres.	Actes.	M. GUYOT.	M. PERAGALLO.
Prisonnier de Norwége..	D.	3	Victor Ducange (D. E.), Barba, édit.	
Prisonnier de Stockholm.	M.	3	1/2 Barba, édit.	1/2 Aude.
Prisonnier d'Etat.......	O.	2	1/4 Mélesville.	3/4 Cuvelier 1/4, Batton 1/2.
Prisonnier d'une femme.	V.	1	Cormon, Lagrange, A. Dartois, Barba, édit.	
Prisonnière	O.	2		Marsollier. (D. E.), Kreutzer (D. E.).
Prisonnière	O.	1	1/6 de Longchamps.	St-Just, Jouy, Boïeldieu, Chérubini...
Prisonnière de Vilvorde.	V.	2		Jouhaud, Planté.
Prisonnière indienne...	M.	3		Gourgibus, Gérardin.
Prisonnier français.....	O.	1		Guillet, Porta.
Prisonnier masqué.....	M.	3	1/2 Hapdé.	1/2 Leblanc.
Prisonnier pour dettes..	V.	1		Dubois.
Prisonnier pour dettes.	V.	1	Desfontaines (D. E.).	
Prisonniers de guerre...	M.	4		Antony Béraud, Léopold.
Prisonniers de guerre...	V.	1	1/2 Brazier.	1/2 Dubois.
Prisonniers français en Angleterre.........	O.	2		Foignet.
Prisonnier sur parole...	M.	3	Paul Foucher, Faulquemont.	
Prisonnier vénitien.....	M.	3	Victor Ducange.	
Prix	V.	1	Radet (D. E.).	
Prix de folie...........	V.	1	1/2 Etienne Arago.	1/2 Duvert.
Prix de poésie.........	O.	1	Gabiot.	
Prix de vertu..........	V.	1	Honoré.	
Prix de vertu..........	V.	1	*Delestre-Poirson.*	
Prix de vertu.	V.	5	Barthélemy, Lhérie B.	
Prix du mérite........	C.	1	Merville.	
Prix d'un baiser.......	V.	1	2/3 Brazier, Carmouche.	1/3 Saintine.
Prix d'un bouquet......	V.	2		Furpille, Courcy fils, Lévy, éd.
Prix fixe..............	V.	1	1/2 Bonafons.	1/2 Chazet.
Prix Montyon	V.	1	Jaime.	
Probité récompensée....	V.	1	Dorvigny.	
Procès................	O.	1	1/2 d'Estourmel.	1/2 Henri Duval.
Procès................	V.	1	Pain.	
Procès................	V.	1		Léger...
Procès criminel........	C.	3		Rosier.
Procès de Jeanne d'Arc..	V.	1	A. d'Artois, Carmouche, Dupin.	
Procès de l'an dix......	V.	1		Dubois, Chazet.
Procès de Scudéry......	V.	1	Maurice Séguier, Dupaty.	
Procès du baiser.......	V.	2	A. d'Artois, Michel Masson, Riga.	
Procès du cancan.......	V.	1	Vanderburch, Ferdinand Langlé.	
Procès du fandago.....	V.	1	Barré (D. E.), Radet (D. E.), Desfontaines (D. E.).	
Procès du mariage......	C.	3		Sewrin.
Procès d'Urbain Grandier	D.	3	1/2 Mallian.	1/2 Desnoyer.
Prodigalités de Bernerette	V.	1		D'Ennery, Grangé.
Prodige de Chimie......	V.	1		Brisebarre.
Professeur des cuisinières	V.	1	1/3 Beck, édit.	2/3 Brisebarre, Rimbault.
Professeur d'harmonie..	O.	1		Bridault.
Programme en action...	P.	1	Gabriel, de Saint-Georges, Ferdinand Langlé.	
Progrès	R.	3	Jules Joly.	
Projectomanie	V.	2	Brazier, Besnard.	
Projet de fortune.	O.	1		Foignet.
Projet de pièce........	O.	1	Mély-Janin, Blangini.	

Titres des Pièces.	Genres.	Actes.	M. GUYOT.	M. PERAGALLO.
Projet de sagesse.......	V.	1	Bourguignon.	
Projet manqué.........	O.	1	1/4 Aubertin.	Bosquier 1/4, Gaveaux 1/2.
Projet manqué.........	V.	1	Barré (D. E.), Radet (D. E.), Desfontaines (D. E.).	
Projets d'économie.....	C.	1		Daubigny.
Projets de divorce......	C.	1	Joseph Dubois.	
Projets de mariage.....	C.	1		Alexandre Duval.
Projets de ma tante.....	C.	1	Nicolle.	
Projets de sagesse......	O.	1	Mélesville, Maresse.	
Projets de sagesse......	C.	1	Latouche.	
Projet singulier.........	C.	1	Justin.	
Prolétaires............	V.	1	Barba, édit.	
Promesse de mariage...	B. P.	3		Milon, Kreutzer (D. E.).
Promenade à Saint-Cloud.	V.	1	Fulgence, Saint-Laurent., Wafflard, Mlle Huet.	
Promenade aux Champs-Elysées.............	V.	1	Desfontaines (D. E.), Rougemont.	
Promenade à Vaucluse..	V.	1	Bayard, Francisque.	
Promesse de mariage...	O.	1	1/2 Dieulafoy (D. E.), Gersin (D. E.).	1/2 Benni-Cori.
Promesse de mariage...	V.	1		Baret.
Promesse imprudente...	O.	3	1/2 de Planard.	1/2 Auber.
Promesses de mariage...	O.	2	1/2 Desforges.	1/2 Berton (D. E.).
Prometteurs...........	C.	2	Picard.	
Promettre et tenir......	V.	2	Déaddé 1/4, Barba, édit. 1/2.	1/4 Delavergne.
Promettre et tenir......	C.	1		Jouhaud.
Promettre et tenir sont deux..............	V.	1	Mengand.	
Promise.............	O.	3	De Leuven 1/4, Lhérie 1/4, Clapisson 1/2.	
Promise à l'un, donnée à l'autre.............	B.	2	Léon.	
Prophète	O.	5	Scribe, Meyerbeer.	
Prophète	P.	1	1/2 A. Deschamps.	1/2 E. Déjazet.
Prophéties de Mathieu Laensberg..........	V.	1		Charles Gabet, Dallard.
Propos	V.	1	Henri Monnier.	
Propos de jeune homme	V.	3	1/2 Bayard.	1/2 Doucet Larevellière.
Propos de village.......	V.	1		Dubois.
Propos patriotique.....	V.	1	1/2 Michel Masson.	1/2 De Villeneuve.
Propre à rien.........	V.	1		Dumoustier 2/3, Lévy, 1/3 éd.
Propriétaire à la porte..	V.	1	2/3. Bilderbeck, Quoy.	1/3 Antier.
Propriétaire et le Fermier.	V.	1	Desfontaines (D. E.).	
Propriétaire sans propriété.............	V.	1	Ymbert, Varner.	
Propriétaire sous le scellé.	V.	1	Désaugiers, Duval, Tournay.	
Propriétaire c'est le vol..	V.	3	2/3. Clairville.	1/3 De Vaulabelle.
Proscrit..............	D.	5		Soulié, Dehay, Alix, édit.
Proscrit (traduction)...	O.	4		Escudier, pour Verdi.
Proscrit..............	O.	3	3/4. Carmouche 1/4, Adam 1/2	1/4 Saintine.
Proscrit..............	D.	1		Demolière.
Proscrit chez Voltaire..	V.	1		Demonval, Simonnin, Alix, éd.
Proscrit et la fiancé.....	M.	3	1/3 Mélesville.	2/3. Boirie, Merle.
Proscrito	O.	1		Escudier, pour Verdi.
Proscrit polonais.......	D.	2	Bodard.	
Proserpine............	O.	3	Guillard.	
Proserpine............	B.	3		Gardel.
Prosper et Lucette	V.	1	Arm. Séville.	
Prosper et Vincent......	V.	2		Duvert, de Lauzanne.

Titres des Pièces.	Genres.	Actes.	M. GUYOT.	M. PERAGALLO.
Protecteur	V.	1	A. d'Artois, Francis D., Théaulon.	
Protecteur	V.	1	Lurine, Solar, Mme Niboyet.	
Protecteur de soi-même.	C.	1		Huillard.
Protecteur et le mari	V.	5	Casimir Bonjour.	
Protecteur mystérieux...	M.	3		Mme Alexandre, Taïx (D. E.).
Protectrice	C.	1		Souvestre, Mme Brune.
Protectrice	V.	1	Scribe, Varner.	
Protée	V.	1	Marcel Briot.	
Protégé	C.	3	David, Dumersan, Barba, *éd.*	
Protégé	V.	1		Rosier.
Protégé de Molière	C.	1	Lesguillon 1/2, Déaddé 1/4, Veyrat 1/4.	
Protégé de tout le monde.	V.	1	2/3. Desprez (D. E.), Leroy (D. E.).	1/3 Dusaulchoy (D. E.).
Protégée sans le savoir..	V.	1	Scribe.	
Protégés d'Apollon	C.	1	Fonpré-Fracansalle.	
Prova d'un opéra Séria..	V.	1	Théaulon 1/3, (Nézel) Achard 1/3, (Pilati) Porcher 1/3.	
Provençale	V.	1	G. Duval, Rochefort.	
Provençale et l'étudiant.	V.	1	A. Deschamps.	
Provence au quinzième siècle	O.	3	1/3. (Desvergers) Held.	2/3. Gustave Hecquet, Thys père.
Provence au seizième siècle	O.	2	1/4 Belle.	3/4. Sewrin 1/4, Hérold 1/2. (D.E.).
Proverbe à faire	C.	1	Fayon.	
Proverbes	C.	1	Pompignan (D. E.).	
Proverbes au château	V.	1	1/2 Rochefort.	1/2 P. Duport.
Provinciale	C.	3		Adolphe G.
Provincial qui se forme..	V.	2	Lapointe, Mareuge, Colliot.	
Provinciaux à Paris	C.	4	Picard.	
Provinciaux vengés	C.	1	Pillon, Réné Périn.	
Provinciaux vengés dans la grande ville	C.	1		Touchard.
Prrrenez vos billets	V.	1		Flan, E. Delteil.
Prude	C.	3	Lemercier.	
Prude	B.-P.	1		Blache.
Pruneau de Tours	V.	1	2/3 Cogniard frères.	1/3 de Nerval.
Prunes et Chinois	V.	1	Cogniard frères, Ad. Choler.	
Prussiens en Lorraine	D.	4	1/2 Dinaux.	1/2 G. Lemoine.
Pseudonyme	C.	1	Feu Bernay.	
Pst, pst	V.	1	1/2 A. Supersac.	1/2 Alfred Delacour.
Psyché	O.	3	1/2 Ambroise Thomas.	1/2 Jules Barbier, M. Carré.
Psyché	B.	3		Gardel.
Psyché	B.	3		Dauberval.
Psyché	V.	1	A. d'Artois, Théaulon, Barba, *édit.*	
Pucelle d'Orléans	C.	3		Cuvelier.
Puff	C.	5	Scribe.	
Puff	P.	1	Carmouche, Varin, Huart.	
Puisatier	D.	2	1/2 Ch. Menan.	1/2 Dubourg-Neuville.
Puisque nous avons la paix	V.	1	Briol, Grandin.	
Puits d'amour	O.	3	Scribe 1/4, de Leuven 1/4, Balfe 1/2.	
Puits de Champvert	D.	2		Desnoyers, Alix, *édit.*
Puits de Grenelle	V.	1	Clairville.	

Titres des Pièces.	Genres.	Actes.	M. GUYOT.	M. PERAGALLO.
Puits mitoyen.........	V.	1		Paul Duport 2/12, Duvert, 5/12, de Lausanne 5/12.
Pulcinella.............	V.	2		D'Ennery, de Villeneuve.
Pulcriska et Léontino....	V.	1	3/8 de la Rounat.	5/8. Montjoye 3/8, Giraud, édit., 2/8.
Punch et les glaces.....	V.	1	De Leuven, Lassagne, Saint-Laurent.	
Punch Grassot.........	V.	1		Grangé, Thiboust, Delacour.
Pungo................	M.	2	1/2 St-Amand.	1/2 Henri Villemot.
Punition..............	O.	1		Chérubini.
Pupille rusée..........	V.	1	Hubert, Maréchalle, Duvernois.	
Pupilles de dame Charlotte................	V.	1		De Marville.
Pupilles de la garde.....	V.	2		D'Ennery, Gustave Lemoine.
Puritaine.............	C.	2		P. Duport, Alix, édit.
Puritains.............	O.	4	Mme Bouvet.	
Puritains.............	O.	4	Troupenas (héritiers Robert), pour Ancelot, Saintine, Bellini.	
Puritains d'Ecosse......	D.	5	3/4. P. Féval 1/4, Lévy, édit., 1/2.	1/4 Guerville.
Puritains d'Ecosse......	D.	5		Félicien Mallefille.
Puritani (traduction)...	O.	4	Troupenas (héritiers Robert), pour Étienne Monnier.	
Pygmalion............	B.	2		Milon, Lefebvre.
Pygmalion............	B.	1		Blache.
Pygmalion............	B.	1	Laurençon.	
Pygmalion à St-Maure...	V.	1	1/3 Etienne.	1/3 Monvel, Gosse (D. E.).
Pygmalion auvergnat....	V.	1	Dorvigny.	
Pygmalion du faubourg Saint-Antoine.........	V.	1	Dumersan, Brazier, A. d'Artois.	
Pygmalion et Galatée....	P.	1	1/2 Paul Legrand.	1/2 Lindheim.
Pyrame et Thisbé modernes................	C.	1	Guillemain.	
Pyrrhus..............	T.	5	Lehoc.	
Pythias et Damon......	C.	1		De Belloy.

Q

Titres des Pièces.	Genres.	Actes.	M. GUYOT.	M. PERAGALLO.
Quadrilles historiques...	V.	2	Théaulon, Duflot, Barba, *édit*.	
Quai aux Fleurs........	V.	1	Courtier, Cottreau.	
Quai de la volaille......	C.	1		Aude.
Quaker et la danseuse...	V.	1	1/2 Scribe.	1/2 P. Duport.
Quand dîne-t-on?......	V.	1	Valcour.	
Quand l'amour s'en va..	V.	1		Laurencin, Marc Michel.
Quand le diable devient vieux..............	V.	1		Delannoy.
Quand les chats n'y sont pas................	B. P.	1		Bridault Ch. Hervé.
Quand on attend sa belle.	V.	1	1/2 Bayard.	1/2 Th. Barrière.
Quand on attend sa bourse.............	V.	1		Laurencin, Marc Michel.
Quand on écoute aux portes................	V.	1		Lambert Thiboust.
Quand on va cueillir la noisette............	V.	1		De Jallais, Henri de Kock.
Quand on n'a pas le sou.	V.	1	1/3 Dardoize.	2/3 A. de Cey.
Quand on n'a rien à faire.	V.	2	1/2 Lockroy.	1/2 A. de Cey.
Quand on veut tuer son chien.............	V.	1		Th. Barrière, Jules Lorin.
Quarantaine..........	V.	1	1/2 E. Scribe.	1/2 Mazères.
Quarantaine au Brésil...	O.	3		Paris.
Quarante-trois francs....	V.	1		Demane, Pernot.
Quarante voleurs.......	O.	3	1/2 Scribe, Mélesville.	1/2 Chérubini.
Quarante voleurs.......	M.	3	De Pixérécourt.	
Quart de monde........	V.	1	1/3 Clairville.	2/3 Thiboust, Alix, *édit*.
Quart d'heure de la rue des Lombards.......	V.	1	Maréchalle.	
Quart d'heure de maternité..............	V.	1		Léon, Roux.
Quart d'heure de Rabelais..............	O.	1		Alb. Monnier (*Henriot*), Bazzoni.
Quart d'heure de Rabelais..............	V.	1	1/2 Dieulafoy. (D. E.)	1/2 Prévost d'Iray.
Quart d'heure de Rabelais..............	V.	1	3/4. Vulpian, Lassagne, Barba, *édit*.	1/4 Fr. de Courcy.
Quart d'heure de royauté.	V.	1	Del, Lhérie.	
Quart d'heure de silence.	O.	1	1/4 Gavaudan.	3/4. Guillet 1/4, Gaveaux 1/2. Beuzeville.
Quart d'heure de veuvage.	C.	1		
Quart d'heure d'immortalité..............	V.	1	Déaddé, Montréal.	
Quart d'heure dramatique	V.	1	Arm. Séville.	
Quart d'heure d'un sage.	V.	1		Léger, Ragueneau.
Quartier de l'Arsenal...	M.	3		Antony Béraud, Léopold.
Quartier d'hiver........	V.	1	Désaugiers. (D. E.)	
Quartier du temple.....	V.	1		Antier, Ponet.

— 301 —

Titres des Pièces.	Genres.	Actes.	M. GUYOT.	M. PERAGALLO.
Quasimodo...	D.	1	Alfred Goy.	
Quaterne...	V.	1	Arm. Séville.	
Quatorze ans de la vie de Napoléon...	D.	5	Clairville.	
Quatorze ans de souffrance	M..	3		DeRhédon, Defrénoy, Heudier.
Quatorze de dames...	V.	1	1/2 Gabriel.	1/2 Ch. Dupeuty.
Quatorze juin dix-huit cent cinquante-six....	V.	1	Clairville.	
Quatorzième...	V.	1		Anicet, Brisebarre.
Quatre Adam...	V.	1	Dumersan.	
Quatre âges...	C.	5	Merville.	
Quatre âges du Louvre..	V.	4	Clairville.	
Quatre âges du Palais-Royal...	V.	4	1/2 Théaulon.	1/2 Chazet.
Quatre ans de faction....	V.	1	1/3 Morin.	2/3 d'Ennery, G. Lemoine.
Quatre artistes...	V.	1	1/3 E. Arago.	2/3 Anicet, Bezou, *édit*.
Quatre cent mille francs.	V.	1	3/4. Colliot, E. Lefèvre, Faulquemont.	1/4 Giraud Dagneau, *édit*.
Quatre coins...	C.	1		Léon Battu, Duport.
Quatre coins de Paris...	V.	5	2/3 Paul de Kock.	1/3 Alix, *édit*.
Quatre constitutions....	V.	1	Martainville (D.E.), Barba, *éd*.	
Quatre cousins...	C.	2	Picard (D. E.).	
Quatre éléments...	V.	2	De Pixérécourt, Dumersan, Brazier.	
Quatre éléments...	C.	1	Guillemain.	
Quatre étoiles...	C.	3	De Boissy.	
Quatre femmes pour une.	V.	1		Dubois.
Quatre filles Aymon....	V.	1		Decomberousse, Lahure, Bourget.
Quatre fils Aymon...	D.	5	1/2 Michel Masson.	1/2 Anicet.
Quatre fils Aymon...	O.	3	De Leuven 1/4, Lhérie B. 1/4, Balfe 1/2.	
Quatre fils Aymon...	B.	3		Arnould, Audinot.
Quatre Henri...	V.	1	Gersin (D. E.).	
Quatre heures...	M.	5	St-Amand, Polyanthe, Quoy.	
Quatre hommes et un caporal...	V.	1	Marius Bourelly.	
Quatre maris pour un...	O.	1	1/2 de Pixérécourt.	1/2 Solié.
Quatre mendiants de Montmartre...	P.	1	Coupart, Servières.	
Quatre novembre...	M.	3		Jars.
Quatre parties du monde.	V.	3	1/3 Clairville.	2/3 Anicet, Laurent aîné.
Quatre parties du monde.	B.	1		Blache.
Quatre quartiers de la lune	V.	3	De Léris, Brisson.	
Quatre reines...	V.	2		Laurencin, P. Duport.
Quatre sergents de La Rochelle...	M.	3	Gabriel, Delaboullaye, Barba, *édit*.	
Quatre souhaits...	V.	1	Choquart.	
Quatre-vingt-dix-neuf moutons...	V.	1	Vanderburch 2/3, Barba, *éd*., 1/3.	
Quatre-vingt-dix, 92, 94.	D.	3		Jules Barbier.
Quatre-vingt-seize coups de canon...	V.	1	Moras.	
Quatre-vingt-seize moins un...	V.	1		Anicet, Brisebarre.
Québrantador...	V.	1		Merle.
Que de bruit pour un âne!	V.	1	Brazier, Besnard.	
Que deviendra-t-elle....	V.	2	Radet (D. E.).	

Titres des Pièces.	Genres.	Actes.	M. GUYOT.	M. PERAGALLO.
Que dira le monde?....	D.	5		Ernest Serret.
Quel est le plus bête?...	V.	1	Honoré, Marc.	
Quel est le plus ridicule?	V.	1	1/3 Etienne.	2/3 Morel, Gosse.
Quel est mon gendre....	C.	1	(*Delestre Poirson*), Barba, édit., 1/3.	
Quelle est méchante!...	V.	1		Dubois.
Quelle mauvaise tête!...	V.	1	Martainville (D.E.), Barba, éd.	
Quel mari prendra-t-elle?	V.	1	Dumersan.	
Quelques ridicules du jour...............	V.	1	2/3 Moreau, Lafortelle.	1/3 Oury (D. E.).
Quenouille de la reine Berthe..............	O.	3	Coste (de Perpignan).	
Quenouille de verre.....	F.	3		Mme Ancelot, Maurice Alhoy, Michel Delaporte, Alix, *édit*.
Quentin Durward.......	O.	3	1/4 Cormon.	3/4. Michel Carré 1/4, Gevaert 1/2.
Querelle d'Allemand....	V.	1		Decourcelle, G. Lemoine.
Querelles des auteurs....	V.	1	1/2 Brazier.	1/2 Dubois.
Querelles de village.....	C.	1	Dumersan, Barba, *édit*.	
Querelles des deux frères.	C.	3	Colin d'Harleville.	
Querelles du ménage....	C.	2	1/2 Dumaniant (D. E.).	1/2 Dorvo.
Question d'argent......	C.	5		A. Dumas fils.
Question d'économie....	V.	3	Bedeau.	
Question d'Occident....	V.	1	1/3 Cadol.	2/3 de Jallais, Mifliez, *édit*.
Question d'Orient......	V.	1		Moinaux.
Questionneurs	C.	1		Latresne.
Queue de la comète.....	R.	3	2/3 Cormon, A. Guénée.	1/3 Eugène Grangé.
Queue de lapin.........	F.	3	2/3 Ribié, Lanusse.	1/3 Frédéric Dupetit Méré.
Queue de la poêle......	R.	3	1/2 Siraudin.	1/2 Alfred Delacour.
Queue de la poêle......	V.	1		Brisebarre, L. Couailhac, Dagnaud, *édit*.
Queue du chat.........	V.	1		Léon Battu, Martell.
Queue du chien d'Alcibiade..............	C.	2		Léon Gozlan.
Queue du diable.......	M.	3	(*Martainville*) p^r Barba, *éd*., Lanusse, Ribié.	
Queue du diable........	V.	3	2/3 Clairville.	1/3 Vaulabelle.
Queue du diable vert....	F.	2		Simonnin.
Queue rouge..........	V.	2		P^l Duport 2/12, Duvert 5/12, de Lauzanne 5/12.
Qui a bu, boira........	V.	1	Coupart.	
Qui a bu, boira........	C.	1	Beaunoir.	
Qui compte sans son hôte compte deux fois.....	C.	1	Dorvigny.	
Qui des deux a raison...	C.	1	Dumaniant (D. E.).	
Qui dort, danse........	V.	1		Des Buards, Peupin.
Qui dort, dîne	V.	1	1/2 Roche.	1/2 Cordelier-Delanoue.
Qui femme a, guerre a...	P.	1	Augustine Brohan.	
Qu'importe le titre......	C.	1	Levasseur.	
Quinault et Lulli........	O.	1	Nanteuil, Nicolo (D. E.).	
Qui n'en a?............	V.	3	Clairville, A. Guénée.	
Qui n'entend qu'une cloche...............	V.	1	Baron 2/3, Faulquemont 1/3.	
Quintus Fabius!........	T.	5		Legouvé.
Quinzaine de Pâques....	V.	1		Ch. Potier.
Quinze	V.	1	2/3 Francis D'allarde, Ferdinand Langlé.	1/3 Fr. de Courcy.
Quinze ans d'absence....	V.	1	2/3 Brazier, Barba, *édit*.	1/3 Mérle.
Quinze août...........	V.	1		Perrot, Mifliez, *édit*.
Quinze août...........	V.	1	Woestyn, de Faulquemont.	

Titres des Pièces.	Genres.	Actes.	M. GUYOT.	M. PERAGALLO.
Quinze août............	V.	1		Flan.
Quinze août chez les Kabyles...............	V.	1	Gourdon de Genouillac.	
Quinze avant midi......	V.	1	Cormon, Chabot, Barba, éd.	
Quinze cent quatre-vingt-dix et 1825..........	V.	1	1/3 Désaugiers. (D. E.)	2/3 Ferd. Laloue, Merle.
Quinze et vingt ans.....	V.	1	Brisset.	
Quinze janvier.........	C.	1	Méry.	
Quinze jours de sagesse..	V.	1	Mélesville.	
Quinze maris pour un...	O.	1	1/2 de Pixérécourt.	1/2 Solié.
Quinze-vingts (Les).....	V.	1	1/3 de Tully.	2/3 Salvat.
Quinze-vingt (Un)......	V.	1	Paul de Kock.	
Qui paye les violons, ne s'amuse pas toujours..	O.	1	Toubon.	
Qui paye ses dettes, s'enrichit	V.	1		Bondois.
Qui perd gagne........	C.	1		H⁰ʳ Crémieux, Lamé.
Qui perd gagne........	V.	1		Charles Bridault.
Quiproquo	C.	2	Patrat (D. D.).	
Quiproquo	V.	2	H. Roland.	
Quiproquo	C.	1	Ribié (D. E.).	
Quiproquo	V.	2	Ricard.	
Quiproquo	V.	1		Dupont Beauregard.
Quiproquo de l'hôtellerie.	C.	2		
Quiproquos	C.	2	Victor Ducange.	
Quiproquos	C.	1	1/2 Dumersan.	1/2 Merle.
Quiproquos espagnols...	O.	3		Dejaure, Devienne.
Quiproquos nocturnes...	O.	2		Cuvelier (D. E.), Demorange (D. E.)
Quiribirini............	M.	3		Frédéric.
Qui se dispute s'adore...	V.	1	1/3 Lévy, édit.	2/3 Henri de Kock, Porcher.
Qui se ressemble se gêne.	V.	1		Marc-Michel, Fontaine, Peupin, Alix, édit.
Qui s'y frotte, s'y pique.	C.	1	Joseph Grubert (de Clermont).	
Quittance............	O.	3	5/8 Picard, Dieulafoy (D. E.), Longchamps (D. E), Nicolo (D. E.).	2/8 Boïeldieu, Kreutzer (D.E.).
Quittance de minuit	V.	1		Commerson, Raymond Deslandes, Varney.
Quitte à quitte.........	V.	1		Ourry (D. E.).
Quitte ou double.......	V.	3		Ancelot, Paul Duport.
Quitte pour la peur.....	C.	1	Alfred de Vigny.	
Quitte pour la peur.....	V.	1		Piccaluga, V. Roger.
Quitte pour la peur.....	C.	1	De Rostan.	
Qui veut de ma vie.....	V.	1	1/3 Dumanoir.	2/3 D'Ennery, Alix, édit.
Qui vivra, verra........	C.	3	E. Scribe, Ch. Potron.	
Quoniam..............	V.	2	7/8 Desvergers, Varin, Laurey, Riga.	1/8 Adolphe Jadin.

R

Titres des Pièces.	Genres.	Actes.	M. GUYOT.	M. PERAGALLO.
Rabelais	V.	1	Dieulafoy (D. E.).	
Rabelais	V.	1	De Leuven, de Livry, Barba, édit.	
Rabelais à Rome	V.	1		Hip. Rimbaut.
Rabelais en voyage	V.	1	Dumersan.	
Rabot et le cor de chasse.	C.	2	Et. Arago 1/4, Barba, éd. 1/2.	1/4 Anicet.
Rachel	M.	3		Chevalier.
Rachel la belle juive	D.	3	1/2 Lévy, édit.	1/2 Hipolyte Lucas.
Racine	V.	2		Sewrin, Chazet.
Racine	C.	1	1/2 Barba, édit.	1/2 Magnin.
Racine	C.	1	Brizeux, Busoni.	
Racine en famille	V.	1	Dalby.	
Racine et Cavois	C.	2	Etienne.	
Racoleur et le passant	V.	1		Michel Delaporte.
Racoleurs	V.	1		Anicet, Ferdinand Laloue.
Raffinés	V.	3	Badon, Lockroy.	
Rage d'amour	V.	1	1/2 Bayard.	1/2 Léon Laya.
Rage de souvenir	V.	1		Eugène Moreau.
Raisin (La)	V.	2		Roger de Beauvoir 2/3, Lévy, édit., 1/3.
Raisin malade	V.	1		Michel Delaporte, Duport, Dagneau, édit.
Raison et folie	V.	1		Saint-Brice.
Raison, l'hymen et l'amour	O.	2		Taix (D. E.).
Raison propose	V.	1		Paul Duport, Monnais.
Ralph le bandit	M.	5		Desnoyer, Meyer, Montigny.
Rambures	M.	3	1/2 Villiers.	1/2 Cuvelier.
Rameau d'or	M.	3	1/2 Valcour.	1/2 Leblanc.
Rameau d'or	F.	2		Lefebvre.
Ramire	M.	3	Hubert, Barba, édit.	
Ramoneur	V.	2	2/3 Théaulon, Gabriel.	1/3 De Forges.
Ramoneur prince	C.	1	Pompigny.	
Ramponeau	V.	3	De Leuven, Cormon.	
Ramponeau	V.	1	Armand Gouffé, Georges Duval.	
Ramponeau	V.	1	1/2 Barba, édit.	1/2 Simonnin.
Rançon de Duguesclin	C.	2		Arnault père.
Rancune	V.	1	Armand Gouffé, Georges Duval, Vieillard, Villiers.	
Rancune	V.	1	1/2 De Pixérécourt.	1/2 Léger.
Rancune trompée	O.	1	Feu Marmontel, Louis Piccini.	
Randal	M.	5		Félicien Mallefille.
Raoul Barbe Bleue	O.	3	1/2 Grétry.	1/2 Sedaine (D. E.).

— 305 —

Titres des Pièces.	Genres.	Actes.	M. GUYOT.	M. PERAGALLO.
Raoul de Montfort	M.	3		Loaisel-Tréogate (D. E.).
Raoul sire de Créqui	O.	3	1/2 Monvel.	1/2 Dalayrac (D. E.).
Raout	V.	1	Varner, Ymbert.	
Raout chez M. Lupot, rue Grenetat, n° 378.	V.	1	Paul de Kock.	
Raphaël	D.	3	Théaulon, Riga.	
Raphaël	M.	3	1/4 Cormon.	3/4 d'Ennery, Grangé, Alix, édit.
Raphaël	V.	1		Dubois.
Raphaël de la Courtille	V.	1		E. Sol, C. Gelée, Mifliez, éd.
Rapin	V.	1	1/2 Maréchalle.	1/2 Gombault.
Rapin	V.	1	Cogniard frères, Maurice Saint-Aguet.	
Rataplan	V.	1	1/2 Vizentini.	1/2 Sewrin.
Rat de ville et le rat des champs	V.	1	E. Burat, Masselin.	
Rat de ville et le rat des champs	V.	1	1/2 Clairville.	1/2 Montaubry.
Ravaudeuse du carrefour Bussy	V.	3		Bauchery, Hachin.
Ravel en voyage	V.	1	1/2 Varin.	1/2 Ch. Dupeuty.
Raymond	O.	3	De Leuven 1/4, A. Thomas 1/2.	1/4 Rosier.
Raymond	M.	3	Escousse (D. E.), Lebras (D.E.).	
Raymond	V.	1	Benazé, Lebas.	
Raymond de Toulouse	O.	3	1/2 De Pixérécourt.	1/2 Foignet fils.
Raymond Varnez	D.	5		Baget.
Rayon de soleil	M.	3		Lamarque.
Razzia galante	B.P.	1	2/3 Paul Legrand, Bernardin.	1/3 Ch. Bridault.
Réalité dans le rêve	V.	1		G. Bondon, Oray.
Rebecca	V.	2	Eugène Scribe.	
Recette contre l'embonpoint	V.	2	Varner.	
Recette de ménage	Pr.	1	Caroline Berton.	
Recette pour avoir un mari	V.	1		Marc-Leprévost.
Recette pour marier sa fille	V.	1	Mélesville, Vandière.	
Recette pour marier ses filles	V.	1		Lemercier de Neuville, Barbré, édit.
Recherche de l'inconnu	V.	2		Laya.
Recherche de l'inconnu	O.	1		Bridault, Mangeant.
Recherche d'un père	C.	1	Scribe, Vanderburch.	
Réclame	D.	5		Arnould Frémy 2/3, Lévy, édit., 1/3.
Recluse	D.	3		Armand fils.
Récompense honnête	V.	1		Chazet, Ourry.
Réconciliation	V.	1	1/3 Carmouche.	2/3 Fr. de Courcy, F. Laloue.
Réconciliation par ruse	C.	1		Riboutté.
Reconnaissance	C.	1		Souriguères.
Reconnaissance	C.	1		Châteauvieux.
Récréation du monde	V.	1	Barré (D. E.), Radet (D. E.), Desfontaines (D. E.).	
Recruteurs	M.	1	2/3 Carmouche, De Saint-Georges.	1/3 Franconi jeune.
Recueil comique	C.	1	Pompigny.	
Reculer pour mieux sau-				

20

— 306 —

Titres des Pièces.	Genres. Actes.	M. GUYOT.	M. PERACALLO.
ter...............	V. 1	Ach. et Arm. d'Artois, Besse-lièvre, Lévy, *édit.*, 1/3.	
Redgauntlet..........	M. 5	1/3 Paul Foucher.	2/3 Alboize, Alix, *édit.*
Redingote du maréchal..	V. 1	Vulpian, Lassagne, Barba, *éd.*	
Redingote et la perruque.	O. 3	1/2 Scribe.	1/4 Kreutzer (D. E.), 1/4 F. Kreubé.
Redingote et la perruque.	M. 3		Antony Béraud, Léopold.
Redingote grise........	V. 1	Vulpian, Lassagne, Barba, *éd.*	
Redingote grise........	V. 1	Dumersan, D'Artois, Dupin.	
Réfectoire............	V. 2	Dumanoir, Mallian, A. D'Artois.	
Réformateurs..........	V. 1	Théaulon, Gersin (D. E.).	
Réforme des jupons.....	V. 1	Clairville, H. Leroux.	
Réfractaire............	V. 2	A. D'Artois, Cormon.	
Réfractaire............	P. 1		Lindheim.
Réfugiés Péruviens.....	M. 3		Leblanc.
Regard	M. 2		Cuvelier, Dubois, A. Piccini.
Regardez, mais n'y touchez pas...........	C. 3	1/2 B. Lopez.	1/2 Th. Gautier.
Régent...............	V. 3		Ancelot.
Régiment de dragons...	V. 1		Jouhaud.
Régine...............	O. 2	Scribe, Adam.	
Regnard à Alger........	V. 2	1/6 A. Gouffé, G. Duval.	5/6 Léger.
Regnard à Alger........	V. 1	Rochefort, Lepage.	
Regnard en voyage.....	V. 1	Brazier, Carmouche.	
Regnard esclave à Alger.	V. 1	Georges Duval, Rochefort.	
Regnard et Dufresny....	V. 1	Febvé.	
Règne de douze heures..	O. 2	1/2 de Planard.	1/2 Bruni.
Règne des escargots....	V. 3	De Leuven, Lhérie B., A. de Beauplan.	
Règne des jupons......	V. 1	Leroy-Kéraniou.	
Règne d'une minute.....	M. 5	Théaulon, Solomé.	
Regrets...............	V. 1	Déaddé, Veyrat.	
Régulus..............	T. 5		Lucien Arnault.
Reine Argot...........	V. 1	1/4 A. Guénée, 1/4 Lévy, *éd.*	1/4 Martin, 1/4 Marc Leprévost.
Reine, cardinal et page..	V. 1		Ancelot, Alix, *édit.*
Reine d'Angleterre.....	D. 5	1/3 Barba, *édit.*	2/3 Ch. Dupeuty, Fontan, Maurice Alhoy.
Reine de Chypre.......	O. 5	1/2 de St-Georges.	1/2 Fromental Halévy.
Reine de France........	C. 1	3/4 Belley, Colomb.	1/4 Alix, *édit.*
Reine de Golconde......	O. 3	1/2 Defays (D. E.).	1/2 Sedaine (D. E.).
Reine de Golconde......	O. 3		Vial, de Favières, Berton.
Reine de Lesbos........	D. 1	1/2 Paul Juillerat.	1/2 Hipp. Lucas.
Reine de Persepolis.....	V. 3	5/6 Hapdé.	1/6 A. Piccini, Darondeau.
Reine de Pologne.......	V. 1		E. Nyon.
Reine des blanchisseuses.	V. 2	1/4 Rougemont.	3/4 d'Ennery, Grangé, Alix, *édit.*
Reine des eaux........	V. 3	2/3 Michel Masson, Lafargue.	1/3 de Villeneuve.
Reine de seize ans.....	V. 2	Bayard.	
Reine de Siam........	V. 1	Dupin, Mallian, Dumanoir.	
Reine d'Espagne.......	D. 5	Delatouche.	
Reine des vendanges....	V. 1	Théaulon 2/3, Barba, *éd.* 1/3.	
Reine d'un jour........	O. 3	Scribe 1/4, de St-Georges 1/4, Adam 1/2.	
Reine d'un jour........	V. 2		Antier, Decomberousse, Alix, *édit.*
Reine d'Yvetot.........	V. 1	1/2 Alzay.	1/2 Davesne.
Reine Machu..........	D. 5		Alboize, André Thomas.

Titres des Pièces.	Genres.	Actes.	M. GUYOT	M. PERAGALLO.
Reine Jeanne	O.	3	3/4 de Leuven, Lhérie B., Bordèse.	1/4 Monpou.
Reine Margot	D.	5		Alex. Dumas, Aug. Maquet.
Reine Margot	V.	1		Couailhac.
Reine des bals	V.	1		De Montheau, Michel Delaporte.
Reine Tintamarre	V.	1	Rochefort, Ferd. Langlé, Lefèvre.	
Reine Topaze	O.	3	1/4 Lockroy.	3/4. Léon Battu 1/4, Victor Massé 1/2.
Réjouissances autrichiennes	V.	1		Sewrin.
Réjouissances pour la paix	V.	1	Bonel, Villiers.	
Relâche	V.	1		Defrénoy.
Relâche pour la répétition de Fernand Cortez	V.	1	2/3 Moreau, Rougemont.	1/3 Merlé.
Relais dans la Manche	V.	1		Beaujean 3/4, Mifliez, éd. 1/4.
Religieuse	D.	3	La Harpe (D. E.).	
Religieuses de Cambrai	T.	5	Chénier (D. E.).	
Rembrandt	V.	1	3/4 Etienne, Servières, Moras.	1/4 Morel.
Remède à la goutte	O.	3	1/2 Nicolo (D. E.).	1/2 Vial.
Rémois (Les)	V.	2	1/2 Barba, édit.	1/2 Saintine.
Rémond	V.	1	Dumersan.	
Remords	M.	3		Léopold.
Rémon et Baroneni	V.	1	Linossier.	
Remouleur et la meunière	V.	1	Piis (D. E.).	
Remplaçant	O.	3	1/2 Scribe, Bayard.	1/2 Batton.
Remplaçant	M.	3	1/4 St-Amand.	3/4 Antier, Villemot, Lami.
Remplaçant	V.	1	1/2 Vanderburch.	1/2 Blondy.
Renard et Corbeau	V.	1	Ch. Hubert, Mars.	
Renard et la Cigogne	V.	1	1/2 Messant.	1/2 Alb. Monnier.
Renard et le Corbeau	V.	2		Marc Leprévost.
Renard et le Corbeau	C.	1	Delestre-Poirson.	
Renard et les Raisins	V.	1	1/2 Xavier Eyma.	1/2 de Jallais.
Renaud d'Ast	O.	2	1/2 Barré (D. E.), Radet (D. E.).	1/2 Dalayrac (D. E.).
Renaud et Armide	B.	3		Coralli.
Renaudin de Caen	V.	2		Duvert, de Lauzanne.
Rencontre	O.	1	1/2 Dellamaria.	1/2 Alex. Duval
Rencontre aux bains	V.	1		Révérony de Saint-Cyr, Chazet.
Rencontre dans le Danube	O.	2	Germain Delavigne 1/4, Jules de Wailly 1/4, P. Henrion 1/2.	
Rencontre en vagon	V.	1	Husson.	
Rencontre en voyage	O.	1		Pujoulx, Bruni.
Rencontre imprévue	O.	1	3/4. Desforges 1/4, L. Piccini 1/2.	1/4 Ourry.
Rencontre imprévue	C.	1		Mirecour.
Rencontres	O.	1	1/2 Mélesville, Catrufo.	1/2 Vial, Lemière (D. E.).
Rencontres au corps-de-garde	V.	1	2/3 Brazier, Lafortelle.	1/3 Merle.
Rencontres à Valognes	C.	2	Georges Duval.	
Rencontre sur rencontre	O.	1		Gresnick.
Rendez donc service	V.	1	1/3 Michel Masson.	2/3 de Villeneuve, Alix, édit.
Rendez-vous	C.	3	Delongpré.	
Rendez-vous	C.	1	Vigée.	
Rendez-vous	V.	1		Th. Vinet.

— 308 —

Titres des Pièces.	Genres. Actes.	M. GUYOT.	M. PERAGALLO.
Rendez-vous............	V. 1	Maurice Séguier.	
Rendez-vous............	C. 1	Brisset.	
Rendez-vous au bois de Vincennes............	C. 1	Georges Duval, Dorvigny.	
Rendez-vous bourgeois..	O. 1	Hoffman (D.E.), Nicolo(D.E.).	
Rendez-vous de minuit...	V. 1	Arm. d'Artois, Dupin.	
Rendez-vous des Cendrillons............	F.-V. 1	2/3 Dupin, A. d'Artois.	1/3 Favart.
Rendez-vous des ermites.	V. 1	Dieulafoy (D. E.), Gersin (D. E.).	
Rendez-vous espagnols..	O. 3		Coffin-Rosny.
Rendez-vous nocturnes.	B. 2		Blache.
Rendez-vous nocturnes..	B. 1	Laurençon.	
Rendez-vous supposé...	O. 2		Pujoulx (D. E.), Berton (D.E.).
Rendez-vous supposés..	V. 1		Taviau, Paris fils.
Réné...............	V. 1	Martainville (D.E.), Barba, éd.	
René d'Anjou, comte de Provence............	V. 1	Thurbet.	
Réné Descartes........	C. 2		Bouilly.
Renégat............	P. 2		Cuvelier (D. E.).
Réné Lesage...........	V. 2	Barré (D. E.), Radet (D. E.), Deschamps, Desprez.	
Rentes viagères........	V. 1	Martainville (D.E.), Barba, éd.	
Rente viagère.........	V. 1		Ragueneau.
Rente viagère.........	V. 1	1/2 Barba, édit.	1/2 Arnould, N. Fournier.
Rentier..............	V. 1	Bellement.	
Rentrée à Paris........	D. 1		Ch.Desnoyer 2/3, Alix, éd. 1/3.
Rentrons chez nous......	V. 1	Gouffé, Belle, Barba, édit.	
Réparation............	V. 1	Scribe, Mélesville, Bayard.	
Réparation............	C. 1	Sauvage, Maurice St-Aguet.	
Réparation forcée......	C. 5		Rosier.
Repas des clercs.......	V. 1	Radet (D. E.).	
Repentir de Mme Angot..	V. 1	Maillot, Barba, édit.	
Repentir d'une danseuse..	V. 1		Anicet, Brisebarre.
Repentir et générosité..	D. 5		Prévost.
Répétition............	V. 1	Brazier, Carmouche.	
Répétition de Psyché...	V. 1	Ledoux, Desgroseillez.	
Répétition générale......	V. 1	Scribe, Desvergers, Varin.	
Répétition interrompue..	V. 1	Brazier, Rougemont.	
Représailles...........	C. 5	Bailleul.	
Représailles...........	D. 2	Delacoste.	
Représailles...........	V. 2	1/2 Etienne Arago, Desvergers, Varin.	1/2 Bezou, édit.
Représailles...........	V. 1	H. Leroux 1/2, (Jouslin), pour Joseph B. 1/2.	
Représailles...........	V. 1	1/2 Jacques Arago.	1/2 Victor Mangin.
Représailles militaires...	M. 3		Leblanc, Dubois.
Représentants en vacances............	V. 3	2/3 Clairville.	1/3 Vaulabelle.
Représentation en dix-sept cent quatre-vingt.	V. 1	Dumanoir, Rochefort, Siraudin.	
Reprise de Toulon.....	O. 1		Al. Duval, F.Lemière (D. E.).
République de Platon...	V. 1	Déaddé, Ad. Choler.	
République des lettres...	V. 1	3/4. Clairville 1/2, Siraudin 1/4.	1/4 Cordelier Delanoue.
République, l'empire et les Cent-Jours........	M. 4		Lepoitevin-Saint-Alme, Ferdinand Laloue.

— 309 —

Titres des Pièces.	Genres.	Actes.	M. GUYOT.	M. PERAGALLO.
Réputation............	O.	3	Alexis, Piccini.	
Réputation d'une femme.	M.	3		Alix, édit.
Resaltimbanques.......	P.	1		De Jallais, Blum.
Résignée.............	V.	2	Bayard.	
Résolution inutile.......	C.	1	Patrat (D. E.).	
Résolution téméraire....	V.	1	Corsange.	
Respect au sexe........	V.	1	Jaime, Pluchonneau.	
Ressemblance.........	O.	1	1/2 Dellamaria.	1/2 Duval.
Ressemblances.........	C.	3	Forgeot.	
Ressource des talents...	V.	1	Desfontaines (D. E.), Rougemont.	
Ressources de Jacqueline.	V.	1		Simiot, Boisseaux.
Ressources de Jonathas..	V.	1	1/3 Varin.	2/3 Davrecour, Alix, édit.
Ressources de Qui n'en a.	V.	3	Clairville, A. Guénée.	
Ressources de Quinola...	C.	3		De Balzac.
Résurrection de Cadet-Roussel............	V.	1		Aude.
Résurrection de Saint-Antoine.............	V.	1	2/3 Brazier, Théaulon.	1/3 de Villeneuve.
Résurrectionnistes......	D.	3		Mak-Bailly, Michaud.
Restaurant............	V.	1	3/4 Vulpian, Lassagne, Barba.	1/4 Fr. de Courcy.
Restaurant............	V.	1	1/2 A. d'Artois.	1/2 Saintine.
Restaurant de la rue Balainvilliers..........	V.	1	J. Grubert.	
Restauration des Stuarts.	V.	5	E. Guinot.	
Restitution anonyme....	C.	1	Gabiot.	
Restons dans notre état.	C.	1	Corsange.	
Rétif de la Bretonne.....	V.	3	1/2 Varner.	1/2 Meyer.
Retour...............	O.	1	A. d'Artois 1/4, Théaulon 1/4, Derancé 1/2.	
Retour...............	O.	1		Bernard Valville, Gaveaux.
Retour...............	C.	1	Derancé.	
Retour...............	V.	1	2/3 Brazier, Rougemont.	1/3 Merle.
Retour...............	V.	1	1/2 Rougemont.	1/2 Ragueneau.
Retour...............	V.	1	De Saint-Georges, Martin, Saint-Léon.	
Retour...............	V.	1	Scribe, Dupin.	
Retour...............	M.	1	A. Goy.	
Retour à Dunkerque....	V.	1	1/2 Brazier.	1/2 Dubois.
Retour à la ferme......	V.	1	A. d'Artois, Brisset.	
Retour à la piété filiale..	V.	1	Bourguignon, Ernest.	
Retour à Paris.........	V.	1	Dupin.	
Retour à Saint-Antoine..	V.	1		Grangé, Bourget.
Retour à Sienne........	V.	2		Lefebvre, Saint-Amand, Danvin.
Retour au comptoir.....	V.	1	2/3 G. Duval, Vieillard.	1/3 Merle.
Retour au département..	V.	1		Anicet, Damarin, Tournemine.
Retour au hameau......	O.	1	1/2 Dieulafoy (D. E.), Gersin (D. E.)	1/2 Benni-Cori.
Retour au logis........	V.	1		Tilleul.
Retour au village.......	V.	2		Léonce, Petit.
Retour au village.......	V.	1	1/2 Coupart.	1/2 Varez.
Retour au village.......	V.	1		Turmeau.
Retour au village.......	V.	1	Désaugiers (D. E.), Gentil, Barba, édit.	
Retour à Valenciennes...	V.	1	A. Gouffé, Belle, Barba, édit.	
Retour d'Afrique.......	V.	1	3/4 Desvergers, Varin, Deville.	1/4 Alix, édit.

Titres des Pièces.	Genres.	Actes.	M. GUYOT.	M. PERAGALLO.
Retour d'Amérique	C.	1	Lafontaine (D. E.).	
Retour d'Apollon	B.	1		Blache.
Retour d'Astrée	C.	1		Prévost.
Retour d'Autriche	V.	1	Réné Périn.	
Retour de Camille à Rome.	C.	1		Aude.
Retour de Crimée	V.	1		Petit-Mangin.
Retour de Figaro	C.	1	Ribié (D. E.).	
Retour de Jean-Bart	V.	1	Barré (D. E.), Radet (D. E.), Desfontaines (D. E.).	
Retour de jeunesse	V.	1	Rigaud aîné.	
Retour de jeunesse	V.	1	1/2 Bayard.	1/2 Anicet.
Retour de la Courtille	C.	1		Declaye.
Retour de la Terre Sainte.	O.	3	1/2 de Pixérécourt.	1/2 Foignet fils.
Retour de Paris	V.	1	Barré (D. E.), Piis (D. E.), Radet (D. E.).	
Retour de Russie	V.	1	Scribe, Varner.	
Retour de Ste-Hélène	V.	1	Clairville.	
Retour des Antilles	V.	1		Jouhaud.
Retour des captifs d'Alger	B. P.	3		Blache.
Retour des étudiants	V.	1	1/2 Salin.	1/2 Décour.
Retour de Sibérie	D.	4	2/3 Albert, Labrousse.	1/3 Marchand.
Retour de Sibérie	V.	1		Laurencin, Altaroche, Alix, édit.
Retour des lis	V.	1	Désaugiers (D. E.), Gentil.	
Retour des maris	V.	1	Ledoux, Barba, édit.	
Retour des Savoyards	V.	1	1/3 Carmouche.	2/3 Merle, Sewrin.
Retour de Wagram	O.	1	Gabriel 1/4, Delaboullaye 1/4, Adam 1/2.	
Retour de Zéphyr	B.	1		Gardel.
Retour d'Italie	V.	1	Martainville (D. E.), Barba, édit., Destival.	
Retour d'Italie	V.	1	Moras.	
Retour d'Italie	V.	1	Henri Meilhac.	
Retour du Champ-de-Mars	O.	1		Beffroy-Reigny.
Retour du conscrit	V.	1		Ch. Potier.
Retour du croisé	M.	1		Alex. Duval.
Retour du jeune Werther	V.	1	G. Duval, Barba, édit.	
Retour d'Ulysse	M.	3	J. Pain (D. E.).	
Retour du mari	C.	4	Mario Uchard.	
Retour du mari	C.	1	Ségur jeune.	
Retour du marin	V.	2	Thurbet.	
Retour d'un acteur	V.	1	Dumersan.	
Retour d'un bon fils	M.	1		Cuvelier (D. E.), Léopold.
Retour d'un brave	V.	1	2/3 Jacquelin, Coupart.	1/3 Varez.
Retour du Pérou	V.	1	1/2 Dupin.	1/2 Duvert.
Retour du prince	V.	1	Thurbet.	Blache.
Retour du régiment	V.	1	Ledoux.	
Retour du sérail	V.	1	Varner, Ymbert.	
Retour du val de Loire	V.	1		Jouhaud, Dutertre.
Retour du voyageur	C.	3	Merville.	
Retour en province	V.	1	Montigny, Barba, édit.	
Retour en Suisse	V.	1		Duvert, Paul Duport.
Retour inattendu	O.	1	Monnet.	
Retour inattendu	V.	1	Gamas, Désaugiers (D. E.).	
Retournons à Paris	V.	1	1/2 Desprez.	1/2 Varez.
Réunion de famille	V.	1	Radet (D. E.).	

Titres des Pièces.	Genres	Actes.	M. GUYOT.	M. PERAGALLO.
Réunissons-nous	V.	1		Defrénoy.
Revanche	C.	3	Creuzé, Roger.	
Revanche de Lauzun	C.	4	Paul de Musset 2/3, Marchais 1/3.	
Revanche de Moscou	V.	2	Maurice Bouquet, Jaloux.	
Revanche de Vulcain	O.	1		Commerson 1/4, Furpille 1/4, Cottin 1/2.
Revanche forcée	V.	1	Deschamps.	
Revanche grecque	P.	1	Dieulafoy (D. E.), Gersin (D. E.).	
Rêve	V.	3		Demonval St-Hilaire.
Rêve	O.	1		Gresnick.
Rêve	C.	1		Léonce, de Bernard.
Rêve	V.	1	Barré (D. E.), Radet (D. E.).	
Rêve de mariés	V.	1		Anicet, Ferd. Laloue.
Rêve de Pygmalion	B.	1	Laurençon.	
Rêve du diable	V.	1	Legrand.	
Rêve d'un brave	V.	1		Ch. Dupeuty, de Villeneuve, Henri Villemot.
Rêve d'un mari	C.	1	Andrieux.	
Rêve d'une nuit d'été	O.	1		Tréfeu, Offenbach.
Rêve d'un savant	V.	1	1/2 Bayard.	1/2 Biéville.
Rêve d'un vieux soldat	V.	1	Ernest.	
Rêve d'un voyageur	V.	1	2/3 De Leuven, de Livry.	1/3 De Forges.
Rêve du soldat	V.	1		Perrot de Renneville, Mifliez, édit.
Rêve et le réveil	M.	3		Antier, Boisset.
Réveil de Beaumarchais	P.	1	1/2 Rochefort, père.	1/2 Ad. Huart.
Réveil de l'Ambigu	V.	1		Dutertre.
Réveil de la Rochelle	F.	3	Godineau, Tenand.	
Réveil du charbonnier	C.	3	Ribié (D. E.).	
Réveil du charbonnier	C.	2	Destival.	
Réveil du lion	V.	2	Bayard, E. Jaime.	
Réveil du mari	C.	3		Najac, Vattier, Lévy, édit.
Réveil d'une grisette	V.	2	1/2 Ferdinand Langlé.	1/2 Alboize.
Réveillon au cinquième étage	V.	1	1/2 A. Guénée.	1/2 Danvin.
Réveillon de la Courtille	V.	1	Désaugiers (D. E.), Francis D. Moreau.	
Réveillon des grisettes	V.	1	1/2 A. Guénée.	1/2 Danvin.
Réveillon d'étudiants	V.	1		Joubaud.
Réveillon dramatique	V.	1		Saint-Amand, Lefebvre.
Réveillon en retard	V.	1	Paul de Kock.	
Réveil magique	V.	3		Ourry, Chazet, Merle.
Révélation	M.	3		Crosnier, Frédéric.
Révélation	M.	2	1/2 Leroy, Duvernois.	1/2 Ponet, Franconi.
Revenant	O.	2	De Calvimont, Gomis.	
Revenant	O.	1	Grétry neveu, Grétry.	
Revenant	V.	1	Pain (D. E.), Dupin.	
Revenant	V.	1		Lévesque.
Revenant de Bérézule	M.	3		Mme de Bawr.
Revenant de la Clairière	D.	5		Petit Mangin.
Revenants	V.	1	Ségur aîné (D. E.).	
Revenants de Pontoise	V.	1	Guy de la Tour.	
Rêve en action	V.	3		Léger.
Revendeuse à la toilette	V.	1	Moreau (D. E.), Waflard (D. E.)	

Titres des Pièces.	Genres. Actes.	M. GUYOT.	M. PERAGALLO.
Revers de fortune.	C. 2	1/2 Dumaniant (D. E.).	1/2 Dorvo.
Revers de la médaille	V. 1		Salvat, J. Augier.
Revers de la médaille	V. 1	Dubacq.	
Rêves d'amour	C. 3	1/2 Scribe.	1/2 Biéville.
Rêves de Mathéus	V. 5	Mélesville, Carmouche.	
Rêveur éveillé	O. 1		Mlle Cécile Duval, Alexandre Leprévost.
Rêveurs éveillés	V. 1	Pain (D. E.), Vieillard.	
Reviendra-t-il	V. 1	Dumersan.	
Révolte au sérail	B. 3		Taglioni, Labarre.
Révolte des cosaques	P. 3		Frédéric.
Révolte des femmes	V. 2	2/3 De Livry, Duvernois.	1/3 de Villeneuve.
Révolte des Marmouzets	V. 1		Brisebarre, Nyon.
Révolte des modistes	V. 3	5/6 Cogniard frères, Volé.	1/6 Albert Monnier.
Révolution d'autrefois	C. 3	Félix Piat, Burette.	2/3 Ch. Dupeuty.
Révolution française	D. 5	Mallian, Labrousse.	
Révolution impromptue.	V. 1	Dumersan, Dupin, Achille d'Artois.	
Revue à franc étrier	V. 2	Théaulon, Th. Anne, Gondolier, Barba, édit.	
Revue au galop	V. 1	1/3 (Jouslin), pour Joseph B.	
Revue au quartier	V. 1	1/3 (Jouslin), pour Joseph B.	
Revue de dix-huit cent trente	V. 1	2/3 Brazier, Dumersan.	1/3 Fr. De Courcy.
Revue de l'an dix-huit cent dix	V. 1		Chazet, Ourry, Merle.
Revue de l'an huit	V. 1	2/3 Dieulafoy (D. E.), A. Gouffé.	1/3 Chazet.
Revue de l'an neuf	V. 1	1/2 Dieulafoy (D. E.).	1/2 Chazet.
Revue de l'an onze	V. 1		Chazet.
Revue de l'an six	V. 1	1/3 Buban.	2/3 Chazet, Léger.
Revue de Masulipatam	M. 3		Touchard.
Revue de Paris	V. 1	1/3 Rougemont.	2/3 Ch. Dupeuty, Fr. De Courcy.
Revue de Reims	V. 3	Lapointe, E. Lefebvre.	
Revue des gobe-mouches	V. 1		Touchard.
Revue des théâtres	V. 1	Brazier, Servière.	
Revue du mois	C. 1	Andrieux.	
Revue et corrigée	V. 3	1/3 Joseph B.	2/3 Saint-Hilaire, Alix, édit.
Rhum	V. 1	Clairville 1/2, A. Guénée 1/4,	Marc Leprévost 1/4.
Ribotte le savetier	C. 2		Prévost.
Ricco	C. 1		
Richard	P. 2	Dumaniant.	Cuvelier.
Richard Cœur-de-Lion	O. 3	1/2 Grétry (D. E).	1/2 Sedaine (D. E.).
Richard Cœur-de-Lion	O. 3	1/2 (Grétry) orchestré par Adam.	1/2 Sedaine (D. E.).
Richard d'Arlington	D. 5	2/3 Dinaux, Beudin.	1/3 A. Dumas.
Richard en Palestine	O. 3	Paul Foucher, Adam.	
Richardet	M. 3		Blanchard
Richard et Alisbelle	O. 3	Desforges.	
Richardet et Bradamante	M. 3	5/6 Caigniez.	1/6 Quaisin (D. E.), Darondeau.
Richard et Derlet	C. 3	Desforges.	
Richardini	M. 3		Puysaie (D. E.), Camel, Quaisain (D. E.), Leblanc.
Richard Moor	D. 3		Meyer, Alix, édit.
Richard Sauvage	D. 4		Desnoyers, Labat.
Richard trois	D. 5		Victor Séjour.

Titres des Pièces.	Genres.	Actes.	M. GUYOT.	M. PERAGALLO.
Riche d'amour	V.	1		Saintine, Duvert, Lauzanne.
Riche de cœur	V.	1		Duvert 5/12, Lauzanne 5/12, Paul Duport 2/12.
Riche et pauvre	D.	5		E. Souvestre.
Riche et pauvre	C.	1	Picard (D. E.).	
Richelieu	C.	5	N. Lemercier.	
Richelieu	D.	5	Félix Peillon.	
Richelieu	V.	2	Bayard, Dumanoir.	
Richelieu à 80 ans	V.	1	5/8 Lurine, Barba, *édit.*	3/8 Ancelot.
Ricochets	C.	1	Picard (D. E.).	
Rideau levé	V.	1	A. d'Artois, Théaulon.	
Rien	P.	1		Lamarque, Châteauvieux.
Rien de trop	C.	2	Bayard, Jules de Wailly.	
Rien de trop	O.	3	1/2 Joseph Pain (D. E.).	1/2 Boïeldieu.
Rien de trop	V.	1	Joseph Pain (D. E.).	
Rien pour lui	M.	3		Faur, A. Piccini.
Rienzi, tribun de Rome.	T.	5	Drouineau.	
Rifflard trois	P.	1		(A. Robert)-Ch. Basset.
Riffolard	M.	3		Marc-Michel, E. Fontaine.
Rigobert	M.	3	Deligny.	
Rigobert	V.	1		Levasseur, Clozel fils.
Rigoletti	V.	1	2/3 Jaime, E. Arago.	1/3 Alboize.
Rigoletto (*traduction*)	O.	5	1/3 Victor Hugo.	2/3 Escudier, *pour Verdi*.
Rigueurs du cloître	O.	2	Fiévée, Defays.	
Rimbaut	V.	2	Dumersan.	
Rimbaut et comp	V.	3	2/9 Cormon.	7/9 Grangé, St-Amand.
Riquet à la houppe	M.	3		Dubois, Foignet fils.
Riquet à la houppe	V.	2	1/2 Brazier.	1/2 Sewrin.
Riquiqui	V.	2	De Leuven, De St-Georges.	
Risette	V.	1	Ed. About.	
Ritta l'Espagnole	D.	4	1/3 Chabot.	2/3 Desnoyers, Boulé.
Rival complaisant	V.	1		Chazet, Ourry (D. E.).
Rival complaisant	V.	1	1/3 Brazier.	2/3 Merle, Ourry (D. E.).
Rival confident	O.	2	Forgeot, Grétry (D. E.).	
Rival d'invention	C.	2	Bayard, Armand.	
Rivale	D.	3	1/2 Paul Foucher.	1/2 Ancelot.
Rivale d'elle-même	C.	2		Loraux aîné.
Rival en l'air	V.	1		Jules Dulong.
Rivales	C.	1		Lantier.
Rivales amies	V.	1		Mme Hadot (D. E.).
Rival généreux	V.	1		Aude neveu.
Rival inattendu	C.	1	Gassier.	
Rivalité villageoise	V.	1		Philibert.
Rival maladroit	V.	1	Radet (D. E.).	
Rival obligeant	C.	1		Mme de Bawr.
Rival par amitié	C.	1	Bodard.	
Rival par amitié	V.	1		Dumolard, Favart.
Rivaux	C.	1	Merville.	
Rivaux amis	C.	1	Forgeot.	
Rivaux d'eux-mêmes	C.	1	Pigault-Lebrun.	
Rivaux de village	O.	3		Depagny, Lemière.
Rivaux du gros caillou	V.	1	Wsannaz, Barba, *édit.*	
Rivaux d'un moment	O.	1	Corsange, Champein.	
Rivaux impromptus	V.	1	J. Vernet 2/3, Barba, *éd.* 1/3.	
Rivaux joués	C.	1	Reignier de Labruyère.	
Rivaux siciliens	M.	3		Alexandre.
Rivière dans le dos	V.	1		Alf. Delacour, Montjoye.
Rix le Ben	M.	3		Monvel.
Robe de chambre	V.	1		Ancelot, Laya, Alix, *édit.*

Titres des Pièces.	Genres.	Actes.	M. GUYOT.	M. PERAGALLO.
Robe déchirée.........	V.	1		Ancelot.
Robe déchirée.........	V.	1		Elie.
Robe de Noce.........	V.	1	Deulafoy (D. E.), Arm. Gouffé.	
Robe du conseiller.....	O.	1	Barba, *édit*.	
Robe et les bottes.......	V.	1	Dieulafoy (D. E.), Gersin (D. E.).	
Robe et l'uniforme.....	V.	1	7/9 Carmouche, de St-Georges Quoy.	2/9 Fr. de Courcy.
Robe feuille morte.....	V.	1		Dubois.
Robert...............	V.	2		Lemaire.
Robert...............	V.	1		Elie.
Robert Bruce..........	O.	3	2/3. Alph. Royer 1/4, Niedermeyer 1/2.	1/4 Gust. Vaëz.
Robert Bruce..........	T.	5		Beauvallet père.
Robert chef de brigands.	D.	5	Lamartelière (D. E.).	
Robert d'Evreux.......	O.	3	3/8 Et. Monnier.	5/8 Ancelot.
Robertin..............	V.	2	Dupin, Sauvage.	
Robert-le-bossu........	V.	1		Montanclos.
Robert le braconnier....	M.	3	Eug. Nus, Follet.	
Robert le brave........	C.	2	Méjanel.	
Robert le diable.......	O.	5	Scribe 1/4, G. Delavigne 1/4, Meyerbeer 1/2.	
Robert le diable........	P.	3		Franconi jeune.
Robert le diable........	V.	2	Vanderburch.	
Robert le diable........	V.	1	1/2 Dumersan.	1/2 Bouilly.
Robert le diable........	V.	1		Saintine, de Villeneuve.
Robaire Macaire.......	M.	5	1/2 St-Amand, Overnay.	1/2 Antier, Maurice Alhoy, Fréd. Lemaître père.
Robert Macaire........	V.	1		Jouhaud, Vizentini.
Robes blanches........	D.	3		Léon Gozlan.
Robespierre	M.	3	1/3 Francis C.	2/3 Anicet, Bezou, *édit*.
Robe vendue..........	V.	2		Lemaire.
Robin des bois	O.	3	1/2 Sauvage.	1/2 Castil-Blaze.
Robineau.............	V.	1	Lamerlière.	
Robin Gray...........	V.	1		Auger.
Robinson.............	V.	1	2/3 Gabriel, Dumanoir.	1/3 de Forges.
Robinson.............	V.	1		Duvert, Lauzanne, Saintine.
Robinson.............	P.	1	Dantan jeune, Bernardin.	
Robinson cadet........	V.	1	Guesdon, Barba, *édit*.	
Robinson Crusoë.......	M.	5	De Pixérécourt.	
Robinson Crusoë.......	V.	3	2/3 de Pixérécourt.	1/3 Marc-Michel.
Robinson dans son île...	V.	1	A. d'Artois, Brazier, de Rougemont.	
Robinson dans son île...	V.	1	2/4 Dumanoir, Gabriel.	1/3 de Forges.
Rocambole le bateleur...	V.	2		Lefranc, Labiche.
Roche des tombeaux ...	M.	5	1/2 Réné Périn.	1/2 Ferd. Laloue.
Roche du diable.......	M.	3	1/2 Clairville.	1/2 de Valley.
Rocher de Leucade.....	O.	1		Marsollier (D. E.), Dalayrac (D. E.).
Rocher de Sisyphe.....	C.	5	Didier.	
Rochester	D.	5	1/4 (Jouslin), *pour* Joseph B.	3/4 Antier, Th. Nézel, Bezou, *édit*.
Rochester cabaretier....	V.	1	Dumersan.	
Roch et Luc...........	V.	1		Brisebarre, Eugène Nyon.
Rock le barbu.........	O.	1	1/2 Gomis.	1/2 Duport, de Forges.
Roc l'exterminateur....	M.	3	1/2 A. Payn.	1/2 Th. Nézel.
Roderic et Cunégonde...	V.	2	Martainville (D. E.), Barba, 1/2 *édit*.	
Rôdeur	M.	3	1/3 Barba, *édit*.	2/3 Autony Béraud, Léopold.

Titres des Pièces.	Genres.	Actes.	M. GUYOT.	M. PERAGALLO.
Rôdeurs des barrières...	D.	3	Paul de Faulquemont.	
Rôdeurs du bitume.....	V.	1		De Jallais.
Rôdeurs du Pont-Neuf...	D.	5	Paul Foucher 1/4, Dinaux 1/4, Lévy, édit. 1/2.	
Rodolphe............	M.	3	5/12 Bilderbeck, Lapusse.	7/13 Hubert, Quajsain (D. E.).
Rodolphe............	M.	3	Pillon, Lambert.	
Rodolphe............	D.	1	Scribe, Melesville.	
Rodomont...........	V.	3	Brazier.	
Roger...............	V.	2	2/3 Mallian, A. d'Artois.	1/3 Alix, édit.
Roger Bontemps.......	V.	1		Léger, Chazet.
Roger Bontemps.......	V.	1	1/2 Dupin.	1/2 Favart.
Roger Bon-temps	V.	1	Clairville 2/3, B. Lopez 1/3.	
Roger Bontemps et Javotte	O.	1		Guy, Berton.
Roger de Sicile........	O.	3		Moline (D. E.).
Roi.................	V.	2	Louis Lurine, Solar.	
Roi attend............	C.	1	George Sand.	
Roi boit..............	O.	1	1/6 Jaime fils.	5/6: Mestépès 1/6. Lévy, éd., 1/6, Jonas 3/6.
Roi boit..............	V.	1	Francis.	
Roi boit..............	V.	1	Carpier, Salin.	
Roi Dagobert..........	V.	2	Clairville.	
Roi de Bohême et ses six châteaux	D.	6	Paul Meurice.	
Roi de carreau	V.	1	2/3 Chabot, Masselin.	1/3 Alix, édit.
Roi de Cocagne........	V.	2	Mélesville, Carmouche.	
Roi de cœur..........	V.	1	1/3 Lévy.	2/3 Ancelot, Decourcelle.
Roi de Grenade........	D.	3		Bruils.
Roi de la gaudriole.....	O.	1	1/2 Darcier.	1/2 de Jallais, Flan, Dagneau, édit.
Roi de la mode........	V.	3		Th. Barrière, Jules Barbier, Decourcelle.
Roi de Lombardie......	V.	2	A. d'Artois, Fulgence, Derancé.	
Roi de Prusse et le comédien	V.	1	Lhérie B.	
Roi de Ratonneau......	V.	1	Marius Bourelly.	
Roi de Rome..........	D.	5	1/3 Lévy, édit.	2/3 Desnoyers, Beauvallet, Philastre.
Roi des drôles........	V.	3		Duvert 5/12, Lauzanne 5/12 Saintine 2/12.
Roi des Frontins.......	V.	2		Lefranc, Labiche.
Roi des goguettes......	V.	3		Couailhac frères.
Roi des halles.........	O.	3	De Leuven 1/4, Lhérie B. 1/4, Adam 1/2.	
Roi de Sicile..........	O.	1	1/2 Gide.	1/2 Fréd. Soulié, Dulac.
Roi des Horigans	C.	1	De Rostan.	
Roi de trèfle et le roi de pique	V.	1		Chanin.
Roi de village.........	V.	1	1/2 Carmouche.	1/2 Ancelot.
Roi d'un jour..........	V.	2	2/3 Ferd. Langlé, Théaulon.	1/3 Fr. de Courcy.
Roi d'Yvetot	O.	3	De Leuven 1/4, Lhérie B. 1/4, Adam 1/2.	
Roi d'Yvetot	V.	1	De Rougemont, Th. Sauvage.	
Roi et la ligne.........	O.	3	1/2 A. d'Artois, Théaulon.	1/2 Bochsa.
Roi et la paix,........	O.	2		Jouy, Spontini.
Roi et le batelier.......	O.	1	1/4 De St-Georges.	3/4 Riffaut 1/4, Fr. Halévy 1/2
Roi et le fermier.......	O.	3	1/2 Monsigny (D. E).	1/2 Sedaine (D. E.).
Roi et le laboureur.....	T.	5		Arnault père.
Roi et le pâtre.........	V.	1		Cuvelier (D. E.).

Titres des Pièces.	Genres.	Actes.	M. GUYOT.	M. PERAGALLO.
Roi et le pèlerin	V.	1	Pain (D. E.).	
Roi et une reine (un)	V.	1		Labénardière, Varney.
Roi fainéant	T.	5		Ancelot.
Roi, la dame et le valet.	C.	1	Lermite.	
Roi, la dame et le valet.	V.	5	Barthélemy, Filliot.	
Roi Lear	T.	5	Ducis (D. E.).	
Roi Lear	D.	5	1/2 Duhomme.	1/2 Élie Sauvage.
Roi Lear	D.	5		Crisafulli, Devicque.
Roi malgré lui	V.	2		Ancelot.
Roi malgré lui	V.	2	2/3 Jautard, Lévy, *édit*.	1/3 Montjoye.
Roi Margot	O.	1	1/3 (Desvergers), Held.	2/3 Héquet, Thys, père.
Roi René	D.	5		Emile Marck.
Roi René	O.	2	1/4 Belle.	3/4. Sewrin 1/4, Hérold 1/2.
Roi s'amuse	D.	5	Victor Hugo.	
Rois en république	V.	2	1/2 A. Guénée.	1/2 Ch. Gabet.
Roi Théodore à Venise	O.	3	5/6 Dubuisson.	1/6 Moline (D. E.).
Roi troubadour	O.	3		Guy, Berton.
Roi troubadour	V.	1	Ledoux, Barba, *édit*.	
Roland le furieux	P.	3		Cuvelier (D. E.), Léopold.
Roland le furieux	V.	1	Cogniard frères 2/3, Rochefort père 1/3.	
Rolland de Monglave	D.	4		Loaisel de Tréogate (D. E.).
Romagnesi	O.	1	1/2 Plantade.	1/2 Lemontey.
Romains à Lyon	M.	3	1/2 Hapdé.	1/2 Frédéric.
Romainville	V.	1		Sewrin, Chazet.
Roman	C.	5		Delaville.
Roman	O.	1	1/2 Plantade.	1/2 Gosse (D. E.).
Roman à la pension	V.	1	Bayard, St-Laurent (D. E.).	
Roman au village	V.	1		Simonnin.
Roman à vendre	C.	2	Bayard.	
Romance	O.	1	de Fays.	
Romance	O.	1		Lesur, Loraux jeune, Berton.
Romance et la gavotte	V.	1	1/2 Carmouche, Mlle Huet.	1/2 Fr. de Courcy, Saintine.
Romance et le portrait	C.	1	1/3 Barba, *édit*.	2/3 Charrin, Dusaulchoy (D. E.).
Roman chez la portière.	V.	1	Gabriel, Henri Monnier.	
Roman comique	V.	3	1/3 Cormon.	2/3 d'Ennery, Chapelain Romain.
Roman de la Rose	O.	1	1/4 Jules Delahaye.	3/4. Jules Barbier 1/4, Prosper Pascal 1/2.
Roman de la Rose	V.	1		Ourry (D. E.), Chazet.
Roman du jour	V.	1	Radet (D. E.).	
Roman d'une heure	C.	1	Hoffman (D. E.).	
Roman d'un jeune homme pauvre	C.	5	Octave Feuillet.	
Roman d'un jour	V.	1	3/4 Coster, Mlle Huet.	1/4 Dumolard.
Roman du village	C.	1	Pol Mercier, Edouard Fournier.	
Roman intime	C.	1		N. Fournier.
Roman nouveau	V.	1	2/3 Varin, Vanderburch.	1/3 Blondy.
Romanowski	M.	3	1/12 Bilderbeck, Duperche, Lanusse.	1/12 Quaisain (D. E.).
Roman par lettres	V.	1	2/3 Vulpian, de Rougemont.	1/3 Fr. de Courcy.
Romantine et Agonie	V.	1	Dumersan, Hapdé.	
Rome	D.	5	1/2 Labrousse.	1/2 Ferd. Laloue.
Roméo	T.	5	Ducis (D. E.).	
Roméo et Juliette	T.	5		Fréd. Soulié.
Roméo et Juliette (*de Bellini*)	O.	4		Nuitter, Dietsch.

Titres des Pièces.	Genres. Actes.	M. GUYOT.	M. PERAGALLO.
Roméo et Juliette	O. 3		Monvel, Dalayrac (D. E.).
Roméo et Juliette	O. 3		Moline (D. E.), Porta.
Roméo et Juliette	O. 3	Ségur, Steibelt.	
Roméo et Juliette	O. 3		Mercier.
Roméo et Juliette	V. 1	Mlle Léontine.	
Roméo et Marielle	V. 1	2/3 Dumanoir, Siraudin.	1/3 Moreau.
Rompons	O. 1	3/4. Jautard 1/8, Grasset 1/8, Vernier 1/8, Vogel 1/2.	1/4 de Jallais.
Romulus	M. 3		Lamey, A. Piccini.
Romulus	C. 1	2/9 Octave Feuillet.	7/9. Alex. Dumas 2/9, Paul Bocage 2/9, Alix, *édit.* 3/9.
Roquelaure	D. 5		F. Dugué.
Roquelaure	V. 4	De Leuven, de Livry, Lhéry jeune.	
Roquelaure	V. 3	Déaddé.	
Roquelaure	V. 1	1/2 Bonnafons.	1/2 Chazet.
Rosa	M. 3	1/2 de Pixérécourt.	1/2 Leblanc.
Rosaire	D. 3		Desnoyers, Delavergne.
Rosalba d'Arantès	M. 5	Caigniez, Villiers.	
Rosalie et Dorsin	C. 1		Vallier.
Rosalinde	C. 1	1/3 Siraudin.	2/3 Thiboust, A. Scholl.
Rosaline et Floricourt	C. 1	Ségur.	
Rose	C. 2	Beaunoir.	
Rose	B. 1		Taglioni.
Rose Bernard	D. 5	1/2 Eug. Nus.	1/2 Brisebarre.
Rose blanche et la rose rouge	O. 3	1/2 de Pixérécourt.	1/2 Gaveaux.
Rose d'amour	V. 1	Monnet.	
Rose de Bohême	V. 1	1/3 Siraudin.	2/3 Delacour, Marc Michel.
Rose de Florence	O. 2	De St-Georges, Biletta.	
Rose de Péronne	O. 3	3/4. De Leuven 1/4, Adam 1/2.	1/4 d'Ennery.
Rose de Provins	V. 1		Eugène Nyon.
Rose de Saint-Flour	O. 1	1/4 Desmarquais.	3/4. Michel Carré 1/4, Offenbach 1/2.
Rose des bois	V. 1	Cogniard, Jaime fils.	
Rose du faubourg	V. 1	1/3 Simart.	2/3 Lemoine-Montigny, Alix, *édit.*
Rose et Aurèle	O. 1	1/2 Picard.	1/2 Devienne.
Rose et Blanche	V. 1	Arvers.	
Rose et Colas	O. 1	1/2 Monsigny (D. E.).	1/2 Sedaine (D. E.).
Rose et Colas	V. 1	Déaddé, Ratier.	
Rose et le buisson	B. 1		Morin-Clairanson.
Rose et l'épine	M. 1	Guillemain.	
Rose et Marguerite	V. 3	1/3 Lévy, *édit.*	2/3 Léonce, Desnoyers.
Rose et Marguerite	V. 2	Labie.	
Rose et Narcisse	O. 3		Nuitter 1/4, Beaumont 1/4, Fréd. Barbier 1/2.
Rose et noir	C. 1	Guillemain.	
Rose et Picard	C. 1	Colin d'Harleville.	
Rose et Rosette	D. 3	L¹° Halévy 2/3, Lévy, *éd.*, 1/3.	
Rose et Valmont	V. 1	1/2 Desprez.	
Rose jaune	V. 1	Léon Halévy, Fellemann.	
Rose la fruitière	V. 3		Michel Delaporte, Joseph Marie, Alix, *édit.*
Roselly	M. 3		Châteauvieux, Lamarque.
Rose magique	O. 3		Ancelot, Saintine, Berton.
Rose Ménard	M. 5	1/4 Lesguillon.	3/4 Boulé, Bretté, Alix, *édit.*
Rosemonde	T. 5		Bonnechose.

— 318 —

Titres des Pièces.	Genres.	Actes.	M. GUYOT.	M. PERACALLO.
Rosemonde	T.	1		Latour de St-Ybars.
Rosenthal	V.	1	1/2 Henrion.	1/2 Ragueneau.
Rose Pompon	V.	1		Chaulieu, Eugène Hugot.
Roses	M.	5	1/2 Mallian.	1/2 Alboize.
Roses de monsieur de Malesherbes	V.	1	Maréchalle, Barba, *édit*.	
Roses de monsieur de Malesherbes	V.	1	Brazier, De Rougemont.	
Rosette	V.	2	3/4 Déaddé 1/4, Barba, *éd*. 1/2.	1/4 Alexandre Delavergne.
Rosette et nœud coulant.	V.	1	Mélesville, Art. de Beauplan.	
Rosier	O.	1	2/3 Chalamel, Henri Potier.	1/3 Trianon.
Rosier	B.	1		Henri.
Rosier chéri	V.	1	Lacoretterie.	
Rosière d'Asnières	V.	2	Dumersan, Varin.	
Rosière de Hartewel	V.	1	A. D'Artois, Letournel.	
Rosière de Nanterre	V.	2		Saint-Amand, H. Lefebvre.
Rosière de Pantin	V.	2	Barthélemy, Lhérie B.	
Rosière de Salency	O.	3	Pezay, Grétry.	
Rosière des chalets	O.	1		Jadin.
Rosière de Verneuil	V.	1	Brazier, De Rougemont.	
Rosière espagnole	C.	3		Guy.
Rosière et nourrice	V.	1		Anicet, Tournemine.
Rosière et nourrice	V.	1	1/2 Clairville.	1/2 Th. Barrière.
Rosières	O.	3	1/2 Théaulon.	1/2 Hérold (D. E).
Rosières de Pantin	V.	2	Veyrat, Sauzay.	
Rosières de Paris	V.	1	2/3 Brazier, Carmouche.	1/3 Simonnin.
Rosina et Lorenzo	B.	1		Aumer, Darcndeau.
Rosincour et Valseran	C.	2	Duperche.	
Rosine et Almaviva	V.	1	Llanuet.	
Rosine et Héli	O.	1		Leblanc.
Rosita	V.	2		Laurencin, Pitre Chevalier.
Rosita	B.	1		Belliard.
Rossignol	O.	1	1/2 Étienne.	1/2 Lebrun.
Rossignol	V.	1		Henri.
Rossignol	V.	1	Vanderburch, Barba, *édit*.	
Rossignol de salon	V.	1	1/3 Déaddé.	2/3 Montépin, Alix, *édit*.
Rossini à Paris	V.	1	1/2 Scribe.	1/2 Mazères.
Rothomago	V.	1	Cogniard frères.	
Rôtisseur de la rue de l'Échelle	V.	1	Mélesville, Brazier.	
Rotonde du Temple	D.	3	1/2 Ed. Martin.	1/2 Alb. Monnier.
Roue de fortune	V.	1	Deligny.	
Roué innocent	C.	1	Delvin.	
Rouenneries	R.	1	E. Corne, Desportes.	
Roueries de Tiennette	V.	2	1/2 Ad. Guénée.	1/2 Porcher.
Roueries du marquis de Lansac	V.	3	1/3 Labie.	2/3 Lubize, Briseharre.
Roués	D.	3	Bayard, Sauvage.	
Roués innocents	V.	1	1/2 Lévy, *édit*.	1/2 Lefranc, Verconsin.
Rouffignac	V.	1	Patrat.	
Rouffinac	C.	1	(Maurin), Mme Charlemagne.	
Roufflot	V.	1		De Lajariette, Bricet.
Rouge gorge	V.	1	1/2 Ad. Choler.	1/2 Labiche.
Rouget de l'Isle	C.	2	Marius Bourelly,	
Roulier	M.	3		Ménissier, Ferdinand Laloue, Saint-Hilaire.
Rouliers	V.	1	Brazier, Dumersan, Gabriel.	
Rousseau à ses derniers moments (J.-J.)	D.	1		Bouilly.

Titres des Pièces.	Genres.	Actes.	M. GUYOT.	M. PERAGALLO.
Rousseau au Paraclet...	C.	2		Aude.
Rousseau et madame Angot parvenus.......	V.	1		Hector Chaussier.
Rousseau persécuté (J.-J.)	D.	2		Mme Belfort.
Route d'Aix-la-Chapelle.	V.	1	A. D'Artois, Théaulon.	
Route de Bordeaux....	V.	1	Désaugiers (D. E.), Gentil, Gersin (D. E.).	
Route de Brest.........	D.	5	1/2 E. Nus.	1/2 Brisebarre.
Route de Paris.........	V.	1	Théaulon, A. D'Artois.	
Route de Poissy.......	V.	1	A. D'Artois, Francis D.	
Route de Reims........	V.	1	Duvernois.	
Routiers..............	D.	5		Latour de Saint-Ybars.
Roux le timide........	M.	3		Simonnin, Alboize.
Roxelane de Châtou....	V.	1		Sewrin.
Royal cravate..........	V.	1		Perrot de Renneville, Nantuile
Royalistes de la Vendée..	P.	3		Cuvelier (D. E.).
Royal pendard........	V.	2	1/2 Paul Foucher.	1/2 D'Ennery.
Royal tambour........	V.	1	1/2 De Léris.	1/2 Brisebarre.
Royaume des femmes...	V.	2	1/2 Cogniard frères.	1/2 Desnoyers.
Royaume des fleurs....	B.	2		Berton.
Royaume du calembour..	R.	3	Th. Cogniard, Clairville.	
Royaume du poëte.....	V.	3	1/2 Ulric Lemaire.	1/2 Dunan-Mousseux.
Rozelina.............	M.	3		Gibert, Quaisain (D. E.).
R. S. T..............	V.	1	1/2 Maréchalle.	1/2 Poujol père.
Ruban d'amour.......	C.	1	Ribié (D. E.).	
Rubans d'Yvonne	V.	1		Thiboust, H. de Kock, Alix, *éd.*
Ruban vert..........	V.	1	De Rostan.	
Ruche céleste........	V.	1		Dubois.
Rue de la Lune.......	V.	1	Varin, Boyer Partout.	
Rue de Lappe........	M.	3	1/3 Clairville.	2/3 J. Augier, Salvat.
Rue de l'Homme-Armé, 8 bis..............	V.	5		Labiche, Nyon.
Rue des Martyrs, n° 99..	V.	1	1/2 Royer de Bruges.	1/2 Victor Lefèvre.
Rue du Carrousel......	V.	1	Lassagne, Vulpian, Th. Anne.	
Rue Laffitte et la rue du Temple.............	V.	1		Edouard Meyer.
Rue Mercière.........	V.	1	Arm. Croissette.	
Rue Quincampoix.....	D.	5		Ancelot.
Rue Quincampoix.....	V.	2		Alboize.
Rues de Paris.........	D.	5		Grangé, Thiboust, Delacour.
Ruffin le bossu........	V.	2	Dupin, Sauvage, Blosse.	
Ruines d'Athènes......	O.	3		Escudier.
Ruines de Babylone....	M.	3	De Pixérécourt.	
Ruines de l'abbaye....	M.	5	5/6 Mélesville.	1/6 Quaisain (D. E.).
Ruines de la Grança....	M.	3	1/3 Saint-Amand.	2/3 H. Dulong, Villemot.
Ruines de Paluzzi.....	M.	5	1/2 Dabaytua, Barba, *édit.*	1/2 Leblanc.
Ruines de Pompéia....	M.	3	De Pixérécourt.	
Ruines de Rome.......	P.	1	1/2 Hapdé.	1/2 Foignet (D. E.).
Ruines de Sainte-Marguerite..............	M.	3		Coffin-Rosny (D. E.).
Ruines de Vaudemont...	D.	4		Lajariette, Boulé, Alix, *édit.*
Rupture embarrassante..	C.	1	Dabaytua.	
Rupture inutile........	C.	1	Forgeot.	
Ruse contre ruse......	O.	2		Jadin.
Ruse contre ruse......	C.	2	Dumaniant (D. E.).	
Ruse de Figaro........	B.	1		A. Renoux.
Ruse d'un jaloux......	C.	1	Lion, Barba, *édit.*	
Ruse d'un jaloux......	C.	1	1/2 Barba, *édit.*	1/2 Aude.

— 320 —

Titres des Pièces.	Genres.	Actes.	M. GUYOT.	M. PERAGALLO.
Ruse et folie	C.	3		Ourry.
Ruse et folie	O.	1	Lanusse, Pessey.	
Ruse et vanité	V.	3		Desnoyers.
Ruse inutile	O.	2	Hoffman(D.E.), Nicolo(D.E.).	
Ruse inutile	C.	1	Pompigny.	
Ruse pour ruse	C.	1	Raucourt.	
Ruses de Crispin	V.	1	Lange.	
Ruses déjouées	C.	3	Dumaniant (D. E.).	
Ruses de Nicolas	C.	1	Alexandre, Gabriel.	
Ruses du mari	C.	3		Delrieu.
Ruses d'un mari jaloux	V.	1	Jautard.	
Ruses espagnoles	V.	1		Coralli.
Ruse villageoise	V.	1		Sewrin.
Russe	D.	2		Alboize, Desnoyers.
usses peints par eux-mêmes	D.	5	1/2 E. Moreau.	1/2 Valney.
Rustant	V.	1		Sewrin.
Ruy-Blag	P.	1	Carmouche, Varin, Huart.	
Ruy-Blas	D.	5	Victor Hugo.	
Ruy-Brack	P.	3	1/2 Barba, *édit*.	1/2 Maxime de Redon.

S

Titres des Pièces.	Genres.	Actes.	M. GUYOT.	M. PERAGALLO.
Saakem	M.	5	5/12 Bernos.	7/12 Ragueneau, Quaisain (D. E.).
				Faur, A. Piccini.
Sabot de Fidélité	M.	3		
Sabotier ambitieux	M.	4	2/3 Dumersan, Barba, *édit.*	1/3 T. Nézel.
Sabotière	V.	3	2/3 Bayard, Lafitte.	1/3 Desnoyers.
Sabotier polonais	V.	2	Scribe, Mélesville, Carmouche.	
Sabotiers	O.	1	1/2 Pigault-Lebrun (D. E.).	1/2 Bruni.
Sabotiers béarnais	V.	1	Moreau, Gentil.	
Sabot miraculeux	P.	3		Frédéric, Leblanc.
Sabot perdu	V.	2	Piis (D. E.), Barré (D. E.).	
Sabots de la marquise	O.	1	1/2 Ernest Boulanger.	1/2 J. Barbier, Michel Carré.
Sabots de Marguerite	V.	1		Marc-Michel, Eug. Moreau.
Sabots et les souliers	V.	1	Jaime.	
Sabre de bois	V.	1	De Rougemont, Gentil.	
Sabre magique	V.	1	Gabriel.	
Sac à charbon	V.	1	Carmouche.	
Sac à malices	F.	5		Meyer.
Sac ambulant	V.	1	1/2 Brazier.	1/2 Sewrin.
Sac d'argent	C.	1	Pompigny.	
Sac de Scapin	V.	1	Théaulon, E. Noël, Sirey.	
Sac et la corde	P.	2		Cuvelier (D. E.).
Sac et le portefeuille	C.	1	1/2 De Pixérécourt.	1/2 Loaisel de Tréogate.
Sacountala	B.	2	1/3 Reyer.	2/3 Petipa, Th. Gautier.
Sacrifice aux grâces	C.	1	Andrieux.	
Sacrifice d'Abraham	M.	4	1/4 Desforges.	3/4 Cuvelier (D. E.), Léopold, E. Hus.
Sacrifice d'Isaac	V.	2	Martainville (D. E.).	
Sacrifice indien	B.	3		Henri.
Sacrifice interrompu	O.	3		Saur, Saint-Geniès, Crémont, Vogt.
Sacripant	V.	3		Jouhaud.
Sage à la foire Saint-Germain	V.	2	Barré (D. E.), Radet (D. E.), Desfontaines (D. E.).	
Sage à la foire Saint-Laurent	V.	2	Barré (D. E.), Radet (D. E.), Desfontaines (D. E.).	
Sage amoureux	C.	1	Bonafons.	
Sage de dix-huit ans	C.	1	Désaugiers (D. E.), Dumersan.	
Sage de vingt ans	C.	3	Draparnaud (D. E.).	
Sage et coquette	V.	1	2/3 Brazier, Dumersan.	1/3 Merle.
Sagesse et folie	V.	2	Dumersan, Barba, *édit.*	
Sage et le fou	C.	3	Méry, B. Lopez.	
Sagesse humaine	V.	1		Favart fils.
Sage voleur	V.	1	Désaugiers, Barba, *édit.*	
S'aimer sans y voir	V.	1		Montjoie, Chaulieu, Mifliez, *édit.*
Sainclair	C.	1	De Rougemont.	

Titres des Pièces.	Genres.	Actes.	M. GUYOT.	M. PERAGALLO.
Saint-André (La Nuit de)	O.	1	1/4 Léon Halévy.	3/4. H. Lucas 1/4, Bazzoni 1/2.
Saint-Aubin	C.	1	Rouhier-Deschamps.	
Saint-Barthélemy	V.	1	Cogniard frères 2/3, Dumanoir 1/3.	
Saint-Charles	V.	1	Désaugiers (D. E.).	
Saint-Charles	V.	1	Brazier, Dumersan, Gabriel.	
Saint-Charles	V.	1	2/3 Théaulon, Rousseau.	1/3 Fr. de Courcy.
Saint-Charles à Dieppe	V.	1	Théaulon, Dormeuil.	
Saint-Denis	V.	3	Dumanoir, Mallian, A. d'Artois, Riga.	
Saint-Drié	C.	1	Valcour.	
Sainte-Catherine	V.	3	Carmouche.	
Sainte-Cécile	O.	3	1/2 Montfort.	1/2 Ancelot, Decomberousse.
Sainte-Claire	O.	3		Oppelt 1/2, S. A. R. le duc de Saxe-Cobourg 1/2.
Sainte-Croix braconnier	V.	1	Martainville (D.E.), Barba, éd.	
Sainte-Foix braconnier	V.	1	Martainville (D.E.), Barba, éd.	
Sainte-Hélène	D.	1	Salin, De Tully.	
Saint-Hubert	P.	3		Cuvelier (D. E.).
Saint-Hubert (Une)	V.	1	De Longpré.	
Saint-Hubert	D.	1		Boisseaux, Alix, édit.
Saint Elmond et Verseuil	C.	4	Ségur jeune.	
Sainte-ni-touche	V.	2	1/2 Vanderburch.	1/2 Mourier.
Sainte-Périnne	V.	1	Théaulon, Lebas, Overnay, Barba, édit.	
Saint-Évremont à Londres	C.	2		Marsollier (D. E.).
Saint-Jean	C.	3	Picard (D. E.).	
Saint-Jean	V.	2		Auger.
Saint-Louis	V.	1	De Saint-Georges, Dupin.	
Saint Louis à la ferme	V.	1	A. d'Artois, Th. d'Artois, Th. Anne.	
Saint-Louis à Madrid	V.	1	Martin, A. Dubois.	
Saint-Louis au bivac	V.	1	1/3 Henri Simon.	2/3 F. Laloue, Merle.
Saint Louis au boulevard du Temple	V.	1	(Jouslin), Joseph B.	
Saint-Louis des artistes	V.	1		F. Laloue, Merle, Simonnin.
Saint-Louis villageoise	V.	1	2/3 De Rougemont, Brazier.	1/3 Merle.
Saint-Lundi	V.	3	1/2 Clairville.	1/2 D'Ennery.
Saint-Martin	V.	1	Dupin.	
Saint-Nicolas	V.	1	2/3 Clairville.	1/3 Salvat.
Saint-Simonistes	V.	1	2/3 de Rougemont, Brazier.	1/3 Fr. de Courcy.
Saint-Simoniens	P.	1	F. Langlé, Vanderburch.	
Saint-Sylvestre	O.	3	Mélesville 1/3. Michel Masson 1/3, Bazin 1/3.	
Saint-Sylvestre	V.	1		Desnoyers, Anicet.
Saint-Valentin	V.	1		Guyot de Fer.
Saint-Valentin	V.	1		Duvert, Paul Duport.
Saint Vincent de Paul	M.	3	Bouchardy.	
Saisie	V.	1	Brazier.	
Saisons	B.	1	Mme de Saint-Onge.	
Saisons	O.	3		J. Barbier 1/4, M. Carré 1/4, V. Massé 1/2.
Saisons vivantes	R.	1	2/3 A. d'Artois, De Besselièvre.	1/3 Roger de Beauvoir.
Sait-on qui gouverne?	V.	2	Mélesville, Carmouche.	
Salade d'oranges	V.	1	Desvergers, Varin.	
Salamandre	V.	4	3/4 De Livry, De Leuven, Barba, édit.	1/4 De Forges.
Salamandre	V.	3	1/3 Mélesville.	2/3 Decomberousse, Antier.

— 323 —

Titres des Pièces.	Genres.	Actes.	M. GUYOT.	M. PERAGALLO.
Salines de Limoges	V.	1	2/3 Henri Simon, Rozet.	1/3 Ourry (D. E.).
Salle d'armes	V.	1	Barthélemy, Lhérie jeune, Vidal.	
Salle d'armes	V.	1	Bayard, Gabriel.	
Salle de bains	V.	2		Antier, Decomberousse, Alix, édit.
Salle de police	V.	1	2/3 Carmouche, Vanderburch,	1/3 Bezou, édit.
Salle des pas perdus	V.	1	2/3 F. Langlé, Francis D.	1/3 Fr. de Courcy.
Salomon de Caus	D.	4	Bignon.	
Salomon de la rue de Chartres	V.	1		Dubois, Chazet.
Salon dans la mansarde.	V.	1	Salin, De Berruyer.	
Salon de 1831	V.	1	Bayard, Brazier, Varner.	
Salon de dix-huit cent vingt-sept	V.	1	2/3 Vanderburch, De Saint-Georges.	1/3 Simonnin.
Salon de la rue du Coq	V.	1	De Rougemont, Dumersan.	
Salon de Montargis	V.	1	Ernest.	
Salon et la mansarde	V.	1	Étienne Arago.	
Salon et le galetas	M.	3		Léopold.
Salon et le grenier	V.	1		Ponet.
Salon mystérieux	V.	1	Honoré.	
Salpêtrière	D.	5	1/2 Paul Foucher.	1/2 Alboize.
Saltarello	B.	1		Lindheim.
Saltimbanques	V.	3	Dumersan, Varin.	
Salvator Rosa	D.	5		Ferd. Dugué.
Salvator Rosa	V.	2	1/3 Labie.	2/3 Desnoyers. J. Augier.
Salvoisy	V.	3	2/3 Scribe, De Rougemont.	1/3 Decomberousse.
Samaritaine	V.	1	1/3 Gabriel.	4/3 Alix, éd. 1/3 M. Delaporte.
Samedi, Dimanche et Lundi	V.	3	1/2 Vanderburch.	4/2 Ch. Dupeuty.
Samson	T.	5	Valcour.	
Samson	B.	3		Henri.
Samson et Dalila	P.	5	1/3 Lapointe.	2/3 Grangé, Lévy; édit.
Samson et Dalila	V.	2	Paul de Kock.	
Samuel le marchand	M.	5		2/3 Montigny, Meyer, 1/3 Barba, édit.
Sancho de Bisnascar	M.	3		Aude, Goldmann, Quaisain (D. E.).
Sancho Pança dans l'île de Barataria	P.	2	1/6 Dreuilh.	5/6 Cuvelier, Franconi jeune.
Sangarido	O.	1	3/4 De Planard 1/4, Carafa 1/2.	1/4 Pélissier.
Sanglier des Ardennes	D.	5	Vanderburch.	
Sang mêlé	D.	5	Plouvier, Porcher, Lévy, éd.	
Sangsue	V.	1	1/3 Ferd. Langlé.	1/2 De Villeneuve.
Sans adieux	C.	1		Beffroy-Reigny.
Sans cravate	V.	6	Paul de Kock, Tresse, édit.	
Sandis et goddam	V.	1	1/2 De Tully.	1/2 Feu Favières.
Sans dot	V.	1		Brisebarre, Ch. Potier.
Sans gêne	V.	1	Désaugiers (D. E.), Gentil.	
Sans le vouloir	C.	1		Ch. Delacour, Marc Michel.
Sans lumière	V.	1		Antier fils.
Sans nom	V.	1	1/3 Théaulon.	2/3 E. Desnoyers, Alix, édit.
Sansonnet	V.	1	Daniel, Barba, édit.	
Sans queue ni tête	F.	3	Th. Cogniard, Clairville.	
Sans souci	V.	1	Ledoux, Belle, Barba, édit.	
Sans tambour ni trompette	V.	1	2/3 Brazier, Carmouche.	1/3 Merle.
Santeuil	V.	1	2/3 Brazier, De Livry.	1/3 De Villeneuve.
Santeuil et Dominique	V.	3	Piis (D. E.).	

Titres des Pièces.	Genres.	Actes.	M. GUYOT.	M. PERAGALLO.
Sapajou.............	P.	3		Frédéric.
Sapajou.............	V.	1	Dumersan.	
Sapeur de Mayence.....	V.	1		Anicet, Brisebarre.
Saphira.............	M.	3		Hubert, L'Étoile.
Sapho.............	O.	3	Mme Pipelet et Martini.	
Sapho.............	O.	3	De Cournol 3/4, Empis 1/4, Reicha 1/2.	
Sapho.............	O.	3	Émile Augier, Gounod.	
Sapho.............	D.	1		Philoxène Boyer.
Sapho de Lyon........	V.	1	2/3 Dupaty, Joseph Pain.	1/2 Bouilly.
Sara...............	V.	2	18/36 Michel Masson, De Leuven, Barba, *édit.*	18/36 De Villeneuve.
Sarabande du cardinal...	V.	1	Henri Meilhac.	
Sarah.............	O.	2	Mélesville, Grisar.	
Sarah la créole........	D.	5	1/2 Jaime fils.	1/2 Decourcelle.
Sarah la juive.........	M.	3		Deschamps, Fontaine.
Sarah la juive.........	M.	3	Eug. Nus, Follet.	
Sarah Walter..........	V.	2		De Prémaray.
Sardanapale..........	D.	5	Lefèvre.	
Sardanapale..........	D.	5	Vaucheret.	
Sardines et graines d'épinards.............	V.	3		Touchard-Lustières.
Sargines.............	O.	3	1/2 Monvel (D. E.)	1/2 Dalayrac (D. E.).
Sargines de village.....	O.	1		Valville, Eug. Hus, Bruni.
Satan..............	V.	4	1/2 Clairville.	1/2 Damarin.
Satania.............	V.	2	Henri Meilhac.	
Saturnales...........	V.	1	2/3 Carmouche, Brazier.	1/3 Mazères.
Saturnales modernes....	C.	4	Bodard.	
Satyre et les Napées....	B.	1		Finart.
Satires de Boileau......	C.	1		Sewrin.
Sauf-conduit........	V.	2	1/2 Fulgence.	1/2 Hip. Rimbault.
Saül...............	T.	5		Alex. Soumet.
Saül...............	O.	3	1/2 Desprez, Deschamps.	1/2 Morel-Chédeville, Lachnith
Saül et David.........	M.	3	5/6 Lanusse, Caigniez, Lion.	1/6 Leblanc.
Saut de Leucade.......	V.	3		Mme Belfort.
Saut du Doubs........	V.	1	Thurbet.	
Saute marquis.........	V.	2	Devaux 2/3, Labie 1/3.	
Saute-ruisseau........	V.	3	Vernet.	
Saute-ruisseau........	V.	1	1/2 Vanderburch.	1/2 Biéville.
Sautez le fossé........	V.	1	Barré.	
Saut périlleux.........	V.	1	1/2 Déaddé.	1/2 Montjoye.
Sauvage du département de l'Aveyron........	V.	1	2/3 Dupaty, Séguier.	1/3 Chazet.
Sauvage muet.........	M.	3		Delorme.
Sauvages.............	O.	3		Lachabeaussière (D. E.), Dalayrac (D. E.).
Sauvages.............	M.	3		Leblanc.
Sauvages de la Floride..	B.	3		Henri, Darondeau.
Sauvages de la mer du Sud	B.	1		Milon.
Sauvages de la montagne d'or.............	M.	3	Hapdé.	
Sauvages du Canada....	O.	3		Delrieu, Jadin.
Sauvages du Canada....	B.	2		E. Nus, A. Piccini.
Sauveur.............	V.	3	Léon Halévy, Lhérie jeune, Ach. D'Artois.	
Savant.............	V.	2	Scribe, Monvel.	
Savant de naissance....	V.	1	Dieulafoy (D. E.), Barré (D. E.), Radet (D. E.), Desfontaines (D. E.).	
Savetier de Chartres....	V.	1	Tiercelin.	

Titres des Pièces.	Genres.	Actes.	M. GUYOT.	M. PERAGALLO.
Savetier de la rue Charlot	C.	1	(Maréchalle) pour Barba, éd.	
Savetier de la rue Quincampoix	D.	5		D'Ennery, H^{or} Crémieux.
Savetier de Toulouse	M.	3	Merville, Francis C., Barba, éd.	
Savetier en goguette	V.	1		Lamiral.
Savetier et l'apothicaire	V.	1		Tournemine, Decour, Charrin.
Savetier et le financier	O.	2	Lourdet-Santerre, Rigel père.	
Savetier et le financier	O.	1	1/4 Ed. About.	3/4. Crémieux 1/4, Offenbach 1/2.
Savetier et le financier	V.	1	2/3 Brazier, Barba, édit.	1/3 Merle.
Savetier et le financier	V.	1	Piis (D. E.).	
Savetier et marquis	M.	3	Déaddé.	
Savetier instituteur	V.	1		Dulong, Villemot, Charrin.
Savetier instituteur	V.	1		Blondy.
Savetiers francs-juges	V.	2	Barrière jeune.	
Savetiers francs-juges	D.	1	Lafontaine, Hip. Leroux.	
Savoir et courage	C.	3	Draparnaud.	
Savoir-faire	O.	3		Lebrun-Tossa, Gresnick.
Savonnette et toupet	B.	2		Charrin.
Savonnette impériale	V.	2	2/3 Dumanoir, Mallian.	1/3 Anicet.
Sbogar	V.	1	De Rougemont.	
Scandale	V.	1		Duvert, Lauzanne.
Scapin	V.	1	Carmouche, Guinot.	
Scapin tout seul	V.	1	Dumersan, Moreau.	
Scaramouche	V.	2	3/4 De Leuven, de Livry, Barba, édit.	1/4 de Forges.
Scaramouche et Pascariel	C.	1		Michel Carré.
Scélérat d'amour	V.	1		Alb. Monnier.
Scélérat de Poireau	V.	1	2/3 Clairville, Pol Mercier.	1/3 de Jallais.
Scellé	V.	1	Desprez.	
Scellé	C.	1	Magne Saint-Aubin.	
Scellé	C.	1		Chaussier.
Scène de Pourceaugnac	V.	1		Bellot.
Scène de tragédie	V.	1		Sewrin.
Scènes sur Seine	V.	1	Dumersan, G. Duval.	
Scène sur scène	V.	1	Lhérie B., de Leuven, Arthur de Beauplan.	
Scénomane	C.	1		Levasseur.
Sceptre et la Charrue	O.	3	2/3 Théaulon, A. d'Artois.	1/3 A. Piccini.
Schabaham	V.	1		Jouhaud.
Schabaham deux	V.	1	1/2 Scribe.	1/2 Saintine.
Schabaham deux	O.	1	1/4 de Leuven.	3/4. Michel Carré 1/4, Eug. Gautier 1/2.
Schamyl	D.	5	Paul Meurice.	
Schaylock	M.	5		Dulac, Alboize.
Schérif	O.	3	1/2 Scribe.	1/2 Fromental Halévy.
Schneïder	D.	3		De Villeneuve.
Schœnbrun et Sainte-Hélène	M.	3		Dupeuty, Règnier Détourbet.
Schubry	V.	1		De Forges, Duport, Alix, éd.
Science du diable	R.	3	3/4. Clairville 1/2, A. Guénée 1/4.	1/4 Jouhaud.
Scripion	V.	3	Rochefort, A. d'Artois.	
Sculpteur	C.	2	Mme Beaunoir.	
Sculpteur	V.	1	Beaunoir D., E.	
Sculpteur	V.	1	2/3 Théaulon, Barba, édit.	1/3 Biéville.
Sculpteur	C.	1		Arnould.
Sculpteur en bois	C.	1	Magne Saint-Aubin.	
Scythes et les amazones	V.	1	Barré (D. E.), Radet (D. E.).	
Sébastopol	V.	1	Maurice Bouquet, E. Jaloux.	

— 226 —

Titres des Pièces.	Genres.	Actes.	M. GUYOT.	M. PERAGALLO.
Sébastopol	V.	1		Hip. Lefebvre.
Seconde année	V.	1	Scribe, Mélesville.	
Seconde jeunesse	C.	4	Mario Uchard.	
Secondes amours	C.	1		Anicet, Tournemine.
Secondes noces	V.	2	Mélesville, Carmouche.	
Second mari de ma femme	V.	2	1/2 Mélesville.	1/2 Saintine.
Second père	V.	1		Balathier, Nyon.
Second Théâtre-Français	V.	1	Moreau, Dupin, Carmouche, Gabriel.	
Secours contre l'incendie.	V.	1		Lefranc, Nyon.
Secret	V.	3		Arnould, N. Fournier.
Secret	O.	1	1/2 Hoffman (D. E.).	1/2 Solié.
Secrétaire de madame	V.	1		Marc Michel, Labiche.
Secrétaire et le cuisinier.	V.	1	Scribe, Mélesville.	
Secrétaire intime	D.	3	Lelioux.	
Secrétaire intime	V.	1	1/2 Ferd. Langlé, Cavé.	1/2 Alboize, P. Duport.
Secrétaire mystérieux	C.	2	Patrat fils.	
Secrétaires	C.	2	De Rougemont.	
Secret de cour	C.	1		Arnould, N. Fournier.
Secret découvert	C.	1	Dumaniant.	
Secret de famille	D.	5		Belot 2/3, Barbré; édit. 1/3.
Secret de famille	V.	4		Ancelot, Decomberousse.
Secret de famille	V.	3	1/2 Michel Masson, Bourdereau.	1/2 Alboize, Alix, édit.
Secret de famille	V.	3		Demonval.
Secret de femme	V.	3	3/4 Philibert.	1/4 David.
Secret de gagner au jeu.	V.	1	2/3 Francis D., Servières.	1/3 Belurgey.
Secret de la confession	D.	5		A. Soumet.
Secret de la future	V.	1	2/3 Lhérie B., Mallian.	1/3 St-Hilaire.
Secret de la reine	O.	3	3/4. De Leuven 1/4, Amb. Thomas 1/2.	1/4 Rosier.
Secret de l'oncle Vincent.	O.	1		Boisseaux, Delajarte.
Secret de madame	V.	1	1/2 Moreau.	1/2 Dumolard.
Secret de ma femme	V.	1	1/3 de Pages.	2/3 de Cormette, Lubize.
Secret de mon oncle	V.	1	3/4 Desvergers, Varin, Étienne Arago.	1/4 Alix, édit.
Secret des cavaliers	D.	6	Bouchardy.	
Secret d'État	V.	3	2/3 Dinaux, Barba, édit.	1/3 de Forges.
Secret d'État	V.	1	1/3 Eug. Sue.	2/3 Villeneuve, E. Magnien.
Secret d'État	V.	1		Lemoine-Montigny, Lefort.
Secret du ménage	C.	2	Creuzé.	
Secret d'une mère	V.	1		Duport, Monnais.
Secret du soldat	D.	3	1/3 Michel Masson.	2/3 Mourier, Maurice Alhoy.
Secret gardé par les femmes	C.	2	Gabiot.	
Secret du diable	F.	2	2/3 Clairville.	1/3 Vaulabelle.
Secret révélé	C.	3		Feu Monvel, Decomberousse.
Secret terrible	V.	1		Dutertre, Labénardière.
Séducteur amoureux	C.	5	Longchamps.	
Séducteur amoureux	V.	1	Dumersan.	
Séducteur champenois	V.	1	1/2 Barba, édit.	1/2 Saintine.
Séducteur de la rue Coquenard	V.	1		P. Martin.
Séducteur en voyage	C.	3	Dupaty.	
Séducteur en voyage	O.	2	1/2 Dupaty.	1/2 Boïeldieu.
Séducteur et le mari	M.	3	1/2 Ch. Lafont.	1/2 Porcher, Alix, édit.
Séducteur et son élève	V.	2		Desnoyers.
Séducteurs	V.	1	Leconte.	
Séduction	O.	3	1/2 Dupaty, Reicha.	1/2 Révérony Saint-Cyr, Dourlen.

Titres des Pièces.	Genres.	Actes.	M. GUYOT.	M. PERAGALLO.
Séduction	B.	3	1/2 Léon.	1/2 Anicet.
Séduction	M.	3	De Pixérécourt.	
Séductions	V.	2	2/3 Théaulon, Barba, édit.	1/3 Paul Duport.
Séduction	V.	2		Ancelot, Auger.
Se fâchera-t-il?	V.	1	Barré, Bourgueil.	
Se fâchera-t-il?	V.	1		Ponet.
Seigneur bienfaisant	V.	1	Solomé.	
Seigneur de Lauvanet	V.	1		Vanel.
Seigneur des broussailles.	C.	1	2/3 Georges Duval, Beck, éd.	1/3 Th. Barrière.
Séjour militaire	O.	1		Bouilly, Auber.
Sélico	M.	5	Ribié.	
Sélico	O.	3		Saint-Just.
Sélico	D.	3	De Pixérécourt.	
Selma	D.	1		Viennet.
Selmours de Florian	C.	3	Latouche.	
Semaine à Londres	V.	3	2/3 Clairville.	1/3 Vaulabelle.
Semaine des amours	V.	2	Dumanoir, Malliän.	
Semaine des ouvriers	V.	3		Alf. Delacour, Eug. Moreau.
Se mariera-t-il?	V.	1	Radet (D. E.), Coupigny.	
Se mariera-t-il?	V.	1	Comas; Delaboullaye.	
Semestrier	M.	1		Ponet.
Sémiramis	O.	4	Mondutaigny.	
Sémiramis	O.	4	Lafont de Nîmes.	
Sémiramis	O.	3		Desriaux.
Sémiramis	V.	3	Castel.	
Sénateur	V.	1	Dumanoir 1/2, Laurey 1/4, Barba, édit. 1/4.	
Sentence de mort	D.	3	1/2 Merville.	1/2 Cergy.
Sentiment et l'almanach	V.	1	2/3 Et. Arago, Desvergers.	1/3 Bezou, édit.
Sentinelle	V.	1	1/3 Morin.	2/3 G. Lemoine, D'Ennery.
Sentinelle oubliée	V.	1	Bildelberck.	
Sentinelle perdue	O.	1	1/4 De Saint-Georges.	3/4. Alix, éd. 1/4, Rifaut 1/2.
S'en tirera-t-il?	V.	1	Radet (D. E.).	
Séparation	C.	3	Mélesville, Carmouche.	
Séparation	C.	3	Empis.	
Séparation	V.	1	1/2 Carmouche.	1/2 Fr. de Courcy.
Sept billets	V.	7	2/3 Clairville.	1/3 Maurice Alhoy.
Sept châteaux du diable.	D.	3	1/2 Clairville.	1/2 D'Ennery.
Sept et deux font trois	V.	1	Saint-Félix, Barba, édit.	
Sept femmes de Barbe-Bleue	V.	3	1/2 Michel-Masson.	1/2 Anicet.
Sept heures du soir	M.	3	1/2 Victor Ducange.	1/2 Anicet.
Sept infants de Lara	D.	6		Félicien Mallefille.
Sept merveilles du monde.	F.	5		D'Ennery, Grangé.
Sept merveilles du monde.	V.	2	Carmouche, Varin.	
Sept merveilles du numéro sept	P.	3	1/2 Cormon.	1/2 Grangé.
Sept péchés capitaux	D.	5		Anicet, D'Ennery.
Sept péchés capitaux	V.	1	Lhérie jeune, De Leuven, A. d'Artois.	
Sept péchés capitaux	V.	1	Déaddé, A. Choler.	
Sept petites merveilles	V.	3		Charles Bridault.
Septuagénaire	M.	4	1/2 Merville.	1/2 Albitte.
Sérail	M.	3	5/6 Hapdé, Dabaytua.	1/6 Leblanc.
Sérail du sultan chez Bibi.	V.	3	1/2 Marius Bourelly.	1/2 Avenel.
Sérail en goguette	V.	1	2/3 Moreau, Lafortelle.	1/3 Merle.
Séraphina	O.	1	De Saint-Georges 1/4. Dupin 1/4, Saint-Julien 1/2.	
Sera-t-il médecin?	O.	1	Dumersan, Pacini.	
Sérénade	O.	1	1/4 Garcia.	3/4 Sophie Gay, Sophie Gaïl.

Titres des Pièces.	Genres. Actes.	M. GUYOT.	M. PERAGALLO.
Sérénade	O. 1		Javelot.
Serf et le boyard	M. 3	1/2 Dupin, Sauvage.	1/2 Blondy.
Serfs de la Scandinavie.	M. 3		Hubert, A. Piccini.
Serfs polonais	M. 3	Lemercier.	
Sergent de Chevert	V. 1	1/3 Duvernois.	2/3 C. Dupeuty, de Villeneuve.
Sergent de la quarante-deuxième	V. 5	Jacq. Arago, Chiarini Lange, Tétin.	
Sergent Frédéric	D. 5	4/5 Vanderburch, Dumanoir.	1/5 E. Déjazet.
Sergent l'Amour	V. 2		Béraud, Henri de Kock.
Sergent l'heureux	V. 2	2/3 Et. Arago, Bertrand.	1/3 Auger.
Sergent Mathieu	V. 3		Ch. Dupeuty, Saintine, de Villeneuve.
Sergent polonais	M. 3	3/6 Rigaud jeune.	1/6 A. Piccini.
Sergent Wilhelm	V. 3	Maréchalle.	
Séringa	V. 1	A. Gouffé, G. Duval, Tournay.	
Serment	O. 3	1/4 Scribe.	3/4. Mazères 1/4, Auber 1/2.
Serment	V. 2	De Leuven, Dumanoir, Barba, édit.	
Serment de collége	V. 1	1/2 Desvergers, Et. Arago.	1/2 Decomberousse.
Serment de femme	V. 1	Latitte, Cormon, A. d'Artois.	
Serment d'ivrogne	V. 1		Anicet, Tournemine.
Serments	C. 3		Viennet.
Serments	V. 1	1/2 E. Nus.	1/2 Philastre.
Serpent de la paroisse	V. 1	1/2 Clairville.	1/2 Victor Roger.
Serpent de la rue Lacépède	V. 1	Baric.	
Serpent sous l'herbe	V. 1	*Delestre Poirson.*	
Serpent sous l'herbe	V. 1		2/3 Durantin, 1/3 Lévy, *édit.*
Serranos	M. 3		Mourier, Béraud.
Serrurier	V. 3	2/3 Vanderburch.	1/3 Decomberousse.
Serrurier	O. 1	Quétant.	
Serrurier d'Offenbach	D. 3		Jouhaud.
Servante	D. 5	1/2 E. Nus.	1/2 Brisebarre.
Servante	V. 1	Théaulon, Th. Anne, Barba, *éd.*	
Servante de Greenwich	B. 3	4/9 De Saint-Georges, de Flotow.	5/9 Mazillier, Burgmuller, Deldevez.
Servante de Palaiseau	M. 3	5/12 Caigniez.	7/12 Daubigny, A. Piccini.
Servante de Palaiseau	V. 1		Henri de Kock.
Servante de qualité	D. 3		Pelletier-Volméranges.
Servante de Vilheim	P. 1		Cuvelier, Léopold.
Servante du curé	V. 1		Tournemine, Alix, *édit.*
Servante du curé	V. 1	2/3 Bayard, Michel-Masson.	1/3 Saintine.
Servante du pasteur	V. 1	1/2 E. Roche.	1/2 De Forges.
Servante du roi	D. 5	1/2 Duhomme.	1/2 Élie Sauvage.
Servante justifiée	M. 3	5/12 Caigniez.	7/12 Daubigny, A. Piccini.
Servante justifiée	B. 1		Gardel.
Servante justifiée	V. 1	Brazier 1/3, Carmouche 1/3, (Jousselin) Joseph B. 1/3.	
Servante maîtresse	V. 3	Plouvier.	
Servante maîtresse	C. 1	Ch. Maurice.	
Service à Blanchard	V. 1		Alf. Delacour, E. Moreau.
Service d'ami	V. 1		Prieur, Neuville, Tarkheim.
Sept pour sept	C. 1	Alexandre Mime.	
Seul violon pour tout le monde (Un)	V. 1	1/3 A. Gouffé.	1/3 Chazel.
Shakespeare	D. 6		Ferd. Dugué.
Shakespeare amoureux	C. 1		Alex. Duval.
Shyloch	D. 6		Ferdinand Dugué.
Sicilien	M. 3		Rauzet, Rameau.
Sicilien	C. 1		Levasseur.

Titres des Pièces.	Genres.	Actes.	M. GUYOT.	M. PERAGALLO.
Si Dieu le veut.........	C.	3	1/2 Bayard.	1/2 Biéville.
Siége de Calais........	M.	3		Hubert.
Siége de Corinthe......	O.	3	7/10 Balochi, Rossini.	3/10 A. Soumet.
Siége de Cythère.......	B.	3		Dauberval.
Siége de Dantzick......	M.	3		Cuvelier, Boyrie.
Siége de Gênes........	C.	1	Gentil, Ledoux, Fulgence, Ramond.	
Siége de Jérusalem.....	M.	3	De Rougemont.	
Siége de la Rochelle....	M.	3		Antony Béraud, Leblanc.
Siége de la Rochelle....	P.	3		Cuvelier.
Siége de Lille.........	O.	1	1/2 Bertin d'Antilly.	1/2 Joigny.
Siége de l'Opéra.......	V.	1	Théaulon, Th. Anne, Gondolier, Duvernois.	
Siége de Montgatz......	M.	5	De Pixérécourt.	
Siége de Nancy........	M.	3	De Pixérécourt.	
Siége de Naumbourg....	O.	2		1/2 Al. Duval, Méhul (D. E.).
Siége de Novare.......	M.	3	De Pixérécourt.	
Siége de Paris.........	T.	5	D'Arlincourt.	
Siége de Paris.........	M.	3		Hubert, Saint-Amand, A. Piccini.
Siége de Paris.........	M.	3		Bonel.
Siége de Saragosse.....	M.	2		Antony Béraud.
Siége de Sébastopol.....	D.	3		Paul.
Siége de Thionville.....	O.	2		Jadin.
Siége de Tolède.......	M.	3	Monperlier.	
Siége de Toscanelli.....	O.	1	Rubner.	
Siége d'Orléans........	V.	3	Dieulafoy, Gersin.	
Siége du clocher.......	M.	3	5/6 Bernos.	1/6 Quaisain (D. E.).
Sifflomanie...........	V.	1	1/2 Grétry neveu.	1/2 Décour.
Sigebert, roi d'Austrasie.	O.	3	Grétry neveu, Byesse.	
Sigisberte............	D.	3		Levrier de Champ-Rion.
Sigismond............	T.	3		Viennet.
Sigismond............	M.	3		Hubert, Varez.
Signal désiré..........	V.	1	Mayeur.	
Si jamais je te pince!...	V.	3		Marc Michel, Labiche.
Si j'étais grand!........	V.	5	Barthélemy, Lhérie B.	
Si j'étais homme.......	V.	2		Th. Muret, Laurencin.
Si j'étais jeune........	V.	1	1/2 Devaux.	1/2 Dupuis.
Si j'étais riche.........	V.	1	2/3 A. Guénée, Lévy, *édit*.	1/3 Ch. Potier.
Si j'étais roi..........	O.	3	1/2 Adam.	1/2 D'Ennery, Brésil.
Si j'étais roi..........	Par.	1	A. Deschamps.	
Si jeunesse savait......	V.	1	Mélesville.	
Si le roi savait........	O.	3	Théaulon 1/4, Léotard 1/4, Pilati 1/2.	
Si ma femme le savait...	V.	2	5/9. Chiarini-Lange 2/9, Lévy, *édit*., 3/9.	4/9 Lubize.
Simon................	D.	3	De Tully, Delamarre, Fourcad.	
Simone..............	O. B.	1	1/4 De Léris.	3/4. D'Avrecour 1/4, Laforesterie 1/2.
Simon le charron......	V.	2		Touchard-Lustières.
Simon le franc.........	V.	1		Sewrin, Bosquier.
Simon le voleur........	D.	5	1/2 Lévy, *édit*.	1/2 Laurencin.
Simon Terre-Neuve.....	V.	1		(*Colombey*) pour Thuillier.
Simple histoire.........	V.	1	1/2 Scribe.	1/2 Fr. de Courcy.
Simplette la chevrière...	V.	1	2/3 Cogniard frères.	1/3 Saintine.
Simplice.............	V.	1		N. Fournier, De Prémaray.
Singe bleu...........	V.	1	Dumersan.	
Singe du Brésil........	B.	2		Petipa.
Singe du Brésil........	M.	2	2/3 Gabriel, Rochefort.	1/3 Merle.

Titres des Pièces.	Genres.	Actes.	M. GUYOT.	M. PERAGALLO.
Singe du Savoyard	M.	2	Harvy-Leack.	
Singe et folie	B.	1	Laurençon.	
Singe et l'adjoint	V.	1	1/2 De Tully.	1/2 Duvert.
Singe libérateur	D.	5	Harvy-Leack.	
Singeries dramatiques	V.	1	Cogniard frères.	
Singes	V.	1	Rochefort, Brisset, Lassagne, Duvernois.	
Singe voleur	V.	1	2/3 Désaugiers, Barba, édit.	
Si nos femmes savaient	V.	1	1/2 Emm. Gonzalès.	1/2 Labiche.
Sire de Franc-Boisy	V.	3		Flan, Delteil, Mifliez, édit.
Sire de Framboisy	O.	1		Bourget, De Rillé.
Sire de Baudricourt	V.	1		Laurencin.
Sirène	O.	3	1/2 Scribe.	1/2 Auber.
Sirène de Pantin	V.	3	Carmouche, Rochefort.	
Sirène du Luxembourg	V.	2		Biéville, Blondy.
Sirènes	M.	3	Hapdé.	
Sirènes	V.	2	De Leuven, Lhérie B.	
Sirènes	V.	1	1/2 De Leuven.	1/2 Th. Nézel.
Sir Hugues de Guilfort	V.	2	Scribe, Bayard.	
Sir Jack	V.	3	3/4 Varin, Desvergers, Barba, édit.	1/4 Duvert.
Sir John Esbrouff	V.	1	1/2 Mélesville.	1/2 Fr. de Courcy.
Situation délicate	V.	1	Gourdon de Genouillac.	
Six ans d'absence	V.	1	2/3 De Tully, Salin.	
Six degrés du crime	M.	3	1/2 Barba, édit.	1/2 T. Nézel, Benj. Antier.
Six demoiselles à marier	O.	1	12/16. Ad. Choler 3/16, (Jaime fils) pour Porcher 3/16, Léo Delibes 6/16.	4/16 Lévy, édit.
Six florins	M.	3	1/2 Francis C.	1/2 Anicet.
Six heures moins un quart	V.	1	Brazier, Moreau, De Rougemont.	
Six ingénus	B.	1		Duport.
Six juin dix-huit cent six	V.	1		Camille Doucet.
Six lieues de chemin	O.	3		Vial, Hérold (D. E.).
Six lieues de chemin	C.	2		Vial.
Six mille francs de récompense	D.	5	1/2 Follet.	1/2 Ch. Desnoyers.
Six mille orphéonistes	V.	1	2/3 Clairville.	1/3 Vaulabelle.
Six mois à Paris	V.	1		Sewrin.
Six mois d'absence	V.	1	De Rougemont.	
Six mois de constance	V.	1	2/3 Berrier, Overnay.	1/3 Th. Nézel.
Six mois en place	V.	2		Ferd. Laloue, Labénardière.
Six pantoufles	F.	1	2/3 Dupin, A. D'Artois.	1/3 Favart fils.
Six promesses	V.	1	1/3 Brunet.	2/3 Ch. Dupeuty, de Villeneuve, Saint-Hilaire.
Six têtes dans un chapeau	V.	1	Bayard, Dumanoir.	
Sixième étage	V.	1	Théaulon, Stephen.	
Smarra	B.	2		A. Renoux, Valnay.
Smolensk	P.	3		Ferd. Laloue.
Socialisme	V.	1		Charles Gabet.
Socialiste en province	V.	1		A. Achard, E. Bourgeois.
Société des lapins	V.	1	Clairville, A. Guénée.	
Société de tempérance	V.	1		Th. Muret, Lubize.
Société du doigt dans l'œil	V.	1	2/3 Clairville, Siraudin.	1/3 E. Moreau.
Société du Minotaure	V.	1		Amédée Achard.
Sociétés secrètes	V.	3	1/3 (Bourdois) pour Porcher.	2/3 Couailhac, Saintine.
Sœur	C.	3	Merville.	
Sœur aîné	C.	1	Guillemain.	

Titres des Pièces.	Genres.	Actes.	M. GUYOT.	M. PERAGALLO.
Sœur Anne	V.	1	Ymbert père.	
Sœur cadette	C.	1	1/3 Barba, édit.	2/3 Arnould, N. Fournier.
Sœur de bon secours	V.	1		Antony Béraud.
Sœur de Christine	V.	1	7/9 Théaulon, Lamerlière, Barba, édit.	2/9 E. Pérotte.
Sœur de Jocrisse	V.	1	1/2 Varner.	1/2 Duvert.
Sœur de lait	V.	1	Arch. d'Artois, de Saint-Georges, Riga.	
Sœur de la miséricorde	M.	3	5/6 Bernard-Léon.	1/6 Foignet fils.
Sœur de la reine	D.	3	1/2 Molé-Gentilhomme.	1/2 Mme Gatti de Gamond.
Sœur de l'artiste	V.	1	Brazier, Dumersan.	
Sœur de l'aveugle	V.	3	Lafitte.	
Sœur de l'ivrogne	V.	1	1/2 Michaud.	1/2 Ch. Potier.
Sœur de Pierrot	P.	1	2/3 Pol Mercier, P. Legrand.	1/3 Hervé.
Sœur du muletier	D.	5	Bouchardy.	
Sœur et le frère	V.	1	Scribe, Bayard.	
Sœur grise et l'orphelin	M.	4		Mourier, Montigny.
Sœur jalouse	D.	3		Piquet.
Sœur Marie	V.	2	A. d'Artois, Dupin, Riga.	
Sœur officieuse	O.	1	1/2 Bianchi.	1/2 Defrénoy.
Sœur rivale	M.	3	Dumaniant.	
Sœur de lait	V.	1		Anicet, Tournemine.
Sœurs jumelles	O.	1		Fétis.
Soirée à la Bastille	C.	1		Decourcelle, Alix, édit.
Soirée à la cuisine	V.	1		Dubreuil, Supernant.
Soirée à la mode	V.	1	Varner, Ledoux, Bayard, Barba, édit.	
Soirée à Madrid	O.	3		Des Essarts, Batton.
Soirée anglaise	V.	1	Henri Simon.	
Soirée au foyer du Vaudeville	V.	1	Plouvier, Jules Adenis.	
Soirée aux Champs-Élysées	V.	1	De Pixérécourt.	
Soirée à Vaugirard	V.	1		Decomberousse, Vaulabelle.
Soirée bourgeoise	V.	1	1/2 Dumersan.	1/2 Sewrin.
Soirée chez Chat-botté	V.	1		Chamouin.
Soirée chez Leriche	V.	1	Marquet, Delbès.	
Soirée d'Auteuil	V.	1	Jacquelin, Rigaud.	
Soirée de bouts de chandelles	V.	1		Lubize, Blondy.
Soirée de carnaval	V.	1		Sewrin.
Soirée de chapelle	V.	1	Vieillard, G. Duval.	
Soirée de Charles II	O.	1		Salvador.
Soirée de Charles VII	V.	1	Émile, Beuzeville, Dreuilh.	
Soirée de deux pensionnaires	V.	1	Desprez, Deschamps.	
Soirée des boulevards	V.	1	Moreau, Lafortelle.	
Soirée des Champs-Élysées	V.	1	Dumersan.	
Soirée des Tuileries	C.	1	G. Duval, Barba, édit.	
Soirée de Tivoli	V.	1	Scribe, Moreau 1/3, Delestre-Poirson.	
Soirée de Vaugirard	C.	1	Charlemagne.	
Soirée de Venise	V.	1	Honoré, Uzannaz.	
Soirée d'une guinguette	V.	1	Brazier.	
Soirée orageuse	O.	1	1/2 Radet (D. E.).	1/2 Dalayrac (D. E.).
Soirée périlleuse	V.	1	2/3-Ad. Choler, Faulquemont.	1/3 Marc Michel.
Soirées du boulevard du Temple	V.	3		Paul Boisselot.
Soirée vénitienne	O.	1	1/2 Desprez, Ségur aîné.	1/2 Foignet fils.

Titres des Pièces.	Genres.	Actes.	M. GUYOT.	M. PERAGALLO.
Soixante-six	O.	1		De Forges, Laurencin, Lévy, édit., Offenbach.
Soldat de Bonaparte	V.	1		Dutron.
Soldat de Brienne	V.	1		Anicet, Ferd. Laloue.
Soldat de Henri IV	V.	1	(Marechalle) pour Barba, éd.	
Soldat de la Loire	V.	1		Jouhand.
Soldat de la république	D.	2		Tournemine.
Soldat de l'empereur	V.	1		Delannoye.
Soldat dépositaire	V.	1	Théaulon, Duvernois, Puech.	
Soldat de Waterloo	V.	2		Laurencin.
Soldat du Rhin	D.	3		Fontaine.
Soldat du roi	C.	2	Verment-Mariton.	
Soldat en retraite	V.	2	1/3 (Jouslin), Joseph B.	2/3 Ch. Dupeuty, Villeneuve.
Soldat et le chevrier	V.	3	1/2 Nicole.	1/2 Duvert.
Soldat et le courtisan	V.	1	Émile, Beuzeville, Dreuilh.	
Soldat et le fournisseur	V.	1	Carmouche.	
Soldat et le perruquier	V.	1	1/3 de Rougemont.	2/3 Ferd. Laloue, Simonnin.
Soldat et le procureur	V.	1		Merle.
Soldat et le vigneron	V.	3		Pélissier-Laqueyrie.
Soldat fermier	M.	1		Ponet, Franconi jeune.
Soldat généreux	C.	2	Toubon.	
Soldat laboureur	V.	1	Brazier, Dumersan, Francis D.	
Soldat laboureur	M.	1		Franconi jeune, Ponet.
Soldat magicien	O.	1		Deferrières.
Soldat médecin	V.	1	Hipp. Roland.	
Soldat moldave	M.	3		Cuvelier, Léopold.
Soldat mystérieux	M.	3	5/12 Desprez.	7/12 Frédéric, A. Piccini.
Soldat prussien	C.	1	Dumaniant.	
Soldat prussien	V.	1	A. d'Artois, Dupin.	
Soldat républicain	V.	1	Théaulon, Pourlin, Puech, Duvernois.	
Soldat, voilà Catin	V.	2	5/6 Desvergers, Et. Arago, Riga.	1/6 Anicet.
Soldat tout seul	V.	1	Henrion.	
Soldat tyrolien	M.	1	2/3 Mélesville.	1/3 Merle.
Soleil de ma Bretagne	V.	3	1/4 Clairville.	3/4 Maurice Alhoy, Desnoyers, Alix, édit.
Soliman deux	O.	3	1/2 Bianchi.	1/2 Blasius.
Solitaire	O.	2	De Planard, Carafa.	
Solitaire	M.	3		Crosnier, St-Hilaire.
Solitaire	V.	1	1/3 Carmouche.	2/3 Fr. de Courcy, Merle.
Solitaire de la Roche noire	M.	3	De Pixérécourt.	
Solitaire des Gaules	M.	2	11/12 Victor Ducange, Lanusse, Barba, édit.	1/12 Quaisain (D. E.).
Solitaire forcé	V.	1		Camel.
Solitaires de Normandie	V.	2	Piis (D. E.).	
Solliciteur	V.	1	Scribe, Varner, Ymbert père.	
Solliciteurs et les fous	C.	1	Mélesville, Gabriel.	
Solliciteuse	V.	1	A. D'Artois, Théaulon.	
Sommation respectueuse	M.	3	1/3 Barba, édit.	2/3 Boulé, Nézel.
Sommeil de Pénélope	O.	1	Elwart.	
Somnambule	O.	3		Tavernier, Launer.
Somnambule	B.	3	1/3 Scribe.	2/3 Aumer, Hérold (D. E.).
Somnambule	O.	3	Scribe 1/4, Ét. Monnier 3/4.	
Somnambule	M.	3	Albertin.	
Somnambule	V.	3	Théaulon, Barba, édit.	
Somnambule	V.	2	Scribe, G. Delavigne.	
Somnambule	B.	1		Taglioni.
Somnambule	V.	1	1/3 Duperche.	2/3 Ch. Dupeuty, Villeneuve.

Titres des Pièces.	Genres.	Actes.	M. GUYOT.	M. PERAGALLO.
Somnambule du Pont-aux-Choux	V.	3	2/3 Hubert, Barba, *édit*.	1/3 Pellissier.
Somnambule mariée	V.	3	1/3 Ferd. Langlé.	2/3 Ch. Dupeuty, Villeneuve.
Somnambule mariée	V.	1	Théaulon, Pourlin, Puech.	
Somnambule villageoise	V.	3	Dupin, A. D'Artois.	
Songe	D.	5	Mélesville, 1/2 *Delestre-Poirson*.	
Songe d'une nuit d'été	O.	3	3/4. De Leuven 1/4, A. Thomas 1/2.	1/4 Rozier.
Songe d'une nuit d'hiver.	C.	2	Plouvier, Lévy, *édit*.	
Songe d'une nuit d'été	B.	1	Cogniard frères.	
Songe réalisé	V.	1	Désaugiers (D. E.), Gentil.	
Sonnette de nuit	V.	1	Lhérie B., Lhérie jeune, Barthélemy.	
Sonnette du diable	D.	5		Anicet, Guerville, Béraud, Soulié.
Sonnette du médecin	V.	1	1/2 A. Guénée.	1/2 Tandon.
Sonnette et le paravent	V.	1	(*Honoré*) *pour* Barba, *édit*.	
Sonneur de Saint-Paul	D.	5	Bouchardy.	
Sonnez, cloches du baptême	V.	1		De Jallais, Vulpian, Jolly.
Son portrait	V.	1	1/2 Bélamy.	1/2 Jouhaud.
Sont-ils mariés?	V.	1	De Léris, De Tully.	
Sofa	V.	3	1/3 Mélesville.	2/3 Labiche, Philastre, Desnoyers.
Sophie	M.	5	Victor Ducange.	
Sophie	C.	4	De Rougemont, René Perrin.	
Sophie	M.	3	Merville, Francis C., Barba, *éd*.	
Sophie	V.	3	Dupaty.	
Sophie	V.	3	Théaulon, Barba, *édit*.	
Sophie	M.	3		Neuville, Tarkheim.
Sophie Arnould	V.	3	Barré, Radet, Desfontaines.	
Sophie Arnould	V.	3	2/3 Dumanoir, De Leuven.	1/3 De Forges.
Sophie et Dithelm	C.	3		Prévost.
Sophie et Linska	M.	3	Martin D'Ingrande.	
Sophie et Mirabeau	V.	2	René Périn, Th. Anne, Barba, *édit*.	
Sophie et Moncars	O.	3		Guy, Gaveaux.
Sophie et Monval	D.	5	Quiney.	
Sophirine	V.	3		Ourry, Chazet, Merle.
Sophiste	C.	3	Laverpillière.	
Sophocle	O.	2	1/2 Fiocchi.	1/2 Morel-Chédeville.
Sophronie d'Alphonse	C.	2		Delœuvre.
Sophronie Duguesclin	M.	3		Noël.
Sophronisme	M.	2		Lamarque.
Soprano	V.	1	Scribe, Mélesville.	
Sorcier	V.	2	Thurbet.	
Sorcier de circonstance	V.	1	1/2 Brazier.	1/2 Dubois.
Sorcier de la montagne	D.	5		Henri de Kock.
Sorcière	M.	3	1/2 Victor Ducange.	1/2 Frédéric.
Sorcière	V.	1		Sewrin.
Sorcière	V.	1	Ravrio.	
Sorcière	V.	1		Simonnin.
Sorcière de Birnam	P.	3		Cuvelier.
Sorcière des eaux	D.	3		Simonnin.
Sorcière des Vosges	V.	2	A. D'Artois, Mlle Huet.	
Sorcière de tous les siècles	M.	3		Th. Nézel, Simonnin.
Sorcière par hasard	O.	2	Framery.	
Sorcier supposé	V.	1	Henrion.	
Sortie de l'école	V.	1		Charles Perrey, Peupin.

Titres des Pièces.	Genres.	Actes.	M. GUYOT.	M. PERAGALLO.
Sortie de pension	V.	1	Brazier, Revenaz.	
Sortie de Saint-Cyr	O.	1	Gilbert.	
Sortilége	V.	1		St-Amand, Hip. Lefebvre.
Sosie d'Odry	V.	1	Jaime, A. D'Artois, Théaulon.	
Soubakoff	P.	3		Frédéric.
Soubrette de qualité	V.	1		Decourcelle, Najac, Lévy, éd.
Soubrette officieuse	V.	1	1/2 A. Séville.	1/2 Varez.
Soubrette rusée	O.	3		Leblanc.
Soufflet	V.	1	Jacques Arago.	
Soufflet	C.	1	Gabiot.	
Soufflet	V.	1		Ch. Desnoyers, D'Ennery.
Soufflet anonyme	V.	1	1/2 Arm. D'Artois.	1/2 René de Rovigo.
Soufflet conjugal	V.	1	Théaulon, Steph, Jal.	
Soufflet de l'amour	V.	2		Ed. Montagne, A. Reneaume.
Soufflet et le baiser	V.	1	2/3 Carmouche, Brazier.	1/3 Saintine.
Soufflet n'est jamais perdu	V.	1	Bayard, H. Leroux.	
Soufflez-moi dans l'œil	V.	1		Labiche, Marc Michel.
Souffre-douleur	V.	1	1/2 Rochefort.	1/2 Ad. Basset.
Souhaits	V.	1	Sauvage, Dupin.	
Souliers du poëte	C.	1	Audray Deshorties.	
Souliers mordorés	O.	2		Deferrières, Fridzéry.
Souliotes	M.	1		Henri Villemot, A. Franconi.
Soupçon	V.	1	H. Leroux 3/4, Quoy 1/4.	
Soupçonneux	C.	1	Ernest.	
Soupe aux cailloux	G.	1	Gabiot.	
Souper au point du jour	V.	1	Émile, Beuzeville, Treuilh.	
Souper de famille	O.	2		Pujoulx, Berton.
Souper de famille	C.	1		Pujoulx.
Souper de Henri IV	C.	1	Boutillier.	
Souper de Henri IV	V.	1	De Rougemont, Barba, édit.	
Souper de la marquise	V.	1		Laurencin, Marc Michel.
Souper de Mezzétin	O.	1	1/2 E. Cahen.	1/2 D'Avrecour.
Souper de Molière	V.	1		Gassicourt.
Souper de poëte	V.	1		Touchard.
Souper dérangé	V.	1		Léger.
Souper des Jacobins	V.	1	Charlemagne.	
Souper du chanoine de Milan	C.	1		A. Duval.
Souper du diable	V.	1		Démonval.
Souper du mari	O.	1	1/4 Cogniard frères.	1/4 Charles Desnoyers.
Souper et la malle	V.	1	De Rougemont.	
Soupers de carnaval	V.	1	2/3 Varin, Paul de Kock.	1/3 Duvert.
Souper d'Auteuil	V.	1	Jacquelin, Rigaud.	
Souper du mari	O.	1		3/4 Charles Desnoyers 1/4, Despréaux 1/2.
Souper sous la régence	V.	1		Commerson, Porcher, R. Deslandes.
Souper tête à tête	V.	1	1/2 Dumanoir.	1/2 Anicet.
Soupiers de Bolivar	V.	1	1/3 Nus.	2/3 Brisebarre, Dagnaud, éd.
Source d'un million	D.	3	De Rostan.	
Sourd	O.	3	De Leuven 1/4, F. Langlé 1/4, Ad. Adam 1/2.	
Sourd	V.	1	Desforges.	
Sourd	C.	1	*Delestre-Poirson* 1/3, Degroseilliez, Lamerlière 2/3.	
Sourd	C.	1	Étienne Arago.	
Sourde et muette	O.	3	1/2 Blangini.	1/2 Valmalette.
Sourde muette	V.	1		Duvert, Saintine.
Sourd et l'aveugle	C.	1	Patrat (D. E.).	
Souris blanche	F.	3	Launet.	

Titres des Pièces.	Genres.	Actes.	M. GUYOT.	M. PERAGALLO.
Sournois	M.	2		Anicet, Lévesque, Tournemine.
Sournoise	O.	1	2/3 Sauvage, De Luriéü.	1/3 Thys père.
Sous-chef	V.	1	Ymbert père.	
Sous clef	V.	1	2/3 Dumanoir, De Leuven.	1/3 De Forgés.
Sous Constantine	V.	1	La Merlière, Duflot.	
Sous la ligne	V.	1	1/2 Dumersan.	1/2 De Forges.
Sous la Régence	V.	1	Déaddé, Delalain.	
Sous le masque	C.	1	Duflot.	
Sous le paillasson	V.	1		Boisselot; Hugot.
Sous les arbres	V.	3	Bignon.	
Sous les pampres	C.	1		J. Lorin.
Sous-lieutenant	V.	1	De Léris,	
Sous-lieutenant de dragons	O.	2		Cuvelier.
Sous peine de mort	D.	2		Durand de Valey.
Sous-préfecture	V.	1	Mélesville, Varner.	
Sous-préfet s'amuse	V.	2	Bayard, Varner,	
Sous un bec de gaz	V.	1		Audeval, Cabot, Lelarge, de Jallais 4/6. Lévy, édit. 2/6.
Sous une porte-cochère	V.	1	1/2 Lockroy.	1/2 Anicet.
Sous un hangar	V.	1		Chivot, Dagneau; édit.
Sous un masque	V.	1	Paris.	
Sous un parapluie	V.	1	1/2 Siraudin, E. Martin.	1/2 A. Monnier, Alix, édit.
Souterrain	O.	3		Marsollier (D. E.), Dalayrac (D. E.).
Souterrain mystérieux	M.	3		Ponet.
Souterrains de Mazzini	M.	3		Sewrin.
Soutirac	C.	1		Bosquier.
Souvenez-vous en	V.	1	Brazier, Barba, édit.	
Souvenir	C.	1	1/3 Lefer.	2/3 Chavanges, Blondy.
Souvenir	V.	1		Ancelot.
Souvenir	V.	1		Jouhaud.
Souvenir de l'Empire	V.	1	Bernard.	
Souvenirs	V.	1	Clairville 2/3, Guénée 1/3.	
Souvenirs de Belleville	V.	1		Flan. Delteil.
Souvenirs de jeunesse	V.	4		Alf. Delacour, L. Thiboust.
Souvenirs de Lafleur	O.	1	1/4 Carmouche.	3/4. Ch. de Courcy 1/4, Fr. Halévy 1/2.
Souvenirs de la marquise de V	C.	1		Arnould, N. Fournier.
Souvenirs de la Suisse	V.	1	2/3 De Leuven, Michel Masson.	1/3 De Villeneuve.
Souvenirs de l'enfance	O.	1		Marsollier (D. E.), Porta.
Souvenirs de mes premiers amours	C.	1	Caiguez.	
Souvenirs de l'enfance	V.	1	Scribe.	
Souvenirs de voyages	C.	1		Amédée Achard.
Souvenirs d'une modiste	V.	1	Lassagne, R. Périn, Brisset.	
Souvenirs et regrets	V.	1	1/2 Dumanoir.	1/2 Brisebarre.
Souvent femme varie	C.	1	1/3 Solar.	2/3 Amédée Achard, Lévy, éd.
Souvent homme varie	C.	2	Vacquerie.	
Soyez plutôt maçon	C.	1	Dumaniant.	
Soyez Français	V.	1		Merle, Ourry.
Spadassin	M.	5	1/2 Bouchardy, A. Brot.	1/2 D'Ennery.
Spahis	V.	1	1/2 Angel.	1/2 Cordier.
Spartacus	T.	5		Beuzeville.
Spartacus	T.	5	1/2 Tresse.	1/2 H. Magen.
Spectacle à la cour	V.	2	5/12 Théaulon 3/12, Desvergers 2/12.	7/12 Martin, Albitte, Alix, éd.

— 336 —

Titres des Pièces.	Genres.	Actes.	M. GUYOT.	M. PERAGALLO.
Spectacle gratis	V.	1	2/3 Carmouche, Vanderburch.	1/3 Fr. de Courcy.
Spectre de Graville	V.	1	Dupin.	
Spectre de Mardi-Gras	V.	1	Dupin.	
Spectre du château	D.	2		Boursault.
Spectre et l'orpheline	M.	4	1/2 Francis C.	1/2 Anicet.
Spectre par amour	V.	1	Honoré.	
Spectres	D.	3	Camaille Saint-Aubin.	
Spectre vivant	P.	3	Bernard-Léon.	
Spéculateur	C.	5		Riboutté.
Spéculateur	V.	1	Lafortelle.	
Spéculateur en défaut	V.	1	1/2 Carmouche, Barba, édit.	1/2 Merle, Fr. de Courcy.
Spéculateurs	C.	5		Durantin, Fontaine.
Spéculation	V.	1	2/3 Dumanoir, Roche.	1/3 D'Avrecour.
Spleen	V.	1	Scribe 1/3, *Delestre-Poirson*, Revel 1/3.	
Spleen et le champagne.	B.	1		A. Blache, Massip.
Spinette et marine	O.	1	Bodard.	
Spoliation	V.	1		Durand de Valley.
Sport et turf	V.	2	Dumanoir, Clairville, Siraudin.	
Stanislas	V.	1	7/9 Théaulon, Lamerlière, Barba, *édit*.	2/9 E. Pérotte.
Stanislas	V.	1	1/2 Étienne Arago.	1/2 Lepoitevin Saint-Alme.
Stanislas en voyage	V.	1	Théaulon.	
Stanislas Leczinski	M.	3		Cuvelier, Boirie.
Stanislas, roi de Pologne.	M.	3		Dubois.
Statira	M.	3		Ponet.
Statuaire grec	M.	3		Lamarque.
Statue	O.	1	Nicolo (D. E.).	
Statue de Henri IV	V.	1	3/4 Désaugiers (D.E.), Gentil, Pain (D. E.).	1/4 Chazet.
Statue de la République.	V.	2	Clairville, Dumanoir.	
Statue de Sainte-Claire	M.	3	3/4 Léon Halévy, Jaime, Barba, *édit*.	1/4 Christian.
Statues de l'alcade	P.	1	Julian 1/4, Hector C. 1/4, Pilati 1/2.	
Statuette d'un grand homme	C.	1	Léon Guillard, Bézier, Lévy, *édit*.	
Steeple-chase	V.	1	Plouvier 1/4, Bisse 1/4, Lévy, *édit*. 1/2.	
Stella	D.	5		Anicet.
Stella	C.	4		Francis Wey.
Stella	O.	3		Boulet de Lavallée, Lecomte.
Stella	B.	2	1/3 Deligny.	2/3 Saint-Léon.
Stéphanie	C.	2		Dubois.
Stéphanois à Paris	V.	1	Linossier.	
Stephan	D.	5		Anicet, Boulé.
Stern à Paris	V.	1	Forbin, Revoil.	
Storb et Verner	V.	2	Barba, *édit*.	
Stradella	O.	5	Nourrit, Deschamps, Pacini. Niedermeyer.	
Stradella	O.	4	3/4 Royer de Bruges 1/4, De Flotow 1/2.	1/4 Oppelt.
Stradella	V.	1		De Forges, Duport.
Stratagème diabolique	C.	1		Boursault.
Stratagèmes de l'amour	O.	2		Coffin-Rosny, Bérard, Leblanc.
Stratonice	O.	1	1/2 Hoffman (D. E.).	1/2 Méhul (D. E.).
Strélitz	M.	3	5/6 Bilderbeck, Duperche.	1/6 Quaisain (D.E.), A. Piccini.

Titres des Pièces.	Genres.	Actes.	M. GUYOT.	M. PERAGALLO.
Stockolm et Fontainebleau.	D.	5		Alexandre Dumas.
Struensée............	M.	5	Gaillardet.	
Sublime folie........	D.	1	De Rostan.	
Suborneur...........	P.	3		H. Blanchard, Franconi.
Substitution.........	V.	1		Estienne, Morin.
Succès...............	C.	3		Harel.
Successeurs de Clovis...	T.	3		Aignan.
Succession...........	V.	1	Deschamps, Desprez.	
Succession...........	V.	1	1/3 De Rougemont.	2/3 Dulong, Mourier.
Sudoise.............	M.	3	Victor Ducange (D. E.).	
Suffrage premier......	V.	1	De Leuven, Lhérie B., Art. De Beauplan.	
Suicide..............	M.	2	De Pixérécourt	
Suicide à l'encre rouge...	V.	1		Commerson 2/9, Furpille 2/9, Porcher 2/9, Mifliez, éd. 3/9.
Suicide de Falaise.....	C.	1	Martainville (D. E.), Barba, éd.	
Suicide d'une jeune fille.	M.	3		Nézel, Antier, Deflers.
Suicides.............	D.	1		Aude.
Suicidomanie.........	V.	1		Lubize, Closel fils, Alix, édit.
Suisse à Trianon.......	O.	1	De Leuven 1/6, De St-Georges 1/6, Vanderburch 1/6, Grisar 3/6.	
Suisse de l'hôtel.......	V.	1	Scribe, De Rougemont.	
Suisse de Marly.......	V.	1	De Leuven 3/8, Lhérie B. 3/8, Léon Halévy 2/8.	
Suite à demain........	V.	1	Honoré.	
Suite de Fanfan et Colas.	C.	2	Beaunoir.	
Suite de la chambre à deux lits.	V.	5	1/3 Gabriel.	2/3 Ch. Dupeuty, Duvert.
Suite de la fille mal gardée.	P.	3	1/2 Hapdé.	1/2 Foignet fils.
Suite de l'auberge des Adrets.............	D.	2		Ch. Potier.
Suite de Michel et Christine			Scribe, Dupin.	
Suite de Michel et Christine............	V.	1	1/2 Et. Arago.	1/2 Lepoitevin Saint-Alme.
Suite de Pygmalion.....	C.	1	Cubières.	
Suite de Robert........	D.	3	Lamartelière (D. E.).	
Suite des deux Philibert.	V.	2	Lallemand, Moline.	
Suite des perroquets....	V.	1	Vernet, Barba, édit.	
Suite des pourquoi.....	V.	1		Boulé, Ch. Potier, Alix, Marchand, édit.
Suite des Savoyards....	O.	1		Pujoulx.
Suite des solitaires de Normandie.............	V.	1	Piis (D. E.).	
Suite des trois étages...	V.	1	Désaugiers (D. E.).	
Suite du cabriolet volant.	V.	1	Cailhava (D. E.).	
Suite du chaudronnier de Saint-Flour..........	C.	1	Henriquez.	
Suite du diable couleur de rose.............	V.	1	Désaugiers (D. E.).	
Suite du folliculaire....	V.	1	A. d'Artois, Théaulon, Ramond, Ferd. Langlé.	
Suite du glorieux......	C.	3		Dumolard.
Suite du mariage de la Valeur.............	V.	1	Desprez Saint-Clair (D. E.).	
Suite du menteur.......	C.	5	Andrieux (D. E.).	
Suites d'un bal manqué..	V.	1	1/2 Siraudin.	1/2 Marc Michel.
Suite d'un bal masqué...	C.	1		Mme de Bawr.
Suite du ramoneur prince.	C.	1	Pompigny.	
Suites d'un bienfait.....	V.	1	3/4 Martin, Aubertin, Quoy.	1/4 Ménissier.

— 338 —

Titres des Pièces.	Genres.	Actes.	M. GUYOT.	M. PERAGALLO.
Suites d'un coup d'épée.	C.	1	3/4, Ader 1/4, Barba, *éd.* 1/2	1/4 Brousse.
Suites d'un duel........	C.	2	Périn.	
Suites d'une erreur.....	O.	1		Saint-Cyr, Berton.
Suites d'une faute......	D.	5		Arnould, N. Fournier.
Suites d'une parade.....	V.	2	Rochefort, Lassagne, Barba, *édit.*	
Suites d'une séparation.	V.	1		Decomberousse, Duport, Alix, *édit.*
Suites d'un feu d'artifice.	V.	1	2/3 Clairville, Art. De Beauplan.	1/3 Léon Battu.
Suites d'un mariage de raison.............	V.	1	A. D'Artois, Lhérie B, Lhérie Jeune.	
Suites d'un premier lit..	V.	1		Marc Michel, Labiche.
Suite d'un second mariage	D.	2		Léger,
Suivez le monde.......	R.	3		De Jallais, Flan, Blum.
Sujet et Duchesse	M.	3		Delacroix.
Sullivan	C.	3	Mélesville.	
Sully................	C.	2	Bailleul.	
Sultan	V.	1		Alexandre.
Sultana..............	O.	1		Monnais 1/4. De Forges 1/4, Maurice Bourges 1/2.
Sultan du Havre.......	V.	1	A. D'Artois, Dupin.	
Sultane pour rire.......	V.	3		Thibouville, Corpet.
Sultan généreux........	C.	3	Dorvigny.	
Sultan généreux	O.	1		Beffroy-Reigny.
Sultan Mysapouf.......	C.	2	De Rougemont.	
Sultan Mysapouf.......	O.	1		Laurent de Rillé.
Sultan qui s'embête.....	V.	1		Ch. Gabet, Henri de Kock.
Sultan Saladin........	O.	1	Scribe 1/4, Dupin 1/4, Bordèse 1/2.	
Sultans, n'allez pas à la guerre.............	V.	2	Mengand.	
Supercherie par amour..	O.	3		1/2 Jadin, 1/2 D'Avrigny.
Superstitions	V.	1	Rochefort, Emmanuel Arago, Barba, *édit.*	
Suppléants	C.	1		Legros.
Supplice de Tantale....	V.	1		P. Duport, Duvert, Lauzanne.
Surfaces.............	C.	2	Picard.	
Sur la frontière........	V.	1	Henri Avocat.	
Sur la gouttière........	V.	1		Alp. Arnault, Judicis, Millie z, *édit.*
Sur la rivière..........	V.	1	Paul de Kock, A. De Beauplan.	
Sur la terre et sur l'onde.	V.	5	2/3 Varin, Lévy, *édit.*	1/3 Biéville.
Sur le carré...........	V.	1	Bréant, Simart.	
Sur le mur............	V.	1	E. Nus, Foilet.	
Sur le pavé...........	V.	1	2/3 Rochefort, Held.	1/3 Alix, *édit.*
Sur les toits...........	V.	1		Desnoyers, Danvin.
Sur l'Océan	D.	2	Paul Foucher.	
Surprises.............	O.	2		Sewrin, Kreutzer.
Surprises.............	V.	1	Scribe, feu Roger.	
Sur terre	B.	1	2/3 Girel.	1/3 Berton.
Sur terre et sur mer.....	V.	1	1/2 Louis Monrose.	1/2 Léon Beauvalet fils.
Sur un marronnier......	V.	1		Lelarge.
Sur un volcan.........	O.	1	1/2 Méry.	1/2 De L'Épine.
Surveillance en défaut..	O.	1		Daroudeau.
Susceptible...........	C.	1	Picard.	
Susceptible par honneur.	C.	3		Gosse.
Suspects.............	O.	1		3/4 Duval (Alex.), 1/4 Lemière 1/2.

Titres des Pièces.	Genres.	Actes.	M. GUYOT.	M. PERAGALLO.
Suzanne	D.	5	1/2 Eug. Nus.	1/2 Brisebarre.
Suzanne	O.	3	1/4 Carmouche.	3/4 Fr. De Courcy, 1/4 Monpou 1/2.
Suzanne	V.	3	1/3 Michel Masson.	Saintine, 2/3 Alix, édit.
Suzanne	O.	2	Guinot 1/4, 3/4 Mélesville 1/2.	1/4 Joly.
Suzanne	O.	1	1/2 Mignard.	1/2 Rien à percevoir.
Suzanne au bain	V.	1	B. Lhérie, De Leuven, Art. De Beauphan.	
Suzanne de Croissy	V.	1		Ph. De Marville (L'Étang).
Suzette	V.	2	Bayard, Dumanoir.	
Suzette	V.	1		Courville.
Suzon entre deux voleurs de cœur	V.	1	Alfred Goy, Chandouin.	
Suzon la rose	V.	1	1/2 Overnay.	1/2 Th. Nezel.
Sybarites de Florence	O.	3	1/2 Lafitte.	2/3 Castil-Blaze, Aimon.
Sybille	V.	3		Dubois, Boirie, Léopold.
Sydonie	M.	3		Cuvelier, Léopold.
Sylla	T.	5		Jouy.
Sylla et Glaucus	B.	3		Blache.
Sylphe	O.	2	De Saint-Georges, Clapisson.	
Sylphe	B.	2	Laurençon.	
Sylphe	V.	2	Desvergers, Rochefort, Varin, Quoy.	
Sylphe amoureux	B.F.	1	Ragaine	
Sylphe amoureux	V.	1		Danvin (Jolligner).
Sylphe des Gobelins	V.	1		Jouhaud, Durand de Valley.
Sylphe d'or	M.	5		Montigny, Meyer, Lefort.
Sylphide	B.	2	1/3 Nourrit.	Taglioni, 2/3 Schneitzœffer.
Sylphide	V.	2	Jaime, Jules Séveste.	
Sylvain	B.	2		Blache.
Sylvain	O.	1	Marmontel (D. E.), Grétry, (D. E.).	
Sylvandre	V.	3	2/3 De Leuven, B. Lhérie.	1/3 Alex. Dumas.
Sylvia	O.	3		Laujon.
Sylvia	M.	3	Legoyt.	
Sylvius Nerva	O.	3		Beffroy-Reigny.
Sympathie par amour	C.	1		Delagrave.
Symphonie	O.	3	De Saint-Georges, Clapisson.	
Syrien	T.	5		Latour de Saint-Ybas.
Système conjugal	V.	1		D'Ennery 2/3, Ch. Gabet 1/3.
Système de Law	V.	2	Dupin, Sauvage, Blosse.	
Système de mon oncle	V.	1		Victor Lefranc.

T

Titres des Pièces.	Genres.	Actes.	M. GUYOT.	M. PERAGALLO.
Tabarin...............	V.	3	Dumanoir, Paulin Deslandes.	
Tabarin...............	O.	2		Alboize 1/4, Andrel 1/4, Georges Bousquet 1/2.
Tabarin...............	V.	1	Déaddé, E. Burat.	
Tabatière de Polichinelle	V.	1		Michel Delaporte.
Tableau...............	C.	1	Guillemain.	
Tableau...............	C.	1	E. Roger.	
Tableau de famille......	V.	1	De Leuven, Cavé, Dittmer.	
Tableau de Phèdre et d'Hippolyte..........	V.	1		Bonel, Rolland.
Tableau de Raphaël.....	V.	1	Jacquelin (D. E.).	
Tableau des Sabines....	V.	1	2/3 Dieulafoy (D. E.), Longchamps.	1/3 Jouy.
Tableau de Téniers.....	V.	1	1/2 Quoy.	1/2 Ch. Dupeuty, Villeneuve.
Tableau en litige.......	V.	1	Vieillard.	
Tableau historique......	C.	2	Joseph Pain (D. E.), Dumersan 1/2.	
Tableau parlant........	O.	1	Grétry (D. E.).	
Tableaux vivants.......	V.	1	2/3 Varin, Dumersan.	1/3 Bourget.
Tableaux vivants.......	V.	1	Cogniard frères.	
Table d'hôte...........	V.	1	Dumersan, Brazier.	
Table et le logement....	O.	1	1/2 Gabriel, Dumersan.	1/2 Chelard.
Table et le logement....	V.	1	1/2 Dumersan.	1/2 Sewrin.
Table et le logement....	V.	1	1/2 A. Guénée.	1/2 Marc Leprévost.
Tables tournantes......	V.	1		Signeley (Capendu), Dutreih.
Tables tournantes......	V.	1		Hippolyte Lefebvre.
Table tournante........	V.	1	2/3 E. de Mirecourt, Verteuil, Champfleury.	1/3 Alix, *édit.*
Tablier de Lydie.......	V.	1	Mme Roger de Beauvoir.	
Tache de sang.........	M.	3	1/3 Mallian.	2/3 Boulé, Alix, *édit.*
Taches dans le soleil....	V.	1	Dumersan, Dupuis.	
Taconnet	V.	5	1/2 Clairville.	1/2 Antony Béraud.
Taconnet	V.	1	(Martainville) (D. E.), Barba, *é.*	
Taconnet	V.	1	Désaugiers (D. E.), Francis, Moreau.	
Taconnet chez Ramponneau.............	V.	1	Désaugiers (D. E.).	
Tailleur de J. J Rousseau.	C.	1	1/3 De Rougemont.	2/3 Simonnin, Merle.
Tailleur de la Cité......	V.	2	2/3 Lafitte, Michel Masson.	1/3 Saintine.
Tailleur de la place Royale	D.	1		J. de Prémaray.
Tailleur des bossus.....	V.	1	G. Duval, Rochefort, Vardon.	
Tailleur et la fée........	V.	1	2/3 Ferd. Langlé, Vanderburch.	1/3 De Forges.
Tailleur et le voleur.....	V.	3	Dupin.	
Tailleurs de Windsor....	V.	1	Gabriel, Rozet, Quoy.	
Talisman..............	O.	1	1/2 Varin, Choquart.	1/2 Josse.
Talismans.............	F.	3		Fréd. Soulié.
Talismans au diable.....	V.	4	1/2 Ed. Martin.	1/2 Alb. Monnier.
Talismans de Rosine....	V.	2		De Jallais, Flan.

Titres des Pièces.	Genres.	Actes.	M. GUYOT.	M. PERAGALLO.
Talisman sous monsieur de Sartines	V.	1	2/3 Overnay, Barba, *édit.*	1/3 Nézel.
Talma en congé	V.	1		De Biéville, Ch. Rédier.
Tambour battant	V.	1		Th. Barrière, Decourcelle, Morand.
Tambour de Fontenoy	V.	1		Monssay, Duprat.
Tambour écossais	B.	3		Taglioni.
Tambour et la musette	V.	1	2/3 Jouslin (Joseph B.).	1/3 E. Renault.
Tambour et la vivandière	V.	1	Gabriel.	
Tambour et le fifre	O.	1		Sewrin, Solié
Tambour et musette	V.	1	2/3 (Jouslin), Joseph B.	1/2 Maurice Alhoy.
Tambourineur de Pantin	V.	1	(Martainville) (D. E.), Barba,*é.*	
Tambour major	V.	1		Anicet, Brisebarre.
Tambour nocturne	C.	2	A Hugo, Romieu.	
Tamerlan	O.	3		Morel-Chedeville, Winter.
Tancrède	O.	3	1/3 Ernest.	2/3 D'Anglemont, Lemière.
Tankmar de Saxe	M.	3	5/6 Duperche.	1/6 Quaisin (D. E.).
Tanneur de Lesseville	M.	3	5/6 Melchior.	1/6 A. Piccini.
Tantale	V.	1		Brisebarre, Ch. Potier.
Tante à marier	C.	1	Victor Ducange (D. E.), Barba, *édit.*	
Tante Bazu	V.	2	*Delestre-Poirson*, 1/2 Lardenois.	
Tante et la nièce	C.	1	Coupart.	
Tante et la nièce	V.	1	A. Gouffé, Belle.	
Tante Loriot	V.	1		Alf. Delacour, Eug. Moreau.
Tante mal gardée	V.	1	Bayard, Mathon.	
Tante Ursule	C.	2	1/4 Gabriel Roux, *édit.*	3/4 Demolière.
Tante Vertuchoux	V.	1	Varin, Boyer-Partout.	
Tant va l'autruche à l'eau	V.	1		Thiboust, Grangé, Lévy, *édit.*
Tapin	V.	1	(Martainville) (D. E.), Barba,*é.*	
Tapsserie	C.	3		Alex. Duval.
Tapisserie de la reine Mathilde	V.	1	Barré.	
Tapissier	V.	3		Ancelot, Decomberousse.
Taquine	V.	1	Paulin Deslandes, Didier.	
Tarare	C.	5	Beaumarchais (D. E.).	
Tarare	O.	4	Beaumarchais (D. E.), Salieri.	
Tardif	C.	1		Justin Gensoul.
Tarentule	B.	1		Clément.
Tarentule	V.	1		Lefort, Montigny.
Tarentule	V.	2	Déaddé, Cranney.	
Tarentule	B.	2	2/3 Scribe, Gide.	1/3 Coralli.
Tarif des places	V.	1		Chazet, Dubois.
Tartares	M.	3	5/6 Scribe, Dupin.	1/6 Darondeau.
Tartares	O.	3		F. Loraux, Cherubini.
Tartares Mogols	M.	3		Alexandre.
Tarteletres à la reine	V.	1	1/2 Vanderburch.	1/2 De Forges.
Tartuffe de village	V.	1	1/2 Coupart.	1/2 Varez.
Tartuffe de village	V.	1		Martin Lubize, 1/4, Petit 1/4, Blondy 1/2.
Tas de bêtises	V.	1	1/3 Dumersan.	2/3 Ch. Dupeuty, Rosier.
Tasse	T.	5	Cicille.	
Tasse	D.	5		Alex. Duval.
Tasse à Sorrente	D.	3		De Belloy.
Tasse cassée	V.	1	1/2 E. Guinot.	1/2 Lubize.
Tasse de chocolat	V.	1	Dieulafoy (D. E.), Gersin (D. E.).	
Tasse de glace	O.	1		Marsollier (D. E.), Dalayrac (D. E.).

Titres des Pièces.	Genres.	Actes.	M. GUYOT.	M. PERAGALLO.
Tatillon	C.	3	Picard (D. E.).	
Taureau le brasseur	V.	1		Rimbaut, Salvat, Brisebarre.
Taverne	V.	1	1/2 Moreau.	1/2 Dumolard.
Taverne de Norwich	V.	1	1/2 Salin.	1/2 A. Jadin.
Taverne des étudiants	C.	3		Victorien Sardou.
Taverne du diable	D.	5	3/4.B. Lopez,1/4,Lévy,é.1/2.	1/4 Alboise.
Te Deum de Malaga	M.	2		Mourier, Antony Béraud, éc.
Te Deum et De Profundis.	V.	1	Ratier, Déaddé.	
Te Deum et le tocsin	V.	1	1/2 Honoré, Barba, édit.	1/2 Simonnin.
Tékéli	M.	3	De Pixérécourt.	
Télégraphe	V.	2	Théaulon, Dormeuil, E. Noël.	
Télégraphe d'amour	V.	3	1/2 Michel Masson.	2/3 Fréd. Thomas, Alix, édit.
Télégraphe d'amour	V.	1	Servières, Henrion.	
Télégraphe de Montmartre	V.	1	Dumanoir, Clairville.	
Télégraphe électrique	V.	3	1/2 Siraudin.	1/2 Alfred Delacour.
Télégraphe électrac	V.	1	1/3 Henri Thiéry.	2/3 Alb. Monnier, Vulpian.
Télémaque	M.	5	Ribie, (D. E.).	
Télémaque	B.	3		Gardel.
Télémaque Cadet	V.	1	Rizet, Laporte.	
Télémaque dans l'île de Calypso	O.	3	Dercy, Lesueur.	
Télémaque dans l'île de Calypso	B.	3		Dauberval.
Témoin	V.	1	2/3 Scribe, Mélesville.	1/3 Saintine.
Tel père, tel fils	C.	3		Dorvo.
Tel père, tel fils	V.	1	Bouchardy, Deligny.	
Témoin invisible	M.	3	De Pixérécourt.	
Tempête	B.	2	1/3 Nourrit.	2/3 Corally, Schneitzœffer.
Tempête	V.	1	2/3 De Leuven, De Livry.	1/3 De Forges.
Tempête dans une baignoire	V.	1	1/2 Gabriel.	1/2 Ch. Dupeuty.
Tempête dans un verre d'eau	C.	1		Léon Gozlan.
Temple de la mort	M.	3		Cuvelier, Léopold.
Temple de Salomon	D.	5	1/3 Hostein.	2/3 Anicet, D'Ennery.
Templiers	T.	5	Raynouard.	
Templiers	V.	1	Lafortelle.	
Temps de barbarie	M.	3	5/6 Lamerlière.	1/6 Quaisin.
Temps de galop	V.	1	1/2 Labie.	1/2 Const. Laurent.
Temps passé	C.	3		Alex. Duval.
Temps perdu	C.	3		Ed. Foussier.
Ténaïs et Zéliska	T.	5	Prévost-Montfort.	
Tendresse et Supercherie.	V.	1	Mayeur.	
Tendresse maternelle	M.	3	Dumersan, Servières, Lanusse.	
Téniers	V.	1	1/2 Joseph Pain (D. E.).	1/2 Bouilly.
Ténor très-léger	O.	1	1/2 Réné Lordereau.	1/2 Hervé.
Tentation	B.	3	1/2 Cavé, Gide.	1/2 Corally. Halévy.
Tentation d'Antoinette	V.	5	2/3 Clairville.	1/3 Vaulabelle.
Tentation de monsieur Antoine	V.	1	2/3 De Leuven, Barba, édit.	1/3 De Forges.
Tentations	P.	3		Cuvelier de Trye (D. E.).
Térésa	D.	5		Alex. Dumas, Anicet.
Terme du voyage	V.	1	Petit. Philippon de La Madeleine.	
Terre de Gonesse	V.	1	1/3 Dieulafoy (D. E.).	2/3 Dubois, Chazet.
Terre à terre	V.	1	Honoré.	
Terre de haute futaie	V.	3	2/3 Paul de Kock.	1/3 Alix, édit.
Terre promise	V.	3		Durantin, J. Petit, R. Deslandes.

Titres des Pièces.	Genres.	Actes.	M. GUYOT.	M. PERAGALLO.
Terreur en 1815	M.	3		Ch. Dupeuty, Fontan.
Terrible Savoyard	V.	1	Cogniard frères 2/3, Ad. Choler 1/3.	
Testament	C.	3		Duval (Alex.).
Testament	M.	3		Antony Béraud, Léopold.
Testament	V.	1		Touchard, Lustières.
Testament	V.	1	Radet.	
Testament de Carlin	V.	1	Désaugiers.	
Testament de César	D.	5		Jules Lacroix.
Testament de César Girodot	C.	3		Adolphe Belot, Villetard.
Testament de la pauvre femme	M.	3	Victor Ducange (D. E.).	
Testament de mon oncle	C.	3	Charlemagne, Barba, édit.	
Testament de Piron	V.	1	1/2 Ferd. Langlé.	1/2 Alboize.
Testament de Polichinelle	O.	1		Montjoie, Hervé.
Testament de Polichinelle	V.	1	Scribe, Moreau, Lafortelle.	
Testament du czar	D.	5	Mareuge, de Reiffemberg.	
Testament d'un dragon	C.	1	1/2 Barba, édit.	1/2 Lefebvre, Saint-Amand.
Testament d'un garçon	D.	3	2/3 Eug. Nus, Lévy, édit.	1/3 Desnoyer, Philastre.
Testament singulier	C.	1	Charlemagne, Leroy, Closel.	
Testament et les billets doux	O.	1	1/2 De Planard.	1/2 Auber.
Tête à perruque	V.	1	A. Gouffé, Brazier, Barba, éd.	
Tête à tête	V.	1		1/2 Chazet.
Tête à tête	V.	1		Laurencin, Alix, édit.
Tête d'airain	P.	3		Cuvelier de Trye (D. E.)
Tête de bronze	M.	3	5/6, Hapdé 1/6 Lanusse.	
Tête de Martin	V.	1		Th. Barrière, Decourcelle, Grangé.
Tête de la Méduse	V.	1	Jautard.	
Tête de Méduse	O.	1	3/4 Vanderburch 1/4, Scard 1/2.	1/4 De Forges.
Tête de Mort	M.	3	De Pixérécourt.	
Tête des femmes	V.	1		Chaussier.
Tête de singe	V.	2	Dumanoir, Déaddé, de Léris.	
Tête du diable	F.	3	3/4 (Martainville) (D. E.), Barba, éd., Lanusse, Ribié.	
Tête du juif	P. V.	2	Brazier, A. D'Artois, Dumersan.	
Tête et le cœur	V.	2	2/3 Bureau, Hector.	1/3 Marcel Nouvière.
Tête picarde	V.	1		Jouhaud.
Têtes rondes et cavaliers.	V.	3	1/4 Barba, édit.	3/4 Ancelot, Saintine.
Têtes rouges	M.	3		Lepoitevin Saint-Alm, Mourier.
Thadéus le ressuscité	D.	4	1/2 Michel Masson.	1/2 Ch. Desnoyer.
Thalie aux boulevards	V.	1	Saint-Brice.	
That is the question	P.	1	Weimar.	
Théâtre à louer	V.	1		Dutertre, Pelez.
Théâtre dans la caserne.	V.	1	Vulpian père, Lassagne.	
Théâtre des animaux	V.	1	De Leuven, De Livry, Mallian, Riga.	
Théâtre des zouaves	V.	1	2/3 Cormon, Lévy, édit.	1/3 Grangé.
Théâtre et la cuisine	V.	2	1/2 Paul de Kock.	1/2 Alix, édit.
Théâtre et la famille	V.	1	1/3 Desvergers.	2/3 Laurencin.
Théâtre réparé	V.	1	Emile Bruneau.	
Théâtromane	V.	1		Camel.
Théâtromanie	V.	1		Marty.

Titres des Pièces.	G.res.	Actes.	M. GUYOT.	M. PERAGALLO.
Thé chez la ravaudeuse..	V.	3	Dumersan, A. D'Artois, Barba, édit.	
Thé de Polichinelle.....	O.	1	Plouvier, Poise.	
Thélème l'amazone......	V.	3	1/2 Paul de Kock.	1/2 Henri Meyer.
Thémistocle..........	T.	5	Larnac.	
Thémistocle..........	T.	5		Moline (D. E.).
Thémistocle..........	O.	3		Morel-Chédeville (D. E.).
Théobald............	V.	1	Scribe, Varner.	
Théodore............	V.	1		Lévrier de Champ-Rion (D.E.).
Théodore............	V.	1	Bayard, Paulin Deslandes.	
Théodore............	V.	1		Brisebarre, Nyon, Lévy, édit.
Théodore l'Auvergnat...	O.	2		Eug. Hus, Bruni.
Théodore le fataliste....	D.	2	Dittmer.	
Théophile............	V.	1	Pain, Dumersan.	
Théophile............	V.	1	Étienne Arago, 3/4 Varin, Desvergers.	1/4 Alix, édit.
Thérésa.............	D.	5		Alexandre Dumas, Anicet.
Thérèse.............	M.	3	Victor Ducange (D. E.).	
Thérèse.............	V.	3	A. Guénée, Ad. Choler.	
Thérèse.............	O.	2	1/4 de Planard, 1/4 de Leuven, 1/2 Carafa.	
Thérèse.............	V.	2	Bayard, Arthur de Beauplan.	
Thérèse et Faldoni.....	M.	3	Hapdé, Solomé.	
Thérèse et Marie......	M.	1		*Colombey* pour Porcher.
Thérèse et Pauline.....	O.	1	Grétry neveu, Bieysse.	
Thérèse la mercière.....	V.	2		Porcher.
Thersite.............	C.	2	R. de Villarceaux.	
Thésée..............	T.	5		Mazoïer.
Thibaut, comte de Champagne............	V.	1	Scribe, Germain Delavigne.	
Thibaut et Justine......	V.	1	A. D'Artois, Francis D., Gabriel.	
Thibaut l'ébéniste......	V.	1	7/9. Bernard Lopez 4/9, Nicolas Tresse, *édit.*, 3/9.	2/9 Lelarge.
Thomas l'Égyptien.....	V.	1	Cogniard frères.	
Thiégaut le Loup.......	D.	5		Félicien Mallefille.
Thomas le rageur......	V.	4	*Delestre-Poirson*.	
Thomas Maurevert.....	M.	1	2/3 Mallian, Legoyt.	1/3 Alix, *édit*.
Thomas Morus........	T.	5	Draparnaud (D. E.).	
Thomas Müller........	V.	2	1/2 Dieulafoy (D. E.).	1/2 Chazet.
Thomiris............	T.	1	Mlle Barbier.	
Thompson et Garrick....	V.	1	1/3 Jacquelin (D. E.).	2/3 Ourry, Chazet.
Thyrtée.............	O.	2		Legouvé.
Tibère..............	T.	5	Feu Chénier (D. E.).	
Tibère..............	T.	5		Fallet.
Tiburce.............	V.	1	1/3 Dumanoir.	2/3 Dennery, Alix, *édit.*
Tic tac, tic tac.........	V.	1		Charles Potier.
Tiennette............	V.	1	1/2 Déaddé.	Feu Saint-Firmin.
Tiens bon, tu l'auras....	V.	1		Léger.
Tierce à la dame.......	V.	1	Déaddé, Ad. Choler.	
Tigre du Bengale.......	V.	1		Brisebarre, Marc Michel.
Tigresse.............	V.	1		Jouhaud.
Tigresse, mort aux rats..	V.	1	Dupuis, de Saint-Georges, A. D'Artois, Barba, *édit.*	
Timbre de la poste.....	D.	3		Dutertre, Lajariette.
Timide..............	O.	1	1/4 Scribe.	3/4. Saintine 1/4, Auber 1/2.
Timide..............	C.	1	Pascali.	
Timoléon............	T.	5	Chénier (D. E.).	
Timoléon............	V.	1	1/2 Royer de Bruges.	1/2 Jouhaud.
Timon d'Athènes......	D.	3		Mercier.

— 345 —

Titres des Pièces.	Genres.	Actes.	M. GUYOT.	M. PERAGALLO.
Tippo-Saïb............	T.	5		Jouy.
Tippo-Saïb............	M.	3		Dubois.
Tirage au sort.........	V.	1		Sewrin.
Tirailleurs de Vincennes.	V.	2		J. Angia, Salvat.
Tirailleurs français......	V.	1	Alph. Keller.	
Tir au pistolet..........	V.	1	De Leuven, Michel Masson, de Livry. Riga.	
Tirelaine.............	V.	2	Dumanoir, Mallian.	
Tirelaines.............	V.	3	Dumanoir, Mallian.	
Tirelire..............	V.	1	2/3 Cogniard frères, 1/3 Jaime.	
Tirelire blanche........	V.	1	Llaunet.	
Tirelire de Jeannette....	V.	1		Mme Mélanie-Waldor.
Tir et le restaurant.....	C.	1	2/3 Overnay, Ad. Payn.	1/3 Th. Nézel.
Tireur de cartes........	V.	1	1/2 E. Roche.	1/2 Decomberousse.
Tireuse de cartes.......	D.	5		V. Séjour, Morquard.
Tireuse de cartes.......	M.	3	1/3 Riga.	2/3 Alboize, Vaulabelle.
Tireuse de cartes.......	V.	1	2/3 Clairville.	1/3 Vaulabelle.
Tireuse de cartes.......	V.	1	De Pixérécourt.	
Tiridate..............	V.	1		N. Fournier.
Tisserand de Ségovie....	T.	5		Hippolyte Lucas.
Tissu d'horreurs........	V.	1	Lhérie jeune, Léon Halévy, Barba, édit.	
Titi le Talocheur........	V.	1	2/3 Cogniard frères, 1/3 Jaime.	
Titine à la cour.........	V.	2		Duterlre, Labénardière.
Titis................	V.	1		Jouhaud.
Titi, Toto, Tata........	V.	3	Jaime fils.	
Titus................	B.	1		Charrin.
Tivoli................	V.	1	Scribe, 1/3 Delestre-Poirson, Moreau.	
Tivoli................	V.	1	A. Gouffé.	
To be or not to be......	V.	2	Lhérie B., Arthur de Beauplan.	
Toberne..............	O.	2	1/2 Patrat (D. E.).	1/2 Bruni (D. E.).
Toby le Sorcier........	V.	1		Anicet, d'Ennery.
Toccades de Borromée..	V.	1	Lhérie B., Art. de Beauplan.	
Tocsin	V.	1	Dumersan, de Rougemont.	
Tocsin et le Te Deum...	V.	2	1/2 (Honoré) pour Barba, éd.	1/2 Simonnin.
Toiles du Nord.........	V.	3	1/3 A. Guénée.	2/3 Flan, Albert Monnier.
Toilettes tapageuses.....	V.	1	1/2 Dumanoir.	1/2 Th. Barrière.
Toinette et son carabinier.	O.	1		Michel Delaporte, Hervé, Lévy, édit.
Toinon et Toinette......	O.	2	Gossec.	
Toinon la serrurière....	V.	2	Dupin, Varin.	
Toison d'or...........	O.	2		Desriaux.
Toit paternel..........	M.	3		Mme Hadot (D. E.), Taix (D. E.).
Toit paternel..........	M.	3	De Rougemont, Réné Périn.	
Tolérant.............	D.	5	Demoustier.	
Tombeau.............	P.	1	1/2 Francis C.	1/2 Anicet.
Tombeau de Bathilde....	M.	3		A. Piccini.
Tombeau de Turenne...	M.	3		Bouilly, Cuvelier de Trye (D. E.).
Tombeaux de Vérone....	D.	5		Mercier.
Tombe d'Issoire........	M.	3		Daubigny, Saint-Aure.
Tombola de maris......	V.	1	Paul de Kock.	
Tom Jones à Londres....	C.	5	Desforges (D. E.).	
Tom Jones et Fellamar..	D.	5	Desforges (D. E.).	
Tom Pouff............	V.	1	1/2 Mélesville, Carmouche.	1/2 Fr. De Courcy, Alix, éd.
Tom-Puce aux eaux de Sedlitz.............	V.	1	1/2 Guénée.	1/2 Marc Leprévost.

Titres des Pièces.	Genres.	Actes.	M. GUYOT.	M. PERAGALLO.
Tom Rick............	D.	3	Merville, Francis C.	
Tom Wild............	M.	3		Anicet, Antony Béraud.
Tonelli (La)..........	O.	2	3/4. T. Sauvage 1/4, A. Thomas 1/2.	1/4 De Forges.
Toniotto.............	M.	5	2/3 Albert, Labrousse.	1/3 Alix, édit.
Tonnelier............	O.	1	1/2 Nicolo (D. E.).	1/2 Delrieu.
Tonnelier............	B.	1		Lefebvre.
Tonton..............	V.	1	Pain (D. E.), Lafortelle.	
Tony................	V.	2	Brazier, Mélesville, Carmouche.	
Toque bleue..........	V.	2	Dumanoir, Dupin.	
Torchon et la nappe....	V.	3	1/2 Vanderburch.	1/2 Alboize.
Toréador	V.	3	Mélesville, Duveyrier.	
Toréador	O.	2	T. Sauvage, Adolphe Adam.	
Toréador	V.	1	Clairville.	
Toréador	V.	1	Vizentini.	
Torrino le savetier.....	M.	4		Marc-Michel.
Toto Carabo..........	V.	2		Albert Monnier, Jouhaud.
Tôt ou tard...........	C.	2		Demolière, Léonce.
Touboulic le Cruel.....	V.	1		Ancelot, Decomberousse.
Touche à tout........			Saint-Edme, Ponsy, Barba, é.	
Toujours.............	V.	2	Scribe, Varner.	
Toujours le même.....	V.	1	Coupart, Servières.	
Toulon et Fontainebleau.	M.	5	1/3 Francis C.	2/3 Anicet, Bezou, édit.
Toupinel.............	V.	2	Dumersan.	
Tour de Babel.........	V.	1	Caisse de secours.	
Tour de Babel.........	V.	1		Frédéric Lemaître fils.
Tour de carnaval.......	V.	1		Henri.
Tour de carnaval.......	C.	2		Prévost.
Tour de carnaval.......	V.	1	1/2 Mélesville.	1/2 Bezou, édit.
Tour de caserne.......	V.	1	H. Roland.	
Tour du Colalto.......	V.	1	1/2 Moreau.	1/2 Dumolard.
Tour de comédien.....	V.	1	Chol de Clercy, Prosper Sanson.	
Tour de faction.......	V.	1		D'Ennery, Grangé, Alix, éd.
Tour de Falkenstein....	M.	3	5/12 Bilderberck, Lanusse.	7/12 Hubert, Quaisain,
Tour de Ferrare........	D.	5	1/4 Ch. Lafont.	Alboize, Élie Sauvage, Alix, é.
Tour de France	V.	2	Masselin.	
Tour de France	V.	1	Brazier, Henrion.	
Tour de France	V.	1	Lafontaine, Vanderburch, Steph, Pollet.	
Tour de France	V.	1	Latouche, Deschamps.	
Tour de France	V.	1	Desvergers, Et. Arago.	
Tour de Ganges.......	M.	4		Basset, Mangot.
Tour de garnison......	B.	3		Gilbert.
Tour de garnison......	V.	1	1/3 Carmouche.	1/3 Fr. De Courcy, Merle.
Tour de grisettes	V.	1	1/2 Milon.	1/2 Maurice Alhoy.
Tour de jeune homme...	C.	1		Léger, Chazet.
Tour de la belle Allemande	M.	5	Hapdé.	
Tour de la faim........	M.	5	Caigniez, Villiers.	
Tour de la faim........	D.	3	Alfred Goy, Boinet.	
Tour de Londres.......	D.	5	E. Nus 3/8, Alp. Brot 3/8, et Ch. Lemaître 2/8.	
Tour de Nesles........	D.	5	1/2 Gaillardet.	1/2 Alexandre Dumas.
Tour de Newstadt......	O.	3		Marsollier (D. E.), Dalayrac (D. E..)
Tour de page.........	O.	1		De Favières, Devienne.
Tour de Roquelaure....	V.	1	Hapdé.	
Tour de Roquelaure....	V.	1	Albert.	
Tour de roulette.......	C.	1		De Rieux, Durantin, Alix, éd.

— 347 —

Titres des Pièces.	Genres.	Actes.	M. GUYOT.	M. PERAGALLO.
Tour de Ségovie	M.	5	Carpier.	
Tour de soubrette	C.	1	1/2 Gersin (D. E.).	1/2 Année.
Tour d'Europe	V.	3	Ferdinand Langlé, De Leuven, De Livry.	
Tour d'Europe	V.	1	Clairville.	
Tour de Witikind	V.	2	A. d'Artois, Dupin.	
Tour d'Ugolin	V.	2		Laurencin, Marc-Michel, Alix, édit.
Tour du monde	D.	3	Camaille Saint-Aubin.	
Tour du sud	M.	3		Rolland, Leblanc.
Touristes	C.	3		E. Serret.
Tourlourou	V.	3	3/4 Paul de Kock, Desvergers, Et. Arago.	1/4 Alix, édit.
Tournois	V.	1	Mélesville.	
Tour Saint-Jacques la Boucherie	D.	5		Alexandre Dumas, De Montépin.
Tours de Notre-Dame	V.	4		Benj. Antier, Decomberousse.
Tour ténébreuse	M.	5	Pixérécourt.	
Tous les niais de Paris	C.	3	Pillon, Réné Perrin.	
Tous les vaudevilles	V.	1	1/3 Scribe, Désaugiers (D. E.), Delestre-Poirson.	
Toussaint Louverture	D.	5	De Lamartine, Lévy, édit.	
Tout chemin mène à Rome.	V.	1	2/3 Lafitte, Barba, édit.	1/3 Desnoyer.
Tout chemin mène à Rome.	V.	1	1/2 Lévy, édit.	1/2 Fournier, P. Duport.
Tout comme il vous plaira.	C.	1	Sedaine-Sarcy (D. E.).	
Toute Rose	V.	3	Théaulon, Brazier.	
Toutes les sottises	C.	1	Camaille Saint-Aubin.	
Tout est bien qui finit bien	V.	1		Marquis De Varennes.
Tout est pour le mieux	V.	1		Charles Bridault.
Tout le monde a tort	V.	1		Jouy, Spontini.
Tout le monde en veut	V.	1		Ourry, Merle.
Tout nouveau, tout beau.	R.	1		Saint-Amand, Augier.
Tout ou rien	M.	3	2/3 Paul de Kock.	1/3 Alix, édit.
Tout par amour	O.	3	3/4 A. d'Artois 1/4 Blangini 1/2.	1/4 Révony Saint-Cyr (D. E.).
Tout Paris y passera	R.	3	1/2 Guénée.	1/2 Ch. Potier.
Tout pour de l'or	D.	5	Dinaux (Goubaux), Lesguillon.	
Tout pour l'amour	C.	3		Monvel, Decomberousse.
Tout pour l'enseigne	V.	1	3/4 Moreau, Brazier, Lafortelle.	1/4 Merle.
Tout pour le roi	C.	1	A. d'Artois, Théaulon.	
Tout pour les filles, rien pour les garçons	V.	2	1/2 Gabriel.	1/2 De Villeneuve.
Tout pour l'honneur	D.	5	Lermite.	
Tout pour ma fille	M.	3		Léonce, Petit, P. Martin, Varez.
Tout pour parvenir	C.	3		D'Épagny.
Tout pour un frère	D.-V.	5	Delanoy, Kallkaire, Marguery.	
Tout-serin la clôture	V.	1	1/2 Ferdinand Langlé.	1/2 Ch. Dupeuty.
Tout tourne	V.	1	1/2 Henri Thiéry.	1/2 Vulpian.
Tout vient à point pour qui sait attendre	V.	1	Bayard.	
Tracasseries	C.	1	Picard (D. E.).	
Tracasseries du village	C.	1	Magne Saint-Aubin (D. E.).	
Trafalgar	V.	1	1/3 Tresse, édit.	2/3 A. Robert, Perroux.
Tragaldabas	D.	5	Vacquerie.	
Tragédie à la porte	V.	1	Brazier, Moreau, De Rougemont.	

Titres des Pièces.	Genres.	Actes.	M. GUYOT.	M. PERAGALLO.
Tragédie au vaudeville..	V.	1	Barré (D. E.), Radet (D. E.).	
Tragédie chez monsieur Grassot.............	V.	1		Victor Lefranc, E. Labiche.
Trahison	O.	3	1/2 Scribe.	1/2 Kreutzer. Fréd. Krembé,
Trahison	M.	2		Cuvelier, Dubois, A., Piccini.
Train de plaisir pour la Californie...........	V.	3	2/3 Clairville.	1/3 Vaulabelle.
Trains de plaisir.......	V.	3	De Reiffemberg.	
Train de plaisir.......	V.	2	1/2 (*Bourdois*), pour Porcher.	1/2 Couailhac.
Trait d'Alexandre......	B.	1		Blache.
Trait de bienfaisance...	V.	1	1/2 Coupart.	1/2 Varez.
Trait de Cartouche.....	C.	2		Desnoyer.
Trait de Fanchon la vielleuse.............	V.	1	Dumersan.	
Trait de lumière........	V.	1	Cormon, Alp. Brot.	
Trait de modestie.......	V.	1	A. D'Artois, Fulgence.	
Trait de Paul premier...	V.	1	1/2 Scribe.	1/2 Paul Duport.
Trait d'Helvétius.......	V.	3		Chaussier, Châteauvieux.
Trait d'union..........	V.	1	Leroux (H.).	
Traité de paix.........	V.	1	A. D'Artois, Brisset.	
Traité de Paul premier..	V.	1	1/2 Scribe.	1/2 P. Duport.
Traite des Blancs.......	V.	1	Tarckeim.	
Traite des blancs.......	V.	1	1/2 De Champeaux.	1/2 Ménissier.
Traite des noirs........	D.	4		Ch. Desnoyer, Alboize.
Traité nul.............	O.	1		Marsollier (D. E.), Gaveaux (D. E.)
Traître...............	M.	3		Alboize. Boulé.
Transfuge.............	D.	3	1/3 Paul Foucher.	2/3 De Lavergne, Alix, *édit.*
Transfuge.............	M.	1		Ponet, E. Ronsin.
Travail et goguette.....	D.	5	Dumersan, Vanderburch, Tresse, *édit.*	
Travail et plaisir.......	V.	1	Guillemain	
Traversin et couverture.	V.	4	2/3 Varin, Lévy, *édit.*	1/3 Labiche.
Travestissements.......	O.	1	7/8 Paulin Deslandes 3/8, Grisar 4/8.	1/8 Dubois.
Travestissements.......	C.	1	1/3 Vieillard, Gersin (D. E.).	1/3 Annéé.
Travestissements.......	V.	1	2/3 Jouslin, Alexandre.	1/3 Crosnier.
Trébuchets............	V.	1	Émile Cottenet.	
Treille du roi..........	O.	1	1/2 Paul Henrion.	1/2 Ch. Dupeuty.
Treize...............	O.	3	1/4 Scribe.	3/4 Duport 1/4, Fr. Halévy 1/2.
Treize à table.........	V.	1	Grétry neveu.	
Treize à table.........	V.	1		Auger, Tournemine.
Treize à table.........	V.	1		Anicet, Ménissier, Lenglier.
Treize infortunes d'Arlequin................	V.	1	Brazier, Dumersan, Dupin.	
Treizième.............	V.	1	Rattier, Déaddé.	
Treizième arrondissement.............	V.	1	1/2 Ad. Guénée.	1/2 L. Couailhac.
Treizième mariage......	V.	1	2/3 Dumanoir, Vial.	1/3 Th. Muret.
Tremblement de terre...	M.	3		D'Ennery, Montigny.
Tremblement de terre de la Martinique........	D.	5	1/3 Ch. Lafont.	2/3 Desnoyer, Harel.
Tremblement de terre de la Martinique........	V.	1		Jouhaud.
Trembleur.............	C.	2	Anaïs Ségalas.	
Tremplin l'ivrogne......	V.	1		(*St-Amand*) pour Porcher.
Trénitz...............	V.	1		Paul Duport, Monnais.
Trente ans d'absence...	V.	1	Brazier, Dumersan.	
Trente ans de la vie d'un				

— 349 —

Titres des Pièces.	Genres.	Actes.	M. GUYOT.	M. PERAGALLO.
joueur............	M.	5	Beudin 1/6, Dinaux (Goubaux) 1/6, Barba, *édit.* 2/6, V. Ducange, 2/6 (D. E.).	
Trente ans de l'histoire de France............	D.	5		A. Dumas.
Trente et quarante.....	O.	1	1/2 Tarchi.	1/2 Alex. Duval.
Trente et un décembre et le premier janvier....	V.	2	Labottière.	
Trente mille francs.....	V.	1		Jouhaud.
Trente-quatre francs ou sinon.............	V.	1		Laurencin, Marc Michel.
Trente mille livres de rente.............	V.	1	1/3 De Rougemont.	2/3 Dulong, Mourier.
Trente-six heures de sommeil.............	V.	1		Martin, Fournier.
Trente-trois mille, trois cent trente-trois francs 33 centimes par jour..	V.	3	Dumanoir, Clairville.	
Trésor.............	C.	5	Andrieux (D. E.).	
Trésor.............	V.	1	Ségur, fils.	
Trésor.............	V.	1	Dorvigny.	
Trésor.............	V.	1	Saint-Brice.	
Trésor.............	V.	1	Corne.	
Trésor de Bagnolet.....	V.	1	1/2 Labie.	1/2 J. Augier.
Trésor du pauvre.......	V.	1	1/2 Eug. Nus.	1/2 Desnoyers.
Trésor du soldat.......	V.	1	Thurbet.	
Trésor supposé........	O.	1	1/2 Hoffman (D. E.).	1/2 Méhul. (D. E.)
Trestaillons en dix-huit cent quinze.........	D.	2		Ch. Dupeuty, Fontan.
Trianon.............	V.	2	Bayard, Bayard jeune.	
Tribu des serpents......	M.	3	De Pixérécourt.	
Tribu du mont Liban....	P.	1		Frédéric, A. Piccini.
Tribulations de deux tourlourous............	V.	1		De Baroncelli.
Tribulations de la paternité.............	V.	1	1/2 Michel Masson.	1/2 Saintine.
Tribulations d'un barbier.	V.	1	Girel.	
Tribulations d'un bourgeois de Paris......	V.	1	De Rougemont.	
Tribulations d'une actrice.............	V.	1		Michel Carré, Narrey, Lemonnier.
Tribulations d'un employé.............	V.	1	Morain.	
Tribulations d'un grand homme..	V.	3	Béchard.	
Tribunal de femmes.....	V.	1		Léonce, Petit, M^{el} Delaporte.
Tribunal des dix........	M.	3	1/2 Albert.	1/2 Burat de Gurgy.
Tribunal des femmes....	V.	1	Moreau, Dumersan.	
Tribunal invisible......	O.	3	3/4 Carmouche 1/4, Ad. Adam 1/2.	1/4 Saintine.
Tribunal invisible......	M.	3		Cuvelier (D. E.), Quaisin (D. E.).
Tribunal redoutable.....	D.	5	Lamartelière (D. E.).	
Tribunal Rose.........	V.	1	Clairville, Philibert.	
Tribunal secret........	T.	5	Léon Thiessé.	
Tribu de Palerme......	D.	5		Latour Saint-Ybars.
Tribu du Caucase......	M.	5		Béraud, Léopold, Merle.
Tribu des cent vierges...	D.	5	1/3 Bern. Lopez.	2/3 Alboize, Bezou, *édit.*
Tribut des femmes......	B.	1	1/3 De Gallemberg.	2/3 Taglioni.

Titres des Pièces.	Genres.	Actes.	M. GUYOT.	M. PERAGALLO.
Tricorne enchanté	C.	1	1/3 Siraudin.	2/3 Th. Gautier, Alix, *édit*.
Tricornet	V.	1	Barba, *édit*.	
Trilby	B.	3	Ragaine.	
Trilby	O.	1		Lachesneraye, De Rillé.
Trilby	V.	1	Théaulon 1/3, Lafontaine 1/3, (Jourlin), Joseph B. 1/3.	
Trilby	V.	1	2/3 Dumersan Rousseau.	1/3 Fr. De Courcy.
Trilby	V.	1	Scribe, Carmouche.	
Trilogie de pantalons	V.	3		Chivot 1/2, Marc Michel 1/4, Moreau, 1/4.
Trim	V.	2		P. Duport 1/6, Duvert, Lauzanne.
Tringolini	M.	3		Saint Hilaire.
Trio d'enfoncés	O.	1		Hervé.
Triolet	V.	1	Clairville, Pol Mercier.	
Triolet bleu	V.	3	2/3 Michel Masson, Gabriel.	1/3 Villeneuve.
Triolet jaune	V.	1	J. Arago, Lefèvre, Moreau.	
Triomphe d'Alcide à Athènes	O.	2		Moline (D. E.).
Triomphe de David	M.	5	5/6 Caigniez, Lanusse.	1/6 Leblanc.
Triomphe de la folie	B.	1		Gilbert.
Triomphe de l'amitié	O.	3	Framery.	
Triomphe de la perruque	C.	1		Declaye.
Triomphe de la sagesse	O.	3	Dercy, Lesueur.	
Triomphe de l'hymen	B.	1		Blache.
Triomphe des armées françaises	C.	3		Tissot.
Triomphe des épouses	D.	2	1/2 Cubières (D. E.).	1/2 Pelletier-Volmerange (D. E.).
Triomphe des femmes	M.	3		Coffin-Rosny (D. E.), 1/2 Leblanc.
Triomphe des femmes	O.	2		1/2 Kreutzer, 1/2 Dupeuty.
Triomphe des femmes	V.	1	Pain (D. E.), 1/2 Duperche.	
Triomphe de Trajan	O.	3	Lesueur.	
Triomphe de Trajan	O.	3		Esménard, Persuis (D. E.).
Triomphe du soufre	C.	1	Edmond Gondinet.	
Triple engagement	V.	1	Ravriot.	
Triple hymen	V.	1	Verment-Mariton.	
Tristesse et gaieté	V.	1	Ch. Hubert, Emile Cottenet.	
Tristine	V.	1	1/3 Carmouche.	2/3 F. De Courcy, C. Dupeuty.
Troc	O.	1	1/2 Ancessy.	1/2 Vivier.
Troc des âges	V.	1	1/2 E. Burat.	1/2 Vaulabelle.
Trois âges	V.	1		Paul Duport.
Trois âges des Variétés	P.	1		De Montheau.
Trois âges d'Henri IV	V.	1		Cuvelier, Franconi (D. E.).
Trois amis	D.	3		Menissier, Bellevue, Alix, *éd*.
Trois amoureux de Mariette	V.	3		Brisebarre, Lubize.
Trois amours	C.	2	Scribe.	
Trois amours d'Anglais	B.-P.	1		Adrien.
Trois amours de pompiers	V.	1	1/3 Siraudin.	2/3 Alf. Delacour, E. Moreau.
Trois amours de Tibulle	C.	1		A. Tailhaud.
Trois ans après	M.	4	1/3 Barba, *édit*.	2/3 Boulé, Th. Nézel.
Trois ans après	V.	3	1/2 Rougemont.	1/2 Ch. Dupeuty.
Trois ans de la vie d'un étudiant	D.	3		Maublan, Nyon.
Trois assiettes	V.	1	1/3 Michel Masson.	2/3 Saintine, Villeneuve.
Trois aveugles	V.	1	Brazier, Carmouche, Mélesville.	
Trois baisers	V.	2	Barthélemy, Lhérie B.	

Titres des Pièces.	Genres.	Actes.	M. GUYOT.	M. PERAGALLO.
Trois baisers	V.	1	1/6 Labie.	5/6 De Montépin, Constant Laurent.
Trois baisers du diable	O.	1		Mestépès, Offenbach.
Trois balles	O.	3	1/2 Sauvage.	1/2 Castil-Blaze.
Trois bals	V.	3	Bayard.	
Trois beaux-frères	V.	1	Bayard, Sauvage.	
Trois bienfaits pour un	V.	1		Dubois.
Trois bijoux	V.	2	3/4. De Planard j^e, A. d'Artois, Delange.	1/4 Alix, *édit*.
Trois bondons	V.	1		Alf. Delacour, Lt Thiboust.
Trois bons amis	V.	1	Guiches.	
Trois bossus	C.	2	1/2 Henrion.	1/2 Ragueneau.
Trois bossus	V.	1	A. d'Artois, Francis D., Barba, *édit*.	
Trois bossus de Damas	V.	2	Vanderburch.	
Trois boudoirs	V.	3	A. d'Artois, Théaulon, Lesguillon.	
Trois boulevards	V.	3		Davenay, Abel Lahure.
Trois bourgeois de Compiègne	V.	1	2/3 Varin, Bayard.	1/3 Biéville.
Trois boutiques	V.	1	1/3 Vanderburch.	2/3 Laurencin, Alix, *édit*.
Trois cantons	V.	3	Théaulon, Barba, *édit*.	
Trois Catherine	D.	3		P. Duport, E. Monnais.
Trois cerfs-volants	V.	1		Paul Avenel, Barbré, *édit*.
Trois chapeaux	C.	3	De Longpré.	
Trois chèvres	C.	2		Guy.
Trois cœurs de femmes	V.	3	E. Burat, Masselin.	1/3 D'Ennery.
Trois commères	V.	1	Théaulon, de Boignes, Barba, *édit*.	
Trois contre un	V.	1	1/2 Tournay.	1/2 Chazet.
Trois couchées	V.	3	Théaulon, Roche, Duflot.	
Trois coups	V.	1	1/2 E. Burat.	1/2 Burat de Gurgy j^r.
Trois coups de pied	V.	2	1/2 Lockroy.	1/2 A. Decomberousse.
Trois cousines	V.	1		Martin Lubize, Blondy.
Trois cousins	V.	1	Derancé.	
Trois Crispins	C.	1	Samson 2/3, Lévy, *édit*. 1/3.	
Trois Damis	C.	1	Bodard.	
Trois déesses rivales	O.	1	Piis (D. E.), Propiac.	
Trois défauts	V.	1	1/2 Bonnafous.	1/2 Chazet.
Trois dimanches	V.	3	2/3 Cogniard frères.	1/3 Vaulabelle.
Trois dragons	O.	1	Julian 3/8, Hector C. 1/8, Pilati 4/8.	
Trois dupes	C.	1	Ségur jeune.	
Trois éducations	V.	3		Villemot, Bezou, *édit*., Bourgeois.
Trois épiciers	V.	3	1/2 Lockroy.	1/2 Anicet.
Trois époques	C.	3		Mme Ancelot.
Trois espiègles	C.	2	Lamartelière (D. E.).	
Trois étages	D.	3		Desnoyers, Philastre, E. Lambert.
Trois étages	V.	1	Désaugiers (D. E.).	
Trois étoiles	V.	1	Jaime père, Léon Halévy.	
Trois Fanchon	V.	1	(*Déjaure, Bonel*), pour Barba	
Trois faubourgs	V.	1	A. d'Artois, Théaulon, Francis D., Barba, *édit*.	
Trois femmes	V.	1		2/3 Décour, Tardif.
Trois femmes	C.	1	1/2 Maurice Saint-Aguet.	1/2 Th. Barrière.
Trois femmes sur les bras	V.	1		Altaroche, Lebouleis.
Trois femmes, trois secrets	V.	2	1/2 Angel.	1/2 Alix, *édit*.

Titres des Pièces.	Genres.	Actes.	M. GUYOT.	M. PERAGALLO.
Trois fermiers..........	O.	2		Monvel.
Trois fêtes.............	B.	2	2/3 Lerange.	1/3 Morel.
Trois fêtes pour une....	V.	1		Edmond Crosnier.
Trois fiancés...........	C.	1	Duperche.	
Trois filles à marier.....	B.	1	Ragaine.	
Trois fils..............	C.	2		Deyeux.
Trois folies............	V.	1		Favart fils.
Trois fous.............	V.	1	A. D'Artois.	
Trois frères............	M.	3		Dubois, Léopold, Boyrie.
Trois frères............	V.	2		Boursault.
Trois Frontins..........	V.	2		Mme Hadot (D. E.).
Trois gamins	V.	1	Clairville, Vanderburch.	
Trois générations.......	V.	3	Mélesville, Brazier.	
Trois Gibus............	V.	1		E. Moreau, Alf. Delacour.
Trois Gilles............	P.	1	Dumersan, Vieillard.	
Trois glaces...........	P.	1	1/2 Bayard.	1/2 Decomberousse.
Trois gobe-mouches....	C.	1	Honoré, Barba, *édit*.	
Trois grâces...........	V.	1	Dubacq.	
Trois hommes qui se cachent et une femme qui se couche...........	V.	1		Nézel, H. Auger.
Trois hussards.........	O.	2	3/4. Gavaudan 1/4, Champein 1/2 (D. E.).	1/4 De Favières.
Troisième au-dessus de l'entre-sol...........	V.	1	2/3 Désaugiers (D. E.), St-Laurent (D. E.).	1/3 Saintine.
Troisième et quatrième étage au-dessus de l'entre-sol..............	V.	1	1/2 Varin, Desvergers.	1/2 Duponchel, Alix, *édit*.
Troisième larron.......	O.	1	1/4 Joachim Duflot, 1/4 Pélisson, 1/2 de Corcy.	
Troisième larron.......	V.	1	1/2 E. Deligny.	1/2 E. Bourgeois.
Troisième larron.......	V.	1		Fournier, Martin; Alix, *édit*.
Troisième mari........	V.	1	Clairville.	
Troisième représentation des *Plaideurs*.......	C.	1	Barba, *édit*.	
Trois Jeannettes.......	V.	1	1/4 Cormon, 1/4 Lagrange, 1/2 Barba, *édit*.	
Trois Jérômes.........	V.	1	Usannaz, Barba, *édit*.	
Trois jours en une heure.	O.	1	3/4. Michel Masson, Gabriel, Adolphe Adam.	1/4 Romagnési.
Trois jours en une heure.	V.	1	Michel Masson, Gabriel.	
Trois jupons...........	C.	1		Aude.
Trois lièvres...........	V.	1	Masselin, Durand de Beauregard.	
Trois lionnes..........	V.	2	Bayard, Dumanoir.	
Trois locataires........	V.	1	1/3 Quoy.	2/3 Benjamin Antier, Ponet.
Trois loges............	V.	3	2/3 Clairville, Hostein.	1/3 Alix, *édit*.
Trois Lorrains.........	V.	1	A D'Artois, Francis D., Gabriel.	
Trois mai.............	V.	1	Fontenille, Joseph Pain (D.E.).	
Trois maîtresses.......	V.	2	Scribe, Bayard.	
Trois manières........	C.	1	Ch. Maurice.	
Trois maris...........	C.	3	Picard (D. E.).	
Trois Maupins.........	C.	5	1/2 Scribe.	1/2 Henri Boisseaux.
Trois méprises.........	V.	1	2/3 Martin, Merville.	1/3 Benjamin Antier.
Trois merlettes........	V.	1		Duvert, Lauzanne, Saintine.
Trois militaires plus un.	V.	3	2/3 De Léris, A. Guénée.	1/3 Couailhac.
Trois mois à Paris......	V.	1	Lamerlière, Liénard.	
Trois moulins..........	V.	1	1/2 De Pixérécourt.	1/2 Dubois.

Titres des Pièces.	Genres.	Actes.	M. GUYOT.	M. PERAGALLO.
Trois muletiers............	M.	3		Bⁱⁿ Antier, Ch. Marchal.
Trois n'en font qu'un....	V.	1	Coupart, Servières.	
Trois Nicolas...........	O.	3	Scribe 4/16, Bernard Lopez 3/16, de Lurieu 3/16, Clapisson 6/16.	
Trois nourrissons en carnaval...............	V.	3		Boisselot, E. Hugot, Alix, éd.
Trois nouvelles........	C.	1	Gabiot.	
Trois œufs dans un panier.	V.	1	De Longpré.	
Trois oncles.............	V.	1	Martin, Auguste.	
Trois oncles.............	V.	1		Morin.
Trois papas dans la moutarde................	V.	1		Albert Monnier, Jullien.
Trois parts du gâteau...	V.	1	Rigam.	
Trois passions..........	D.	3	Dumersan.	
Trois paysans..........	V.	1		Brisebarre, Nyon.
Trois péchés du diable..	V.	1	5/18 Varin.	13/18 Lubize, Laurencin, Alix, édit.
Trois pieds de nez......	C.	1		Aude.
Trois polkas...........	V.	1	1/2 Carmouche, Dumanoir, Siraudin.	
Trois portiers..........	V.	2	1/2 Vanderburch.	1/2 Dupeuty.
Trois portraits même numéro...............	V.	1		Saint-Amand, Hip. Lefèvre.
Trois pour un.........	V.	1	Désaugiers (D. E.), Barrière.	
Trois pour un secret....	V.	1		Brisebarre, Rimbaut.
Trois prétendus........	O.	1	Th. Pein, Byesse.	
Trois prisonniers.......	C.	3	Dupaty.	
Trois quartiers.........	C.	3	1/2 Picard.	1/2 E. Mazères.
Trois quenouilles.......	V.	3	Cogniard frères.	
Trois Racan...........	C.	1		Raymond Deslandes, Durantin.
Trois révolutions.......	D.	5	1/2 Clairville.	1/2 D'Ennery.
Trois rivaux...........	C.	5		Châteauneuf.
Trois rivaux...........	C.	1	Ch. Maurice.	
Trois rois.............	C.	2		Alexandre.
Trois rois, trois dames..	V.	3		Léon Gozlan.
Trois roses p' un hussard.	V.	1		Lelarge.
Trois Saphos lyonnaises.	V.	2	Barré (D. E.), Radet.	
Trois secrétaires.......	C.	3	De Rougemont.	
Trois sœurs...........	V.	1	Henrion.	
Trois sœurs...........	V.	1	A. d'Artois.	
Trois sœurs...........	D.	1	Bayard.	
Trois soubrettes.......	O.	1	3/4 Vieillard 1/4, Doche 1/2.	1/4 Chazet.
Trois souhaits.........	O.	1	Guichard.	
Trois souhaits.........	V.	1		Dumolard.
Trois sultanes.........	O.	3	1/2 Bianchi.	1/2 Blazius.
Trois sultanes.........	V.	3	2/3 Lockroy.	1/3 Jules Creste, Nargeot.
Trois sultanes.........	V.	1	Dupin, Sauvage.	
Trois talismans........	M.	3	1/2 Dupin, Propiac.	1/2 Leblanc de Ferrières.
Trois talismans........	V.	2	1/3 Étienne Arago.	2/3 Villeneuve, Bezou, édit
Trois tantes...........	V.	1	Maillard.	
Trois têtes dans un bonnet	V.	1	Théaulon, Vernet, Barba, éd.	
Trois têtes dans un bonnet	V.	1		Mme de Prébois.
Trois têtes dans un chapeau	V.	1	Bayard, Dumanoir.	
Trois Trilby...........	V.	1	1/2 Martin, Quoy.	1/2 Ménissier, E. Renault.
Trois troubadours.....	O.	1		Tréfeu, Nargeot.
Trois vampires........	V.	1	Brazier, A. d'Artois, Gabriel, Barba, édit.	
Trois voisins, trois voisines...............	V.	1		Dubois aîné, Alix, édit.

23

Titres des Pièces.	Genres.	Actes.	M. GUYOT.	M. PERAGALLO.
Trois voleurs............	M.	2	Maréchalle.	
Tromb-Alcazar........	O.	1		1/4 Ch. Deupeuty, 1/4 Bourget, 1/2 Offenbach.
Trombone du régiment..	V.	3	1/3 Cormon.	2/3 Ch. Dupeuty, St-Amand.
Trompe-la balle........	V.	1		Victor Lefranc, E. Labiche.
Trompette.............	O.	3	Argiot.	
Trompette.............	D.	3	2/3 Merville, Lesguillon.	1/3 Mlle Mancs.
Trompette de M. le Prince.	O.	1	Mélesville, Bazin.	
Trompettes de Chamboran	V.	3		Boulé, Touchard-Lustières.
Trompeur sans le savoir.	O.	3		Vial, Bouteiller.
Trompeur trompé......	O.	1		B^d Valville, Gaveaux (D. E.).
Trompeur trompé......	V.	1	Desfontaines.	
Trône et la Fiancée.....	M.	3		Laurencin, Alix, édit.
Tronquette la Somnambule...............	V.	1	Cogniard frères.	
Trop beau pour qu'on le voie................	O.	1	3/4. Varin 1/4, Bovery 1/2.	1/4 Henri de Kock.
Trop beau pour rien faire.	V.	1	Plouvier, J. Adenis Lévy, éd.	
Trop heureuse.........:	V.	1	1/2 Hipp. Leroux.	1/2 Ancelot.
Trop parler nuit........	V.	1	Dieulafoy (D. E.), Gersin (D. E.).	
Trop près de Paris.....	V.	1	1/2 Maréchalle.	1/2 Décour.
Trop tôt..............	O.	1	1/4 Aubertin.	3/4. Bosquier 1/4, Gaveaux 1/2.
Troqueurs............	B.	1		Blache.
Troqueurs............	O. C.	1	Ach. et Arm., 1/2 d'Artois.	1/2 Hérold (D. E.).
Trottin de la modiste....	V.	3	Dumanoir, Clairville.	
Troubadour...........	P.	3	Hapdé.	
Troubadour du régiment.	V.	3	Cormon.	
Troubadour français....	P.	2		Cuvelier (D. E.).
Troubadour omnibus....	V.	1	1/2 Ferd. Langlé.	1/2 Ch. Dupeuty.
Troubadour portugais...	M.	3	5/12 Paul de Kock.	7/12 Théodore, Varez, Quaisain (D. E.), Renat.
Troubadour provençal..	V.	1	Dumersan.	
Troubadours..........	V.	1	1/2 Philipon la Madeleine.	1/2 Prévost.
Troubadours..........	V.	1		Léger, Chazet.
Troubadours par infortune.................	M.	3		Moussard, Quaisain (D. E.).
Trou des Lapins.......	V.	1	Cogniard frères.	
Troupiers dans les confitures...............	V.	1		Grangé, Marc-Michel.
Troupiers en gage......	V.	1		(Colombey), pour Porcher.
Trous à la Lune........	V.	1	Francis, d'Artois, Théaulon.	
Trouvère.............	O.	4	E. Pacini, Verdi.	
Trovatelles............	O.	1	1/6 Paul de Musset.	5/6 Michel Carré 1/6, Lorin 1/6, Duprato 3/6.
Truc de mari..........	V.	1		Moreau, Raymond Deslandes.
Truc, trac, troc........	V.	3	1/2 Marquet.	1/2 Julien.
Truc, trac, troc........	V.	1		Thiboust, Louis Boyer, Marc Leprévost.
Trufaldin.............	M.	3	5/6 Valcour.	1/6 Leblanc.
Trumeau.............	V.	1		Martin Lubize, Grangé.
Tu et toi.............	C.	2	Dorvigny.	
Tueur de lions.........	V.	1		Thiboust, Lehmann.
Tulikan..............	M.	3		Lamarqué, Leblanc.
Tulipe et Jacinthe......	V.	1		J. Augier.
Tu ne l'auras pas, Nicolas.	O.	1		S. Lambert, Jacq. Mangeant.
Turbans et les bonnets de coton...............	V.	1	1/3 A. d'Artois.	2/3 Lepoitevin Saint-Alme, Rousseau.

Titres des Pièces.	Genres.	Actes.	M. GUYOT	M. PERAGALLO.
Turc................	V.	1	Cogniard frères, Dumanoir.	
Turc de la rue St-Denis.	C.	1	(Martainville) (D. E.), Barba, édit.	
Turc directeur de spectacle	O.	1		Gosse (D. E.), Mazas.
Turc pris dans une porte.	V.	1		Brisebarre, Nyon.
Turcs et bayadères.....	V.	2	1/2 Déaddé.	1/2 Demontal.
Turenne.............	V.	1	A. d'Artois, Fulgence.	
Turiaf le pendu........	V.	1	Dumanoir, Mallian.	
Turlupin.............	V.	1	Brazier, De Rougemont, Dumersan.	
Turlurette...........	M.	2	Al. Guesdon.	
Turlurette	V.	1	Bern. Lopez, 5/9 Nicolas Tresse, édit.	4/9 Laurencin.
Turlutaines de Françoise.	V.	1	1/4 Varin.	3/4 Laurencin, Fournier, Barbré, édit.
Turlututu.............	V.	1	Revel.	
Turlututu, chapeau pointu	F.	3	7/12 Clairville 4/12, Ed. Martin 3/12.	5/12 Alb. Monnier 3/12, Vaulabelle 2/12.
Tu seras roi..........	D.	3		Chevalet.
Tutelle d'un mauvais sujet.	V.	1		Labénardière, Simonnin.
Tutelle en Carnaval.....	V.	1		Victor Lefranc.
Tuteur	C.	3	Ach., Arm., Th. d'Artois.	
Tuteur	V.	1	Hipp. Roland.	
Tuteur avare..........	O.	3	Gabiot, Cambini.	
Tuteur célibataire......	C.	1	Desforges (D. E.).	
Tuteur de vingt ans....	V.	2	Mélesville, Guinot.	
Tuteur dupé..........	C.	3	Cailhava.	
Tuteur et la pupille.....	B.	3		Blache.
Tuteur fanfaron........	C.	1	Nanteuil.	
Tuteur malade.........	V.	1		Sewrin.
Tuteur original	O.	3		Gresnick.
Tuteurs vengés........	C.	3		Alex. Duval.
Tuteur portugais.......	O.	1	Dupaty, Ségur aîné (D. E.).	
Tuteur trompé, battu et content.............	V.	1	Hubert, Maréchalle, Duvernois	
Tuteur vénitien........	O.	1	Théaulon, Catel.	
Tutrice..............	C.	3	1/2 Scribe.	1/2 P. Duport.
Tuyau de poêle........	V.	1		Frédéric Lemaître fils.
Type anglais..........	V.	1	André.	
Typographes parisiens..	V.	3		Charnal, Auger de Beaulieu, Barbré, édit.
Tyran corrigé.........	O.	3		Méhul (D. E.).
Tyran de Bosnie.......	M.	5	Charpentier.	
Tyran de café.........	V.	1		Ancelot, P. Duport, de Forges.
Tyran domestique......	C.	5		Alex. Duval.
Tyran domestique......	V.	1	Mlle Grimon.	
Tyran domestique......	V.	1		Decourcelle, Lt Thiboust.
Tyran d'une femme.....	V.	1	Bayard, Ch. Potron.	
Tyran peu délicat......	M.	1	Dumersan, Barba, édit.	
Tyrolienne...........	B.	3		Blache.
Tyrolienne...........	V.	1	Théaulon, de Leuven, de Livry, Riga.	

U

Titres des Pieces.	Genres, Actes.	M. GUYOT.	M. PERAGALLO.
Ugolin................	M. 3	Caigniez, Villiers.	
Ugolin................	M. 3	1/3 A. Payn.	2/3 Th. Nézel, Bⁱⁿ Antier.
Ugolin................	D. 1	Alfred Goy, Boinet.	
Ulric.................	V. 1	1/2 Michel Masson.	1/2 Villeneuve.
Ulysse................	T. 5		Lebrun.
Ulysse................	T. 5	1/3 Gounod.	2/3 Ponsard.
Ulysse................	B. 3		Milon, Lefebvre.
Un de perdu, une de retrouvée.............	V. 1	1/2 Ch. Lemaître.	1/2 De Jallais.
Un de plus.............	V. 3	1/3 Paul de Kock.	2/3 Ch. Dupeuty, Alix, *édit*.
Un de ses frères........	V. 1	Dumanoir, Mallian, De Leuven.	
Une après l'autre.......	V. 1	Désaugiers (D. E.), Francis D.	
Une après l'autre.......	V. 1	Labottière.	
Un à-propos...........	V. 1		D'Épagny.
Une, deux, trois, quatre.	V. 1	Martainville (D. E.), Barba, *éd.*	
Une pour l'autre.......	O. 3	Étienne, Nicolo (D. E.).	
Un et un font onze.....	V. 1	1/2 Villiers.	1/2 H. Chaussier.
Un et un font onze.....	V. 1	2/3 Pⁱⁿ Deslandes, Lévy, *édit.*	1/3 Decourcelle.
Un Français de plus.....	V. 1	Martin frères.	
Uniforme de grenadier..	V. 1		Fr. De Courcy, Ferd^d Laloue.
Union de Mars et de Flore.	V. 1	1/3 Hapdé.	2/3 Darondeau, Piccini.
Union des lis,.........	P. 2		Cuvelier (D. E.), A. Piccini.
Union de Zéphire et de Flore...............	B. 2	Ragaine.	
Union fatale...........	M. 3	Bouchardy, Alph. Brot, Burat de Gurgy.	
Univers et la maison....	C. 5	Méry.	
Un pour deux..........	V. 1		Martin Lubize, Albite.
Un pour l'autre........	O. 1	Valette, Heps.	
Un pour l'autre........	C. 1	Delaunay.	
Un pour l'autre........	V. 1	Maurice Séguier, Chasigny.	
Urbain et Joséphine.....	V. 1	Raboteau.	
Urbain Grandier........	D. 5		Alexandre Dumas, Auguste Maquet.
Urbain le manant.......	D. 3		Laurencin.
Urbelise et Lanval......	C. 3	Dumaniant.	
Urbino et Juliana.......	M. 3	5/6 Émery.	1/6 Quaisin (D. E.).
Urgande et Merlin......	O. 3		Monvel, Dalayrac (D. E.).
Urlurette.............	C. 1	Désaugiers.	
Ursus	C. 1		Hitbey.
Usurier de village......	D. 5		A. Rolland, Bataille, V. Séjour, Nyon.
Usurier moderne.......	V. 1	Barba, *édit.*	
Usuriers	V. 1	Maurice Séguier, Thésigny.	
Usurpateur puni.......	O. 3		J. Piccini.
Ut de poitrine	V. 1		Victor Lefranc, E. Labiche.
Ut dièze.............	V. 1		Grangé, Moinaux, Lévy, *édit.*
Urthal et Malvina......	O. 1		1/2 St-Victor, Méhul (D. E.).
Utilité du divorce......	C. 2		Prévost.

V

Titres des Pièces.	Genres	Actes.	M. GUYOT.	M. PERAGALLO.
Vacances de Caudebec...	V.	1	Moreau, Dumersan.	
Vacances de Pandolphe..	C.	3	George Sand.	
Vacances de Pierrot....	V.	1		Jouhaud.
Vacances espagnoles....	V.	1		Dovarias.
Vaccine.............	V.	1		Ragueneau.
Vaccine.............	V.	1	2/3 Dumersan, Moreau.	1/3 Ponet.
Vaches landaises.	R.	3		Alf. Delacour, Lt Thiboust.
Vadé à la Grenouillère..	V.	1	A. Gouffé, G. Duval.	
Vadé au cabaret........	O.	1		Henri de Kock, Hervé.
Vadeboncœur.........	V.	1	Désaugiers, Gentil, Barba, éd.	
Vagabond............	V.	1	Mallian, Cormon, Ach. d'Artois, Barba, édit.	
Vagons et les coucous...	V.	1	1/3 Jacques Arago.	2/3 Ch. Dupeuty, Maurice Alhoy
Vaillance et beauté......	V.	2	A. d'Artois, Théaulon.	
Vainqueur d'Austerlitz...	V.	1		Frédéric, Pelletier, Maldam.
Vainqueurs de Lodi.....	C.	1	De la Rounat, Lévy, édit.	
Vaisseau amiral........	O.	1		Révérony(D.E.), Berton(D.E.)
Vaisseau fantôme.......	O.	2	Paul Foucher, Dietsch.	
Val d'Andorre.........	O.	3	1/2 De Saint-Georges.	1/2 Fromental Halévy.
Val de Sire...........	V.	5	Labie, Gérard.	
Val de Vire...........	V.	1	2/3 A. Gouffé, G. Duval.	1/3 Chazet.
Valdo................	D.	3	Théaulon.	
Valentin.............	O.	3	1/4 Picard, édit.	3/4. Loraux 1/4, Berton 1/2.
Valentin.............	O.	3	1/4 De Planard.	3/4. Paul Duport 1/4, Marliani 1/2.
Valentine............	D.	3	De Pixérécourt, Francis C., Barba, édit.	
Valentine............	V.	2	Achille et Armand d'Artois 2/3, Barba, édit. 1/3.	
Valentine............	V.	2	1/6 Adam.	5/6 Saint-Hilaire, Villeneuve.
Valentine............	V.	2	Scribe, Mélesville.	
Valentine d'Aubigny....	O.	3		Jules Barbier 1/4, Michel Carré 1/4, Fr. Halévy 1/2.
Valentine de Milan......	O.	3		Bouilly, feu Méhul, Daussoigne.
Valeria..............	D.	5		J. Lacroix, Aug. Maquet.
Valérie..............	C.	3	Scribe, Mélesville.	
Valérie mariée.........	M.	1	1/2 Lafitte.	1/2 Desnoyers.
Valérien.............	D.	5	1/3 Th. Sauvage.	2/3 Carion-Nisas, Boirie.
Valet à la porte........	V.	1	Ernest.	
Valet ambitieux........	C.	1	Daguzan.	
Valet à tout le monde...	C.	2		J. Piccini.
Valet à trois maîtres....	C.	1		Prévost.
Valet dans la malle.....	V.	1	Ernest.	
Valet de carreau.......	V.	1	Désaugiers (D. E.), de Rougemont, Gentil.	
Valet de chambre......	O.	1	Scribe 1/3, Mélesville 1/3, Carafa 1/3.	
Valet de deux maîtres...	O.	1	Roger, Devienne.	

Titres des Pièces.	Genres.	Actes.	M. GUYOT.	M. PERAGALLO.
Valet de ferme.........	V.	1	Brazier, Dumersan.	
Valet d'emprunt........	C.	1	Désaugiers (D. E.), Dumersan.	
Valet de son rival.......	C.	1	Scribe, Germain Delavigne.	
Valet en bonne fortune..	V.	1		Latone, Simonnin.
Valet intrigué...........	C.	1		Justin.
Valet menteur..........	C.	1		Boursault.
Valet rusé.............	C.	1	Pompigny.	
Valet sans livrée........	C.	1		Demolière, Léonce.
Valet sans maître.......	V.	1	A. Gouffé, Villiers.	
Valets de campagne.....	V.	1	Gersin (D. E.).	
Valets en deuil..........	V.	1		Chazet, Simonnin.
Valets en goguette......	V.	1	Brazier, Dumersan.	
Valets maîtres de la maison...............	C.	1	Rochon.	
Valets mis à la porte....	V.	1		Marsollier (D. E.), Chazet.
Valets singes de leurs maîtres................	C.	1		J. Piccini.
Valet ventriloque.......	V.	1	1/2 Dumersan.	1/2 Merle.
Vallée d'Arau..........	B.	1		Petitpa.
Vallée de Barcelonnette..	V.	1	Dieulafoy (D. E.), Gersin (D. E.).	
Vallée de Chamouny....	V.	1	1/3 Carmouche.	2/3 Merle, Sewrin.
Vallée de l'Etna........	M.	3	De Pixerécourt.	
Vallée de Montmorency..	V.	3	Piis (D. E.), Radet.	
Vallée de Monville......	V.	1	1/2 Ferd. Langlé.	1/2 Fontaine.
Vallée des fleurs........	V.	1	2/3 Gabriel, Théaulon.	1/3 De Forges.
Vallée des fleurs........	V.	1		A. Renoux.
Vallée du torrent.......	M.	3		Frédéric, A. Piccini.
Vallée suisse...........	O.	3		Sewrin. Chazet, Herdelisca.
Vallia.................	T.	5		Latour Saint-Ybars.
Valmier...............	C.	2	Verment-Mariton.	
Valter de Montbarey....	M.	3	De Rougemont.	
Vampire...............	D.	5		Alex. Dumas, Aug. Maquet.
Vampire...............	M.	3	17/18. Carmouche, de Jouffroy, Ch. Nodier, Barba, éd.	1/18 Piccini.
Vampire...............	V.	1	2/3 Siraudin, Deligny.	1/3 Ferd. Laloue.
Vampire...............	V.	1		Aulagnier, Ramoux.
Vampire amoureux......	V.	1	Scribe, Mélesville.	
Vampire de la rue Charlot.................	V.	1	Masquelier 1/3, Porcher 1/3, Mifliez, édit. 1/3.	
Van-Bruck rentier......	V.	2		Decomberousse, Fournier.
Vandick et Halh........	V.	1		Ancelot.
Vanglas...............	C.	1	Picard (D. E.).	
Vannier écossais........	V.	2	Beuzeville.	
Vapeur d'éther.........	V.	1		A. Decomberousse, Jouhaud.
Vaporeux..............	C.	2		Marsollier (D. E.).
Variétés de dix-huit cent cinquante-deux.......	R.	3	1/2 A. Guénée, de la Rounat.	1/2 L. Thiboust, Alf. Delacour.
Variétés de dix-huit cent trente..............	V.	1	2/3 Brazier, de Rougemont.	1/3 De Courcy.
Varwick...............	T.	5	Laharpe (D. E.).	
Vassale................	O.	1	5/9. Michel Masson 2/9, Adolphe Adam, 3/9.	4/9 Saint-Hilaire, Villeneuve.
Vatel..................	V.	1	1/2 Scribe.	1/2 E. Mazères.
Vauban à Charleroy.....	D.	2		Vial, Saint-Cyr, Chazet.
Vaudeville au Caire.....	V.	1	Piis (D. E.), Barré (D. E.).	
Vaudeville au Caire.....	V.	1	2/3 Dieulafoy (D. E.), Longchamps.	1/3 Jouy.
Vaudeville aux jeux gym-				

Titres des Pièces.	Genres. Actes.	M. GUYOT.	M. PERAGALLO.
niques............	P. 1	Brazier.	
Vaudeville en action.....	V. 1	Thirion.	
Vaudeville en vendanges.	V. 1	Désaugiers (D. E.), Gentil, Moreau.	
Vaudeville qui n'en est pas un..............	V. 1		Defrénoy.
Vaudevilliste...........	V. 1	2/3 Sauvage, Maurice Saint-Aguet.	1/3 Alix, édit.
Vaugelas.............	V. 1	1/2 Barba, édit.	1/2 Desnoyers, Raimbault.
Vautour.............	V. 1	Désaugiers, Gentil, Moreau, e.	
Vautrin..............	D. 5		De Balzac.
Vautrin et Frise-Poulet..	V. 1	1/2 Mélesville.	1/2 Labénardière.
V. B................	D. 3	1/2 Francis Cornu.	1/2 Mourier.
Veau d'or............	V. 2	Scribe. Dupin.	
Veau qui tette.........	V. 2	A. Guénée, 2/3 (Bourdois) pour Porcher.	1/3 L. Couailhac.
Veille de la Régence....	C. 5	1/2 Scribe.	1/2 Henri Boisseaux.
Veille de la Saint-Jean..	V. 1	De Rougemont, Désaugiers (D. E.).	
Veille de Marengo	D. 6	1/3 Jules Delahaye.	Arnault, 2/3 Judicis.
Veille des noces........	C. 2	Mélesville.	
Veille des noces........	V. 1	1/2 De Rougemont.	1/2 Justin.
Veille de Wagram......	D. 4	1/2 Paul de Kock.	Henri Meyer, 1/2 Montigny.
Veille du mariage	V. 1		Vernissy.
Veille du mariage	V. 1	Capelle, Gabriel, Barba, édit.	
Veillée.............	O. 1		P. Duport, Demonval-Saint-Hilaire, Paris.
Veillée.............	V. 1	Angel.	
Veillée et la matinée villageoise	V. 2	Piis (D. E.), Barré (D. E.).	
Veille et le lendemain...	V. 2	Francis (D.), Ach. et Arm.; D'Artois.	
Veille, le jour et le lendemain.............	V. 3		Jouhaud.
Veille, le jour et le lendemain du Mardi gras...	V. 2	Clairville 2/3, (A. Guénée) pour Porcher 1/3.	
Vélocifères...........	V. 1	2/3 Dupaty, Moreau.	1/3 Chazet.
Vélocipèdes	V. 1	Scribe, Dupin, Varner.	
Vendange............	O. 2		Quaisain (D. E.).
Vendange normande.....	V. 1	Gentil, Barrière.	
Vendanges de Bagnolet..	V. 1	Brazier 1/4, Carmouche 1/4, Lafontaine 1/4, (Jouslin) Joseph B. 1/4.	
Vendanges de Champagne...............	V. 1	Brazier, Delestre-Poirson.	
Vendanges de Sologne...	V. 1	1/3 Vanderburch.	2/3 Estienne, Martin Lubize.
Vendanges d'Ivry......	V. 1	Maréchalle.	
Vendangeurs	V. 3	Piis (D. E.), Barré (D. E.).	
Vendangeurs	B. 1		Blache.
Vendangeurs de Médoc..	B. 2		Eug. Hus.
Vendangeurs du Rhône..	V. 1	1/2 Brazier.	1/2 Merle.
Vendéenne...........	O. 4	1/2 Malliot.	1/2 F. Deschamps.
Vendéenne...........	V. 2		Paul Duport.
Vendetta	O. 3	Léon Pillet 1/4, Vannois 1/4, De Ruolz 1/2.	
Vendetta.............	M. 3	Victor Ducange (D. E.).	
Vendetta.............	V. 1	Dumanoir, Siraudin.	
Vendôme en Espagne...	O. 1	1/2 Empis, Mennechet.	1/4 Auber, Hérold (D. E.)

Titres des Pièces.	Genres.	Actes.	M. GUYOT.	M. PERAGALLO.
Vendredi	O.	1		Duvert 1/6, Lauzanne 1/6, Saintine 1/6, Montaubry 3/6
Vendredi	V.	1	Bouchardy, Deligny.	
Vendredi	V.	1	2/3 Filliot.	1/3 Alix, *édit*.
Vendredi d'un usurier	C.	1		Dulong, Henri Villemot.
Vendu	V.	1	Deslandes. Didier, Ach. Dartois.	
Venette conjugale	V.	1	1/2 Bouché.	1/2 J. Augier.
Venez	C.	1	Yvert.	
Vengeance	M.	3		Lamarque, Leblanc.
Vengeance	D.	3	Camaille Saint-Aubin.	
Vengeance	M.	3		B^{in} Antier, R^d Deslandes.
Vengeance	V.	1		Th. Barrière, Decourcelle.
Vengeance corse	V.	3	Victor Ducange (D. E.).	
Vengeance de l'amour	P.	2		Franconi jeune.
Vengeance de l'amour	B.	1	1/6 Lanusse.	5/6 Varez.
Vengeance de l'amour	B.	1		Morin, Clairanson.
Vengeance de modistes	V.	1		Brisebarre, Martin Lubize.
Vengeance d'une femme	D.	4		Boulé, Th. Nézel.
Vengeance d'une femme	V.	3	Fulgence, de Tully.	
Vengeance d'une femme	V.	1		Duvert, Lauzanne, P. Duport.
Vengeance d'un grand homme	C.	2	Bailleul.	
Vengeance d'un More	M.	3		Baroncelli.
Vengeance d'un sage	C.	1	Andrieux (D. E.).	
Vengeance du peintre	O.	1		Léger, Jadin.
Vengeance inattendue	M.	3		Prévost.
Vengeance inutile	C.	1	Alexandre.	
Vengeance italienne	V.	2	1/3 Scribe, *Delestre-Poirson*.	1/3 Desnoyers
Vengeance maternelle	C.	1	Patrat (D. E.).	
Vengeance paternelle	O.	3	Patrat (D. E.).	
Vengeur	M.	3	1/2 Labrousse, Mallian.	1/2 Ferd. Laloue, Dutertre.
Vengeurs	D.	5	Plouvier, Lévy, *édit*.	
Venise au sixième étage	V.	1	2/3 Ferd. Langlé, Théaulon.	1/3 Fr. De Courcy.
Venise la belle	O.	1		H. Lefebvre 1/4, J. Lambert 1/4, Simiot 1/2.
Vénitienne et le Bravo	D.	5		Alex. Dumas, Anicet.
Vénitiens	T.	5	Arnault père.	
Vent du soir	O.	1		Gille 1/4, Lévy, *édit*., 1/4, Offenbach 1/2.
Vente après décès	O.	1		Dourlen.
Vente après décès	V.	1	2/3 Étienne, Servières, Moras.	1/3 Morel.
Vente d'un riche mobilier	V.	1	1/2 Siraudin.	1/2 Alf. Delacour.
Vente publique	V.	1	Emile.	
Vente à l'enchère	V.	1	Michel Masson, Rochefort, De Livry.	
Vénus à la fraise	V.	1	2/3 Clairville.	1/2 Vaulabelle.
Vénus de Milo	C.	3		Cte d'Assas 2/3, Lévy, *éd*. 1/3.
Vénus et Adonis	B.	1		Gardel.
Vénus hottentotte	V.	1	A. d'Artois, Théaulon, Brazier.	
Vénus pèlerine	C.	1	Beaunoir.	
Venustroto Ceffini	V.	1	Woestyn.	
Vêpres odéoniennes	V.	1	1/3 D'Artois.	2/3 Chazet, Simonnin.
Vêpres siciliennes	O.	5	Scribe 1/4, Duveyrier 1/4, Verdi 1/2.	
Vêpres siciliennes	T.	5		Casimir Delavigne.

Titres des Pièces.	Genres.	Actes.	M. GUYOT.	M. PERAGALLO.
Vêpres siciliennes	V.	1	Scribe, Mélesville.	
Véridique	C.	2	Gilbert.	
Véritables honnêtes gens.	C.	2		Villeneuve.
Vérité dans le vin	V.	1	1/2 Scribe.	1/2 E. Mazères.
Ver luisant	F.	5		Brisebarre, Rimbaut.
Vernet	V.	1	Lafontaine, Vernet, Mlle Huet.	
Vernon de Kergabeck	C.	1		Touchard.
Verre d'eau	C.	5	Scribe.	
Verrre d'eau sucrée	V.	1	Gabriel, Théaulon.	
Verre de champagne	V.	1		Léon Battu, Decourcelle, Lévy, édit.
Verrerie de la gare	M.	3		An. Béraud, Maurice Alhoy.
Verrou de la reine	C.	3		Alex. Dumas.
Vers de Virgile	C.	1	Mélesville.	
Verseuil	D.	2	Bérard.	
Vert-galant	V.	2	Déaddé, Angel, Carpier.	
Vertigo	P.	4	Julian, Pilati.	
Vertu aux prises avec le vice	V.	1	Brazier.	1/2 Dubois.
Vertu d'une paillasse	V.	2		Dutertre, Labénardière.
Vertumme et Pomone	B.	1		Gardel.
Vertu récompensée	M.	3		Noël, Leblanc.
Vertu récompensée	C.	1	François de Neufchâteau	
Vertus aux prises avec le cœur	V.	1	1/2 Brazier.	1/2 Dubois.
Vert-Vert	B.	3	1/2 De Leuven.	3/4 Mazillier, Deldevez, Tolbecque.
Vert-Vert	V.	3	2/3 De Leuven, Barba, édit.	1/3 De Forges.
Vert-Vert	O.	1		Bernard Valville, Dalayrac (D. E.)
Vert-Vert et tourterelle	V.	3		Desnoyers, Anicet, Th. Nézel.
Vestale	T.	5	1/2 Duhomme.	1/2 Élie Sauvage.
Vestale	O.	3		Jouy, Spontini.
Vestale et l'amour	V.	1	Henrion.	
Veste et la livrée	V.	1	Mélesville, Varner.	
Vestris premier	V.	2	1/2 Mélesville.	1/2 Gustave Lemoine.
Vésuve	V.	1	Dessessard.	
Vésuviennes en Algérie	V.	1	1/3 Labie.	2/3 Ch. Desnoyers, Lambert.
Vétéran	M.	3		Antony Béraud, Léopold.
Veuf amoureux	C.	3	Merville.	
Veuf du Malabar	O.	3	2/3 Siraudin, Doche.	1/3 Basset fils.
Veuvage	C.	2	Samson.	
Veuvage	C.	1		Mme Ach. Comte.
Veuvage de Manon	V.	1	1/2 Vernet.	1/2 Ferdinand Laloue.
Veuvage et les fiançailles	C.	3	Merville.	
Veuvage interrompu	C.	1	Bayard.	
Veuve à deux maris	V.	1		A. et P. Duport, Saint-Hilaire.
Veuve à marier	C.	2		Ancelot, Vaulabelle.
Veuve à marier	V.	1	Sauvage, Dupin.	
Veuve américaine	O.	3		Faur, Lebrun.
Veuve au camélia	V.	1	1/3 Siraudin.	2/3 Lt Thiboust, Alf. Delacour.
Veuve au cinq maris	V.	1	1/2 Nap. Gallois.	1/2 Pagès.
Veuve Calas à Paris	C.	1		Pujoulx (D. E.).
Veuve de la grande armée.	V.	4	Théaulon, Clairville, A. d'Artois.	
Veuve de quinze ans	V.	1	Théaulon, Capelle, Barba, éd.	
Veuve de quinze ans	V.	1	1/2 Siraudin.	1/2 Ch. Dupeuty.
Veuve de seize ans	V.	1	Llaunet, Leroyer.	
Veuve de Southampton	D.	5	Alp. Brot.	1/2 Antony Béraud.
Veuve du Malabar	V.	1	Scribe, Mélesville.	

Titres des Pièces.	Genres.	Actes.	M. GUYOT.	M. PERAGALLO.
Veuve du marin	V.	1	1/2 Desvergers.	1/2 Bernard.
Veuve du républicain	C.	1		Lesur.
Veuve du soldat	V.	1	Théaulon, Pourlin, Puech.	
Veuve en nourrice	V.	1	Vanderburch.	
Veuve et garçon	V.	2	1/2 Théaulon, Barba, *édit.*	1/2 Basset, Pernot.
Veuve et le cheval	C.	1	Mayeur.	
Veuve Grappin	O.	1	1/2 De Flotow.	1/2 De Forges, E. Monnais, P. Duport.
Veuve Loustalot	V.	1	Clairville 1/2, Eug. Nus 1/4, Alp. Brot 1/4.	
Veuve Pinchon	V.	1	1/2 Vanderburch.	1/2 Laurencin, Marc-Michel.
Veuves turques	V.	1	H. de Kock 2/3, Lévy, *éd.* 1/3.	
Veuve Trafalgar	V.	3	Ch. Deslys, Wœstyn.	
Vicaire de Wakefield	D.	5	Tisserant, Eugène Nus.	
Vicomte de Giroflée	V.	1		Chapelle, M. Michel, Cavaignac.
Vicomte de Létorières	V.	3	Bayard, Dumanoir.	
Vicomte et l'ouvrier	D.	5	1/2 Vanderburch.	1/2 Alboize.
Vicomtesse Lolotte	V.	3	Bayard, Dumanoir.	
Victime de dix sept cent quatre-vingt-quinze	V.	1	Eugène Devaux.	
Victime des arts	O.	2	D'Estournel, Nicolo (D. E.).	
Victime du corridor	V.	1		Gosse.
Victime du hasard	D.	2	Monperlier.	
Victime de la clôture	V.	1	Dumanoir, Rochefort.	
Victimes de la foire	V.	1	Paris.	
Victimes de l'ambition	C.	5		Prévost.
Victimes de l'inquisition	M.	3		Dejaure.
Victimes du corridor	V.	1	1/2 Déaddé.	1/2 d'Ennery.
Victoire	O.	1	1/2 Adolphe Adam.	1/2 Michel Carré.
Victor	M.	3	De Pixerécourt, Barba, *édit.*	
Victor	M.	3		Prévost.
Victorin	D.	5	Didier, De Tully, Salin.	
Victorin	V.	1	Théaulon, Pourlin, Duvernois, Puech.	
Victorin du Morbihan	V.	3	3/4 Chabot, Desvergers.	1/4 Gustave Vaez.
Victorine	V.	3	2/3 Dumersan, Gabriel.	1/3 Ch. Dupeuty.
Victorine	V.	1		Gramont.
Victorine	V.	1	Théaulon, Duvernois, Puech.	
Victorine et Verville	C.	1		Hennequin.
Vie	V.	1	Creuzé.	
Vie à bon marché	V.	1	2/6 Clairville.	4/6 Vaulabelle 2/6, L. Couailhac 1/6. Maurice Alhoy 1/6.
Vie de Bohême	D.	5	1/2 Henri Murger.	1/2 Th. Barrière.
Vie de café	V.	3	1/3 Vanderburch.	2/3 Ch. Dupeuty, Giraud-Dagneau, *édit.*
Vie de carnaval	V.	3	Déaddé 1/2, (Bourdois), Porcher 1/2.	
Vie de château	V.	2	Dumersan, Dumanoir.	
Vie de garçon	V.	2	1/3 Barba, *édit.*	2/3 Duport, Biéville.
Vie de Molière	V.	5	1/2 Ét. Arago.	1/2 Dupeuty.
Vie de Napoléon	V.	1		Duvert.
Vie de polichinelle	V.	3	1/3 A. Guénée.	2/3 Alf. Delacour, E. Moreau.
Vie de polichinelle	V.	1		E. Montagne.
Vie d'un cheval	M.	1	2/3 Barthélemy, Courtier.	1/3 D'Avrecour.
Vie d'un comédien	D.	4		Desnoyers, Labat.
Vie d'une comédienne	D.	5		Anicet, Th. Barrière.
Vie d'un grand homme	D.	3	Lamerlière.	
Vie d'un joueur	D.	5	Victor Ducange (D. E.), 2/6, Dinaux (Goubaux) 4/6, Beu-	

Titres des Pièces.	Genres. Actes.	M. GUYOT.	M. PERAGALLO.
		din 1/6, Barba, *édit.* 2/6.	
Vie d'un soldat	M. 1	Alfred Goy.	
Vie du quartier latin	V. 3		Blanquet.
Vie en ménage	C. 3	Paulin Deslandes.	
Vie en miniature	V. 3		Demonval–Saint-Hilaire.
Vie en partie double	V. 1		Anicet, D'Ennery, Brisebarre.
Vie en rose	D. 5		Th. Barrière, Henri de Kock.
Vie en un jour	C. 2	Picard (D. E.).	
Vieil amateur	C.		Alexandre Duval.
Vieil ami	V. 1	Théaulon, Lefèvre.	
Vieil artiste	M. 3		Chavange, Al. Comberousse, Fréd. Lemaître, Maillard.
Vieil innocent	V. 1	L^{on} Guillard 2/3, Lévy, *éd.* 1/3.	
Vieillard	M. 2	1/2 Leroy, Duvernois.	1/2 Ponet, Franconi.
Vieillard amoureux	C. 1	Ribié.	
Vieillard des Vosges	O. 2		Marsollier (D. E.), Dalayrac (D. E.).
Vieillard de Viroflay	V. 1		Sewrin, Fr. de Courcy.
Vieillard d'Ivry	V. 2	1/3 Désaugiers (D. E.).	2/3 Ferd. Laloue, Merle.
Vieillard et la jeune fille.	V. 1	Brazier, Mélesville, Carmouche.	
Vieillard et les jeunes gens	C. 5	Colin d'Harleville.	
Vieillard et ses trois fils.	D. 2		Mercier.
Vieille	O. 1	1/2 Scribe, Germain Delavigne.	1/2 Fétis.
Vieille de seize ans	V. 1	2/3 Mélesville, Carmouche.	1/3 Favières père.
Vieille de Suresnes	V. 3		Ch. Dupeuty, de Villeneuve, Saint-Hilaire.
Vieille des Vosges	M. 2	1/2 Saint-Amand.	1/2 Henri Villemot.
Vieille femme colère	V. 1	Maréchalle, Philadelphe, Quoy.	
Vieille fille	V. 1	Bayard, Chabot.	
Vieille fille et pauvre veuve	C. 1	1/2 Barba, *édit.*	1/2 N. Fournier, Arnould.
Vieille fille et vieux garçon	V. 3	*Feu* Victor Ducange (D. E.), Henri Duffaud.	
Vieille lune	V. 1		Anicet, Marc-Michel.
Vieilles amours	V. 1	1/2 Arvers.	1/2 D'Avrecour.
Vieillesse d'Annette et Lubin	O. 1		Jadin, Chapelle.
Vieillesse d'Annette et Lubin	O. 2	1/2 Favart.	1/2 Jadin.
Vieillesse de Bourgachard.	V. 1		Victor Chéry, Montigny, Burion.
Vieillesse de Brididi	V. 2	1/3 (*Bourdois*) pour Porcher.	2/3 Couailhac, Commerson.
Vieillesse de Fontenelle	V. 1	1/2 Capelle.	1/2 Dumolard.
Vieillesse de Frontin	V. 1	1/2 Carmouche.	1/2 Fr. De Courcy.
Vieillesse de Kokoli	M. 3	Valcour.	
Vieillesse de Piron	V. 1	1/2 Pain (D. E.).	1/2 Bouilly.
Vieillesse de Richelieu	C. 5	1/2 Octave Feuillet.	1/2 Paul Bocage.
Vieillesse de Richelieu	V. 1	5/8 Lurine, Barba, *édit.*	3/8 Ancelot.
Vieillesse de Stanislas	V. 1	2/3 Carmouche, Michel Masson.	1/3 Villeneuve.
Vieillesse d'une grisette	V. 1	2/3 Thirion, Pélissier.	1/3 Mifliez, *édit.*
Vieillesse d'un grand roi.	D. 3	1/2 Lockroy.	1/2 Arnould.
Vieillesse d'un roué	C. 3		Mestépès.
Vieille tante	C. 3	Picard (D. E.).	

Titres des Pièces.	Genres.	Actes.	M. GUYOT.	M. PERAGALLO.
Vieil oncle............	C.	1	Réné Périn.	
Vielleuse.............	V.	3	1/2 Pain (D. E.).	1/2 Bouilly.
Vieilleuse du boulevard..	M.	3		Hr Chaussier, Quaisain (D. E.).
Viennoises............	V.	3		Montépin, Grangé.
Viens, gentille dame....	V.	1		Judicis, Lagarde, Mifliez, éd.
Vierge du monastère....	M.	5	3/4 Victor Ducange. (D. E.).	1/4 Varez.
Vierge du soleil........	V.	1	Brazier, A. d'Artois, Théaulon.	
Vierge et martyre......	D.	5		Mourier.
Vierges du soleil........	V.	1	Maréchalle.	
Vieux beau...........	C.	1	(Vermond) Guinot.	
Vieux berger..........	V.	1	Brazier, Dumersan.	
Vieux Bodin..........	V.	2	1/2 Lurine, Joltrois.	1/2 Alix, édit.
Vieux bonhomme.......	O.	2		Beffroy-Reigny.
Vieux boulevard........	P.	1		Simonnin, Labénardière.
Vieux caporal.........	D.	3	1/2 Dumanoir.	1/2 D'Ennery,
Vieux célibataire.......	C.	5	Collin-d'Harleville.	
Vieux chasseur........	V.	3	Tournay, Désaugiers (D. E.), Francis D.	
Vieux château.........	O.	1	1/2 Dellamaria.	1/2 Alex. Duval.
Vieux chêne..........	V.	1	1/2 De Pixerécourt.	1/2 Dubois.
Vieux comédien........	C.	1	Picard (D. E.).	
Vieux consul..........	T.	5		De Ponroy.
Vieux coq............	V.	1	1/2 Gabriel.	1/2 Ch. Dupeuty.
Vieux cousin..........	C.	2		Léger.
Vieux de la montagne...	T.	5		Latour-Saint-Ybars.
Vieux de la moutagne...	M.	3		Cuvelier (D. E.).
Vieux de la vieille......	V.	1	1/2 Delestre-Poirson.	1/2 Duchâtelard.
Vieux de la vieille roche.	V.	1		Dupeuty, Grangé, Lévy, édit.
Vieux époux..........	V.	1	Desfontaines.	
Vieux fat.............	C.	5	Andrieux (D. E.).	
Vieux fermier.........	V.	3	A. d'Artois.	
Vieux fou............	M.	3		Porcher.
Vieux fous...........	O.	1	Ségur, Ladurner.	
Vieux gabelou.........	V.	2	Georges Duval, Rochefort, Quoy.	
Vieux gamin..........	V.	2	Paul de Kock.	
Vieux garçon..........	C.	2	Argan de Barges.	
Vieux garçon et la jeune fille.................	V.	1	Scribe, Germain Delavigne.	
Vieux général.........	V.	2	Desvergers, Varin, Pollet.	
Vieux lion............	V.	1		Bricet, Deslandes, Jouhaud.
Vieux locataire........	V.	1		Barel, Delaunay, Alix, édit.
Vieux loup de mer......	V.	1	2/3 Varin, Boyer-Partout.	1/3 Alix, édit.
Vieux major..........	V.	1	1/2 De Pixerécourt.	1/2 Léger.
Vieux malin..........	V.	1		Sewrin.
Vieux pensionnaire.....	V.	1	Bayard, Hippolyte Leroux.	
Vieux mari...........	V.	3	Scribe, Mélesville.	
Vieux mari...........	C.	2		De la Ville.
Vieux marin..........	V.	2	3/4 Théaulon, Th. Anne, Barba, édit.	1/4 A. Jadin.
Vieux Paillasse........	V.	1		Abel Lahure, Salvador.
Vieux pauvre.........	D.	5	Lambert.	
Vieux pauvre.........	M.	3		Ferd. Laloue, Ch. Dupeuty, Villneuve.
Vieux péchés.........	V.	1	Mélesville, Dumanoir.	
Vieux prix de Rome.....	O.	1	1/2 Henri Potier.	1/2 Charles Potier.
Vieux sergent.........	M.	2	De Pixérécourt.	
Vieux sergent.........	V.	1	Gabriel, Gersin (D. E.).	
Vieux sergent.........	V.	1	Henri Monnier.	

Titres des Pièces.	Genres.	Actes.	M. GUYOT.	M. PERAGALLO.
Vieux soldat............	V.	1	2/3 Brazier, Carmouche.	1/3 Fr. De Courcy.
Vieux soldat............	V.	2	1/2 Lévy, *édit.*	1/2 Frédéric Soulié.
Vigne d'amour..........	C.	1	Beaunoir.	
Vignerons d'Argenteuil..	V.	3	1/3 Thirion.	2/3 Marcel Nouvière, Alix, *éd.*
Vigne sauvée..........	C.	3	Edmond Gondinet.	
Vignes du Seigneur.....	V.	1		Brisebarre, Nyon.
Vilain monsieur........	V.	1	1/3 Lévy, *édit.*	2/3 Th. Barrière, Decourcelle.
Vilains bonshommes....	Par.	1		De Jallais, Émile Abraham.
Villa des amours........	V.	2	1/2 Lapointe, (*Bourdois*), pour Porcher.	1/2 Alf. Delacour.
Villa Duflot............	V.	1	Mélesville, A. de Beauplan.	
Village................	C.	1	Bizet.	
Village................	C.	1	Octave Feuillet.	
Village frontière.......	B.	3		Blache.
Village incendié........	M.	1	1/2 Mallian.	1/2 Alboize.
Villageoise somnambule.	V.	3	A. d'Artois, Dupin.	
Villageois qui cherche son veau...............	V.	1		Sewrin.
Ville assiégée..........	O.	2	1/2 Théaulon, A. d'Artois.	1/2 Bochsa.
Ville au village.........	V.	3	Ernest.	
Ville et le village.......	C.	2		Boursault.
Ville et le village.......	V.	1	Raboteau.	
Villefort...............	D.	5		Alex. Dumas, Aug. Maquet.
Ville neutre............	V.	1	Varner, Ymbert père.	
Villes et les campagnes..	M.	5	1/3 Paul Foucher.	2/3 Alboize, Alix, *édit.*
Vinaigre et moutarde....	V.	1		Lardy, Henry.
Vincent de Paul........	M.	3		Henri Lemaire.
Vincent de Paul........	D.	2		Dumolard.
Vin de la Courtille......	V.	8		Saint-Amand.
Vin et la chanson.......	V.	1	Radet.	
Vingt ans après........	D.	5		Mourier.
Vingt ans après........	M.	3		Comte de Moynier.
Vingt ans après........	V.	1		Paul Duport; A. de Cey.
Vingt ans d'absence....	V.	1	Carmouche.	
Vingt ans de la vie d'un séducteur............	D.	5	1/4 Paulin Deslandes.	3/4 Ch. Potier 1/4, Alix, *édit.* 1/2.
Vingt ans plus tard......	V.	1	1/2 Bayard.	1/2 Laurencin.
Vingt-cinq ans d'entr'acte	V.	2	1/2 A. d'Artois.	1/2 Saintine.
Vingt-cinq août........	V.	1	Désaugiers (D. E.), Saint-Marcellin.	
Vingt-cinq pour cent....	V.	1	De Rougemont.	
Vingt francs par jour...	V.	2	2/3 Chabot, Cormon.	1/3 Alix, *édit.*
Vingt-huit et soixante...	V.	1		Boisselot.
Vingt mille francs......	V.	1		Boulé, Ch. Potier, Marchant.
Vingt-quatre août......	V.	1	1/3 Carmouche.	2/3 F^d Laloue, Fr. de Courcy.
Vingt-quatre février....	T.	2	1/2 Bernay.	1/2 Leroy.
Vingt-quatre février....	M.	1	P. Féval, Zaccone, Lévy, *éd.*	
Vingt-quatre février....	D.	1		Paul Lacroix.
Vingt-quatre septembre.	M.	3		Saint-Hilaire.
Vingt-sept, vingt-huit, vingt-neuf juillet.....	V.	3	2/3 Nicole, Étienne Arago.	1/3 Duvert.
Vingt-six infortunes de Jocrisse.............	V.	1	1/2 Barba, *édit.*	1/2 Simonnin.
Vingt sous de Périnette..	V.	1	1/2 De Léris.	1/2 Brisebarre.
Vingt-trois et trente-cinq.	D.			
Vingt-trois et vingt-quatre février 1848......	V.	1	1/3 A. Guénée.	2/3 Jouhaud, M. Leprévost.
Vin, le jeu et les femmes.	V.	1	1/2 Bonnafous.	1/2 Chazet.

Titres des Pièces	Genres.	Actes.	M. GUYOT.	M. PERAGALLO.
Vins de France	V.	1	1/3 Siraudin.	2/3 Alf. Delacour, L. Boyer.
Violette	O.	3	De Planard, Carafa, Leborne.	
Violettes de Lucette	V.	3		Dutertre 1/4, Th. Nézel 1/4, Mifliez, *édit.* 1/2.
Violon de l'Opéra	V.	1		Decomberousse, Lauzanne.
Violon du diable	B.	2	1/3 Deligny.	2/3 Saint-Léon, Pugny.
Violon du père Dimanche	V.	3	1/3 Cormon.	2/3 Grangé, Mifliez, *édit.*
Violoneux	O.	1		Chevalet 1/4, Mestépès 1/4, Offenbach 1/2.
Violons du roi	O.	3	1/4 Scribe.	3/4. Boisseaux 1/4, Deffès 1/2.
Virgile Marron	V.	1	E. Moreau, Lambert, Lévy, *édit.*	
Virginie	T.	5	Laharpe (D. E.).	
Virginie	T.	5	Guiraud.	
Virginie	T.	5		Latour Saint-Ybars.
Virginie	O.	3	1/2 Désaugiers aîné (D. E.).	1/2 Berton père.
Virginie	V.	2	Lafontaine, Ledoux.	
Virginie	C.	1	Henrion.	
Virginie	C.	1	Loaisel-Tréogate.	
Vision	V.	1	2/3 Théaulon, Barba, *édit.*	1/3 Biéville.
Vision du Tasse	D.	1		Alix, *édit.*
Visionnaire	O.	1		Aristide Hignard, Jules Lorin, V. Perrot.
Visir imaginaire	M.	3	Duperche.	
Visitandines	O.	2	1/2 Picard (D. E.).	1/2 Devienne.
Visite à Bedlam	B.	2	1/2 (Jouslin), Joseph B.	1/2 Coralli.
Visite à Bedlam	V.	1	1/2 Scribe, *Delestre-Poirson*.	
Visite à Charenton	V.	1	Henri Simon, Gersin (D. E.), Carmouche, Barba, *édit.*	
Visite à la campagne	O.	1	Ferdinand B., Édouard D.	
Visite à la campagne	V.	1		Dulauroy.
Visite à ma tante	V.	1	Vernet, Barba, *édit.*	
Visite à Saint-Cyr	V.	1	Moreau, Lafortelle.	
Visite au Louvre	V.	1	Philadelphe, Ludwig, Quoy.	
Visite aux Invalides	V.	1	Gentil, Fulgence, Ledoux, Ramond.	
Visite de Cromwell	V.	2		Montépin.
Visite de Racan	V.	2		Gassicourt.
Visite des mariés	C.	2		Monvel fils.
Visite domiciliaire	V.	1		Poujol, Ad. Poujol, Daubigny, Marchant.
Visite du beau-père	V.	1		Martin, Petit.
Visite du diable	V.	1		Martin, Rouzet.
Visite du prince	V.	1	De Rougemont, Dumersan.	
Visite en prison	V.	1	1/2 Nicole.	1/2 Duvert.
Visite nocturne	V.	1	Théaulon, Stéphen.	
Visites	V.	1	A. d'Artois, Théaulon.	
Visites	V.	1	Martin Auguste.	
Visites à ma tante	V.	2	Cormon, Delaboullaye.	
Visites à Momus	V.	1	A. d'Artois, Francis D., Gabriel.	
Visites au Louvre	V.	1	Philadelphe, Ludwig, Quoy.	
Visites bourgeoises	V.	1	Désaugiers (D. E.), Gentil, Moreau.	
Visites domiciliaires	V.	1	7/9 Dumanoir, Barthélemy, A. d'Artois, Barba, *édit.*	2/9 D'Avrecour.
Visites du jour de l'an	V.	1		Jouhaud.
Visites en 1843	V.	3		Lamiral, prop.
Visiteur nocturne	V.	1		Arrivetz, Huard.
Vitrier et la chamareuse	V.	1		De Saint-Aure.

— 367 —

Titres des Pièces.	Genres.	Actes.	M. GUYOT.	M. PERAGALLO.
Vivandière............	B.	1	1/3 Deligny.	2/3 Saint-Léon, Pugni.
Vivandière............	V.	1		Sewrin.
Vivandière............	V.	1	Ludwig, Quoy.	
Vivandière............	V.	1		A. Renoux.
Vivandière des zouaves..	V.	1	1/3 A. Guénée.	2/3 Ch. Potier, Mifliez; édit.
Vivandière et le bossu...	V.	2		Ferdinand Laloue.
Vivandière et le bossu...	V.	2	1/2 Paul de Kock.	1/2 Mourier.
Vivandière de la grande armée............	O.	1	1/4 Jaime fils.	3/4. De Forges 1/4, Offenbach 1/2.
Vive la gaîté...........	V.	1	Brazier, Rochefort, Lhérie B., Lhérie jeune.	
Vive la paix...........	V.	1	1/2 Coupart.	1/2 Varez.
Vive le diable..........	V.	1		Laurencin, Henri Meyer.
Vive le divorce........	V.	1	1/2 Louis Desnoyers.	1/2 Laurencin.......
Vive le galop..........	V.	1	1/3 Cogniard frères.	2/3 Lubize, Decomberousse.
Vive le suicide.........	V.	1	Honoré.	
Vivent la joie et les pommes de terre.........	V.	1	2/3 Cavé, Dittmer.	1/3 Devins.
Viveur...............	D.	3	1/2 Delbès.	1/2 Perrot de Renneville.
Viveurs..............	V.	1	Clairville 1/2, de Léris 1/4, Goulet 1/4.	
Viveurs de la Maison-Dorée.............	D.	2	1/2 Monrose.	1/2 Durantin.
Viveurs de Paris......	V.	5		Xavier de Montépin.
Vivia................	V.	1		Reboul.
V'là ce qui vient de paraître.............	R.	1	1/2 Clairville.	1/2 D'Ennery.......
Vocation.............	V.	1		De Courcy, Th. Muret.
Vœu de jeune fille......	V.	1		Marc-Michel, L. Couailhac.
Vœu de ne pas danser....	M.	5		Quaisain (D. E.), Renat.
Vogue...............	V.	1	2/3 Francis, (Jousselin) Joseph B.	1/3 Maurice Alboy...
Voici le jour..........	O.	1	Ludovic Halévy, Jules Ward.	
Voie sacrée...........	D.	5	3/8. Wœstyn 2/8, Porcher, 1/8.	5/8. Crémieux 3/8, Bourget 2/8.
Voilà bien Turcaret.....	V.	1	Barré (D. E.), Radet, Deschamps, Desprez.	
Voilà ce qui vient de paraître.............	R.	3	1/3 A. Guénée.	2/3 Charles Potier, Alix, édit.
Voilà l' plaisir, mesdames.	R.	1	1/2 A. Guénée.	1/2 Alf. Delacour.
Voilà notre bouquet.....	V.	1	1/2 Coupart.	1/2 Varez.
Voile bleu............	V.	1	1/4 De Rougemont.	3/4 Dulong, Léopold, Bezou, édit.
Voile d'Angleterre.......	V.	1	Moreau, Wafflard.	
Voile de dentelle.......	D.	5	1/2 Eug. Nus, Lévy, édit.	1/2 Léonce, Philastre.
Voisin (la)............	D.	5	1/2 Paul Foucher.	1/2 Alboize.
Voisin...............	V.	1	Désaugiers (D. E.), Gersin (D. E.), Gabriel.	
Voisinage............	O.	3	Armand Croisette.	
Voisinage............	O.	1		Pujoulx (D. E.), Berteau, Pradère.
Voisin de Bagnolet.....	V.	1	Paul de Kock, Boyer-Partout.	
Voisin de campagne.....	V.	2	Mme Fernande de Lysle.	
Voisin de campagne.....	V.	1	De Tully.	
Voisin de l'avare.......	V.	1	F. Garnier, Bourdon.	
Voisines.............	C.	1	Désaugiers (D. E.), Gentil.	
Voisines du cinquième étage...............	V.	1	Dumanoir, Jaime.	
Voisins..............	C.	3	Picard (D. E.).	

Titres des Pièces.	Genres.	Actes.	M. GUYOT.	M. PERAGALLO.
Voisins brouillés.	V.	1	1/2 Monperlier.	1/2 Dubois.
Voisins de la voisine.	V.	1		De Jallais, Albert Monnier.
Voisins et voisines.	V.	1		Desnoyers, Porcher.
Voisin Vacossard.	V.	1		Marc-Michel.
Voiture cassée.	V.	1		Chaussier, Lamarque.
Voiture cassée.	V.	1	Camaille Saint-Aubin.	
Voitures versées.	O.	2	1/2 Dupaty.	1/2 Boïeldieu.
Voitures versées.	V.	2	Dupaty.	
Voix.	O.	1	Bayard 1/4, Ch. Potron 1/4, Boulanger 1/2.	
Voix de Duprez.	V.	1	Ferdinand Langlé, de Lurieu, Odry.	
Vol.	M.	5	5/12 Barba, édit.	7/12 Frédéric, A. Piccini.
Vol.	M.	5	1/2 Mallian.	
Vol.	M.	3	1/3 Saint-Amand.	2/3 Dulong, Henri Villemot.
Volage.	V.	2	Caigniez.	
Volage fixé.	B.	1		Louis Duport.
Vol à la duchesse.	D.	5		Grangé, Giraud-Dagneau, éd.
Vol à la fleur d'orange.	V.	2	Bayard, Varner.	
Vol à la roulade.	V.	2	1/2 Mélesville.	1/2 Fr. De Courcy.
Volanges.	V.	1	1/2 Overnay.	1/2 Th. Nézel.
Vol-au-vent.	V.	1	1/2 Brazier, Moreau.	1/2 Ourry, Merle.
Volcan.	P.	3		Cuvelier de Trye (D. E.).
Volcan de Montmartre.	V.	1	1/3 Coster.	2/3 Chazet, Ourry.
Volcaniennes de Saint-Malo.	V.	1	A. d'Artois, Rochefort.	
Volée de pierrots.	V.	1	2/3 Dumanoir, de Leuven.	1/3 De Forges.
Voleur.	V.	1	1/2 Carmouche.	1/2 Fr. De Courcy.
Voleur Cliffort.	V.	1	Mélesville, Duveyrier.	
Voleur converti.	C.	2	Destival.	
Voleurs.	P.	2		Franconi jeune, Camel.
Voleurs.	V.	1	Paul de Kock.	
Voleurs anglais.	M.	5	Sauvage, Ozanneaux.	
Voleurs en dix-sept cent vingt.	V.	3	1/3 Dumanoir.	2/3 Anicet, Brisebarre.
Voleurs et les comédiens.	M.	3		Bⁱⁿ Antier, Ch. Dupeuty, Frédéric Lemaître.
Voleurs supposés.	V.	1	Mélesville, Belle, Lafontaine.	
Volière.	B.	1	2/3 Scribe, Gide.	
Volière.	V.	1	2/3 De Leuven, Lhérie B.	1/3 Maurice Alhoy.
Volière de perroquets.	V.	1	Veyrat, Sauzay.	
Volière du frère Philippe.	V.	1	2/3 Scribe, Mélesville, Delestre-Poirson.	
Volontaires de Sambre-et-Meuse.	V.	1		Léger.
Vol par amour.	C.	1	Loaisel-Tréogate.	
Voltaire à Ferney.	V.	2	Barré (D. E.), Radet, Desfontaines.	
Voltaire à Francfort.	V.	1	2/3 Brazier, Riga (D. E.)	1/3 Ourry.
Voltaire aux Champs Élysées.	V.	1		Moline (D. E.).
Voltaire chez les capucins.	V.	1	Dumersan, Ach. d'Artois, Dupin, Riga (D. E.).	
Voltaire chez Ninon.	V.	1	Moreau, Lafortelle.	
Voltaire en vacances.	V.	2	1/2 De Livry.	1/2 Villeneuve
Voltaire en voyage.	V.	1	Dumersan.	
Voltaire et Mme de Pompadour.	C.	3	2/3 Lafitte, Riga (D. E.).	1/3 Desnoyers.
Voltaire et Richelieu.	V.	1	Desprez, Deschamps.	

Titres des Pièces.	Genres. Actes.	M. GUYOT.	M. PERAGALLO.
Voltigeur de la garde....	C. 1	De Rostan.	
Vouloir c'est pouvoir....	V. 2		Ancelot, Decomberousse.
Vous allez voir ce que vous allez voir	V. 3	1/2 A. Guénée.	1/2 Charles Potier.
Vous et les toi	V. 1	Valcour.	
Vous n'aurez pas ma fille.	V. 1	Michel Masson, Gabriel.	
Vous n'auriez pas vu ma femme?	V. 1	2/3 *Feu* Bayard, Lévy, *édit.*	1/3 Fr. De Courcy.
Vous n'êtes que marquis	C. 2		Lelion d'Amiens.
Voyage à Dieppe	C. 3	Waflard, Fulgence, Barba, *éd.*	
Voyage à frais communs.	V. 5	Théaulon, Barba, *édit.*	
Voyage à frais communs.	O. 3	Gabriel, Mich. Masson, Adam.	
Voyage à Londres	C. 2	Dumaniant.	
Voyage à Melun	V. 1		Jouhaud.
Voyage à Paris	V. 1	Barthélemy, Bourdois, Porcher.	
Voyage à Pontoise	C. 3	1/2 Alphonse Royer.	1/2 Vaëz.
Voyage à Reims	V. 1	1/2 (Jousselin), Joseph B.	1/2 Crosnier. Brisebarre, Commerson, Ch. Potier.
Voyage au bout du monde.	V. 1	Théaulon.	
Voyage au faubourg Saint-Germain	V. 1	Dumersan.	
Voyage au Mont-Blanc...	V. 1		De Jallais.
Voyage au Mont-Saint-Bernard	O. 3		Saint-Cyr, Cherubini.
Voyage autour de ma chambre	O. 1	1/2 Grisar.	1/2 Duvert, Lausanne, Saintine.
Voyage autour de ma chambre	C. 1	Réné Périn, Barba, *édit.*	
Voyage autour de ma chambre	V. 1	De Léris.	
Voyage autour de ma femme	V. 1	1/2 De Beauregard.	1/2 Marc-Michel.
Voyage autour de Paris..	V. 3	1/2 De Faulquemont.	1/2 Lelarge.
Voyage autour du monde.	P. 2	5/6 Hapdé.	1/6 Foignet.
Voyage autour d'une jolie femme	V. 1		Jules Barbier, Michel Carré.
Voyage autour d'une marmite	V. 1		E. Labiche, Alf. Delacour.
Voyage aux mines de Sainte-Marie	M. 1	Thésigny, Philipon de la Madelaine.	
Voyage à Versailles	C. 1		Aude.
Voyage d'agrément	V. 1		Lafont.
Voyage d'Anacharsis....	V. 4	2/3 Mélesville, Carmouche.	1/3 Mifliez, *édit.*
Voyage dans la lune....	B. 2		Simiot, de Mont-Louis, Justament.
Voyage dans l'appartement	V. 1	1/2 Scribe.	1/2 Paul Duport.
Voyage de Chambord...	V. 1	Desfontaines, Dupin.	
Voyage de Figaro	C. 1	Ribié.	
Voyage de haut en bas..	V. 3		Marc-Michel.
Voyage de la liberté....	V. 4	1/3 Müller.	2/3 Desnoyers, Fontan.
Voyage de la mariée....	V. 2	Dumanoir, Mallian, de Leuven, Vente.	
Voyage de la Thébaïde..	V. 3	2/3 Carmouche, Ach. d'Artois	1/3 Saintine.
Voyage de Nanette	V. 3		Brisebarre, Ch. Potier.

24

Titres des Pièces.	Genres.	Actes.	M. GUYOT.	M. PERAGALLO.
Voyage des comédiens..	V.	1	2/3 Brazier, Barba, édit.	1/3 Merle.
Voyage des escargots...	V.	1		Thiboust, Marc Leprévost.
Voyage de Versailles....	C.	1	(Aude), Barba, édit.	
Voyage d'une épingle...	V.	1		Brisebarre, L. Couailhac.
Voyage en Californie....	V.	3	Bouché, Lelioux.	
Voyage en Espagne....	V.	3	1/2 Siraudin.	1/2 Th. Gautier.
Voyage en France.....	V.	1	1/2 Picard.	1/2 E. Mazères.
Voyage en Grèce.......	O.	1	1/2 Plantade.	1/2 Lemontey.
Voyage en Icarie......	V.	1	1/2 A. Guénée.	1/2 Naudot, (Tandon).
Voyage en Normandie...	V.	1	2/3 A. d'Artois, Raymond.	1/3 Saintine.
Voyage en Pologne.....	M.	3		Frédéric, A. Piccini.
Voyage en Suisse......	V.	1	Théaulon, Steph.	
Voyage entre le ciel et la terre...............	V.	1		Duvert, Lauzanne, P. Duport.
Voyage impossible......	V.	1		Decomberousse, Saintine.
Voyage impromptu.....	O.	1	Dumersan, Pacini.	
Voyage incognito.......	C.	2	Mme Gasse.	
Voyage interrompu.....	C.	3	Picard.	
Voyage par étapes.....	V.	1	Ramond.	
Voyages de Cadet Roussel.	C.	1	Dumaniant (D. E.).	
Voyages de Rosine......	O.		Piis (D. E.).	
Voyages de Scarmantade	C.	5	Lemercier.	
Voyage secret.........	C.	1	Régnier de la Bruyère.	
Voyage sentimental.....	V.	2	Varin, de Leuven, Lhérie B.	
Voyages et aventures de Fil-en-deux.........	V.	5		Jules Barbier, Michel Carré, Texier.
Voyage sur les toits.....	V.	1	De Léris.	
Voyageur.............	C.	1		Sewrin.
Voyageur allemand.....	C.	2		Corbon-Flins.
Voyageur fataliste......	C.	3	Charlemagne.	
Voyageur inconnu......	V.	1	Barré (D. E.).	
Voyageur malencontreux.	C.	2	Delestre-Poirson.	
Voyageurs............	C.	3	Ar. Charlemagne.	
Voyageurs aériens......	M.	3	5/6 René Périn.	1/6 Taix.
Voyageur sentimental...	V.	1	Forbin, Révoil.	
Vrai club des femmes...	C.	2	Méry.	
Vraie bravoure........	C.	1	1/2 Picard.	1/2 Alex. Duval.
Vrai voyage à Dieppe...	V.	1		Ader, Léopold B.

W

Waldorck...........	D.	3	Lesguillon.	
Wallace.............	O.	3	Saint-Marcellin, Catel.	
Wallace.............	O.	3	3/4. De Saint-Georges 1/4, Boulanger 1/2.	
Wallace.............	P.	1	Scribe, Delestre-Poirson, Dupin.	
Walstein............	T.	3		Liadières.
Walter le cruel.......	P.	3		Cuvelier, Foignet père.
Walter Scott.........	V.	2	Michel Masson.	
Wandyck à Londres....	C.	3		Michel Carré, Narrey.
Washington..........	M.	3		Daubigny, Quaisain (D. E.), Renat.
Washington..........	D.	2	H. Delacoste.	

Titres des Pièces.	Genres.	Actes.	M. GUYOT.	M. PERAGALLO.
Watchman............	M.	3	2/3 A. Payn, Overnay.	1/3 Benjamin Antier.
Watefairfich..........	V.	2		Th. Nézel, Dutertre.
Werner..............	D.	3	Charles Lafont.	
Werther.............	M.	5	Gournay.	
Werther.............	V.	1	G. Duval, Rochefort, Barba, éd.	
Werther et Charlotte....	O.	1		Dejaure, Kreutzer.
Werther parisien......	V.	1		Th. Nézel.
Wilhelmine...........	V.	3		Arsène de Cey.
William Shakspeare....	D.	5		Ferd. Dugué.
Willis...............	B.	3	3/6 De Saint-Georges 1/6, Adam 3/6.	3/6 Th. Gautier, Corally.
Willis...............	V.	1		Vaulabelle, de Forges.
Wilson..............	M.	3		Lemoine-Montigny, V. Bois.

X

X...................	V.	1		Nuitter, Désarbres.
Xacarilla.............	O.	1	1/2 Scribe.	1/2 Marliani.
Xacarilla.............	V.	1		Danvin (Folligner).
Xaïloum.............	M.	5	1/2 Valcour.	1/2 Leblanc.
Xercès et Thémistocle...	M.	5	Dorvo, Bianchi.	

Y

Y a d' l'ognon........	V.	1	Dumesan, Servière.	
Yanko le bandit.......	B.-P.	1		Th. Gautier, Deldevez.
Yelva...............	V.	2	2/3 Scribe, Desvergers.	1/3 Villeneuve.
Yorck, nom d'un chien..	V.	1	1/2 Octave Feuillet.	1/2 Paul Bocage.
Youli................	M.	3		Villemot, Nézel, A. Franconi.
Young...............	V.	1	Creuzé.	
Yo, you.............	V.	1	Mélesville, Varner.	
Yseult Raimbault......	D.	4	Paul Foucher.	
Yvan le barbier.......	M.	3	2/3 Hippolyte Leroux, Desvergers.	1/3 Blondy.
Yvan le moujick......	V.	2	Cogniard frères.	
Yvonette.............	V.	1		A. Renoux, Ch. Tourey.
Yvonne..............	O.	3	1/2 Scribe.	1/2 Limnander.
Yvonne..............	O.	1	1/4 De Leuven.	3/4: De Forges 1/4, de la Moskowa 1/2.
Yvonne et Loïc.......	V.	1		Michel Carré, Narrey, Delioux.

Z

Zacharie.............	D.	3		Rosier.
Zadig...............	M.	3		Mme Hadot (D. E.), Toby.
Zaïmbinella..........	M.	3		D'Ennery, Grangé.
Zamet...............	M.	3		Noël, Leblanc.
Zamor et Giroflée.....	V.	1		Bercioux, Nancy, Lévy, édit.
Zampa..............	O.	3	1/2 Mélesville.	1/2 Hérold (D. E.).

Titres des Pièces.	Genres.	Actes.	M. GUYOT.	M. PERAGALLO.
Zanetta...............	O.	3	1/2 Scribe, de Saint-Georges.	1/2 Auber.
Zanetti...............	M.	3	De Rougemont, Saint-Amand.	
Zara.................	D.	4		Lemoine-Montigny, Mourier.
Zara la Gitana.........	V.	2	1/3 Desvergers.	2/3 Laurencin.
Zarine................	P.	2	Varin, Dupin, Lévy, *édit*.	
Zaïm et Scubry.........	M.	5	De Tully, Lesguillon.	
Zazezizozu............	F.	4		Desnoyers, Poujol, Alix, *éd*.
Zéila.................	B.	3		Taglioni.
Zélaïde et Pharès......	M.	2	Villiers.	
Zéleusis...............	V.	3	Ricard.	
Zélia.................	O.	3	Deshayes, Dubuisson.	
Zélia la danseuse.......	V.	1	*Delestre-Poirson*.	
Zélie.................	V.	1		Alexandre.
Zélie et Terville........	O.	1	Blangini.	
Zélis.................	O.	1		Moline (D. E.).
Zélisca...............	M.	3		Gougibus, Gérardin.
Zéloïde...............	O.	2	1/2 Étienne.	1/2 Lebrun.
Zémire et Azor.........	O.	4	Marmontel (D. E.), Grétry (D. E.).	
Zémire et Azor.........	B.	3		Deshayes.
Zémire et Azor.........	B.	3		Taglioni.
Zénobie..............	T.	5	Royon.	
Zéphyr et Fleurette.....	C.	1		Laujon.
Zéphyr et Flore........	P.	2		Cuvelier de Trye (D. E.).
Zéphyr et Flore........	P.	1		Blache.
Zerbine...............	O.	1	Déaddé 1/6, Octave Féré 1/6, Lévy 1/6, Bovery 3/6.	
Zerline...............	O.	3	1/2 Scribe.	1/2 Auber.
Zerline...............	V.	1	1/3 Blosse.	1/3 Th. Nézel.
Zéro.................	V.	1		Brisebarre, E. Nyon.
Ziméo................	O.	3	Lourdet-Santerre.	
Zingaro..............	O.	4	1/2 Sauvage.	1/2 Fontana.
Zirphée..............	V.	1		
Zirphyle et Fleur d'oranger	O.	2	1/2 Catel.	1/2 Jouy, Noël Lefèvre.
Ziste et zeste..........	V.	1	1/2 Cailhava.	1/2 Léger.
Zizine................	V.	3	Varin, Paul de Kock, Desvergers.	
Zizine................	V.	1	2/3 De Tully, de Léris.	1/3 Alix, *édit*.
Zodiaque de Paris......	V.	1	Théaulon, Brisset, Ferdinand, Duvernois.	
Zoé..................	O.	1	1/2 Plantade.	1/2 Bouilly.
Zoé..................	V.	1	Aubertin, Dumersan.	
Zoé..................	V.	1	Scribe, Mélesville.	
Zaflora...............	M.	3		Leblanc.
Zoraïde et Zuliska......	P.	3		Marsollier (D. E.), A. Piccini.
Zoraïme et Zulnar......	O.	3		Saint-Just, Boïeldieu.
Zouaves..............	D.	5		Arnault 2/3, Lévy, *édit*. 1/3.
Zouaves à Inkermann....	V.	3	Moras.	
Zouaves en Crimée.....	V.	2	Moras.	
Zouaves en Italie.......	V.	1		Blondelet, Bordet.
Zozo.................	F.	3	Pompigny.	
Zozo.................	C.	1	De Pixérécourt	
Zuléma et Gonzalve.....	P.	3		Leblanc.
Zulica................	M.	5	Fonpré-Fracansale.	
Zulica................	M.	2		Alexandre.
Zuma................	M.	3	Mme de Beaunoir.	
Zurich...............	O.	1	1/2 Léon Pillet.	1/2 Rousselet.

Paris — Typ. Morris et Ce, rue Amelot, 64.

www.ingramcontent.com/pod-product-compliance
Lightning Source LLC
Chambersburg PA
CBHW052237220526
45471CB00001B/82